PennyPress®

PUZZLER'S GIANT BOOK OF WORD SEEKS™ 29

Penny Press is the publisher of a fine family of puzzle magazines and books renowned for their editorial excellence.

This delightful collection has been carefully selected by the editors of Penny Press for your special enjoyment and entertainment.

PENNY PRESS, INC.
6 Prowitt Street, Norwalk, Connecticut 06855-1220

Printed in Canada

PENNY PRESS PUZZLE PUBLICATIONS

✦ PUZZLE MAGAZINES ✦

All-Star Word Seeks
Approved Easy & Fun Variety Puzzles
Approved Variety Puzzles
Classic Variety Puzzles Plus Crosswords
Easy Crossword Express
Family Variety & Crosswords
Family Variety Puzzles & Games
Favorite Easy Crosswords
Favorite Fast & Easy Crosswords
Favorite Fill-In
Favorite Number Fill-In
Favorite Quick & Easy Crosswords
Garfield's Word Seeks
Good Time Crosswords
Good Time Easy Crosswords
Good Time Variety Puzzles
Master's Tournament Variety Puzzles
Master's Variety Puzzles
Merit Variety Puzzles & Games
Original Logic Problems
Original Logic Problems: British Invasion!
Penny's Famous Fill-In Puzzles
Penny's Fill-In Puzzles
Penny's Finest Favorite Word Seeks
Penny's Finest Good Time Word Seeks
Penny's Finest Super Word Seeks
Spotlight Celebrity Word Seek
Spotlight Movie & TV Word Seek
Ultimate Favorite Variety Puzzles
Ultimate World's Finest Variety Puzzles
Variety Puzzles and Games
Variety Puzzles and Games Special Issue Plus
Word Seek Puzzles
Word Seek Puzzles: Large-Print

✦ SPECIAL COLLECTIONS ✦

Selected Anagram Magic Square
Selected Brick by Brick
Selected Codewords
Selected Crostics
Selected Crypto-Families
Selected Cryptograms
Selected Diagramless
Selected Double Trouble
Selected Flower Power
Selected Frameworks
Selected Letterboxes
Selected Match-Up
Selected Missing List Word Seeks
Selected Missing Vowels
Selected Patchwords
Selected Places, Please
Selected Quotefalls
Selected Syllacrostics
Selected The Shadow
Selected Wizard Words
Selected Word Games Puzzles
Selected Word Math
Selected Zigzag

✦ PUZZLER'S GIANT BOOKS ✦

Crosswords   Sudoku   Word Games   Word Seeks

✦✦✦

Puzzler's Giant Book of Word Seeks, January 2009, No. 29. Puzzler's Giant Books are published quarterly by Penny Press, Inc., 6 Prowitt Street, Norwalk, CT 06855-1220.On the web at pennydellpuzzles.com. Penny Press is a trademark registered in the U.S. Patent Office.

ISBN-13: 978-1-55956-944-6
ISBN-10: 1-55956-944-1

Printed in Canada

1 WOODEN TOYS 1

Wooden toys remind us of days gone by when simple playthings stirred children's imaginations.

- ☐ BARGE
- ☐ BENCH
- ☐ BRICK cart
- ☐ CATER-PILLAR
- ☐ CRADLE
- ☐ CRANE
- ☐ CREATE
- ☐ DERRICK
- ☐ DOWEL
- ☐ DRILL
- ☐ DRUM
- ☐ DUMP truck
- ☐ FINISH
- ☐ FUN
- ☐ GAMES
- ☐ HOBBY
- ☐ Rocking HORSE
- ☐ INSTRU-MENT
- ☐ JOINTS
- ☐ MAKE
- ☐ NAIL
- ☐ PAINT
- ☐ PLANE
- ☐ RATTLE
- ☐ ROUTING
- ☐ SAND
- ☐ SAWS
- ☐ SCREW
- ☐ SEESAW
- ☐ SLIDE ball
- ☐ SMOOTH
- ☐ STEAM roller
- ☐ STILTS
- ☐ TOOLS
- ☐ TRACTOR
- ☐ TRAILER
- ☐ TRAIN
- ☐ TRUCK
- ☐ TUGBOAT
- ☐ WOOD

J	S	C	I	S	E	H	K	C	I	R	B	S	L	S
A	T	R	A	C	T	O	R	R	N	O	A	T	T	H
M	C	E	R	R	N	R	M	A	E	N	A	L	P	D
A	W	A	S	E	E	S	A	D	D	R	I	L	L	G
K	N	T	T	W	M	E	E	L	W	T	M	E	K	W
E	F	E	G	E	U	R	T	E	S	N	L	U	S	O
R	E	L	I	A	R	T	S	M	W	T	T	T	R	O
H	D	S	R	I	T	P	F	E	T	O	N	R	S	D
E	I	T	C	R	S	I	I	A	O	I	I	U	E	O
B	L	K	A	M	N	Y	R	L	O	A	A	C	M	W
E	S	I	O	I	I	F	S	J	L	P	P	K	A	E
N	N	O	S	M	T	U	G	B	O	A	T	M	G	L
C	T	H	A	W	G	N	I	T	U	O	R	R	U	L
H	U	S	K	T	A	L	L	W	Y	N	A	I	L	D
I	U	T	D	B	J	S	P	H	O	B	B	Y	E	J

2 FIRST OF FRANCE 2

Travel to France via this puzzle which features first names of French origin.

- ☐ ALAIN
- ☐ ANATOLE
- ☐ ANDRE
- ☐ ANTOINE
- ☐ ARMAND
- ☐ AUGUSTE
- ☐ CAMILLE
- ☐ CELINE
- ☐ CHARLES
- ☐ CLAUDE
- ☐ DENIS
- ☐ EDMOND
- ☐ EDOUARD
- ☐ EMILE
- ☐ ESTELLE
- ☐ EUGENE
- ☐ FRANCOIS
- ☐ GASTON
- ☐ GILBERT
- ☐ GUSTAVE
- ☐ HELENE
- ☐ HENRI
- ☐ HONORE
- ☐ JACQUES
- ☐ JEAN
- ☐ JULES
- ☐ LOUIS
- ☐ LUCIEN
- ☐ LUCILLE
- ☐ MARCEL
- ☐ MARIE
- ☐ MAURICE
- ☐ MICHELLE
- ☐ MONIQUE
- ☐ NANCY
- ☐ PAUL
- ☐ PIERRE
- ☐ RENEE
- ☐ SIMONE
- ☐ YVES

O	E	N	E	G	U	E	E	N	E	L	E	H	G	F
D	E	V	L	L	A	G	C	L	N	O	T	S	A	G
C	N	N	L	I	L	U	C	I	L	L	E	U	A	Y
A	L	A	I	N	A	E	G	E	R	E	G	N	S	V
N	C	E	M	L	G	N	H	U	N	U	T	O	I	E
D	J	J	A	R	E	S	A	C	S	O	A	S	N	S
R	O	D	C	G	A	C	L	T	I	T	M	M	E	R
E	M	O	N	I	Q	U	E	N	O	M	A	I	D	G
M	A	R	I	E	C	C	E	E	C	L	S	V	S	I
E	R	R	E	I	P	D	H	I	N	B	E	J	E	L
M	C	U	E	A	M	O	R	A	A	B	L	L	I	B
I	E	N	U	O	N	N	N	D	R	A	U	O	D	E
L	L	L	N	O	E	C	C	B	F	L	J	U	C	R
E	D	D	R	H	Y	C	L	A	U	D	E	I	U	T
G	R	E	N	E	E	J	A	C	Q	U	E	S	F	B

3 CASE CLOTHED 3

Victorian clothing, ranging from billowing crinolines to sleek bustles, was the style of the 1800s. It was during this time that Paris designers introduced the first suits for women.

- ☐ BUSTLE
- ☐ CAPE
- ☐ CORSET
- ☐ COTTON
- ☐ CRINOLINE
- ☐ DESIGN
- ☐ DRESS
- ☐ DUSTER
- ☐ FABRIC
- ☐ FASHION
- ☐ FRAME
- ☐ FRINGE
- ☐ GARMENT
- ☐ HISTORY
- ☐ HOOKS
- ☐ HOUSECOAT
- ☐ JACKET
- ☐ KNIT
- ☐ LACE
- ☐ LAYERS
- ☐ OUTFIT
- ☐ PAISLEY
- ☐ PAST
- ☐ PERIOD
- ☐ PETTICOAT
- ☐ PROPER
- ☐ QUILTED
- ☐ RIGID
- ☐ SHAWL
- ☐ SILK
- ☐ SKIRT
- ☐ SLEEVE
- ☐ STIFF
- ☐ STYLE
- ☐ TEXTURE
- ☐ TRIM
- ☐ WAIST
- ☐ WEAR
- ☐ WHALEBONE
- ☐ WOVEN
- ☐ WRAPPER

```
R J T R I K S F D U S T E R C
A B T I F T U O A L D M I R T
E T E K C A J Q E S W R R Y W
W O V E N O B E L A H W E E A
F A B R I C V C Y T I I P S I
U S X U O E R R T E S R O C S
J K K T Q S G I S D T A R N T
M O T X A U D N R S O L P S K
S O I E B O I O I P R I G I D
N H N T U H C L A R Y E R J Q
F G K S S F F I T S F A Y E O
T R I H T B S N T E P A C A P
Y L A S L L A E S T D E C A L
K W P M E D G A R M E N T L A
L V S Y E D C W R A P P E R B
```

4 NUMBER SEEK 4

Solve this puzzle by seeking numbers instead of letters.

- ☐ 02921
- ☐ 02985
- ☐ 04537
- ☐ 09983
- ☐ 11227
- ☐ 12955
- ☐ 13087
- ☐ 15766
- ☐ 17231
- ☐ 19004
- ☐ 22460
- ☐ 26856
- ☐ 30391
- ☐ 31216
- ☐ 31259
- ☐ 31351
- ☐ 40459
- ☐ 41851
- ☐ 43629
- ☐ 44426
- ☐ 44440
- ☐ 44599
- ☐ 45180
- ☐ 45888
- ☐ 50421
- ☐ 50577
- ☐ 51528
- ☐ 53284
- ☐ 54079
- ☐ 58516
- ☐ 60718
- ☐ 62217
- ☐ 62850
- ☐ 62864
- ☐ 65649
- ☐ 67012
- ☐ 67475
- ☐ 70407
- ☐ 70650
- ☐ 72844
- ☐ 74055
- ☐ 75858
- ☐ 77914
- ☐ 78774
- ☐ 79906
- ☐ 86824
- ☐ 89355
- ☐ 95757
- ☐ 98245
- ☐ 99529

5	6	1	5	8	5	3	0	9	2	5	9	9	0	9
9	3	6	6	0	7	1	8	8	3	7	8	0	3	1
0	5	1	4	2	3	2	5	9	1	4	1	9	7	7
4	8	2	3	5	4	0	4	5	9	2	6	3	4	2
5	1	1	1	5	5	4	7	0	4	0	7	0	6	3
3	7	3	2	3	1	6	4	0	8	1	5	4	8	1
7	8	6	6	9	6	0	2	9	8	5	4	8	2	5
1	5	8	8	8	5	4	7	0	2	1	0	7	6	8
2	1	6	5	5	7	5	9	5	7	5	7	7	2	1
9	5	2	6	8	4	7	7	8	7	1	9	0	0	4
2	2	2	2	5	7	2	4	2	2	9	5	3	4	4
0	8	1	0	7	6	4	8	6	0	5	6	0	7	4
6	7	7	5	0	5	4	0	6	4	2	2	3	8	4
6	7	6	1	9	4	0	9	6	8	4	4	9	8	0
2	5	7	9	4	9	1	3	7	9	2	2	1	1	6

5 ON THE BOARDWALK 5

"Under the boardwalk . . . is where I'll be," sang The Drifters in 1964. You'll have fun on the boardwalk as you search for the words below associated with boardwalks.

- ☐ AMUSEMENTS
- ☐ BABY
- ☐ BATHING suits
- ☐ BEACH
- ☐ BENCH
- ☐ BICYCLE
- ☐ BINGO
- ☐ BOAT
- ☐ BREAKER
- ☐ BREEZE
- ☐ COOL
- ☐ DOLLS
- ☐ DUNES
- ☐ FIREWORKS
- ☐ FOOD
- ☐ FRESH
- ☐ GALS
- ☐ GAMES
- ☐ GUYS
- ☐ JOGGER
- ☐ MEET
- ☐ MIST
- ☐ MOON
- ☐ OCEAN
- ☐ PLANTS
- ☐ RAMPS
- ☐ RELAX
- ☐ RIDES
- ☐ SAND
- ☐ SCENIC
- ☐ SHADE
- ☐ SHOPS
- ☐ SOUVENIR
- ☐ SUMMER
- ☐ SUNSHINE
- ☐ SURF
- ☐ TOURIST
- ☐ UMBRELLA
- ☐ WALK
- ☐ WAVES

B	D	U	N	E	S	E	M	A	G	U	V	F	F	K
S	R	N	V	R	K	S	T	N	A	L	P	N	G	V
I	U	E	A	U	R	G	O	M	L	B	A	U	S	U
G	R	M	E	S	O	G	U	E	L	C	Y	C	I	B
C	P	O	M	Z	W	S	R	R	E	S	E	D	I	R
S	I	O	M	E	E	T	I	F	R	U	S	Y	E	E
S	K	N	K	M	R	V	S	F	B	I	N	G	O	A
U	U	L	E	T	I	I	T	H	M	E	G	G	V	K
M	U	N	A	C	F	S	N	S	U	O	A	H	B	E
K	T	O	S	W	S	T	T	E	J	T	C	C	F	R
S	B	A	T	H	I	N	G	R	V	N	K	O	H	B
H	H	H	G	W	I	F	Y	F	E	U	O	O	M	D
O	W	A	V	E	S	N	U	B	C	D	O	L	L	S
P	L	G	D	X	A	L	E	R	A	J	B	S	X	X
S	B	O	C	E	A	N	K	A	H	B	R	U	E	J

6 A REAL TURN ON 6

Turn on to the mechanical world as you search for the names of appliances and electrical equipment that only work when you turn them on.

☐ BEACON
☐ BLENDER
☐ BLOWER
☐ CAN opener
☐ COFFEE maker
☐ COMPUTER
☐ Air CONDITIONER
☐ DISHWASHER
☐ DRILL
☐ DRYER
☐ FAN
☐ FOOD processor
☐ FURNACE
☐ HEATER
☐ INTERCOM
☐ IRON
☐ LAMP
☐ LIGHT
☐ MICROWAVE oven
☐ MIXER
☐ MOTOR
☐ Lawn MOWER
☐ OVEN
☐ RADIO
☐ RAZOR
☐ SANDER
☐ STEREO
☐ STOVE
☐ TELEVISION
☐ TOASTER
☐ TRIMMER
☐ TYPEWRITER
☐ VACUUM
☐ WASHING machine
☐ Windshield WIPERS
☐ WORD processor

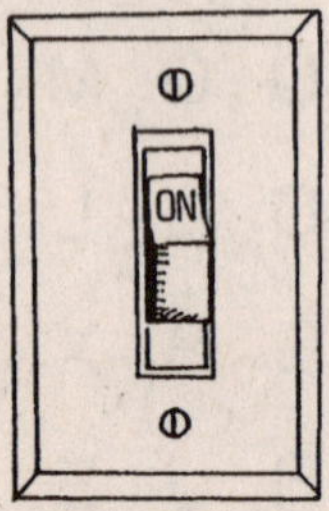

W	M	C	H	M	P	B	K	D	H	E	A	T	E	R
P	B	I	O	W	K	L	O	T	O	I	D	A	R	E
N	M	E	X	F	N	O	I	S	I	V	E	L	E	T
E	N	F	A	E	F	W	O	E	R	E	T	S	Y	S
V	L	M	O	C	R	E	T	N	I	V	H	P	R	A
O	A	S	B	A	O	R	E	S	H	A	E	A	D	O
T	M	C	D	N	T	N	A	F	J	W	Z	S	I	T
S	P	R	U	R	O	K	D	E	R	O	P	W	S	E
G	R	N	K	U	M	I	R	I	R	R	R	A	H	L
K	A	E	B	F	M	D	T	P	T	C	E	S	W	J
C	O	M	P	U	T	E	R	I	T	I	W	H	A	V
R	E	M	M	I	R	T	R	I	K	M	O	I	S	A
K	F	I	N	K	W	O	R	D	L	G	M	N	H	T
C	I	U	N	A	N	T	H	G	I	L	I	G	E	O
X	R	E	D	N	A	S	B	L	E	N	D	E	R	R

7 CHIP OFF THE BLOCK 7

A microprocessor chip is the brain of a computer. Tiny transistors responsible for various functions (such as speed of information processing) occupy its silicon surface. A good chip can make all the difference when upgrading your computer.

☐ BANKS	☐ POWER	☐ TASK
☐ BITS	☐ SETS	☐ THIN
☐ BUFFER	☐ SILICON	☐ TIME
☐ CACHE	☐ SIZE	☐ TINY
☐ CAPABLE	☐ SMALL	☐ UNIT
☐ CAPACITY	☐ SORT	☐ VOLTAGE
☐ CIRCUITRY	☐ SPEED	☐ WAFER

- ☐ COMPLEX
- ☐ COMPONENT
- ☐ CYCLES
- ☐ DESIGN
- ☐ FAST
- ☐ FUNCTIONS
- ☐ HIGH-TECH
- ☐ INSTALL
- ☐ INTERFACE
- ☐ LOGIC
- ☐ MAIN
- ☐ MATH
- ☐ MEMORY
- ☐ MICRO-PROCESSOR
- ☐ MINIATURE
- ☐ PER-FORMANCE

T	R	X	P	S	K	L	M	H	E	Z	R	E	I	C
Y	R	O	M	E	M	X	C	E	F	Z	C	I	S	O
N	W	A	S	T	R	E	R	U	T	A	I	N	I	M
E	L	L	I	S	T	F	U	N	F	F	S	S	A	P
L	G	M	O	H	E	S	O	R	T	R	K	T	R	O
B	E	A	G	G	X	C	E	R	E	E	H	A	S	N
A	B	I	T	S	I	T	O	Y	M	F	L	L	K	E
P	H	N	T	L	N	C	C	R	A	A	F	L	N	N
A	F	V	I	I	O	K	G	T	P	W	N	U	A	T
C	A	S	A	M	N	V	O	I	U	O	A	C	B	A
D	E	E	P	S	T	U	S	U	Z	V	R	A	E	S
O	S	L	O	I	Y	T	I	C	A	P	A	C	F	K
Y	E	C	N	P	O	W	E	R	K	A	T	H	I	N
X	A	Y	R	W	D	E	S	I	G	N	K	E	X	M
M	I	C	M	A	F	U	N	C	T	I	O	N	S	X

8 FAMILY PLANNING 8

The next time I plan a family reunion, I'll plan to have it at the neighbor's house!

- ☐ ANNUAL
- ☐ AUNT
- ☐ BROTHER
- ☐ CHILD
- ☐ CLAN
- ☐ COOKOUT
- ☐ COUSIN
- ☐ DAUGHTER
- ☐ EVENT
- ☐ FATHER
- ☐ FEAST
- ☐ FESTIVE
- ☐ GAMES
- ☐ GATHER
- ☐ GROUP
- ☐ HAPPY
- ☐ HERITAGE
- ☐ HOLIDAY
- ☐ HOME
- ☐ INVITE
- ☐ LINEAGE
- ☐ LOVE
- ☐ MEET
- ☐ MEMORIES
- ☐ NAME
- ☐ NEPHEW
- ☐ NIECE
- ☐ OCCASION
- ☐ OFFSPRING
- ☐ PARTY
- ☐ PHOTO
- ☐ PICNIC
- ☐ PLANNED
- ☐ SISTER
- ☐ SONS
- ☐ TIES
- ☐ TOGETHER
- ☐ TRADITION
- ☐ UNCLE
- ☐ Back YARD

I	G	M	E	E	T	O	G	E	T	H	E	R	M	U
C	D	A	U	G	H	T	E	R	E	E	V	A	G	P
S	O	T	T	H	A	P	R	R	L	A	U	N	N	A
G	D	U	B	H	H	E	I	E	W	N	I	U	M	R
R	D	O	S	O	E	T	N	E	T	R	C	Y	E	T
O	E	K	T	I	A	R	H	I	P	I	A	P	M	Y
U	N	O	F	G	N	P	E	S	L	D	V	R	O	Y
P	N	O	E	P	E	S	F	T	I	O	E	N	R	S
C	A	C	I	N	I	F	N	L	S	H	V	G	I	E
L	L	F	L	T	O	C	O	O	T	I	A	E	E	M
A	P	T	M	E	I	H	N	A	S	N	S	P	S	A
N	R	C	H	I	L	D	F	I	F	D	E	O	P	G
A	T	O	N	O	I	S	A	C	C	O	R	V	H	Y
M	M	D	R	E	H	T	O	R	B	T	S	A	E	F
E	O	N	I	E	C	E	V	I	T	S	E	F	Y	O

9 PASS BY 9

In the Jewish faith, Passover commemorates the liberation of the Hebrews from the Egyptians. In Biblical times news of the Exodus was announced by the sounding of the shofar (ram's horn) from the mountaintops. The feast sometimes lasts eight rather than seven days because by the time word spread to the outlying areas, some groups had already been celebrating for a day.

- ☑ BIBLICAL
- ☐ CELEBRATE
- ☐ CEREMONY
- ☐ EXODUS
- ☐ FAMILY
- ☐ FEAST
- ☐ FESTIVAL
- ☐ FLIGHT
- ☐ FOOD
- ☐ FREEDOM
- ☐ HAGGADAH
- ☐ HARVEST
- ☐ HASTE
- ☐ HEBREW
- ☐ HERBS
- ☐ ISRAELITES
- ☐ KOSHER
- ☐ LEAVENING
- ☐ MATZOH
- ☐ NISAN
- ☐ PILGRIMAGE
- ☐ PSALMS
- ☐ READING
- ☐ RECITE
- ☐ SEDER
- ☐ SEVEN days
- ☐ SPRING
- ☐ SYMBOLIC
- ☐ TABLE
- ☐ TRADITION
- ☐ WINE

U	P	I	L	G	R	I	M	A	G	E	L	B	A	T
S	R	V	F	X	O	F	W	W	R	E	D	E	S	T
A	Y	T	U	D	T	O	N	E	E	T	S	A	E	F
W	L	M	H	Z	H	O	A	H	E	R	B	S	E	R
P	I	S	B	H	G	D	S	H	W	V	B	S	C	E
H	M	N	N	O	I	T	I	D	A	R	T	E	X	E
G	A	W	E	N	L	S	N	I	O	I	L	C	H	D
N	F	R	G	H	F	I	R	G	V	E	E	A	O	O
I	K	K	V	S	A	V	C	A	B	R	S	R	Z	M
N	G	O	W	E	U	D	L	R	E	T	P	E	T	P
E	E	I	S	L	S	D	A	M	E	L	R	C	A	S
V	V	V	C	H	G	T	O	G	B	P	I	I	M	A
A	F	M	E	G	E	N	R	X	G	D	N	T	S	L
E	N	V	L	S	Y	R	E	U	E	A	G	E	E	M
L	A	C	I	L	B	I	B	U	G	T	H	E	Z	S

10 ZIGZAG 10

Instead of reading in a straight line, each entry has one bend in it. One entry has been looped for you.

- ☑ ALTERNATE
- ☐ BROCHURE
- ☐ BUFFALO
- ☐ CARED
- ☐ CENTRAL
- ☐ CLEAR
- ☐ CONSONANTS
- ☐ CONTINENT
- ☐ COVERED
- ☐ DURABLE
- ☐ EASTERN
- ☐ EGGPLANT
- ☐ ENTRANCE
- ☐ FLAGPOLE
- ☐ FLAGSTONE
- ☐ HALTER
- ☐ HOROSCOPE
- ☐ HORSES
- ☐ KNAPSACK
- ☐ LAWN MOWER
- ☐ LEANING
- ☐ LURES
- ☐ MALTED
- ☐ MANHATTAN
- ☐ MARGIN
- ☐ MUSCLE
- ☐ NATIONAL
- ☐ NICKNAME
- ☐ QUAINTEST
- ☐ QUART
- ☐ RANCH
- ☐ RATIONAL
- ☐ RELEASE
- ☐ RENDER
- ☐ RESTRAINT
- ☐ ROSIER
- ☐ SOLITAIRE
- ☐ SOLITARY
- ☐ TELLER
- ☐ TINSEL
- ☐ TRAINER
- ☐ VACATION
- ☐ VACUUM CLEANER
- ☐ VEGETABLE
- ☐ VEILS

C	H	H	K	T	R	A	I	N	T	D	E	R	E	V
V	O	N	A	P	S	A	C	K	E	Q	V	L	A	O
R	R	N	T	I	N	E	N	T	L	R	U	C	L	C
O	S	E	S	L	V	S	R	V	L	R	U	A	R	T
S	I	E	R	O	L	A	E	Y	E	U	N	T	I	V
C	S	T	N	A	N	I	R	L	M	S	R	I	N	N
O	L	L	H	C	R	A	E	C	V	C	E	O	I	T
P	A	V	E	E	U	T	L	V	L	L	T	N	C	E
E	R	N	N	E	H	I	E	E	V	E	S	A	K	S
B	T	D	O	G	C	L	A	G	R	R	A	L	N	T
U	E	U	T	G	O	O	S	E	T	A	H	N	A	M
F	L	R	S	P	R	S	W	T	V	E	I	M	E	A
F	L	A	G	L	B	O	A	A	L	N	E	V	T	R
A	O	B	W	A	M	N	H	B	G	N	V	D	A	G
L	V	L	E	N	T	V	M	A	L	T	E	R	N	I

11 RIDE A WAKE 11

The concept of water-skiing was formulated in 1922 by Ralph Samuelson. By steam-curling the tips of two 8-foot-long pine boards, he demonstrated that skis could support a person (pulled by a speeding boat) on water as easily as they supported someone moving over snow.

- ☐ BEND
- ☐ BINDINGS
- ☐ BUOYS
- ☐ CHAMPION
- ☐ CONTEST
- ☐ COURSE
- ☐ DOCK
- ☐ EDGE
- ☐ EXHIBITION
- ☐ EXPERT
- ☐ FALL
- ☐ FEATS
- ☐ GLIDE
- ☐ GRIP
- ☐ JUMP
- ☐ LAKE
- ☐ LEAN
- ☐ LIFE jacket
- ☐ PERFORM
- ☐ POSITION
- ☐ PRIZE
- ☐ PRO TOUR
- ☐ PULL
- ☐ ROUTINE
- ☐ SHOW
- ☐ SIGNALS
- ☐ SKIS
- ☐ SLALOM
- ☐ SPECTATOR
- ☐ SPEED
- ☐ SPLASH
- ☐ TOWROPE
- ☐ TRICKS
- ☐ TWIST
- ☐ WAKE

```
K Y N R G E T J T Y R E S X N
S K D P X R P S N P E N K N B
T P E P O S I T I O N D C A P
T L E S K I S P C W I D I E L
H R P C E G D E Y O T R R L C
T T S E T N O C P N U F T L G
A T S P L A S H O O O R L I J
U O L G P L T I T R R U S F B
K I A Y N S T O M M P W G E F
A S L E Z I R P R N D H O A O
S Y O U B P D O C K F C L T L
K Z M I M E R N G D K L E S A
M T H U K A N O I P M A H C M
Y X J A W J T D X B Z O S I H
E I W U C B L H A F W A L M S
```

12 LAKE COUNTRY 12

Lake Erie got its name from "Erieehronons" (people of the panther), an Iroquois name. French explorers called it "Lac du Chat" (Lake of the Cat). Lake Erie, the farthest south of the Great Lakes, is on the international border of the United States and Canada. Below are lakes found in the United States.

- ☐ BARKLEY
- ☐ BULL Shoals
- ☐ CHAMPLAIN
- ☐ CLEAR
- ☐ CRATER
- ☐ DALE Hollow
- ☐ DEVILS
- ☐ ERIE
- ☐ FINGER Lakes
- ☐ GEORGE
- ☐ GREAT SALT Lake
- ☐ HURON
- ☐ MARION
- ☐ MEAD
- ☐ MICHIGAN
- ☐ NORFORK
- ☐ OAHE
- ☐ OKEECHOBEE
- ☐ ONEIDA
- ☐ ONTARIO
- ☐ PEND Oreille
- ☐ PLACID
- ☐ POWELL
- ☐ PYRAMID
- ☐ RAINY
- ☐ REELFOOT
- ☐ SAINT Clair
- ☐ SALTON Sea
- ☐ SARANAC
- ☐ SUPERIOR
- ☐ TAHOE
- ☐ TEXOMA
- ☐ TONTO
- ☐ WALKER
- ☐ WHEELER
- ☐ WILSON
- ☐ WINNEBAGO

```
T O N T O S O X M U L D A E M
S S L O P G L N O R U H I H S
D A L E T B L I T M A R I O N
V I E P I L U C V A E Y P A S
T N W E Y W A L K E R N G A F
A T O M E R I S L D D I R D H
H L P R C B A F M Y H A O O W
O A H E F H O M H C N R C W P
E S M G G O A H I A W C R I M
R T D N T E R M C D I C A L P
P A D I E N O K P E N D T S X
Y E E F I B A R K L E Y E O R
L R E L E E H W G S A K R N G
Y G G V C N S U P E R I O R W
A M O X E T O G A B E N N I W
```

13 BOXES 13

All the entries in the list are found in the diagram in an unusual way. Each one reads either clockwise or counterclockwise around the edges of a box (sometimes a square and sometimes a rectangle).

☑ ANIMAL
☐ AUTOMOBILE
☐ BASEBALL
☐ BASKETBALL
☐ CHIMPANZEE
☐ CHIVALRY
☐ CONGRESS
☐ CONSIDER
☐ DAYBREAK
☐ DORMOUSE
☐ FREEZE
☐ IGNITION
☐ INNING
☐ LARGER
☐ LEMONADE
☐ LISTEN
☐ MOUTHFUL
☐ NICELY
☐ ORGANIZE
☐ PANORAMA
☐ PRODUCER
☐ QUARTZ
☐ RESIDENT
☐ RETAIL
☐ RITUAL
☐ SECURITY
☐ SUMMER
☐ TABULATE
☐ TEACHING
☐ TENNIS
☐ TRAINING
☐ TRUSTY
☐ TRYING
☐ VALLEY

G	N	O	W	T	R	O	I	L	A	B	E	C	H	I
R	D	C	F	G	Y	H	A	R	R	O	E	U	K	M
E	S	S	L	N	I	G	T	E	G	M	Z	N	A	P
C	Y	T	S	O	P	N	Q	A	A	N	I	O	S	A
U	T	R	U	I	T	I	H	C	Y	Y	C	R	A	M
R	I	T	V	N	Y	V	B	Y	C	L	E	M	D	G
L	A	U	T	O	E	A	L	R	O	E	P	O	C	R
B	E	S	X	M	L	L	A	B	K	D	A	N	Y	E
N	L	I	B	O	B	A	S	E	A	C	Y	S	I	D
E	T	S	D	O	L	E	K	C	E	R	B	E	G	E
N	N	I	F	Y	L	I	E	U	N	P	A	R	T	N
I	N	G	T	T	A	B	T	D	O	R	U	Q	Z	E
B	I	D	R	E	S	U	C	E	N	M	L	U	E	F
A	N	I	A	T	A	L	R	S	U	O	O	F	E	R
L	A	M	G	R	I	P	E	M	M	U	T	H	O	E

14 HIS . . . 14

It's boys' night out with this puzzle featuring men's names.

- ☐ ANDREW
- ☐ BERNARD
- ☐ CAREY
- ☐ CARL
- ☐ CHARLES
- ☐ CLAUDE
- ☐ DANIEL
- ☐ DARYL
- ☐ DENNIS
- ☐ DION
- ☐ DONALD
- ☐ EARL
- ☐ EDWARD
- ☐ ELLIS
- ☐ ELMER
- ☐ EMIL
- ☐ ERIC
- ☐ GEORGE
- ☐ GERALD
- ☐ GLENN
- ☐ HENRY
- ☐ JESSE
- ☐ JOSEPH
- ☐ JULIUS
- ☐ LAWRENCE
- ☐ LESTER
- ☐ LEWIS
- ☐ MAXWELL
- ☐ MELVIN
- ☐ MICHAEL
- ☐ OLIVER
- ☐ PATRICK
- ☐ PAUL
- ☐ PHILLIP
- ☐ ROBERT
- ☐ RUDOLPH
- ☐ SAMUEL
- ☐ VICTOR
- ☐ VIRGIL
- ☐ WENDELL
- ☐ WILLIAM

O	N	T	Y	E	R	A	C	B	L	E	S	S	E	J
D	I	O	N	R	O	B	E	R	T	S	I	L	L	E
O	L	I	V	E	R	R	L	L	E	D	N	E	W	L
L	W	A	T	K	N	I	R	E	B	D	C	I	N	D
A	I	E	N	A	K	A	M	L	U	N	U	N	I	R
P	E	G	R	O	E	G	A	K	E	M	M	A	V	O
O	H	D	R	D	D	E	X	R	C	A	A	D	L	T
H	P	I	H	I	N	R	W	T	H	I	H	S	E	C
P	L	G	L	J	V	A	E	V	A	L	R	C	M	I
E	O	N	L	L	L	L	L	J	R	L	E	T	I	V
S	D	S	E	E	I	D	L	U	L	I	M	E	A	M
O	U	W	S	B	N	P	G	L	E	W	L	X	H	P
J	R	T	A	D	E	N	N	I	S	H	E	N	R	Y
O	E	C	I	R	E	U	L	U	A	P	L	R	A	C
R	L	Y	R	A	D	A	X	S	I	W	E	L	Y	J

15 . . . AND HERS 15

We've declared a Word Seek Ladies' Day with this list containing women's names.

- ☐ AGNES
- ☐ ALICE
- ☐ ANDREA
- ☐ ANNE
- ☐ BERNICE
- ☐ CARLA
- ☐ CARRIE
- ☐ CLARA
- ☐ CLAUDIA
- ☐ DAWN
- ☐ DENISE
- ☐ DIANE
- ☐ DONNA
- ☐ EDITH
- ☐ EDWINA
- ☐ ELLIE
- ☐ EMILY
- ☐ ERICA
- ☐ FRANCES
- ☐ FRIEDA
- ☐ GAYLE
- ☐ GLENDA
- ☐ IVA
- ☐ JACLYN
- ☐ JEAN
- ☐ JESSICA
- ☐ JULIE
- ☐ LAURIE
- ☐ LESLIE
- ☐ LOIS
- ☐ LOUISE
- ☐ MAXINE
- ☐ MELANIE
- ☐ MICHELLE
- ☐ MILLIE
- ☐ OLIVIA
- ☐ PAULA
- ☐ PHYLLIS
- ☐ SUSAN
- ☐ THERESA
- ☐ WENDY
- ☐ WILMA

W	I	L	M	A	D	E	I	R	F	H	Y	V	Y	S
H	P	D	A	V	E	I	X	V	T	X	D	S	T	I
G	A	D	E	C	N	L	O	I	S	W	N	H	E	V
E	U	E	I	Y	I	S	D	L	H	L	E	D	Y	A
J	L	L	R	M	S	E	E	I	R	R	W	A	L	C
E	A	Y	U	D	E	L	X	C	E	I	N	W	I	I
A	F	C	A	E	N	L	M	S	N	N	S	N	M	S
N	O	G	L	G	E	A	A	A	E	A	G	N	E	S
S	I	L	L	Y	H	P	X	N	R	I	R	L	J	E
O	I	E	I	F	N	L	I	N	I	A	L	F	U	J
E	N	N	R	V	O	E	N	O	P	E	L	L	L	B
X	H	D	C	U	I	E	E	D	H	X	S	C	I	Y
E	N	A	I	D	U	A	L	C	A	R	L	A	E	M
V	L	S	B	E	R	N	I	C	E	I	R	R	A	C
J	E	R	I	C	A	M	P	J	U	N	A	S	U	S

16 BABY TALK 16

Baby animals have specific names, and we have hidden some of them in the puzzle diagram. Can you find the menagerie of animal offspring below?

- ☐ BABY (monkey)
- ☐ BUNNY (rabbit)
- ☐ CALF (cow)
- ☐ CHICK (chicken)
- ☐ CODLING (codfish)
- ☐ COLT (horse)
- ☐ CUB (bear)
- ☐ CYGNET (swan)
- ☐ DUCKLING (duck)
- ☐ EAGLET (eagle)
- ☐ ELVER (eel)
- ☐ EYAS (hawk)
- ☐ FARROW (pig)
- ☐ FAWN (deer)
- ☐ FILLY (horse)
- ☐ FRY (fish)
- ☐ GOSLING (goose)
- ☐ JOEY (kangaroo)
- ☐ KID (goat)
- ☐ KITTEN (cat)
- ☐ LAMB (sheep)
- ☐ LEVERET (hare)
- ☐ MAMOSE (sturgeon)
- ☐ NESTLING (bird)
- ☐ NYMPH (insect)
- ☐ PIGLET (pig)
- ☐ POULT (turkey)
- ☐ PULLET (hen)
- ☐ PUPA (insect)
- ☐ PUPPY (dog)
- ☐ SHOAT (pig)
- ☐ SPAT (oyster)
- ☐ TADPOLE (frog)
- ☐ WHELP (wolf)

B	L	W	S	F	E	A	T	Y	T	L	M	G	R	S
S	A	Y	C	D	D	U	E	V	A	D	R	A	A	E
U	M	U	P	R	H	U	I	J	O	E	Y	Y	U	W
U	B	Y	B	P	R	K	C	I	H	C	E	W	G	E
S	U	L	M	U	U	C	N	K	S	E	G	H	C	F
G	N	Y	G	C	A	P	U	P	L	K	G	G	A	R
K	N	R	N	W	O	Y	C	V	I	I	L	W	T	Y
O	Y	I	I	D	O	D	E	B	M	G	N	R	P	L
T	E	L	L	U	P	R	L	W	G	A	L	G	D	E
L	L	U	S	T	S	F	R	I	D	T	M	E	M	V
O	O	S	O	P	S	S	I	A	N	A	A	O	T	E
C	P	D	G	Y	L	E	F	L	F	G	L	P	S	R
T	D	K	I	T	T	E	N	F	L	A	C	N	S	E
B	A	B	Y	K	D	I	H	E	C	Y	G	N	E	T
E	T	L	U	O	P	R	T	W	C	W	R	S	B	L

17 BEACH HOUSES 17

"A surfer dude's home is his sandcastle," puts a new spin on an old saying. Become an architect of the beach and let your creative side take over as you sculpt beautiful abodes from ordinary sand.

☐ BEACH
☐ BLANKET
☐ BUCKET
☐ BUILD
☐ CASTLE
☐ COAST
☐ CRAFT
☐ CREATE
☐ CRUMBLE
☐ DESIGN
☐ DIG
☐ HANDFUL
☐ HOLE
☐ KICK
☐ KNOCK down
☐ LAYER
☐ LEVEL
☐ MUDDY
☐ OCEAN
☐ PAIL
☐ PILE
☐ PLAY
☐ POUR
☐ SAND
☐ SCULPT
☐ SHAPE
☐ SHELL
☐ SHORE
☐ SHOVEL
☐ SOFT
☐ SPOON
☐ SUMMER
☐ TIDE
☐ WALK
☐ WATER
☐ WORK

C	C	I	H	E	D	E	H	T	F	K	L	F	W	S
H	W	A	T	E	R	D	P	E	O	S	H	S	H	L
R	A	C	S	M	K	E	K	K	P	S	H	O	R	E
L	L	I	A	P	W	N	Y	N	R	E	V	A	L	V
V	K	U	O	D	O	A	T	A	L	E	K	B	Y	E
M	O	U	C	C	R	O	B	L	L	F	M	L	D	L
D	R	A	K	A	K	I	N	B	T	U	T	M	D	I
G	W	C	D	E	S	I	G	N	R	F	L	C	U	P
G	I	D	N	H	P	T	D	C	A	P	O	H	M	S
K	T	R	A	T	Y	L	L	R	S	H	A	S	W	U
Y	U	P	S	A	I	O	C	E	A	N	D	N	T	R
O	E	N	L	U	F	D	N	A	H	C	A	E	B	V
A	H	P	B	U	C	K	E	T	A	L	R	D	T	T
G	N	A	G	V	C	O	H	E	R	S	A	W	K	F
M	S	V	K	D	W	S	F	Y	U	K	P	U	K	W

18 TAKE COVER 18

Illustrator Norman Rockwell is best known for his delightful "Saturday Evening Post" magazine covers. But he also supplied illustrations for other magazines, including "Life" and "Ladies Home Journal," and illustrated books, notably "Tom Sawyer" and "Huckleberry Finn." Below are titles of Rockwell covers.

- ☐ Knothole BASEBALL
- ☐ BRIDGE Game
- ☐ CARNIVAL
- ☐ The CHAR-WOMAN
- ☐ The CHOIRBOY
- ☐ Toss the COIN
- ☐ COM-MUTERS
- ☐ The CONNOIS-SEUR
- ☐ The CRITIC
- ☐ The Big DATE
- ☐ The DUGOUT
- ☐ The FIREMAN
- ☐ G.I. BILL
- ☐ The GOSSIPS
- ☐ Saying GRACE
- ☐ The GRADUATE
- ☐ HOME-COMING
- ☐ Bob HOPE
- ☐ IKE
- ☐ Gamal Abdel NASSER
- ☐ PIANO Tuner
- ☐ After the PROM
- ☐ The ROOKIE
- ☐ The RUNAWAY
- ☐ The Holiday RUSH
- ☐ The SODA Jerk
- ☐ SOLITAIRE
- ☐ War STORIES
- ☐ TATTOO artist
- ☐ Missing TOOTH
- ☐ The Ski TRAIN
- ☐ The First TV SET
- ☐ The Three UMPIRES
- ☐ The WAR Bond
- ☐ The Window WASHER
- ☐ WELL!
- ☐ WHICH One?

W	Y	Y	P	N	C	C	M	O	O	T	T	A	T	G
H	N	A	S	S	E	R	E	H	S	A	W	F	T	E
I	E	I	W	C	O	M	M	U	T	E	R	S	R	G
C	S	C	F	A	T	E	S	V	T	N	B	I	A	D
H	O	T	A	I	N	A	D	H	C	E	A	E	I	I
O	A	N	O	R	R	U	T	A	H	T	S	H	N	R
I	V	T	N	R	G	E	R	O	I	A	E	S	C	B
R	A	O	C	O	I	N	M	L	O	U	B	T	H	E
B	G	O	U	N	I	E	O	A	R	D	A	F	A	A
O	I	T	E	V	C	S	S	U	N	A	L	G	R	D
Y	F	H	A	O	P	R	S	L	E	R	L	O	W	O
I	D	L	M	T	R	H	I	E	I	G	O	A	O	S
S	P	I	S	S	O	G	O	T	U	K	R	T	M	R
O	N	A	I	P	M	U	M	P	I	R	E	S	A	Y
G	I	B	I	L	L	E	W	E	E	C	S	B	N	W

19 TREE TOWNS 19

Don't pine away the hours searching for a fun activity. Get spruced up, find a friend, and go plumb loco with delight as you solve this puzzle containing the names of towns named after trees.

- ☐ ALDER, Mont.
- ☐ ALMOND, Wis.
- ☐ APPLE Creek, Ohio
- ☐ ARBUTUS, Md.
- ☐ ASPEN, Colo.
- ☐ BAY CITY, Oreg.
- ☐ BEECH Island, S.C.
- ☐ BLUE ASH, Ohio
- ☐ BOX ELDER, Mont.
- ☐ BUCKEYE, Ariz.
- ☐ CEDAR Key, Fla.
- ☐ COTTON-WOOD, Ala.
- ☐ ELM CITY, (N.C.)
- ☐ EVER-GREEN, Ala.
- ☐ HOLLY, Colo.
- ☐ JOSHUA Tree, Calif.
- ☐ LINDEN, (N.J.)
- ☐ MAGNO-LIA, Miss.
- ☐ MESQUITE, (N.M.)
- ☐ MULBERRY, Ark.
- ☐ OAK CITY, (N.C.)
- ☐ ORANGE, Texas
- ☐ PALMETTO, Ga.
- ☐ PEACHTREE City, Ga.
- ☐ PINE, Ariz.
- ☐ PLUM, Pa.
- ☐ RED OAK, Texas
- ☐ SPRUCE Pine, (N.C.)
- ☐ TUPELO, Miss.
- ☐ WILLOW Run, Mich.
- ☐ YELLOW Pine, Idaho
- ☐ YUCCA, Ariz.

H	X	O	Q	A	Y	E	S	C	W	O	L	L	I	W
B	A	X	C	R	X	M	N	H	B	H	W	N	C	B
B	U	C	K	E	Y	E	T	I	U	Q	S	E	M	R
A	U	E	A	G	A	Q	V	T	P	Q	I	N	U	E
Y	M	C	P	Q	M	U	R	E	D	O	A	K	C	D
C	R	U	P	E	A	C	H	T	R	E	E	O	X	L
I	L	R	L	B	G	R	M	S	O	G	T	T	H	A
T	U	P	E	P	N	H	B	A	O	T	R	T	S	L
Y	O	S	T	B	O	R	K	U	O	J	Q	E	A	M
E	T	Q	A	L	L	C	A	N	T	L	J	M	E	O
L	U	I	L	U	I	U	W	D	I	U	Y	L	U	N
L	P	Y	C	T	A	O	M	N	E	P	S	A	L	D
O	E	X	Y	M	O	A	D	X	D	C	V	P	B	S
W	L	R	E	D	L	E	X	O	B	E	E	C	H	K
H	O	H	T	W	N	E	G	N	A	R	O	G	M	B

20 Y'S AND WHEREFORES 20

Y is bringing up the rear in this brain teasing puzzle whose entries all end in Y. As an added hint, all of the hidden words contain 5 letters. We have looped one entry for you and provided the first letters of those remaining. The word list is given on page 483.

A NNO Y
A _____ Y
B _____ Y
B _____ Y
B _____ Y
C _____ Y
C _____ Y
C _____ Y
C _____ Y
D _____ Y
D _____ Y
D _____ Y
D _____ Y
D _____ Y
D _____ Y
D _____ Y
D _____ Y
D _____ Y
E _____ Y
E _____ Y
E _____ Y
E _____ Y
E _____ Y
E _____ Y
E _____ Y
E _____ Y

F _____ Y
F _____ Y
F _____ Y
H _____ Y
H _____ Y
H _____ Y

I _____ Y
I _____ Y
J _____ Y
L _____ Y
M _____ Y
M _____ Y

P _____ Y
P _____ Y
S _____ Y
S _____ Y
S _____ Y
T _____ Y

S	T	U	D	Y	E	Y	R	A	I	D	D	L	N	Z
M	O	N	E	Y	N	O	R	I	V	O	R	Y	Z	S
U	J	F	R	I	J	E	B	R	P	S	M	S	C	Y
M	E	A	B	O	O	T	Y	H	E	D	E	A	A	R
P	V	N	Y	A	Y	P	E	N	A	B	R	C	D	R
Y	Y	C	V	F	L	A	E	I	O	R	E	M	E	E
N	T	Y	N	O	V	M	S	N	Y	D	D	A	C	F
N	X	R	D	Y	Y	Y	Y	Y	D	Z	I	C	O	E
E	I	T	A	A	L	T	Y	O	N	N	A	R	Y	J
P	S	N	V	P	I	I	P	K	A	N	P	R	T	E
T	H	E	P	N	A	R	O	M	C	J	U	R	C	Y
O	V	A	S	L	D	I	Y	D	E	U	Y	F	N	N
D	T	R	P	S	S	I	L	L	Y	R	L	A	A	U
A	Z	L	V	P	A	H	L	H	F	S	C	A	V	H
Y	C	Y	B	Z	Y	Y	R	R	U	H	Z	Y	J	F

21 | 23 SKIDDOO | 21

Enjoy a combination of numbers and words with this puzzle containing some well-known phrases and descriptions that feature numbers. Find all the words and consider yourself one in a million!

- ☐ 5th AMENDMENT
- ☐ 90-degree ANGLE
- ☐ 1-man BAND
- ☐ 4-poster BED
- ☐ 20th CENTURY
- ☐ 3-ring CIRCUS
- ☐ 4-leaf CLOVER
- ☐ 3rd DEGREE
- ☐ 4-wheel DRIVE
- ☐ 7 DWARFS
- ☐ 6-cylinder ENGINE
- ☐ 5-star GENERAL
- ☐ 10-gallon HAT
- ☐ 7th HEAVEN
- ☐ 11th HOUR
- ☐ 9 INNINGS (baseball)
- ☐ 88 KEYS (piano)
- ☐ 3-point LANDING
- ☐ 26 LETTERS (alphabet)
- ☐ 12-mile LIMIT
- ☐ 1 in a MILLION
- ☐ 8 NOTES (octave)
- ☐ 6-PACK
- ☐ 6 POINTS (touchdown)
- ☐ 7 hills of ROME
- ☐ 21-gun SALUTE
- ☐ 10-o'clock SCHOLAR
- ☐ 6th SENSE
- ☐ 10-gauge SHOTGUN
- ☐ 5 SIDES (pentagon)
- ☐ 50 STATES
- ☐ 13 STRIPES (flag)
- ☐ 3-piece SUIT
- ☐ 2-edged SWORD
- ☐ 8-track TAPE
- ☐ 20-mule TEAM
- ☐ 1-horse TOWN
- ☐ 76 TROMBONES
- ☐ 20-20 VISION
- ☐ 3rd WORLD

N	O	I	S	I	V	P	R	D	R	I	V	E	N	H
E	P	A	T	T	I	M	I	L	R	S	T	S	B	D
L	M	G	M	A	N	G	L	E	B	U	K	E	S	B
C	L	O	V	E	R	I	V	Y	L	C	D	T	S	G
D	V	O	R	C	N	O	O	A	A	R	R	O	E	E
W	W	V	T	N	O	D	S	P	T	I	I	N	D	N
A	G	A	I	H	E	N	M	R	P	C	G	W	I	E
R	H	N	S	G	K	I	O	E	E	I	I	O	S	R
F	G	T	R	E	H	M	S	I	N	T	V	T	C	A
S	D	E	Y	H	B	T	A	E	L	T	T	E	H	L
E	E	S	H	O	T	G	U	N	H	L	N	E	O	D
N	T	G	N	I	D	N	A	L	O	T	I	H	L	T
S	H	E	A	V	E	N	T	I	U	S	U	M	A	K
E	S	T	A	T	E	S	A	R	R	S	W	O	R	D
G	I	G	U	M	O	D	Y	B	D	D	L	R	O	W

22 ZIGZAG 22

Instead of reading in a straight line, each entry has one bend in it. One entry has been looped for you.

☐ ALLIGATOR
☐ ART DECO
☐ AWNING
☐ BAKERY
☐ BUREAU-CRAT
☐ CARIBBEAN
☐ CARPET
☐ CHALET
☐ DREAM-LAND
☐ ELECTRUM
☐ EVER-GREEN
☐ FOOTSTEP
☐ GAMBIT
☐ GLIMMER
☐ GUESS
☐ HYPNOTIZE
☐ INVEST
☐ JUNCTION
☐ KETCHUP
☐ LENDING
☐ MONKEYS
☐ ORATOR
☐ OTTAWA
☐ PAYER
☐ PERMIT
☐ RECYCLE
☐ SUNSPOT
☐ SUPERB
☐ TOWNSFOLK
☐ TRUMPET
☐ UMPIRE
☐ UNUSED
☐ VENTILATE
☐ WARBLE
☐ WESTWARD
☑ ZIGZAG

G	N	I	D	N	B	P	A	Y	E	C	O	E	A	G
A	T	E	E	W	E	U	C	C	D	R	V	T	M	W
E	L	L	S	R	K	E	R	L	T	E	N	E	O	A
Y	K	I	U	E	R	L	R	E	R	G	I	P	S	T
S	P	N	T	M	M	I	L	G	A	S	M	B	A	T
T	U	C	O	N	W	R	Y	Z	W	U	U	R	B	O
E	H	N	P	M	E	V	G	P	R	A	C	P	R	E
R	A	C	S	K	S	V	I	T	E	O	E	A	E	L
I	I	D	A	O	T	I	Z	E	D	T	T	J	Y	E
P	F	B	N	I	W	T	F	R	S	M	U	R	T	C
M	U	P	B	A	P	M	O	T	G	N	I	N	H	J
T	Y	M	R	E	L	T	O	W	C	S	W	A	R	B
H	A	D	R	E	A	M	Y	T	N	A	S	L	L	K
T	G	M	O	G	D	N	I	O	N	S	V	E	U	G
E	I	W	I	L	L	A	L	K	L	O	F	T	A	E

23 NUMBER SEEK 23

Solve this puzzle by seeking numbers instead of letters.

☐ 03204
☐ 05465
☐ 15321
☐ 19231
☐ 24070
☐ 24148
☐ 24927
☐ 25087
☐ 25591
☐ 28359
☐ 28763
☐ 30003
☐ 30663
☐ 31191
☐ 31481
☐ 35811
☐ 37774
☐ 38059
☐ 38754
☐ 41040
☐ 41236
☐ 41583
☐ 42493
☐ 45283
☐ 45870
☐ 46500
☐ 46874
☐ 51005
☐ 51867
☐ 52662
☐ 54431
☐ 54701
☐ 54973
☐ 55401
☐ 58039
☐ 58393
☐ 61539
☐ 61750
☐ 62668
☐ 69335
☐ 77159
☐ 77364
☐ 79539
☐ 82280
☐ 83439
☐ 89808
☐ 94528
☐ 96360
☐ 96470
☐ 96572

1	1	7	5	6	3	2	1	4	2	5	5	9	1	9
5	1	8	3	7	5	8	0	3	9	7	6	2	5	2
3	8	0	9	8	7	1	8	0	4	4	8	1	8	4
2	5	5	5	3	7	0	0	3	7	4	7	3	0	9
1	3	2	9	1	5	5	4	0	1	7	5	7	3	2
9	1	9	8	9	8	1	4	0	5	9	3	1	2	7
5	4	0	4	3	6	6	6	0	0	4	3	6	0	5
2	8	0	7	2	8	5	7	3	9	5	9	4	4	1
4	1	7	8	4	4	4	7	4	3	3	6	7	3	2
1	7	8	6	9	5	5	5	2	6	2	9	4	3	8
4	0	5	4	6	5	2	8	6	6	2	6	3	8	2
8	2	4	3	3	8	8	0	4	0	1	4	0	8	4
4	5	2	6	6	2	3	8	5	1	4	8	7	4	5
6	1	7	5	0	7	0	4	2	3	9	6	8	7	7
0	2	1	2	2	0	8	2	2	8	3	1	1	9	1

24 PTA TODAY 24

The largest PTA organization is the National Congress of Parents and Teachers, founded in 1897 as the National Congress of Mothers and broadened in 1908 to include teachers. It was created to promote the welfare of children, raise the standards of home life, and bring about a closer relationship between the home and the school.

- ☐ ACTIVITY
- ☐ AGENDA
- ☐ ASSIST
- ☐ AWARD
- ☐ BAKE SALE
- ☐ BOOKS
- ☐ CALL
- ☐ CHAPTER
- ☐ COMMITTEE
- ☐ CONCERN
- ☐ DONATION
- ☐ FUNDS
- ☐ HELP
- ☐ IDEAS
- ☐ IMPROVE
- ☐ MEETING
- ☐ MEMBER
- ☐ MINUTES
- ☐ MONEY
- ☐ OFFICER
- ☐ ORDER
- ☐ ORGANIZE
- ☐ PARENT
- ☐ PLAN
- ☐ PRESIDENT
- ☐ PRINCIPAL
- ☐ PROGRAM
- ☐ QUALITY
- ☐ REPORT
- ☐ SCHOOL
- ☐ SERVICE
- ☐ STUDENT
- ☐ SUPPLIES
- ☐ SUPPORT
- ☐ TEACHER
- ☐ VOTE
- ☐ WORK

```
B P B O O K S P T M K R O W P
U A P R P M R S U P P O R T C
Q S K D H O I R E C I F F O A
T V E E G S I N O I T A N O D
O I L R S F S M U Y L C D T N
R P A A V A M T P T E P K I E
G M F Y E I L M N R E N P T G
A H W D T R C E N E O S O U A
N T I T E I D E Z T D V B M S
I N E P U I V T N P E U E F C
Z E O A S Y T I L A U Q T Z H
E R K E C W Z N T H L L B S O
T A R N B H M G V C L P H A O
F P M E M B E R A W A R D W L
R S D N U F P R I N C I P A L
```

25 KNOW THYSELF 25

Carl Jung (1875-1961) was a Swiss psychiatrist who explored the relationships between dreams, mythology, and the unconscious mind. The names of some who have contributed to psychology and understanding the human mind are included in the list.

- ☐ ADLER, Alfred
- ☐ ALLPORT, Gordon
- ☐ AMES, Adelbert, Jr.
- ☐ BETTELHEIM, Bruno
- ☐ BINET, Alfred
- ☐ CATTELL, James
- ☐ CLARK, Kenneth
- ☐ DEWEY, John
- ☐ ELLIS, Havelock
- ☐ FREUD, Sigmund
- ☐ FROMM, Erich
- ☐ HALL, (G.) Stanley
- ☐ HARLOW, Harry
- ☐ HORNEY, Karen
- ☐ HULL, Clark
- ☐ JUDD, Charles
- ☐ JUNG, Carl
- ☐ KOFFKA, Kurt
- ☐ KOHLER, Wolfgang
- ☐ LASHLEY, Karl
- ☐ MASLOW, Abraham
- ☐ MEAD, George
- ☐ PAVLOV, Ivan
- ☐ PIAGET, Jean
- ☐ ROGERS, Carl
- ☐ SKINNER, (B.F.)
- ☐ SPOCK, Benjamin
- ☐ TERMAN, Lewis
- ☐ THORNDIKE, Edward
- ☐ THURSTONE, Louis
- ☐ TITCHENER, Edward
- ☐ TOLMAN, Edward
- ☐ WATSON, John
- ☐ WUNDT, Wilhelm
- ☐ YERKES, Robert

C	N	F	R	O	M	M	U	G	F	Y	H	D	I	T
L	L	U	H	E	J	Y	C	C	N	A	D	L	R	F
S	E	M	A	K	F	F	O	K	D	U	E	R	F	U
T	E	D	R	I	T	T	M	L	J	J	J	B	G	Y
H	A	L	L	D	H	R	E	N	E	H	C	T	I	T
U	R	T	O	N	N	R	O	G	E	R	S	E	R	U
R	Y	E	W	R	A	A	M	P	A	C	O	V	W	N
S	E	C	L	O	M	Y	W	A	L	I	O	I	E	K
T	N	N	A	H	L	E	U	A	S	L	P	L	K	T
O	R	A	N	T	O	R	R	Y	V	L	A	C	D	E
N	O	U	M	I	T	K	W	A	T	S	O	N	E	N
E	H	O	A	R	K	E	P	A	H	P	U	W	W	I
B	S	I	L	L	E	S	L	L	S	W	K	M	E	B
C	A	L	B	E	T	T	E	L	H	E	I	M	Y	R
Y	D	U	B	M	Y	Y	H	B	K	I	N	P	B	P

26 FINANCIAL AID 26

If you play the stock market, you might profit from the experience! Let us raise your interest by urging you to invest some time in this puzzle about the world of finance.

- ☐ ACCOUNT
- ☐ ASSETS
- ☐ BANK
- ☐ BOND
- ☐ BROKERAGE
- ☐ CALL
- ☐ CAPITAL
- ☐ CHECK
- ☐ COUPON
- ☐ CURRENCY
- ☐ DEPOSIT
- ☐ DIVIDEND
- ☐ EARNINGS
- ☐ EQUITY
- ☐ GROWTH
- ☐ INCOME
- ☐ INTEREST
- ☐ INVEST-MENT
- ☐ ISSUE
- ☐ LOAN
- ☐ MARGIN
- ☐ MARKET
- ☐ MERGER
- ☐ MONEY
- ☐ MUTUAL fund
- ☐ OPTION
- ☐ PORTFOLIO
- ☐ PROFIT
- ☐ REVENUE
- ☐ RISK
- ☐ SECURITIES
- ☐ SELL
- ☐ SHARES
- ☐ STOCK
- ☐ TAKEOVER
- ☐ TRADE

P	M	Y	N	N	C	W	R	L	G	T	O	L	E	T
S	U	A	E	G	A	R	E	K	O	R	B	L	L	S
G	E	C	V	N	F	D	T	P	A	A	O	I	A	E
N	C	C	V	T	I	S	O	P	E	D	N	W	U	R
I	O	O	U	M	E	R	G	E	R	E	D	T	T	A
N	U	U	K	R	T	B	K	N	S	D	L	L	U	H
R	P	N	E	F	I	C	A	P	I	T	A	L	M	S
A	O	T	O	K	E	T	U	V	R	G	E	E	A	K
E	N	L	S	H	U	Q	I	R	G	O	R	S	N	C
I	I	I	C	M	N	D	G	E	R	O	F	A	S	M
O	R	E	V	O	E	K	A	T	S	E	B	I	M	A
N	K	N	I	N	V	E	S	T	M	E	N	T	T	R
V	W	T	D	E	E	M	O	C	N	I	L	C	K	K
R	P	H	W	Y	R	C	I	E	Q	U	I	T	Y	E
O	L	B	H	A	K	O	Q	D	E	U	S	S	I	T

27 DREAM WEAVER 27

Television's "I Dream of Jeannie" ran from 1965 to 1970. At first, Jeannie, a genie, appeared only for Captain Anthony Nelson, who freed her from her bottle. As time went by, she became more outgoing and visible to all, and on the December 2, 1969, episode Captain Nelson and Jeannie were wed.

- ☐ AMANDA Bellows
- ☐ ANTICS
- ☐ ASTRONAUT
- ☐ BOTTLE
- ☐ CAPTAINS
- ☐ CLEVER
- ☐ COCOA Beach, Fla.
- ☐ DAILY, Bill
- ☐ DESERT island
- ☐ DR. ALFRED Bellows
- ☐ EDEN, Barbara
- ☐ GENIE
- ☐ HAGMAN, Larry
- ☐ HAYWORTH, Vinton
- ☐ HENRY, Emmaline
- ☐ HUMOR
- ☐ JEANNIE
- ☐ MACLANE, Barton
- ☐ MAGIC
- ☐ MARTIN Peterson
- ☐ MASTER
- ☐ MELISSA Stone
- ☐ OBER, Philip
- ☐ POWERS
- ☐ ROGER Healey
- ☐ ROMANCE
- ☐ RORKE, Hayden
- ☐ SERIES
- ☐ SHARPE, Melissa
- ☐ SITUATION comedy
- ☐ SPACE mission
- ☐ TELEVISION
- ☐ TONY Nelson
- ☐ WINFIELD Schaeffer
- ☐ WINGARD Stone

```
D H T R O W Y A H C I G A M Y
W V H M D I M S N C G N E R O
P O W E R S U T U T L L N O U
N E C N A M O R O T I E V R B
V Y N S G A S O O S H C V K J
J W J O N E N N S T R E S E D
J S D N I I Y A H A G M A N R
E M R R W S A U A G N N O A O
D A E E A S I T R G N I C L M
J S L C B L K V P I T T O C U
G T N V A O F U E A D R C A H
I E G K M P T R U L C A T M I
A D N A M A S T E R E M I N G
W E W I N F I E L D D T D L G
P N C R E S R O G E R N U N Y
```

28 MANAGE IT 28

Take charge with this Word Seek featuring managerial words of 4 or more letters hidden in the diagram below. We have looped one word to start your list and provided the first letters of those remaining.

Word list on page 486

A DVISE ________
A ________
A ________
C ________
C ________
C ________
C ________
D ________
D ________
D ________
E ________
E ________
E ________
E ________
E ________
G ________
G ________
H ________
I ________
I ________
I ________
L ________
M ________

M ________
M ________
O ________
P ________
P ________
P ________

R ________
R ________
S ________
S ________
S ________
W ________

I	M	R	O	F	N	I	I	E	E	L	D	N	A	H
G	U	I	D	E	L	N	A	T	T	A	F	R	B	E
T	P	G	N	N	D	N	D	A	E	U	R	U	I	N
C	O	F	E	I	G	I	V	L	R	A	C	L	B	G
E	D	E	C	E	S	I	I	U	N	E	S	E	L	A
F	X	A	D	U	S	T	S	G	O	C	U	S	X	G
F	T	T	R	I	A	R	E	E	N	I	G	N	E	E
E	G	A	C	S	S	X	E	R	D	N	G	U	L	T
S	U	P	S	U	P	E	R	V	I	S	E	O	R	A
R	H	P	G	L	D	E	R	A	O	T	S	C	W	C
U	M	O	A	O	T	N	T	P	O	R	T	A	C	O
B	T	I	W	S	V	N	O	L	O	U	T	S	S	V
S	N	R	A	W	I	E	I	C	T	C	E	R	I	D
I	L	M	N	A	L	P	R	P	H	T	W	N	C	A
D	N	A	M	M	O	C	O	N	T	R	O	L	I	W

29 HOME VIDEO 29

Cherish special moments with a video library of the once-in-a-lifetime events that have touched your life. Lights, camera, and begin searching for the words associated with home videos!

- ☐ ANGLE
- ☐ AUDIENCE
- ☐ AUDIO
- ☐ CAMCORDER
- ☐ CEREMONY
- ☐ CREATIVE
- ☐ EDIT
- ☐ ENDING
- ☐ ENJOY
- ☐ EQUIPMENT
- ☐ FAMILY
- ☐ FILM
- ☐ FINISH
- ☐ FOCUS
- ☐ FOOTAGE
- ☐ HOBBY
- ☐ LENGTH
- ☐ LENS
- ☐ LIGHTING
- ☐ LOCATION
- ☐ MOVIE
- ☐ PARTY
- ☐ PICTURE
- ☐ PLAY
- ☐ PRODUCTION
- ☐ PROGRAM
- ☐ RECORD
- ☐ SCREEN
- ☐ SEQUENCE
- ☐ SHOT
- ☐ SPORTING event
- ☐ TAPE
- ☐ VACATION
- ☐ WATCH
- ☐ WEDDING

R	D	H	J	D	D	W	O	L	C	E	B	F	W	O
S	M	A	R	G	O	R	P	A	R	T	Y	A	L	P
L	C	O	R	E	C	N	E	U	Q	E	S	M	N	U
S	E	R	L	S	P	R	O	D	U	C	T	I	O	N
E	G	V	E	N	J	O	Y	I	R	W	T	L	I	N
U	R	U	N	E	C	E	R	E	M	O	N	Y	T	O
L	F	U	G	L	N	E	A	N	R	T	C	P	A	I
A	I	E	T	N	S	T	G	C	N	G	R	M	C	T
U	L	G	H	C	I	N	I	E	N	H	O	F	A	A
D	M	A	H	V	I	D	M	I	H	V	O	P	V	C
I	R	T	E	T	A	P	D	S	I	C	E	B	G	O
O	I	O	R	M	I	N	I	E	U	U	T	R	B	L
U	D	O	C	U	E	N	G	S	W	Y	O	A	C	Y
V	P	F	Q	E	I	G	G	L	A	E	H	O	W	Y
S	A	E	U	F	R	T	I	D	E	Y	S	E	U	U

30 KENTUCKY HOMES 30

Pack your bags and head out to Kentucky, the Bluegrass State, where the A to K counties whose names are listed below are located.

- ☐ ADAIR
- ☐ ALLEN
- ☐ BARREN
- ☐ BATH
- ☐ BELL
- ☐ BOONE
- ☐ BOURBON
- ☐ BOYD
- ☐ BOYLE
- ☐ BRACKEN
- ☐ BUTLER
- ☐ CARROLL
- ☐ CARTER
- ☐ CASEY
- ☐ CLARK
- ☐ CLAY
- ☐ CLINTON
- ☐ DAVIESS
- ☐ ELLIOTT
- ☐ ESTILL
- ☐ FAYETTE
- ☐ FLEMING
- ☐ FLOYD
- ☐ FULTON
- ☐ GARRARD
- ☐ GRANT
- ☐ GRAYSON
- ☐ GREEN
- ☐ HARDIN
- ☐ HARLAN
- ☐ HART
- ☐ HENRY
- ☐ HICKMAN
- ☐ JACKSON
- ☐ JOHNSON
- ☐ KENTON
- ☐ KNOTT
- ☐ KNOX

K	B	B	Y	N	K	O	Y	N	A	M	K	C	I	H
B	N	Y	J	A	C	K	S	O	N	U	H	N	A	R
B	T	O	L	X	L	R	X	D	G	O	B	R	O	K
O	O	L	T	H	E	C	F	R	S	A	T	E	S	X
O	E	U	G	T	Y	Y	A	A	R	H	K	L	X	J
N	A	L	R	A	H	Y	Y	R	Y	D	T	Y	U	C
E	G	A	E	B	S	N	E	R	E	L	T	U	B	F
K	C	Y	E	O	O	N	T	A	S	I	V	D	C	U
C	L	I	N	T	O	N	T	G	A	J	N	A	O	G
A	A	M	N	S	T	R	E	N	C	G	R	V	N	F
R	R	E	N	D	I	O	R	H	A	R	D	I	N	U
B	K	H	Y	A	Y	M	I	H	O	R	M	E	L	N
B	O	Y	D	L	B	O	Y	L	E	E	G	S	M	G
J	B	A	Y	S	B	E	L	L	L	I	T	S	E	N
V	I	H	N	H	G	K	F	F	H	E	N	R	Y	E

31 M-TV 31

It's MTV of a different kind as you tune in to television's M series with the shows below whose titles all begin with M.

- ☐ MACGYVER
- ☐ MADIGAN
- ☐ MAGNUM, (P.I.)
- ☐ MAJOR Dad
- ☐ MAKE Me Laugh
- ☐ MAKIN' IT
- ☐ MALIBU U.
- ☐ MAMA
- ☐ MANHUNT
- ☐ MANNIX
- ☐ MARCUS Welby, M.D.
- ☐ MARGIE
- ☐ MARIE
- ☐ MARKHAM
- ☐ MARRIED ...with Children
- ☐ MARY
- ☐ M*A*S*H
- ☐ MATLOCK
- ☐ MATT Houston
- ☐ MAUDE
- ☐ MAVERICK
- ☐ MAY-BERRY, (R.F.D.)
- ☐ MCCLOUD
- ☐ MCCOY
- ☐ MCHALE'S Navy
- ☐ MCMILLAN and Wife
- ☐ MEDIC
- ☐ MEET the Press
- ☐ MICKEY
- ☐ MIDNIGHT Caller
- ☐ MIKE Hammer
- ☐ MISTER Ed
- ☐ MORK and Mindy
- ☐ MOVIN' ON
- ☐ MURPHY Brown

X	M	A	R	C	U	S	Y	E	K	C	I	M	K	E
M	I	C	O	S	N	O	N	I	V	O	M	U	C	I
M	U	N	C	E	M	A	R	K	H	A	M	N	O	R
E	B	R	N	L	M	C	C	O	Y	A	A	G	L	A
A	D	O	P	A	O	T	G	B	M	L	V	A	T	M
B	E	U	J	H	M	U	E	A	L	P	E	M	A	A
K	I	O	A	C	Y	R	D	I	P	S	R	L	M	T
E	R	M	A	M	R	I	M	I	D	N	I	G	H	T
A	R	E	V	Y	G	C	A	M	L	B	C	S	R	P
V	A	D	N	A	M	I	K	E	U	E	K	A	M	I
J	M	I	N	I	H	A	I	U	H	R	M	Y	E	B
R	D	C	S	T	M	A	N	H	U	N	T	A	S	K
X	V	T	H	D	A	E	I	G	R	A	M	M	R	M
M	E	E	T	X	S	H	T	D	G	D	V	O	E	Y
R	N	E	B	H	H	T	R	K	N	C	M	M	P	R

32 KAYAK-ITY YAK 32

To read the river in kayaking is like reading the green in golf. Both terms call for analyzing the area of play to know what to expect and how best to prepare for the evident conditions. In kayaking it helps sportsmen decide what precautions to take, what equipment to use, and how much risk is involved.

☐ ADVENTURE
☐ AFT
☐ BOW
☐ CAST
☐ CHALLENGE
☐ CHUTES
☐ DECKS
☐ DRY PACK
☐ DUO
☐ EVENT
☐ FALLS
☐ FAST
☐ FIBERGLASS
☐ FOOT brace
☐ FUN
☐ GRIP
☐ HEAVY water
☐ HELMET
☐ HIP brace
☐ KEEL
☐ KNEE
☐ LINING
☐ LURE
☐ PADDLE
☐ PITCH
☐ POOL
☐ RACE
☐ RAPIDS
☐ READ the river
☐ RIVER
☐ ROLLING
☐ SAFETY
☐ SOUSE hole
☐ SPORT
☐ SPRAY
☐ STERN
☐ STROKES
☐ Wet SUIT
☐ TECHNIQUE
☐ THRILL
☐ TIDE
☐ TRIPS
☐ White WATER

D	T	D	A	E	R	C	T	S	A	F	E	T	Y	C
P	S	L	L	I	R	H	T	A	F	T	E	C	A	R
I	A	E	V	F	E	U	E	I	C	M	N	H	I	P
R	C	E	K	O	L	T	B	A	L	M	K	A	E	D
G	R	K	S	O	U	E	I	E	V	F	A	L	L	S
A	N	R	A	T	R	S	H	U	F	Y	I	L	T	F
E	D	I	B	G	E	T	H	Q	S	N	S	E	U	S
S	R	V	L	O	O	P	S	I	I	T	P	N	E	Y
U	M	A	E	L	W	V	W	N	O	R	R	G	L	E
O	S	P	P	N	O	A	G	H	U	I	A	E	D	U
S	L	T	Q	I	T	R	K	C	A	P	Y	R	D	R
P	K	I	E	E	D	U	K	E	I	S	E	C	A	I
V	U	C	R	R	D	S	R	T	R	O	P	S	P	O
U	L	L	E	M	N	I	C	E	V	E	N	T	U	F
A	T	S	M	D	Y	H	T	U	R	W	D	D	N	I

33 BOXES 33

All the entries in the list are found in the diagram in an unusual way. Each one reads either clockwise or counterclockwise around the edges of a box (sometimes a square and sometimes a rectangle).

- ☑ ANDROIDS
- ☐ ASTONISH
- ☐ BIRDBATH
- ☐ BISHOP
- ☐ BRONCO
- ☐ CASHEW
- ☐ CENTER
- ☐ CHEERFUL
- ☐ DOUBLE
- ☐ DYNASTIC
- ☐ ENSEMBLE
- ☐ FALCON
- ☐ FORTRESS
- ☐ GUITAR
- ☐ HYACINTH
- ☐ JAMBOREE
- ☐ LAUNCH
- ☐ LONGSHIP
- ☐ MARCHING
- ☐ NAMETAGS
- ☐ NESTLE
- ☐ OFFICE
- ☐ ORDNANCE
- ☐ PADDLEFISH
- ☐ PAGODA
- ☐ ROLL BARS
- ☐ SEA MOUSE
- ☐ SENTRY
- ☐ STARTS
- ☐ TOWN HALL
- ☐ UNLOCK
- ☐ UNMARKED
- ☐ VINEYARD
- ☐ WAGONS
- ☐ WILDCATS

W	C	A	E	S	E	A	F	I	C	O	D	A	L	H
E	H	S	I	U	S	S	F	O	E	U	E	U	N	C
F	P	J	F	O	E	R	T	R	D	B	L	B	A	E
T	A	C	E	M	A	J	A	I	Y	A	C	S	N	O
S	D	D	L	B	W	E	T	B	H	T	I	V	D	R
W	I	L	B	O	R	E	W	N	H	T	N	E	Y	A
D	I	E	M	A	N	S	O	M	A	E	E	R	B	O
S	O	E	E	T	A	G	T	L	L	R	C	O	N	C
A	R	N	S	A	H	O	P	B	O	N	L	A	F	R
N	D	O	T	C	S	I	B	A	R	U	O	H	U	E
U	A	G	O	N	I	T	S	R	S	K	C	R	L	E
V	P	A	W	S	U	A	S	G	E	L	T	I	C	H
O	L	P	I	N	G	R	T	N	N	E	S	E	D	O
N	G	S	H	L	M	Y	S	E	K	R	A	N	Y	N
U	E	D	C	R	A	U	N	D	U	N	M	P	R	Y

34 OPTICAL ALLUSIONS 34

Signals sent over fiber-optic cables need less amplification than those sent along conventional copper cables because the signals travel along a straight path, with little being lost to resistance. More signal gets to its destination, giving a clearer, crisper sound and picture.

- ☐ AUDIO
- ☐ CARRIER
- ☐ CLEAR
- ☐ CODES
- ☐ COMMUNI-CATION
- ☐ CONSIST-ENT
- ☐ DATA
- ☐ DELIVER
- ☐ DEVICES
- ☐ DIGITAL
- ☐ DYNAMIC
- ☐ FAST
- ☐ FULL
- ☐ GLASS
- ☐ INFORMA-TION
- ☐ INNOVA-TIVE
- ☐ LASER
- ☐ LIGHT
- ☐ LINK
- ☐ MASSIVE
- ☐ QUICK
- ☐ RANGE
- ☐ RECEIVE
- ☐ REPEAT
- ☐ SAND
- ☐ SEND
- ☐ SIGNAL
- ☐ SILICON
- ☐ SPEED
- ☐ STATIONS
- ☐ STRANDS
- ☐ STREAM
- ☐ SWIFT
- ☐ TECHNOLOGY
- ☐ THIN
- ☐ TRANSFER
- ☐ VIDEO
- ☐ VOICE
- ☐ VOLUME

C	W	R	G	A	T	A	D	K	C	I	U	Q	V	N
A	U	C	S	L	A	S	E	R	R	A	W	O	N	R
I	N	N	O	V	A	T	I	V	E	N	I	O	D	A
S	T	O	I	D	O	S	D	C	P	C	I	N	T	N
D	N	E	I	C	E	L	S	N	E	T	E	C	A	G
N	N	O	C	T	A	S	U	M	A	S	S	I	V	E
A	F	I	I	H	A	R	O	M	T	S	T	M	V	S
R	U	D	H	T	N	C	R	L	E	R	T	A	I	E
T	L	U	D	T	A	O	I	I	A	O	H	N	D	C
S	L	A	E	D	F	T	L	N	E	T	G	Y	E	I
I	N	C	L	N	M	I	S	O	U	R	I	D	O	V
G	N	L	I	N	K	F	W	A	G	M	L	G	N	E
N	D	E	V	D	E	E	P	S	F	Y	M	W	I	D
A	M	A	E	R	T	S	S	I	L	I	C	O	N	D
L	A	R	R	T	N	E	T	S	I	S	N	O	C	N

35 WIZARD WORDS 35

First loop in the diagram all the words listed below. Then read the left-over letters (any not looped), from left to right, top to bottom, to discover the Wizard's Words. The Wizard Word answer is on page 485.

_ _ _ _ _ _   _ _ _   _ _ _ _ _   _ _ _ _ _ _

_ _ _ _   _ _ _ _ _ _   _ _ _ _ _.

- ☐ ASLEEP
- ☐ BEAUTY sleep
- ☐ BLANKET
- ☐ BUNK
- ☐ COMFORTER
- ☐ COT
- ☐ CRADLE
- ☐ DOZE
- ☐ DREAM
- ☐ DROWSY
- ☐ EXHAUSTED
- ☐ GOOD night
- ☐ INSOMNIA
- ☐ Sleep LATE
- ☐ LETHARGY
- ☐ LULLABY
- ☐ MATTRESS
- ☐ NAPS
- ☐ NESTLE
- ☐ NIGHTGOWN
- ☐ PAJAMAS
- ☐ PILLOW
- ☐ REPOSE
- ☐ REST
- ☐ ROBE
- ☐ SACK
- ☐ SANDMAN
- ☐ SHEETS
- ☐ SLEEPY
- ☐ SLIPPERS
- ☐ SLUMBER
- ☐ Bedtime SNACK
- ☐ SNOOZE
- ☐ SNORE
- ☐ Bedtime STORY
- ☐ TIRED
- ☐ TOSS
- ☐ TURN
- ☐ WAKING
- ☐ WALK
- ☐ WARM milk

N	D	S	T	E	E	H	S	N	O	O	Z	E	T	P
C	R	L	P	E	O	P	D	O	O	G	K	O	L	E
R	O	U	W	A	E	S	O	P	E	R	C	H	O	P
A	W	M	T	I	N	S	O	M	N	I	A	S	A	Y
D	S	B	F	S	R	E	P	P	I	L	S	J	P	Y
L	Y	E	N	O	N	R	B	D	U	N	A	E	O	T
E	R	R	A	M	R	T	E	L	O	M	E	E	N	U
R	A	O	M	L	R	T	L	R	A	L	A	W	W	A
E	A	B	D	Y	S	A	E	S	S	N	O	E	S	E
S	S	E	N	U	B	M	W	R	F	G	K	L	R	B
T	A	L	A	Y	L	N	E	S	T	L	E	E	W	D
I	A	H	S	Y	G	R	A	H	T	E	L	A	T	E
R	X	W	A	K	I	N	G	S	P	I	L	L	O	W
E	Z	O	D	L	E	I	B	U	N	K	E	P	S	F
D	I	K	C	A	N	S	T	O	R	Y	R	S	S	T

36 SHARE-WARE 36

The New York Stock Exchange introduced stock tickers (ticker tape machines) in 1867. Today most have been replaced by computers that can list stock information on-screen.

- ☐ ACQUIRE
- ☐ AMEX
- ☐ BUY
- ☐ CHANGE
- ☐ CLIMB
- ☐ CLOSE
- ☐ DECLINE
- ☐ DROP
- ☐ FUNDS
- ☐ HIGHER
- ☐ HOLD
- ☐ IMMEDIATE
- ☐ INDICATOR
- ☐ INVESTOR
- ☐ JUMP
- ☐ LOWER
- ☐ MANAGE
- ☐ MARKET
- ☐ NASDAQ
- ☐ NEWS
- ☐ NYSE
- ☐ OPTION
- ☐ ORDER
- ☐ PRICE
- ☐ RAPID
- ☐ REPORT
- ☐ RISE
- ☐ RUSH
- ☐ SELL
- ☐ SIGNAL
- ☐ STOCK
- ☐ STOP
- ☐ SURGE
- ☐ SWING
- ☐ TRADE
- ☐ TRANSACT
- ☐ TREND
- ☐ UNLOAD

L	B	Y	E	G	R	U	S	H	K	A	L	R	B	X
N	O	I	T	P	O	K	M	Q	F	L	K	T	O	A
M	A	N	A	G	E	A	V	N	E	K	V	T	U	F
N	B	V	I	D	R	K	P	S	Q	T	C	P	A	K
Y	U	E	D	K	K	Y	L	W	R	A	C	O	G	Q
N	Y	S	E	I	X	A	D	E	S	F	D	T	T	X
G	W	T	M	D	N	Y	N	N	G	J	O	S	E	S
E	M	O	M	G	A	D	A	O	L	N	U	M	A	D
L	P	R	I	C	E	R	I	U	Q	C	A	M	C	N
H	X	S	J	C	T	Q	T	C	R	Y	Y	H	P	U
I	W	E	L	R	L	K	D	L	A	G	C	O	C	F
G	N	I	O	S	W	I	N	G	M	T	F	L	W	D
H	N	P	W	G	P	U	M	S	G	J	O	D	W	A
E	E	Y	E	A	Y	L	J	B	E	S	I	R	V	X
R	E	D	R	O	P	F	M	C	E	L	T	O	V	M

37 PAINT MISBEHAVIN' 37

Watercolor paints have a light, delicate texture that appears translucent when applied to a canvas. Watercolors were used in ancient times, but first gained wide popularity in England in the 1800s.

- ☐ ABSTRACT
- ☐ APPLY
- ☐ ARTIST
- ☐ BLURRY
- ☐ BRUSH
- ☐ CREATE
- ☐ DESIGN
- ☐ DIFFUSE
- ☐ DISPLAY
- ☐ DRAW
- ☐ DRYING
- ☐ EXHIBIT
- ☐ FLOW
- ☐ FLUID
- ☐ FORM
- ☐ FRAME
- ☐ GALLERY
- ☐ GLAZE
- ☐ IMMERSE
- ☐ LAYER
- ☐ LIGHT
- ☐ LIQUID
- ☐ METHOD
- ☐ PAINT
- ☐ PAPER
- ☐ PIGMENT
- ☐ SCENE
- ☐ SOFT
- ☐ SPACE
- ☐ SPLASH
- ☐ SPRAY
- ☐ SPREAD
- ☐ STYLE
- ☐ SUBJECT
- ☐ TEXTURE
- ☐ THIN
- ☐ TRANSPARENT
- ☐ WASH
- ☐ WATER
- ☐ WORK

T	R	W	O	R	K	Q	Y	B	R	U	S	H	T	S
R	E	T	A	W	T	L	E	L	D	D	Q	L	O	O
U	P	X	A	S	P	C	M	U	D	I	U	Q	I	L
S	A	Y	T	P	H	I	A	R	N	F	L	O	W	T
T	P	A	A	U	S	M	R	R	T	F	O	S	H	X
Y	G	L	F	O	R	M	F	Y	T	U	N	I	Y	W
L	T	P	A	T	N	E	R	A	P	S	N	A	R	T
E	U	S	I	S	P	R	A	Y	U	E	B	D	E	H
X	M	I	I	G	H	S	J	B	Y	O	A	A	L	G
C	E	D	D	T	M	E	J	I	E	E	W	O	L	I
R	T	R	R	S	R	E	B	F	R	E	Z	G	A	L
E	H	Y	A	Y	C	A	N	P	L	E	C	A	G	N
A	O	A	W	T	I	E	S	T	R	U	Y	A	L	S
T	D	E	S	I	G	N	N	N	T	N	I	A	P	G
E	X	H	I	B	I	T	G	E	I	N	I	D	L	S

38 CULTURAL CLOTHING 38

A sarong is a loose-fitting skirtlike garment worn in the Malay Archipelago and islands of the Pacific Ocean. It was popularized by actress Dorothy Lamour, who introduced them to movie audiences in the 1936 film "The Jungle Princess."

- ☐ ANORAK
- ☐ BAJU
- ☐ BURKA
- ☐ BURNOOSE
- ☐ BYRRUS
- ☐ CABAAN
- ☐ CHAMMA
- ☐ CHUDDAR
- ☐ DHOTI
- ☐ DIRNDL
- ☐ DOLMAN
- ☐ FILIBEG
- ☐ GALABIA
- ☐ GREGO
- ☐ HAIK
- ☐ HAORI
- ☐ HUIPIL
- ☐ IZAR
- ☐ JIBBAH
- ☐ KILT
- ☐ KIMONO
- ☐ LUNGEE
- ☐ MALO
- ☐ NETCHA
- ☐ PAREU
- ☐ PARKA
- ☐ PONCHO
- ☐ SAGUM
- ☐ SARAFAN
- ☐ SARI
- ☐ SARONG
- ☐ TABLIER
- ☐ TEMIAK
- ☐ TOGA
- ☐ TOUSER
- ☐ TREWS
- ☐ ZAMARRA

O	I	T	O	H	D	M	U	G	A	S	L	B	O	B
S	A	R	O	N	G	S	F	R	Z	D	C	N	U	O
U	W	E	G	N	E	C	A	E	N	A	O	R	Z	F
J	K	W	E	G	B	Z	A	R	F	M	K	I	A	H
A	I	S	R	G	I	Y	I	O	I	A	E	R	J	K
B	L	B	G	A	L	D	R	K	H	E	E	O	A	F
E	T	A	B	L	I	E	R	R	F	C	G	A	C	P
R	A	E	G	A	F	N	S	D	U	T	N	H	T	A
L	W	U	M	B	H	A	G	O	T	S	U	O	Z	H
U	L	I	P	I	U	H	B	L	O	D	L	A	P	C
W	C	A	B	A	A	N	N	M	D	N	M	A	H	T
R	A	N	O	R	A	K	N	A	F	A	R	A	S	E
N	X	F	H	M	G	S	R	N	R	E	M	U	L	N
K	A	D	T	O	U	S	E	R	U	M	E	O	B	O
I	N	U	X	E	L	L	A	B	A	L	E	X	H	G

39 LAKEWISE 39

Of the five Great Lakes, only Lake Michigan lies entirely within the United States. The other four are shared by the United States and Canada and form part of the boundary between the two countries.

- ☐ AREA
- ☐ ATLANTIC Ocean
- ☐ BEACHES
- ☐ BOATS
- ☐ BOUNDARY
- ☐ CANADA
- ☐ CANALS
- ☐ St. CLAIR River
- ☐ COAL
- ☐ DETROIT River
- ☐ Lake ERIE
- ☐ FISHING
- ☐ Strait of GASPE
- ☐ Manufactured GOODS
- ☐ GRAIN
- ☐ GULF of St. Lawrence
- ☐ Lake HURON
- ☐ ILLINOIS
- ☐ INDIANA
- ☐ IRON ore
- ☐ LAKE Michigan
- ☐ St. LAWRENCE River
- ☐ LENGTH
- ☐ MICHIGAN
- ☐ MINNESOTA
- ☐ NEW YORK
- ☐ NIAGARA River
- ☐ NORTH America
- ☐ OHIO
- ☐ Lake ONTARIO
- ☐ PENNSYL-VANIA
- ☐ ROUTE
- ☐ SAILING
- ☐ SHIPPING
- ☐ STRAITS of Mackinac
- ☐ Lake SUPERIOR
- ☐ Fresh WATER
- ☐ WISCONSIN

C	A	N	A	L	S	T	A	O	B	N	O	R	U	H
L	G	N	R	W	R	O	I	R	E	P	U	S	D	A
A	H	R	A	Y	F	L	U	G	N	I	H	S	I	F
I	A	T	A	I	R	S	T	R	A	I	T	S	R	D
R	E	M	R	I	D	A	V	E	P	L	G	S	O	E
R	R	B	I	O	N	N	D	P	G	L	N	M	N	T
O	A	E	O	N	N	A	I	N	W	I	E	I	P	R
U	A	A	C	T	N	N	V	I	U	N	L	C	H	O
T	D	C	C	N	G	E	S	L	L	O	I	H	O	I
E	A	H	A	T	E	C	S	A	Y	I	B	I	G	T
E	N	E	W	Y	O	R	K	O	I	S	Y	G	A	B
O	A	S	W	N	O	E	W	C	T	L	N	A	S	O
O	C	W	S	N	I	A	G	A	R	A	I	N	P	C
E	R	I	E	C	I	T	N	A	L	T	A	N	E	U
O	N	T	A	R	I	O	N	P	S	D	O	O	G	P

40 HUNAN RESOURCES 40

Prepare your chopsticks for a Chinese food feast with this list of words associated with Chinese restaurants.

- ☐ APPETIZER
- ☐ BEAN sprouts
- ☐ BEEF
- ☐ CANTONESE
- ☐ CASHEW nuts
- ☐ CHICKEN
- ☐ CHOW mein
- ☐ Fortune COOKIE
- ☐ CRAB meat
- ☐ Bean CURD
- ☐ DISHES
- ☐ DUCK sauce
- ☐ EGG DROP soup
- ☐ LOBSTER sauce
- ☐ LO MEIN
- ☐ NOODLES
- ☐ ONION
- ☐ Snow PEAS
- ☐ PEKING duck
- ☐ PEPPER steak
- ☐ PLATTER
- ☐ PORK
- ☐ Spare RIBS
- ☐ Fried RICE
- ☐ ROAST pork
- ☐ Egg ROLL
- ☐ Soy SAUCE
- ☐ SCALLIONS
- ☐ SEAFOOD
- ☐ SHRIMP toast
- ☐ SPICY
- ☐ Chop SUEY
- ☐ SWEET and sour
- ☐ SZECHUAN
- ☐ TABLE
- ☐ TAKEOUT
- ☐ TEA
- ☐ WHITE rice
- ☐ Chicken WINGS
- ☐ WON TON soup

F	N	P	C	H	O	W	A	E	N	K	C	U	D	Z
D	O	E	I	G	H	O	I	E	T	I	H	W	O	R
T	I	A	G	N	U	R	T	N	N	A	C	S	O	N
R	N	S	P	I	N	A	E	L	G	R	B	R	F	D
I	O	W	H	K	K	E	O	P	A	S	O	L	A	S
C	A	S	H	E	W	B	K	P	P	Z	M	A	E	B
E	K	R	O	P	S	B	P	C	T	E	E	W	S	S
G	L	U	W	T	R	E	R	D	I	C	P	O	I	T
G	T	O	E	S	T	E	N	T	R	H	P	N	Z	N
D	L	R	M	I	A	F	T	O	E	U	C	T	O	I
R	L	B	Z	E	U	R	Z	T	T	A	C	O	W	D
O	O	E	P	M	I	R	H	S	A	N	D	N	L	S
P	R	A	C	B	S	N	O	I	L	L	A	C	S	E
P	Z	N	S	C	O	O	K	I	E	T	P	C	S	H
M	S	U	E	Y	C	I	P	S	A	U	C	E	B	E

41 ONE AND ONLY 41

The word CANDID is hidden in the diagram only once. It will read in a straight line forward, backward, up, down, or diagonally.

A	D	C	D	D	I	I	A	D	I	C	C
I	A	D	I	C	I	D	C	I	N	I	I
N	N	I	I	D	C	D	A	D	A	C	A
N	A	C	D	A	A	I	N	I	I	I	D
A	D	N	C	D	I	A	A	A	D	A	D
D	C	A	C	I	N	C	A	C	C	A	C
C	D	D	C	I	A	C	I	A	A	D	C
D	A	I	D	D	N	I	D	I	C	I	A
D	N	D	I	C	N	A	I	N	D	C	D
D	D	I	C	D	A	A	N	C	N	D	C

42 HOW MANY? 42

Can you find the word CANDID hidden in this diagram 22 times? Its letters read in a straight line forward, backward, up, down, and diagonally.

N	C	A	N	D	I	D	N	A	C	A	N
C	I	C	C	C	I	C	C	N	D	C	C
A	A	A	A	D	A	D	A	N	A	A	A
A	C	N	C	N	C	N	N	N	I	N	N
C	A	N	D	I	D	C	D	A	D	D	D
A	N	I	N	I	A	I	I	I	C	I	I
N	D	C	A	N	D	I	D	N	D	D	D
D	I	I	D	I	D	N	A	C	D	I	D
I	D	I	D	N	A	C	A	N	D	I	D
D	D	I	N	C	A	N	D	I	D	A	D

43 COPYCAT 43

Now you see it and see it again, when the copycats in the list are around! Each item below conveys the intention of parodying or copying an original.

- ☐ APE
- ☐ CARBON copy
- ☐ CAST
- ☐ COPY
- ☐ COUNTERFEIT
- ☐ DOUBLE
- ☐ DUPLICATE
- ☐ ECHO
- ☐ ELECTRO-TYPE
- ☐ EMULATE
- ☐ FACSIMILE
- ☐ IMAGE
- ☐ IMITATE
- ☐ IMPER-SONATE
- ☐ LIKENESS
- ☐ MATCH
- ☐ MIMIC
- ☐ MIRROR
- ☐ MOCK
- ☐ MODEL
- ☐ MOLD
- ☐ PARALLEL
- ☐ PARODY
- ☐ PARROT
- ☐ PHOTOSTAT
- ☐ PORTRAY
- ☐ REPEAT
- ☐ REPLICA
- ☐ REPRESENT
- ☐ REPRINT
- ☐ REPRISE
- ☐ REPRODUCE
- ☐ REVISE
- ☐ TRACE
- ☐ TRANSCRIBE
- ☐ TRANSCRIPT

U	K	C	O	M	E	T	A	L	U	M	E	I	R	E
E	S	I	V	E	R	T	Y	H	E	C	H	O	L	G
U	Y	O	M	D	I	A	A	B	T	N	R	E	I	A
T	D	C	B	P	R	O	I	T	P	R	C	F	K	M
C	O	U	N	T	E	R	F	E	I	T	A	A	E	I
T	R	E	R	E	C	R	A	M	R	M	M	C	N	M
A	A	O	S	S	C	C	S	O	C	T	I	S	E	O
T	P	E	N	I	I	U	T	O	S	A	M	I	S	D
S	G	A	P	L	R	Y	D	A	N	C	I	M	S	E
O	R	E	P	E	P	P	C	O	A	A	C	I	T	L
T	N	E	S	E	R	P	E	R	R	H	T	L	O	V
O	R	E	P	R	I	N	T	R	T	P	C	E	R	B
H	B	R	D	U	P	L	I	C	A	T	E	T	R	S
P	G	A	D	O	U	B	L	E	L	L	A	R	A	P
M	O	L	D	N	O	B	R	A	C	O	P	Y	P	M

44 TV DADS 44

Here's a puzzle dedicated to dads! Listed below are the names of well-known television dads.

- ☑ Desi ARNAZ
- ☐ Conrad BAIN
- ☐ Hugh BEAUMONT
- ☐ Noah BEERY
- ☐ William BENDIX
- ☐ Bill BIXBY
- ☐ Tom BOSLEY
- ☐ Rory CALHOUN
- ☐ Chuck CONNORS
- ☐ Pat CORLEY
- ☐ Bill COSBY
- ☐ Tony DANZA
- ☐ Jim DAVIS
- ☐ Buddy EBSEN
- ☐ Glenn FORD
- ☐ John FORSYTHE
- ☐ Redd FOXX
- ☐ Lorne GREENE
- ☐ Alex KARRAS
- ☐ Michael LANDON
- ☐ Don MURRAY
- ☐ Ozzie NELSON
- ☐ James NOBLE
- ☐ Ed O'NEILL
- ☐ Fess PARKER
- ☐ Robert REED
- ☐ Bob SAGET
- ☐ MacLean STEVENSON
- ☐ Alan THICKE
- ☐ Danny THOMAS
- ☐ Bob UECKER
- ☐ Ralph WAITE
- ☐ Dennis WEAVER
- ☐ Max WRIGHT
- ☐ Robert YOUNG

Y	N	W	S	U	E	C	K	E	R	K	T	O	E	D
O	E	N	E	A	O	I	A	N	T	H	G	I	R	W
U	L	E	I	A	R	Y	H	L	O	L	V	L	F	S
N	S	S	R	A	V	R	F	M	H	D	N	S	O	A
G	O	B	E	G	B	E	A	U	M	O	N	T	X	G
E	N	E	E	R	G	S	R	K	S	F	U	A	X	E
B	E	N	D	I	X	Z	S	N	O	A	S	N	L	T
E	D	R	O	F	C	N	E	R	E	K	R	A	P	I
E	K	V	F	T	H	V	S	M	O	D	A	N	Z	A
L	H	C	L	Z	E	Y	U	S	S	N	C	F	A	W
K	L	B	I	T	T	R	E	I	O	L	N	B	U	Z
C	P	I	S	H	R	X	V	L	Z	I	E	O	M	E
Y	W	X	E	A	T	A	F	S	S	E	X	Y	C	V
M	U	B	Y	N	D	Y	E	L	R	O	C	O	B	Y
Y	D	Y	B	S	O	C	H	Y	N	O	B	L	E	A

45 FIDDLING 45

Violins are one of the most difficult stringed instruments to play because they have no marked frets, which are guides to producing a desired pitch.

- ☐ BARRING
- ☐ BASS bar
- ☐ BLUEGRASS
- ☐ BREAKDOWN
- ☐ BRIDGE
- ☐ End BUTTON
- ☐ CALL
- ☐ CHIN rest
- ☐ CHORD
- ☐ CLOGGING
- ☐ CROSS tuning
- ☐ DRONE
- ☐ FIDDLE
- ☐ FINGERBOARD
- ☐ FRET
- ☐ FROG
- ☐ HOEDOWN
- ☐ HORNPIPE
- ☐ JIG
- ☐ LICK
- ☐ MUSIC
- ☐ MUTE
- ☐ NECK
- ☐ PEG
- ☐ POSITION
- ☐ PURFLING
- ☐ REEL
- ☐ Shoulder REST
- ☐ RIB
- ☐ ROSIN
- ☐ SCROLL
- ☐ SET
- ☐ SHUFFLE
- ☐ SOUND
- ☐ STRINGS
- ☐ TAILPIECE
- ☐ TUNE
- ☐ VIBRATO
- ☐ WAIST

R	D	G	P	D	D	K	F	K	R	H	L	I	C	K
D	F	N	R	U	C	A	P	H	K	U	K	H	K	S
M	L	I	G	N	I	G	G	O	L	C	O	I	L	S
U	B	L	N	W	O	D	K	A	E	R	B	H	M	A
S	G	F	A	G	N	C	E	G	D	I	R	B	G	I
I	O	R	E	C	E	I	P	L	I	A	T	S	E	R
C	B	U	G	N	P	R	S	O	F	J	G	U	P	L
R	L	P	N	G	I	R	B	O	S	F	M	F	N	K
O	U	V	I	D	P	V	G	O	R	I	U	C	H	E
S	E	N	R	E	N	I	S	F	A	V	T	H	T	D
S	G	O	R	W	R	B	G	R	I	R	E	I	S	R
A	R	F	A	M	O	R	H	S	E	D	D	N	O	O
B	A	I	B	E	H	A	E	H	O	E	D	O	W	N
D	S	G	N	I	R	T	S	C	R	O	L	L	M	E
T	S	B	U	T	T	O	N	G	O	R	F	R	E	T

46 VIDEO ARCADIA 46

If adventure is high on your list, or comedies are your heart's desire, you're sure to find the perfect movie to rent at your local video rental store.

- ☐ ACTOR
- ☐ ADVENTURE
- ☐ CARD
- ☐ CARTOONS
- ☐ CHILDREN
- ☐ CLUB
- ☐ COLOR
- ☐ COMEDY
- ☐ DUPLICATE
- ☐ EDUCATIONAL
- ☐ FILM
- ☐ HEALTH
- ☐ HITS
- ☐ JOIN
- ☐ LIVE
- ☐ MAGAZINE
- ☐ MEMBER
- ☐ MOVIE
- ☐ MUSICAL
- ☐ OPERA
- ☐ PLAY
- ☐ RELEASE
- ☐ RENT
- ☐ ROMANCE
- ☐ SALE
- ☐ SATIRE
- ☐ SCREEN
- ☐ SELL
- ☐ SETS
- ☐ SHOW
- ☐ SOUND
- ☐ SPEAKER
- ☐ SPORTS
- ☐ STARS
- ☐ TAPE
- ☐ TELEVISION
- ☐ USED
- ☐ VIDEO
- ☐ WATCH
- ☐ WESTERN

P	E	C	O	L	O	R	T	S	A	T	I	R	E	L
N	I	H	Y	S	O	S	E	T	D	L	N	Y	I	E
D	E	S	U	D	E	R	O	L	V	Z	R	V	P	W
Y	H	R	P	S	E	T	E	U	E	I	E	A	S	L
D	E	L	D	B	P	M	S	N	N	A	T	L	T	L
G	A	L	S	L	E	E	O	B	T	D	S	T	A	E
Y	L	A	N	O	I	T	A	C	U	D	E	E	R	S
Y	T	C	O	H	N	H	A	K	R	L	W	W	S	M
S	H	I	O	D	R	A	C	C	E	E	C	R	C	H
Z	Y	S	T	R	O	P	S	V	I	R	B	I	R	F
E	S	U	R	M	O	V	I	E	I	L	O	M	E	I
J	H	M	A	Z	T	S	T	I	H	D	P	V	E	L
R	O	T	C	A	I	K	H	S	W	A	E	U	N	M
U	W	I	R	O	M	A	N	C	E	H	R	O	D	Y
G	L	E	N	I	Z	A	G	A	M	W	A	T	C	H

47 NUMBER SEEK 47

Solve this puzzle by seeking numbers instead of letters.

- ☐ 00673
- ☐ 02700
- ☐ 03635
- ☐ 05614
- ☐ 09518
- ☐ 14719
- ☐ 15637
- ☐ 15926
- ☐ 17006
- ☐ 17443
- ☐ 19036
- ☐ 23722
- ☐ 23960
- ☐ 27079
- ☐ 30119
- ☐ 30385
- ☐ 30521
- ☐ 34221
- ☐ 35197
- ☐ 39890
- ☐ 43974
- ☐ 46168
- ☐ 46977
- ☐ 47180
- ☐ 48214
- ☐ 50827
- ☐ 51472
- ☐ 51664
- ☐ 52502
- ☐ 55404
- ☐ 55531
- ☐ 62153
- ☐ 62917
- ☐ 63773
- ☐ 65883
- ☐ 68963
- ☐ 76945
- ☐ 80095
- ☐ 82616
- ☐ 83034
- ☐ 83718
- ☐ 88391
- ☐ 88817
- ☐ 88992
- ☐ 91280
- ☐ 97697
- ☐ 97735
- ☐ 98877
- ☐ 99277
- ☐ 99662

8	5	8	6	1	6	4	4	5	3	0	1	1	9	4
0	0	6	5	8	4	7	9	3	4	6	2	9	5	1
2	6	6	9	9	9	3	5	7	4	6	9	7	7	3
6	9	6	5	1	0	5	9	1	7	4	1	8	8	7
3	3	3	2	4	4	0	9	3	1	3	3	8	3	6
2	2	8	3	0	1	8	8	8	8	6	5	8	2	0
9	0	3	4	5	6	8	8	0	8	8	5	1	0	0
9	6	0	6	6	1	3	7	9	1	1	5	7	5	7
8	8	3	7	1	8	9	7	8	9	3	5	6	2	1
8	7	4	7	4	6	1	7	9	6	4	2	9	5	5
2	2	5	2	7	0	7	9	3	9	7	3	6	0	7
6	3	0	9	1	3	0	0	6	4	0	7	3	1	9
1	0	8	9	8	9	3	7	1	5	2	2	9	8	0
6	9	2	3	0	3	8	5	2	4	8	2	1	4	9
4	3	7	7	4	6	6	1	5	0	6	2	1	8	8

48 BROOKLYN BRIDGE 48

The Brooklyn Bridge, which celebrated its 100th birthday amid fireworks and fanfare in 1983, was designed by John A. Roebling. The bridge has a span of 1,595 feet and is suspended from four steel cables.

- ☐ ARCHES
- ☐ BOROUGH
- ☐ BRIDGE
- ☐ BROOKLYN
- ☐ BUILT
- ☐ CABLES
- ☐ CAISSON
- ☐ CARS
- ☐ CITY
- ☐ COMMUTE
- ☐ CONCRETE
- ☐ CROSS
- ☐ DRIVE
- ☐ EAST River
- ☐ FAMOUS
- ☐ GRAND
- ☐ HIGH
- ☐ Long ISLAND
- ☐ LANDMARK
- ☐ LIGHTS
- ☐ LONG
- ☐ MANHATTAN
- ☐ NEW YORK
- ☐ ON FOOT
- ☐ PEDESTRIAN
- ☐ PEOPLE
- ☐ ROADWAY
- ☐ ROEBLING (designer)
- ☐ SECTIONS
- ☐ SPAN
- ☐ STEEL
- ☐ STONES
- ☐ STRONG
- ☐ SUPPORT
- ☐ SUSPENSION
- ☐ TOWERS
- ☐ TRAFFIC
- ☐ WALK
- ☐ WATER
- ☐ WIRES

```
B C R O S S H G I H D N A R G
R N O C R H O P Y S N R K N C
I W Y N A L E E T S E L I O T
D S A L C I V D I N I L M V S
G K L L K R S E C G B M B F E
E C R A K O E S H E U S S A H
L N I O N A O T O T D U N M C
P A A F Y D S R E N S P O O R
O P B L F W M I B P T P I U A
E S U O F A E A E V S O T S V
P T I N R Y R N R R A R C T C
A R L G V O S T E K E T E O T
S O T N F I U W I R E S S N S
O N F O O T O G U H W A T E R
B G D N A T T A H N A M R S G
```

49 FISHBURGHS 49

Fishing provided a more settled and dependable lifestyle than hunting, fostering the creation of villages, many of which still flourish, because, unlike hunting, fishing is more localized. Grab your rod, reel, and pen and see how many of the entries about fishing villages you can find in the list below.

- ☐ BAYS
- ☐ BEACH
- ☐ BOATS
- ☐ CATCH
- ☐ CHARTER
- ☐ COAST
- ☐ COM-MUNITY
- ☐ COVE
- ☐ CRAFT
- ☐ CREW
- ☐ DOCK
- ☐ FISH
- ☐ FLEET
- ☐ FLOTILLA
- ☐ FOGGY
- ☐ GEAR
- ☐ HARBOR
- ☐ HAVEN
- ☐ HOMES
- ☐ INLET
- ☐ JOBS
- ☐ MARINA
- ☐ MAST
- ☐ MIST
- ☐ NETS
- ☐ OCEAN
- ☐ OYSTERS
- ☐ PANORAMIC
- ☐ PICTURESQUE
- ☐ PLACE
- ☐ PUBS
- ☐ QUAINT
- ☐ QUIET
- ☐ RIGGING
- ☐ SAND
- ☐ SCENIC
- ☐ SEAFOOD
- ☐ SHORE
- ☐ SMALL
- ☐ TINY
- ☐ TOWN
- ☐ WATER
- ☐ WAVES

G	A	S	E	V	A	W	W	V	C	Q	Y	E	I	M
A	N	S	M	A	L	L	K	C	O	D	U	N	H	A
A	N	E	S	B	Y	C	L	F	A	Q	L	I	I	S
S	J	A	V	E	H	H	I	I	S	E	T	R	E	T
C	E	D	E	A	M	S	R	E	T	S	Y	O	M	T
O	B	M	R	C	H	O	R	F	A	O	L	Y	C	G
V	R	T	I	H	O	U	H	N	O	F	L	E	E	T
E	E	O	G	S	T	M	D	R	B	G	M	F	W	F
R	T	W	G	C	T	R	M	H	P	D	G	S	I	A
O	A	N	I	R	A	M	A	U	O	C	C	Y	T	R
H	W	P	N	E	F	R	B	O	N	E	I	N	N	C
S	A	L	G	W	B	S	F	C	N	I	I	E	O	R
U	P	A	N	O	R	A	M	I	C	A	T	C	H	H
F	C	C	R	I	E	N	C	G	U	S	S	Y	A	B
D	F	E	G	S	B	O	J	Q	T	P	Q	E	Y	W

50 TO AER IS HUMAN 50

Aerobics is a system of exercises designed to promote the supply and use of oxygen in the body. For maximum effectiveness, aerobic exercises should be performed continuously for 15 minutes to an hour 3 to 5 times a week.

- ☐ BACK-STROKE
- ☐ BENDS
- ☐ BOUNCE
- ☐ BREAK slow
- ☐ BRISK walk
- ☐ CLASS
- ☐ COOL-DOWN
- ☐ CRISS-CROSS
- ☐ DANCE
- ☐ DISCO swing
- ☐ ENERGY
- ☐ FAST
- ☐ FLOOR
- ☐ FUN
- ☐ JUMPING jack
- ☐ KICK combo
- ☐ KNEE pull
- ☐ LASSO
- ☐ LEG raisers
- ☐ LEVELS
- ☐ MUSIC
- ☐ ON YOUR toes
- ☐ OUTFITS
- ☐ PACE
- ☐ POSITIONS
- ☐ PROGRAM
- ☐ PULL back
- ☐ Work RATE
- ☐ REACH
- ☐ RELAXING
- ☐ ROCK combo
- ☐ ROPE climbing
- ☐ SHOULDER rolls
- ☐ SNAP down
- ☐ STAND
- ☐ STRETCH
- ☐ STROLL IT
- ☐ SWEAT
- ☐ SWING out
- ☐ THE CAT
- ☐ WARM-UP
- ☐ WORKOUT

L	G	V	E	N	E	R	G	Y	D	I	S	C	O	A
C	H	E	T	K	J	H	J	N	P	T	K	C	I	K
R	E	D	L	U	O	H	S	U	I	U	L	S	B	F
I	M	A	R	G	O	R	P	F	M	A	L	R	R	J
S	H	C	A	E	R	K	T	G	S	P	E	L	T	T
S	D	O	K	P	P	U	R	S	G	A	I	H	G	S
C	A	O	N	Y	O	U	R	O	K	N	E	N	W	A
R	N	L	E	T	K	S	M	W	W	C	I	E	G	F
O	C	D	E	I	S	D	I	R	A	X	A	W	S	H
S	E	O	W	L	I	N	S	T	A	T	F	B	S	R
S	M	W	H	L	R	E	A	L	I	W	J	L	T	O
E	C	N	U	O	B	B	E	P	W	O	E	C	A	P
F	L	O	O	R	T	R	O	C	K	V	N	F	N	E
V	G	R	A	T	E	H	C	T	E	R	T	S	D	V
X	A	M	U	S	I	C	B	L	A	S	S	O	H	W

51 ZIGZAG 51

Instead of reading in a straight line, each entry has one bend in it. One entry has been looped for you.

- ☑ ACORN
- ☐ ADVANCED
- ☐ ANIMAL
- ☐ BAY WINDOW
- ☐ BELIEF
- ☐ BISCUIT
- ☐ CAPITAL
- ☐ CONSTITUTE
- ☐ COTTAGE
- ☐ CREEPY
- ☐ ELECTRIC EEL
- ☐ FISHING
- ☐ GRAPEFRUIT
- ☐ HOLDER
- ☐ HUMMINGBIRD
- ☐ LANDLORD
- ☐ LIQUID
- ☐ MANSION
- ☐ MARSH
- ☐ MISSIONARY
- ☐ NEEDLE
- ☐ PANCAKE
- ☐ PARTRIDGE
- ☐ PAVED
- ☐ PILLOW
- ☐ QUOTATION
- ☐ REVEALING
- ☐ ROLLED
- ☐ ROMAINE
- ☐ SAUSAGE
- ☐ SCRAMBLE
- ☐ TAPIOCA
- ☐ TEMPURA
- ☐ TRAILER
- ☐ VOYAGE

E	O	E	D	L	O	H	V	A	P	A	S	V	N	C
W	L	V	R	V	V	E	E	E	A	C	Q	U	O	T
V	L	E	O	L	D	N	A	L	R	O	R	N	E	A
B	I	S	C	U	I	A	L	A	T	Q	S	M	G	T
E	P	F	M	T	T	M	I	M	R	T	P	P	V	I
L	E	E	C	I	R	A	N	B	I	T	U	T	E	O
I	E	E	P	Y	S	N	G	L	D	U	R	I	V	N
Y	R	A	N	O	I	S	V	E	V	G	A	H	N	V
E	C	D	A	R	O	L	L	M	A	L	E	S	V	G
G	G	V	N	C	A	K	E	I	N	G	B	I	R	D
A	O	A	T	T	O	C	B	N	R	I	V	F	V	E
Y	P	N	L	I	Q	U	I	A	I	A	M	O	R	G
D	E	C	P	N	V	B	P	D	Y	V	R	M	V	A
T	R	A	I	L	E	E	D	L	E	W	S	A	U	S
V	T	I	U	R	F	V	W	O	D	N	I	R	S	H

52 PEANUT GALLERY 52

The peanut plant is unusual because its seed pods develop underground from aboveground offshoots of the plant's stem. The shoots bear small flowers that eventually become the peanut pod. When the fertilized flowers die, the shoots grow downward, burrowing about 1 to 3 inches underground, where they form mature peanut pods.

- ☐ APPETIZERS
- ☐ BAG
- ☐ BALL PARK
- ☐ BRITTLE
- ☐ BUTTER
- ☐ CALCIUM
- ☐ CIRCUS
- ☐ COOKIES
- ☐ CRACK
- ☐ DOMESTIC
- ☐ DRIED
- ☐ ELEPHANT
- ☐ FARM
- ☐ HULL
- ☐ JUMBO
- ☐ NUTRITION
- ☐ OIL
- ☐ PARTY
- ☐ PLANTATIONS
- ☐ PODS
- ☐ PROTEIN
- ☐ ROASTED
- ☐ SALTED
- ☐ SEEDS
- ☐ SHELL
- ☐ SKIN
- ☐ SPREAD
- ☐ STAPLE
- ☐ TASTY
- ☐ TREAT
- ☐ UNDERGROUND
- ☐ VENDOR
- ☐ VINE
- ☐ VITAMINS
- ☐ WILD
- ☐ YIELD

D	E	T	S	A	O	R	S	L	B	E	E	N	I	V
O	N	I	K	S	T	H	T	A	E	L	P	A	T	S
M	B	U	T	T	E	R	L	D	E	T	L	A	S	W
E	N	P	O	L	D	L	T	P	I	T	E	V	R	Z
S	W	J	L	R	P	J	H	S	E	I	K	O	O	C
T	I	N	I	A	G	A	S	U	C	R	I	C	D	S
I	L	E	R	C	N	R	U	Y	L	B	V	M	N	R
C	D	K	Z	T	S	T	E	B	T	L	I	U	E	E
A	L	G	S	P	R	E	A	D	J	S	T	H	V	Z
H	E	R	E	J	P	G	L	T	N	U	A	O	I	I
H	I	T	E	P	C	A	L	C	I	U	M	T	N	T
W	Y	R	D	K	C	A	R	C	L	O	I	B	P	E
G	A	E	S	N	P	R	O	T	E	I	N	N	O	P
T	F	A	R	M	J	G	E	W	Y	L	S	S	D	P
N	U	T	R	I	T	I	O	N	W	H	U	Y	S	A

53 ONE AND ONLY 53

The word GREET is hidden in the diagram only once. It will read in a straight line forward, backward, up, down, or diagonally.

R	E	T	T	R	E	R	T	R	G	E	G
G	G	G	T	E	E	T	T	E	E	G	G
E	E	T	G	E	R	G	G	E	R	R	E
G	R	G	E	T	T	T	T	R	E	E	E
E	T	E	E	T	E	E	R	E	G	R	G
G	T	T	R	T	T	E	R	E	G	E	G
E	G	E	T	R	T	R	G	G	G	G	E
G	T	T	E	R	E	R	R	G	T	T	G
R	T	G	G	T	G	E	E	T	T	G	T
T	T	E	T	T	T	R	G	E	T	E	R

54 HOW MANY? 54

Can you find the word GREET hidden in this diagram 28 times? Its letters read in a straight line forward, backward, up, down, and diagonally.

G	G	R	E	G	G	R	T	G	E	T	T
G	R	R	T	R	R	G	R	E	E	T	E
R	E	E	E	T	E	E	R	G	E	R	E
E	E	E	E	E	E	G	E	E	E	R	R
E	T	G	R	T	T	R	R	T	E	R	G
T	E	R	G	G	E	E	G	E	G	T	R
T	E	E	R	G	R	E	E	T	E	G	E
G	T	E	E	R	G	T	R	R	G	T	E
E	E	T	R	T	E	E	R	G	G	G	T
T	E	E	R	G	R	E	E	T	R	R	T

55 BOOK 'EM 55

Though many libraries have reference sources, Washington, D.C.'s Library of Congress is one of the largest research libraries in the world. It also houses the largest collection of incunabula (books printed before 1501) in the Western Hemisphere.

- ☐ ADVISE
- ☐ AUTHOR
- ☐ BOOK
- ☐ BROWSE
- ☐ CARD
- ☐ CATALOG
- ☐ EXPERT
- ☐ FICTION
- ☐ FIND
- ☐ FREE
- ☐ HOMEWORK
- ☐ HOW-TO
- ☐ IDEAS
- ☐ IMPROVE
- ☐ INDEX
- ☐ INTEREST
- ☐ KNOWLEDGE
- ☐ LEARN
- ☐ LIBRARY
- ☐ LOAN
- ☐ MAGAZINE
- ☐ NUMBER
- ☐ PERIODICAL
- ☐ PROJECTS
- ☐ QUIET
- ☐ READ
- ☐ REFERENCE
- ☐ RESEARCH
- ☐ RESERVE
- ☐ SCHOLAR
- ☐ SHELVES
- ☐ STACKS
- ☐ STUDY
- ☐ TITLE
- ☐ TOPIC

```
H J O S Y F S H E L V E S U S
J M Q D A N H C I F D X Z F T
I I U W R E F C H P Q A R S A
M T I A U T D I R O F V E J C
S P E R I O D I C A L R F R K
S L T T O P I C A T E A E K S
E J L R A Q R U S T I S R E W
N E G D E L W O N K E O E X T
I E V O R P M I J R W L N R R
Z S X Z L A X G V E I A C U A
A I E P B A C E M B C U E Z J
G V D H O W T O R M M T P F I
A D N Z O I H A C U A H S N T
M A I V K J R J C N A O L M O
S Q F T M Y N E S W O R B B Z
```

56 MON CHERI BEBE 56

The first "bebe" ("baby") dolls were made during the 1800s by French doll makers. French manufacturers dominated the doll industry during the late 1800s, touching off a fierce competition with German doll makers that lasted until World War I.

- ☐ ACTION
- ☐ AUTOMATIC
- ☐ BABY
- ☐ BATH
- ☐ BISQUE
- ☐ BONNET
- ☐ CHARACTER
- ☐ CHINA
- ☐ CLOTH
- ☐ COLLECTION
- ☐ DANCING
- ☐ EXOTIC
- ☐ EYES
- ☐ FARCE
- ☐ FASHION
- ☐ HAIR
- ☐ HEAD
- ☐ JOINTED
- ☐ KEWPIE
- ☐ LEATHER
- ☐ MECHANICAL
- ☐ MINIATURE
- ☐ MOUTH
- ☐ NANKING
- ☐ PAINTED
- ☐ PORCELAIN
- ☐ PORTRAIT
- ☐ RUNNING
- ☐ SHOES
- ☐ SPEAKING
- ☐ TALKING
- ☐ TODDLER
- ☐ TRADEMARK
- ☐ WIGS
- ☐ WOOD

K	P	W	S	G	L	E	F	A	S	H	I	O	N	D
G	G	T	O	E	C	A	M	Y	R	G	B	K	A	F
R	N	C	T	G	O	O	C	E	B	C	I	E	N	L
C	I	I	E	R	U	H	L	I	M	A	H	W	K	D
W	K	A	N	T	I	D	S	L	N	R	B	P	I	J
N	L	U	H	N	D	Q	S	P	E	A	K	I	N	G
S	A	T	A	O	U	K	A	T	P	C	H	E	G	W
L	T	O	T	E	O	R	C	H	O	D	T	C	H	D
B	E	M	I	N	I	A	T	U	R	E	F	I	E	D
Y	A	A	O	R	R	M	I	Q	C	T	K	T	O	M
U	O	T	T	A	Q	E	O	T	E	N	N	O	B	N
A	J	I	H	H	C	D	N	W	L	I	W	X	R	Y
J	R	C	C	R	E	A	L	N	A	O	S	E	Y	E
D	T	I	A	R	T	R	O	P	I	J	A	I	I	B
R	N	F	C	L	O	T	H	G	N	I	C	N	A	D

57 RATED "N" 57

As a book, "The Natural" by Bernard Malamud showed the downfall of a promising baseball player. But the 1984 film features a character that resists corruption. Munch some popcorn as you search for the movie titles beginning with N listed below.

- ☐ NADINE
- ☐ NAPOLEON
- ☐ NARROW Margin, The
- ☐ NASHVILLE
- ☐ NATIONAL Velvet
- ☐ NATURAL, The
- ☐ NEIGHBORS
- ☐ NEPTUNE'S Daughter
- ☐ NETWORK
- ☐ NEVADA Smith
- ☐ NEVER CRY Wolf
- ☐ NEVER SAY Never Again
- ☐ NEW YORK, New York
- ☐ NIAGARA
- ☐ NICHOLAS Nickleby
- ☐ NIGHT-HAWKS
- ☐ NOB HILL
- ☐ NO BIG Deal
- ☐ NOBODY'S Perfect
- ☐ NOISES Off
- ☐ NOMADS
- ☐ NO MERCY
- ☐ NORMA Rae
- ☐ NORTH BY Northwest
- ☐ NORTH TO Alaska
- ☐ NO SMALL Affair
- ☐ NOTHING IN Common
- ☐ NOTORIOUS
- ☐ NOW AND Forever
- ☐ NO WAY Out
- ☐ NUTS
- ☐ NUTTY Professor, The

V	S	E	S	I	O	N	O	M	A	D	S	K	C	A
L	L	A	M	S	O	N	M	E	W	O	R	R	A	N
N	G	D	T	K	N	N	E	W	Y	O	R	K	N	O
O	T	U	H	W	I	O	G	I	W	K	N	V	U	M
B	N	E	S	A	T	S	R	T	G	O	I	N	T	E
I	K	L	G	H	N	L	E	T	W	H	O	A	T	R
G	W	A	T	T	A	N	L	A	H	T	B	P	Y	C
L	R	R	T	H	D	S	Y	I	O	B	N	O	D	Y
A	O	U	H	G	I	S	E	R	H	I	Y	L	R	A
N	O	T	H	I	N	G	I	N	C	B	N	E	A	S
O	P	A	O	N	E	O	O	H	U	R	O	O	D	R
I	D	N	Y	I	U	W	O	W	B	T	E	N	A	E
T	M	A	O	S	A	L	U	L	E	O	P	V	V	V
A	M	R	O	N	A	S	H	V	I	L	L	E	E	E
N	S	O	D	S	E	V	S	Y	D	O	B	O	N	N

58 CABLE READY 58

San Francisco's cable cars are pulled along at about 9 miles per hour by cables located under the street. For a closer look at this propulsion system, visit San Francisco's Cable Car Barn Museum, which features an underground viewing room that allows visitors to observe the process.

- ☐ BRASS
- ☐ CAR BARN
- ☐ CARS
- ☐ CITY
- ☐ CONDUCTOR
- ☐ ENCLOSED
- ☐ FARE
- ☐ FORWARD
- ☐ FRONT
- ☐ GRIP
- ☐ HILL
- ☐ HISTORIC
- ☐ INCLINE
- ☐ LEVER
- ☐ MOTION
- ☐ MOVE
- ☐ PASSENGER
- ☐ PUBLIC
- ☐ PULL
- ☐ RAILS
- ☐ RAILWAY
- ☐ RIDE
- ☐ ROAD
- ☐ ROUTE
- ☐ SAN FRANCISCO
- ☐ SCENIC
- ☐ SIGN
- ☐ SLOW
- ☐ STAND
- ☐ START
- ☐ STOP
- ☐ SYSTEM
- ☐ TOURIST
- ☐ TRACK
- ☐ TRAFFIC
- ☐ TRAVEL

Y	O	Y	H	P	O	T	S	I	R	U	O	T	K	K
P	A	C	I	N	E	C	S	N	T	O	E	C	O	H
A	Y	U	S	C	F	M	G	C	S	I	A	A	Y	L
S	F	Y	T	I	C	R	O	L	H	R	I	D	E	T
S	G	A	O	L	C	N	O	I	T	O	M	E	R	P
E	P	R	R	B	D	N	L	N	D	K	K	A	D	B
N	G	M	I	U	D	L	A	E	T	E	T	W	D	G
G	M	E	C	P	N	R	S	R	V	S	L	O	W	E
E	G	T	W	U	A	O	A	O	F	E	T	U	O	R
R	O	S	L	I	L	I	M	W	V	N	R	A	B	A
R	S	Y	L	C	L	I	C	A	R	B	A	R	N	F
T	B	S	N	W	U	A	R	H	G	O	F	S	V	D
A	P	E	A	G	P	T	A	O	M	V	F	H	Y	G
M	B	Y	A	R	I	C	T	M	G	F	I	P	S	P
C	S	W	V	L	B	S	A	K	G	Y	C	A	R	S

59 60 HERE AND THERE 59 60

There are many 6-letter words hidden in the two diagrams below, but only 7 words are in BOTH diagrams! Can you find them?

Word list on page 488

HERE

T	N	P	S	V	D	F	C	F	S	F	F
A	S	A	N	N	U	A	L	S	D	N	S
V	V	C	S	P	T	V	C	A	C	P	P
I	C	E	C	D	R	E	N	T	U	N	R
A	T	D	R	E	N	A	M	E	L	N	I
T	B	R	I	S	R	O	T	T	E	R	T
E	F	O	U	P	E	U	C	R	R	L	E
M	N	S	A	C	S	D	S	E	L	C	S
I	L	A	G	R	A	U	T	E	S	V	N
V	P	S	N	R	D	O	C	S	A	I	F

YOUR LIST OF 6-LETTER WORDS

THERE

R	N	T	T	L	C	Y	T	L	P	R	N
T	E	D	I	P	S	U	C	T	P	S	T
R	V	N	O	O	R	A	M	I	R	E	P
W	E	E	V	I	L	S	T	C	L	C	D
E	N	N	R	S	U	E	I	E	N	O	A
T	U	A	D	S	N	T	S	E	C	N	P
I	R	M	N	P	M	C	N	U	N	D	S
R	R	E	T	T	O	R	T	U	R	N	M
P	C	L	M	R	O	T	A	R	O	E	A
S	D	M	T	C	D	L	D	L	R	N	C

PUZZLE TWINS

61

The Puzzle Twins diagrams on this page and the opposite page are identical, but they contain two completely different sets of entries. See if you can locate all of them.

☐ ABRIDGE	☐ DISAVOW	☐ REVERSE	☐ THEREBY
☐ ABSOLVE	☐ EARRING	☐ SCENERY	☐ TONIGHT
☐ BALANCE	☐ HABITAT	☐ STANDBY	☐ TRACTOR
☐ BLESSED	☐ LIGHTLY	☐ STARTLE	☐ TRAITOR
☐ CARTOON	☐ NARRATE	☐ STATELY	☐ TRAMPLE
☐ CENSURE	☐ NOTABLE	☐ STEALTH	☐ TRIPLET
☐ CLASSES	☐ PERCENT	☐ STEEPLE	☐ VERANDA
☐ CLEANSE	☐ PITCHED	☐ STRANGE	☐ WEIGHTY
☐ COASTER	☐ POPCORN	☐ STUTTER	☐ WELCOME
☐ DEGRADE	☐ REDDISH	☐ SWALLOW	☐ WROUGHT

```
E E V L O S B A B H C A E R O T C A R T O O N
S L L I P M I L B D I S A V O W E L Y S C P M
R B H P J F E A E R C K T S S T A R T L E O E
E A S P M S L G P O I A D R T W R E E T M P S
V T I I S A R E A I T D E H U A A A E M O C S
E O D E N A R S S I E R G H T L N L Y L C O Y
R N D C D C T T B H U U A E T S P D L E L R B
A I E E E E R A C S O C P H E I D S B O E N E
N G R N R A H T N R D E T A R R A N S Y W Y R
D H T S N B I E W E I G H T Y S G N I R R A E
A T E G A P C L A S S E S L I G H T L Y F G H
S T E E P L E Y R E N E C S H C R O T I A R T
```

62 PUZZLE TWINS 62

See the previous page for directions.

☐ ACTOR	☐ HABIT	☐ RANGE	☐ STEEP
☐ ALLOW	☐ LANCE	☐ RATED	☐ STRIP
☐ AMPLE	☐ LIGHT	☐ REACH	☐ SURER
☐ BLESS	☐ MESSY	☐ RIDGE	☐ TABLE
☐ BLIMP	☐ MOMMY	☐ RINGS	☐ TARRY
☐ CLASS	☐ NIGHT	☐ SATAN	☐ TERSE
☐ CLEAN	☐ OUGHT	☐ SCENE	☐ THERE
☐ COAST	☐ PAGED	☐ SOLOS	☐ TORCH
☐ CORNY	☐ PIECE	☐ SOLVE	☐ TRAIT
☐ EIGHT	☐ PILLS	☐ STAND	☐ UTTER
☐ FLESH	☐ PITCH	☐ START	☐ VERSE
☐ GRADE	☐ POLLS	☐ STATE	☐ VOWEL

E E V L O S B A B H C A E R O T C A R T O O N
S L L I P M I L B D I S A V O W E L Y S C P M
R B H P J F E A E R C K T S S T A R T L E O E
E A S P M S L G P O I A D R T W R E E T M P S
V T I I S A R E A I T D E H U A A A E M O C S
E O D E N A R S S I E R G H T L N L Y L C O Y
R N D C D C T T B H U U A E T S P D L E L R B
A I E E E E R A C S O C P H E I D S B O E N E
N G R N R A H T N R D E T A R R A N S Y W Y R
D H T S N B I E W E I G H T Y S G N I R R A E
A T E G A P C L A S S E S L I G H T L Y F G H
S T E E P L E Y R E N E C S H C R O T I A R T

This puzzle is a double treat! First find the underlined words from the recipe hidden in the diagram. Then clip the recipe to prepare these delicious banana pecan muffins, perfect for breakfast or a snack.

BANANA PECAN MUFFINS

1/2 cup unsalted butter
1 1/4 cups sugar
2 eggs
2 cups flour
1/2 teaspoon salt
2 tablespoons baking powder
1/2 teaspoon vanilla
1/2 plus 2 tablespoons milk
2 ripe bananas, chopped
1 cup chopped pecans

Cream the butter and sugar and add the eggs, beating after each one is added. Sift the dry ingredients together and add to the creamed mixture, blending just until the ingredients are combined (do not overmix). Add the vanilla and milk and blend. Fold in the bananas and pecans. Spoon the batter into greased and floured muffin tins and bake at 300 for 40 minutes or until the tops are golden brown and spring back to the touch. Makes 18 to 20.

O	U	O	T	I	N	S	W	E	D	D	G	U	G	G	I	C	S	C	G
F	I	D	M	N	B	N	T	V	N	N	C	O	C	A	B	H	M	E	N
X	I	K	M	G	O	O	F	L	I	H	E	K	L	D	N	A	G	D	E
D	E	P	I	R	G	O	C	R	O	G	K	L	G	D	K	A	K	L	P
E	L	U	X	E	L	P	P	P	G	C	I	I	B	E	E	R	N	E	R
S	M	V	T	D	N	S	P	S	A	N	H	M	S	D	K	N	V	A	K
A	A	H	U	I	H	E	A	B	A	K	I	N	G	P	O	C	G	M	B
E	E	K	R	E	D	L	K	V	R	E	T	F	A	T	O	U	C	H	U
R	R	D	E	N	I	B	M	O	C	O	T	O	F	C	S	W	M	F	T
G	C	R	E	T	T	A	B	I	O	M	W	I	S	U	E	K	D	W	T
O	S	U	X	S	E	T	U	N	I	M	S	N	R	P	M	P	R	E	E
K	U	N	S	A	L	T	E	D	I	M	U	K	A	S	F	L	O	U	R

64 COLLAGE CREDIT 64

Most people think of collages as a project for schoolchildren. But artists such as Picasso, Braque, and Max Ernst used this technique to create effects not possible in traditional painting.

- ☐ BORDER
- ☐ BOX tops
- ☐ BRAQUE
- ☐ BRUSH
- ☐ BUTTONS
- ☐ CANVAS
- ☐ CARPET
- ☐ CUBISM
- ☐ CUTOUT
- ☐ DADA
- ☐ DISUNITY
- ☐ FABRIC
- ☐ FELT
- ☐ FINISH
- ☐ IDEAS
- ☐ INK
- ☐ JUNK
- ☐ LABELS
- ☐ MATCHES
- ☐ NAPKINS
- ☐ NOTIONS
- ☐ PAPER
- ☐ PASTE
- ☐ PHOTOS
- ☐ PICASSO
- ☐ PIECES
- ☐ PLATE
- ☐ PLYWOOD
- ☐ RIBBON
- ☐ RULER
- ☐ SCISSORS
- ☐ SPATIAL
- ☐ SPRAY
- ☐ Ticket STUB
- ☐ TACTILE
- ☐ TAPE
- ☐ THEME
- ☐ TISSUE
- ☐ VARNISH

E	S	E	H	C	T	A	M	J	U	N	K	E	L	V
R	P	C	S	V	B	F	T	U	O	T	U	C	R	P
J	R	D	I	S	U	N	I	T	Y	S	F	D	I	K
C	A	U	N	S	T	D	I	W	S	E	A	A	B	D
E	Y	N	R	J	S	O	B	I	L	Q	B	F	B	M
T	C	P	A	S	N	O	T	T	U	B	R	I	O	S
E	A	A	V	S	R	W	R	E	I	I	I	N	N	I
T	S	P	R	D	S	Y	O	S	S	A	C	I	P	B
S	A	E	E	T	E	L	S	P	I	X	K	S	H	U
A	E	R	C	A	R	P	E	T	O	P	B	H	O	C
P	D	C	E	C	A	M	I	B	A	R	R	R	T	C
A	I	V	E	T	S	A	V	N	A	C	U	U	O	R
Q	D	S	I	I	A	Q	F	Q	K	L	S	W	S	O
M	E	A	N	L	P	L	U	V	E	T	H	E	M	E
Q	L	S	D	E	Y	E	P	R	O	I	Y	M	U	J

65 NUMBER SEEK 65

Solve this puzzle by seeking numbers instead of letters.

☐00402
☐01030
☐09941
☐11434
☐14500
☐17689
☐18813
☐20970
☐21800
☐24518
☐24568
☐25779
☐25906
☐27036
☐31229
☐32356
☐32616
☐37741
☐38950

☐42585
☐43766
☐43883
☐44699
☐47139
☐52657
☐59886

☐65238
☐71055
☐76950
☐82193
☐83489
☐84088
☐84618

☐86016
☐89128
☐89544
☐90033
☐93997
☐95623
☐99140

4	6	4	8	9	8	9	2	7	6	6	9	7	4	7
0	3	8	1	9	0	2	7	8	0	1	8	8	1	3
4	0	9	3	1	4	5	1	7	6	7	4	3	8	2
0	7	5	5	4	5	6	5	9	5	5	6	7	6	8
1	2	6	4	0	8	5	5	6	3	2	4	9	7	0
3	5	6	1	1	4	9	2	2	2	2	3	2	5	3
5	9	7	7	8	0	5	9	8	3	2	6	5	9	0
9	0	3	9	7	1	1	4	3	4	8	8	1	7	1
8	6	4	7	9	6	6	2	3	3	0	0	9	6	0
8	9	1	2	8	3	0	4	9	8	9	8	4	4	2
6	7	1	0	2	2	9	0	8	8	1	8	8	2	5
2	0	4	0	0	2	9	3	6	3	1	9	9	8	0
0	1	3	9	7	8	4	7	1	5	0	3	5	4	4
3	6	7	8	6	0	1	6	4	7	0	2	4	3	8
8	0	1	6	3	3	1	2	2	9	4	4	4	8	8

66 CITY DESK 66

Have a happy trip from coast to coast with this puzzle featuring the names of cities in the United States. Don't pack a suitcase or look for your car keys; just pick up a pencil and begin!

- ☐ ATHENS, Ga.
- ☐ BILLINGS, Mont.
- ☐ BOISE, Idaho
- ☐ BOSTON, Mass.
- ☐ CAIRO, Ill.
- ☐ CHICAGO, Ill.
- ☐ DALLAS, Texas
- ☐ DENVER, Colo.
- ☐ DETROIT, Mich.
- ☐ DOVER, Del.
- ☐ JACKSON, Miss.
- ☐ LAS VEGAS, Nev.
- ☐ LIMA, Ohio
- ☐ MADISON, Wis.
- ☐ MEMPHIS, Tenn.
- ☐ MIAMI, Fla.
- ☐ MINOT, (N.D.)
- ☐ MOBILE, Ala.
- ☐ MUNCIE, Ind.
- ☐ NASHUA, (N.H.)
- ☐ NEW ORLEANS, La.
- ☐ NOME, Alaska
- ☐ OMAHA, Neb.
- ☐ ORONO, Maine
- ☐ PIERRE, (S.D.)
- ☐ PUEBLO, Colo.
- ☐ RENO, Nev.
- ☐ ROME, Ga.
- ☐ SALEM, Oreg.
- ☐ SEATTLE, Wash.
- ☐ ST. PAUL, Minn.
- ☐ TOLEDO, Ohio
- ☐ TUCSON, Ariz.
- ☐ WICHITA, Kans.

```
K S E S I O B M O O R O N O N
T T M V S S G P E J C A I R O
O I U E E A U A A R S C S O R
M O B I L E D C C H R E G M S
A G W C B A K T U I L E N E H
H L R L L S S A T I H C I W A
A O O L O M N V M D M C L P M
L G A N R B I A E M L N L S L
O S C T I E D N E G J O I E I
N C L M H I V M O L A T B A M
E O A K S E P O U T R S V T C
R I S O R H N O D E L O T T H
M U N C I E B S C K G B W L J
O L L S U P O L T I O R T E D
M J S L S T P A U L L E M O N
```

67 ZOOMANSHIP 67

Until recent years, most zoos displayed animals in cages, which caused boredom or nervousness and inhibited breeding. Now many zoologists have designed natural-looking facilities that encourage animals to act as they would in the wild. This change has also helped raise the number of species that will breed in captivity.

- ☐ ALERT
- ☐ ANIMALS
- ☐ AREAS
- ☐ ATTEND
- ☐ BEHAVIOR
- ☐ BIRDS
- ☐ BIRTHS
- ☐ BREED
- ☐ CAGE
- ☐ CARE
- ☐ CLEAN
- ☐ CREW
- ☐ DAILY
- ☐ DANGER
- ☐ EXAMINE
- ☐ EXOTIC
- ☐ EXPERT
- ☐ FEED
- ☐ FOOD
- ☐ GROOM
- ☐ GROUNDS
- ☐ HABITAT
- ☐ HEALTH
- ☐ MAMMALS
- ☐ MATE
- ☐ NATURE
- ☐ REPTILE
- ☐ SAFETY
- ☐ SECURE
- ☐ SHELTER
- ☐ SUPPLY
- ☐ SUPPORT
- ☐ TRAIN
- ☐ VETERINARY
- ☐ WASH
- ☐ WATER
- ☐ WELFARE

```
P A I F E P B V R L S A V F F
W S C N A T U R E T L E H S V
H Y L I A D A X E E T A E H M
W M E W T Y O M R E N T A T A
S H A B I T A T R I D R L R T
B S N M I E N I M A X E T I T
H E A C M F N A O E D P H B E
G G H E O A L U T R F X P R N
D A L A R S L R W A T E R P D
S C F Y V A A S Y F R Y E O N
M R E P T I L E P L O E O D B
G O S D N U O R G E P F W I E
Y S O E R A C R E W P P R B C
H X Y R P R P B D N U D U N Y
Y D A N G E R U C E S W T S I
```

68 QUOTABLE 68

This quotation is from Carolyn Wells. The words in the diagram are grouped together as they are shown in the list.

- ☐ WE SHOULD
- ☐ LIVE AND
- ☐ LEARN; BUT
- ☐ BY THE
- ☐ TIME
- ☐ WE'VE
- ☐ LEARNED
- ☐ IT'S TOO
- ☐ LATE
- ☐ TO LIVE.

W	S	E	Y	E	O	H	T	I	T	A	U
B	E	B	N	V	D	V	D	I	L	E	Y
Y	L	S	T	I	O	W	R	E	M	V	L
H	H	E	H	L	D	W	V	I	E	E	E
L	H	N	H	O	W	N	A	T	A	W	A
N	T	T	T	T	U	L	A	R	O	L	R
R	E	H	Y	N	Y	L	N	E	S	D	N
T	S	Y	O	Y	E	B	D	O	V	D	E
H	O	T	I	O	U	H	R	E	E	I	D
B	R	W	I	T	S	T	O	O	Y	T	L

69 SQUARE NINES 69

Find 3x3 squares in the diagram that contain, in no particular order, the 9 letters of the words listed.

B	O	U	A	C	U	P	H	U	I	Y	O
G	A	D	L	I	R	E	S	C	R	C	M
E	B	S	N	M	E	S	N	R	T	I	A
N	S	T	A	G	T	A	H	T	N	H	R
P	Y	O	N	E	L	M	O	A	F	E	T
N	E	L	O	S	E	R	V	S	A	D	L
C	L	E	Y	P	P	E	I	E	C	P	H
G	A	H	A	U	R	A	T	S	E	A	P
D	S	U	R	O	B	D	R	V	S	I	S
B	R	O	U	S	R	F	A	O	B	U	F

- ☑ ADVERTISE
- ☐ CHALLENGE
- ☐ CIRCUITRY
- ☐ ESCAPADES
- ☐ GENTLEMAN
- ☐ MARATHONS
- ☐ PLAYHOUSE
- ☐ SANDBLAST
- ☐ SPACESHIP
- ☐ SURFBOARD
- ☐ TELEGRAMS

70 V WORDS 70

The 5-letter words below are found in the diagram in a V shape pointing left, right, up, and down. Find them all and give yourself the V-for-victory sign!

☑ ADMIT
☐ AMBLE
☐ ARBOR
☐ BASTE
☐ BAYOU
☐ BESET
☐ BLANK
☐ BYWAY
☐ CANOE
☐ COAST
☐ COUNT
☐ DEFER
☐ DOUGH
☐ EVENT
☐ EXERT
☐ FALSE
☐ FLAKE
☐ FLASH
☐ FUDGE
☐ GAUZE
☐ GRAIN
☐ HINGE
☐ IVORY
☐ LEARN
☐ LEASE
☐ LODGE
☐ MONEY
☐ OPERA
☐ ORGAN
☐ PANDA
☐ POLKA
☐ QUACK
☐ RECUR
☐ SCALE
☐ SENSE
☐ SPEAR
☐ THEFT
☐ TRACE
☐ VOICE
☐ YEAST

H	N	Y	L	K	A	I	S	K	R	S	X	Q	R	T
E	I	I	R	K	V	R	T	O	C	E	U	U	H	Y
M	O	N	L	O	U	P	B	A	W	A	C	E	Z	Z
O	G	N	J	O	Q	R	V	W	L	E	X	A	F	A
E	A	I	C	D	P	N	A	N	Y	E	L	L	N	T
C	O	D	C	A	S	Y	E	T	I	B	A	B	Y	K
V	O	A	N	E	D	U	I	S	G	A	M	S	A	A
H	E	A	S	G	Z	M	A	R	R	A	A	U	H	Y
L	S	D	E	E	F	Q	O	G	R	E	N	R	O	S
T	O	G	E	K	E	A	U	N	L	T	E	U	N	C
C	D	D	B	P	A	A	E	Y	J	L	O	X	G	T
D	G	U	S	L	G	Y	R	T	E	D	M	P	E	H
E	C	E	F	H	S	A	F	K	S	A	E	R	E	P
E	N	E	V	E	C	E	R	A	S	S	T	R	B	B
T	R	F	T	E	D	I	B	T	L	W	A	O	N	V

71 SUCCESS STORY 71

The only place where success comes before work is in the dictionary!

☐ ACCLAIM
☐ ACHIEVE
☐ BEST
☐ CAREER
☐ CREDIT
☐ DESTINY
☐ EARN
☐ ECLAT
☐ ELITE
☐ EMINENCE
☐ ESTEEM
☐ EXCEL-
LENCE
☐ FAME
☐ FORTUNE
☐ GAIN
☐ GREAT
☐ HONOR
☐ ILLUS-
TRIOUS
☐ KUDOS
☐ MERIT
☐ MONEY
☐ NAME
☐ NOTABLE
☐ NOTED
☐ PEACE
☐ PEAK
☐ POSITION
☐ POWER
☐ PRAISE
☐ PRIDE
☐ PROSPER
☐ RENOWN
☐ RESPECT
☐ REWARD
☐ STATUS
☐ SUCCESS
☐ TOPS
☐ TRIBUTE
☐ VALUE
☐ WEALTH
☐ WORTH

X	R	O	N	O	H	C	A	K	Y	R	B	T	L	K
H	T	R	O	W	R	A	C	H	I	E	V	E	A	U
Y	Y	M	R	E	N	O	W	N	S	E	P	C	E	D
D	E	N	D	A	A	D	R	T	M	R	C	N	M	O
E	K	I	I	L	M	R	L	A	O	L	S	E	I	S
T	T	D	P	T	B	A	N	S	A	E	E	L	N	E
O	M	K	C	H	S	W	P	I	M	T	L	L	E	M
N	O	T	A	B	L	E	M	O	L	U	I	E	N	A
I	N	P	R	P	R	R	D	S	S	B	T	C	C	F
A	E	R	E	S	P	E	C	T	P	I	E	X	E	O
G	Y	A	E	A	S	H	R	A	O	R	T	E	T	R
R	C	I	R	T	K	I	L	T	W	T	I	I	Y	T
E	U	S	E	T	O	P	S	U	E	H	R	D	O	U
A	U	E	E	U	L	A	V	S	R	E	N	A	E	N
T	M	S	S	E	C	C	U	S	M	T	A	L	C	E

72 WEDDING DRESS 72

In America, the traditional color for a wedding gown is white. But in Pakistan, wedding gowns are red! Think thoughts of old lace and crinoline as you solve this puzzle about wedding gowns.

- ☐ ADORN
- ☐ BEADS
- ☐ BOWS
- ☐ BRIDAL
- ☐ BUSTLE
- ☐ CHIFFON
- ☐ ELEGANT
- ☐ FABRIC
- ☐ FANCY
- ☐ FINE
- ☐ FITTING
- ☐ FLARE
- ☐ FLOWERS
- ☐ FORMAL
- ☐ HATS
- ☐ HEADPIECE
- ☐ IVORY
- ☐ LACE
- ☐ LAVISH
- ☐ LENGTH
- ☐ LONG
- ☐ ORNATE
- ☐ PLEAT
- ☐ POSH
- ☐ RIBBON
- ☐ ROSE
- ☐ RUFFLE
- ☐ SASH
- ☐ SATIN
- ☐ SEQUIN
- ☐ SHANTUNG
- ☐ SHIRR
- ☐ SILK
- ☐ TAFFETA
- ☐ TIARA
- ☐ TRADITION
- ☐ TRAIN
- ☐ VEIL
- ☐ WEAR
- ☐ WHITE

W	A	H	H	V	N	R	L	I	C	P	P	T	F	U
E	I	Y	E	E	I	I	N	E	G	N	F	I	N	E
A	C	I	R	B	A	F	A	N	N	T	I	A	R	A
R	L	A	B	A	B	L	R	R	U	G	T	T	G	B
U	L	O	A	U	R	O	S	E	T	H	T	W	A	W
F	N	C	S	O	D	W	S	T	N	R	I	H	S	S
F	G	T	N	A	G	E	L	E	A	E	N	I	W	H
L	L	H	E	P	Q	R	C	D	H	H	G	T	O	I
E	A	R	C	U	A	S	I	E	S	D	A	E	B	R
E	E	M	I	H	A	T	H	S	I	V	A	L	G	R
N	T	N	R	S	I	L	E	P	H	P	S	W	S	P
S	W	A	H	O	M	F	P	F	L	A	D	I	R	B
L	Y	C	N	A	F	M	F	O	F	E	C	A	L	V
B	I	V	O	R	Y	A	N	O	S	A	A	G	E	K
P	V	E	C	L	O	G	Y	D	N	H	T	T	W	H

73 SHELL OUT 73

Whelk shells were once used as wampum by American Indians, who carved white beads from them and purple beads from clam shells. Get your own shell collection off to a great start with the specimens featured in the list.

- ☑ ABALONE
- ☐ ARK shell
- ☐ AUGER
- ☐ BUBBLE shell
- ☐ CERITH
- ☐ CHITON
- ☐ CLAM
- ☐ COCKLE
- ☐ CONCH
- ☐ CONE
- ☐ FROG shell
- ☐ HELMET
- ☐ LIMPET
- ☐ MARGIN shell
- ☐ MELONG-ENA
- ☐ MITER
- ☐ MUREX
- ☐ MUSSEL
- ☐ NERITE
- ☐ NUTMEG
- ☐ OLIVE
- ☐ OYSTER
- ☐ PEN
- ☐ PERIWINKLE
- ☐ PIDDOCK
- ☐ Watering POT
- ☐ ROCK shell
- ☐ SCALLOP
- ☐ SLIT shell
- ☐ SNAIL
- ☐ TULIP shell
- ☐ TURBAN
- ☐ TUSK shell
- ☐ VASE
- ☐ VOLUTE
- ☐ WHELK

L	E	H	I	F	M	E	L	O	N	G	E	N	A	L
I	O	T	C	T	R	E	T	I	M	G	E	R	P	P
M	H	K	U	N	U	O	L	I	V	E	K	O	V	W
P	N	K	W	L	O	S	G	I	R	E	T	S	Y	O
E	P	I	D	D	O	C	K	M	E	E	X	N	E	P
T	N	E	G	C	L	V	E	U	R	L	N	C	P	O
U	A	O	R	R	X	E	H	R	C	Y	K	E	A	L
L	B	C	L	I	A	N	S	E	L	E	L	C	B	L
I	R	R	H	A	W	M	R	X	L	B	S	G	O	A
P	U	P	M	I	B	I	B	N	B	M	M	A	L	C
H	T	E	W	C	T	A	N	U	N	U	E	D	V	S
R	O	C	A	H	U	O	B	K	D	S	R	T	K	C
Y	Y	K	K	G	E	N	N	L	L	S	L	I	T	O
P	Y	X	E	P	X	L	U	S	G	E	M	T	U	N
I	W	R	O	C	K	Y	K	N	P	L	A	N	L	E

74 CROSS WORDS 74

Hidden in the diagram below are pairs of words that cross at their common middle letter. Some are pairs of 5-letter words and some are pairs of 7-letter words. We have looped the pair ASIAN and CHIME to start your list.

Word list on page 491

A SIAN
C HIME

A ______
J ______

B ______
F ______

C ______
C ______

D ______
U ______

F ______
Y ______

F ______
S ______

H ______
T ______

H ______
W ______

I ______
J ______

I ______
U ______

K ______
V ______

N ______
S ______

O ______
S ______

P ______
V ______

P ______
T ______

T ______
W ______

V ______
W ______

L	E	S	T	O	L	J	I	E	X	C	L	V	I	O
O	X	L	R	A	V	O	Z	S	V	J	O	F	B	D
N	I	E	C	E	Z	N	I	A	R	T	E	L	R	C
L	R	E	K	N	O	Y	T	H	J	Y	E	A	S	T
J	D	K	I	I	U	N	U	P	E	I	W	R	N	V
C	O	E	N	V	U	N	P	E	G	A	I	E	C	S
L	V	L	G	O	P	Z	N	N	R	W	D	V	Z	X
R	E	I	L	F	I	A	I	O	W	I	A	S	I	C
T	B	M	V	Y	J	T	S	O	R	W	N	L	E	O
O	V	S	L	W	A	I	A	T	W	O	E	Z	T	T
J	E	E	A	K	V	Y	O	V	E	H	Z	R	J	Z
I	O	D	S	A	E	C	E	C	O	M	I	C	A	L
L	E	M	I	H	C	N	E	B	L	C	T	S	F	V
R	O	R	A	V	U	A	Y	O	K	L	I	J	K	Y
L	T	V	N	S	Z	F	V	A	V	X	C	I	O	B

75 MISSING VOWELS 75

Before you can loop the words in the list below, you must first fill in the circles in the diagram with the missing vowels A, E, I, O, and U. We have filled in one entry for you.

- ☑ ALONG
- ☐ BREAK
- ☐ COLLAR
- ☐ DEMAND
- ☐ EXPORT
- ☐ FENCE
- ☐ FORMAL
- ☐ GINGER
- ☐ HOOD
- ☐ IMPORT
- ☐ JOCOSE
- ☐ KENNEL
- ☐ LEVEE
- ☐ LUNAR
- ☐ MEDIC
- ☐ MUSCLE
- ☐ PILLAR
- ☐ POLICE
- ☐ REALM
- ☐ REMISS
- ☐ RESCUE
- ☐ RETAIL
- ☐ ROMAN
- ☐ SABER
- ☐ SACHET
- ☐ SAGE
- ☐ SCREAM
- ☐ SCRIPT
- ☐ SLEEK
- ☐ STEAM
- ☐ TARIFF
- ☐ THEORY
- ☐ TOPAZ
- ☐ TRAVEL
- ☐ UNTIL
- ☐ VALID
- ☐ VEIL
- ☐ VOUCH
- ☐ WALLET
- ☐ YONDER

M	D	○	G	○	S	H	C	○	○	V	R	S	R	S
T	W	J	G	C	Y	H	R	○	B	○	S	Z	B	T
○	○	X	P	○	R	T	○	L	L	○	W	J	R	○
P	○	H	N	L	○	S	S	L	K	G	F	○	○	○
○	V	D	C	L	○	G	○	○	○	F	P	C	○	M
Z	○	○	D	○	C	P	N	N	○	M	N	○	K	N
R	L	H	○	R	S	N	G	R	○	○	F	S	P	T
M	○	S	C	L	○	○	○	T	F	○	Z	○	R	C
○	M	K	R	L	R	T	P	○	R	C	S	○	○	T
○	L	S	V	○	D	N	A	M	○	D	V	T	M	M
R	D	○	M	L	○	L	○	○	S	○	K	H	○	G
C	D	○	T	○	O	L	P	○	L	○	C	○	N	G
S	S	L	L	N	L	N	M	L	○	N	H	○	○	D
S	X	F	G	○	○	C	○	D	○	M	K	R	D	L
C	V	R	G	R	V	X	V	B	K	Z	X	Y	J	B

76 BY THE SEA 76

The Red Sea began as a crack in the desert floor between Africa and Asia about 25 million years ago. The sea floor continues to widen by about one inch annually. It became a valuable waterway in the late 1800s, when the completion of the Suez Canal gave European powers access by water to their colonies in Asia.

- ☐ AFRICA
- ☐ ALGAE
- ☐ ASIA
- ☐ BANKS
- ☐ BUSY waterway
- ☐ CHANNELS
- ☐ CLIFFS
- ☐ COAST
- ☐ CORAL reefs
- ☐ DEPTH
- ☐ EGYPT
- ☐ ETHIOPIA
- ☐ GREAT Rift Valley
- ☐ GULF of Suez
- ☐ HIGHWAY
- ☐ INDIAN Ocean
- ☐ IRREGULAR currents
- ☐ LENGTH
- ☐ MARINE life
- ☐ MEDITERRANEAN Sea
- ☐ NARROW
- ☐ PLAINS
- ☐ PORT Sudan
- ☐ ROUTE
- ☐ SALTY water
- ☐ SAUDI Arabia
- ☐ SEA FLOOR
- ☐ SHIPS
- ☐ SHORE
- ☐ SINAI Peninsula
- ☐ STRAIT of Bab el Mandeb
- ☐ SUDAN
- ☐ SUEZ Canal
- ☐ TRADE
- ☐ WATER

T	R	S	R	Z	T	S	A	O	C	S	D	M	O	L
R	I	A	E	D	T	B	N	G	O	E	D	F	L	W
O	A	U	L	R	E	E	N	I	R	A	M	N	B	Y
P	S	D	A	U	A	P	Z	I	A	F	R	I	C	A
E	G	I	T	G	G	Z	T	A	L	L	Y	N	R	N
I	T	E	L	P	C	E	T	H	I	O	P	I	A	N
A	U	A	T	U	Y	M	R	N	K	O	K	D	N	N
E	B	C	P	U	D	G	D	R	T	R	U	F	B	S
U	D	B	Y	Y	O	I	E	A	I	S	A	Z	L	U
Z	N	A	E	N	A	R	R	E	T	I	D	E	M	Y
B	Y	N	R	N	E	W	O	R	R	A	N	L	F	O
B	U	K	I	T	T	P	H	T	G	N	E	L	L	D
K	T	S	A	L	T	Y	S	G	A	H	R	R	U	F
F	I	W	Y	C	S	D	S	H	I	P	S	E	G	P
G	O	S	F	F	I	L	C	T	R	H	A	B	S	F

77 NATIONWIDE 77

The United Nations is an organization of countries that works toward a goal of world peace. It was established on October 24, 1945, shortly after World War II, to try to prevent any future worldwide confrontations.

- ☐ ACTION
- ☐ ADVISE
- ☐ AGENCIES
- ☐ BUDGET
- ☐ CHARTER members
- ☐ COMMITTEES
- ☐ CULTURAL matters
- ☐ DELEGATES
- ☐ EFFORT
- ☐ EQUAL rights
- ☐ FLAGS
- ☐ FUND
- ☐ GENERAL Assembly
- ☐ GOALS
- ☐ HEALTH
- ☐ HELP
- ☐ HUMANITY
- ☐ IDEAS
- ☐ INFORM
- ☐ INTERPRETERS
- ☐ LABOR
- ☐ MEET
- ☐ NATIONS
- ☐ NEW YORK City
- ☐ PLANS
- ☐ SECRETARIAT
- ☐ SECURITY Council
- ☐ SESSIONS
- ☐ SOCIAL matters
- ☐ SOLUTION
- ☐ TALKS
- ☐ TERMS
- ☐ TREATY
- ☐ VOTE
- ☐ WORLD peace

U	S	N	O	I	T	A	N	D	Y	F	L	A	G	S
T	M	S	L	A	O	G	N	E	M	T	E	N	O	V
M	Q	C	R	U	H	U	O	R	W	T	A	L	K	S
H	I	O	E	E	F	F	O	R	T	Y	U	E	S	M
T	U	M	T	N	T	F	M	E	E	T	O	E	R	N
L	S	M	R	D	N	E	S	R	I	I	C	R	O	T
A	M	I	A	I	E	E	R	O	S	R	E	I	K	W
E	R	T	H	N	I	L	N	P	E	U	T	D	C	O
H	E	T	C	C	I	P	E	T	R	C	O	E	G	R
A	T	E	N	F	L	T	A	G	A	E	V	A	A	L
P	E	E	R	A	O	R	Y	V	A	S	T	S	D	D
D	G	S	N	O	I	S	S	E	S	T	W	N	V	O
A	D	S	G	A	B	L	A	R	E	N	E	G	I	P
C	U	L	T	U	R	A	L	A	I	C	O	S	S	Y
Q	B	V	F	S	H	E	L	P	L	A	U	Q	E	K

78 DELTA QUEEN 78

Delta Burke's role as ex-beauty queen Suzanne Sugarbaker on television's "Designing Women" mirrored her own life. In 1972, the Orlando, Florida, native won the local fire department's Miss Flame contest and in 1974 she won the Miss Florida title.

- ☐ ACTRESS
- ☐ BEAUTY contests
- ☐ BLACK hair
- ☐ CELEBRITY
- ☐ "CHARLESTON"
- ☐ "CHISHOLMS, The"
- ☐ COMEDY
- ☐ "DELTA"
- ☐ "DESIGNING Women"
- ☐ "FILTHY Rich"
- ☐ HOLLY-WOOD
- ☐ MARRIED
- ☐ MCRANEY, Gerald (husband)
- ☐ MINI-SERIES
- ☐ MISS FLORIDA
- ☐ MODEL
- ☐ MOVIES
- ☐ ORLANDO
- ☐ PAGEANTS
- ☐ PEPPY
- ☐ PRETTY
- ☐ ROLES
- ☐ SITCOMS
- ☐ SMILE
- ☐ SOUTHERN
- ☐ STAR
- ☐ SUZANNE Sugarbaker
- ☐ TABLOIDS
- ☐ TELEVISION
- ☐ "TRAINING Camp"

U	E	M	I	N	I	S	E	R	I	E	S	Y	D	Z
L	C	L	C	N	N	R	E	H	T	U	O	S	F	C
G	Z	O	I	H	K	C	A	L	B	H	C	D	S	M
R	T	T	M	M	A	S	M	L	O	H	S	I	H	C
M	O	V	I	E	S	R	G	L	H	R	T	O	E	R
Y	S	V	S	N	D	Y	L	K	D	C	H	L	N	A
P	T	W	S	V	O	Y	V	E	O	B	E	B	N	N
M	R	T	F	S	W	I	S	M	S	B	Y	A	A	E
E	A	N	L	O	E	I	S	T	R	T	M	T	Z	Y
R	I	R	O	K	G	R	N	I	U	V	O	S	U	H
H	N	D	R	N	P	A	T	A	V	F	D	N	S	T
V	I	P	I	I	E	Y	E	C	P	E	E	L	R	L
C	N	N	D	G	E	B	W	M	A	T	L	E	D	I
T	G	O	A	N	O	D	N	A	L	R	O	E	V	F
U	V	P	R	E	T	T	Y	P	P	E	P	A	T	R

79 NUMBER SEEK 79

Solve this puzzle by seeking numbers instead of letters.

☐ 00251
☐ 07495
☐ 07769
☐ 07798
☐ 11955
☐ 13874
☐ 15176
☐ 16777
☐ 18308
☐ 18778
☐ 23160
☐ 27613
☐ 30250
☐ 32616
☐ 34696
☐ 49707
☐ 50337
☐ 50446
☐ 53302
☐ 58118
☐ 59886
☐ 68082
☐ 68406
☐ 69252
☐ 69610
☐ 71481
☐ 75609
☐ 78337
☐ 81466
☐ 84088
☐ 86016
☐ 90920
☐ 95415
☐ 95676
☐ 95927
☐ 96536
☐ 97272
☐ 97953
☐ 98464
☐ 99140

7	1	0	5	6	7	1	8	9	1	8	5	3	5	7
4	4	1	3	9	4	7	7	1	4	8	1	0	0	5
5	9	1	2	5	9	2	6	5	5	8	5	1	2	6
4	1	7	0	5	7	2	7	0	6	2	3	8	8	5
8	9	0	9	2	0	4	6	3	0	0	0	8	5	5
5	4	2	7	5	7	1	8	3	0	8	9	0	2	3
3	7	3	5	4	3	6	4	7	6	5	6	4	1	9
3	1	6	7	2	9	3	0	5	7	6	9	8	7	7
0	7	7	9	8	9	5	6	6	8	8	6	3	8	1
2	7	6	5	6	1	6	2	3	4	3	1	3	1	9
0	2	5	1	5	4	9	7	6	4	4	0	5	6	9
5	5	9	1	1	0	3	4	3	4	7	6	7	7	6
1	8	7	8	4	9	6	8	0	7	2	8	6	7	2
5	6	8	2	5	1	5	1	6	7	8	3	3	7	5
0	2	0	0	9	7	8	9	6	7	3	9	3	1	2

80 ONE GOOD TURN 80

"As the World Turns" was one of daytime television's first 30-minute serials, 15 minutes longer than others of its day. It premiered on April 2, 1956. See how many names of characters from this popular soap opera you can find in the diagram below.

- ☐ ANDREW Dixon
- ☐ APRIL O'Shea
- ☐ BEAU Farrell
- ☐ BLAKE
- ☐ BROCK Lombard
- ☐ CALEB Snyder
- ☐ CHRIS Hughes
- ☐ CLAIRE Lowell
- ☐ COLIN Crowley
- ☐ DEREK Mason
- ☐ DUNCAN McKechnie
- ☐ EMMA Snyder
- ☐ GAVIN Kruger
- ☐ GRANT Coleman
- ☐ HANK Eliot
- ☐ HENRY Lansing
- ☐ HOLDEN Snyder
- ☐ JASON Benedict
- ☐ JEFF Dolan
- ☐ KAREN Peters
- ☐ KEVIN Gibson
- ☐ KIRK Anderson
- ☐ LARRY McDermott
- ☐ LAURA Simmons
- ☐ LIEN Truong
- ☐ LILITH
- ☐ LILY Walsh
- ☐ LINC Rafferty
- ☐ LISA Miller
- ☐ MARSHA Talbot
- ☐ NANCY Hughes
- ☐ NICK Conway
- ☐ PETER Burton
- ☐ SETH Snyder
- ☐ SHANNON O'Hara
- ☐ SIERRA Esteban
- ☐ TONIO Reyes

R	D	A	G	D	L	S	P	E	V	N	K	P	I	D
P	O	O	E	S	T	Y	A	M	M	E	W	N	W	Y
N	K	R	I	K	P	R	K	A	V	D	S	Y	K	H
W	E	R	D	N	A	P	R	I	L	L	W	N	T	D
K	H	U	L	O	O	S	N	H	C	O	L	I	N	C
C	Y	G	R	S	H	T	I	M	A	H	L	C	A	I
O	P	L	L	A	Y	D	F	L	E	I	T	K	R	W
R	H	E	A	J	L	U	S	Y	L	R	I	E	G	R
B	N	O	T	U	A	N	A	H	J	H	I	S	S	J
L	N	L	S	E	R	C	A	E	A	E	K	A	L	B
K	L	V	N	E	R	A	K	N	B	N	F	L	L	E
M	R	Y	D	I	Y	N	K	E	C	R	N	F	O	C
M	P	G	C	N	V	N	L	I	L	Y	V	O	E	U
H	S	I	E	R	R	A	R	L	P	B	P	C	N	H
W	D	M	A	E	C	D	G	C	U	K	R	E	D	U

ON THE TUBE

There are over 200 million television sets in the U.S. and more than half a billion sets elsewhere around the world. Here's a puzzle containing words of 4 or more letters that are all associated with watching "the tube."

Word lists on page 491

A CTING
A ______
B ______
C ______
C ______
C ______
C ______
C ______
C ______
C ______
C ______
E ______
G ______
H ______
M ______
N ______
N ______
P ______
P ______
P ______
R ______
R ______

R ______
S ______
S ______
S ______
S ______
S ______

S ______
S ______
S ______
V ______
W ______
W ______

P	B	M	S	E	P	A	T	O	E	D	I	V	L	H
I	R	S	Y	V	L	T	U	A	P	C	E	A	K	O
C	E	I	N	G	D	P	S	P	E	C	I	A	L	S
T	T	T	D	S	N	Y	R	R	P	R	V	M	K	T
U	R	R	I	C	C	I	H	O	E	V	O	G	R	R
R	O	O	C	H	M	E	T	S	G	R	M	H	O	O
E	P	N	A	E	W	A	T	C	H	R	U	T	W	P
H	E	I	T	D	C	D	C	L	A	B	A	N	T	S
T	R	I	E	U	L	O	N	Y	E	T	O	M	E	R
A	M	H	D	L	M	S	V	A	N	N	E	T	N	A
E	R	T	N	E	K	R	W	E	K	B	N	C	K	T
W	B	T	D	C	O	M	M	E	R	C	I	A	L	N
O	M	Y	A	L	B	M	L	B	N	A	A	B	H	O
H	O	N	O	R	O	S	N	O	P	S	G	L	S	C
S	S	C	M	C	G	U	E	S	T	T	Y	E	B	P

82 THROWAWAYS 82

We have been called a "disposable society" because of the large volume of things we throw away. Can you find all the words related to disposal hidden in the diagram below?

☐ ABANDON
☐ ABOLISH
☐ ADRIFT
☐ BANISH
☐ BEACH
☐ CANCEL
☐ CASTAWAY
☐ CASTOFF
☐ DENY
☐ DESERT
☐ DISCARD
☐ DISMISS
☐ DISOWN
☐ DISPOSE
☐ DOFF
☐ EJECT
☐ ELIMINATE
☐ EXILE
☐ EXPEL
☐ FORSAKE
☐ GROUND
☐ ISOLATE
☐ JETTISON
☐ JUNK
☐ LEAVE
☐ LOST
☐ MAROON
☐ OMIT
☐ OUST
☐ OUTCAST
☐ QUIT
☐ REFUSE
☐ REJECT
☐ RENOUNCE
☐ SHUN
☐ STRAND
☐ TOSS
☐ TRASH
☐ VETO
☐ VOID

V	U	N	J	F	J	E	T	T	I	S	O	N	C	G
A	D	R	I	F	T	S	L	C	M	A	R	O	O	N
K	N	U	J	O	E	W	A	I	D	I	O	V	U	I
O	U	S	T	D	E	N	Y	F	M	T	E	K	T	S
S	O	B	E	A	C	H	O	E	E	I	C	R	C	O
T	R	E	S	E	D	R	T	V	S	D	N	Y	A	L
I	G	E	L	H	S	I	N	A	B	I	U	A	S	A
U	E	V	F	A	H	O	I	E	Y	S	O	W	T	T
Q	X	R	K	U	M	S	P	L	N	C	N	A	O	E
P	I	E	D	I	S	M	I	S	S	A	E	T	F	P
M	L	J	T	H	L	E	B	L	I	R	R	S	F	I
B	E	E	D	I	S	O	W	N	O	D	N	A	B	A
U	Y	C	P	H	G	A	S	G	I	B	I	C	M	K
S	X	T	U	X	R	F	R	T	D	N	A	R	T	S
V	F	N	T	C	E	J	E	T	O	S	S	C	F	E

83 MR. PRESIDENT 83

The only president to serve two nonconsecutive terms was Grover Cleveland. He served from 1885 to 1889 and again from 1893 to 1897.

- ☐ ADDRESS
- ☐ ADVISORS
- ☐ AIR FORCE 1
- ☐ BILL
- ☐ BUDGET
- ☐ CABINET
- ☐ CHIEF executive
- ☐ COMMANDER in chief
- ☐ COMMITTEE
- ☐ DESK
- ☐ DUTY
- ☐ ELECT
- ☐ FOREIGN policy
- ☐ FOUR years
- ☐ INAUGURATION
- ☐ JUSTICE
- ☐ First LADY
- ☐ LEADER
- ☐ Hot LINE
- ☐ MEET
- ☐ MILITARY
- ☐ NATION
- ☐ OATH
- ☐ OFFICE
- ☐ OVAL Office
- ☐ PARDON
- ☐ POLITICS
- ☐ PRESS conference
- ☐ PROGRAM
- ☐ Secret SERVICE
- ☐ SIGN
- ☐ STAFF
- ☐ Chief of STATE
- ☐ TERM
- ☐ TREATY
- ☐ TRIPS
- ☐ State of the UNION
- ☐ VETO
- ☐ WASHINGTON
- ☐ WHITE House

```
E S P I R T J R C H I E F E G
C N Y A E S P U B G M J F C P
I O J R R E A O S E I I A I R
V I M Y W D C F L T L B T F E
R T P M D A O R C I I L S F S
E A L R A A S N O N T C I O S
S N E W O N L H E F A I E B R
T S A G H G D T I Y R M C L O
S C D M F I R E A N Y I L S S
T C E N O I T A R U G U A N I
A E R L R R F E M N B T V L V
T L I N E E E T T I M M O C D
E N V A I T H T A O S I G N A
N P T E G D U B D N P O T E V
P Y M L N P A K S E D Y T U D
```

84 ZIGZAG 84

Instead of reading in a straight line, each entry has one bend in it. One entry has been looped for you.

- ☐ ALLEGORIZE
- ☐ BARBECUE
- ☐ CELLULAR
- ☐ COFFEE-CAKE
- ☐ DELICIOUS
- ☐ EMERSION
- ☐ FENCING
- ☐ FLOATER
- ☐ GAELIC
- ☐ GERRY-MANDER
- ☐ GOOBER
- ☐ GRAND-STAND
- ☐ HAYLOFT
- ☐ INCREASE
- ☐ JIGSAW
- ☐ KINDRED
- ☐ KNOWN
- ☐ LOBSTER
- ☐ MACKINAW
- ☐ MACRAME
- ☐ MARAUD
- ☐ MIRAGE
- ☐ NUMERAL
- ☐ ORDINAL
- ☐ OUTRIGGER
- ☐ PEWTER
- ☐ RAMBLER
- ☐ SOLDER
- ☐ SQUEAKY
- ☐ STADIUM
- ☐ TARGET
- ☐ UMPIRE
- ☐ UNPACK
- ☐ VOTERS
- ☐ WEIRD
- ☑ ZIGZAG

D	E	R	R	E	M	F	N	R	E	A	S	E	L	D
S	T	A	D	I	U	E	C	U	E	Y	K	A	E	U
E	F	L	K	N	B	N	G	R	M	Z	R	L	Q	K
M	O	R	C	R	I	C	Z	E	M	E	I	S	E	R
S	L	Y	A	H	Z	K	I	T	T	C	Z	R	T	I
C	G	B	P	L	G	E	S	N	E	I	S	U	O	G
W	O	A	N	U	O	B	M	K	G	O	O	B	V	G
A	Z	F	E	L	O	A	T	A	R	U	A	C	E	E
N	Y	L	F	L	I	C	T	G	R	S	H	L	E	R
G	I	R	D	E	N	O	I	E	Z	C	L	J	I	G
P	E	K	A	C	E	Z	S	G	R	A	N	D	S	A
E	W	R	C	Z	R	O	R	D	I	M	G	A	T	R
W	T	E	R	A	B	A	E	Z	M	N	W	O	A	I
N	O	G	U	Y	M	U	M	P	I	R	A	M	N	M
R	E	D	N	A	M	G	E	R	E	L	B	L	D	K

85 ENCYCLOPEDIC 85

The first edition of the Encyclopaedia Britannica was published in 1768. Help celebrate over two centuries of Britannica with the words about encyclopedias listed below.

- ☐ AREAS
- ☐ ARTICLE
- ☐ ARTS
- ☐ BOOKS
- ☐ COLUMN
- ☐ COPY
- ☐ DATA
- ☐ DEPTH
- ☐ DETAIL
- ☐ EDITION
- ☐ FACT
- ☐ FIELD
- ☐ FIND
- ☐ GUIDE
- ☐ HISTORY
- ☐ INDEX
- ☐ INFORM
- ☐ LEARN
- ☐ LITERATURE
- ☐ MAPS
- ☐ MUSIC
- ☐ NOTES
- ☐ OUTLINE
- ☐ PAGES
- ☐ PICTURE
- ☐ POLITICS
- ☐ PRINT
- ☐ READ
- ☐ RESEARCH
- ☐ REFERENCE
- ☐ REPORT
- ☐ SCIENCE
- ☐ SETS
- ☐ SOURCE
- ☐ SPORTS
- ☐ STUDY
- ☐ SUMMARY
- ☐ TOOL
- ☐ TOPIC
- ☐ VOLUME
- ☐ YEAR

X	S	E	D	I	U	G	V	X	P	L	X	T	B	V
D	E	C	N	E	I	C	S	C	I	T	I	L	O	P
X	G	R	Y	B	G	D	O	U	T	L	I	N	E	Y
S	A	U	O	A	D	A	T	A	R	T	I	C	L	E
E	P	O	H	C	R	A	E	S	E	R	T	O	Y	A
T	K	S	F	V	R	E	U	R	F	C	N	O	P	R
S	O	A	Y	T	N	M	A	E	E	M	U	L	O	V
M	C	I	S	U	M	T	K	S	R	P	G	G	C	L
T	D	K	Y	A	U	O	S	L	E	U	O	E	M	T
S	A	A	R	R	L	P	F	D	N	T	T	R	E	N
T	T	Y	E	M	O	I	I	I	C	R	O	C	T	I
U	X	K	A	R	C	T	A	V	E	F	A	P	I	R
D	E	P	T	H	I	G	S	T	N	L	D	E	I	P
Y	S	S	N	O	T	E	S	I	E	V	D	I	L	C
B	R	I	N	D	E	X	U	E	H	D	N	I	F	X

86 CANNONBALL RUN 86

The Cannonball Baker Sea-to-Shining-Sea Memorial Trophy Dash was founded in 1971 by racing writer Brock Yates, who organized it as both a tribute to Erwin "Cannonball" Baker and his cross-country drives to promote the autos of the early 1900s and as a protest against the nation's 55-mph interstate speed limit. The Cannonball was last run in 1979, but in the early 1980s it was restructured as the One Lap of America endurance race.

- ☐ CALIFORNIA
- ☐ CARS
- ☐ CHALLENGE
- ☐ CHASE
- ☐ CITIES
- ☐ COURSE
- ☐ CROSS-COUNTRY
- ☐ DASH
- ☐ DISTANCE
- ☐ DRIVE
- ☐ ENDURANCE
- ☐ ENTRY
- ☐ EVENT
- ☐ FAST
- ☐ FINISH
- ☐ FIRST
- ☐ FUEL
- ☐ ILLICIT
- ☐ INTERSTATE
- ☐ MAPS
- ☐ MOVIE
- ☐ NEW YORK
- ☐ RACE
- ☐ RIDE
- ☐ ROAD
- ☐ ROUTE
- ☐ Sea-to-SHINING-Sea
- ☐ SIGNS
- ☐ SPEED
- ☐ START
- ☐ STOPS
- ☐ STREETS
- ☐ SWIFT
- ☐ TEAM
- ☐ THRILL
- ☐ TIME
- ☐ TOWNS
- ☐ TRAFFIC
- ☐ VICTORY

M	C	A	L	I	F	O	R	N	I	A	V	A	Y	Y
A	T	T	F	I	W	S	M	S	P	E	E	D	R	S
P	A	U	N	N	S	H	I	N	I	N	G	T	T	T
S	E	I	C	S	K	R	O	Y	W	E	N	R	N	O
G	S	C	M	O	V	I	E	Y	V	U	E	A	E	P
H	Y	Y	N	I	U	W	M	E	O	E	L	T	D	S
E	L	T	H	A	N	R	N	C	T	L	L	S	I	E
T	S	R	I	F	T	T	S	S	T	S	A	F	R	D
E	D	A	L	T	P	S	E	E	N	U	H	A	E	S
V	R	F	L	L	O	C	I	R	H	G	C	M	N	R
Y	I	F	I	R	I	R	H	D	S	F	I	W	C	A
I	V	I	C	T	O	R	Y	C	A	T	O	S	H	C
P	E	C	I	U	A	A	H	Y	D	T	A	R	A	E
V	T	E	T	Y	U	H	D	T	M	A	E	T	S	O
V	S	E	C	N	A	R	U	D	N	E	F	U	E	L

87 BLOW YOUR HORN 87

A horn is a wind instrument that has a mouthpiece at one end and a bell-shaped opening at the other. Horns were first used to send signals, give warnings, and to frighten away intruders.

- ☐ AIR
- ☐ ALPHORN
- ☐ ALTHORN
- ☐ ALTO
- ☐ BAMBOO tube
- ☐ BAND
- ☐ BARITONE
- ☐ BASS
- ☐ BUGLE
- ☐ CORNET
- ☐ FLUGEL-HORN
- ☐ FRENCH
- ☐ HELICON
- ☐ HOLES
- ☐ INSTRU-MENT
- ☐ KEYS
- ☐ LISTEN
- ☐ LOUD
- ☐ MELLO-PHONE
- ☐ METAL
- ☐ MUSIC
- ☐ NOTES
- ☐ PISTON
- ☐ PITCH
- ☐ PLAY
- ☐ RANGE
- ☐ ROTOR
- ☐ SAX
- ☐ SEA SHELL
- ☐ SERPENT
- ☐ SOPRANO
- ☐ SOUND
- ☐ STOPPER
- ☐ TENOR
- ☐ TONE
- ☐ TROMBONE
- ☐ TRUMPET
- ☐ TUBA
- ☐ VALVE
- ☐ WOOD

H	B	A	N	D	T	E	P	M	U	R	T	D	W	G
A	N	B	E	B	S	U	N	F	P	D	R	N	O	E
M	T	U	T	A	D	U	O	L	O	A	F	I	O	V
L	E	G	S	M	G	T	A	U	N	K	R	C	D	L
G	L	L	I	B	B	Y	N	G	A	T	E	F	B	A
A	R	E	L	O	H	E	E	E	R	E	N	Y	L	V
A	L	P	H	O	R	N	V	L	P	N	C	T	S	S
P	G	T	L	S	P	B	E	H	O	R	H	H	T	X
I	V	E	O	R	A	H	A	O	S	O	E	O	A	H
S	S	M	T	D	O	E	O	R	R	C	P	S	C	H
T	N	E	M	U	R	T	S	N	I	P	I	T	C	O
O	B	T	R	O	M	B	O	N	E	T	I	S	C	B
N	P	A	B	U	T	T	M	R	A	P	O	I	U	O
E	A	L	S	N	E	H	E	L	I	C	O	N	I	M
D	N	U	O	S	A	N	F	R	R	R	O	N	E	T

88 LIVING COLOR 88

Brighten up the spring month of April after a long winter's hibernation with a splash of color to bring the earth to life. The colors below are sure to make the job easier!

- ☐ AQUA
- ☐ AUBURN
- ☐ BEIGE
- ☐ BLACK
- ☐ BLUE
- ☐ BROWN
- ☐ BURGUNDY
- ☐ CERISE
- ☐ CHARTREUSE
- ☐ CRIMSON
- ☐ ECRU
- ☐ GOLD
- ☐ GRAY
- ☐ GREEN
- ☐ HAZEL
- ☐ HENNA
- ☐ INDIGO
- ☐ IVORY
- ☐ JADE
- ☐ KHAKI
- ☐ LEMON
- ☐ LILAC
- ☐ LIME
- ☐ MAGENTA
- ☐ MAROON
- ☐ MAUVE
- ☐ OCHER
- ☐ OLIVE
- ☐ ORANGE
- ☐ PINK
- ☐ PURPLE
- ☐ RED
- ☐ RUST
- ☐ SAGE
- ☐ SCARLET
- ☐ SILVER
- ☐ TAUPE
- ☐ TURQUOISE
- ☐ VIOLET
- ☐ WHITE
- ☐ WINE
- ☐ YELLOW

P	G	T	S	U	R	D	V	A	O	K	M	B	E	N
Y	R	O	V	I	K	A	H	K	C	A	G	U	G	S
V	H	G	L	N	L	T	D	A	U	B	U	R	N	R
B	L	U	E	D	I	V	U	V	D	W	E	G	A	S
H	I	V	T	I	M	C	E	R	I	S	E	U	R	Y
H	H	V	I	G	E	A	S	R	Q	I	E	N	O	K
N	A	Y	H	O	T	O	U	A	Q	U	A	D	I	Q
O	L	Z	W	N	L	L	E	M	O	N	O	Y	N	W
O	I	A	E	I	P	E	R	N	O	S	M	I	R	C
R	L	G	V	L	V	U	T	B	L	V	P	Y	S	B
A	A	E	M	S	C	A	R	L	E	T	E	R	G	E
M	C	P	P	G	L	O	A	P	M	L	E	R	U	I
D	B	I	I	U	W	E	H	O	L	H	E	R	R	G
I	H	E	N	N	A	Z	C	O	C	E	C	E	K	E
T	B	L	A	C	K	T	W	O	N	E	D	A	J	H

89 NUMBER SEEK 89

Solve this puzzle by seeking numbers instead of letters.

- ☐ 00711
- ☐ 02459
- ☐ 06554
- ☐ 07237
- ☐ 09478
- ☐ 10662
- ☐ 11561
- ☐ 13049
- ☐ 13952
- ☐ 14133
- ☐ 17191
- ☐ 17399
- ☐ 17775
- ☐ 25804
- ☐ 27818
- ☐ 29053
- ☐ 29954
- ☐ 30200
- ☐ 30541
- ☐ 34351
- ☐ 35159
- ☐ 44092
- ☐ 48215
- ☐ 49032
- ☐ 50953
- ☐ 51086
- ☐ 51588
- ☐ 51865
- ☐ 53764
- ☐ 54445
- ☐ 55636
- ☐ 55744
- ☐ 60271
- ☐ 60345
- ☐ 60352
- ☐ 63653
- ☐ 63804
- ☐ 68614
- ☐ 70298
- ☐ 70898
- ☐ 77638
- ☐ 78004
- ☐ 80279
- ☐ 82779
- ☐ 83076
- ☐ 91249
- ☐ 98006
- ☐ 98726
- ☐ 99018
- ☐ 99312

1	9	0	9	4	8	2	1	5	7	8	7	4	9	0
6	7	0	3	8	1	6	2	7	8	9	1	2	3	1
0	3	7	9	0	8	2	8	4	4	7	5	5	8	4
1	9	8	7	6	7	9	1	6	3	2	5	3	9	2
9	2	0	2	5	2	1	0	9	1	7	6	0	2	9
1	9	0	0	5	3	2	9	3	0	4	3	6	0	0
7	0	4	8	4	0	4	9	8	3	2	6	0	7	5
1	4	0	8	3	6	9	9	5	0	0	7	1	1	3
0	4	5	9	9	2	8	5	1	1	7	2	0	6	5
0	6	5	1	3	5	0	4	3	6	5	8	0	4	6
8	7	9	0	5	1	0	2	0	5	6	3	4	0	2
5	3	2	4	3	8	6	0	4	1	3	4	3	5	1
3	5	6	3	6	6	8	2	9	1	5	4	9	3	5
6	7	7	7	7	5	7	3	4	0	5	3	3	4	0
4	5	8	2	7	7	9	1	4	3	1	1	2	7	4

90 DIEGO-VILLE 90

California's San Diego is a year-round fun-in-the-sun playground and cultural haven. The city began an all-out reconstructive boom in the mid-1970s, which is blending its Old World/beach-culture charm with modern economic success.

- ☐ AIRPORT
- ☐ ANZA-Borrego State Park
- ☐ San Diego BAY
- ☐ BEACHES
- ☐ CABRILLO National Monument
- ☐ CASUAL
- ☐ Modern CITY
- ☐ DESERTS
- ☐ FISHING
- ☐ FRIENDLY
- ☐ GASLAMP Quarter
- ☐ Old GLOBE Theatre
- ☐ GROSSMONT College
- ☐ HORTON Plaza
- ☐ HOTELS
- ☐ JET skiing
- ☐ KAYAKING
- ☐ Point LOMA
- ☐ Pacific OCEAN
- ☐ SAILING
- ☐ SCENIC
- ☐ SCUBA diving
- ☐ SEAFOOD
- ☐ SEA WORLD
- ☐ San Diego STATE
- ☐ SUNSHINE
- ☐ SWIMMING
- ☐ TIJUANA
- ☐ TOURISM
- ☐ Old TOWN State Park
- ☐ TROLLEY
- ☐ VITALITY
- ☐ WATERFRONT
- ☐ YACHTING
- ☐ San Diego ZOO

```
I N C A S U A L M E V C D C H
U W Z T D F I S H I N G L I M
L O A U S G I F T F H Y R N S
O T I J U A N A A O A W O E U
E S A M O L L I R B A C W C E
G T E K F I T T T T U M A S B
S R A A T R O N E H S C E E O
A E I Y F N I R O I C N S H L
I S R A T O F E R M I A O C G
L E P K R R O U N H S T Y A D
I D O I O P O D S D E S S E V
N J R N L T A N Y L L L O B S
G W T G L J U Z S T A Y R R J
A Z N A E S W I M M I N G R G
C H U T Y J I R P A O C E A N
```

91 ACE OF DIAMOND 91

Neil Diamond is the man behind all of the music listed below. But before he became one of the top pop performers of the '70s, he was a staff music writer for Sunbeam Music, where his hits "I'm a Believer" and "A Little Bit Me, A Little Bit You," recorded by The Monkees, paved his way into the spotlight.

☐ AMERICA
☐ Hot AUGUST Night
☐ Song Sung BLUE
☐ BROTHER Love's Travelling Salvation Show
☐ CHERRY Cherry
☐ DESIREE
☐ DO IT
☐ I Got the FEELIN'
☐ You Don't Bring Me FLOWERS
☐ GIRL, You'll Be a Woman Soon
☐ HEART-LIGHT
☐ He Ain't HEAVY . . . He's My Brother
☐ HELLO Again
☐ Holly HOLY
☐ I AM . . . I SAID
☐ The JAZZ Singer
☐ Forever in Blue JEANS
☐ KENTUCKY Woman
☐ I Thank the LORD for the Night Time
☐ Solitary MAN
☐ September MORN
☐ PLAY ME
☐ Love on the ROCKS
☐ Cracklin' ROSIE
☐ SHILO
☐ On the Way to the SKY
☐ STONES
☐ SWEET Caroline
☐ Be Mine TONIGHT
☐ Walk on WATER
☐ YESTERDAY'S Songs
☐ YOU GOT TO ME

O	Y	Z	O	B	D	Y	J	R	H	W	A	U	R	Z
R	S	B	S	R	M	F	G	O	L	M	O	R	N	T
O	A	F	O	L	O	J	L	T	E	R	W	T	V	K
S	M	L	A	H	O	L	Y	R	B	E	U	U	G	C
I	O	O	U	T	E	G	I	R	L	H	R	H	H	H
E	Y	W	G	H	H	C	A	H	R	T	A	E	G	S
M	K	E	U	K	A	G	M	X	S	O	R	F	W	C
O	C	R	S	T	H	G	I	L	T	R	A	E	H	C
T	U	S	T	T	F	D	S	N	Y	B	E	R	A	Y
T	T	I	O	D	E	J	A	K	O	T	H	T	A	W
O	N	J	N	S	E	R	I	H	H	T	F	N	A	K
G	E	A	E	U	L	B	D	E	S	I	R	E	E	W
U	K	Z	S	A	I	P	L	A	Y	M	E	Y	T	U
O	V	Z	P	N	N	A	M	V	Y	Z	K	I	K	W
Y	R	S	R	G	D	S	C	Y	J	S	K	C	O	R

92 TRENDSETTING MG 92

The 1949 MG-TC was the auto that fueled the sports car craze in the United States, paving the way for the Corvettes and T-Birds of the '50s. About 2,000 of the little English-made two-seaters were shipped to the states.

- ☐ AUTOMOBILE
- ☐ BRAKES
- ☐ BRITISH
- ☐ CHOKE
- ☐ CLASSIC
- ☐ ENGLAND
- ☐ FENDERS
- ☐ FOLD-DOWN windscreen
- ☐ FOLDING top
- ☐ FOUR-cylinder
- ☐ FRAME
- ☐ FUEL
- ☐ GRAB-handle
- ☐ HEAD-LIGHTS
- ☐ HORN button
- ☐ IMPORT
- ☐ LOGO
- ☐ LONG
- ☐ MODEL
- ☐ MORRIS Garage
- ☐ ODOMETER
- ☐ OIL GAUGE
- ☐ PARTS
- ☐ REPAIR
- ☐ RESTORED
- ☐ SEATS
- ☐ SLEEK
- ☐ SPORTS car
- ☐ STARTER
- ☐ TIRES
- ☐ TRAVEL
- ☐ TRIM
- ☐ VARNISH
- ☐ VEHICLE
- ☐ VINTAGE
- ☐ WIRE wheels
- ☐ WOODEN dash

H	E	B	V	R	E	D	P	I	I	H	L	S	F	T
S	T	R	A	P	R	M	P	L	U	O	I	R	R	R
C	L	A	S	S	I	C	E	S	F	R	A	M	E	O
H	E	K	P	T	W	V	V	A	R	N	I	S	H	P
O	G	E	O	B	A	O	D	O	M	E	T	E	R	M
K	N	S	R	R	C	R	M	N	L	O	D	H	G	I
E	O	H	T	H	S	I	T	I	R	B	O	N	N	U
I	L	V	S	H	R	D	B	E	L	C	I	H	E	V
V	T	E	H	T	G	O	D	L	R	D	L	N	D	F
G	I	L	D	B	M	I	G	W	L	I	G	E	O	O
L	R	N	W	O	D	D	L	O	F	L	A	L	O	U
S	E	A	T	S	M	O	F	D	A	G	U	P	W	R
U	S	U	B	A	G	S	N	N	A	L	G	M	E	C
O	A	U	F	O	G	W	D	O	K	E	E	L	S	R
T	F	R	S	M	G	E	W	P	U	R	H	A	O	E

93 FLYING FORTRESS 93

"The Flying Fortress" was the nickname of the Boeing B-17, a heavily armed U.S. bomber plane used in raids on Germany from August 1942 onward. It earned its nickname for its heavy armor, abundant artillery, and its ability to withstand brutal attack.

- ☐ AIRCRAFT
- ☐ ALTITUDE
- ☐ ARMED
- ☐ AVIATION
- ☐ BOMBER
- ☐ CARRY
- ☐ COMBAT
- ☐ COURSE
- ☐ CREW
- ☐ DROP
- ☐ DUTY
- ☐ ENGINES
- ☐ FAMOUS
- ☐ FIREPOWER
- ☐ FLIGHT
- ☐ FUSELAGE
- ☐ GAUGES
- ☐ HAUL
- ☐ INSTRUMENTS
- ☐ LANDING gear
- ☐ LOAD
- ☐ MILITARY
- ☐ MISSIONS
- ☐ NAVIGATOR
- ☐ PILOT
- ☐ PLANE
- ☐ PROPELLERS
- ☐ RADIO
- ☐ RUDDER
- ☐ SOAR
- ☐ SQUADRON
- ☐ TAIL
- ☐ TARGETS
- ☐ VELOCITY
- ☐ WINGS
- ☐ WORLD War (II)

```
V V L E O S W E R C P L G N Y
U R U W C Y E A S U Y O G T M
O T A I L T D N O R D A U Q S
A O H N V I A W I G U D G R T
M A O G O C D C O G Y O E Y N
M I S S I O N S E R N L C R E
B R L E R L Q S T N L E T R M
L C O I M E F G O E A D Q A U
A R W G T V W I P G G L A C R
N A V I G A T O R A P R P G T
D F Y S O A R E P L M O A E S
I T O L I P B Y R E D B R T N
N Q N V T M N W D S R I Y D I
G F A M O U S E D U T I T L A
U T A B M O C U I F H C F A E
```

TV TEASER

After you loop all of the entries about this television show, unscramble the letters we've circled in the diagram to reveal the show's title.

Title given on page 494

_ _ _ _ _ ' _ _ _ _ _ _ _ _ ?

- ☐ ALLEN, Steve
- ☐ ANSWERS
- ☐ BLINDFOLDS
- ☐ BLOCK, Hal
- ☐ CAREER
- ☐ CERF, Bennett
- ☐ CHOICE
- ☐ CHOOSE
- ☐ CONTESTANT
- ☐ DALY, John
- ☐ DECIDE
- ☐ FALSE
- ☐ FAME
- ☐ FRANCIS, Arlene
- ☐ FUNNY
- ☐ GAME
- ☐ GROUP
- ☐ GUESS
- ☐ HUMOR
- ☐ INQUIRE
- ☐ MYSTERY guest
- ☐ OCCUPATION
- ☐ PANELISTS
- ☐ PERSON
- ☐ PICKS
- ☐ PLAYFUL
- ☐ QUESTIONS
- ☐ QUIZ
- ☐ REPLY
- ☐ RESPOND
- ☐ TASK
- ☐ TRAITS
- ☐ TRUE
- ☐ VOICE
- ☐ WORK
- ☐ WRONG

W	S	N	O	I	T	S	E	U	Q	W	V	Ⓣ	P	W
P	B	Ⓘ	E	K	B	L	I	N	D	F	O	L	D	S
P	V	N	O	L	U	R	D	D	E	Q	C	R	K	P
R	A	H	O	F	L	C	B	A	T	C	N	C	K	A
P	G	C	Y	S	Ⓐ	A	P	L	Z	R	I	H	C	N
T	K	A	G	S	R	R	D	Y	O	P	A	O	O	E
Ⓜ	L	C	M	A	R	E	R	I	U	Q	N	I	V	L
P	E	Ⓗ	E	E	R	E	P	L	Y	T	T	C	T	I
V	M	S	K	R	T	R	W	Ⓦ	E	A	U	E	R	S
Ⓨ	R	P	O	S	F	R	E	S	P	O	N	D	U	T
G	P	M	Y	O	K	H	T	U	N	T	F	I	E	S
P	U	M	K	N	H	A	C	Y	A	A	Z	C	S	D
H	O	F	R	A	N	C	I	S	M	Ⓛ	I	E	L	G
Ⓔ	R	T	Ⓝ	T	O	U	K	E	L	F	U	D	A	B
P	G	N	O	R	W	U	F	Z	K	G	Q	S	F	Ⓢ

95 MOSEY THE MOSELLE 95

Germany's Moselle River was once a northern border for the Roman Empire. Today, visitors can bike riverside routes past embankments alive with vineyards of the prized Riesling grapes or hike the region via the "Moselhohen Weg," a trail that follows the length of the Moselle and connects with villages along the way.

- ☐ BANKS
- ☐ BRIDGES
- ☐ CASTLES
- ☐ CHURCHES
- ☐ CULTURE
- ☐ CYCLING
- ☐ DISTANCE
- ☐ ESTATES
- ☐ FESTIVALS
- ☐ FOREST
- ☐ FORTRESS ruins
- ☐ FRANCE
- ☐ GERMANY
- ☐ GRAPE harvest
- ☐ HIKING
- ☐ HILLSIDES
- ☐ KOBLENZ
- ☐ PATHS
- ☐ RHINE River
- ☐ RIESLING grape
- ☐ RIVER
- ☐ SHALLOW
- ☐ SLOPES
- ☐ TASTING
- ☐ TOWNS
- ☐ TRAILS
- ☐ TRIBUTARY
- ☐ TRIER
- ☐ VALLEY
- ☐ VIEWS
- ☐ VILLAGES
- ☐ VINEYARD
- ☐ VOSGES Mts.
- ☐ WINE

R	E	I	R	T	K	Z	K	F	V	O	S	G	E	S
O	G	S	L	B	A	G	N	T	S	D	H	V	T	H
D	P	E	W	Y	N	S	G	E	R	M	A	N	Y	T
B	E	G	R	I	R	I	T	A	L	L	L	N	D	A
S	N	D	K	U	N	A	Y	I	L	B	L	A	T	P
L	I	I	T	I	T	E	T	E	N	R	O	O	D	B
A	H	R	H	S	N	L	Y	U	I	G	W	K	U	A
V	R	B	E	I	E	S	U	E	B	N	F	C	E	N
I	E	B	V	C	L	R	S	C	S	I	O	A	G	K
T	V	C	N	O	M	L	O	V	H	L	R	S	R	S
S	I	A	P	K	I	S	S	F	Z	C	T	T	A	Y
E	R	E	C	N	A	T	S	I	D	Y	R	L	P	P
F	S	E	G	A	L	L	I	V	D	C	E	E	E	B
G	S	H	Z	C	H	U	R	C	H	E	S	S	V	A
B	V	I	E	W	S	T	R	A	I	L	S	N	H	G

96 BRUSSELS SPROUTS 96

Brussels is the capital of Belgium and is the center of the country's international economic and political activity. Its metropolitan area is officially bilingual; Dutch and French are the languages of the heart-shaped city.

- ☐ AIRPORT
- ☐ ALBERT (I) Library
- ☐ BALLET
- ☐ BANKING
- ☐ BELGIUM
- ☐ BILINGUAL
- ☐ BRUSSEL (Dutch)
- ☐ BRUXELLES (French)
- ☐ CAPITAL
- ☐ CENTER
- ☐ CITY
- ☐ CULTURAL
- ☐ DUTCH
- ☐ ELEGANT
- ☐ EUROPE
- ☐ FRENCH
- ☐ GRAND' Place
- ☐ GUILDS
- ☐ HEART-shaped
- ☐ HISTORIC
- ☐ LOWER city
- ☐ MARKET square
- ☐ MERCHANTS
- ☐ MUSEUM of Fine Arts
- ☐ OPERA
- ☐ PARLIAMENT
- ☐ RAILROAD
- ☐ ROYAL palace
- ☐ SUBURBS
- ☐ TOWN hall
- ☐ TRADE

A	E	M	D	U	W	G	N	C	G	B	B	E	B	G
G	R	A	N	D	T	O	W	N	N	G	A	I	F	M
U	A	R	K	B	L	E	M	U	I	G	L	E	B	T
I	L	N	A	O	R	U	K	Y	K	I	L	D	F	N
L	B	C	W	I	E	U	M	R	N	Y	E	C	U	E
D	E	E	W	S	R	B	X	G	A	S	T	C	N	M
S	R	S	U	A	M	P	U	E	B	M	N	I	F	A
L	T	M	S	K	D	A	O	R	L	I	A	R	C	I
L	P	R	C	U	L	T	U	R	A	L	G	O	M	L
C	D	K	A	D	R	B	N	N	T	U	E	T	L	R
B	E	M	P	D	U	B	A	U	W	P	L	S	L	A
P	S	N	I	S	E	T	I	R	O	O	E	I	G	P
U	Y	S	T	N	A	H	C	R	E	M	L	H	C	K
D	T	R	A	E	H	F	U	H	A	P	K	E	S	N
U	K	F	L	F	R	E	N	C	H	R	O	Y	A	L

97 AS LONG AS OLIVE 97

Olive oils labeled "extra light" are light in flavor and aroma, not in cholesterol or calories. In fact, olive oil has no cholesterol, and the calorie count for all oil grades is 120 per tablespoon.

- ☐ ACIDITY
- ☐ AROMA
- ☐ BLENDED
- ☐ BOTTLE
- ☐ CALORIES
- ☐ CHOLESTEROL-free
- ☐ COLD-PRESSED
- ☐ COLOR
- ☐ COOKING
- ☐ FLAVORFUL
- ☐ FOOD
- ☐ FRESH
- ☐ FRUITY
- ☐ GOLD
- ☐ GOURMET
- ☐ GRADE
- ☐ GREECE
- ☐ GREEN
- ☐ GROCERY store
- ☐ HERBS
- ☐ ITALY
- ☐ LIGHT
- ☐ LIQUID
- ☐ LOW SMOKING point
- ☐ MEDITERRANEAN
- ☐ OILS
- ☐ OLIVES
- ☐ PURE
- ☐ RECIPE
- ☐ SALAD
- ☐ SEASONING
- ☐ SPAIN
- ☐ STRONG
- ☐ SUPERIOR
- ☐ SWEET
- ☐ TASTE

```
W Y B Y T Y O S H S E R F P V
C H F H T N N D A S T R O N G
H Y G L D I U Q I L U H C E N
O I M H A Q D A Q I A A O R I
L T E P O V A I T S L D M U K
E E S P L B O Y C O W S M P O
S M E D I T E R R A N E A N M
T R W M V C E I F E S A E F S
E U V S E T E D E U C S O T W
R O D E S S E R P D L O C I O
O G R A L D G E F I D N R T L
L G T K N T R C O O K I N G H
O P F E T I T A L Y E N O O K
C V L F O A M O R A S G G L O
P B G R A D E S B R E H M D Y
```

98 SOFTLY 98

Softball was developed as an indoor game in 1887 by George W. Hancock, who used a 17-inch ball with the seams turned to the outside. In 1895 Lewis Rober adapted the game for outdoor play and used a 12-inch ball with a baseball-like cover. Today's game follows Rober's version.

- ☐ ASSIST
- ☐ BACKUP
- ☐ BALL
- ☐ BASE
- ☐ BAT
- ☐ BUNT
- ☐ CATCH
- ☐ COACH
- ☐ DIAMOND
- ☐ DOUBLE
- ☐ FAST pitch
- ☐ FOUL
- ☐ GLOVE
- ☐ GROUND
- ☐ HITS
- ☐ HOME
- ☐ INFIELD
- ☐ LEFT field
- ☐ MASK
- ☐ OUTFIELD
- ☐ OUTS
- ☐ PITCH
- ☐ PLATE
- ☐ PLAYERS
- ☐ POP FLY
- ☐ RIGHT field
- ☐ RULES
- ☐ RUN
- ☐ SCORE
- ☐ SINGLE
- ☐ SLIDE
- ☐ SLOW pitch
- ☐ STANCE
- ☐ STEAL
- ☐ SWING
- ☐ TEAMS
- ☐ THROW
- ☐ TRIPLE
- ☐ UNIFORM
- ☐ WINDMILL pitch
- ☐ WINDUP

M	C	P	I	C	R	Y	S	K	S	T	M	E	U	V
B	A	S	E	D	E	F	L	T	A	B	B	A	L	L
L	R	W	K	H	L	I	N	F	I	E	L	D	L	D
S	L	I	D	E	P	E	D	A	P	H	C	T	I	P
T	F	N	G	Y	I	M	I	S	C	O	R	E	M	S
S	I	G	A	H	R	O	A	F	P	S	P	G	D	L
A	I	I	C	R	T	H	M	E	T	A	L	P	N	O
F	P	N	I	O	E	D	O	A	P	U	D	N	I	W
Y	M	U	G	P	A	F	N	T	H	R	O	W	W	V
H	N	P	K	L	L	C	D	U	W	C	S	U	S	M
K	F	G	E	C	E	A	H	D	O	M	T	E	T	A
C	M	F	L	B	A	R	Y	I	A	R	L	A	Y	S
I	T	D	D	O	U	B	L	E	G	U	G	V	C	K
M	I	P	F	N	V	N	T	M	R	O	F	I	N	U
K	F	O	U	L	A	E	T	S	I	S	S	A	H	O

99 INDIANA TERRITORY 99

On March 31, 1880, Wabash became the first city in Indiana to be illuminated by electricity with a light in the courthouse dome. Here is a list of counties located in Indiana, the Hoosier State.

- ☐ ADAMS
- ☐ ALLEN
- ☐ BENTON
- ☐ BOONE
- ☐ BROWN
- ☐ CASS
- ☐ CLARK
- ☐ CLAY
- ☐ DUBOIS
- ☐ FLOYD
- ☐ FULTON
- ☐ GIBSON
- ☐ GRANT
- ☐ HENRY
- ☐ HOWARD
- ☐ JASPER
- ☐ JAY
- ☐ KNOX
- ☐ LAKE
- ☐ MARION
- ☐ MIAMI
- ☐ MONROE
- ☐ NEWTON
- ☐ NOBLE
- ☐ OHIO
- ☐ ORANGE
- ☐ OWEN
- ☐ PERRY
- ☐ PIKE
- ☐ POSEY
- ☐ PUTNAM
- ☐ RIPLEY
- ☐ RUSH
- ☐ SCOTT
- ☐ SHELBY
- ☐ STARKE
- ☐ UNION
- ☐ VIGO
- ☐ WABASH
- ☐ WAYNE
- ☐ WELLS
- ☐ WHITE

N	L	F	W	K	E	Y	L	V	R	Y	L	Y	I	C
J	O	J	E	A	E	T	I	P	E	B	H	T	H	A
R	I	B	L	F	Y	G	I	B	S	O	N	M	P	S
P	F	U	L	T	O	N	N	H	W	O	O	I	D	S
Y	E	O	S	E	W	W	E	A	W	N	K	H	M	D
Y	Y	R	A	G	E	J	R	W	R	E	P	S	A	J
D	A	W	R	D	N	D	S	O	T	O	X	O	N	K
K	D	L	N	Y	A	Y	E	S	C	O	T	T	T	W
U	U	W	C	E	B	M	N	N	O	I	N	U	U	P
B	B	N	E	L	L	A	S	O	T	J	N	H	P	I
M	O	J	E	P	A	T	W	N	T	O	E	G	P	S
O	I	H	O	I	A	R	A	M	I	N	W	O	R	B
H	S	U	R	R	C	R	K	R	R	Y	E	S	O	P
H	L	A	K	E	G	E	A	Y	H	S	A	B	A	W
I	B	E	M	I	A	M	I	L	K	H	U	J	F	G

100 LAKE AND SEE 100

Lakes affect not only the wildlife and vegetation around them, but the climate as well. Since lakes never get as warm as the land surrounding them, breezes blowing over the water during the summer are cooled. In the winter, lakes do not cool off as fast as the land does and may cause the climate to be warmer.

- ☐ ALBANO
- ☐ ALBERT
- ☐ BAYKAL
- ☐ CHAD
- ☐ Saint CLAIR
- ☐ COMO
- ☐ CRATER
- ☐ EDWARD
- ☐ ERIE
- ☐ FINGER
- ☐ GARDA
- ☐ GENEVA
- ☐ GEORGE
- ☐ GREAT Bear
- ☐ HURON
- ☐ KATRINE
- ☐ KOKO Nor
- ☐ LOUISE
- ☐ LUCERNE
- ☐ LUGANO
- ☐ MEAD
- ☐ MICHIGAN
- ☐ NEMI
- ☐ Loch NESS
- ☐ NYASA
- ☐ ONEGA
- ☐ ONEIDA
- ☐ ONTARIO
- ☐ PEIPUS
- ☐ PLACID
- ☐ RAINY
- ☐ RUDOLF
- ☐ Great SALT
- ☐ SARANAC
- ☐ Great SLAVE
- ☐ SUPERIOR
- ☐ TAHOE
- ☐ TITICACA
- ☐ TORRENS
- ☐ URMIA
- ☐ UTAH
- ☐ VANERN

D	T	A	E	R	G	B	R	I	A	L	C	H	A	D
S	L	R	Y	O	I	N	R	O	U	M	E	R	I	E
S	U	P	E	R	I	O	R	G	E	T	E	S	C	A
E	C	E	O	B	E	K	A	E	A	G	A	A	P	V
N	E	I	S	K	L	N	E	D	N	L	R	H	D	E
R	R	P	H	I	O	A	I	I	T	A	B	O	L	N
E	N	U	M	N	U	K	F	R	H	C	V	A	E	E
F	E	S	E	I	E	O	H	A	T	R	C	C	N	G
G	L	G	D	I	C	A	L	P	Y	A	B	A	O	O
N	A	O	M	O	C	H	E	N	C	T	K	N	R	N
Y	N	O	D	W	S	D	I	I	M	E	N	A	U	E
A	I	M	R	U	W	A	T	G	F	R	V	R	H	I
S	O	N	T	A	R	I	O	L	A	K	Y	A	B	D
A	G	T	R	H	T	O	R	R	E	N	S	S	L	A
R	A	D	R	A	G	N	I	E	T	H	M	M	L	S

101 MIND YOUR P'S AND Q'S 101

The phrase "Mind your P's and Q's" calls for careful behavior. Many derivations for the saying have been cited, one of which dates back to France during the time of Louis XIV when huge wigs were fashionable. Dancing instructors warned their pupils, "Mind your P's," which stood for "pieds," French for "feet," "and Q's," which stood for "queues," in this case meaning "wigs."

- ☐ APPEAL
- ☐ BEHAVE
- ☐ CHARM
- ☐ CHIVALRY
- ☐ CONCERN
- ☐ CONDUCT
- ☐ CORDIAL
- ☐ CORRECT
- ☐ COURTESY
- ☐ CUSTOM
- ☐ DECENT
- ☐ ESTEEM
- ☐ FORMAL
- ☐ GENIAL
- ☐ GOOD
- ☐ HONOR
- ☐ KIND
- ☐ LOVELY
- ☐ MANNERS
- ☐ MILD
- ☐ MORES
- ☐ NICE
- ☐ OBLIGE
- ☐ POLISH
- ☐ POLITE
- ☐ PROPER
- ☐ PRUDENT
- ☐ REFINED
- ☐ REGARD
- ☐ RESPECT
- ☐ REVERE
- ☐ SOCIAL
- ☐ STYLE
- ☐ TASTE
- ☐ THOUGHT
- ☐ VALUES
- ☐ VIRTUE

R	C	O	N	D	U	C	T	C	E	P	S	E	R	S
E	P	P	I	Y	V	L	P	I	R	C	S	D	O	E
V	M	L	O	V	D	R	C	U	O	F	E	H	R	R
E	S	A	B	L	O	K	D	U	O	N	U	P	E	O
R	T	I	N	P	I	E	R	R	I	E	L	G	S	M
E	Y	D	E	N	N	T	M	F	U	H	A	C	T	D
G	L	R	D	T	E	A	E	T	A	R	V	O	E	E
O	E	O	L	S	L	R	R	C	D	P	E	R	E	C
B	V	C	Y	A	O	I	S	D	I	V	P	R	M	E
L	A	V	P	R	V	R	M	C	O	N	C	E	R	N
I	H	N	T	O	E	I	O	M	R	A	H	C	A	T
G	E	N	I	A	L	T	H	G	U	O	H	T	G	L
E	B	U	A	D	Y	I	S	C	U	S	T	O	M	I
E	S	L	A	I	C	O	S	A	I	O	O	A	E	M
S	D	U	G	R	O	N	O	H	T	D	B	N	V	T

102 ONE AND ONLY 102

The word GABLE is hidden in the diagram only once. It will read in a straight line forward, backward, up, down, or diagonally.

E	B	L	B	B	L	G	L	E	A	A	L
B	B	B	A	A	L	A	B	G	A	L	E
L	E	B	A	B	B	E	B	A	L	G	L
E	A	G	A	A	A	E	B	A	A	A	A
A	E	E	G	B	B	L	L	B	B	B	B
E	L	G	B	G	L	L	L	E	L	E	G
L	A	L	L	E	A	E	L	A	L	A	E
L	L	B	B	A	G	A	A	L	A	E	B
A	E	A	E	G	G	G	B	E	L	B	L
A	A	B	E	B	A	A	E	G	G	E	L

103 HOW MANY? 103

A	L	E	L	B	A	G	L	L	G	G	G
G	B	G	B	G	A	L	A	A	L	A	A
E	A	A	A	B	E	E	B	B	E	B	B
E	L	B	A	G	L	L	E	G	L	L	L
B	L	L	L	A	E	B	B	G	B	E	E
E	A	E	L	E	L	A	G	A	A	E	L
L	B	E	L	B	A	G	A	B	G	A	E
E	L	B	A	G	G	A	B	L	E	A	L
G	A	B	L	E	A	A	L	E	E	L	G
G	L	E	G	A	B	L	E	L	B	A	G

Can you find the word GABLE hidden in this diagram 21 times? Its letters read in a straight line forward, backward, up, down, and diagonally.

104 JIM CLASS 104

The name James is the Greek form of the Hebrew name Jacob, which means "the supplanter." In Spanish it's Jaime or Diego; in Italian, Giacomo; and in Irish, Seamus. Below are noted personalities whose first names are Jim, Jimmy, or James.

- ☐ ARNESS
- ☐ BARRIE
- ☐ BISHOP
- ☐ BLAINE
- ☐ BRADY
- ☐ BROLIN
- ☐ BUCHANAN
- ☐ CAAN
- ☐ CAGNEY
- ☐ CARTER
- ☐ CLARK
- ☐ COBURN
- ☐ COCO
- ☐ CONNORS
- ☐ COOPER
- ☐ CORBETT
- ☐ COX
- ☐ CROCE
- ☐ DEAN
- ☐ DORSEY
- ☐ DRURY
- ☐ DURANTE
- ☐ GARFIELD
- ☐ GARNER
- ☐ HALL
- ☐ HENSON
- ☐ IRVIN
- ☐ JOYCE
- ☐ MADISON
- ☐ MASON
- ☐ MICHENER
- ☐ MILL
- ☐ MONROE
- ☐ POLK
- ☐ RHODES
- ☐ ROGERS
- ☐ STEWART
- ☐ TAYLOR
- ☐ WALKER
- ☐ WHISTLER

```
L L I M A R O L Y A T A T I D
L J P D A S E D O H R L R L R
A N O O E D T N O N S G E M U
H O H B L A I N E T O I P J R
W S S S H K N S E H F C O X Y
A N I D W W S W O R C Y O Y K
L E B U C H A N A N C I C C R
K H S R C R I G S E B A M E A
E R R A T O N S R O N N O C L
R T E N D R B I T T E B R O C
R M G T O A E U L L N I V R I
B A O E R M O N R O E O G C C
K T R R S A D I R N R R S A J
A K I L E F C Y D A R B A A V
O E A J Y E N G A C G I K N M
```

105 D.C. FOLLIES 105

Washington, D.C., was named in honor of President George Washington, who chose the location for the nation's capital district. The city was established as a neutral site where the Continental Congress could meet, free from the pressures of the northern and southern states.

- ☐ AGENCY
- ☐ ARCHIVES
- ☐ BRANCH
- ☐ BUREAU
- ☐ CAPITAL
- ☐ CONGRESS
- ☐ COURT
- ☐ DEMOCRACY
- ☐ ELECT
- ☐ FEDERAL
- ☐ GOVERN
- ☐ HISTORY
- ☐ HOUSE
- ☐ JUSTICE
- ☐ LOBBY
- ☐ MALL
- ☐ MARCH
- ☐ METRO
- ☐ MUSEUM
- ☐ NEWS
- ☐ OFFICE
- ☐ OPERA
- ☐ PARADE
- ☐ PATENT
- ☐ PENTAGON
- ☐ PLAZA
- ☐ POLITICS
- ☐ POTOMAC River
- ☐ POWER
- ☐ PROTEST
- ☐ REDSKINS
- ☐ SEAL
- ☐ SENATE
- ☐ SPEAKER
- ☐ TAXI
- ☐ TEAM
- ☐ TOUR
- ☐ TRAFFIC
- ☐ TREES
- ☐ VOTE

V	E	C	O	N	G	R	E	S	S	E	E	R	T	F
O	W	H	O	U	S	E	Z	C	O	U	R	T	S	D
T	F	U	T	J	P	E	N	T	A	G	O	N	E	E
E	K	F	T	S	E	T	O	R	P	M	I	M	D	T
C	A	T	I	B	A	A	V	O	K	K	O	A	G	A
I	K	G	O	C	K	N	W	T	S	C	R	T	R	X
T	Y	N	E	U	E	E	M	D	R	A	S	E	O	I
S	M	R	P	N	R	S	E	A	P	A	P	E	C	P
U	E	E	O	L	C	R	C	B	L	O	F	S	A	E
J	T	V	L	T	A	Y	B	B	O	L	E	F	P	L
O	R	O	I	K	S	Z	C	D	M	T	D	J	I	E
N	O	G	T	H	R	I	A	P	A	T	E	N	T	C
S	E	E	I	R	C	O	H	C	N	A	R	B	A	T
S	A	W	C	B	U	R	E	A	U	G	A	L	L	H
M	U	E	S	U	M	M	A	R	C	H	L	J	W	H

106 BOXES 106

All the entries in the list are found in the diagram in an unusual way. Each one reads either clockwise or counterclockwise around the edges of a box (sometimes a square and sometimes a rectangle).

- ☑ ACCURATE
- ☐ AQUANAUT
- ☐ AUTUMN
- ☐ BUCKAROO
- ☐ CHAMBERS
- ☐ CHIEF-TAINS
- ☐ COYOTE
- ☐ DETECT
- ☐ DUTCHMAN
- ☐ EMERALDS
- ☐ FIDDLE
- ☐ FLOWERET
- ☐ GASWORKS
- ☐ HAIR NETS
- ☐ HELPER
- ☐ ICICLE
- ☐ JERKIN
- ☐ KINGDOMS
- ☐ LIFE BUOY
- ☐ LIFE-SIZE
- ☐ MOUNTAIN
- ☐ MUTTON
- ☐ NORDIC
- ☐ OUTLET
- ☐ OVERTIME
- ☐ PLANKS
- ☐ PUMPKINS
- ☐ RAMBLE
- ☐ RESONANT
- ☐ ROAD MAPS
- ☐ SUNSHINE
- ☐ TIPTOE
- ☐ TYPHOONS
- ☐ UNTANGLE
- ☐ VOYAGE

A	N	M	P	K	S	F	I	T	B	M	A	K	M	B
U	T	U	B	I	M	E	L	S	E	J	H	M	A	W
M	T	P	S	N	O	B	Y	N	R	S	C	V	N	G
N	O	I	D	G	D	U	O	T	Q	A	T	U	D	E
F	E	T	F	L	B	T	L	E	U	A	N	A	G	S
H	R	L	L	E	M	E	G	O	N	V	E	S	C	K
E	E	W	O	R	A	S	N	A	T	O	G	W	O	R
L	P	S	O	A	L	D	M	A	E	Y	A	R	G	H
A	N	K	B	K	N	A	O	P	C	O	O	N	S	A
N	O	R	U	C	N	O	R	S	C	H	P	Y	T	I
T	S	A	L	C	C	I	D	N	S	I	I	S	R	M
R	E	T	E	A	T	G	R	I	W	E	Z	E	E	E
I	C	T	D	S	H	I	N	A	T	F	E	F	V	O
C	I	A	T	N	U	S	E	H	C	I	L	I	K	R
L	E	I	N	M	O	H	T	S	B	D	D	N	J	E

107 SERIES OF EVENTS 107

The first baseball team to win five successive pennants was the New York Yankees, managed by Casey Stengel, which won the American League championship from 1949 through 1953. Get ready for this year's World Series play-offs with this puzzle about the pennant races.

- ☐ BASEBALL
- ☐ BOX score
- ☐ CATCH
- ☐ CELEBRATE
- ☐ CHASE
- ☐ CLUTCH
- ☐ CONTEND
- ☐ CROWD
- ☐ DESTINY
- ☐ DIVISION
- ☐ DOUBLE-HEADER
- ☐ FADE
- ☐ FIELD
- ☐ FIRST place
- ☐ GAME
- ☐ HOME run
- ☐ LEAD
- ☐ Major LEAGUE
- ☐ MAGIC number
- ☐ MANAGER
- ☐ MOMENTUM
- ☐ PENNANT
- ☐ PITCHER
- ☐ PLAYOFF
- ☐ PRESSURE
- ☐ ROOKIE
- ☐ ROSTER
- ☐ SCORE
- ☐ SEASON
- ☐ World SERIES
- ☐ STAR
- ☐ STREAK
- ☐ STRETCH
- ☐ TEAM
- ☐ TRADE
- ☐ VICTORY
- ☐ WIN

T	W	I	H	S	H	E	R	U	S	S	E	R	P	C
F	I	R	S	T	I	L	E	O	P	H	R	P	B	L
D	E	D	A	R	T	K	D	L	S	C	I	A	G	U
A	L	N	P	E	N	N	A	N	T	T	S	O	C	T
E	D	E	E	A	O	Y	E	C	C	E	E	H	I	C
S	R	L	I	K	O	C	H	H	B	R	C	R	G	H
L	C	R	V	F	S	A	E	A	K	T	T	E	A	M
S	S	O	F	R	S	R	L	L	A	S	G	K	M	R
Y	B	O	R	E	Y	L	B	C	E	W	R	A	O	M
G	N	K	R	E	K	R	U	O	I	B	N	L	M	L
B	D	I	V	I	S	I	O	N	X	A	R	E	E	E
G	E	E	T	R	W	G	D	T	G	F	D	A	N	C
S	O	N	O	S	A	E	S	E	C	A	D	G	T	Y
I	D	H	O	M	E	T	R	N	F	I	O	U	U	E
C	P	C	R	O	W	D	S	D	H	A	V	E	M	W

108 FABRIC-ULOUS! 108

You'll have this puzzle all sewn up if you can locate all the hidden names of fabrics of 4 or more letters in the diagram below. Find them all and consider yourself a true fashion bug! We have looped one word for you and provided the first letters of those remaining. The word list is given on page 501.

B ROCADE
B ______
C ______
C ______
C ______
C ______
C ______
C ______
C ______
C ______
D ______
D ______
D ______
D ______
D ______
F ______
F ______
J ______
K ______
L ______
L ______
L ______
M ______
N ______

P ______
P ______
P ______
R ______
S ______
S ______
S ______

S ______
T ______
T ______
T ______
V ______
V ______
W ______

M	P	D	R	H	D	N	I	A	C	K	L	I	S	N
C	I	K	S	A	M	A	D	R	S	H	S	H	O	O
L	Q	J	Q	S	Y	T	C	O	F	A	I	F	S	L
D	U	C	K	D	W	O	T	R	C	K	F	N	A	Y
J	E	R	S	E	Y	W	N	E	O	I	X	E	T	N
M	A	L	E	L	I	O	V	K	H	N	L	I	I	Z
I	A	D	F	L	C	O	R	C	R	S	M	A	N	F
C	Z	D	L	L	S	L	F	U	H	I	A	L	C	E
R	B	R	O	C	A	D	E	S	D	I	A	R	S	L
E	I	J	R	P	V	N	T	R	D	R	N	H	C	T
P	O	P	L	I	N	L	N	E	S	H	O	O	O	Y
E	B	U	R	L	A	P	N	E	V	J	M	C	L	M
J	S	A	A	C	C	I	R	S	L	L	U	U	P	R
H	E	W	E	S	M	G	T	C	S	N	E	N	I	L
T	N	Y	R	R	E	T	I	N	X	G	N	V	D	L

109 SILVERADO 109

Since pure silver is too soft to withstand constant wear, it is usually combined with copper to form a more durable alloy known as nickel silver, which is used in coins, jewelry, and tableware. Most silver tableware is made of nickel silver that has been coated or plated with pure silver.

- ☐ BLADE
- ☐ BORDER
- ☐ CHEST
- ☐ CLASSIC
- ☐ CURVES
- ☐ DURABLE
- ☐ EDGE
- ☐ ELEGANT
- ☐ FINISH
- ☐ FLORAL
- ☐ FLUTED
- ☐ FORK
- ☐ GLEAM
- ☐ GOLD
- ☐ HANDLE
- ☐ HEFT
- ☐ KNIFE
- ☐ LUSTER
- ☐ MODERN
- ☐ ORNATE
- ☐ PATINA
- ☐ PATTERN
- ☐ PEWTER
- ☐ PIECE
- ☐ POLISH
- ☐ ROTATE
- ☐ SATIN
- ☐ SCROLL
- ☐ SET
- ☐ SLEEK
- ☐ SMOOTH
- ☐ SPOON
- ☐ STAINLESS
- ☐ STERLING
- ☐ TABLE
- ☐ TARNISH
- ☐ TINE
- ☐ TRADITIONAL

R	E	T	W	E	P	O	R	N	A	T	E	S	P	W
N	D	V	A	T	E	R	E	D	R	O	B	W	M	M
S	E	H	D	R	S	B	M	A	S	E	G	D	E	R
M	T	W	E	U	N	P	D	L	T	P	T	O	E	P
O	U	E	O	F	R	I	O	U	A	N	I	T	A	P
O	L	G	N	C	T	A	S	O	I	R	S	M	A	L
T	F	I	N	I	S	H	B	H	N	U	O	M	S	P
H	V	I	O	S	T	E	H	L	L	D	P	L	I	B
S	L	N	I	S	T	N	A	G	E	L	E	E	F	T
I	A	K	K	A	S	U	C	R	S	L	C	P	M	A
L	S	R	T	L	C	U	N	H	S	E	D	A	L	B
O	V	O	I	C	R	O	W	D	E	A	F	N	U	L
P	R	F	K	V	O	K	E	E	L	S	T	I	A	E
S	S	T	E	R	L	I	N	G	E	O	T	I	N	H
R	L	S	B	G	L	E	A	M	W	C	G	M	N	K

110 BEST PICTURES 110

The first sequel film to win an Academy Award for best picture was Francis Ford Coppola's 1974 film, "The Godfather, Part II."

- ☐ Out of AFRICA
- ☐ AMADEUS
- ☐ ANNIE Hall
- ☐ BEN-HUR
- ☐ CASA-BLANCA
- ☐ CIMARRON
- ☐ Midnight COWBOY
- ☐ The DEER Hunter
- ☐ The Last EMPEROR
- ☐ From Here to ETERNITY
- ☐ All About EVE
- ☐ My FAIR Lady
- ☐ Chariots of FIRE
- ☐ The FRENCH Connection
- ☐ GANDHI
- ☐ GENTLE-MEN'S Agreement
- ☐ GIGI
- ☐ The GOD-FATHER
- ☐ GONE with the Wind
- ☐ GRAND Hotel
- ☐ HAMLET
- ☐ Tom JONES
- ☐ KRAMER vs. Kramer
- ☐ The LOST Weekend
- ☐ MARTY
- ☐ The Sound of MUSIC
- ☐ MUTINY on the Bounty
- ☐ OLIVER
- ☐ An American in PARIS
- ☐ PATTON
- ☐ Ordinary PEOPLE
- ☐ PLATOON
- ☐ RAIN Man
- ☐ REBECCA
- ☐ ROCKY
- ☐ A Man for All SEASONS
- ☐ The STING
- ☐ TERMS of Endearment
- ☐ On the WATERFRONT
- ☐ The Great ZIEGFELD

M	A	R	T	Y	Y	P	E	O	P	L	E	R	F	P
J	C	I	S	U	M	E	L	G	R	A	U	Y	J	H
L	I	E	R	V	M	I	A	E	N	H	R	I	A	F
O	R	E	T	U	V	C	M	N	N	I	O	W	M	J
S	F	F	T	E	O	A	I	E	N	O	T	T	A	P
T	A	I	R	W	R	E	B	E	C	C	A	S	D	P
R	N	C	B	K	S	N	E	M	E	L	T	N	E	G
Y	C	O	N	G	Y	R	I	M	V	N	E	D	U	O
R	Y	S	R	A	I	P	P	T	E	O	L	L	S	D
E	E	A	E	F	L	E	T	F	Y	R	M	E	E	F
E	N	N	I	A	R	B	R	E	P	R	A	F	N	A
D	O	H	T	O	S	E	A	I	R	A	H	G	O	T
U	G	O	R	E	N	O	T	S	G	M	R	E	J	H
I	O	R	O	C	K	Y	N	A	A	I	S	I	I	E
N	J	I	H	D	N	A	G	S	W	C	G	Z	S	R

111 MISSING VOWELS 111

Before you can loop the words in the list below, you must first fill in the circles in the diagram with the missing vowels A, E, I, O, and U. We have filled in one entry for you.

☑ BOILER
☐ CAPTAIN
☐ EMPLOY
☐ ERASE
☐ EXCITED
☐ EXTERIOR
☐ FAMOUS
☐ FEINT
☐ FOREIGN
☐ GIGANTIC
☐ GORGEOUS
☐ HARASS
☐ INTERIOR
☐ INVENT
☐ NOUN
☐ OILY
☐ OUNCE
☐ PEACE
☐ PERFECT
☐ PICTURE
☐ PIECE
☐ POUND
☐ QUEEN
☐ QUEST
☐ QUIET
☐ SANDER
☐ SCIENCE
☐ SERVE
☐ SOUR
☐ TUNDRA
☐ UNDER
☐ UNDONE
☐ UNITED
☐ UNITY
☐ VAIN
☐ VIEWER
☐ WAIVE
☐ WANDER
☐ WARRANT
☐ YIELD

P	R	○	D	N	○	○	P	G	B	G	B	L	S	R
P	○	C	T	○	R	○	F	○	M	P	L	○	Y	Q
○	G	○	N	T	R	○	X	V	N	D	B	B	Q	N
○	W	○	C	F	R	C	○	T	N	○	V	N	○	B
L	T	T	○	○	○	○	S	R	○	W	○	○	V	N
Y	G	C	○	T	○	B	D	C	○	R	M	○	○	B
○	T	G	○	Q	R	S	○	N	○	T	○	○	Q	B
○	N	D	○	G	D	T	○	W	○	○	N	○	O	R
L	○	○	N	T	N	○	R	R	○	W	N	I	R	○
D	○	○	○	○	○	S	L	T	V	○	L	C	M	D
T	F	N	G	V	T	○	S	○	R	E	V	X	○	N
T	N	○	○	T	P	○	C	○	R	X	S	○	G	○
X	G	T	S	○	○	Q	G	○	R	G	○	○	○	S
B	M	○	C	N	○	○	S	T	F	○	M	○	○	S
○	N	D	○	N	○	C	○	○	P	V	H	L	R	R

112 FOR GOOD MEASURE 112

You'll have fun beyond measure as you search for the words relating to measurements of all kinds in the diagram below.

- ☐ BALE
- ☐ BATCH
- ☐ BOXFUL
- ☐ BUNCH
- ☐ BUNDLE
- ☐ BUSHEL
- ☐ CLUSTER
- ☐ CUPFUL
- ☐ DAB
- ☐ DOLLOP
- ☐ DOSE
- ☐ DOZEN
- ☐ DRAM
- ☐ DRIBLET
- ☐ DROP
- ☐ DUET
- ☐ GALLON
- ☐ GLASSFUL
- ☐ GRAM
- ☐ GROUP
- ☐ HALF
- ☐ HANDFUL
- ☐ HOST
- ☐ JARFUL
- ☐ JUGFUL
- ☐ LITER
- ☐ LOT
- ☐ OCTET
- ☐ OUNCE
- ☐ PAIR
- ☐ PECK
- ☐ PENNY-WEIGHT
- ☐ PINT
- ☐ POUND
- ☐ QUART
- ☐ QUINTET
- ☐ RATION
- ☐ SCORE
- ☐ SEXTET
- ☐ SPOONFUL
- ☐ SPRIG
- ☐ STACK
- ☐ TEN
- ☐ TON
- ☐ TRIO

T	Y	E	C	U	P	F	U	L	Z	A	A	O	E	N
T	O	K	Q	L	U	F	R	A	J	X	O	C	O	E
L	D	B	I	U	U	J	L	Q	U	A	R	T	B	E
M	U	T	U	F	I	S	B	A	T	C	H	E	N	R
A	E	F	N	N	L	N	T	F	H	G	T	T	S	I
R	T	P	X	O	C	U	T	E	I	K	C	E	P	A
D	L	E	B	O	I	H	F	E	R	R	T	O	R	P
G	R	O	U	P	B	T	W	D	T	E	L	G	I	X
L	T	I	N	S	T	Y	A	N	N	L	L	N	G	C
O	E	R	D	O	N	H	O	R	O	A	T	L	R	D
U	L	T	L	N	E	S	O	D	S	L	H	P	A	B
N	B	T	E	T	X	E	S	S	O	T	L	B	M	A
C	I	P	O	U	N	D	F	J	T	Z	A	A	T	L
E	R	O	C	S	J	U	G	F	U	L	E	C	G	E
Q	D	R	O	P	L	E	H	S	U	B	Q	N	K	B

113 DERBY CHAMPS 113

The only 3 fillies ever to have won the Kentucky Derby were Regret in 1915, Genuine Risk in 1980, and Winning Colors in 1988.

- ☐ War ADMIRAL
- ☐ AFFIRMED
- ☐ ALYSHEBA
- ☐ APOLLO
- ☐ ASSAULT
- ☐ AZRA
- ☐ Sir BARTON
- ☐ BEN ALI
- ☐ BEN BRUSH
- ☐ BLACK Gold
- ☐ CANNONADE
- ☐ CANONERO II
- ☐ CAVALCADE
- ☐ CHANT
- ☐ CITATION
- ☐ Winning COLORS
- ☐ COUNT Fleet
- ☐ Northern DANCER
- ☐ DARK STAR
- ☐ DONERAIL
- ☐ FERDINAND
- ☐ FONSO
- ☐ Gallant FOX
- ☐ GATO DEL SOL
- ☐ GENUINE Risk
- ☐ HALMA
- ☐ HINDOO
- ☐ IRON Liege
- ☐ JET PILOT
- ☐ Kauai KING
- ☐ LOOKOUT
- ☐ MACBETH II
- ☐ MANUEL
- ☐ MORVICH
- ☐ NEEDLES
- ☐ OMAR Khayyam
- ☐ PENSIVE
- ☐ PLAUDIT
- ☐ PLEASANT Colony
- ☐ REGRET
- ☐ Riva RIDGE
- ☐ RILEY
- ☐ SECRETARIAT
- ☐ SHUT OUT
- ☐ Seattle SLEW
- ☐ SPECTACU-LAR Bid
- ☐ SPOKANE
- ☐ SUNDAY Silence
- ☐ SUNNY'S Halo
- ☐ SWAPS
- ☐ TOMY Lee
- ☐ VAGRANT
- ☐ WHIRLAWAY
- ☐ WORTH
- ☐ ZEV

DERBY CHAMPS

113

N	H	T	R	O	W	C	O	M	A	R	E	C	N	A	D	W	R
O	T	S	U	N	O	T	D	C	A	V	A	L	C	A	D	E	L
R	L	F	U	L	C	A	N	N	O	N	A	D	E	Y	M	O	T
I	U	L	O	R	R	H	M	U	O	D	E	N	A	K	O	P	S
A	A	R	O	K	B	A	A	N	O	O	U	W	D	K	E	O	S
D	S	A	S	P	N	N	E	N	O	C	A	E	O	N	R	S	U
M	S	T	M	U	A	R	E	D	T	L	M	U	S	A	G	N	N
I	A	T	E	L	O	R	N	B	R	R	T	I	L	A	N	O	D
R	J	L	A	I	A	I	I	I	I	H	V	U	A	O	I	F	A
A	E	O	I	I	H	H	H	F	M	E	C	L	O	T	K	N	Y
L	T	S	L	L	R	W	F	O	X	A	Y	I	A	T	O	O	G
R	P	L	E	A	S	A	N	T	T	S	C	T	V	T	U	E	H
I	I	E	Z	N	N	L	T	C	H	I	I	B	R	R	N	H	S
L	L	D	S	E	L	D	E	E	N	C	D	A	E	U	O	U	S
E	O	O	G	B	V	P	B	W	R	I	B	U	I	T	N	M	A
Y	T	T	W	E	S	A	B	L	A	C	K	N	A	N	H	Z	M
Y	I	A	I	D	N	A	N	I	D	R	E	F	Y	L	R	I	M
V	A	G	R	A	N	T	E	R	G	E	R	S	W	A	P	S	I

V WORDS

The 5-letter words below are found in the diagram in a V shape pointing left, right, up, and down. Find them all and give yourself the V-for-victory sign!

- ☑ ADULT
- ☐ ARBOR
- ☐ BOBBY
- ☐ BREED
- ☐ CORAL
- ☐ CRISP
- ☐ DEVIL
- ☐ DRINK
- ☐ EBONY
- ☐ EXILE
- ☐ FENCE
- ☐ FUROR
- ☐ GIRTH
- ☐ GREET
- ☐ HOLLY
- ☐ HUMOR
- ☐ JOINT
- ☐ LEARN
- ☐ LEVER
- ☐ LOWLY
- ☐ MELON
- ☐ MOTOR
- ☐ NIGHT
- ☐ NOVEL
- ☐ OPERA
- ☐ PEACH
- ☐ POISE
- ☐ PSALM
- ☐ QUIRK
- ☐ REBEL
- ☐ RIVAL
- ☐ SCARF
- ☐ SCOOP
- ☐ THROB
- ☐ TWEED
- ☐ VALUE
- ☐ WAGER
- ☐ WHOLE
- ☐ YEAST
- ☐ YODEL

C	M	L	E	I	P	Y	P	R	O	S	W	L	R	V
L	R	L	E	S	O	J	I	C	T	O	O	U	L	O
B	O	I	A	D	I	G	S	O	O	H	P	Q	P	Y
H	S	W	E	O	R	K	N	V	L	R	U	E	T	N
P	L	C	P	E	M	E	U	E	A	W	U	M	R	S
Y	A	T	L	E	E	D	V	L	H	L	O	A	C	A
D	H	E	F	O	A	T	L	O	T	R	E	A	E	C
G	M	L	G	C	N	R	X	E	L	D	D	B	R	L
R	I	N	H	M	B	L	B	T	Y	E	E	Y	B	F
V	O	N	O	E	E	O	V	B	S	R	E	E	U	O
W	E	T	E	V	R	A	B	I	F	A	W	R	B	Q
T	A	D	E	R	L	B	F	Y	R	T	J	A	O	O
U	V	G	I	C	I	E	O	G	H	E	Z	I	N	R
X	E	U	W	R	N	N	X	R	L	K	N	Y	O	N
R	Q	S	D	Y	K	H	K	I	I	T	M	L	P	J

115 NUMBER SEEK 115

Solve this puzzle by seeking numbers instead of letters.

- ☐ 05696
- ☐ 09847
- ☐ 09896
- ☐ 12086
- ☐ 13512
- ☐ 15216
- ☐ 17198
- ☐ 17206
- ☐ 18515
- ☐ 21988
- ☐ 23437
- ☐ 24416
- ☐ 25070
- ☐ 25497
- ☐ 40001
- ☐ 41785
- ☐ 41815
- ☐ 41981
- ☐ 43745
- ☐ 45293
- ☐ 49034
- ☐ 49911
- ☐ 50619
- ☐ 52689
- ☐ 54629
- ☐ 61348
- ☐ 63855
- ☐ 66341
- ☐ 66491
- ☐ 66831
- ☐ 66958
- ☐ 70976
- ☐ 73619
- ☐ 76212
- ☐ 76586
- ☐ 77037
- ☐ 80017
- ☐ 80945
- ☐ 81141
- ☐ 81725
- ☐ 83552
- ☐ 84512
- ☐ 85023
- ☐ 88859
- ☐ 91513
- ☐ 91835
- ☐ 91888
- ☐ 92299
- ☐ 95826
- ☐ 99770

7	6	3	8	3	5	5	2	5	6	0	2	7	1	1
8	1	6	8	1	9	4	6	6	8	5	0	2	3	8
4	8	5	8	7	1	4	3	0	9	4	1	8	1	5
3	8	8	5	3	2	4	6	3	8	5	5	1	4	7
7	4	8	9	0	1	6	1	2	4	8	9	5	0	1
4	1	7	6	1	5	2	6	8	9	9	9	7	7	0
5	2	0	6	6	2	8	5	9	4	1	1	9	3	0
0	0	5	0	2	7	2	0	4	5	7	0	6	7	0
9	0	6	2	8	1	1	6	2	9	1	6	3	3	4
8	7	9	1	3	8	2	1	8	4	7	0	3	1	7
9	0	6	5	5	4	6	9	5	9	7	1	2	6	5
6	5	1	1	8	1	3	2	0	7	5	0	5	9	4
8	2	5	7	3	3	9	7	9	1	8	8	8	8	6
8	0	9	4	5	3	8	1	9	6	6	1	4	4	2
2	1	8	9	1	4	2	4	3	0	9	2	2	9	9

116 ZIGZAG 116

Instead of reading in a straight line, each word has one bend in it. One word has been looped for you.

- ☐ AMPLIFIER
- ☐ BEARINGS
- ☐ BOSTON
- ☐ CHAUFFEUR
- ☐ DAMASCUS
- ☐ DRAMATIC
- ☐ ENERGY
- ☐ FLATWARE
- ☐ FUEL OIL
- ☐ GIFTED
- ☐ GOLDFISH
- ☐ HAMMER
- ☐ HIDDEN
- ☐ INVENTOR
- ☐ JETTY
- ☐ KANSAN
- ☐ LONGBOAT
- ☐ MAJESTY
- ☐ MAY TREE
- ☐ NAUTICAL
- ☐ OYSTER
- ☐ PIZZERIA
- ☐ PLUMES
- ☐ PONTOON
- ☐ RAMPS
- ☐ RUSTIC
- ☐ SIDEBURNS
- ☐ THIRD
- ☐ THROTTLE
- ☐ UPSTAIRS
- ☐ VALVE
- ☐ VINTAGE
- ☐ WEAVER
- ☐ WINDOWS
- ☐ XYLOPHONE
- ☑ ZIGZAG

T	T	L	E	L	C	T	T	H	N	T	A	G	E	R
O	I	L	A	I	I	Z	A	O	I	S	E	M	U	L
R	L	C	T	C	X	B	T	M	V	R	M	A	P	X
H	I	E	S	O	Y	S	T	E	A	A	D	J	S	L
T	R	Y	U	B	O	R	U	R	H	R	D	E	T	I
J	U	E	R	F	O	J	B	C	P	E	D	S	A	F
W	E	A	V	T	N	U	S	E	T	I	Y	T	I	I
R	V	A	N	S	R	A	L	F	D	T	Z	R	X	E
U	L	E	A	N	M	T	K	I	T	I	S	Z	J	R
E	V	N	S	A	A	W	P	G	G	E	S	O	E	W
F	N	P	D	B	Y	A	S	M	Z	I	J	A	I	R
F	I	E	O	G	T	R	I	R	A	E	B	N	O	H
U	J	A	R	N	R	E	E	N	G	R	D	Y	I	S
A	T	N	O	O	T	J	N	K	G	O	L	D	F	I
H	C	X	Y	L	O	P	H	O	W	S	D	E	N	X

117 DASH IT ALL 117

A sprint is a race where speed rather than endurance is the main objective. These dashes are usually run at distances up to 400 meters or 440 yards.

- ☐ ABILITY
- ☐ ARMS
- ☐ BEND
- ☐ CAREER
- ☐ COMPETE
- ☐ DISTANCE
- ☐ DRILLS
- ☐ ENERGY
- ☐ EVENTS
- ☐ EXERCISE
- ☐ FINISH
- ☐ FORM
- ☐ HARD work
- ☐ IMPROVE
- ☐ LEGS
- ☐ MOBILITY
- ☐ MUSCLES
- ☐ POWER
- ☐ PRACTICE
- ☐ RACE
- ☐ RECORDS
- ☐ REST
- ☐ RULES
- ☐ SHORTS
- ☐ SNEAKERS
- ☐ SPEED
- ☐ STAMINA
- ☐ START
- ☐ STRETCH
- ☐ STRIDE
- ☐ STRONG
- ☐ TECHNIQUE
- ☐ TIMING
- ☐ TRACK
- ☐ WARMUP

K	K	H	Y	H	T	E	S	Q	H	U	N	E	N	Y
T	R	A	T	S	Q	F	C	F	S	Q	V	R	O	H
E	M	Y	E	I	G	G	L	A	T	O	E	E	U	X
V	A	R	T	N	N	E	Y	C	R	W	D	S	H	P
E	U	T	O	I	R	Y	L	P	O	E	E	I	Q	Q
N	S	R	M	F	L	T	M	P	H	M	E	C	U	T
T	T	I	U	D	R	I	L	L	S	O	P	R	P	K
S	T	E	S	I	M	L	B	P	T	R	S	E	F	S
A	T	M	C	C	M	I	M	O	A	X	K	X	T	N
L	R	R	L	H	E	B	W	C	M	P	H	E	F	E
A	A	F	E	C	N	A	T	S	I	D	F	E	E	A
V	C	D	S	T	R	I	D	E	N	E	R	G	Y	K
T	K	Y	N	M	C	N	Q	L	A	U	N	A	W	E
M	L	O	U	E	M	H	G	U	A	P	T	S	H	R
F	E	P	T	H	B	P	R	R	E	C	O	R	D	S

118 HYPHENATIC 118

"United we stand, divided we hyphen" is the motto to uphold as you search for the hyphenated entries listed below. But don't get too carried away and become a hyphenatic!

- ☐ A-FRAME
- ☐ A-OK
- ☐ BLOW-DRY
- ☐ BREAK-IN
- ☐ CO-OP
- ☐ FAN-TAN
- ☐ FAR-OUT
- ☐ GO-GO
- ☐ G-SUIT
- ☐ HALF-mast
- ☐ HI-FI
- ☐ I-BEAM
- ☐ IN-LAW
- ☐ JIM-DANDY
- ☐ LAY-UP
- ☐ LEAN-TO
- ☐ LIFE-SIZE
- ☐ NO-NO
- ☐ OFF-KEY
- ☐ ONE-LINER
- ☐ PELL-MELL
- ☐ PLAY-OFF
- ☐ PUT-PUT
- ☐ SELF-SERVICE
- ☐ SET-TO
- ☐ T-BAR
- ☐ T-BONE steak
- ☐ THREE-STAR
- ☐ TICK-TACK-TOE
- ☐ TIE-IN
- ☐ TO-DO
- ☐ T-SHIRT
- ☐ U-BOAT
- ☐ V-NECK
- ☐ YO-YO

O	O	M	G	D	N	M	T	P	O	D	R	I	N	Y
O	R	B	S	C	E	U	E	N	O	B	T	A	E	O
W	N	U	U	F	U	L	Z	K	Z	H	P	K	B	E
F	S	A	I	S	L	C	I	C	R	I	F	F	O	T
T	A	Z	T	M	E	Y	S	E	K	F	A	T	T	U
I	Z	R	E	N	I	L	E	N	O	I	K	K	T	P
E	B	L	O	N	A	S	F	V	I	C	R	P	E	T
I	L	E	L	U	T	F	I	S	A	T	V	M	S	U
N	O	A	A	A	T	O	L	T	E	L	A	Y	U	P
G	W	N	R	M	N	I	K	A	E	R	B	O	L	N
L	D	T	U	O	D	C	N	N	F	O	V	A	B	P
G	R	O	N	J	I	M	D	A	N	D	Y	I	O	U
Y	Y	V	G	T	R	I	H	S	T	O	D	O	C	K
O	G	K	P	O	R	H	A	L	F	L	C	A	Y	E
R	L	O	R	F	G	D	C	F	T	R	F	W	Y	R

119 END OF THE LINE 119

Since 1988, Land's End, located at the Atlantic tip of Cornwall, England, has been the site of a theme park that uses technology to promote the area's natural wonders. For example, visitors can weave their way through a labyrinth that is carved from granite. The labyrinth opens to a large cavern, where a sound-and-light show recreates historic shipwrecks and rescues.

- ☐ ATLANTIC Ocean
- ☐ ATTRACTIONS
- ☐ BEACHES
- ☐ BELERIUM (ancient name)
- ☐ BOULDER Playground
- ☐ CLIFFS
- ☐ COAST
- ☐ CORNWALL
- ☐ ENGLISH
- ☐ EXHIBITIONS
- ☐ FIRST and Last House
- ☐ GALLEON
- ☐ GRANITE
- ☐ GREAT Britain
- ☐ GREEB Cottage
- ☐ HISTORIC
- ☐ LANDMARK
- ☐ LAST Labyrinth
- ☐ LITTLE Cornwall
- ☐ PENINSULA
- ☐ PLAY areas
- ☐ POINT
- ☐ PROMONTORY
- ☐ SHIPWRECKS
- ☐ SHORE
- ☐ SIGHTSEE
- ☐ SOUVENIRS
- ☐ THEME park
- ☐ TIN MINES
- ☐ TOURISM
- ☐ WESTERN tip
- ☐ WHISKEY

T	N	K	L	P	S	K	C	E	R	W	P	I	H	S
A	H	A	R	F	N	R	E	T	S	E	W	B	N	G
C	S	E	F	A	Y	R	O	T	N	O	M	O	R	P
T	I	I	M	A	M	U	N	I	T	B	I	A	R	F
E	L	T	L	E	R	D	N	O	C	T	N	G	E	U
C	G	P	N	I	I	S	N	I	C	I	R	B	D	L
D	N	R	S	A	U	S	R	A	T	N	P	E	L	O
G	E	M	E	L	L	O	R	E	L	M	D	A	U	E
A	Y	O	A	A	T	T	F	I	F	I	W	C	O	E
L	C	O	A	S	T	N	A	I	N	N	I	H	B	S
L	T	B	I	A	E	M	U	I	R	E	L	E	B	T
E	X	H	I	B	I	T	I	O	N	S	V	S	S	H
O	G	R	E	E	B	V	C	G	H	N	T	U	V	G
N	H	E	L	I	T	T	L	E	R	O	H	S	O	I
T	N	I	O	P	W	H	I	S	K	E	Y	B	G	S

120 THE SHORT OF IT 120

The two best-known shorthand methods are Pitman (1837) and Gregg (1888). But shorthand systems date back to ancient times with Marcus Tullius Tiro, secretary to the Roman orator Cicero, who invented a shorthand system about 50 B.C.

- ☐ ALPHABET
- ☐ BRIEF
- ☐ BUSINESS
- ☐ CONSONANTS
- ☐ COURT reporter
- ☐ CURVES
- ☐ DASHES
- ☐ DICTATION
- ☐ DOTS
- ☐ FORMS
- ☐ GEOMETRIC forms
- ☐ GREGG system
- ☐ LEGIBLE
- ☐ LINES
- ☐ PAIRS
- ☐ PHRASING
- ☐ PITMAN system
- ☐ PUNCTUATE
- ☐ RECORD
- ☐ REPORTING
- ☐ SCRIPT
- ☐ SECRETARY
- ☐ SHORT
- ☐ SIGNS
- ☐ SOUNDS
- ☐ SPEECH
- ☐ SPEED
- ☐ STENOGRAPHY
- ☐ STROKES
- ☐ SYSTEM
- ☐ VOWELS
- ☐ WORDS
- ☐ WRITE

C	Y	Y	L	S	P	H	P	O	G	S	T	D	O	V
C	O	H	M	E	N	A	L	N	D	Y	A	V	L	H
I	O	U	P	B	U	S	I	N	E	S	S	L	P	M
R	D	N	R	A	C	T	U	R	H	T	P	I	S	U
T	R	G	S	T	R	O	K	E	S	E	T	E	S	V
E	O	V	G	O	S	G	S	P	E	M	V	E	E	Y
M	C	F	P	E	N	M	O	U	A	R	C	C	H	D
O	E	E	N	S	R	A	H	N	U	R	G	G	W	I
E	R	I	M	O	F	G	N	C	E	A	N	R	S	M
G	L	R	F	U	D	I	C	T	A	T	I	O	N	I
T	E	B	A	H	P	L	A	U	S	T	S	O	G	W
I	R	D	I	F	N	R	O	A	E	D	A	F	I	E
V	K	O	U	G	Y	T	G	T	P	I	R	C	S	B
U	V	T	H	T	E	S	P	E	E	C	H	O	N	D
R	P	S	P	S	S	L	E	W	O	V	P	O	W	I

121 DOCTOR WHO? 121

The doctor is definitely "in" in this Word Seek because all of the people and things listed below have the title "doctor" before their names. There's no appointment needed; just pick up your pencil and start solving!

- ☐ ALCAZAR
- ☐ BASSETT
- ☐ BRACKET
- ☐ CHRISTIAN
- ☐ COBRA
- ☐ DAWSON
- ☐ DOLITTLE
- ☐ DOOM
- ☐ EARLY
- ☐ FATE
- ☐ FRANKEN-STEIN
- ☐ FU MANCHU
- ☐ GILLESPIE
- ☐ GOLDFOOT
- ☐ HORTON
- ☐ HUER
- ☐ JEKYLL
- ☐ KILDARE
- ☐ KILEY
- ☐ KIMBLE
- ☐ LOCKE
- ☐ OCTOPUS
- ☐ PEPPER
- ☐ PETRIE
- ☐ PRAETORIUS
- ☐ ROSSI
- ☐ SEUSS
- ☐ SPARROW
- ☐ SPOCK
- ☐ STRANGELOVE
- ☐ WATSON
- ☐ WELBY
- ☐ WHO
- ☐ ZARKOFF
- ☐ ZORBA

E	I	Z	Y	E	L	I	K	S	R	K	A	J	C	S
L	P	S	M	B	N	F	U	M	A	N	C	H	U	S
B	A	P	S	O	F	P	E	P	P	E	R	O	H	U
M	J	A	T	O	O	I	M	J	V	I	H	E	P	E
I	O	R	K	T	R	D	N	O	S	W	A	D	U	S
K	O	R	C	P	T	E	L	T	T	I	L	O	D	H
H	A	O	R	O	R	E	I	P	S	E	L	L	I	G
Z	B	W	A	J	G	A	S	R	Y	U	S	L	N	O
N	R	R	Z	N	N	N	E	S	T	B	A	Y	V	L
W	O	E	A	R	L	Y	G	T	A	E	L	K	J	D
A	Z	R	C	C	O	B	R	A	O	B	P	E	I	F
T	T	R	L	F	K	I	L	D	A	R	E	J	W	O
S	F	R	A	N	K	E	N	S	T	E	I	N	W	O
O	W	T	T	B	N	L	T	K	D	G	U	U	O	T
N	E	R	Z	S	C	E	K	C	O	L	P	L	S	M

122 DELAWARE MAGIC 122

Fans of sea and sand will enjoy a summer getaway to Delaware, where its 25 miles of beachfront are often called the Quiet Resorts. Also, take full advantage of the area's historical background with a walking tour of the Historical Complex at Lewes, which was settled by the Dutch in the 17th century.

- ☐ ARCADES
- ☐ ARTS and crafts
- ☐ BEACHES
- ☐ BETHANY Beach
- ☐ BOARDWALK
- ☐ BOATS
- ☐ CAMPING
- ☐ COTTAGES
- ☐ DEWEY Beach
- ☐ Snowy EGRETS
- ☐ FENWICK Island
- ☐ Cape May-Lewes FERRY
- ☐ FISHING
- ☐ Outdoor FUN
- ☐ GAMES
- ☐ Blue HERON
- ☐ HOTELS
- ☐ PARKS
- ☐ PICNICS
- ☐ Assawoman Wildlife REFUGE
- ☐ REHOBOTH Beach
- ☐ Quiet RESORTS
- ☐ SAILING
- ☐ SAND
- ☐ SEAFOOD
- ☐ SHOPS
- ☐ Cape Henlopen STATE Park
- ☐ STROLL
- ☐ SUNSHINE
- ☐ SURF
- ☐ SWIM
- ☐ TOWN houses
- ☐ TRANQUIL
- ☐ TRIP
- ☐ VACATION
- ☐ VOLLEYBALL
- ☐ WATER
- ☐ WEEKEND

J	D	S	D	V	P	I	C	N	I	C	S	K	O	S
S	U	T	E	W	A	T	E	R	L	D	E	W	E	Y
S	T	R	O	L	L	C	U	L	G	F	D	M	V	W
P	A	A	B	E	T	H	A	N	Y	P	A	R	K	S
O	S	N	O	S	E	B	I	T	T	G	C	N	B	E
H	E	Q	D	B	Y	H	S	W	I	M	R	O	S	G
S	A	U	R	E	S	O	R	T	S	O	A	U	N	U
G	F	I	L	I	Y	R	R	E	F	R	N	I	U	F
V	O	L	F	M	B	G	W	E	D	S	P	J	F	E
H	O	T	E	L	S	E	N	W	H	M	Q	H	E	R
V	D	A	T	U	E	W	A	I	A	O	A	E	G	T
P	U	R	R	K	I	L	N	C	L	I	B	R	R	O
F	I	F	E	C	K	E	M	Y	H	I	F	O	E	W
P	Q	N	K	E	O	S	T	A	T	E	A	N	T	N
Q	D	O	S	E	G	A	T	T	O	C	S	S	S	H

123 FULL OF BEANS 123

The oldest cultivated beans in the Americas were found in the Ocampo caves of Mexico and date back to 4000 B.C.

- ☐ ADZUKI bean
- ☐ BAKED
- ☐ BEANPOLE
- ☐ BOWL
- ☐ BUSH
- ☐ CANNED
- ☐ CHILI
- ☐ CLIMB
- ☐ COFFEE beans
- ☐ COOK
- ☐ COWPEA
- ☐ CROP
- ☐ DRIED
- ☐ FIBER
- ☐ FOOD
- ☐ GARDEN
- ☐ GREEN
- ☐ GROW
- ☐ KIDNEY bean
- ☐ LEGUMES
- ☐ LIMA bean
- ☐ MEAL
- ☐ NAVY bean
- ☐ PICK
- ☐ PINTO bean
- ☐ PLANT
- ☐ PODS
- ☐ PROTEIN
- ☐ REFRIED
- ☐ SACK
- ☐ SEED
- ☐ SHELL bean
- ☐ SKIN
- ☐ SNAP beans
- ☐ SOIL
- ☐ SOUP
- ☐ SOYBEAN
- ☐ SPLIT
- ☐ SPROUTS
- ☐ STEW
- ☐ THRESH
- ☐ YIELD

```
V C K A S F W D K O D L L I F
H S E R H T E C W P H O W S Z
C O O K O K I Y I E L D O D Y
G Y A M A P A N S S T U B F Y
C B E B P S T U O R P S T I V
Y E P G R O W I G W R O U D A
E A W L O R L R E B I F R D N
N N O I T G E L R L Y I Z C K
D E C M E C O F F E E U W K A
I P D A I P L L R D K C A S S
K O G R N T L C L I M B L E B
O D R A A N I A H E E U E M H
C S E M U G E L N I H D K T W
P B E E M M V D P T L S K S O
U A N I K S O B U S H I U E V
```

124 WIZARD WORDS 124

First loop in the diagram all the words listed below. Then read the leftover letters (any not looped), from left to right, top to bottom, to discover the Wizard's Words. The Wizard Word answer is on page 500.

_ _ _ _ _ _   _ _ _   _ _ _ _ _ _   _ _ _ _

_ _ _ _   _ _ _   _ _   _ _ _ _   _ _

_ _ _   _ _ _ _.

- ☐ ACTIVE
- ☐ AIM
- ☐ AMBLE
- ☐ BICYCLE
- ☐ BOOTS
- ☐ CART
- ☐ DANCE
- ☐ HOOVES
- ☐ JOG
- ☐ JOLT
- ☐ LEGS
- ☐ MARCH
- ☐ MARE
- ☐ MEANDER
- ☐ NAGS
- ☐ PACE
- ☐ PARADE
- ☐ PEDDLE
- ☐ PEDESTRIANS
- ☐ PLOD
- ☐ PRANCE
- ☐ PROMENADE
- ☐ REEL
- ☐ ROMP
- ☐ ROUSE
- ☐ RUSH
- ☐ SAUNTER
- ☐ SHOES
- ☐ STALK
- ☐ STAY
- ☐ STEP
- ☐ STRIDE
- ☐ STROLL
- ☐ STRUT
- ☐ SWAGGER
- ☐ TOES
- ☐ TOTE
- ☐ TOW
- ☐ TRAMPLE
- ☐ TREAD
- ☐ TROD
- ☐ TROT
- ☐ TRUDGE
- ☐ WALK
- ☐ WANDER
- ☐ WEND

R	I	S	A	K	S	I	N	G	G	J	D	N	E	W
A	S	T	I	P	L	E	E	R	R	I	O	E	E	C
P	R	O	M	E	N	A	D	E	A	M	B	L	E	E
M	H	O	O	V	E	S	T	R	U	T	C	P	T	S
O	S	B	L	S	W	N	C	S	I	Y	E	M	T	L
R	L	E	D	A	R	A	P	M	C	D	W	A	L	K
S	G	R	O	O	R	I	A	I	I	P	Y	R	O	N
S	A	U	N	T	E	R	B	R	E	V	I	T	C	A
T	P	S	P	R	E	T	T	T	T	R	D	R	T	U
R	E	H	T	E	S	S	S	R	U	E	T	O	T	S
O	O	C	B	D	D	E	U	O	A	G	W	D	L	C
L	K	U	N	N	A	D	O	T	N	G	E	C	A	P
L	O	N	S	A	G	E	L	H	W	A	N	D	E	R
D	A	N	C	E	R	P	R	E	S	W	G	O	J	O
H	C	R	A	M	U	P	R	T	F	S	E	S	E	T

125 HISTORICAL FIGURES 125

History was incorporated as a field of study in many schools during the 1800s. In 1889 the American Historical Association was chartered for those interested in world history. Names of historians are listed below.

- ☐ Frederick Lewis ALLEN
- ☐ Francois AULARD
- ☐ Carl Lotus BECKER
- ☐ BEDE
- ☐ Samuel Flagg BEMIS
- ☐ James BRYCE
- ☐ Lawrence BURPEE
- ☐ Thomas CARLYLE
- ☐ Bruce CATTON
- ☐ Edward CHANNING
- ☐ Sir Winston CHURCHILL
- ☐ Henry Steele COMMAGER
- ☐ Merle CURTI
- ☐ John Charles DENT
- ☐ Bernard DE VOTO
- ☐ William DODD
- ☐ EARL of Clarendon
- ☐ John FISKE
- ☐ Josephus FLAVIUS
- ☐ James Anthony FROUDE
- ☐ George GROTE
- ☐ Albert HART
- ☐ HENRY Brooks Adams
- ☐ HERODOTUS
- ☐ JAKOB Burckhardt
- ☐ JAMES Truslow Adams
- ☐ JEAN Froissart
- ☐ JULES Michelet
- ☐ Hendrick Van LOON
- ☐ Thomas (B.) MACAULAY
- ☐ Alfred MAHAN
- ☐ Allan NEVINS
- ☐ Leopold von RANKE
- ☐ Ernest RENAN
- ☐ James RHODES
- ☐ Albert SOREL
- ☐ Jared SPARKS
- ☐ Oswald SPENGLER
- ☐ Hippolyte TAINE
- ☐ Louis THIERS
- ☐ Arnold TOYNBEE
- ☐ VOLTAIRE
- ☐ WILL Durant

E	D	B	B	R	Y	C	E	E	D	E	B	C	S	W
D	G	R	O	T	E	A	K	F	H	U	H	E	S	I
J	T	H	M	K	S	N	L	D	R	A	L	U	A	L
S	E	M	A	J	A	A	A	P	N	U	T	R	L	L
L	C	E	C	R	V	J	E	N	J	O	S	E	R	C
L	U	H	A	I	T	E	I	B	D	E	P	L	A	A
F	R	O	U	D	E	N	C	O	M	M	A	G	E	R
L	T	S	L	R	G	D	R	G	H	N	R	N	E	L
T	I	E	A	T	C	E	E	B	E	C	K	E	R	Y
N	H	D	Y	R	H	H	E	V	C	N	S	P	I	L
L	A	O	E	E	T	I	I	B	O	A	E	S	A	E
O	E	H	N	K	M	N	E	L	N	T	T	L	T	T
O	H	R	A	V	S	M	E	R	L	Y	O	T	L	T
N	Y	V	O	M	I	I	R	D	S	P	O	U	O	A
D	D	O	D	S	S	L	F	E	N	I	A	T	V	N

126 V WORDS 126

The 5-letter words below are found in the diagram in a V shape pointing left, right, up, and down. Find them all and give yourself the V-for-victory sign!

- ☑ AMAZE
- ☐ ARROW
- ☐ BLOOD
- ☐ BROWN
- ☐ CANDY
- ☐ CHICK
- ☐ DITCH
- ☐ DREAM
- ☐ EASEL
- ☐ ELITE
- ☐ FARCE
- ☐ FLOCK
- ☐ GIANT
- ☐ GRADE
- ☐ HASTE
- ☐ HOTEL
- ☐ ISLET
- ☐ JAUNT
- ☐ KAYAK
- ☐ LAPEL
- ☐ LEVEL
- ☐ MEDAL
- ☐ MOIST
- ☐ NURSE
- ☐ OPTIC
- ☐ PANEL
- ☐ PILOT
- ☐ PUTTY
- ☐ READY
- ☐ REMIT
- ☐ RINSE
- ☐ SAVED
- ☐ SCUBA
- ☐ SHOOT
- ☐ TASTE
- ☐ TRIBE
- ☐ VOICE
- ☐ WHICH
- ☐ WHILE
- ☐ YOU'RE

O	U	T	A	C	V	P	A	L	N	K	D	L	B	F
Q	P	N	I	I	A	R	N	D	E	A	E	I	E	C
R	T	T	A	N	G	M	Y	L	E	V	C	M	H	G
R	I	Z	Z	M	E	D	L	O	A	K	E	C	H	C
E	E	N	L	Y	A	L	P	P	M	D	T	A	I	F
S	S	I	H	A	T	E	U	E	I	I	X	I	L	J
E	T	R	L	C	P	T	R	S	Z	O	T	O	D	E
E	U	B	O	E	I	R	T	O	S	N	M	J	C	P
N	C	O	L	H	A	H	A	T	W	A	I	I	I	K
W	T	R	W	Y	S	S	E	O	K	E	T	L	O	L
T	A	V	B	H	E	L	G	Y	R	A	A	K	O	V
F	E	C	A	L	I	T	U	D	J	B	Y	M	T	T
D	X	L	T	S	O	U	S	W	E	A	A	N	T	O
F	S	E	D	O	R	A	O	C	K	B	U	R	M	S
I	L	E	D	E	H	V	P	Y	U	Q	I	T	N	R

127 MUSICALLY INCLINED 127

The critically acclaimed off-Broadway musical version of "The Little Shop of Horrors" debuted in 1982 and inspired a film version in 1986. But the stage version was originally suggested by director Roger Corman's nonmusical low-budget 1960 film, infamously referred to as "the film shot in two days."

- ☐ ANNIE
- ☐ BABES in Arms
- ☐ A Star Is BORN
- ☐ The Unsinkable Molly BROWN
- ☐ CABARET
- ☐ CAN CAN
- ☐ My FAIR Lady
- ☐ FLYING Down to Rio
- ☐ FUNNY Girl
- ☐ GIGI
- ☐ Les GIRLS
- ☐ GREASE
- ☐ GUYS and Dolls
- ☐ HAIR
- ☐ HELLO, Dolly
- ☐ HIGH Society
- ☐ Calamity JANE
- ☐ All That JAZZ
- ☐ The KING of Jazz
- ☐ KISMET
- ☐ KISS Me Kate
- ☐ LITTLE Shop of Horrors
- ☐ LOVE ME or Leave Me
- ☐ MEET Me in St. Louis
- ☐ The Sound of MUSIC
- ☐ For Me and MY GAL
- ☐ OKLAHOMA!
- ☐ OLIVER!
- ☐ An American in PARIS
- ☐ Finian's RAINBOW
- ☐ Fiddler on the ROOF
- ☐ ROSE Marie
- ☐ SEVEN Brides for Seven Brothers
- ☐ SHOW Boat
- ☐ SINGIN' in the Rain
- ☐ SOUTH Pacific
- ☐ Thank Your Lucky STARS
- ☐ STATE Fair
- ☐ Jesus Christ SUPERSTAR
- ☐ SWING Time
- ☐ TOMMY
- ☐ On the TOWN
- ☐ The Great ZIEGFELD
- ☐ ZORBA the Greek

B	N	B	R	O	W	N	L	N	P	T	R	K	R	R
O	N	W	O	H	S	I	I	A	C	E	G	I	O	R
R	I	S	O	U	T	H	R	G	A	M	R	S	A	W
N	G	D	H	T	K	I	E	K	N	S	E	S	M	H
U	I	I	L	E	S	P	V	C	C	I	A	P	U	T
S	G	E	C	E	L	H	I	Y	A	K	S	D	S	D
H	U	B	G	M	F	L	L	M	N	U	E	T	I	Z
I	Y	S	W	I	N	G	O	I	P	N	A	N	C	Z
V	S	D	L	T	R	H	E	E	S	T	U	Z	A	A
K	G	F	Z	E	A	L	R	I	E	E	O	F	G	J
F	I	T	L	L	M	S	S	N	Z	R	V	M	C	A
K	O	N	K	Y	T	E	R	N	B	A	I	E	M	V
O	P	O	G	A	I	R	V	A	L	B	D	A	N	Y
F	T	A	R	A	I	N	B	O	W	A	T	K	F	L
L	L	S	E	B	A	B	G	C	L	C	L	B	H	A

128 PROPER ENGLISH 128

Proper English is the source of all great works, but in due course you'll see like me one fact is clear: slang don't assault the learned ear!

- ☐ ARTICLE
- ☐ CASE
- ☐ CLAUSE
- ☐ CLEAR
- ☐ COLON
- ☐ COMMA
- ☐ COMPOUND
- ☐ DANGLE
- ☐ DASH
- ☐ ELEMENT
- ☐ ELLIPSIS
- ☐ FORM
- ☐ FUTURE
- ☐ GERUND
- ☐ HYPHEN
- ☐ ITALICS
- ☐ MAIN
- ☐ MARK
- ☐ MODAL
- ☐ MODIFIER
- ☐ MOOD
- ☐ NOUN
- ☐ OBJECT
- ☐ PASSIVE
- ☐ PAST
- ☐ PERFECT
- ☐ PERIOD
- ☐ PERSON
- ☐ PHRASE
- ☐ PLURAL
- ☐ PREDICATE
- ☐ PREPOSITION
- ☐ QUOTE
- ☐ SENTENCE
- ☐ SIMPLE
- ☐ SINGULAR
- ☐ TENSE
- ☐ VERB
- ☐ VOICE

J	D	N	U	O	P	M	O	C	Q	U	O	T	E	P
E	T	C	E	J	B	O	F	N	U	O	N	J	R	P
S	Y	A	K	P	T	D	O	I	R	E	P	E	T	Q
N	O	S	R	E	P	I	R	Y	M	N	P	S	Q	G
E	E	I	A	R	O	F	M	E	V	O	I	C	E	N
T	L	T	M	F	Q	I	L	V	S	Q	F	R	S	D
L	L	A	A	E	R	E	S	I	N	G	U	L	A	R
Y	I	L	R	C	S	R	T	S	H	N	T	E	R	A
N	P	I	T	T	I	I	D	S	D	H	U	C	H	E
M	S	C	I	S	O	D	M	A	Y	F	R	N	P	L
M	I	S	C	N	A	O	E	P	N	E	E	E	L	C
E	S	V	L	O	D	P	H	R	L	G	H	T	U	O
C	A	S	E	A	L	E	B	S	P	E	L	N	R	M
U	M	S	L	R	N	O	C	L	A	U	S	E	A	M
V	D	O	O	M	B	H	N	Q	U	D	D	S	L	A

129 KEEPERS OF THE BOX 129

According to collectors, cereal boxes, especially those featuring celebrity photos, can have value as collectibles. After the cereal has been removed, a box can be preserved either by resealing it so that it can be displayed, or flattening it with all flaps intact, and storing it in a plastic collector's bag.

- ☐ ADVERTISE
- ☐ AUCTION
- ☐ BIRD, Larry
- ☐ BOX TOP
- ☐ CARDBOARD
- ☐ CEREAL
- ☐ COLLECTIBLE
- ☐ CUTOUT houses
- ☐ DESIGN
- ☐ DIMAGGIO, Joe
- ☐ DISPLAY
- ☐ FIGURES
- ☐ FLAP
- ☐ FLAT
- ☐ FOOD
- ☐ FRONTIER Town
- ☐ GLASSWARE
- ☐ INSIDE
- ☐ LONE Ranger
- ☐ NOSTALGIA
- ☐ OPEN
- ☐ PACKAGE
- ☐ PICTURE
- ☐ PRESERVE
- ☐ PRIZE
- ☐ PROMOTION
- ☐ SAVE
- ☐ SEAL
- ☐ SECRET decoder ring
- ☐ SNOW WHITE
- ☐ SPACE Patrol
- ☐ SPORTS
- ☐ STARS
- ☐ SUPERMAN
- ☐ TEMPLE, Shirley
- ☐ VALUABLE
- ☐ VARIETY

D	R	I	B	H	G	G	N	A	M	R	E	P	U	S
I	D	E	S	I	G	N	Y	X	S	L	A	S	N	E
M	S	A	B	O	X	T	O	P	B	E	R	O	V	P
A	E	I	O	P	E	N	A	I	S	A	W	A	R	A
G	A	G	L	I	I	C	T	P	T	W	S	E	F	C
G	L	L	R	A	E	C	O	S	H	O	S	T	F	K
I	C	A	D	V	E	R	T	I	S	E	M	U	I	A
O	V	T	S	L	T	R	T	U	R	S	E	O	F	G
P	N	S	L	S	E	E	E	V	R	S	L	T	R	E
A	D	O	O	F	W	N	E	C	E	E	B	U	T	P
L	C	N	I	D	R	A	O	B	D	R	A	C	E	R
F	R	O	N	T	I	E	R	L	I	U	U	V	M	I
L	D	T	E	R	C	E	S	E	S	G	L	B	P	Z
A	G	M	M	B	A	U	T	G	N	I	A	V	L	E
T	N	D	I	S	P	L	A	Y	I	F	V	G	E	V

130 KID ED. 130

The first public kindergarten appeared in the St. Louis school system in 1873. Before then, kindergartens were established by private citizens to serve a specific group or nationality.

- ☐ ACTIVITY
- ☐ BEHAVE
- ☐ CHALK
- ☐ CHILDREN
- ☐ CLAY
- ☐ CRAYONS
- ☐ DEVELOP
- ☐ DRAW
- ☐ EXCITE
- ☐ EXERCISE
- ☐ FINGER PAINT
- ☐ FRIEND
- ☐ GAME
- ☐ GROUP
- ☐ INSTRUCT
- ☐ LAUGH
- ☐ LEARN
- ☐ MOTIVATE
- ☐ MUSIC
- ☐ NAP TIME
- ☐ PASTE
- ☐ PICTURE
- ☐ PLAY
- ☐ PUPIL
- ☐ PUPPET
- ☐ PUZZLE
- ☐ ROOM
- ☐ RULES
- ☐ SAFETY
- ☐ SCHOOL
- ☐ SHOW AND TELL
- ☐ SING
- ☐ STORY
- ☐ SUPPORT
- ☐ TEACHER
- ☐ TOYS
- ☐ TRAIN

F	S	W	G	R	O	U	P	W	M	R	O	O	M	V
C	Z	H	R	E	F	S	Y	O	T	U	G	L	M	E
L	I	P	U	P	P	E	T	R	L	L	T	Z	U	M
A	P	U	F	T	A	I	A	Y	T	E	F	A	S	E
U	E	Y	T	I	V	I	T	C	A	S	V	N	I	V
G	X	C	G	A	N	R	K	C	D	E	O	E	C	A
H	E	W	T	E	R	G	H	N	L	Y	E	E	D	H
E	R	E	N	X	T	E	E	Z	A	R	G	M	A	E
S	C	N	Y	E	R	I	Z	R	U	K	A	I	X	B
C	I	N	S	T	R	U	C	T	P	L	M	T	G	D
H	S	U	Y	F	P	D	C	X	E	A	E	P	R	S
O	E	U	R	B	A	I	L	T	E	H	I	A	I	L
O	T	R	O	P	P	U	S	I	Y	C	W	N	R	L
L	L	E	T	D	N	A	W	O	H	S	G	H	T	N
M	B	L	S	R	P	L	A	Y	S	C	L	A	Y	Z

131 FORMAL A-TIRE 131

Solid rubber tires were introduced in London in 1881 but were practically outlawed because they were destructive to roads.

- ☐ AUTOMOBILE
- ☐ BALANCE
- ☐ BICYCLE
- ☐ CARS
- ☐ CHANGE
- ☐ CHECK
- ☐ DURABLE
- ☐ FRICTION
- ☐ GARAGE
- ☐ GAUGE
- ☐ HIGHWAY
- ☐ PATCH
- ☐ PRESSURE
- ☐ QUALITY
- ☐ RACING
- ☐ RADIAL
- ☐ REPAIR
- ☐ RETREAD
- ☐ RIMS
- ☐ ROAD
- ☐ ROTATE
- ☐ SAFE
- ☐ SERVICE
- ☐ SNOW
- ☐ STEEL-BELTED
- ☐ SURFACE
- ☐ TRACKS
- ☐ TRACTION
- ☐ TRACTOR
- ☐ TRUCK
- ☐ TUBE
- ☐ VALVE
- ☐ WARRANTY
- ☐ WEAR
- ☐ WHEEL
- ☐ WHITEWALL

```
R K V W O N S E W S M I R A F
E L C D A O R F R E P A I R T
D V N E E I W A R R A N T Y R
P A T C H T C S D V O R S A U
G B I C Y C L E K I Q G D W C
R S U R F A C E T C B I C H K
B D A F E R U C B E A W D G A
M A B V I T I T D L H R G I C
N E L B A R U D O I E N T H L
W A G A F O Y B T M I E A Y R
V H A A N T H E E C O N T G O
V N E L R C W U A O G B A S T
C L M E D A E R T E R U I P A
R T D K L R G U B O G H E L T
Q U A L I T Y P R E S S U R E
```

HEADS & TAILS

Form a continuous chain of looped words. The last letter of each word is the first letter of the next. The number of letters in each word is given in parentheses. We have started you off with the first two words in each puzzle.

Word lists on page 504

WORD SEEK 132

I	O	N	N	E	E	R	G	A	T	A	N
N	O	P	I	C	V	O	O	N	R	I	O
G	L	R	C	N	E	E	E	L	U	U	U
T	E	Y	E	I	R	W	R	O	T	O	N
E	L	B	U	O	R	T	O	Y	H	T	Y
E	B	A	C	I	L	E	A	L	O	I	S
R	N	U	E	U	I	U	T	L	L	N	A
I	L	O	S	L	O	I	N	E	Y	O	E
N	I	E	T	Y	O	U	R	S	E	L	F
T	R	E	W	O	L	F	I	N	D	E	Y

FLOWER (6)
RESULT (6)
_______ (7)
_______ (5)
_______ (8)
_______ (4)
_______ (5)
_______ (5)
_______ (4)
_______ (3)
_______ (4)
_______ (8)
_______ (6)
_______ (4)
_______ (5)

WORD SEEK 133

C	L	U	F	E	R	A	C	C	N	O	W
E	S	O	O	N	S	T	I	O	N	L	E
A	A	S	O	O	I	Y	E	L	L	O	W
R	T	R	I	K	R	A	I	U	H	R	E
T	L	U	N	E	I	N	R	T	I	I	L
H	I	E	V	H	C	N	E	G	N	E	C
A	S	E	S	A	E	R	G	N	N	P	O
R	T	N	U	A	S	L	N	I	C	O	M
P	E	O	P	L	E	L	U	N	C	H	E
T	N	O	U	R	I	S	H	C	I	U	T

CAREFUL (7)
LOOKING (7)
_______ (6)
_______ (5)
_______ (6)
_______ (7)
_______ (5)
_______ (6)
_______ (7)
_______ (6)
_______ (4)
_______ (5)
_______ (5)
_______ (4)
_______ (6)

134 ZIGZAG 134

Instead of reading in a straight line, each word has one bend in it. One word has been looped for you.

- ☐ ART DECO
- ☐ BATCHES
- ☐ BAYONET
- ☐ BOBSLED
- ☐ COLOSSUS
- ☐ CRYPTIC
- ☐ DUCHESS
- ☐ ENGLISH
- ☐ EQUINOX
- ☐ FOGHORN
- ☐ GABARDINE
- ☐ GUNBOAT
- ☐ HOSTED
- ☐ HYDROFOIL
- ☐ IGUANA
- ☐ JELLY
- ☐ KIRTLE
- ☐ LIMELIGHT
- ☐ LOCATED
- ☐ MARQUEE
- ☐ NEGEV
- ☐ NESTLE
- ☐ OXYGEN
- ☐ PRISMS
- ☐ RENOWNED
- ☐ ROANOKE
- ☐ STEELY
- ☐ TAPESTRY
- ☐ TROPHY
- ☐ UNLATCH
- ☐ VICTORY
- ☐ WARRANT
- ☐ WINGLET
- ☐ YIELD
- ☐ ZANIEST
- ☑ ZIGZAG

S	M	S	S	Z	Y	M	J	O	C	E	D	K	J	A
D	D	T	I	U	A	L	E	O	D	T	W	T	U	N
E	E	U	Q	R	O	Q	L	E	N	A	R	G	R	A
E	L	T	C	C	P	O	T	E	R	O	I	O	M	A
L	S	T	A	H	E	S	S	R	X	B	H	W	P	B
Y	B	T	R	Y	O	Z	A	S	Q	N	A	G	Y	H
B	O	I	S	W	G	L	N	L	U	Q	E	T	O	I
L	K	Z	C	E	I	E	T	G	I	S	E	H	C	F
O	F	O	I	L	P	N	D	E	N	M	Z	G	E	V
T	R	N	T	G	Z	A	G	Z	O	W	E	I	D	E
A	E	D	P	O	A	N	T	L	X	N	O	L	I	S
N	O	X	Y	G	E	B	E	T	V	B	L	N	T	T
O	U	R	I	H	O	T	A	O	Z	I	A	G	E	O
K	C	N	E	E	N	I	D	R	S	Z	C	Y	N	R
E	B	D	L	A	T	C	H	H	Y	R	O	T	O	E

POST ERA

135

Prior to the mid-1800s, cattle roamed freely on the open range. When barbed wire was introduced, cowboys built fences to contain the herds. Below are places and things that can be fenced in.

- ☐ AMUSEMENT park
- ☐ BASEBALL field
- ☐ BRIG
- ☐ CAMP
- ☐ CASTLE
- ☐ CATTLE
- ☐ CHICKENS
- ☐ COOP
- ☐ COWS
- ☐ DEER
- ☐ DOGS
- ☐ ESTATE
- ☐ FACTORY
- ☐ FARM
- ☐ FIELD
- ☐ FLOWER BED
- ☐ FORT
- ☐ GOATS
- ☐ GROVE
- ☐ HOGS
- ☐ HOME
- ☐ HOUSE
- ☐ LAWN
- ☐ MARINA
- ☐ MEADOW
- ☐ PADDOCK
- ☐ PARK
- ☐ PASTURE
- ☐ PLANT
- ☐ PLAYGROUND
- ☐ POOL
- ☐ SCHOOLYARD
- ☐ SHEEP
- ☐ SHOP
- ☐ TENNIS court

M	P	H	O	G	S	W	O	C	C	A	T	T	L	E
F	L	Y	O	G	P	B	N	O	L	N	F	L	T	U
V	L	A	R	U	A	V	D	K	A	T	A	A	T	K
Y	T	O	D	S	S	G	L	L	E	B	T	W	R	H
S	V	S	W	N	T	E	P	A	E	S	S	N	O	M
E	P	O	D	E	U	G	A	S	E	I	B	M	F	N
A	P	A	R	K	R	O	A	N	N	R	F	K	S	Y
F	P	E	E	C	E	B	R	N	I	U	V	T	F	F
W	Y	R	E	I	C	K	E	G	G	R	D	I	C	K
C	R	P	D	H	A	T	C	D	Y	R	A	R	O	S
L	O	O	P	C	S	R	W	O	D	A	E	M	O	H
N	T	Y	C	H	T	U	F	C	D	O	L	N	P	I
S	C	H	O	O	L	Y	A	R	D	D	G	P	F	V
I	A	P	T	N	E	M	E	S	U	M	A	S	R	S
O	F	H	E	T	P	M	P	V	A	O	B	P	F	C

136 NUMBER SEEK 136

Solve this puzzle by seeking numbers instead of letters.

☐ 00402
☐ 02825
☐ 05027
☐ 06450
☐ 10879
☐ 11144
☐ 11434
☐ 12309
☐ 15268
☐ 16424
☐ 16777
☐ 18308
☐ 19554
☐ 20505
☐ 21780
☐ 21800
☐ 24518
☐ 25906
☐ 25954
☐ 28151
☐ 33938
☐ 37443
☐ 50446
☐ 58594
☐ 67482
☐ 69252
☐ 74234
☐ 75703
☐ 75998
☐ 76950
☐ 83489
☐ 86059
☐ 87211
☐ 89544
☐ 90257
☐ 90513
☐ 93997
☐ 96536
☐ 97272
☐ 98425

8	6	2	5	1	7	1	1	5	8	8	0	8	6	8
9	1	1	6	7	7	7	6	9	5	0	1	7	5	7
4	5	6	7	9	7	2	8	2	8	2	3	7	4	4
6	0	3	3	4	2	4	6	1	5	3	8	7	4	6
6	6	9	5	8	3	1	2	6	9	2	5	2	6	8
4	4	1	0	8	7	9	7	3	4	9	0	3	0	4
6	5	1	1	7	7	5	8	8	6	4	6	8	6	3
5	0	5	0	2	7	5	2	6	0	9	0	1	7	2
2	0	9	9	1	1	3	7	0	0	6	6	4	0	7
5	9	0	5	1	3	8	2	8	9	5	4	3	9	3
9	2	1	1	2	0	1	7	9	9	3	9	4	1	4
2	8	4	5	3	4	5	9	5	2	6	5	1	0	3
2	4	4	8	0	9	4	4	4	7	4	5	1	8	5
6	7	1	5	9	3	2	7	4	2	0	8	1	5	3
6	6	8	8	5	0	4	2	2	4	2	3	9	9	2

137 SUTHERLAND ON FILM 137

Actor Donald Sutherland made his screen debut in 1964 in the Italian horror film "Castle of the Living Dead." Sutherland's son Kiefer was named for the screenwriter of that film, Warren Kiefer.

- ☐ A DRY WHITE Season
- ☐ ALEX in Wonderland
- ☐ BACKDRAFT
- ☐ BEAR Island
- ☐ BEDFORD Incident, The
- ☐ BETHUNE
- ☐ CRACKERS
- ☐ DIRTY Dozen, The
- ☐ DISAPPEARANCE, The
- ☐ DON'T Look Now
- ☐ EAGLE Has Landed, The
- ☐ FELLINI'S Casanova
- ☐ GAS
- ☐ GREAT Train Robbery, The
- ☐ JFK
- ☐ JOANNA
- ☐ JOHNNY Got His Gun
- ☐ KELLY'S Heroes
- ☐ KLUTE
- ☐ LADY Ice
- ☐ LOCK UP
- ☐ LOST Angels
- ☐ M*A*S*H
- ☐ NOTHING Personal
- ☐ OEDIPUS the King
- ☐ ORDINARY People
- ☐ REVOLUTION
- ☐ SPLIT, The
- ☐ STEELYARD Blues
- ☐ THRESHOLD

V	T	B	G	L	G	A	Y	M	V	E	F	E	L	H
D	N	T	E	R	O	O	A	N	S	P	L	I	T	T
C	R	I	E	T	G	S	K	E	N	P	N	G	C	W
S	L	A	U	K	H	F	T	Y	U	H	N	U	A	B
Y	T	M	Y	T	S	U	P	I	D	E	O	J	S	E
L	C	F	E	L	L	I	N	I	S	Y	T	J	T	T
L	L	R	A	K	E	J	B	E	A	W	H	K	H	I
E	C	N	A	R	A	E	P	P	A	S	I	D	R	H
K	Y	T	C	C	D	U	T	R	S	A	N	J	E	W
A	T	G	J	F	K	K	A	S	V	L	G	A	S	Y
C	R	N	O	C	U	E	C	N	G	K	H	P	H	R
L	I	R	O	F	B	Y	R	A	N	I	D	R	O	D
V	D	L	A	D	Y	J	A	S	B	A	X	E	L	A
T	V	O	R	E	V	O	L	U	T	I	O	N	D	V
H	G	S	A	A	A	V	Y	B	E	U	F	J	S	I

138 BOXES 138

All the words in the list are found in the diagram in an unusual way. Each word reads either clockwise or counterclockwise around the edges of a box (sometimes a square and sometimes a rectangle).

- [x] APPROACH
- [ ] BERLIN
- [ ] BOLTROPE
- [ ] BUNNY HUG
- [ ] CANVAS
- [ ] CHATTY
- [ ] COTTAGER
- [ ] DEDICATION
- [ ] DOLLAR
- [ ] EVENSONG
- [ ] FIDDLERS
- [ ] FOLDAWAY
- [ ] FOSSIL
- [ ] GALVANIC
- [ ] HARPOONS
- [ ] INDUSTRY
- [ ] JUMP ROPE
- [ ] KILOBYTE
- [ ] LANDLORD
- [ ] MEGAVOLT
- [ ] NEST EGGS
- [ ] ORANGE
- [ ] PACKSACK
- [ ] PATTERNS
- [ ] RACKET
- [ ] SAMPAN
- [ ] STARRY
- [ ] TIMERS
- [ ] TRESTLES
- [ ] TUGBOATS
- [ ] UNPACK
- [ ] VISIGOTH
- [ ] WEAVER
- [ ] WORKBOOK
- [ ] ZENITH

O	R	A	J	S	A	C	K	G	W	R	S	A	V	J
Y	R	T	L	K	C	A	P	H	E	E	C	A	N	I
I	Y	S	W	M	K	P	Z	G	A	V	O	V	K	C
N	D	U	G	B	U	N	M	E	M	T	L	L	A	G
A	L	H	Y	N	N	O	I	R	P	R	O	D	R	M
L	O	Y	A	W	D	Z	T	S	M	O	B	E	O	R
D	R	F	Z	A	E	F	A	R	U	P	E	G	N	A
Z	P	O	L	D	D	I	C	T	J	E	V	Z	O	F
L	T	S	E	R	S	F	K	E	I	Z	E	N	S	L
E	S	T	R	K	B	R	O	A	G	H	T	I	S	I
N	T	H	O	I	O	P	R	C	Y	B	O	L	I	V
S	E	M	W	K	O	P	A	H	T	E	K	I	G	H
G	G	A	L	Z	N	S	H	A	T	A	O	C	O	T
N	B	E	T	T	A	A	Z	O	S	Z	B	R	J	T
I	L	R	N	S	P	M	K	H	T	U	G	E	G	A

139 HOT POTATO 139

A monument to potatoes stands at the castle ruins in Hirschhorn, a small village in Germany's Neckar Valley. Its dedication reads, "To God and Francis Drake, who brought to Europe for the everlasting benefit of the poor—the Potato."

- ☐ ALCOHOL
- ☐ BAGS
- ☐ BAKED
- ☐ BOILED
- ☐ CALCIUM
- ☐ CHIPS
- ☐ COBBLER
- ☐ COOL climate
- ☐ FLOUR
- ☐ FRIED
- ☐ HASH
- ☐ IDAHO
- ☐ IRON
- ☐ KATAHDIN
- ☐ KENNEBEC
- ☐ MAINE
- ☐ MASHED
- ☐ NIACIN
- ☐ NORCHIP
- ☐ NUTRITIOUS
- ☐ OREGON
- ☐ OVAL
- ☐ PEEL
- ☐ PROTEIN
- ☐ ROUND
- ☐ RUSSET Burbank
- ☐ SODIUM
- ☐ SOUP
- ☐ SOUTH America (originated)
- ☐ STARCH
- ☐ STEW
- ☐ SULFUR
- ☐ SUPERIOR
- ☐ TASTE
- ☐ THIAMINE
- ☐ TUBERS
- ☐ VITAMIN C
- ☐ WASHINGTON

S	R	B	A	K	E	D	P	T	G	K	R	R	G	H
S	C	E	B	E	N	N	E	K	A	S	U	P	L	O
S	T	A	R	C	H	P	I	H	O	S	G	S	N	T
P	E	E	L	B	O	K	V	D	S	T	T	I	O	I
I	W	N	W	C	V	M	I	E	H	A	C	E	G	E
C	D	I	B	C	I	U	T	I	N	A	M	W	E	R
O	E	A	S	M	M	U	A	W	I	H	T	D	R	R
O	B	M	H	P	K	M	M	N	E	T	N	A	O	E
L	B	S	U	O	I	T	I	R	T	U	N	I	K	L
S	O	U	P	N	V	H	N	R	O	B	R	L	B	B
F	I	H	E	O	D	A	C	R	R	E	I	A	D	B
H	L	P	O	E	M	S	L	R	P	R	G	M	A	O
H	E	O	I	C	O	H	T	U	O	S	M	U	U	C
F	D	R	U	F	L	U	S	N	W	N	C	O	R	V
T	F	E	V	R	W	A	S	H	I	N	G	T	O	N

140 BOOKS OF JOHN 140

John D. MacDonald is one of this century's most popular authors of detective fiction. Even though he wrote more than 65 novels and 500 short stories, he is best known for his 21 novels featuring amateur detective Travis McGee. Titles that contain colors are from the McGee series.

- ☐ Darker Than AMBER
- ☐ The BRASS Cupcake
- ☐ CONDOMINIUM
- ☐ The DECEIVERS
- ☐ Please Write for DETAILS
- ☐ No Deadly DRUG
- ☐ The EXECUTIONERS
- ☐ FREE Fall in Crimson
- ☐ Where Is Janice GANTRY?
- ☐ The Only GIRL in the Game
- ☐ A Deadly Shade of GOLD
- ☐ The Deep Blue GOOD-BY
- ☐ Pale GRAY for Guilt
- ☐ The GREEN Ripper
- ☐ Dress Her in INDIGO
- ☐ The Neon JUNGLE
- ☐ The Turquoise LAMENT
- ☐ The Long LAVENDER Look
- ☐ The Last One LEFT
- ☐ The Dreadful LEMON Sky
- ☐ ON THE RUN
- ☐ Nightmare in PINK
- ☐ A Purple PLACE for Dying
- ☐ The Lonely Silver RAIN
- ☐ The Quick RED FOX
- ☐ The Scarlet RUSE
- ☐ Bright Orange for the SHROUD
- ☐ A Tan and Sandy SILENCE
- ☐ Ballroom of the SKIES
- ☐ A Key to the SUITE
- ☐ Dead Low TIDE
- ☐ Death TRAP
- ☐ Murder in the WIND
- ☐ The Girl in the Plain Brown WRAPPER
- ☐ One Fearful YELLOW Eye

W	J	K	N	I	P	F	S	T	E	H	M	F	W	V
B	Y	D	O	L	L	D	E	O	R	L	R	A	Y	D
W	E	E	A	N	E	Y	R	T	N	A	G	O	E	R
S	R	C	L	T	F	E	L	R	I	G	P	N	S	U
K	E	E	A	L	A	M	E	N	T	U	A	T	U	G
I	I	I	O	D	O	E	A	N	I	X	S	H	R	J
E	L	V	B	G	N	W	T	L	D	M	W	E	G	H
S	R	E	N	O	I	T	U	C	E	X	E	R	W	A
R	E	R	C	O	N	D	O	M	I	N	I	U	M	U
E	C	S	U	D	D	R	N	G	I	A	O	N	O	E
P	N	B	K	B	C	U	V	I	M	P	G	M	E	N
P	E	R	X	Y	V	L	O	B	W	N	G	R	E	F
A	L	A	V	E	N	D	E	R	E	D	F	O	X	L
R	I	S	H	Y	A	R	G	K	H	D	F	D	L	K
W	S	S	R	A	L	B	M	C	M	S	C	G	J	D

NUMBER SEEK

141

Solve this puzzle by seeking numbers instead of letters.

- ☐ 07575
- ☐ 14707
- ☐ 17471
- ☐ 17633
- ☐ 20554
- ☐ 22032
- ☐ 22731
- ☐ 23806
- ☐ 25309
- ☐ 25592
- ☐ 26993
- ☐ 27711
- ☐ 30967
- ☐ 31586
- ☐ 31674
- ☐ 32317
- ☐ 32792
- ☐ 32843
- ☐ 33994
- ☐ 37112
- ☐ 40517
- ☐ 41116
- ☐ 46043
- ☐ 47468
- ☐ 50777
- ☐ 51427
- ☐ 61470
- ☐ 63658
- ☐ 65603
- ☐ 65605
- ☐ 65663
- ☐ 69840
- ☐ 70682
- ☐ 71928
- ☐ 72603
- ☐ 73354
- ☐ 75010
- ☐ 77360
- ☐ 77399
- ☐ 77794
- ☐ 81490
- ☐ 85313
- ☐ 85696
- ☐ 86806
- ☐ 92444
- ☐ 95246
- ☐ 96167
- ☐ 96588
- ☐ 99542
- ☐ 99972

6	8	5	1	3	2	1	7	1	9	2	8	6	0	3
0	5	4	4	0	5	1	7	4	5	5	0	2	1	8
8	3	6	5	1	0	1	7	0	6	8	2	5	6	4
3	1	0	0	3	1	1	6	9	8	3	2	8	4	3
2	6	6	3	5	3	1	6	5	4	6	0	4	3	9
3	7	1	1	2	3	7	6	8	9	6	3	6	7	3
1	4	4	3	4	2	9	1	9	6	5	2	6	8	4
4	2	9	5	0	7	4	3	5	2	6	4	2	5	9
7	5	9	8	1	9	0	9	9	9	7	2	5	0	8
4	3	3	5	0	2	9	7	7	9	2	7	7	2	8
6	0	3	4	5	9	9	3	7	7	2	5	1	7	0
8	9	0	6	7	2	5	4	3	1	7	4	7	1	0
7	9	9	4	7	7	4	5	6	5	3	7	4	4	4
3	0	6	2	7	1	2	6	0	6	1	2	0	4	9
2	4	7	6	1	6	9	8	4	0	3	0	6	5	6

BAUBLES BY DECO

142

Art Deco is a style of design that was popular in the 1920s and 1930s, characterized by geometric shapes, smooth lines, and streamlined forms. The style was inspired by a variety of sources, including cubism and the art of ancient America.

- ☐ ADMIRE
- ☐ ANGULAR
- ☐ BANGLES
- ☐ Glass BEADS
- ☐ BELT buckle
- ☐ BRACELET
- ☐ BRASS
- ☐ BRIGHT
- ☐ CARVED
- ☐ CHIPS
- ☐ CHROME
- ☐ CLIPS
- ☐ COLOR
- ☐ DESIGN
- ☐ DURABLE
- ☐ ELASTIC thread
- ☐ ENAMEL
- ☐ GEOMETRIC
- ☐ GLEAM
- ☐ HAND-MADE
- ☐ INLAID
- ☐ LINES
- ☐ LUSTER
- ☐ MOLD
- ☐ NECKLACE
- ☐ PINS
- ☐ PLASTIC
- ☐ POPULAR
- ☐ RING
- ☐ SHAPES
- ☐ SHINE
- ☐ SILVER
- ☐ STARTLING
- ☐ STONES
- ☐ STRIKING
- ☐ STYLE
- ☐ WEAR

E	B	R	A	S	S	D	C	K	L	I	N	E	S	C
C	R	D	U	R	A	L	U	G	N	A	B	T	C	O
H	I	S	I	L	V	E	R	R	K	L	A	W	I	L
I	G	C	L	A	K	M	C	H	A	R	N	E	T	O
P	H	A	O	P	L	A	A	L	T	B	G	A	S	R
S	T	R	I	K	I	N	G	L	I	L	L	R	A	P
R	S	V	G	G	D	E	I	S	U	P	E	E	L	I
E	T	E	Z	M	E	N	P	C	D	T	S	B	E	N
M	A	D	A	N	G	O	R	V	S	A	M	T	C	S
S	A	D	G	Y	P	Z	M	U	S	V	E	O	A	B
T	E	E	M	U	T	E	L	E	C	A	R	B	L	I
Y	N	N	L	I	C	G	P	E	T	G	N	V	K	D
L	Y	A	O	G	R	A	E	M	O	R	H	C	C	D
E	R	L	N	T	H	E	R	I	N	G	I	S	E	D
E	N	I	H	S	S	P	L	A	S	T	I	C	N	B

143 DESERT SONG 143

Usually the first deserts to come to mind are those found in warm climates. But areas near the North and South poles are also considered deserts because they are so cold that any moisture freezes, making them inhospitable to plant growth.

- ☐ AFRICA
- ☐ ANIMALS
- ☐ ARABIA
- ☐ ARGENTINA
- ☐ ARID
- ☐ ARROYO
- ☐ ASIA
- ☐ BARREN
- ☐ BASIN
- ☐ BELT
- ☐ BLEAK
- ☐ CACTUS
- ☐ CAMEL
- ☐ CHILE
- ☐ COLD
- ☐ DESOLATE
- ☐ DRIFT
- ☐ DROUGHT
- ☐ DUNE
- ☐ EGYPT
- ☐ GAZELLE
- ☐ GOBI
- ☐ GULLEY
- ☐ HEAT
- ☐ IRRIGATE
- ☐ ISOLATED
- ☐ KALAHARI
- ☐ LIZARD
- ☐ MEXICO
- ☐ NOMAD
- ☐ OASIS
- ☐ PALM
- ☐ PLAINS
- ☐ PLATEAU
- ☐ REPTILE
- ☐ SAHARA
- ☐ SALT
- ☐ SAND
- ☐ SNAKE
- ☐ SPARSE
- ☐ WATER
- ☐ WELL

B	K	C	S	S	N	I	A	L	P	B	U	T	A	W
E	W	A	L	R	A	R	R	O	Y	O	A	A	E	E
L	L	C	E	N	E	R	R	A	B	E	E	F	K	L
T	C	T	M	L	T	P	E	C	H	A	T	R	A	L
W	H	U	A	N	B	I	T	T	N	A	A	I	N	K
M	I	S	C	I	G	D	S	I	A	P	L	C	S	N
I	L	L	I	R	A	U	T	O	L	W	P	A	O	S
Y	E	A	S	R	Z	N	D	U	L	E	H	M	K	T
A	T	M	P	I	E	E	T	I	A	A	A	L	H	P
E	A	I	A	G	L	T	F	I	R	D	T	G	M	Y
N	L	N	R	A	L	D	B	A	R	A	U	E	W	G
P	O	A	S	T	E	A	L	A	S	O	X	L	D	E
P	S	G	E	E	R	F	Z	O	R	I	B	O	G	K
E	E	P	B	A	S	I	N	D	C	S	A	N	D	E
E	D	Y	E	L	L	U	G	O	A	S	I	S	A	T

144 QUOTABLE 144

This quotation is from Mark Twain. The words in the diagram are grouped together as they are shown in the list.

☐ THE MAN
☐ WHO
☐ CAN'T
☐ TELL
☐ A LIE
☐ THINKS
☐ HE IS
☐ THE BEST
☐ JUDGE
☐ OF ONE.

A	N	I	N	N	O	L	C	E	J	L	T
A	A	J	E	E	I	L	A	C	E	H	W
T	N	K	O	U	U	E	A	I	E	C	M
K	H	E	M	T	M	T	L	M	W	S	U
T	D	I	L	S	S	C	A	N	T	W	T
O	F	O	N	E	M	N	E	A	H	C	N
I	T	H	B	K	I	L	S	G	T	B	N
N	W	E	A	U	S	I	U	E	D	L	C
I	H	I	J	S	L	K	J	O	W	U	H
T	O	S	O	H	N	N	F	H	I	G	J

145 SQUARE NINES 145

Find 3x3 squares in the diagram that contain, in no particular order, the 9 letters of the words listed.

S	F	I	S	E	S	G	B	L	T	S	T
C	N	M	K	C	R	H	R	F	E	P	E
K	E	I	A	S	D	A	O	N	I	G	L
W	R	T	G	C	W	O	K	T	R	I	M
H	E	L	P	S	F	B	I	S	E	F	C
U	H	A	E	W	E	R	N	U	P	A	S
K	W	B	P	C	S	G	T	O	N	H	M
C	H	S	O	H	I	E	M	S	E	C	M
W	M	O	F	L	N	F	E	A	H	P	B
S	I	W	O	R	K	I	D	O	T	E	L

☑ BUSHWHACK
☐ CAMPFIRES
☐ FINGERTIP
☐ FLOOR SHOW
☐ HOMESTEAD
☐ MARKETING
☐ MING TREES
☐ SACK DRESS
☐ SHOWPIECE
☐ TELEGRAPH
☐ TURNPIKES

146 BOARD-ER LINE 146

All of the words of 4 or more letters hidden in the puzzle diagram are aboveboard, or rather before it, because each may precede BOARD.

Word list on page 504

B ASE	S ______	S ______
B ______	S ______	S ______
B ______	S ______	S ______
B ______	S ______	S ______
B ______	S ______	T ______
B ______	S ______	T ______
C ______	S ______	W ______
C ______		
C ______		
C ______		
C ______		
C ______		
D ______		
D ______		
D ______		
D ______		
E ______		
F ______		
F ______		
F ______		
H ______		
M ______		
O ______		
P ______		
P ______		

```
M A W D U A E P G P C A K V B
N O W V Y M D N I O P W F E S
P U R S U U I H R E T S A L P
F H C T I W S K A T E V S F R
U K C A A U I U H C E L A F I
O V E R R R H E H R T L K U N
G B D F T D K E A Y E I V H G
K S I O O G C D A E R B H S I
R B O B T K A R S D O E I R S
H F I U E I L A N P O F M F V
S L R R N P B A P I L C D E D
U D O H G D A S H B F L D D A
F C I A N N I L K C U B A P A
S O S B U P U N C H K U R W C
T B K D I V I N G V K R T V F
```

147 PEEK AT POLAND 147

Poland is named for the Polane, a Slavic tribe that lived there over a thousand years ago. Their name means "plain" or "field" and refers to the flat plains and gently rolling hills of the country.

- ☐ BALTIC Sea
- ☐ BUG River
- ☐ CULTURE
- ☐ CURZON Line
- ☐ EASTERN
- ☐ EUROPE
- ☐ EXPORTS
- ☐ FARMS
- ☐ FOLK art
- ☐ GDYNIA
- ☐ GULF of Gdansk
- ☐ IRON
- ☐ KRAKOW
- ☐ LABOR unions
- ☐ LAKE Mamry
- ☐ LECH Walesa
- ☐ LODZ
- ☐ LUBLIN
- ☐ MINES
- ☐ NEISSE River
- ☐ ODER River
- ☐ POLISH (language)
- ☐ POZNAN
- ☐ RYSY peak
- ☐ SEJM
- ☐ SOLIDARITY
- ☐ STEEL
- ☐ SUDETES Mountains
- ☐ SUGAR beets
- ☐ SZCZECIN
- ☐ VISTULA River
- ☐ WARSAW (capital)
- ☐ WHEAT
- ☐ WROCLAW
- ☐ ZLOTY (currency)

O	F	A	R	M	S	B	E	T	X	B	O	Z	Y	W
R	X	X	T	S	W	O	K	A	R	K	L	D	H	B
F	C	H	L	E	C	H	L	O	P	O	R	E	E	V
O	Y	S	U	J	V	U	C	I	T	L	A	B	U	R
L	S	E	S	M	L	V	R	Y	D	T	W	U	R	L
K	E	T	S	A	I	U	W	Z	N	A	N	Z	O	P
W	A	E	R	S	E	N	B	A	O	W	R	D	P	C
A	Y	D	T	O	I	Y	E	L	L	N	Z	I	E	G
S	I	U	K	S	P	E	O	S	I	C	L	U	T	D
R	L	S	G	O	V	X	N	C	L	N	O	R	I	Y
A	C	U	L	T	U	R	E	A	S	T	E	R	N	N
W	L	I	K	F	F	Z	B	K	N	N	O	Y	W	I
F	S	G	W	P	C	O	U	A	A	U	Y	S	W	A
H	V	O	R	Z	R	A	G	U	S	L	F	Y	W	F
I	U	L	S	J	Y	U	A	R	K	U	Y	C	N	H

148 PANE PLANTERS 148

Enjoy the scent of fragrant flowers and their decorative beauty with a collection of windowboxes to dress up your home.

- ☐ ADORN
- ☐ ANNUALS
- ☐ ATTACHED
- ☐ BEAUTIFY
- ☐ BLOOM
- ☐ BRIGHTEN
- ☐ BUDS
- ☐ CARE
- ☐ COLORFUL
- ☐ CON-TAINER
- ☐ DISPLAY
- ☐ DRAINAGE
- ☐ FILL
- ☐ FLORA
- ☐ FLOWERS
- ☐ FOLIAGE
- ☐ GREEN
- ☐ GROW
- ☐ HERBS
- ☐ HOLDER
- ☐ HOUSE
- ☐ KEEP
- ☐ LEVEL
- ☐ LOVELY
- ☐ NEAT
- ☐ NICE
- ☐ OUTDOOR
- ☐ PAINTED
- ☐ PLANTS
- ☐ ROOTS
- ☐ SEASONS
- ☐ SEEDS
- ☐ SHAPE
- ☐ SILL
- ☐ SOIL
- ☐ SPROUT
- ☐ STURDY
- ☐ TRIM
- ☐ VARIETY
- ☐ WATER
- ☐ WOODEN

U	B	C	E	B	S	D	E	E	S	F	I	B	D	R
Y	M	E	G	C	R	Y	B	S	N	O	S	A	E	S
N	G	C	A	R	E	I	W	U	M	L	F	N	T	T
E	C	I	N	U	T	A	G	O	I	I	I	T	N	N
V	A	R	I	E	T	Y	L	H	R	A	L	A	I	A
T	B	S	A	E	R	I	I	U	T	G	L	N	A	L
T	U	O	R	P	S	O	F	N	F	E	H	N	P	P
T	D	S	D	E	R	H	O	Y	L	R	N	U	S	E
R	S	T	I	H	W	C	A	D	A	L	O	A	T	E
G	L	U	G	O	R	O	H	P	T	L	I	L	O	K
R	O	R	O	T	T	E	L	A	E	U	P	S	O	S
E	V	D	H	A	R	E	D	F	L	I	O	S	R	C
E	E	Y	E	B	V	O	F	L	O	R	A	D	I	U
N	L	N	S	E	R	O	M	O	O	L	B	L	B	D
O	Y	Y	L	N	A	T	T	A	C	H	E	D	P	O

149 A POSIE PAGEANT 149

Flower shows are sponsored by amateur garden clubs as well as professional gardening associations. They include various flower divisions, and winning blooms are selected on the basis of form, size, color, abundance of blossoms, and quality of leaves.

- ☐ AMATEUR
- ☐ ANNUAL
- ☐ AWARD
- ☐ BULB
- ☐ CLASS
- ☐ CLIMB
- ☐ CLUB
- ☐ COLOR
- ☐ COMPETE
- ☐ DESIGN
- ☐ DIVISION
- ☐ ENTRY
- ☐ EXHIBIT
- ☐ EXOTIC
- ☐ FERN
- ☐ FINAL
- ☐ FLOWER
- ☐ FRESH
- ☐ GARDEN
- ☐ HERB
- ☐ JUDGE
- ☐ LABEL
- ☐ MEMBER
- ☐ MERIT
- ☐ NATIVE
- ☐ OBJECT
- ☐ PART
- ☐ PLANT
- ☐ POT
- ☐ PROFESSIONAL
- ☐ RULES
- ☐ SEED
- ☐ SHOW
- ☐ SHRUB
- ☐ SPRING
- ☐ STEM
- ☐ TERRARIUM
- ☐ TREE
- ☐ VINE

M	E	T	J	T	O	E	X	H	I	B	I	T	T	H
S	F	I	C	R	T	B	N	E	I	C	F	D	P	N
T	T	R	E	E	V	B	U	R	H	S	L	R	I	X
D	X	E	P	R	J	T	E	L	E	H	O	A	O	O
I	I	M	M	U	T	B	E	W	C	F	W	W	S	H
L	O	V	D	L	M	R	O	D	E	T	E	A	Y	S
C	L	G	I	E	F	H	A	S	O	M	R	T	Y	E
O	E	R	M	S	S	N	S	P	C	U	W	T	V	R
U	B	J	S	M	I	I	W	R	V	I	S	I	W	F
D	A	M	W	F	O	O	G	I	Y	R	T	N	E	S
U	L	M	I	N	E	A	N	N	U	A	L	O	E	B
B	T	N	A	L	P	E	V	G	N	R	D	E	X	T
U	A	L	S	L	C	M	Y	G	A	R	D	E	N	E
L	U	N	I	C	O	L	O	R	U	E	T	A	M	A
B	R	E	H	N	O	I	R	H	I	T	B	I	I	D

150 DAY-O 150

We've declared today O-day in honor of this list whose hidden 5-letter words contain O in the middle. Find them all and bow to a standing O-vation.

Word list on page 506

A DOPT
A ________
A ________
A ________
A ________
A ________
B ________
B ________
B ________
B ________
B ________
B ________
C ________
C ________
C ________
C ________
D ________
F ________
G ________
G ________
G ________
K ________
L ________
M ________
O ________
P ________
P ________
P ________

P ________
Q ________
R ________
S ________
S ________
S ________
S ________
S ________

S ________
S ________
S ________
S ________
S ________
S ________
S ________
T ________

S	T	R	O	H	S	W	B	L	O	Q	P	S	E	A
T	T	U	O	H	S	S	N	K	L	R	O	P	D	Z
O	T	U	O	P	S	T	E	W	O	O	T	O	P	D
Q	E	R	O	C	S	O	O	S	O	E	R	B	R	A
L	E	R	S	P	C	C	E	O	O	N	R	D	O	M
T	T	B	Q	R	O	K	O	Q	D	O	K	O	U	O
R	P	C	I	O	U	C	L	O	W	N	M	M	D	R
G	S	H	N	V	T	D	D	N	P	T	P	O	D	A
G	L	O	V	E	W	S	B	E	S	H	T	O	O	T
S	B	I	B	O	M	T	O	N	T	S	O	R	F	L
T	B	R	R	O	S	Q	U	O	T	A	A	G	L	C
O	K	C	O	L	B	L	L	H	R	B	L	O	O	M
R	Q	R	T	O	U	C	O	P	N	O	O	O	S	T
E	B	E	H	L	K	U	D	P	B	S	N	M	N	O
L	A	Z	U	O	Z	O	N	E	E	B	E	U	Q	G

151 LEARN YOUR LESSON 151

The town of Essex, Connecticut, was once famous for making piano keys. Get ready to tickle the ivories with this Word Seek about piano lessons.

- ☐ ARPEGGIO
- ☐ ASSIGNMENT
- ☐ BASS
- ☐ BENCH
- ☐ CHORD
- ☐ CLEF
- ☐ ETUDE
- ☐ FLAT
- ☐ FORTE
- ☐ HARMONY
- ☐ INSTRUMENT
- ☐ KEYBOARD
- ☐ LARGO
- ☐ LEARN
- ☐ LESSON
- ☐ MAJOR
- ☐ MELODY
- ☐ MEMORIZE
- ☐ MINOR
- ☐ MUSIC
- ☐ NOTE
- ☐ OCTAVE
- ☐ PEDALS
- ☐ PIANIST
- ☐ PIECE
- ☐ PITCH
- ☐ PLAY
- ☐ PRACTICE
- ☐ RANGE
- ☐ RECITAL
- ☐ REPETITION
- ☐ SCALE
- ☐ SONATA
- ☐ STACCATO
- ☐ STUDIO
- ☐ TEACHER
- ☐ TEMPO
- ☐ TONE
- ☐ TREBLE

R	Y	N	O	M	R	A	H	M	E	T	R	O	F	V
J	C	D	H	A	L	E	A	R	N	O	F	G	A	P
S	S	R	O	N	I	M	P	E	G	N	A	R	I	R
P	E	D	A	L	S	B	M	E	O	E	P	A	S	E
L	I	Y	T	I	E	N	D	S	T	E	N	L	C	H
A	F	E	R	N	G	M	S	B	G	I	O	I	R	C
Y	K	L	C	I	E	E	S	G	S	G	T	M	M	A
B	D	H	S	E	L	M	I	T	B	C	E	I	O	E
B	R	S	C	E	B	O	U	M	A	J	O	R	O	T
L	A	T	I	C	E	R	P	R	S	C	A	L	E	N
B	O	U	S	G	R	I	P	D	T	O	C	M	D	Y
H	B	D	U	A	T	Z	F	A	R	S	P	A	U	Z
B	Y	I	M	C	A	E	V	Y	S	O	N	A	T	A
V	E	O	H	M	L	E	J	F	T	D	H	I	E	O
L	K	V	G	C	F	T	Z	Z	C	A	G	C	T	R

152 A DASH OF "S" 152

Sauerkraut is most popular as a hot dog condiment in the United States. But in Russia, where sour cream, chopped onions, and eggs are added to it, sauerkraut is served as a light meal. Here is a list of cooking-related words that begin with S.

- ☐ SALAD
- ☐ SALAMI
- ☐ SALMON
- ☐ SALTINE
- ☐ SANDWICH
- ☐ SARDINE
- ☐ SAUCE
- ☐ SAUERKRAUT
- ☐ SAUSAGE
- ☐ SCALLION
- ☐ SCALLOP
- ☐ SCRAMBLED eggs
- ☐ SCROD
- ☐ SESAME
- ☐ SHERBET
- ☐ SHISH kebab
- ☐ SHRIMP
- ☐ SIRLOIN
- ☐ SKIM milk
- ☐ SLOPPY Joe
- ☐ SOLE
- ☐ SOUFFLE
- ☐ SOUP
- ☐ SOUR cream
- ☐ SOYBEAN
- ☐ SPAGHETTI
- ☐ SPARERIBS
- ☐ SPICE
- ☐ SPINACH
- ☐ SQUASH
- ☐ STARCH
- ☐ STEAK
- ☐ STEW
- ☐ STRAWBERRY
- ☐ STRUDEL
- ☐ SUGAR
- ☐ SUNDAE
- ☐ SWEET potato
- ☐ SWISS cheese

```
S I R S T E A K P T Y D S H E
O T L S W S K I M L O P C G U
L T A T N I H H Q R M A A D D
T E B R E H S A C I N S L E W
E H O A C M I S R I U C L N N
A G O W P H H H P A W B I I O
N A E B Y O S S S I M D O T P
P P S E M O A O O A C L N L R
H S U R U T U A R K R E U A S
S A N R Y F Q C I I N D G S S
E S D Y F P S C S M Y U I W W
S C A L L O P A Q A S R E N E
A Y E U L F C O L L H T G O E
M N T E C N O M L A S S H G T
E S P A R E R I B S D P U O S
```

153 BOXES 153

All the words in the list are found in the diagram in an unusual way. Each one reads either clockwise or counterclockwise around the edges of a box (sometimes a square and sometimes a rectangle).

- [x] AEROBICS
- [ ] BEANBAGS
- [ ] BOBCAT
- [ ] CALCUTTA
- [ ] CATTAILS
- [ ] COTTON
- [ ] DARKROOM
- [ ] DOWNTOWN
- [ ] DRAGON
- [ ] ELECTION
- [ ] FABRIC
- [ ] FINESPUN
- [ ] GEARSHIFTS
- [ ] HOOKUP
- [ ] INTERIOR
- [ ] JUNGLE
- [ ] KANGAROO
- [ ] LEEBOARD
- [ ] MARIGOLD
- [ ] MARKET
- [ ] NOTEBOOK
- [ ] OYSTER
- [ ] PARAKEET
- [ ] POWWOW
- [ ] PRINTING
- [ ] PUSH-BIKE
- [ ] RUCKSACK
- [ ] STINGRAY
- [ ] THREAD
- [ ] TIMERS
- [ ] UPLIFT
- [ ] WILDLIFE
- [ ] WINDOW
- [ ] YEARBOOK
- [ ] ZIP CODES

R	A	Y	O	O	K	A	E	B	I	N	T	O	P	W
G	V	S	R	A	G	N	B	V	W	W	C	W	W	O
N	I	T	E	J	V	B	S	L	I	O	D	N	E	D
P	A	S	K	C	L	A	G	O	N	D	C	V	S	O
Z	C	K	R	U	B	C	A	R	D	T	H	W	Z	C
O	N	L	O	T	T	A	T	T	A	E	R	O	I	P
T	K	I	C	N	O	I	L	S	C	H	I	F	R	O
E	O	R	F	C	U	T	F	N	U	S	N	T	E	K
B	O	B	A	R	P	L	I	F	P	R	L	S	E	T
T	A	C	E	I	G	D	N	E	S	A	E	G	K	M
R	S	T	L	N	N	L	I	W	C	L	R	K	R	A
E	M	I	E	T	I	K	E	E	I	B	O	O	M	D
Y	K	O	N	G	T	A	L	T	V	L	H	K	A	L
E	V	O	U	L	D	R	A	P	K	E	P	U	R	O
A	R	B	J	E	E	B	O	V	I	B	H	S	I	G

154 YELLOW STREAK 154

What do you do when the bagpipe player for your party cancels out at the last minute? You could consult the phone book, where you'll find the common and uncommon listings featured in this Word Seek.

- ☐ ARBORISTS
- ☐ ASTROLOGERS
- ☐ AWNINGS
- ☐ BADGES
- ☐ BARRELS
- ☐ BATON twirling
- ☐ BOX lunches
- ☐ BUCKLES
- ☐ BURLAP
- ☐ BUTTONS
- ☐ CARNIVALS
- ☐ CEILINGS
- ☐ CHARTS
- ☐ COLUMNS
- ☐ COMPASSES
- ☐ DECALS
- ☐ FELT
- ☐ FILL
- ☐ GLAZIERS
- ☐ GO-KARTS
- ☐ HERBS
- ☐ KITES
- ☐ LOOMS
- ☐ MANTELS
- ☐ MAPS
- ☐ METERS
- ☐ PIPE bending
- ☐ PLAQUES
- ☐ POLES
- ☐ POPCORN
- ☐ PROPELLERS
- ☐ QUILTS
- ☐ RIVETS
- ☐ ROBOTS
- ☐ STAGE curtains
- ☐ SUNDIALS
- ☐ SWING sets
- ☐ VOICE messaging

A	S	F	S	A	I	S	L	A	V	I	N	R	A	C
W	W	E	E	R	T	S	Q	S	E	T	I	K	K	P
N	I	Q	U	L	E	K	T	S	S	V	V	S	I	W
I	N	W	I	Q	T	T	N	R	E	U	C	P	E	L
N	G	U	S	B	A	M	E	T	A	H	E	A	S	S
G	Q	P	E	G	U	L	S	M	A	K	S	M	L	L
S	B	O	L	L	L	T	P	R	V	T	O	A	A	E
E	X	P	O	E	O	A	T	A	R	O	I	G	C	T
S	H	C	P	B	F	S	Z	O	L	D	I	A	E	N
S	E	O	O	C	E	I	L	I	N	G	S	C	D	A
A	R	R	E	G	H	O	L	U	E	S	X	B	E	M
P	B	N	D	K	G	D	S	L	E	R	R	A	B	I
M	S	A	H	E	A	R	B	O	R	I	S	T	S	S
O	B	U	R	L	A	P	E	G	A	T	S	O	V	F
C	X	S	E	L	K	C	U	B	O	X	F	N	E	K

155 SOAPY 155

Soap, as we know it today, was introduced in the first century A.D. by Pliny the Elder. The substance was popular in Rome until the fall of the empire in A.D. 476. It was rediscovered 300 years later by the Italians.

- ☐ BAR
- ☐ BATH
- ☐ BOTTLE
- ☐ BUBBLES
- ☐ CAKE
- ☐ CLEAN
- ☐ CLOTHES
- ☐ COLOR
- ☐ FABRIC
- ☐ FACE
- ☐ FLAKES
- ☐ FOAM
- ☐ FRAGRANT
- ☐ HANDS
- ☐ LATHER
- ☐ LAUNDRY
- ☐ LIQUID
- ☐ LOTION
- ☐ MOISTURIZE
- ☐ OIL
- ☐ PERFUME
- ☐ POUR
- ☐ POWDER
- ☐ RINSE
- ☐ ROPE
- ☐ SCRUB
- ☐ SHAMPOO
- ☐ SHOWER
- ☐ SKIN
- ☐ SMOOTH
- ☐ SOAK
- ☐ SOFT
- ☐ SQUEEZE
- ☐ SUDS
- ☐ WASH

P	I	N	P	Y	M	H	N	S	Y	F	N	D	E	T
N	C	H	E	Z	I	R	U	T	S	I	O	M	L	D
A	B	U	R	C	S	O	E	E	S	N	I	R	M	B
E	L	E	F	G	G	H	H	F	C	K	T	A	W	E
L	I	Q	U	I	D	T	A	I	W	O	O	W	Y	Z
C	R	N	M	P	O	U	R	M	H	F	L	S	M	E
B	Z	S	E	L	B	B	U	B	P	I	H	O	G	E
F	W	O	C	T	A	P	S	M	O	O	T	H	R	U
B	W	A	S	F	N	T	L	G	W	T	O	F	R	Q
R	C	K	S	D	N	A	H	E	D	Y	T	S	O	S
F	K	D	W	H	U	I	R	E	E	P	E	L	P	S
C	K	M	T	N	T	S	K	G	R	K	C	B	E	Q
Y	Q	A	D	F	B	B	H	S	A	Q	A	T	N	Z
O	B	R	Q	M	Z	R	F	L	O	R	F	C	K	U
P	Y	N	Y	E	L	W	F	K	K	G	F	Q	M	O

156 SHUTTERBUG 156

The term "camera" is from a Latin word meaning "vault." It is a shortened form of "camera obscura," meaning "dark chamber."

- ☐ ACTION shots
- ☐ APERTURE
- ☐ AUTOMATIC
- ☐ BATTERY
- ☐ CASE
- ☐ EXPOSURE
- ☐ FILM
- ☐ FILTER
- ☐ FLASH
- ☐ FOCUS
- ☐ FRAMES
- ☐ IMAGE
- ☐ INSTANT camera
- ☐ LENS
- ☐ LIGHT
- ☐ NEGATIVE
- ☐ PHOTOGRAPH
- ☐ PORTRAIT
- ☐ PRINT
- ☐ REFLEX camera
- ☐ REWIND knob
- ☐ SHUTTER
- ☐ SLIDE
- ☐ SNAPSHOT
- ☐ SPEED
- ☐ TELEPHOTO lens
- ☐ TIMER
- ☐ TRIPOD
- ☐ VIEWFINDER
- ☐ WIDE-ANGLE lens
- ☐ ZOOM lens

H	F	L	A	S	H	W	O	P	U	I	N	U	C	P
E	V	I	E	W	F	I	N	D	E	R	E	M	I	T
D	A	S	L	V	F	P	O	R	T	R	A	I	T	T
N	N	L	Y	T	I	R	U	W	X	S	U	S	A	N
M	W	I	Y	R	E	T	T	A	B	C	C	S	M	S
O	F	D	W	F	R	R	A	F	I	S	P	U	O	V
S	N	E	L	E	T	W	M	G	T	E	I	C	T	I
T	R	E	P	N	R	L	I	E	E	O	P	O	U	G
T	X	A	I	E	I	F	X	D	L	N	H	F	A	D
T	N	R	G	F	P	P	V	N	E	S	A	C	R	F
H	P	A	R	G	O	T	O	H	P	A	Z	I	I	T
G	M	A	T	S	D	I	W	A	H	G	N	T	I	C
I	M	D	U	S	T	A	N	W	O	T	B	G	H	T
L	H	R	C	C	N	S	H	U	T	T	E	R	L	D
S	E	M	A	R	F	I	R	Z	O	O	M	M	G	E

157 FINISHING TOUCH 157

Furniture refinishing is an ideal way to restore a classic piece or give a dull piece a new look. If furniture refinishing is on your list of things to do, get in the creative spirit with this list.

- ☐ ANTIQUE
- ☐ BRUSH
- ☐ BUFF
- ☐ CABINET
- ☐ CHAIR
- ☐ CHEST
- ☐ COATS
- ☐ DESK
- ☐ ENAMEL
- ☐ FINISH
- ☐ GLOSS
- ☐ GLUE
- ☐ GRAIN
- ☐ LACQUER
- ☐ MINERAL spirits
- ☐ OIL
- ☐ PAINT
- ☐ PEEL
- ☐ POLISH
- ☐ PRIMER
- ☐ RESTORE
- ☐ RUB
- ☐ SAND
- ☐ SCRAPE
- ☐ SPRAY
- ☐ STAIN
- ☐ STEEL WOOL
- ☐ STOOL
- ☐ STRIP
- ☐ SURFACE
- ☐ TABLE
- ☐ THINNER
- ☐ TINT
- ☐ VARNISH
- ☐ VENEER
- ☐ WIPE
- ☐ WOOD

I	G	C	C	I	H	K	Y	U	F	R	Q	T	W	H
A	C	M	Y	D	S	I	G	R	A	I	N	T	B	B
A	T	P	R	E	S	T	O	R	E	N	N	I	H	T
Q	N	C	D	C	O	H	L	L	Y	M	L	I	E	K
H	I	T	H	W	S	A	S	I	F	O	I	N	S	V
S	T	A	I	N	C	S	P	I	O	B	I	R	E	H
U	I	B	B	Q	D	O	O	W	N	B	Q	N	P	Q
R	G	L	U	E	U	W	L	L	A	R	E	N	I	M
B	L	E	M	A	N	E	I	C	G	E	A	Q	R	S
G	R	C	E	M	E	L	S	P	R	A	Y	V	T	C
D	F	A	A	T	T	W	H	F	E	T	A	O	S	D
Y	O	F	S	A	D	L	M	E	N	N	O	T	E	Q
B	U	R	U	N	I	E	T	I	U	L	A	Q	H	P
M	D	U	A	B	V	E	A	B	D	O	H	D	C	B
U	R	S	C	R	A	P	E	K	C	O	P	P	U	F

158 POTLUCK 158

A casserole is any food baked in a dish or pot made of glass, cast iron, aluminum, or earthenware. Casseroles became popular in America in the 20th century as quick, easy-to-prepare, one-dish meals.

- ☐ BAKE
- ☐ BASIC
- ☐ BEEF
- ☐ BOWL
- ☐ BREAD crumbs
- ☐ CELERY
- ☐ CHEESE
- ☐ CHICKEN
- ☐ CHOPPED
- ☐ COMBINE
- ☐ COOK
- ☐ COVER
- ☐ DISH
- ☐ FLAVOR
- ☐ FOOD
- ☐ GARLIC
- ☐ GLASS
- ☐ HEAT
- ☐ LASAGNA
- ☐ MACARONI
- ☐ MEAL
- ☐ MEAT
- ☐ MIXED
- ☐ MUSHROOM
- ☐ ONION
- ☐ OVEN
- ☐ PARSLEY
- ☐ PASTA
- ☐ PEPPER
- ☐ PIMIENTO
- ☐ RECIPE
- ☐ RICE
- ☐ SALT
- ☐ SAUCE
- ☐ SEASONING
- ☐ SKILLET
- ☐ SLICE
- ☐ SOUP
- ☐ SPINACH
- ☐ STIR
- ☐ TASTE
- ☐ TOMATO
- ☐ TUNA

X	M	K	B	P	B	O	W	L	C	T	M	G	D	O
T	F	T	Y	R	E	L	E	C	A	H	S	I	D	V
O	L	R	E	P	P	E	P	E	B	M	E	A	L	E
L	O	A	L	L	O	A	H	A	D	K	C	E	T	N
B	D	K	S	L	L	G	S	E	F	G	U	S	S	D
S	T	I	R	A	S	I	X	T	N	N	A	S	F	E
T	N	M	A	S	C	I	K	I	A	T	S	L	N	P
V	A	O	P	A	M	K	N	S	T	G	A	I	M	P
B	N	E	I	G	F	O	O	D	A	V	B	C	R	O
I	A	X	M	N	S	O	O	R	O	M	P	E	P	H
M	D	K	I	A	O	C	L	R	O	A	C	U	E	C
F	R	N	E	K	C	I	H	C	H	I	O	H	M	F
I	I	S	N	H	C	A	N	I	P	S	S	A	L	G
L	C	O	T	A	M	O	T	E	U	T	U	N	A	B
R	E	V	O	C	I	N	O	R	A	C	A	M	X	U

159 SIGNS OF THE TIMES 159

Roadside billboards are familiar sights to most of us, especially on long trips. But one place you won't see any is in the state of Vermont, where they are prohibited by law!

- ☐ ADVERTISE
- ☐ ADVICE
- ☐ ATTRACT
- ☐ BUILDING
- ☐ BUSINESS
- ☐ CITY
- ☐ CLEAR
- ☐ COLORFUL
- ☐ COMPANY
- ☐ DEPICT
- ☐ DIRECTIONS
- ☐ FLAT
- ☐ FRAME
- ☐ IMAGE
- ☐ INFORM
- ☐ LARGE
- ☐ LIGHTS
- ☐ LOCATION
- ☐ MESSAGE
- ☐ NAME
- ☐ NOTICE
- ☐ PAINT
- ☐ POSTED
- ☐ PRODUCT
- ☐ PUBLIC
- ☐ READ
- ☐ RENT
- ☐ SALE
- ☐ SECTION
- ☐ SEEN
- ☐ SIGN
- ☐ SITE
- ☐ SIZE
- ☐ SPACE
- ☐ STREET
- ☐ TALL
- ☐ TELL
- ☐ VISUAL
- ☐ WIDE
- ☐ WORDS

T	N	U	E	O	S	R	D	P	O	T	L	I	R	W
E	S	G	D	D	S	M	A	M	E	A	M	E	I	O
A	D	V	I	C	E	I	E	E	U	A	N	B	V	A
S	R	F	W	S	N	P	R	S	G	T	O	H	Y	L
P	O	L	S	T	I	T	I	E	I	T	I	P	C	A
A	W	A	L	N	S	V	M	C	E	R	T	R	I	U
C	G	T	F	A	U	N	O	I	T	A	C	O	L	T
E	D	O	L	L	B	C	O	N	I	C	E	D	B	C
A	R	E	L	R	U	E	O	I	S	T	S	U	U	O
M	M	A	Y	T	I	C	C	L	T	P	M	C	P	M
S	T	H	G	I	L	L	E	I	O	C	F	T	P	P
P	O	S	T	E	D	E	S	I	T	R	E	V	D	A
Y	B	E	R	H	I	A	U	L	A	O	F	R	R	N
U	L	S	E	E	N	R	E	M	A	N	N	U	I	Y
L	A	L	A	R	G	E	E	Z	I	S	V	C	L	D

160 LIBERTY FLAGS 160

Early colonial flags were based on the British Union Jack. In 1777, the 13 stars and stripes design was adopted as the official flag, but the exact layout was not determined until 1912 when the format as we know it today was standardized by President Taft. Listed below are names of early American Liberty flags.

☐ ANDROS
☐ Star-Spangled BANNER
☐ BEDFORD
☐ BENNINGTON
☐ BUNKER Hill
☐ CABOT
☐ CHAMPLAIN
☐ CIVIL War
☐ COLUMBUS
☐ CROMWELL
☐ CULPEPER
☐ ENDICOTT
☐ ENGLISH
☐ ENSIGN
☐ ERICKSON
☐ ERIE
☐ ESCUTCHEON
☐ FORT Moultrie
☐ FRANKLIN
☐ FREMONT
☐ FRENCH
☐ GADSEN
☐ HUDSON
☐ Navy JACK
☐ JONES
☐ LIBERTY Tree
☐ MAYFLOWER
☐ MERCHANT
☐ NAPOLEON
☐ NAVY
☐ OLD GLORY
☐ PERRY
☐ ROYAL
☐ Stars and STRIPES
☐ STUART
☐ SWEDEN
☐ TAUNTON
☐ THIRD Maryland
☐ Three County TROUP
☐ Grand UNION
☐ YACHT

160 LIBERTY FLAGS 160

Y	L	U	K	K	F	N	P	C	L	P	Y	C	F	O	H	K	U
U	A	A	C	C	K	O	E	F	I	N	S	T	U	A	R	T	G
N	S	C	N	A	V	Y	O	D	B	E	R	N	E	S	D	A	G
M	B	L	H	J	B	U	N	K	E	R	M	O	R	L	T	N	F
O	N	A	Y	T	R	O	U	P	R	W	M	M	I	C	L	O	P
W	O	Y	S	W	U	N	T	N	T	H	S	E	C	U	T	E	O
R	S	O	L	D	G	L	O	R	Y	Y	F	R	K	L	D	H	E
F	D	R	O	F	D	E	B	T	E	H	O	F	S	P	L	C	A
H	U	N	O	C	L	A	A	N	G	M	C	P	O	E	S	T	R
N	H	L	I	O	N	U	D	O	W	N	Y	N	N	P	M	U	U
I	O	V	P	N	N	I	C	E	U	E	I	R	E	E	W	C	G
A	I	A	E	T	C	A	L	O	I	A	C	N	R	R	S	S	S
L	N	R	O	O	N	L	W	K	L	T	C	C	N	E	F	E	W
P	F	N	T	D	F	N	O	I	N	U	H	E	P	E	P	N	G
M	S	T	R	E	W	O	L	F	Y	A	M	I	D	T	B	S	O
A	R	O	K	R	O	B	R	R	N	M	R	B	R	F	K	I	P
H	S	I	L	G	N	E	W	T	F	T	N	F	U	D	M	G	I
C	U	T	N	N	C	P	K	B	S	J	O	N	E	S	F	N	F

161 FROG TALES 161

Kermit the Frog was an early creation in muppeteer Jim Henson's muppet empire. The lovable character was introduced on a late-night music-comedy show in Washington, D.C. and remains one of the most popular characters in the muppet clan.

- ☐ BERT
- ☐ Big BIRD
- ☐ "The Great Muppet CAPER"
- ☐ CHILDREN
- ☐ CLOTHES
- ☐ COOKIE Monster
- ☐ CUTE
- ☐ DANCES
- ☐ DELIGHT
- ☐ EDUCATIONAL
- ☐ ERNIE
- ☐ Bulging EYES
- ☐ Webbed FEET
- ☐ FOZZIE Bear
- ☐ FROG
- ☐ FUNNY
- ☐ "It's Not Easy Being GREEN"
- ☐ GROVER
- ☐ HANDS
- ☐ Jim HENSON
- ☐ HERO
- ☐ KIDS
- ☐ LEGS
- ☐ LOVABLE
- ☐ "The Muppets Take MANHATTAN"
- ☐ "The Muppet MOVIE"
- ☐ MUPPETS
- ☐ PALMARY
- ☐ PALMIPED
- ☐ PALS
- ☐ Miss PIGGY
- ☐ POPULAR
- ☐ "SESAME Street"
- ☐ SHORT
- ☐ "The Muppet SHOW"
- ☐ SING
- ☐ TALK
- ☐ TELEVISION
- ☐ THEME song
- ☐ VOICE

```
B N Z E E N Y D N R T S D I K
E E Y L O R N E I V O M A A D
T Z R V G F N P I G G Y S L G
U S A T S O U I D N A H M N C
C G M N C Z F M E N O P I A D
H E L P O Z M L T W E S P A O
I L A N O I T A C U D E N K R
L B P L K E S P N T R C R E E
D A D R I B O I H H E L K G H
R V K P E P G G V S A O L O A
E O A F U O I O E E S T A L N
N L I L R L I S C Y L H T L D
S T A F E C A T H E M E O A S
P R R D E M U P P E T S T R N
R A S F E E T F R E V O R G T
```

162 SHOWER TO SHOWER 162

Baby showers are joyful parties where all the guests join to shower the mother-to-be with good wishes and gifts. Get inspired with gift ideas for your next baby shower with the help of the list below.

- ☐ Stuffed ANIMAL
- ☐ Diaper BAG
- ☐ Teddy BEAR
- ☐ BIBS
- ☐ BLANKET
- ☐ BONNET
- ☐ Baby BOOK
- ☐ BOOTIES
- ☐ BOTTLES
- ☐ CAR SEAT
- ☐ CRAWLERS
- ☐ CRIB sheet
- ☐ Silver CUP
- ☐ DIAPERS
- ☐ DISH
- ☐ DRESS
- ☐ FEEDING set
- ☐ HAT
- ☐ KIMONO
- ☐ LAMP
- ☐ LAP PAD
- ☐ LOTION
- ☐ MOBILE
- ☐ Rubber PANTS
- ☐ PILLOW
- ☐ PINS
- ☐ POWDER
- ☐ QUILT
- ☐ RATTLE
- ☐ SCALE
- ☐ SHOES
- ☐ SLEEPER
- ☐ SOAP
- ☐ SWEATER
- ☐ SWING
- ☐ TOWEL
- ☐ TOY
- ☐ UNDERSHIRT
- ☐ WASHCLOTH

S	S	L	E	W	O	T	M	B	G	A	B	R	F	N
E	O	A	M	P	E	L	O	T	I	O	N	E	Q	M
I	A	H	T	K	M	N	B	Y	T	B	E	D	A	B
T	P	I	N	S	N	A	I	T	K	D	S	W	O	R
O	R	A	W	E	W	O	L	L	I	P	W	O	C	A
O	L	I	T	A	H	E	E	N	M	C	K	P	R	W
B	N	H	H	P	S	N	G	S	O	A	Q	A	A	P
G	R	E	E	S	Q	H	R	I	N	R	U	N	W	U
I	R	L	K	W	R	E	C	D	O	S	I	T	L	S
D	F	A	R	E	P	E	E	L	S	E	L	S	E	D
K	I	C	T	A	U	R	D	B	O	A	T	O	R	W
D	K	S	I	T	C	P	I	N	P	T	H	O	S	N
E	W	D	H	E	L	R	U	P	U	S	H	O	E	P
U	P	D	B	R	C	E	A	N	I	M	A	L	H	U
N	U	H	R	D	U	D	R	E	S	S	N	T	R	Q

163 THE REAL THING 163

"Realtor" is a trademark name that refers to a person in the real-estate business who is a member of the National Association of Realtors. You'll sound like a real-estate expert with these terms associated with real estate.

- ☐ AGENT
- ☐ AMORTIZATION
- ☐ APPRAISER
- ☐ Public AUCTION
- ☐ BINDER
- ☐ BROKER
- ☐ BUILDER
- ☐ CLOSING
- ☐ CODE
- ☐ COMMISSION
- ☐ DEED
- ☐ DEFAULT
- ☐ DEPRECIATION
- ☐ EQUITY
- ☐ ESTATE
- ☐ FINANCING
- ☐ INCOME
- ☐ INTEREST
- ☐ LAYOUT
- ☐ LEASE
- ☐ LIEN
- ☐ LISTING
- ☐ Mortgage LOAN
- ☐ MARKET
- ☐ MORTGAGE
- ☐ PLAN
- ☐ PLOT
- ☐ PRICE
- ☐ Industrial PROPERTY
- ☐ REALTOR
- ☐ RENTAL
- ☐ Title SEARCH
- ☐ SURVEY
- ☐ TENANT
- ☐ TITLE

A	Q	G	N	I	T	S	I	L	A	Y	O	U	T	N
M	L	M	F	O	L	T	O	I	D	P	P	L	O	T
O	A	S	T	I	I	A	N	E	N	M	X	I	V	G
R	T	U	N	T	N	S	F	A	U	C	T	I	O	N
T	N	R	E	E	E	A	S	B	N	A	O	X	L	I
I	E	V	G	R	U	K	N	I	I	E	Y	M	I	S
Z	R	E	A	L	T	O	R	C	M	N	T	Y	E	O
A	E	Y	T	I	P	T	E	A	I	M	D	D	N	L
T	S	S	D	N	I	R	K	G	M	N	O	E	G	C
I	I	N	A	T	P	O	O	M	A	E	G	C	R	S
O	A	I	L	E	C	I	R	P	Q	G	M	I	E	L
N	R	E	D	R	L	H	B	U	E	S	T	A	T	E
Z	P	U	R	E	D	L	I	U	B	R	R	R	P	A
T	P	Z	B	S	E	T	E	D	O	C	T	I	O	Q
N	A	L	P	T	Y	D	Y	G	H	Q	F	Y	Z	M

164 NUMBER SEEK 164

Solve this puzzle by seeking numbers instead of letters.

- ☐ 07495
- ☐ 08916
- ☐ 11144
- ☐ 20649
- ☐ 24331
- ☐ 24518
- ☐ 24568
- ☐ 25954
- ☐ 28138
- ☐ 28151
- ☐ 29058
- ☐ 29466
- ☐ 31095
- ☐ 31184
- ☐ 31229
- ☐ 33030
- ☐ 34418
- ☐ 36469
- ☐ 40161
- ☐ 40694
- ☐ 41538
- ☐ 44699
- ☐ 45647
- ☐ 48349
- ☐ 51609
- ☐ 51719
- ☐ 51726
- ☐ 51769
- ☐ 51802
- ☐ 52657
- ☐ 52823
- ☐ 55511
- ☐ 61043
- ☐ 61507
- ☐ 63297
- ☐ 65725
- ☐ 67482
- ☐ 69255
- ☐ 76128
- ☐ 84088
- ☐ 84618
- ☐ 85741
- ☐ 86059
- ☐ 90437
- ☐ 93305
- ☐ 94990
- ☐ 96267
- ☐ 97272
- ☐ 98425
- ☐ 98464

4	3	2	7	3	4	0	9	4	7	6	5	4	6	3
8	0	6	6	0	3	4	0	1	6	5	1	4	6	7
3	3	6	2	3	2	8	2	5	1	7	1	9	7	8
4	7	5	6	2	5	1	8	0	2	1	2	6	8	5
9	0	5	9	3	9	2	4	3	8	5	4	0	0	0
5	5	3	5	2	4	4	7	3	5	0	4	4	4	9
1	1	2	0	5	4	4	6	9	1	8	4	6	1	8
7	6	6	6	3	1	4	1	6	5	6	4	9	3	0
6	4	8	8	2	3	1	1	8	9	8	5	0	9	2
9	2	2	4	2	7	2	7	9	9	3	0	2	7	9
7	8	5	3	8	9	1	4	8	6	2	2	9	5	6
7	1	5	1	2	5	9	5	4	6	1	2	9	9	5
8	3	5	1	4	9	7	6	2	3	3	0	8	6	7
9	8	4	8	0	0	9	4	5	6	1	5	1	8	2
0	7	2	4	3	3	1	7	1	3	0	7	4	9	5

165 CRANE TRACKS 165

Cranes and derricks are closely related hoisting machines. But unlike derricks, most cranes can move under their own power, whereas derricks are often stationary.

- ☐ ALOFT
- ☐ Wrecking BALL
- ☐ BOOM
- ☐ BULKY
- ☐ CAB
- ☐ CAPSTAN
- ☐ CARRY
- ☐ CONSTRUCTION
- ☐ DERRICK
- ☐ DEVICE
- ☐ DRIVER
- ☐ DURABLE
- ☐ ENGINE
- ☐ FIRM
- ☐ FUNCTION
- ☐ HANG
- ☐ HEAVY
- ☐ HOIST
- ☐ HOLD
- ☐ JOBS
- ☐ LARGE
- ☐ LIFT
- ☐ LOWER
- ☐ MACHINE
- ☐ MOVING
- ☐ NOISY
- ☐ OPERATOR
- ☐ POSITION
- ☐ PULLEY
- ☐ RAISE
- ☐ ROOF
- ☐ SHIP
- ☐ STURDY
- ☐ SWING
- ☐ TALL
- ☐ UPRIGHT
- ☐ WEIGHT
- ☐ WINCH
- ☐ WINDLASS
- ☐ WORK

F	F	R	G	N	A	H	O	I	S	T	W	O	R	K
S	N	L	E	N	D	R	N	M	F	C	I	D	R	U
H	T	T	O	G	A	O	C	O	A	B	N	E	L	E
I	O	H	H	W	R	T	L	B	E	C	C	R	T	N
P	V	L	G	G	E	A	S	S	L	K	H	R	O	I
D	O	T	D	I	I	R	L	P	B	S	W	I	N	G
H	E	S	I	A	R	E	B	L	A	O	T	C	N	N
R	E	V	I	R	D	P	W	S	R	C	J	K	F	E
E	K	A	I	T	A	O	U	B	U	N	T	U	L	V
E	E	O	V	C	I	N	O	R	D	A	N	L	I	P
C	A	R	R	Y	E	O	T	T	L	C	A	F	U	B
C	Y	F	I	R	M	S	N	L	T	B	U	L	K	Y
U	Y	S	I	O	N	B	W	I	N	D	L	A	S	S
G	N	I	V	O	M	L	O	F	V	E	C	F	M	S
D	H	R	C	F	H	N	U	T	Y	D	R	U	T	S

166 CAFE KLATCH 166

The earliest known restaurant was opened in 1725 in Calle de Cuchilleros 17, Madrid. The artist Francisco de Goya worked there as a dishwasher in 1765 when he was 19. Words of 4 or more letters that are associated with restaurants are hidden in the diagram. One entry has been looped for you. The word list is given on page 506.

B ANQUET	H ______	P ______
B ______	I ______	R ______
B ______	J ______	S ______
B ______	K ______	T ______
B ______	L ______	W ______
C ______	M ______	W ______
C ______	N ______	W ______
C ______		
C ______		
C ______		
C ______		
C ______		
C ______		
C ______		
D ______		
D ______		
D ______		
D ______		
D ______		
E ______		
E ______		
F ______		
F ______		
F ______		
G ______		

```
B N S N O O P S B Y T R A P K
Y A K D A E F A C R O U O I O
D I N E R I N L M E V B T N O
F N I S S Q L U N T O C S D C
R C R S U K S A T A H C N U L
E R D E L I C A T E S S E N B
N I T R C S B W N I K P A N T
C T C T J L S C U I S I N E S
H I A H E C R E T I A W G S A
E C N O I T A V R E S E R E F
F P D H D N H S B T W I I N K
O Y L R T O E C H A I R L A A
R H E M S E O S P I N A L P E
K E N T B U F F E T E U W A R
N R E N N I D B I S T R O J B
```

167 FABULOUS PHILLY 167

Philadelphia's chief historic area centers around the 22-acre Independence National Historical Park. Within the area is the Betsy Ross House on Arch Street and the brick houses of the early 1700s that line Elfreth's Alley. Tour Philadelphia in Word Seek style with this puzzle about the city's tourist attractions.

- ☐ Elfreth's ALLEY
- ☐ ARMY-Navy Museum
- ☐ Philadelphia Museum of ART
- ☐ Liberty BELL Pavilion
- ☐ The BOURSE
- ☐ CHINESE Cultural Center
- ☐ CHRIST Church
- ☐ Old CITY Hall
- ☐ CIVIL War Library & Museum
- ☐ CONGRESS Hall
- ☐ FIREMAN'S Hall
- ☐ FRANKLIN Court
- ☐ Carpenters' HALL
- ☐ HEAD House Square
- ☐ INDEPENDENCE Hall
- ☐ Atwater KENT Museum
- ☐ Philadelphia MARITIME Museum
- ☐ MUMMERS Museum
- ☐ Academy of MUSIC
- ☐ NORMAN Rockwell Museum
- ☐ PENN'S Landing
- ☐ PERELMAN Antique Toy Museum
- ☐ Edgar Allan POE National Historic Site
- ☐ PORT of History Museum
- ☐ POWEL House
- ☐ RODIN Museum
- ☐ ROSENBACH Museum & Library
- ☐ Betsy ROSS House
- ☐ Academy of Natural SCIENCES
- ☐ Independence SQUARE
- ☐ City TAVERN
- ☐ Please TOUCH Museum
- ☐ U.S. MINT

E	L	L	A	H	N	S	I	P	E	N	N	S	L	E
R	S	G	N	O	O	S	Q	R	O	D	I	N	C	V
S	S	E	R	G	N	O	C	L	H	W	S	N	H	O
V	H	M	E	O	M	R	P	Q	H	C	E	H	R	Q
B	A	D	V	B	S	E	H	Y	I	D	U	L	I	Q
N	E	Y	A	E	R	E	E	E	N	L	E	O	S	R
U	T	L	T	E	B	L	N	E	A	K	L	Y	T	H
L	S	Y	L	O	L	C	P	B	M	D	T	E	P	C
H	A	M	U	A	E	E	S	N	A	M	E	R	I	F
U	A	R	I	S	D	S	O	L	R	C	C	A	O	G
N	S	A	U	N	N	S	E	P	I	I	H	U	F	P
E	H	A	I	Q	T	K	E	N	T	V	H	Q	V	E
F	R	A	N	K	L	I	N	Y	I	H	I	S	R	E
Q	S	R	E	M	M	U	M	H	M	H	I	C	M	P
G	N	T	M	U	S	I	C	L	E	E	C	D	Q	R

168 SPOON-FULL 168

Spoon collecting is a popular hobby, with enthusiasts interested in antique patterns and commemorative designs depicting famous people, events, and cities.

- ☐ ANTIQUE
- ☐ BABY
- ☐ BOWL
- ☐ BOXED
- ☐ BUILDING
- ☐ CERAMIC
- ☐ CHARACTER
- ☐ CHARM
- ☐ CITY
- ☐ COLLECT
- ☐ COUNTRY
- ☐ DATED
- ☐ DROP
- ☐ ETCHED
- ☐ FILIGREE
- ☐ GOLD
- ☐ HANDLE
- ☐ HEART
- ☐ HEIRLOOM
- ☐ INITIAL
- ☐ NAMED
- ☐ NEW
- ☐ PATTERN
- ☐ PEWTER
- ☐ PICTURE
- ☐ PLATED
- ☐ PRESIDENT
- ☐ PRICE
- ☐ ROSE
- ☐ SETS
- ☐ SHOVEL
- ☐ SILVER
- ☐ SOUP spoon
- ☐ SOUVENIR
- ☐ STATE
- ☐ STEEL
- ☐ STERLING
- ☐ TILE
- ☐ TOWN
- ☐ WOODEN spoon

S	T	B	D	E	H	C	T	E	S	O	R	W	S	P
O	L	R	V	P	R	E	L	R	E	H	H	E	T	S
U	O	Y	R	T	N	U	O	C	E	L	D	N	A	H
P	C	I	T	Y	R	Q	T	A	R	V	E	X	T	D
F	C	Y	T	R	M	I	R	C	G	D	L	U	E	O
E	H	B	C	P	I	T	B	U	I	L	D	I	N	G
U	L	A	E	H	L	N	D	S	L	P	E	N	S	N
U	I	B	L	E	A	A	E	L	I	T	M	I	T	I
T	H	O	L	I	Q	R	T	V	F	S	A	T	E	L
O	S	X	O	R	P	H	A	E	U	H	N	I	E	R
W	T	E	C	L	L	E	D	C	D	O	D	A	L	E
N	E	D	O	O	W	R	W	D	T	V	S	L	D	T
A	S	L	W	O	B	P	A	T	T	E	R	N	O	S
P	P	C	I	M	A	R	E	C	E	L	R	M	D	G
O	I	Q	S	P	U	A	C	H	A	R	M	E	L	Q

169 THE MARKET PLACE 169

One of the world's most expensive vehicles to operate is a supermarket shopping cart!

- ☐ AISLE
- ☐ BAKERY
- ☐ BARGAIN
- ☐ BOXES
- ☐ BRAND
- ☐ BULK
- ☐ CART
- ☐ CASE
- ☐ CASHIER
- ☐ CHECKER
- ☐ COUPON
- ☐ DAIRY
- ☐ Courtesy DESK
- ☐ EXPRESS
- ☐ FLYER
- ☐ FRESH
- ☐ FROZEN
- ☐ FRUIT
- ☐ GROCERY
- ☐ LABEL
- ☐ LINE
- ☐ LIST
- ☐ MANAGER
- ☐ MEAT
- ☐ MONEY
- ☐ OPEN
- ☐ ORDER
- ☐ PRICE
- ☐ PRODUCE
- ☐ RECEIPT
- ☐ REGISTER
- ☐ SALE
- ☐ SAMPLE
- ☐ SAVE
- ☐ SCANNER
- ☐ SHELF
- ☐ SHOPPER
- ☐ SPECIAL
- ☐ STORE
- ☐ VEGETABLE

P	P	T	E	S	L	K	S	E	D	R	E	Y	L	F
M	R	S	S	T	M	G	B	N	L	E	F	S	L	K
F	G	I	A	O	F	O	A	A	M	C	L	P	C	G
F	R	L	C	R	X	R	B	F	O	E	E	R	H	R
O	F	E	O	E	B	E	B	R	N	I	H	O	E	E
P	P	Z	S	I	L	A	I	C	E	P	S	D	C	X
E	E	A	F	H	B	B	T	B	Y	T	P	U	K	P
N	L	N	R	S	K	B	A	K	E	R	Y	C	E	R
E	V	S	U	A	S	R	E	T	S	I	G	E	R	E
S	Y	R	I	C	G	C	M	R	E	P	P	O	H	S
C	A	R	T	A	O	S	A	V	E	G	R	V	B	S
N	L	M	I	U	C	M	A	N	A	G	E	R	U	N
R	M	N	P	A	P	K	N	E	N	I	L	V	L	S
S	K	O	G	L	D	V	O	R	D	E	R	P	K	X
G	N	D	P	H	E	G	R	O	C	E	R	Y	F	K

170 LITTLE RHODY 170

On May 4, 1776, Rhode Island became the first colony to declare its independence from Great Britain. Enjoy a tour of the cities in the smallest state in the Union with this Word Seek.

- ☐ ALTON
- ☐ ANTHONY
- ☐ ARCADIA
- ☐ ARCTIC
- ☐ ASHTON
- ☐ AUBURN
- ☐ BRISTOL
- ☐ Peace DALE
- ☐ ESMOND
- ☐ EXETER
- ☐ FOSTER
- ☐ GREEN Hill
- ☐ HARMONY
- ☐ HARRIS
- ☐ HOPE Valley
- ☐ HOXSIE
- ☐ Point JUDITH
- ☐ KENYON
- ☐ LINCOLN
- ☐ MOHEGAN
- ☐ NARRAGAN-SETT
- ☐ NATICK
- ☐ NEWPORT
- ☐ OAKLAND
- ☐ Island PARK
- ☐ PAWTUCKET
- ☐ POTTER Hill
- ☐ PROVIDENCE
- ☐ QUONSET Point
- ☐ White ROCK
- ☐ SUMMIT
- ☐ TIVERTON
- ☐ WARREN
- ☐ WARWICK
- ☐ WATCH Hill
- ☐ WESTERLY
- ☐ WYOMING

N	D	E	R	D	H	T	I	D	U	J	W	O	B	D
A	N	N	S	E	W	T	I	M	M	U	S	T	W	E
G	R	C	A	M	T	E	K	C	U	T	W	A	P	P
E	U	C	H	L	O	S	S	C	T	I	R	N	J	O
H	B	P	A	R	K	N	O	T	I	R	Q	T	W	H
O	U	N	R	D	U	A	D	F	E	T	D	H	A	O
M	A	O	M	B	I	G	O	N	I	R	A	O	R	X
T	K	T	O	R	T	A	G	V	G	U	L	N	W	S
H	E	H	N	I	P	R	E	N	M	R	E	Y	I	I
A	N	S	Y	S	P	R	O	V	I	D	E	N	C	E
R	Y	A	N	T	T	A	N	P	T	M	N	E	K	X
R	O	N	L	O	C	N	I	L	W	O	O	E	N	E
I	N	C	N	L	U	P	O	T	T	E	R	Y	V	T
S	V	K	K	A	G	Q	O	L	I	B	N	Q	W	E
C	I	T	C	R	A	W	A	T	C	H	X	R	W	R

171 GARDEN SPOTS 171

This puzzle won't promise you a rose garden, but it will point you in the direction of beautiful blossoms. Listed below are places where flowers are found.

- ☐ ARBOR
- ☐ BASKET
- ☐ BOUQUET
- ☐ BOWER
- ☐ BOWL
- ☐ BUNCH
- ☐ BUSH
- ☐ CHURCH
- ☐ CORSAGE
- ☐ DESERT
- ☐ DISPLAY
- ☐ FIELD
- ☐ FLORIST
- ☐ FOREST
- ☐ FOYER
- ☐ GARDEN
- ☐ GARLAND
- ☐ GLASS
- ☐ HAT
- ☐ HOSPITAL
- ☐ LAPEL
- ☐ LEIS
- ☐ NOSEGAY
- ☐ NURSERY
- ☐ PAINTING
- ☐ PICTURE
- ☐ PLANTER
- ☐ POND
- ☐ POT
- ☐ SEASIDE
- ☐ SHOP
- ☐ STEM
- ☐ TABLE
- ☐ URN
- ☐ VASE
- ☐ VINE
- ☐ WEDDING
- ☐ WREATH
- ☐ YARD

U	B	T	B	B	B	A	S	K	E	T	A	K	Q	H
B	D	R	A	Y	F	E	T	W	Q	B	O	W	E	R
O	O	E	F	O	A	O	E	N	B	V	F	G	G	Q
Q	N	S	R	S	P	U	M	D	F	O	E	A	A	C
G	O	E	I	G	L	A	S	S	Y	H	L	R	S	V
Y	S	D	E	N	U	R	S	E	R	Y	B	D	R	P
T	E	P	A	I	P	W	R	T	H	U	A	E	O	L
L	G	I	Q	T	S	I	R	O	L	F	T	N	C	W
V	A	C	G	N	I	D	D	E	W	N	D	I	H	O
N	Y	T	U	I	V	I	P	N	A	B	C	V	Q	B
Q	L	U	I	A	S	A	U	L	A	T	P	R	C	U
Q	L	R	S	P	L	R	P	S	N	L	H	R	V	N
F	I	E	L	D	S	B	H	R	H	C	R	U	H	C
P	Q	A	I	F	B	O	U	Q	U	E	T	A	H	H
C	Y	E	D	S	P	R	H	S	U	B	Y	W	G	L

172 CLASSY CHASSIS 172

If classic cars are your passion, get your thoughts in gear with this puzzle featuring words associated with autos from long ago.

- ☐ ALFA Romeo
- ☐ ANTIQUE
- ☐ BENTLEY
- ☐ BOILER
- ☐ BRASS
- ☐ CLUBS
- ☐ COLLECT
- ☐ COLOR
- ☐ CONVERTIBLE
- ☐ COUPE
- ☐ CRANK
- ☐ CUSTOM
- ☐ DOOR
- ☐ EDSEL
- ☐ ENGINE
- ☐ FOREIGN
- ☐ GAS
- ☐ HARDTOP
- ☐ HOBBY
- ☐ HUDSON
- ☐ INVEST
- ☐ JAGUAR
- ☐ KAISER
- ☐ MODEL A
- ☐ MODEL T
- ☐ PACKARD
- ☐ RACER
- ☐ RARE
- ☐ REO
- ☐ RESTORE
- ☐ ROADSTER
- ☐ RUMBLE seat
- ☐ SEAT
- ☐ SEDAN
- ☐ Twin SIX
- ☐ STUDEBAKER
- ☐ STUTZ Bearcat
- ☐ STYLE
- ☐ TIRE
- ☐ TUCKER
- ☐ VALUE
- ☐ VINTAGE

V	A	L	E	D	O	M	S	T	U	T	Z	U	C	U
S	R	D	X	L	J	U	E	Y	C	P	A	F	L	A
A	T	E	I	P	L	B	A	H	O	R	A	C	E	R
C	C	U	S	F	O	E	T	R	U	M	B	L	E	A
R	O	O	D	I	O	T	M	L	P	D	G	T	N	U
A	L	L	L	E	A	R	D	O	E	J	S	G	I	G
N	O	E	L	U	B	K	E	R	T	D	A	O	G	A
K	R	D	U	E	R	A	R	I	A	S	O	D	N	J
G	B	S	F	Q	C	V	K	O	G	H	U	M	E	M
S	C	E	L	B	I	T	R	E	V	N	O	C	S	B
S	B	L	N	N	T	T	J	E	R	O	T	S	E	R
T	B	U	T	T	M	I	N	V	E	S	T	B	D	A
Y	D	A	L	C	L	D	R	A	K	C	A	P	A	S
L	G	T	U	C	K	E	R	E	J	I	C	S	N	S
E	U	L	A	V	O	A	Y	B	B	O	H	E	X	D

173 IF I WERE KING 173

Macbeth took the throne of Scotland in 1040 and ruled until his demise at Lumphanan in 1057. The Shakespearean play "Macbeth" draws heavily from the accounts given in Raphael Holinshed's "Chronicle of Scottish History" to give a fictionalized account of the king's rise and fall.

- ☐ BANQUO
- ☐ BRITISH
- ☐ CASTLE
- ☐ CAULDRON
- ☐ DAGGER
- ☐ DANCER
- ☐ DRAMA
- ☐ DUNCAN
- ☐ ESCAPE
- ☐ GENERAL
- ☐ GHOST
- ☐ GLAMIS
- ☐ GODDESS
- ☐ GUARD
- ☐ HALL
- ☐ HEATH
- ☐ HECATE
- ☐ KING
- ☐ LADY Macbeth
- ☐ MACDUFF
- ☐ MALCOLM
- ☐ MURDER
- ☐ MUSIC
- ☐ NOBLE
- ☐ OPERA
- ☐ PEASANT
- ☐ PHYSICIAN
- ☐ PLOT
- ☐ SCOTLAND
- ☐ SERVANT
- ☐ SHAKESPEARE
- ☐ SOLDIER
- ☐ Drinking SONG
- ☐ SPIRIT
- ☐ STORY
- ☐ THRONE
- ☐ TITLE
- ☐ VERDI
- ☐ WITCH
- ☐ Birnam WOOD

S	T	O	R	Y	N	L	K	O	T	Y	S	C	K	E
M	P	N	S	S	T	V	U	G	D	H	C	I	I	D
U	L	M	A	S	O	Q	S	A	M	A	R	D	N	A
S	O	O	O	S	N	L	L	E	S	G	E	O	G	N
I	T	H	C	A	A	M	D	T	R	L	G	W	N	C
C	G	K	B	L	H	E	L	I	G	V	G	E	O	E
N	N	E	E	R	A	E	P	S	E	K	A	H	S	R
A	T	W	N	S	I	M	A	L	G	R	D	N	E	V
I	K	I	O	E	U	T	M	T	N	G	N	O	T	N
C	O	D	R	R	R	A	I	A	H	U	A	B	A	M
I	P	R	D	I	C	A	C	S	H	A	L	L	C	P
S	E	E	L	D	P	N	L	B	H	R	T	E	E	U
Y	R	V	U	Q	U	S	S	E	D	D	O	G	H	L
H	A	F	A	D	T	I	T	L	E	S	C	A	P	E
P	F	H	C	T	I	W	O	O	D	P	S	K	I	N

174 NUMBER SEEK 174

Solve this puzzle by seeking numbers instead of letters.

- ☐ 06061
- ☐ 08599
- ☐ 08635
- ☐ 10603
- ☐ 11196
- ☐ 13975
- ☐ 14854
- ☐ 15708
- ☐ 16768
- ☐ 18873
- ☐ 24239
- ☐ 25014
- ☐ 28365
- ☐ 34437
- ☐ 42624
- ☐ 44292
- ☐ 44467
- ☐ 46433
- ☐ 47218
- ☐ 47271
- ☐ 49222
- ☐ 50197
- ☐ 51185
- ☐ 52146
- ☐ 55354
- ☐ 58523
- ☐ 59125
- ☐ 60011
- ☐ 68238
- ☐ 68454
- ☐ 68688
- ☐ 70108
- ☐ 74397
- ☐ 76312
- ☐ 77026
- ☐ 77813
- ☐ 77899
- ☐ 79082
- ☐ 81796
- ☐ 82078
- ☐ 82239
- ☐ 83774
- ☐ 84856
- ☐ 85425
- ☐ 87025
- ☐ 90987
- ☐ 93661
- ☐ 95958
- ☐ 97441
- ☐ 99341

8	0	3	7	1	5	7	0	8	1	2	7	4	2	1
0	3	0	7	0	1	4	7	8	9	0	9	2	9	7
8	4	7	9	8	1	7	9	6	9	7	1	7	9	2
3	5	6	7	4	8	0	5	8	4	3	9	1	8	7
2	8	9	4	4	5	1	8	6	6	4	0	5	7	4
8	6	7	5	3	1	8	7	7	3	5	4	5	7	6
6	9	4	0	9	3	6	6	1	3	8	5	3	0	2
2	1	3	2	2	4	8	2	0	7	8	2	5	2	8
4	1	1	2	6	5	8	4	8	1	7	9	4	6	0
2	1	6	9	2	5	1	2	6	4	1	4	3	9	9
3	0	0	4	4	8	3	4	3	2	1	6	1	4	7
9	0	6	5	1	5	9	9	5	8	0	5	7	2	6
1	6	0	2	2	2	7	7	6	8	4	5	4	6	6
4	4	2	9	2	3	5	7	3	4	4	3	4	2	8
8	5	4	2	5	6	9	3	0	6	0	1	7	4	1

175 YEAR'S TWILIGHT 175

"The falling leaves drift by the window, the autumn leaves of red and gold," in the words of the song, "Autumn Leaves." Salute the season of hayrides, Thanksgiving, and gorgeous foliage with this puzzle about autumn.

- ☐ APPLE
- ☐ AUTUMN
- ☐ BONFIRE
- ☐ BRISK
- ☐ BROWN
- ☐ CAMP
- ☐ CHANGE
- ☐ CIDER
- ☐ COAT
- ☐ COLOR
- ☐ COOL
- ☐ ELECTION
- ☐ FALL
- ☐ FISHING
- ☐ FOOTBALL
- ☐ FROST
- ☐ GAME
- ☐ GLOVES
- ☐ HALLOW-EEN
- ☐ HARVEST
- ☐ HAYRIDE
- ☐ HOME-COMING
- ☐ HUNT
- ☐ KITE
- ☐ LABOR Day
- ☐ LEAVES
- ☐ ORANGE
- ☐ PARADE
- ☐ PRETTY
- ☐ PUMPKIN
- ☐ RAKE
- ☐ SCHOOL
- ☐ SEASON
- ☐ World SERIES
- ☐ SOCCER
- ☐ SWEATER
- ☐ THANKSGIVING
- ☐ TRICK or treat
- ☐ TURKEY

E	L	P	P	A	T	U	C	I	V	S	M	F	C	H
E	E	I	A	F	H	F	M	I	E	R	U	S	O	W
E	D	I	R	Y	A	H	S	I	D	P	W	G	A	Y
O	N	O	A	A	N	L	R	E	U	E	N	R	T	E
N	S	G	D	L	K	E	L	M	A	I	R	T	Y	K
T	E	A	E	O	S	E	P	T	H	S	E	H	W	R
N	V	M	N	R	G	K	E	S	B	R	O	W	N	U
E	O	E	M	A	I	R	I	L	P	M	N	N	L	T
E	L	O	U	N	V	F	E	S	E	V	A	E	L	H
W	G	H	T	G	I	L	N	C	R	C	L	B	A	U
O	R	N	U	E	N	L	O	O	C	A	T	R	B	N
L	E	L	A	P	G	M	L	O	B	O	V	I	T	T
L	Y	T	M	H	I	O	S	O	H	E	S	S	O	T
A	M	A	I	N	C	G	R	W	S	C	D	K	O	N
H	C	U	G	K	C	I	R	T	D	E	S	F	F	U

176 T FOR TWO 176

T off in style with this Word Seek whose entries of 4 or more letters contain two T's. We have looped one entry to start your list. The word list is given on page 509.

A <u>TTUNE</u>
B ________
B ________
C ________
C ________
D ________
D ________
E ________
F ________
I ________
I ________
I ________
K ________
L ________
M ________
O ________
O ________
P ________
P ________
P ________
P ________
P ________
Q ________
R ________
R ________
S ________
S ________
S ________
S ________
S ________
T ________
T ________
T ________
T ________
T ________
U ________
W ________

F	S	T	I	T	C	H	Q	A	K	E	T	T	L	E
U	E	C	L	C	L	U	T	T	E	R	A	A	N	Y
S	T	T	U	P	I	N	S	T	A	N	T	U	P	O
L	T	T	E	T	A	T	I	M	I	M	T	B	U	U
P	E	I	T	P	T	R	S	T	F	T	P	T	P	T
C	E	E	L	A	A	L	D	A	A	O	S	C	S	L
T	R	I	N	T	E	R	E	S	T	E	O	C	T	E
P	A	A	C	T	P	T	S	T	T	N	R	B	A	T
R	D	H	T	E	S	L	E	H	F	T	A	T	T	A
E	E	E	T	R	C	R	A	E	U	I	O	F	E	E
T	N	T	N	N	Y	U	T	T	N	T	R	O	T	R
T	M	O	T	T	O	T	T	S	T	L	T	P	T	H
Y	B	F	B	E	I	C	U	T	C	E	T	E	D	T
E	L	T	T	O	B	S	K	T	E	K	R	K	R	F
U	H	U	W	R	I	T	T	E	N	L	Q	K	I	K

177 MISSING VOWELS 177

Before you can loop the words in the list below, you must first fill in the circles in the diagram with the missing vowels A, E, I, O, and U. We have filled in one entry for you.

- ☑ ABUSE
- ☐ ACTION
- ☐ BRACKET
- ☐ CHANGE
- ☐ CHARGE
- ☐ CHORE
- ☐ CLEAN
- ☐ EDITOR
- ☐ EMOTION
- ☐ EMPTY
- ☐ ENGINE
- ☐ ERROR
- ☐ EXCITE
- ☐ FACET
- ☐ FAULT
- ☐ FIELD
- ☐ GRAVEL
- ☐ GRIPE
- ☐ HABIT
- ☐ HERBAL
- ☐ INDEX
- ☐ LABOR
- ☐ MUSEUM
- ☐ OBSERVE
- ☐ PAVED
- ☐ PHOTO
- ☐ PLAYER
- ☐ PORT
- ☐ RAPID
- ☐ ROAR
- ☐ RUIN
- ☐ SLIME
- ☐ STEAM
- ☐ STORAGE
- ☐ TUNDRA
- ☐ VACATE
- ☐ VIOLATE
- ☐ WATER
- ☐ WONDER
- ☐ YIELD

C	T	H	K	G	W	C	P	C	M	L	R	G	G	L
L	H	R	M	R	F	○	○	L	T	N	○	M	F	P
○	S	○	○	○	P	M	L	○	V	K	X	○	L	H
V	L	N	R	P	○	L	R	○	○	R	C	○	○	○
○	○	D	L	○	○	F	○	N	B	○	○	T	B	T
R	M	Ⓔ	S	Ⓤ	B	Ⓐ	○	Y	T	R	T	S	○	○
G	○	○	T	○	M	○	○	S	○	○	○	○	R	S
X	M	D	M	○	T	C	G	L	○	R	N	H	○	N
B	○	P	N	C	B	H	N	G	V	D	○	R	○	V
D	T	R	○	○	V	○	○	○	○	N	G	○	N	V
Y	○	C	○	○	W	R	H	X	D	○	N	R	T	L
R	○	P	C	T	○	G	C	W	○	T	○	R	X	R
S	N	○	○	T	○	○	B	N	P	○	V	○	D	R
H	T	C	S	R	V	D	L	○	○	Y	T	S	M	R
○	V	○	○	L	○	T	○	K	C	○	R	B	T	G

178 CONIFER CONFERENCE 178

Pine cones, the fruit of evergreen trees, can be used in many kinds of craft projects, from elegant holiday centerpieces to fanciful animals to amuse and delight the kids.

- ☐ ARRANGE
- ☐ AUTUMN
- ☐ Wood BEADS
- ☐ BUNCH
- ☐ CANDLE HOLDER
- ☐ CENTER-PIECE
- ☐ CHUNKY
- ☐ COLORFUL
- ☐ CREATE
- ☐ CUTE
- ☐ DECORA-TION
- ☐ DOLLS
- ☐ DRIED flowers
- ☐ EASY
- ☐ ELEGANT
- ☐ FELT
- ☐ GLUE
- ☐ HANG
- ☐ HAT
- ☐ HOLIDAY
- ☐ HOLLY
- ☐ HOMEY
- ☐ MATERIALS
- ☐ MELLOW
- ☐ ORNAMENT
- ☐ PIPE cleaners
- ☐ PRETTY
- ☐ RIBBONS
- ☐ SHAPES
- ☐ SIMPLE
- ☐ SPRIGS
- ☐ STREAMERS
- ☐ TONES
- ☐ WIRE
- ☐ WOOD
- ☐ WREATH

A	Y	D	C	R	Y	I	H	B	D	P	G	N	A	H
U	S	P	R	I	G	S	R	E	M	A	E	R	T	S
T	A	I	E	I	A	R	R	A	N	G	E	G	I	L
U	E	U	A	B	E	A	D	S	G	D	E	M	R	A
M	G	C	T	S	R	D	C	N	L	E	P	A	Y	I
N	T	N	E	M	A	N	R	O	U	L	I	P	K	R
O	L	N	Y	L	L	O	H	B	E	S	P	T	N	E
I	O	T	T	T	L	E	F	B	D	D	W	C	U	T
T	W	W	B	N	L	O	W	I	P	H	O	O	H	A
A	K	R	U	D	A	I	D	R	O	L	L	O	C	M
R	N	E	N	F	R	G	E	M	O	G	L	E	W	N
O	U	A	C	E	N	T	E	R	P	I	E	C	E	A
C	C	T	H	G	T	Y	F	L	D	G	M	T	O	B
E	U	H	L	Y	K	U	N	A	E	A	N	A	U	U
D	F	D	O	L	L	S	Y	S	E	P	A	H	S	C

179 DAVIS ON FILM 179

Actress Bette Davis, sometimes called the "first lady of the American screen," debuted in the 1931 film "Bad Sister." In 1935 she won her first Oscar for "Dangerous," which put her on the road to superstardom. Below is a puzzler's film festival of Bette Davis classics.

- ☐ Special AGENT
- ☐ The ANNIVERSARY
- ☐ BAD Sister
- ☐ BORDERTOWN
- ☐ BUNNY O'Hare
- ☐ BURNT Offerings
- ☐ The CORN Is Green
- ☐ DANGEROUS
- ☐ DARK Victory
- ☐ DECEPTION
- ☐ All About EVE
- ☐ EX-LADY
- ☐ The Little FOXES
- ☐ Fog over FRISCO
- ☐ Kid GALAHAD
- ☐ Way Back HOME
- ☐ The Dark HORSE
- ☐ HOUSEWIFE
- ☐ Of HUMAN Bondage
- ☐ JEZEBEL
- ☐ JUAREZ
- ☐ JUNE Bride
- ☐ The LETTER
- ☐ The Great LIE
- ☐ A Stolen LIFE
- ☐ MADAME SIN
- ☐ The Old MAID
- ☐ The MENACE
- ☐ MR. SKEFFINGTON
- ☐ The NANNY
- ☐ Death on the NILE
- ☐ The Virgin QUEEN
- ☐ Dead RINGER
- ☐ The SCAPEGOAT
- ☐ SEED
- ☐ The SISTERS
- ☐ SO BIG
- ☐ The STAR
- ☐ Now VOYAGER
- ☐ WINTER Meeting

R	E	T	T	E	L	I	N	Q	B	E	F	I	L	Z
S	G	A	L	A	H	A	D	U	V	C	H	N	K	O
O	K	O	N	W	O	T	R	E	D	R	O	B	M	F
B	R	G	S	R	Y	N	J	E	S	I	U	R	O	N
I	A	E	R	R	T	N	U	N	T	Y	S	X	N	A
G	D	P	E	N	E	W	N	P	R	K	E	J	O	M
I	S	A	G	E	N	T	E	A	E	S	W	N	P	U
V	G	C	N	Y	A	C	S	F	N	W	I	I	D	H
O	O	S	I	G	E	R	F	I	J	I	F	S	J	O
W	C	Y	R	D	E	I	L	U	S	N	E	E	M	R
B	Y	S	A	V	N	R	A	T	S	T	Z	M	C	S
E	U	Y	I	G	B	R	O	L	M	E	N	A	C	E
H	M	N	T	R	E	T	P	U	B	R	B	D	F	E
V	N	O	N	Z	F	R	A	E	S	C	M	A	I	D
A	N	N	H	Y	E	X	L	A	D	Y	R	M	D	O

180 ZIGZAG 180

Instead of reading in a straight line, each entry has one bend in it. One entry has been looped for you.

- ☐ AGENDA
- ☐ ANTARES
- ☐ BAYWOOD
- ☐ BRAKE SHOE
- ☐ CARICATURE
- ☐ DEEP-FRY
- ☐ DOODLE
- ☐ EMERALD ISLE
- ☐ FIDDLE
- ☐ FREE LANCE
- ☐ GLOW-WORM
- ☐ HULA SKIRT
- ☐ INVENT
- ☐ JELLY ROLL
- ☐ KAZOO
- ☐ KODIAK
- ☐ KRONER
- ☐ LABELS
- ☐ LEAD-IN
- ☐ LINKED
- ☐ MOONBOWS
- ☐ NICKELED
- ☐ OBELISK
- ☐ OLD HAT
- ☐ PEGASUS
- ☐ REGENCY
- ☐ ROADBED
- ☐ STAGIRA
- ☐ STOCKS
- ☐ SWEATER
- ☐ TRAMPOLINE
- ☐ TUNG OIL
- ☐ VERBAL
- ☐ VOLCANIC
- ☐ WHITTLE
- ☑ ZIGZAG

D	N	E	R	V	S	W	B	L	L	Y	R	O	L	L
E	V	O	W	W	O	R	M	E	I	T	D	L	E	C
B	A	L	R	B	A	L	D	J	O	T	A	D	W	Y
D	K	G	N	K	E	A	C	H	G	R	N	H	I	R
D	L	O	E	L	D	K	H	A	N	I	C	L	E	F
I	O	S	D	N	A	O	T	U	C	K	R	T	A	P
M	H	O	E	I	N	S	T	K	L	S	A	A	E	B
F	O	P	K	R	T	G	M	G	E	A	R	E	M	E
S	O	A	E	G	A	S	U	S	L	L	D	Z	W	L
Y	Z	C	T	Z	B	O	E	D	I	E	E	O	A	S
C	Z	I	G	U	K	E	I	L	N	L	S	D	O	K
N	B	R	E	V	R	S	L	K	A	T	T	I	H	W
E	E	A	P	F	L	E	E	I	R	N	O	N	Y	I
G	L	C	L	E	A	D	I	A	S	K	C	A	E	N
J	E	N	I	L	O	P	M	N	T	K	B	E	J	V

181 DAY BY DAY 181

Day-care centers in the United States tend millions of pre-school and school-aged youngsters daily. The government operates many centers for children of low-income families as part of the country's Head Start program.

- ☐ ANIMALS
- ☐ BOOKS
- ☐ CARE
- ☐ CENTER
- ☐ CHILD
- ☐ CLAY
- ☐ COTS
- ☐ COURSE
- ☐ CRAYON
- ☐ DAILY
- ☐ FIRST AID
- ☐ FRIENDS
- ☐ GAMES
- ☐ GUIDANCE
- ☐ HOURS
- ☐ HYGIENE
- ☐ KIDS
- ☐ LETTERS
- ☐ LUNCH
- ☐ MOVIES
- ☐ NAP
- ☐ NURSE
- ☐ PAINTS
- ☐ PRIVATE
- ☐ REST
- ☐ ROOMS
- ☐ SAFETY
- ☐ SAND
- ☐ SCHOOL
- ☐ SONGS
- ☐ STAFF
- ☐ TALES
- ☐ TEACHER
- ☐ TEARS
- ☐ TOYS
- ☐ TRAINING
- ☐ TREAT
- ☐ TRIPS
- ☐ VISIT
- ☐ WORK

```
Y D A I L Y F T E A B F H S D
M H B T K T A K N N R P N P R
K R O W C E K I S I E A V E E
P Y O U R F M F E K P I T P S
S D K T R A I N I N G N G E T
F K S H L S D L V R E T U Y I
N U R S E S R U O C S S I L H
S P I R T C S E M A G T D R U
P M M A T H M G P R I V A T E
V F F E E O O C R A Y O N I S
I F N T R O O S D L I H C P D
S O N G S L R R E H C A E T I
I K F A L H C N U L R O R M K
T G N Y K R I I A E A I T P H
C D H K G I L Y C H A T S S Y
```

182 IN THE OFFICE 182

Go to work looking for some clues to this Word Seek featuring some things and people that one might find in an office. One entry has been looped for you. The word list is given on page 509.

B ASKET
B ________
C ________
C ________
C ________
C ________
C ________
C ________
C ________
C ________
D ________
D ________
D ________
D ________
D ________
E ________
F ________
F ________
L ________
L ________
M ________
M ________

N ________
P ________
P ________
P ________
P ________
P ________

R ________
S ________
S ________
T ________
T ________
T ________

C	P	J	N	S	P	B	B	Q	D	L	D	T	C	C
O	T	L	N	T	L	O	A	E	W	R	I	F	U	H
P	M	T	D	A	A	O	S	T	A	C	K	S	L	A
I	A	E	Y	M	Q	K	K	W	S	D	T	C	T	I
E	C	O	M	P	U	T	E	R	I	O	O	G	O	R
R	H	X	S	S	E	R	T	C	M	F	C	E	L	H
Y	I	P	E	P	X	W	T	E	F	U	S	I	Y	T
R	N	I	J	N	E	I	R	E	B	O	G	X	R	P
O	E	C	O	F	O	N	E	I	K	H	L	P	A	A
T	S	T	B	N	I	H	C	D	T	C	I	D	T	P
C	P	U	A	M	O	L	P	I	D	E	O	S	E	E
E	E	R	A	S	E	R	E	E	L	K	R	L	R	R
R	Y	E	A	R	A	D	N	E	L	A	C	W	C	L
I	I	R	Y	R	E	C	O	R	D	E	R	I	E	X
D	R	E	T	N	I	R	P	F	N	O	T	E	S	I

183 SENIOR CIRCUIT 183

The Florida-based Senior Professional Baseball Association is open to players 35 and older, most of whom were formerly in the major leagues. Its first 72-game season began on November 1, 1989, and ended on January 31, 1990, followed by play-offs.

- ☐ BASEBALL
- ☐ BASES
- ☐ BUNT
- ☐ CATCHER
- ☐ COACH
- ☐ COMPETITION
- ☐ DRAFT
- ☐ ERROR
- ☐ Bradenton EXPLORERS
- ☐ FANS
- ☐ FIELD
- ☐ FLORIDA
- ☐ FORM
- ☐ GAME
- ☐ HITS
- ☐ HOME RUN
- ☐ INNING
- ☐ Orlando JUICE
- ☐ LEAGUE
- ☐ St. Lucie LEGENDS
- ☐ MANAGER
- ☐ NEW
- ☐ OLDER
- ☐ OUTS
- ☐ PAST
- ☐ St. Petersburg PELICANS
- ☐ PITCHER
- ☐ PLAYER
- ☐ RETIRED
- ☐ ROSTER
- ☐ SCORE
- ☐ SERIOUS
- ☐ Fort Myers Sun SOX
- ☐ STRIKE
- ☐ Gold Coast SUNS
- ☐ Winter Haven SUPER Sox
- ☐ TEAM
- ☐ West Palm Beach TROPICS
- ☐ WINTER

```
C R S N U S R R E P U S T L K
C R L S C O R E I R C D N E G
H O M E R U N T Y I R R X A H
D S M R O F C C P A O P M G F
L T N P R H Y O F R L E S U D
E E M A E T R T R O I P E E E
I R H R H T S E R I O U S N C
F L E I C X I E E S L P A S I
U L N G T O R T T T E B B N U
W A O L A S T R I U G Y N A J
Y B L R C N I M R O E I L C L
C E D C I K A R E T N I W I G
D S E R E D I M D G D E P L M
H A R H H C A O C C S C W E R
K B K R T C B B U N T S A P W
```

184 THROUGH THE TULIPS 184

Tulips are most commonly grown from bulbs, but they can be grown from seeds. However, it takes three to seven years for plants grown from seeds to produce flowering bulbs.

☐ ASIA (originated)
☐ BEAUTY
☐ BEDS
☐ BLOOM
☐ BORDER
☐ BOTANY
☐ BRIGHT
☐ BUDS
☐ BULB
☐ COLOR
☐ COTTAGE
☐ CULTURE
☐ DOUBLE
☐ EARLY
☐ FIELDS
☐ FLOWER
☐ GARDEN
☐ HUES
☐ HYBRID
☐ LATE
☐ MARKET
☐ NETHER-
LANDS
☐ ORANGE
☐ PATTERN
☐ PINK
☐ PISTIL
☐ PURPLE
☐ RUFFLE
☐ SCARLET
☐ SEASON
☐ SPRING
☐ SPROUT
☐ STAMEN
☐ STEM
☐ STURDY
☐ TULIP
☐ VARIETY
☐ YELLOW

B	E	N	V	K	N	I	P	S	T	U	R	D	Y	K
W	O	R	A	N	G	E	L	C	L	B	O	Y	E	S
A	W	H	D	G	F	S	D	A	T	U	L	I	P	M
M	B	T	S	I	S	D	T	R	B	R	Y	O	A	T
K	O	N	E	T	H	E	R	L	A	N	D	S	O	V
S	R	L	A	M	R	B	E	E	A	G	U	D	F	M
M	D	M	S	H	E	R	U	T	L	U	C	U	H	H
S	E	Y	O	L	W	L	O	L	N	C	V	B	S	T
N	R	G	N	O	O	B	F	R	B	O	A	P	H	E
P	C	N	A	O	L	O	E	F	K	L	R	G	Y	K
R	U	I	I	T	F	T	F	A	U	O	I	M	B	R
H	S	R	L	I	T	S	I	P	U	R	E	A	R	A
A	S	P	P	A	K	O	E	T	B	T	T	R	I	M
P	W	S	P	L	T	H	C	U	S	M	Y	T	D	R
V	W	O	L	L	E	Y	G	L	H	M	V	Y	S	C

185 SWANNY 185

According to a Greek legend, the soul of Apollo, god of music, passed into a swan upon his death. This gave rise to the statement of Greek philosopher Pythagoras that the souls of all good poets pass into swans.

- ☐ ADULT
- ☐ AQUATIC
- ☐ BEAK
- ☐ BEAUTY
- ☐ BEVY
- ☐ BIRD
- ☐ BREED
- ☐ BRILLIANT
- ☐ COBS
- ☐ COMMON
- ☐ CYGNET
- ☐ DIVE
- ☐ DOWNY
- ☐ FEATHER
- ☐ GLIDE
- ☐ GRACEFUL
- ☐ LAKE
- ☐ MUTE swan
- ☐ NECK
- ☐ NEST
- ☐ PENS
- ☐ PLUMAGE
- ☐ POND
- ☐ SOUND
- ☐ SPECIES
- ☐ STATELY
- ☐ SWIM
- ☐ TAIL
- ☐ TAME
- ☐ TRUMPETER swan
- ☐ WATER
- ☐ WEBBED feet
- ☐ WHITE
- ☐ WHOOPER swan
- ☐ WINGS

```
S E E H S B D P Q H D B Y U C
Q T K C E N E R G M W V Q I V
N F E A T H E R I K E W E Y G
C M K B L P G P B B D D W O R
C O M M O N A D U L T I G Q E
O W B O U D M K G R N S W I M
B M H R W G U G U G W L E O K
S W K I I P L M S I V U B N D
O L I A T L P I F E L F B I T
C S T A T E L Y D O I E E O D
E U M E T Y G I W E A C D Q N
N E I E N C I T A U Q A E F U
R V R W T G H G T N Q R E P O
H I O L H U Y Y E Y T G R U S
E D N O P I M C R R A S B I S
```

186 JUST IN CASE 186

The case in point is a cosmetics case, in which you might find many of the items mentioned in the list below.

☐ BATH bar
☐ BEAUTY mask
☐ BLUSH
☐ BRUSH
☐ BUBBLE bath
☐ COLOGNE
☐ COMB
☐ COMPACT
☐ CONCEALER
☐ CONDITIONER
☐ COTTON balls
☐ EMERY board
☐ EYEBROW pencil
☐ EYELINER
☐ FOUNDATION
☐ HAIR spray
☐ LIP GLOSS
☐ LIPSTICK
☐ LOTION
☐ MASCARA
☐ MIRROR
☐ MOISTURIZER
☐ MOUSSE
☐ NAIL polish
☐ PERFUME
☐ POWDER
☐ Q-TIPS
☐ SHAMPOO
☐ SHOWER cap
☐ SPONGE
☐ STYLING gel
☐ SUNSCREEN
☐ TONER
☐ TWEEZERS

```
N E E R C S N U S H A M P O O
O P M O I S T U R I Z E R K S
I C R C A A A C E S S U O M H
T H O L O G H P Z I R R R C O
A K I R E N I L E Y E B R O W
D A A B U I D Q E D N C I L E
N E R E Q L D I W A O F M N R
U C M A E Y I O T N T Q S C B
O O S U C T P K C I T S P I L
F M P T F S Y E N G O L O C U
K P O Y G R A W L L C N O Z S
Z A N G E L E M G B Y M E Q H
H C G M E F F P U S B L W R T
E T E R Q T I P S B R U S H A
Z H C R O L O T I O N B B D B
```

187 DON'T BUG ME 187

A biological pest control system is a natural way to control garden pests without harmful chemicals. The system uses predatory and parasitic insects to eat the bugs that eat your plants.

- ☐ ALTERNATIVE
- ☐ APHIDS
- ☐ BUGS
- ☐ CARAWAY
- ☐ CONTROL
- ☐ CROPS
- ☐ FARMERS
- ☐ FERTILIZER
- ☐ FRUIT
- ☐ GREEN-HOUSE
- ☐ HOBBY
- ☐ HORTICUL-TURE
- ☐ INSECTS
- ☐ LADYBUG
- ☐ LARVAE
- ☐ LAWN
- ☐ LEAVES
- ☐ MITES
- ☐ MOTHS
- ☐ NATURAL
- ☐ NONTOXIC
- ☐ ORGANISMS
- ☐ PARASITES
- ☐ PASTURES
- ☐ PESTICIDE
- ☐ PESTS
- ☐ PLANTS
- ☐ PREDATOR
- ☐ PROTECT
- ☐ SOIL
- ☐ SPRAY
- ☐ TANSY
- ☐ TARGET
- ☐ WASP
- ☐ WHITEFLY

```
D T I U R F F S S I Y S S S C
H E Y B B O H T L G S Z P F O
O S E R U T S A P T N R E Y N
R T V D O E R E C T A R G E T
T N I M P U S E T Y T C S G R
I A T L T E S M S I N A G R O
C L A A N N D C L T S R U R L
U P N D I S O I L L W A B O C
L S R Y Y Z Z X C H E W R T R
T A E B V E L O I I H A N A O
U W T U R A S T S H T Y V D P
R B L G R E E N H O U S E E S
E H A V T F N O F A R M E R S
H D A I L A W N V S D I H P A
I E M Y T P M T C E T O R P U
```

188 COMET-TARY 188

The comet got its name from the Greek word "kometes" meaning "long-haired" because of the long fiery tail resembling flowing hair streaming behind it. The earliest records of comets date from the 7th century B.C.

☐ BIELA'S comet
☐ BODIES
☐ BRIGHT
☐ CELESTIAL
☐ COMA
☐ DEBRIS
☐ DONATI'S comet
☐ ELLIPSES
☐ ENCKE'S comet
☐ EXPAND
☐ FAMOUS
☐ GAS
☐ GLOW
☐ HALLEY'S comet
☐ HALO
☐ HEAD
☐ JUPITER
☐ LARGE
☐ LONG
☐ LUMINOUS
☐ MASS
☐ METEORS
☐ NUCLEUS
☐ OBSERVE
☐ ORBIT
☐ ORIGIN
☐ PARABOLAS
☐ PERIOD
☐ RETURN
☐ SCIENCE
☐ SHRINK
☐ SOLAR system
☐ Broom STAR
☐ TAIL
☐ TELESCOPE

```
D S B J B I E L A S I R B E D
L I T U S U O M A F L K A R E
L T H P M W O L G E N K E T P
S A G I S Q O D N I X X G E S
Y N I T S B G U R Y R P R H V
B O R E A E C H H B S I A L R
S D B R M L S E F S O L L N U
N A A S E F T P R D L D A Y D
O P M U E F V O I E A A I E G
R R S O C R E C Y L H E T E P
I R B N C T V S X B L H S H S
G V O I E H S E K C N E E L F
I N G M T S O L A R L H L G J
N H O U S C I E N C E A E P T
T A I L R R E T U R N R C F B
```

189 IN THE NEWS 189

"The vital measure of a newspaper is not its size but its spirit—that is its responsibility to report the news fully, accurately, and fairly," wrote newspaper publisher Arthur Hays Sulzberger.

- ☐ ADVICE
- ☐ BIRTHS
- ☐ BRIDGE
- ☐ BUSINESS
- ☐ CAPTION
- ☐ CLASSIFIEDS
- ☐ COLUMN
- ☐ COMICS
- ☐ DATELINE
- ☐ EDITION
- ☐ EDITORIAL
- ☐ EXTRA
- ☐ FOOD
- ☐ GOSSIP
- ☐ HEADLINE
- ☐ INDEX
- ☐ INSERT
- ☐ JOBS
- ☐ LOCAL
- ☐ LOST and found
- ☐ MOVIES
- ☐ NEWS
- ☐ PAGE
- ☐ PHOTOG-RAPHER
- ☐ PRESS
- ☐ REAL estate
- ☐ REPORTER
- ☐ REVIEW
- ☐ SALES
- ☐ SPORTS
- ☐ STOCKS
- ☐ SUNDAY
- ☐ TABLOID
- ☐ THEATER
- ☐ TRAVEL
- ☐ WEATHER
- ☐ WEEKLY

S	I	L	E	V	A	R	T	B	C	O	M	I	C	S
A	P	L	I	N	D	E	X	F	N	H	Y	P	D	U
L	W	A	B	I	R	T	H	S	O	W	H	E	S	N
E	V	E	G	B	H	R	M	T	I	O	I	W	T	D
S	N	R	I	E	U	O	M	L	T	F	D	E	O	A
S	E	I	A	V	V	P	N	O	I	T	P	A	C	Y
E	T	T	L	I	E	E	G	S	D	L	L	T	K	L
A	E	R	E	D	W	R	S	T	E	A	O	H	S	K
R	I	S	O	S	A	A	A	D	V	I	C	E	S	E
T	Y	P	U	P	L	E	C	K	J	R	A	R	E	E
X	R	R	H	C	S	O	H	R	L	O	L	I	N	W
E	L	E	N	I	L	E	T	A	D	T	B	M	I	A
Y	R	S	S	U	T	A	B	L	O	I	D	S	S	R
R	V	S	M	N	H	M	B	R	I	D	G	E	U	F
F	D	N	G	P	I	S	S	O	G	E	B	H	B	E

190 ZIGZAG 190

Instead of reading in a straight line, each entry has one bend in it. One entry has been looped for you.

☐ AIRWAVES
☐ BRAKEMAN
☐ BROACH
☐ CAJOLE
☐ CAREFREE
☐ CONCERN
☐ DECURION
☐ EGRETS
☐ ELONGATED
☐ FIDDLESTICKS
☐ GOLDSMITH
☐ HADDOCK
☐ HALFTONE
☐ HEARTILY
☐ HORNBOOK
☐ HURLING
☐ ICEMAN
☐ IMPELLER
☐ IRONCLAD
☐ JARGON
☐ LEKYTHOS
☐ MANTELET
☐ MASERS
☐ NEWCASTLE
☐ ORATORIO
☐ PARONYM
☐ QUESTION
☐ RADIUS
☐ REGENT
☐ RENOVATE
☐ SEAMARK
☐ TEXTURE
☐ TREMOR
☐ TUNE-UP
☐ VIGOROUS
☑ ZIGZAG

O	C	P	H	S	D	A	V	O	N	E	R	O	M	S
N	S	A	C	W	E	N	T	N	G	N	H	E	H	U
C	T	R	A	E	C	V	O	E	Y	O	R	A	T	O
E	L	O	J	N	U	I	A	L	E	T	L	X	O	R
R	E	N	A	U	R	P	I	W	E	F	H	D	R	O
N	Y	M	B	T	X	E	T	Z	R	K	S	V	I	G
M	E	L	O	N	U	J	R	I	F	M	R	C	O	I
K	H	N	O	G	R	R	A	S	I	E	E	A	H	R
Z	A	G	K	A	A	O	E	T	N	M	R	M	H	O
E	G	R	D	T	J	L	H	I	A	L	P	A	B	N
S	U	I	B	E	D	M	P	C	E	H	D	E	C	C
T	E	Q	Z	D	T	A	A	K	F	D	B	S	L	Q
I	G	N	I	L	R	N	Y	S	B	R	O	A	U	L
O	R	F	A	M	U	T	E	L	E	T	D	C	M	E
N	E	T	S	O	H	O	H	G	S	R	E	H	K	R

191 LOVE THAT BOB 191

"Robert" is from the Old English name "Hrothbeorht," which means "bright with fame." Below are well-known men whose first names are Robert and Bob.

- ☐ ALDA
- ☐ ALTMAN
- ☐ BARKER
- ☐ BEAMON
- ☐ BLAKE
- ☐ BYRD
- ☐ CONRAD
- ☐ COSTAS
- ☐ DE NIRO
- ☐ DENVER
- ☐ DOLE
- ☐ DUVALL
- ☐ DYLAN
- ☐ FELLER
- ☐ FROST
- ☐ GELDOF
- ☐ GIBSON
- ☐ GOLDTH-WAIT
- ☐ GOULET
- ☐ GUIL-LAUME
- ☐ HOPE
- ☐ KLEIN
- ☐ KNIGHT
- ☐ MATHIAS
- ☐ MCNAMARA
- ☐ MERRILL
- ☐ MILLS
- ☐ MITCHUM
- ☐ NEWHART
- ☐ PETTIT
- ☐ REDFORD
- ☐ REED
- ☐ RYAN
- ☐ SCHUMANN
- ☐ SHAW
- ☐ TAYLOR
- ☐ VAUGHN
- ☐ WAGNER
- ☐ WALKER
- ☐ YOUNG

F	O	D	L	E	G	B	B	T	A	Y	L	O	R	O
R	L	B	E	A	M	O	N	A	D	E	N	V	E	R
O	D	L	E	F	S	L	L	I	R	R	E	M	D	I
S	B	L	A	A	G	A	K	D	M	K	U	A	F	N
T	O	L	W	V	O	I	T	T	T	A	E	M	O	E
D	N	N	A	M	U	H	C	S	L	H	V	R	R	D
A	T	P	Y	K	L	D	S	L	O	A	W	M	D	T
R	R	E	L	L	E	F	I	H	L	C	A	A	M	I
N	A	A	Y	P	T	U	T	T	A	P	L	T	I	T
O	H	D	M	Y	G	H	M	N	O	W	K	H	T	T
C	W	S	O	A	G	A	H	T	H	A	E	I	C	E
B	E	U	L	I	N	O	S	B	I	G	R	A	H	P
O	N	D	N	L	P	C	R	Y	A	N	U	S	U	K
G	A	K	L	E	I	N	M	D	E	E	R	A	M	B
P	N	A	L	Y	D	M	P	B	Y	R	D	W	V	D

192 S-TOR-Y TIME 192

The letters S and Y are the centers of attention in this Word Seek puzzle because all of the hidden entries of 4 or more letters begin with S and end with Y. One entry has been looped to start you off. The word list is given on page 518.

S AFET Y
S ________ Y
S ________ Y
S ________ Y
S ________ Y
S ________ Y
S ________ Y
S ________ Y
S ________ Y
S ________ Y
S ________ Y
S ________ Y
S ________ Y
S ________ Y
S ________ Y
S ________ Y
S ________ Y
S ________ Y
S ________ Y
S ________ Y
S ________ Y
S ________ Y
S ________ Y
S ________ Y

S ________ Y
S ________ Y
S ________ Y
S ________ Y
S ________ Y
S ________ Y
S ________ Y

S ________ Y
S ________ Y
S ________ Y
S ________ Y
S ________ Y
S ________ Y
S ________ Y

D	S	S	T	I	C	K	Y	Y	S	Y	V	V	A	S
S	U	P	P	L	Y	S	S	T	N	A	O	E	E	N
S	L	E	E	P	Y	P	A	O	I	N	N	X	Y	A
S	O	S	X	C	I	T	H	F	C	R	I	I	A	P
U	S	A	T	V	I	P	N	Y	E	I	U	K	T	P
M	A	Y	P	O	M	F	S	R	A	T	E	C	S	Y
M	L	D	N	Y	R	T	Y	R	A	X	Y	T	E	X
A	A	A	S	Y	R	Y	R	E	N	E	C	S	Y	S
R	R	E	X	A	Y	D	O	B	E	M	O	S	F	U
Y	Y	T	Y	D	U	T	S	W	Y	D	S	W	F	B
Y	R	S	U	R	V	E	Y	A	F	A	I	A	U	W
F	D	O	K	U	I	P	H	R	S	N	M	Y	T	A
X	N	A	V	T	H	S	Y	T	F	I	H	S	S	Y
V	M	D	H	A	A	Y	F	S	I	T	A	S	D	X
Y	T	X	I	S	S	I	M	P	L	Y	K	A	H	S

193 MASKERADE 193

Be the hit of this year's Halloween party with a one-of-a-kind mask inspired by this list about designs and materials for Halloween masks.

- ☐ AFRICAN
- ☐ Paper BAG
- ☐ BEANS
- ☐ BOTTLE caps
- ☐ BUTTONS
- ☐ CARD-BOARD
- ☐ CLAY
- ☐ CLOTH
- ☐ CONE
- ☐ CRAYONS
- ☐ CUBE
- ☐ CUTOUT
- ☐ CYLINDER
- ☐ DECORATE
- ☐ DESIGN
- ☐ EGG carton
- ☐ FACE
- ☐ FOIL
- ☐ FOOD coloring
- ☐ GREEK
- ☐ HANG
- ☐ INDIAN
- ☐ MATERIAL
- ☐ METAL
- ☐ NEWS-PAPER
- ☐ PAINT
- ☐ PAPIER-MACHE
- ☐ PASTA
- ☐ Paper PLATE
- ☐ RICE
- ☐ ROMAN
- ☐ SAND-cast
- ☐ TEMPERA
- ☐ TISSUE
- ☐ TOOTHPICKS
- ☐ TOTEM
- ☐ TYPE
- ☐ UGLY
- ☐ WEAR
- ☐ WOOD
- ☐ YARN

H	A	N	G	T	E	A	D	M	D	O	O	W	E	U
D	R	A	O	B	D	R	A	C	W	M	E	I	C	G
U	O	C	L	A	Y	T	T	E	M	P	E	R	A	L
E	M	I	C	M	E	T	A	L	P	H	N	T	F	Y
L	A	R	T	R	H	T	O	L	C	P	E	N	O	C
T	N	F	I	I	A	R	T	A	T	B	W	R	I	T
T	C	A	I	U	E	Y	M	O	U	Y	S	L	L	N
O	L	Y	E	T	A	R	O	C	E	D	P	B	M	I
B	D	F	L	R	E	T	E	N	B	I	A	E	G	A
U	N	I	N	I	H	I	U	U	S	G	P	G	R	P
T	A	G	P	P	N	L	H	O	S	G	E	K	A	A
T	S	A	I	D	E	D	K	Y	T	S	R	S	T	S
O	P	C	I	S	C	W	E	A	R	U	I	E	I	T
N	K	A	F	T	E	C	I	R	R	A	C	T	E	A
S	N	A	E	B	U	D	O	O	F	F	A	L	G	K

194 BINGO! 194

Bingo is a lottery game developed in the 1880s. The American version contains numbers ranging from 1 to 75, while the English version includes numbers from 1 to 90.

- ☐ ACROSS
- ☐ BALL
- ☐ CALLER
- ☐ CARD
- ☐ CASH
- ☐ CHANCE
- ☐ CHECK
- ☐ CONFIRM
- ☐ CORNER
- ☐ COST
- ☐ DIAGONAL
- ☐ ENTERTAIN
- ☐ FILE
- ☐ GAMBLE
- ☐ GAME
- ☐ HOPE
- ☐ JACKPOT
- ☐ LETTERS
- ☐ LUCK
- ☐ MARKER
- ☐ NUMBERS
- ☐ ODDS
- ☐ ORGANIZE
- ☐ PATTERN
- ☐ PIECE
- ☐ PLAY
- ☐ PLEASURE
- ☐ PRIZE
- ☐ RANDOM
- ☐ RANK
- ☐ RECREATION
- ☐ ROWS
- ☐ SELECT
- ☐ SHOUT
- ☐ SPACE
- ☐ SQUARE
- ☐ STAKE
- ☐ TABLES
- ☐ TOKEN
- ☐ VALIDATE
- ☐ WINNER
- ☐ YELL

```
E C A P S H S W O R G A M E S
P H H N R E L I F J A O Z T J
O E W A S I Q N D C D A A V Y
H C Q S N S Z N U N A K A N U
H K S R K C O E A S E L B A T
R T R E N T E R T A I N L S E
C U H T A O P D C D C R O E R
C O S T R Y I O A A O E R L R
Q H A E E A R T R J N T G E M
G S C L G N E D A P F T A C O
A Q L O E L U C K E I A N T O
M U N R R E K R A M R P I G D
B A L L Q P I E C E M C Z D D
L R H T O K E N N U M B E R S
E E Y T Y A L P L E A S U R E
```

195 REMBRANDT 195

Dutch artist Rembrandt Harmenszoon van Rijn pioneered a new style of portraiture in his country. His paintings portrayed subjects in a poetic rather than realistic manner through the use of lighting effects and psychological insight.

- ☐ ACTION
- ☐ ARTIST
- ☐ BERET
- ☐ "The Jewish BRIDE"
- ☐ CONTRAST
- ☐ COPIES
- ☐ DARK background
- ☐ DRAFTS
- ☐ DRAMA
- ☐ DRAW
- ☐ DUTCH
- ☐ ETCH
- ☐ EXHIBIT
- ☐ FACES
- ☐ FAMOUS
- ☐ "Man with a Magnifying GLASS"
- ☐ "The Syndics of the Draper's GUILD"
- ☐ HISTORICAL themes
- ☐ LANDSCAPE
- ☐ LEIDEN (born)
- ☐ LIGHT
- ☐ MASTER
- ☐ MOUSTACHE
- ☐ MUSEUM
- ☐ "The NIGHT Watch"
- ☐ PAINT
- ☐ REMARRIED
- ☐ SASKIA Van Uijlenburgh (first wife)
- ☐ SELF-portrait
- ☐ "Christ Healing the SICK"
- ☐ "The Prodigal SON"
- ☐ Hendrickje STOFFELS (second wife)
- ☐ STUDENTS
- ☐ STYLE
- ☐ SUBJECT
- ☐ TALENT
- ☐ TITUS (son)
- ☐ "The Three TREES"
- ☐ WIDOWER
- ☐ WORKS

W	L	H	N	S	E	L	F	I	B	W	A	R	D	G
S	U	T	I	T	R	L	L	T	E	R	E	B	B	L
N	L	C	G	H	E	C	K	A	D	L	I	U	G	A
H	K	B	H	G	W	O	E	L	Y	T	S	D	N	S
C	A	C	T	I	O	N	U	E	C	O	P	I	E	S
T	H	S	A	L	D	T	L	N	G	X	S	X	A	E
U	C	L	A	C	I	R	O	T	S	I	H	I	W	C
D	T	E	A	G	W	A	E	P	J	I	K	S	A	A
A	E	F	J	N	O	S	N	M	B	S	T	M	M	F
R	W	F	U	B	D	T	A	I	A	U	A	U	L	M
K	O	O	N	O	U	S	T	S	D	R	E	P	E	T
A	R	T	I	S	T	S	C	E	D	S	R	A	I	B
W	K	S	E	E	R	T	N	A	U	D	E	I	D	O
J	S	D	R	A	F	T	S	M	P	S	A	N	E	B
F	A	M	O	U	S	T	A	C	H	E	K	T	N	D

196 MISSING VOWELS 196

Before you can loop the words in the list below, you must first fill in the circles in the diagram with the missing vowels A, E, I, O, and U. We have filled in one entry for you.

- ☑ ARROW
- ☐ ATTAIN
- ☐ BAMBOO
- ☐ CASHIER
- ☐ CEDAR
- ☐ COARSE
- ☐ COCONUT
- ☐ COMPASS
- ☐ DESIGN
- ☐ DOUBT
- ☐ ENSUE
- ☐ GRAIN
- ☐ HANDLE
- ☐ HOIST
- ☐ LATEX
- ☐ LOYAL
- ☐ MAGNET
- ☐ MASON
- ☐ OCEAN
- ☐ OUTDOOR
- ☐ OUTER
- ☐ PAPAYA
- ☐ PAPER
- ☐ PASTE
- ☐ PEACE
- ☐ PLAIN
- ☐ RIVER
- ☐ ROUND
- ☐ SANDER
- ☐ SERVICE
- ☐ STAIN
- ☐ STAPLE
- ☐ STREAM
- ☐ TICKET
- ☐ TOPAZ
- ☐ TROOPER
- ☐ VACUUM
- ☐ WATER
- ☐ WEARY
- ☐ WEATHER

B	L	N	○	○	C	○	V	○	○	S	N	○	V	P
D	○	X	G	N	B	R	V	M	○	○	B	M	○	B
P	Y	C	W	○	○	R	○	○	H	S	○	C	C	Z
L	○	T	○	X	S	S	○	P	M	○	C	○	○	○
○	L	P	S	T	R	○	○	M	○	R	C	N	○	P
○	V	R	○	V	○	R	D	M	T	○	○	○	M	○
N	G	W	G	R	L	V	B	M	N	C	R	○	○	T
C	Z	T	○	K	C	○	T	○	○	R	○	T	○	W
P	R	R	○	D	○	C	T	○	P	G	D	S	K	S
P	H	L	○	S	N	○	P	○	G	○	N	H	V	C
○	C	○	R	H	T	○	P	R	○	T	○	○	○	○
S	B	W	O	R	R	A	○	R	W	N	S	○	T	○
T	T	○	○	K	Y	○	P	T	D	C	R	S	L	T
○	S	K	N	○	N	B	T	L	T	S	R	Z	Z	○
T	S	C	D	Y	R	○	○	W	○	○	T	H	○	R

197 WATCH OUT 197

At a watchmakers' convention in 1942, it was proposed that all signs advertising watches and clocks be painted to show them set at 7:55 to commemorate the exact time Pearl Harbor was bombed.

☐ ARBOR
☐ BALANCE
☐ BAND
☐ BATTERY
☐ BRIDGE
☐ CANNON
☐ CLICK screw
☐ CLUTCH
☐ CRYSTAL
☐ DATE
☐ DIGITAL
☐ ENDSTONE
☐ FACE
☐ FORK
☐ GLASS
☐ GOLD
☐ Minute HAND
☐ HOLDING
☐ HOUR hand
☐ JEWEL dome
☐ LEVER
☐ PALLET
☐ PLATE
☐ POCKET
☐ QUARTZ
☐ RACHET
☐ REGULATOR
☐ SECOND hand
☐ SETTING lever
☐ SPRING
☐ STAFF
☐ STEM
☐ STOP
☐ STRAP
☐ STUD
☐ TIME
☐ TRAIN bridge
☐ WASHER
☐ WHEEL
☐ WINDING arbor
☐ WRIST

G	L	A	S	S	D	P	M	B	O	L	N	B	J	W
N	I	A	R	T	A	E	N	R	E	E	E	D	W	L
D	S	O	T	L	T	S	O	I	R	C	N	V	E	J
A	I	G	L	S	E	Y	N	D	E	A	G	E	E	K
U	R	E	N	N	Y	W	N	G	H	F	H	W	S	R
D	T	B	T	I	R	R	A	E	S	W	E	T	T	O
N	E	A	O	I	D	E	C	N	A	L	A	B	R	F
O	K	T	S	R	Q	N	G	S	W	F	D	T	A	K
C	C	T	I	U	R	D	I	U	F	D	I	C	P	C
E	O	E	A	V	V	S	S	W	L	M	G	G	L	I
S	P	R	I	N	G	T	D	O	E	A	I	U	R	L
R	T	Y	H	Q	U	O	G	N	I	T	T	E	S	C
Z	H	O	L	D	I	N	G	H	A	C	A	O	G	U
Q	U	R	A	C	H	E	T	U	H	B	L	L	R	H
R	Q	Y	E	U	A	H	Y	O	J	S	T	O	P	L

198 STREET BEAT 198

Tour the streets of Dallas in Word Seek style as you solve this puzzle containing the names of Dallas streets. Put down your road atlas, pick up a pencil, and begin!

- ☐ APACHE Lane
- ☐ ARROW Road
- ☐ ATLAS Drive
- ☐ BENBOW Street
- ☐ BICKERS Court
- ☐ BISBEE Drive
- ☐ BOWSER Avenue
- ☐ CACTUS Lane
- ☐ CHARIOT Drive
- ☐ CHOICE Street
- ☐ CLOVER Lane
- ☐ COLONY Court
- ☐ DAIRY Milk Lane
- ☐ DAZZLE Drive
- ☐ DIXIE Lane
- ☐ FLAMINGO Lane
- ☐ FLICKER Lane
- ☐ GINGER Avenue
- ☐ IMAGE Circle
- ☐ IVORY Lane
- ☐ LAVENDER Road
- ☐ MAJOR Drive
- ☐ MELODY Lane
- ☐ MOTOR Circle
- ☐ OFFICE Parkway
- ☐ PECAN Drive
- ☐ PENGUIN Drive
- ☐ PILOT Drive
- ☐ QUIET Lane
- ☐ RAMBLER Road
- ☐ RED BUD Drive
- ☐ SHADY Trail
- ☐ SKYLINE Drive
- ☐ SLEEPY Lane
- ☐ SUGAR Mill Road
- ☐ THISTLE Circle
- ☐ TOWER Trail
- ☐ VETO Drive
- ☐ WANDER Place
- ☐ ZODIAC Lane

```
Z W O R R A T L A S H A D Y S
V A C R E G N I G K M O L P H
T E P O F F I C E Y P E E L S
T I T A L L U N F L I C K E R
M R W O C O G O A I A R S C C
O E A I L H N V A N Q R D A B
T V N M P I E Y O E E I I C E
O O D A B N P G Y K X D C T N
R L E G D L N E C I O H C U B
O C R E Q I E I E Z A D B S O
J Y R U M U B R C R U A O U W
A H I A E E B S I B O Z W G O
M E L O D Y R O V I P Z S A E
T F R E W O T H I S T L E R P
I U K Y R I A D U B D E R Y H
```

199 AMERICA'S CUP 199

The America's Cup is the world's most famous regatta and the oldest trophy in international sports. The award became known as the America's Cup in 1851 when the schooner "America" defeated 14 yachts in a race around England's Isle of Wight. Words about sailing and The America's Cup are listed below.

- ☐ "AMERICA"
- ☐ "AUSTRALIA"
- ☐ BOAT
- ☐ BRAGGING
- ☐ CHALLENGE
- ☐ CHAMPAGNE
- ☐ CHAMPION
- ☐ CHARMING
- ☐ CHEERS
- ☐ CHOPPY SEAS
- ☐ COMPETITION
- ☐ CREW
- ☐ ELEVEN
- ☐ EXCITING
- ☐ EXPENSE
- ☐ EXPERIENCE
- ☐ FAMOUS
- ☐ FANS
- ☐ GRINDERS
- ☐ HONING
- ☐ HUSTLING
- ☐ INDIAN Ocean
- ☐ OCEAN
- ☐ PARTY
- ☐ PEOPLE
- ☐ PITMAN
- ☐ POWER
- ☐ PRESSURE
- ☐ RAISING
- ☐ RESPECT
- ☐ ROPES
- ☐ SEAMANSHIP
- ☐ SHEETS
- ☐ SIZE
- ☐ SKILL
- ☐ SPECTACULAR
- ☐ SPINNAKER
- ☐ SPONSORS
- ☐ SPORT
- ☐ SPORTSMAN
- ☐ "STARS and Stripes"
- ☐ STRESS
- ☐ SUPPORTERS
- ☐ TANTALIZE
- ☐ TEAM
- ☐ TWELVE meters
- ☐ VICTORY
- ☐ WINNER
- ☐ YACHT

AMERICA'S CUP

199

G	S	S	E	R	T	S	E	C	G	N	I	T	I	C	X	E	I
T	W	E	L	V	E	Y	P	C	H	N	A	E	C	O	G	L	N
B	R	A	G	G	I	N	G	E	N	O	I	S	Y	H	N	P	A
C	P	M	C	N	O	I	T	I	T	E	P	M	O	C	I	O	M
R	R	A	I	S	I	N	G	B	A	E	I	P	R	E	N	E	S
E	G	N	E	L	L	A	H	C	C	U	X	R	Y	A	O	P	T
W	S	S	U	P	P	O	R	T	E	R	S	P	E	S	H	S	R
N	P	H	P	I	T	M	A	N	Z	F	P	T	E	P	E	C	O
E	O	I	P	Y	S	C	B	C	I	Y	I	S	R	N	X	A	P
V	N	P	Y	A	U	R	H	O	L	R	N	T	U	A	S	E	S
E	S	G	A	L	G	A	E	O	A	O	N	E	S	O	L	E	G
L	O	F	A	R	M	N	Z	D	T	T	A	E	S	E	M	I	U
E	R	R	O	P	T	X	I	P	N	C	K	H	E	W	P	A	A
S	S	I	I	U	M	Y	S	L	A	I	E	S	R	I	P	O	F
K	M	O	L	S	R	A	T	S	T	V	R	P	P	N	O	Y	R
I	N	D	I	A	N	X	H	F	N	S	K	G	S	N	W	V	X
L	T	E	A	M	E	R	I	C	A	A	U	S	R	E	E	H	C
L	Y	A	C	H	T	R	O	P	S	X	F	H	B	R	R	L	A

200 DRIVING AMBITION 200

School bus drivers must pass physical and written exams, learn how to safely usher children on and off the bus, and also know how to perform pre-trip inspections of their vehicles before starting their routes.

- ☐ ADULT
- ☐ AFTERNOON
- ☐ AWARE
- ☐ BUS
- ☐ CHILDREN
- ☐ CONCERN
- ☐ CROSS
- ☐ DRIVE
- ☐ HIGHWAY
- ☐ JOB
- ☐ LAWS
- ☐ LICENSE
- ☐ LIGHTS
- ☐ MORNING
- ☐ MOTORISTS
- ☐ PASSENGERS
- ☐ PEDESTRIAN
- ☐ PUPILS
- ☐ RESPONSIBLE
- ☐ RIDE
- ☐ ROAD MAP
- ☐ ROUTE
- ☐ RULES
- ☐ SAFETY
- ☐ SCHOOL
- ☐ SEATS
- ☐ SIGNAL
- ☐ STEER
- ☐ STOP
- ☐ TOWN
- ☐ TRANSPORT
- ☐ VEHICLE
- ☐ WAIT
- ☐ WALK
- ☐ WATCHING

W	A	S	E	L	U	R	M	O	R	N	I	N	G	A
A	A	I	T	R	A	N	S	P	O	R	T	R	D	A
L	U	B	U	S	L	A	L	O	N	I	I	U	R	Y
K	I	N	C	O	I	I	N	E	R	D	L	I	H	C
Y	W	G	O	R	C	R	W	F	E	T	U	O	R	V
P	T	H	H	I	E	T	O	R	C	U	I	N	V	L
A	C	E	S	T	N	S	E	T	N	L	W	B	P	H
S	P	R	F	T	S	E	P	L	O	P	A	A	U	H
S	C	A	O	A	E	D	H	O	C	M	T	W	I	K
E	A	W	M	F	S	E	M	V	N	I	C	G	S	T
N	N	A	P	D	T	P	R	V	S	S	H	L	M	N
G	P	M	P	L	A	N	G	I	S	W	I	E	Y	F
E	J	O	B	K	E	O	C	O	A	P	N	B	V	I
R	T	H	Y	A	S	Y	R	Y	U	P	G	C	L	Y
S	U	L	B	L	U	C	C	P	K	D	R	I	V	E

201 ZIGZAG 201

Instead of reading in a straight line, each word has one bend in it. One word has been looped for you.

- ☐ ACTIVATE
- ☐ BABOON
- ☐ BARNACLE
- ☐ BRACELET
- ☐ BRIDAL
- ☐ CANADA
- ☐ DATABASE
- ☐ DONKEY
- ☐ EMBROIDER
- ☐ FIBERS
- ☐ FISHER
- ☐ FIVEFOLD
- ☐ GIMMICK
- ☐ HEXAGON
- ☐ IRONWARE
- ☐ JARGON
- ☐ KUWAIT
- ☐ LEVERAGE
- ☐ MEDALLION
- ☐ NEPHEW
- ☐ OUTDOOR
- ☐ POPOVER
- ☐ RANCHER
- ☐ SAILOR
- ☐ SIDELIGHT
- ☐ TINWORKS
- ☐ TOLL CALL
- ☐ TRYOUT
- ☐ UNTACK
- ☐ UPDATE
- ☐ VISUAL
- ☐ WALNUT
- ☐ WINKER
- ☐ WOOLSHED
- ☐ YUCATEC
- ☑ ZIGZAG

R	B	I	F	X	A	G	O	N	U	C	A	T	E	C
A	E	R	E	T	H	G	I	Y	E	A	W	F	I	V
C	R	H	A	R	E	V	E	L	D	P	E	I	E	A
E	S	G	S	N	B	L	X	A	E	B	H	F	N	W
L	E	I	C	Z	C	A	N	D	R	D	O	J	K	U
E	F	H	T	A	C	K	J	I	E	L	I	Z	E	K
T	E	N	N	E	T	A	D	V	D	G	P	S	R	L
R	U	L	O	R	R	D	K	P	I	O	R	B	M	E
E	L	P	W	G	A	Z	G	M	U	S	R	N	P	T
A	R	O	W	T	I	B	M	I	C	K	U	O	B	A
C	E	A	A	A	S	T	R	J	Z	R	P	A	L	V
L	S	B	W	H	L	Y	K	N	O	O	B	T	Z	I
L	A	I	E	N	O	N	R	E	V	W	I	N	T	A
O	O	D	T	U	O	I	U	Z	Y	N	K	C	O	S
T	R	H	T	D	W	R	T	M	E	D	A	L	L	I

202 SHADED PICTURE 202

Find the hidden picture in the diagram below by looping all the words from the word list. Then shade in the loops of the words that are marked with asterisks (*) to reveal a picture related to the puzzle subject.

- ☐ ACHILLES
- ☐ ARMS*
- ☐ ATTACK*
- ☐ BATTLE
- ☐ BOLD
- ☐ BRAVE
- ☐ CHARIOTS
- ☐ CITY*
- ☐ CONCEAL
- ☐ CONFLICT
- ☐ CONQUER
- ☐ EPIC*
- ☐ FORCE*
- ☐ FORM*
- ☐ GATE
- ☐ GREEKS
- ☐ HELEN
- ☐ HERO
- ☐ HIDE*
- ☐ HISTORIC
- ☐ LEGEND
- ☐ MILITARY*
- ☐ MYTH*
- ☐ PARIS
- ☐ PAST*
- ☐ POEM*
- ☐ PRIAM*
- ☐ SECRET*
- ☐ SHIELDS
- ☐ SHIPS*
- ☐ SIEGE
- ☐ SITE
- ☐ SPEAR*
- ☐ SWORD
- ☐ TALE*
- ☐ TRICK*
- ☐ TROY*
- ☐ ULYSSES*
- ☐ WARRIORS

B	T	C	I	L	F	N	O	C	K	H	M	P	S	B
O	A	C	H	I	L	L	E	S	S	E	N	Y	O	R
L	D	C	F	A	O	B	L	G	O	K	C	L	T	V
S	R	O	I	R	R	A	W	P	M	N	E	D	I	H
C	O	N	B	A	E	I	O	A	Q	L	C	E	V	L
O	W	Q	V	O	H	F	O	S	T	U	R	B	R	E
N	S	E	S	E	C	R	E	T	W	V	O	P	E	G
C	F	M	P	H	E	L	A	T	S	L	F	S	U	E
E	R	I	E	G	P	B	T	R	D	W	O	D	Q	N
A	S	L	E	R	I	L	A	O	P	L	R	L	N	D
L	E	I	E	M	C	I	T	Y	E	G	M	E	O	H
N	S	T	R	I	C	K	C	A	T	T	A	I	C	S
P	A	A	D	A	C	I	R	O	T	S	I	H	O	H
G	F	R	O	C	P	R	A	M	I	D	R	S	P	I
U	L	Y	S	S	E	S	P	I	H	S	P	E	A	R

203 HORSY SET 203

If you have an old broomstick, a worn hand towel, some yarn, and two big buttons, you have the makings of a class-A hobbyhorse. The name for this children's toy is derived from the Middle English, "hoby," a nickname for a small or medium-sized horse.

- ☐ BREEDS
- ☐ BRIGHT
- ☐ BROOM-STICK
- ☐ CHILDREN
- ☐ DANCE
- ☐ DRAWING
- ☐ EARS
- ☐ EASY
- ☐ ENJOY
- ☐ EYES
- ☐ FACE
- ☐ FEATURES
- ☐ GLUE
- ☐ HEAD
- ☐ HORSE
- ☐ MOTION
- ☐ MOVE
- ☐ NAME
- ☐ NEIGH
- ☐ NOSE
- ☐ PAINT
- ☐ PATTERN
- ☐ PLAYING
- ☐ PRETEND
- ☐ RACES
- ☐ RIDE
- ☐ ROCKING
- ☐ SADDLE
- ☐ SANDPAPER
- ☐ SEWING
- ☐ SPOTS
- ☐ STUFFED
- ☐ THREAD
- ☐ TOY
- ☐ WOOD
- ☐ YARN

N	J	R	U	N	B	R	E	E	D	S	G	J	K	N
W	N	R	A	Y	O	J	N	E	B	N	E	L	K	A
O	D	A	N	C	E	E	H	J	I	T	K	C	U	M
O	O	R	K	S	E	A	A	T	H	G	I	R	B	E
D	K	I	J	T	E	S	O	R	E	T	H	N	T	F
N	N	D	T	U	Y	Y	E	G	S	C	R	D	Y	C
G	O	E	E	F	C	A	E	M	H	E	A	D	I	E
O	N	S	T	F	D	N	O	I	T	O	M	F	S	L
F	E	E	E	E	J	O	D	T	L	G	W	P	H	D
W	R	R	P	D	R	P	A	I	N	T	O	G	N	D
L	D	U	D	B	L	P	P	I	B	T	I	O	S	A
D	L	T	F	G	N	I	W	E	S	E	L	M	U	S
A	I	A	P	P	L	A	Y	I	N	G	H	O	U	M
E	H	E	E	S	R	O	H	O	P	K	K	V	O	K
Y	C	F	H	D	S	A	N	D	P	A	P	E	R	U

204 FANTASTIC VOYAGE 204

"Bon voyage" is a French phrase meaning "good journey." It's especially appropriate for this puzzle whose list contains words associated with a pleasure cruise vacation.

- ☐ ACTIVITIES
- ☐ BANDS
- ☐ BINGO
- ☐ BROCHURE
- ☐ BUNKS
- ☐ CABIN
- ☐ CAPTAIN
- ☐ CREW
- ☐ CRUISE
- ☐ DATE
- ☐ DECKS
- ☐ DINING
- ☐ DOCK
- ☐ EUROPE
- ☐ GAMBLE
- ☐ ISLAND
- ☐ LEISURE
- ☐ LINER
- ☐ LUGGAGE
- ☐ LUXURY
- ☐ MENU
- ☐ MEXICO
- ☐ OCEAN
- ☐ PLEASURE
- ☐ POOL
- ☐ RELAX
- ☐ SCHEDULE
- ☐ SHIPMATE
- ☐ SIGHTS
- ☐ SPAIN
- ☐ STATEROOM
- ☐ STEWARD
- ☐ STOPS
- ☐ SUITE
- ☐ TICKETS
- ☐ TUGS
- ☐ VACATION
- ☐ WAITER
- ☐ WHARF

T	E	S	I	U	R	C	R	E	W	N	K	O	L	W
E	G	R	E	T	I	A	W	V	S	P	O	T	S	E
P	O	O	L	I	S	S	T	A	T	E	R	O	O	M
S	U	F	M	K	T	F	L	C	E	L	B	M	A	G
E	G	W	N	E	H	I	A	A	K	U	F	V	F	X
K	S	U	W	I	G	B	V	T	C	D	H	R	R	P
C	B	A	T	E	I	N	M	I	I	E	A	S	E	L
O	R	Y	T	N	S	M	I	O	T	H	U	R	U	E
D	G	I	R	K	Y	H	E	N	W	C	U	L	R	A
O	U	L	C	U	X	T	I	X	I	S	A	U	O	S
S	C	E	I	K	X	A	N	P	I	D	H	G	P	U
P	D	E	L	N	T	U	L	E	M	C	R	G	E	R
A	P	N	A	P	E	R	L	E	O	A	O	A	T	E
I	S	L	A	N	D	R	N	R	R	P	T	G	A	P
N	O	C	H	B	V	U	B	I	N	G	O	E	D	F

205 OUT ON A LIMB 205

As a tree surgeon, I really went out on a limb for my patients! And below are some of the things I could expect to see out there with me.

- ☐ BARK
- ☐ BIRDHOUSE
- ☐ BLOSSOM
- ☐ BOUGHS
- ☐ BUDS
- ☐ CHERRY
- ☐ CICADA
- ☐ COCONUT
- ☐ EAGLE
- ☐ FINCH
- ☐ FORT
- ☐ FRUIT
- ☐ HAMMOCK
- ☐ HAWK
- ☐ KITE
- ☐ KITTEN
- ☐ KOALA
- ☐ LARK
- ☐ LEAF
- ☐ LEMON
- ☐ LIMBS
- ☐ MONKEY
- ☐ MOTH
- ☐ NEST
- ☐ NUTS
- ☐ ORANGE
- ☐ ORIOLE
- ☐ PARTRIDGE
- ☐ PEACH
- ☐ PEAR
- ☐ SPARROW
- ☐ SQUIRREL
- ☐ SWING
- ☐ TREE HOUSE
- ☐ TRUNK
- ☐ TWIG
- ☐ VINE
- ☐ WRENS

G	E	T	R	O	F	K	Y	Y	O	H	C	N	I	F
G	R	B	W	I	H	I	O	Q	P	H	V	H	T	Q
S	A	F	A	I	L	T	N	E	S	T	T	I	K	L
I	H	L	A	R	G	E	O	D	G	S	F	S	N	G
Y	F	E	Y	E	K	N	O	M	S	N	R	P	U	E
E	N	M	H	E	L	O	I	R	O	N	A	A	R	L
E	K	O	A	L	A	H	A	W	K	S	E	R	T	I
G	L	N	E	T	T	I	K	T	S	S	S	R	O	M
D	E	U	Y	R	R	E	H	C	U	W	E	O	W	B
I	R	T	P	N	R	S	I	O	O	E	E	W	L	S
R	R	S	P	E	A	C	H	C	H	M	L	P	H	B
T	I	U	R	F	A	D	K	O	H	P	M	G	I	B
R	U	Y	D	D	R	R	U	N	N	T	U	A	A	K
A	Q	L	A	I	A	S	Y	U	T	O	G	E	H	E
P	S	M	B	L	E	L	Q	T	B	U	D	S	S	W

206 BACK AND FORTH 206

All of the entries in the list below are palindromes and read the same backward as they do forward. Put on your thinking cap and begin!

- ☐ BIB
- ☐ BUB
- ☐ CIVIC
- ☐ DAD
- ☐ DEED
- ☐ DID
- ☐ DUD
- ☐ EWE
- ☐ EYE
- ☐ GAG
- ☐ GIG
- ☐ HALLAH
- ☐ HANNAH
- ☐ KAYAK
- ☐ KOOK
- ☐ LEVEL
- ☐ MA'AM
- ☐ MINIM
- ☐ MOM
- ☐ MUM
- ☐ NOON
- ☐ NUN
- ☐ OTTO
- ☐ PEEP
- ☐ PEP
- ☐ POP
- ☐ POT'S TOP
- ☐ PULL-UP
- ☐ PUP
- ☐ PUT-UP
- ☐ RACE CAR
- ☐ RADAR
- ☐ REDDER
- ☐ REFER
- ☐ REPAPER
- ☐ REVIVER
- ☐ ROTOR
- ☐ SAGAS
- ☐ SEES
- ☐ SEXES
- ☐ SHAHS
- ☐ SIS
- ☐ SOLOS
- ☐ STETS
- ☐ TENET
- ☐ TOOT
- ☐ TOP SPOT
- ☐ TOT
- ☐ WOW

U	E	G	V	C	P	O	G	I	G	K	A	Y	A	K
E	A	B	T	K	H	K	D	O	H	V	M	O	X	N
H	T	U	F	O	I	L	L	O	O	O	N	R	O	W
D	P	B	P	R	O	L	T	R	M	D	E	U	O	V
X	I	U	A	S	O	T	P	Y	T	F	Y	W	N	Y
B	H	D	T	P	O	O	S	O	E	R	E	O	E	N
O	A	E	P	U	P	P	T	R	O	T	O	R	C	P
R	L	E	R	L	P	S	E	T	E	N	E	T	I	M
R	L	D	E	L	D	P	T	L	E	V	E	L	V	U
D	A	D	D	U	A	O	S	K	N	M	I	N	I	M
H	H	C	D	P	O	T	S	T	O	P	F	V	C	P
M	C	S	E	X	E	S	A	H	E	O	S	E	E	S
N	A	R	R	C	G	A	G	P	A	V	K	E	S	R
D	H	A	N	N	A	H	A	S	G	H	P	I	V	M
H	U	C	M	Y	N	R	S	O	L	O	S	K	D	X

207 MISSING VOWELS 207

Before you can loop the words in the list below, you must first fill in the circles in the diagram with the missing vowels A, E, I, O, and U. We have filled in one entry for you.

- ☑ AERIAL
- ☐ ALONE
- ☐ ANNUAL
- ☐ ATONE
- ☐ BLAME
- ☐ CASUAL
- ☐ CLOUD
- ☐ EDICT
- ☐ ELECT
- ☐ ELEMENT
- ☐ ENJOY
- ☐ ERROR
- ☐ INVEST
- ☐ JOURNAL
- ☐ LAPEL
- ☐ LEAGUE
- ☐ LEAP
- ☐ LEAVE
- ☐ LEGAL
- ☐ LENTIL
- ☐ LEVEL
- ☐ LIMIT
- ☐ LINEAR
- ☐ NAVAL
- ☐ NEATER
- ☐ PAPER
- ☐ PROOF
- ☐ RADIO
- ☐ SECRET
- ☐ SERIAL
- ☐ SIMPLY
- ☐ SINGLE
- ☐ STABLE
- ☐ TEMPER
- ☐ TONAL
- ☐ TURKEY
- ☐ VALLEY
- ☐ VITAL
- ☐ VOID
- ☐ VOTER

○	N	J	○	Y	R	L	○	P	○	L	B	B	C	V
○	○	D	○	R	L	L	○	T	B	L	M	T	○	○
N	T	B	G	S	○	P	○	○	○	L	○	○	S	T
M	S	Y	N	V	○	T	M	M	A	N	D	D	C	○
R	○	○	○	R	○	C	○	I	○	C	R	○	L	L
B	V	L	○	N	○	○	R	L	S	○	D	Y	○	J
T	N	L	○	L	V	E	○	○	T	○	○	T	○	S
K	○	○	T	M	A	N	L	○	T	K	B	M	D	S
L	○	V	R	○	○	○	○	G	R	○	T	○	V	L
V	N	L	R	L	○	N	R	○	○	J	G	G	○	C
F	L	R	○	P	M	○	T	○	C	○	S	○	○	L
V	○	○	S	C	V	D	M	V	S	○	N	G	L	○
R	V	○	G	S	T	○	B	L	○	N	T	○	L	T
○	B	R	R	○	D	K	K	L	○	V	○	N	N	R
K	L	○	○	P	L	L	M	C	G	S	N	C	V	D

208 FOR THE RECORD 208

Test your musical prowess with this puzzle featuring one-word titles of some all-time favorite record albums. The names of the recording artists or groups are shown in parentheses, but are not included in the diagram.

- ☐ AJA (Steely Dan)
- ☐ ALIVE (Kenny Loggins)
- ☐ ANIMALS (Pink Floyd)
- ☐ AQUALUNG (Jethro Tull)
- ☐ ARTHUR (Kinks)
- ☐ BEAT (King Crimson)
- ☐ CAHOOTS (The Band)
- ☐ CODA (Led Zeppelin)
- ☐ DEFECTOR (Genesis)
- ☐ DESIRE (Bob Dylan)
- ☐ DISCOVERY (E.L.O.)
- ☐ DREAMS (Fleetwood Mac)
- ☐ EARTH (Jefferson Starship)
- ☐ EQUINOX (Styx)
- ☐ ESCAPE (Journey)
- ☐ FOXTROT (Genesis)
- ☐ FRAGILE (Yes)
- ☐ HELP! (The Beatles)
- ☐ HORSES (Patti Smith Group)
- ☐ IMAGINE (John Lennon)
- ☐ INFINITY (Journey)
- ☐ IZITSO? (Cat Stevens)
- ☐ JAZZ (Queen)
- ☐ LOW (David Bowie)
- ☐ MASQUE (Kansas)
- ☐ MEDDLE (Pink Floyd)
- ☐ MONSTER (Steppenwolf)
- ☐ OCTAVE (Moody Blues)
- ☐ PEARL (Janis Joplin)
- ☐ PYROMANIA (Def Leppard)
- ☐ RAM (Paul and Linda McCartney)
- ☐ RARITIES (The Beatles)
- ☐ RELAYER (Yes)
- ☐ RUMOURS (Fleetwood Mac)
- ☐ SAVED (Bob Dylan)
- ☐ SIREN (Roxy Music)
- ☐ SMILER (Rod Stewart)
- ☐ SPECTRES (Blue Oyster Cult)
- ☐ TOMMY (The Who)
- ☐ TRUST (Elvis Costello)
- ☐ TUSK (Fleetwood Mac)
- ☐ UNMASKED (Kiss)
- ☐ WAVE (Patti Smith Group)
- ☐ WIRED (Jeff Beck)
- ☐ WORKS (Emerson, Lake & Palmer)

T	E	D	E	V	A	S	A	G	I	V	A	C	N	G	C	Z	D
K	E	E	O	U	M	D	E	E	H	Z	E	T	P	N	R	D	R
S	V	D	R	E	L	I	M	S	U	T	I	Y	U	O	E	O	D
E	I	D	E	R	I	W	V	Y	R	R	R	T	Z	K	T	C	I
T	L	S	K	C	T	O	R	T	X	O	F	A	S	C	S	T	S
O	A	D	E	C	D	R	E	A	M	S	H	A	E	O	N	A	C
M	R	T	D	I	A	K	A	A	A	T	M	F	W	N	O	V	O
M	U	U	T	E	T	S	N	Q	R	N	E	R	I	S	M	E	V
Y	H	S	L	A	M	I	N	A	U	D	F	R	A	G	I	L	E
H	T	K	X	C	A	E	R	G	J	A	Z	Z	M	W	A	N	R
U	R	I	O	S	A	S	P	A	R	E	L	A	Y	E	R	I	Y
F	A	X	N	E	R	H	P	A	R	X	A	U	X	I	Z	R	D
U	D	L	I	I	N	U	O	E	C	K	E	J	N	X	W	E	M
A	O	E	U	E	F	I	O	O	C	S	R	D	A	G	S	N	K
W	C	N	Q	B	P	N	G	M	T	T	E	I	K	I	F	E	O
G	P	L	E	H	L	K	I	A	U	S	R	T	R	U	S	T	U
L	W	A	V	E	G	W	P	C	M	R	P	E	A	R	L	R	G
W	T	Y	U	L	K	H	T	R	L	I	M	A	S	Q	U	E	L

209 LETTERMEN 209

"You've got to be a football hero to get along with the beautiful girls," as the song goes. Get ready for homecoming fun and cheer your favorite team to victory with this list of college athletic teams.

- ☐ AGGIES (Texas A&M)
- ☐ BADGERS (Wisconsin)
- ☐ Golden BEARS (California)
- ☐ BEAVERS (Oregon State)
- ☐ BLUE Devils (Duke)
- ☐ BOILERMAKERS (Purdue)
- ☐ BRUINS (UCLA)
- ☐ BUCKEYES (Ohio State)
- ☐ BULLDOGS (Georgia)
- ☐ CAVALIERS (Virginia)
- ☐ CORNHUSKERS (Nebraska)
- ☐ COUGARS (Washington State)
- ☐ COWBOYS (Oklahoma State)
- ☐ CYCLONES (Iowa State)
- ☐ Sun DEVILS (Arizona State)
- ☐ DUCKS (Oregon)
- ☐ EAGLES (Boston College)
- ☐ FRIARS (Providence)
- ☐ Horned FROGS (TCU)
- ☐ GATORS (Florida)
- ☐ Golden GOPHERS (Minnesota)
- ☐ HAWKEYES (Iowa)
- ☐ HOOSIERS (Indiana)
- ☐ HUSKIES (Connecticut)
- ☐ ILLINI (Illinois)
- ☐ Fighting IRISH (Notre Dame)
- ☐ Yellow JACKETS (Georgia Tech)
- ☐ JAYHAWKS (Kansas)
- ☐ Nittany LIONS (Penn State)
- ☐ LOBOS (New Mexico)
- ☐ LONGHORNS (Texas)
- ☐ PANTHERS (Pittsburgh)
- ☐ PIRATES (Seton Hall)
- ☐ REBELS (Mississippi)
- ☐ REDMEN (St. John's)
- ☐ SEMINOLES (Florida State)
- ☐ SHOCKERS (Wichita State)
- ☐ SOONERS (Oklahoma)
- ☐ SPARTANS (Michigan State)
- ☐ TAR HEELS (North Carolina)
- ☐ Crimson TIDE (Alabama)
- ☐ TIGERS (Auburn)
- ☐ TROJANS (USC)
- ☐ UTES (Utah)
- ☐ Green WAVE (Tulane)
- ☐ WILDCATS (Kentucky)
- ☐ WOLFPACK (N.C. State)
- ☐ WOLVERINES (Michigan)

LETTERMEN

209

K	K	T	L	E	L	E	V	A	W	V	J	A	I	R	I	S	H
O	C	S	I	D	S	E	N	O	L	C	Y	C	J	J	M	O	R
I	A	P	O	B	E	R	L	B	A	D	G	E	R	S	O	E	B
N	P	A	N	D	U	V	E	O	R	S	E	T	U	S	D	S	A
I	F	R	S	A	E	C	I	I	E	U	R	U	I	M	E	R	C
L	L	T	E	R	V	C	K	L	L	R	I	E	E	I	D	E	O
L	O	A	I	P	O	M	J	E	S	A	R	N	K	Y	I	K	W
I	W	N	G	U	B	A	H	R	Y	S	V	S	S	C	T	S	B
I	E	S	G	E	Y	A	T	M	T	E	U	A	K	D	O	U	O
S	K	A	A	H	W	S	D	A	Y	H	S	H	C	D	L	H	Y
M	R	R	A	K	O	G	L	K	R	S	J	E	U	L	B	N	S
S	S	W	E	B	A	R	F	E	P	H	O	A	D	I	E	R	E
U	K	Y	O	T	N	R	N	R	B	O	E	O	C	J	A	O	L
S	E	L	O	N	I	M	E	S	G	E	G	E	N	K	V	C	G
S	G	R	P	A	N	T	H	E	R	S	R	P	L	E	E	U	A
F	S	O	R	Y	J	R	W	I	L	D	C	A	T	S	R	T	E
M	N	S	R	E	G	I	T	B	P	I	R	A	T	E	S	S	S
F	T	V	L	F	G	O	P	H	E	R	S	N	A	J	O	R	T

210 THE HARDY BOYS 210

The Hardy Boys, Frank and Joe, are teen-age brothers who solve mysteries either on their own or with their detective father. Created by Franklin W. Dixon (Edward Stratemeyer) in 1927, the brothers are featured in over 54 novels, some titles of which are listed below.

- ☐ A FIGURE in Hiding
- ☐ The Secret AGENT on Flight 101
- ☐ The Great AIRPORT Mystery
- ☐ The APEMAN'S SECRET
- ☐ The Sign of the Crooked ARROW
- ☐ The Clue of the Broken BLADE
- ☐ The Mysterious CARAVAN
- ☐ The Missing CHUMS
- ☐ The House on the CLIFF
- ☐ While the CLOCK Ticked
- ☐ The Melted COINS
- ☐ The Clue in the EMBERS
- ☐ The Mystery of the Flying EXPRESS
- ☐ The Yellow FEATHER Mystery
- ☐ The Disappearing FLOOR
- ☐ The Haunted FORT
- ☐ The GHOST at Skeleton Rock
- ☐ Mystery of the Desert GIANT
- ☐ The Hooded HAWK Mystery
- ☐ The Shattered HELMET
- ☐ The Secret of Pirate's HILL
- ☐ The Mystery of the Chinese JUNK
- ☐ The Secret of the OLD MILL
- ☐ The Secret PANEL
- ☐ The Arctic PATROL Mystery
- ☐ The PENTAGON Spy
- ☐ The PHANTOM Freighter
- ☐ The Jungle PYRAMID
- ☐ Trapped at SEA
- ☐ SHORE ROAD Mystery
- ☐ The Sinister SIGNPOST
- ☐ The Wailing SIREN Mystery
- ☐ The Secret of SKULL Mountain
- ☐ Mystery of the Samurai SWORD
- ☐ The Flickering TORCH Mystery
- ☐ The TOWER Treasure
- ☐ The Secret of the Lost TUNNEL
- ☐ Danger on VAMPIRE Trail
- ☐ The VIKING Symbol Mystery
- ☐ The Secret WARNING
- ☐ Night of the WEREWOLF
- ☐ Mystery of the WHALE Tattoo
- ☐ The Secret of WILDCAT Swamp
- ☐ Footprints Under the WINDOW
- ☐ The WITCH-MASTER'S Key

210 THE HARDY BOYS 210

T	S	X	D	L	W	G	S	D	M	S	Y	W	F	U	W	S	Y
T	U	N	N	E	L	G	N	I	K	I	V	W	H	E	W	I	S
B	R	U	C	L	R	E	A	U	G	R	K	I	C	O	I	U	V
T	S	O	H	G	M	E	L	F	O	N	H	N	R	L	K	W	M
K	M	P	P	B	L	L	H	O	I	C	P	D	O	P	P	A	O
S	E	Y	E	R	L	M	L	T	O	G	U	O	T	E	C	R	U
S	E	R	X	C	I	F	D	I	A	I	U	W	S	N	H	N	A
R	S	A	P	E	M	A	N	S	S	E	C	R	E	T	N	I	L
E	B	M	R	B	D	S	C	W	L	R	F	A	E	A	D	N	C
T	H	I	E	G	L	D	A	H	H	I	L	L	V	G	E	G	K
S	I	D	S	F	O	A	N	A	U	P	R	A	K	O	U	C	W
A	H	B	S	L	O	O	D	L	P	M	R	S	M	N	O	X	A
M	V	A	E	O	H	R	X	E	K	A	S	O	L	L	S	A	H
H	T	N	T	W	B	E	T	D	C	V	T	A	C	D	L	I	W
C	A	O	E	E	P	R	N	J	U	N	K	R	G	L	N	X	M
T	E	T	W	R	W	O	R	R	A	W	X	W	O	E	I	G	B
I	U	I	D	E	I	H	E	H	E	L	M	E	T	L	N	F	O
W	W	I	R	W	R	S	P	A	N	E	L	G	I	A	N	T	F

211 CAINE ON FILM 211

Actor Michael Caine rose to fame in the 1966 film, "Alfie," for which he received an Academy Award nomination.

- ☐ ALFIE
- ☐ ASHANTI
- ☐ Silver BEARS
- ☐ BLAME It on Rio
- ☐ The Whistle BLOWER
- ☐ Billion Dollar BRAIN
- ☐ Bulldog BREED
- ☐ A BRIDGE Too Far
- ☐ The Battle of BRITAIN
- ☐ Foxhole in CAIRO
- ☐ The Honorary CONSUL
- ☐ DEADFALL
- ☐ The DESTRUCTORS
- ☐ Play DIRTY
- ☐ The EAGLE Has Landed
- ☐ The Ipcress FILE
- ☐ The Day the Earth Caught FIRE
- ☐ GAMBIT
- ☐ The HAND
- ☐ HANNAH and Her Sisters
- ☐ HARRY and Walter
- ☐ Too Late the HERO
- ☐ The HOLCROFT Convention
- ☐ The ISLAND
- ☐ The JIGSAW Man
- ☐ The Italian JOB
- ☐ The KEY
- ☐ KIDNAPPED
- ☐ The Man Who Would Be KING
- ☐ A Hill in KOREA
- ☐ Sweet LIBERTY
- ☐ The MAGUS
- ☐ Go to NEW YORK
- ☐ PEEPER
- ☐ PULP
- ☐ Educating RITA
- ☐ The ROMANTIC Englishwoman
- ☐ SLEUTH
- ☐ SOLO for Sparrow
- ☐ Blind SPOT
- ☐ The Two-Headed SPY
- ☐ California SUITE
- ☐ Hurry SUNDOWN
- ☐ The SWARM
- ☐ The Wrong Arm of THE LAW
- ☐ The Last VALLEY
- ☐ VICTORY
- ☐ WATER
- ☐ Black WINDMILL
- ☐ WOMAN Times Seven
- ☐ ZULU

211 CAINE ON FILM 211

Y	F	B	D	S	Z	K	Y	D	O	M	T	S	R	A	A	M	M
A	U	P	L	U	P	R	I	R	Y	H	A	N	D	K	R	O	A
G	W	E	L	K	R	O	E	R	E	P	E	E	P	A	E	R	Y
D	S	U	G	A	M	H	T	U	E	L	S	B	W	P	A	I	W
G	Y	W	H	O	L	C	R	O	F	T	W	S	R	D	G	A	U
E	T	L	U	S	N	O	C	I	R	T	U	I	E	E	L	C	W
I	R	E	U	R	E	P	R	U	H	N	T	P	N	E	E	A	D
J	I	G	S	A	W	E	C	E	D	A	P	A	H	K	L	D	B
O	D	D	K	E	Y	T	R	O	M	A	N	T	I	C	L	R	E
B	S	I	U	B	O	Y	W	L	N	W	I	N	D	M	I	L	L
M	K	R	V	R	R	N	R	D	L	N	G	W	A	T	E	R	I
G	Y	B	S	O	K	A	I	O	L	A	W	F	A	H	S	U	F
T	J	I	L	L	W	K	I	F	T	J	F	I	S	L	A	N	D
E	P	L	U	O	G	O	R	N	V	C	N	D	H	U	M	N	G
S	M	R	M	S	W	R	P	O	S	E	I	D	A	N	I	Y	G
N	N	A	L	F	I	E	Y	E	L	L	A	V	N	E	S	T	G
U	N	A	L	T	V	A	R	G	A	M	B	I	T	Y	D	M	E
V	D	L	K	B	L	W	D	Y	T	R	E	B	I	L	Y	F	D

212 FRUITS OF LABOR 212

Labor Day marks the official end of the picnic season and honors the nation's working class. The holiday was proposed by carpenter Peter J. McGuire in 1882 and was declared a national holiday by President Grover Cleveland in 1894.

- ☑ ACTIVITIES
- ☐ BALL game
- ☐ BAND
- ☐ BARBECUE
- ☐ CROQUET
- ☐ EXHIBITS
- ☐ FAIR
- ☐ FAMILY
- ☐ FEAST
- ☐ FIREWORKS
- ☐ GAMES
- ☐ GATHERING
- ☐ GRILL
- ☐ HAMBURGER
- ☐ HOLIDAY
- ☐ HOT DOG
- ☐ LEMONADE
- ☐ MUSIC
- ☐ PARADE
- ☐ PARK
- ☐ PICNIC
- ☐ PLEASANT
- ☐ RACES
- ☐ RIDE
- ☐ SHOW
- ☐ SWIM
- ☐ TABLE
- ☐ TREAT
- ☐ VACATION
- ☐ WALK
- ☐ YEARLY

D	Y	B	E	U	G	R	K	T	U	B	X	G	U	E
F	L	X	S	C	N	O	I	T	A	C	A	V	K	X
G	I	O	A	K	I	K	D	D	Y	M	U	C	B	H
Y	M	Q	Y	K	R	S	E	T	E	X	G	T	A	I
P	A	R	A	D	E	O	U	S	O	H	H	M	R	B
I	F	N	D	W	H	D	W	M	S	H	B	I	B	I
C	A	D	I	O	T	S	A	E	F	U	A	W	E	T
N	I	X	L	H	A	A	I	N	R	K	N	S	C	S
I	R	A	O	Q	G	T	E	G	O	I	D	G	U	Y
C	S	A	H	O	I	K	E	R	T	M	F	R	E	B
N	H	X	C	V	D	R	R	U	T	A	E	I	A	V
X	O	V	I	E	D	I	N	A	Q	K	B	L	D	U
X	W	T	N	A	S	A	E	L	P	O	L	L	A	U
M	C	M	A	W	L	L	Y	S	Y	L	R	A	E	Y
A	M	E	M	F	D	D	X	H	C	D	N	C	W	M

213 BEAT STREET 213

"Come and meet those dancing feet, on the avenue I'm taking you to, Forty-second Street," wrote Al Dubin and Harry Warren for the 1933 film "Forty-Second Street." In 1980 the toe-tapping movie was adapted for stage and hit broadway with a style all its own, becoming one of the stellar shows of the 1980-81 theater season.

- ☐ ACTOR
- ☐ ACTS
- ☐ BROADWAY
- ☐ CAREER
- ☐ CAST
- ☐ CHORUS
- ☐ COSTUME
- ☐ "DAMES"
- ☐ DANCER
- ☐ DIRECT
- ☐ EXTRAVA-GANZA
- ☐ FINANCE
- ☐ GIRLS
- ☐ HITS
- ☐ LEAD-INS
- ☐ LIGHTS
- ☐ MIRROR
- ☐ MONEY
- ☐ MUSICAL
- ☐ NIGHT
- ☐ OPENING
- ☐ PART
- ☐ PRODUCER
- ☐ RHYTHM
- ☐ SCENE
- ☐ SCRIPT
- ☐ SET
- ☐ SHADOW waltz
- ☐ SHOES
- ☐ SHOWMAN
- ☐ SHUFFLE
- ☐ SILVER dollars
- ☐ SING
- ☐ STAGE
- ☐ 42nd STREET
- ☐ STYLE
- ☐ TAPS
- ☐ THEATER
- ☐ TITLE song
- ☐ WORK

S	R	R	E	C	U	D	O	R	P	N	M	X	Y	L
E	E	O	A	X	X	D	A	S	H	A	D	O	W	M
S	E	O	R	O	T	C	A	M	U	Y	B	W	O	L
H	R	B	H	R	O	R	Y	N	E	R	T	S	A	C
U	A	M	U	S	I	C	A	L	C	S	O	H	H	H
F	C	V	T	H	Z	M	W	V	N	E	W	H	M	I
F	U	U	H	O	X	O	D	B	A	E	R	O	C	T
L	M	P	E	W	G	N	A	S	N	G	N	P	R	S
E	A	A	A	M	P	E	O	I	I	Z	A	E	I	K
L	S	R	T	A	C	Y	R	L	F	D	X	N	C	S
Y	T	T	E	N	G	G	B	V	U	N	G	I	Z	S
T	C	E	R	I	D	C	L	E	A	D	I	N	S	A
S	A	S	R	E	G	Z	U	R	S	T	H	G	I	L
E	Y	L	I	S	E	L	T	I	T	I	T	G	H	P
O	S	T	A	G	E	T	P	I	R	C	S	P	A	T

214 WIZARD WORDS 214

Loop in the diagram all the words listed below. Then read the leftover letters (any not looped) from left to right, top to bottom, to discover the Wizard's Words. The Wizard Word answer is on page 515.

_ _ _ _ _ _   _   _ _ _ _ _ _   _ _ _ _ _ _

_ _   _ _ _ _ _ _   _ _ _ _ _ _ _ _ _ _ _.

- ☐ ACTION
- ☐ ACTOR
- ☐ ACTRESS
- ☐ AGAIN
- ☐ COMEDY
- ☐ CONTINUE
- ☐ COPY
- ☐ DRAMA
- ☐ ENDURE
- ☐ EXTEND
- ☐ FILM
- ☐ FINAL chapter
- ☐ FIRST
- ☐ FLASH-BACK
- ☐ FOLLOW
- ☐ IMPROVE
- ☐ LAST
- ☐ MOVIE
- ☐ NEXT
- ☐ Box OFFICE
- ☐ ORIGINAL
- ☐ OUTDO
- ☐ PART two
- ☐ PERSIST
- ☐ PLOT
- ☐ PROLONG
- ☐ RELIVE
- ☐ REOCCUR
- ☐ REPEAT
- ☐ RETURN
- ☐ SHOW
- ☐ STAGE
- ☐ STORY
- ☐ STRETCH
- ☐ SUSPENSE
- ☐ TALE
- ☐ THEATER
- ☐ THEME
- ☐ TICKET
- ☐ TITLE

H	A	E	V	K	L	A	S	T	H	E	M	E	I	N
F	R	X	A	A	C	T	I	O	N	R	S	G	R	T
O	E	T	A	C	S	A	H	E	E	U	H	O	E	R
L	T	E	L	A	T	C	B	C	X	D	O	D	T	A
L	A	N	I	G	I	R	O	H	T	N	W	T	U	P
O	E	D	S	U	S	P	E	N	S	E	T	U	R	C
W	H	S	T	A	G	E	V	S	T	A	R	O	N	O
N	T	I	T	L	E	R	O	L	S	I	L	T	L	D
C	H	A	S	N	E	S	R	C	A	O	N	F	S	P
E	I	T	R	L	S	I	P	U	N	N	S	U	E	S
A	G	A	I	N	Q	S	M	G	C	U	I	E	E	T
L	O	V	F	C	Y	T	I	P	E	C	I	F	F	O
P	E	I	O	R	K	P	Y	D	E	M	O	C	T	R
U	L	M	O	V	I	E	O	T	A	E	P	E	R	Y
M	N	I	T	Y	R	O	T	C	A	A	M	A	R	D

215 FALLING FOR YOU 215

Niagara Falls has two separate cascades: the American Falls and the wider, more famous Canadian Horseshoe Falls. The falls were once located in Lewiston but have gradually moved upstream toward Lake Erie due to water erosion of the gorge whose river feeds the falls.

- ☐ ATTRACTION
- ☐ AWESOME
- ☐ BOAT ride
- ☐ BORDER
- ☐ BRIDAL Falls
- ☐ BRIDGE
- ☐ CANADA
- ☐ CASCADES
- ☐ CLOSE-UP
- ☐ EXCITING
- ☐ GORGE
- ☐ HORSESHOE Falls
- ☐ MIST
- ☐ NEW YORK
- ☐ NIAGARA River
- ☐ PHOTO
- ☐ PLATFORM
- ☐ PRECIPICE
- ☐ RAPIDS
- ☐ RUMBLE
- ☐ SIGHT
- ☐ SITE
- ☐ SPLASH
- ☐ SPOTLIGHT
- ☐ STEEP
- ☐ SWIRL
- ☐ TOURIST
- ☐ U.S.A.
- ☐ VACATION
- ☐ VIEW
- ☐ VISIT
- ☐ WALK
- ☐ WATCH
- ☐ WATER
- ☐ WET
- ☐ WHIRLPOOL Rapids
- ☐ Cave of the WINDS
- ☐ WONDER

C	B	O	R	D	E	R	A	P	I	D	S	N	T	W
H	A	R	U	M	B	L	E	K	F	H	D	C	A	A
T	S	N	I	T	I	S	I	V	O	C	B	L	P	E
D	E	A	A	D	U	S	A	R	I	T	K	O	L	T
P	X	R	L	D	G	C	S	E	D	A	C	S	A	C
T	C	H	E	P	A	E	N	T	W	W	E	E	T	T
S	I	G	H	T	S	I	O	T	L	E	U	U	F	V
I	T	V	I	H	A	U	I	E	O	C	I	P	O	E
M	I	O	O	G	R	W	T	W	O	I	X	V	R	G
D	N	E	A	I	S	L	C	O	P	P	T	N	M	R
W	G	R	S	L	W	T	A	N	L	I	E	P	E	O
I	A	T	E	T	I	S	R	D	R	C	K	E	T	G
N	E	W	Y	O	R	K	T	E	I	E	W	O	T	I
D	E	O	T	P	L	L	T	R	H	R	H	Y	A	S
S	E	M	O	S	E	W	A	R	W	P	B	G	H	R

216 BIBLE QUOTE 216

This Biblical quotation is taken from Proverbs 9:11. The words in the diagram are grouped together as they are shown in the list.

- ☐ FOR BY
- ☐ ME THY
- ☐ DAYS SHALL
- ☐ BE MULTIPLIED,
- ☐ AND THE
- ☐ YEARS
- ☐ OF THY
- ☐ LIFE
- ☐ SHALL BE
- ☐ INCREASED.

T	E	I	M	L	S	Y	L	E	Y	B	A
S	L	U	A	M	F	H	D	E	R	D	S
D	Y	I	N	C	R	E	A	S	E	D	I
F	B	H	D	A	L	R	Y	L	E	P	Y
B	R	P	T	M	S	M	S	U	L	F	H
T	O	O	H	F	P	M	S	I	P	B	T
T	F	N	E	C	O	F	H	O	O	E	E
U	B	L	U	F	L	S	A	A	F	C	M
E	T	N	Y	D	H	P	L	I	C	I	Y
D	E	I	L	P	I	T	L	U	M	E	B

217 TO H HIS OWN 217

How many 5-letter words beginning with the letter H can you find in the diagram? Our list, with 22 entries, is given on page 516.

T	F	Y	M	Y	E	H	D	Y	P	F	H
Y	I	F	T	P	N	O	R	D	E	D	I
C	T	B	E	P	E	I	G	R	G	R	N
E	X	F	A	A	A	S	H	A	D	A	G
Y	V	A	E	H	A	T	C	H	E	O	E
H	N	T	A	H	T	N	U	A	H	H	H
B	E	K	E	T	R	A	E	H	U	I	O
N	I	N	H	A	L	V	E	V	I	T	B
X	C	V	N	U	K	I	A	H	A	C	B
E	A	N	H	A	B	X	I	L	E	H	Y

YOUR WORD LIST

218 FLOOR SHOW 218

Kilim is a pileless tapestry-woven rug or other covering made in various parts of the Middle East, eastern Europe, and Turkistan. It is also used as a decorative wall hanging. Here is a list of words relating to floors and floor coverings.

- ☐ BLOCK
- ☐ BRICK
- ☐ CARPET
- ☐ CERAMIC
- ☐ COLOR
- ☐ CONCRETE
- ☐ DHURRIE
- ☐ FIBER
- ☐ GLAZE
- ☐ GRAIN
- ☐ GRANITE
- ☐ GROUT
- ☐ HARDWOOD
- ☐ KILIM
- ☐ MAPLE
- ☐ MARBLE
- ☐ NYLON
- ☐ ORIENTAL rug
- ☐ PAINT
- ☐ PARQUET
- ☐ PILE
- ☐ PINE
- ☐ PLANK
- ☐ PLUSH
- ☐ QUARRY
- ☐ RUGS
- ☐ SAND
- ☐ SHEET
- ☐ SLATE
- ☐ STAIN
- ☐ STONE
- ☐ STRIP
- ☐ TILE
- ☐ TUFTS
- ☐ VINYL
- ☐ WOOL
- ☐ YARN

Z	G	L	A	Z	E	V	S	Y	M	N	D	Q	S	T
E	S	Y	Y	P	Y	T	D	M	Y	C	I	Y	S	P
T	T	N	A	E	A	C	L	L	A	D	S	A	D	B
Q	O	I	R	I	A	S	O	H	G	P	C	N	R	P
A	N	V	N	M	H	N	O	L	R	S	L	H	N	G
T	E	N	H	A	R	D	W	O	O	D	G	E	D	N
B	Z	B	T	R	R	P	H	R	U	R	T	V	N	G
P	I	L	E	B	C	G	I	U	T	E	P	R	A	C
Q	S	O	U	L	C	E	Y	R	R	A	U	Q	S	O
E	K	C	Q	E	N	B	H	C	T	R	E	B	I	F
B	N	K	R	T	Q	S	N	S	K	S	I	B	L	E
Y	E	I	A	I	U	O	H	M	G	Y	R	E	T	C
T	L	L	P	L	C	E	R	A	M	I	C	A	B	C
L	V	I	P	E	E	G	V	T	C	P	L	A	N	K
R	F	M	S	T	F	U	T	K	P	S	G	U	R	C

219 SUITED TO A TEA 219

Having a tea party offers the perfect way to add a little pizazz to an occasion that is otherwise predictable. Serving tea rather than coffee makes a get-together special and more elegant. Also, as a change of pace, organize a bridal or baby tea shower.

- ☐ AFTERNOON
- ☐ BISCUIT
- ☐ CACHAR
- ☐ CAKE
- ☐ CHINA
- ☐ CHOCOLATE
- ☐ COOKIE
- ☐ CREAM
- ☐ CRUMPET
- ☐ CUCUMBER sandwiches
- ☐ DARJEELING
- ☐ DIJOYA
- ☐ EARL GREY
- ☐ EAST INDIA Company (early tea exporter)
- ☐ FOUR o'clock (traditional teatime)
- ☐ FRIEND
- ☐ HERB
- ☐ HOSTESS
- ☐ INDIAN (tea)
- ☐ LEMON wedges
- ☐ MADRAS
- ☐ MILK
- ☐ MINT
- ☐ MUFFIN
- ☐ NAPKIN
- ☐ NUWARA
- ☐ OOLONG
- ☐ ORANGE pekoe
- ☐ PEKOE
- ☐ PETITS fours
- ☐ PITCHER
- ☐ SALMON sandwiches
- ☐ SCONES
- ☐ SPICE tea
- ☐ STEEP
- ☐ STRAIN
- ☐ SUGAR
- ☐ SUMATRA
- ☐ TEA COZY

R	A	H	C	A	C	D	G	Y	A	R	A	W	U	N
C	D	N	C	G	R	N	T	Z	N	B	U	D	G	O
C	A	S	C	O	N	E	S	O	I	R	N	O	H	M
O	U	K	E	P	P	I	T	C	H	E	R	O	F	L
O	C	C	E	M	G	R	L	A	C	H	S	W	H	A
K	H	K	U	N	I	F	K	E	C	T	N	R	N	S
I	O	R	O	M	E	N	E	T	E	O	O	A	S	P
E	C	L	N	C	B	A	T	S	O	J	I	T	S	I
K	O	D	R	O	R	E	S	N	S	D	R	N	A	C
O	L	E	P	L	M	U	R	T	N	A	I	A	R	E
O	A	I	G	E	M	E	E	I	I	U	I	Y	D	S
M	T	R	M	A	T	E	L	N	F	N	K	O	A	U
L	E	Z	T	F	P	I	U	A	F	Z	D	J	M	G
Y	O	R	A	N	G	E	T	I	U	C	S	I	B	A
N	A	P	K	I	N	U	F	S	M	M	F	D	A	R

220 "T" TIME 220

Lawrence Tureaud, better known as Mr. T, wears a reported 23 pounds of gold chains, 10 rings, and 7 earrings, all valued at about $300,000. Mr. T was spotted by Sylvester Stallone while participating in a "World's Greatest Bouncer" competition, and was subsequently cast as Stallone's nemesis in "Rocky III."

- ☐ ACTOR
- ☐ "A-TEAM, The"
- ☐ BODYGUARD
- ☐ CARTOON
- ☐ CHAINS
- ☐ CHICAGO
- ☐ "D.C. CAB"
- ☐ DOLL
- ☐ EARRING
- ☐ FIGHT
- ☐ FILM
- ☐ FOOTBALL
- ☐ GOLD
- ☐ HELP
- ☐ HERO
- ☐ MANDINKA
- ☐ MOVIE
- ☐ MR. T
- ☐ MUSCLES
- ☐ NATIONAL Guard
- ☐ RICH
- ☐ RINGS
- ☐ "ROCKY III"
- ☐ ROLES
- ☐ SERIES
- ☐ SHOW
- ☐ STAR
- ☐ TALENT
- ☐ "T. AND T."
- ☐ TELEVISION
- ☐ TUREAUD, Lawrence

N	F	R	H	O	L	L	T	T	B	F	Y	H	K	M
T	E	O	L	E	L	A	R	A	Y	F	I	G	H	T
A	M	T	H	R	L	M	C	M	U	S	C	L	E	S
N	B	C	N	E	A	P	A	U	E	I	L	L	M	L
D	L	A	N	O	I	T	A	N	I	O	E	O	L	S
T	R	T	E	U	O	R	S	I	D	V	V	A	D	E
E	I	A	D	T	H	T	Y	B	I	I	B	F	A	L
D	C	M	U	D	H	K	R	S	E	T	N	R	T	O
V	H	S	A	G	C	K	I	A	O	K	R	K	E	R
N	H	E	E	O	Y	O	G	O	C	I	M	D	A	V
B	N	H	R	R	N	D	F	O	N	R	C	P	M	I
A	W	I	U	E	I	M	O	G	A	C	I	H	C	O
O	P	O	T	H	N	E	R	B	A	F	S	N	R	F
D	N	C	H	A	I	N	S	B	I	D	L	O	G	F
K	F	H	B	S	M	O	H	R	O	B	U	T	L	S

221 NUMBER SEEK 221

Solve this puzzle by seeking numbers instead of letters.

☐ 01630
☐ 07495
☐ 07798
☐ 10444
☐ 14500
☐ 15031
☐ 15268
☐ 17870
☐ 20649
☐ 25906
☐ 37052
☐ 37899
☐ 37961
☐ 40104
☐ 40161
☐ 41063

☐ 41665
☐ 41760
☐ 42585
☐ 44112
☐ 44122
☐ 50972
☐ 55511
☐ 56399

☐ 57301
☐ 58118
☐ 72941
☐ 75998
☐ 78449
☐ 79729
☐ 79877
☐ 81157

☐ 84088
☐ 84142
☐ 87211
☐ 93156
☐ 95415
☐ 96267
☐ 98425
☐ 98537

5	5	7	1	4	8	8	8	2	1	8	7	9	7	6
8	7	2	1	1	4	4	6	0	2	9	9	4	8	0
2	2	0	7	9	0	1	1	6	8	5	4	0	7	1
4	6	3	3	8	1	6	3	4	0	1	0	4	4	4
3	6	2	8	6	6	6	2	9	2	9	0	7	6	9
1	6	4	2	0	1	5	5	8	9	6	5	1	3	9
3	4	9	9	1	8	0	7	4	7	6	1	4	3	3
0	3	0	0	5	4	1	6	0	9	5	2	8	1	6
1	9	4	9	0	2	4	1	7	5	9	0	6	7	5
8	0	4	1	3	8	1	3	5	1	7	9	8	7	7
1	7	6	8	1	5	5	0	9	7	4	2	9	7	3
0	6	5	1	6	8	4	7	9	4	2	7	9	0	5
3	7	8	9	9	2	6	8	8	5	0	9	0	8	3
7	5	6	5	7	3	5	7	2	7	6	7	4	2	1
5	1	4	5	3	6	1	1	5	1	3	7	0	1	9

222 AUTO FOCUS 222

Years ago a friend of mine bought one of the first Volkswagen Beetles on the market. After listening to him extol the car's virtues, I went around to the front to check under the hood. "Well, isn't that something!" I exclaimed. "It runs pretty good for a car without an engine."

- ☐ AIR filter
- ☐ ALIGNMENT
- ☐ ALTERNATOR
- ☐ ANTENNA
- ☐ ANTIFREEZE
- ☐ BATTERY
- ☐ BELT
- ☐ CABLE
- ☐ CARBURETOR
- ☐ DIPSTICK
- ☐ ENGINE
- ☐ EXHAUST
- ☐ FILTER
- ☐ FLUID
- ☐ FUEL
- ☐ GAUGE
- ☐ HOSE
- ☐ IGNITION
- ☐ KNOCK
- ☐ LEAK
- ☐ MILEAGE
- ☐ MOTOR oil
- ☐ MUFFLER
- ☐ NOISE
- ☐ ODOMETER
- ☐ PLUGS
- ☐ POINTS
- ☐ RADIATOR
- ☐ RADIO
- ☐ SQUEAK
- ☐ SWITCH
- ☐ TIRES
- ☐ VALVE
- ☐ VENT
- ☐ WATER pump
- ☐ WIPERS
- ☐ WIRING

E	E	V	L	A	V	M	U	C	E	N	I	G	N	E
A	H	O	S	E	U	O	Q	G	G	Y	S	M	D	K
D	R	D	I	P	S	T	I	C	K	A	U	Q	N	A
B	H	O	Q	D	T	O	R	R	E	F	U	O	E	E
E	R	M	T	K	A	R	G	A	F	C	C	G	B	U
L	E	E	P	A	U	R	N	L	A	K	Y	N	E	Q
T	T	T	T	E	N	T	E	R	H	C	T	I	W	S
N	A	E	I	L	E	R	B	A	T	T	E	R	Y	G
E	W	R	G	N	I	U	E	G	A	E	L	I	M	U
M	W	W	N	L	R	F	L	T	X	X	E	W	T	L
N	I	A	I	E	L	I	B	H	L	S	P	B	I	P
G	P	N	T	U	D	R	A	D	I	A	T	O	R	X
I	E	O	I	F	Q	U	C	O	E	L	T	N	E	V
L	R	D	O	U	S	T	N	I	O	P	Q	B	S	C
A	S	A	N	T	E	Z	E	E	R	F	I	T	N	A

223 SHIPSHAPE 223

Though there is still no shortage of tempting edibles on cruise ships, alternate menu selections to please today's health-conscious public are now offered. Health spa facilities can also be found on many liners.

- ☐ ABOARD
- ☐ ACTIVITY
- ☐ AEROBICS
- ☐ AFLOAT
- ☐ CLASS
- ☐ CRUISE
- ☐ EXERCISE
- ☐ FACIAL
- ☐ FITNESS
- ☐ FOOD choices
- ☐ GLASS-enclosed
- ☐ HEALTH
- ☐ MASSAGE
- ☐ NONSTOP
- ☐ ON-BOARD
- ☐ PAMPER
- ☐ RELAX
- ☐ RESORT
- ☐ SALON
- ☐ SAUNAS
- ☐ SEAGOING
- ☐ SEAWEED wrap
- ☐ SERVICE
- ☐ SHAPING up
- ☐ SHIP
- ☐ SPAS
- ☐ STAFF
- ☐ STEAM room
- ☐ STRETCH
- ☐ SWIM
- ☐ VACATION
- ☐ VESSEL
- ☐ WALK
- ☐ WHIRLPOOL
- ☐ WORKOUT

```
O V F F A T S B C I N E P N D
S S A L C A B O A R D O A C T
S N W C N K V P L V U E L R M
I P O U T E F O O D R I O A U
O O A I S I O G S O S S S V S
M S Y S T P V N B S E S A E W
A L E N L A R I D R A O B N O
E L E R X E C P T G G L U O R
T S I F V S Y A E Y O P G N K
S H I P A I G H V C I C A S O
W X F I F C C S R K N G F T U
P A M P E R I E L A G O L O T
E L I D E E W A E S M L O P O
D E W S I X W F L P O S A T H
L R S T R E T C H E A L T H F
```

PARKING IN UTAH

224

Utah's Capitol Reef National Park features a petrified forest, Indian artifacts, castlelike stone formations, and enormous craterlike folds in the earth's crust. Its name was inspired by a huge sandstone cap that resembles the dome on our nation's Capitol. Enjoy a Word Seek tour of Utah's national parks with this puzzle..

- ☐ ARCHES National Park
- ☐ ARTIFACTS
- ☐ BACKPACKING
- ☐ BIRDS
- ☐ BRYCE Canyon National Park
- ☐ CAMPING
- ☐ EROSION
- ☐ EXPLORE
- ☐ Petrified FOREST
- ☐ FORMATIONS
- ☐ FOSSIL
- ☐ GEM
- ☐ Winding GORGE
- ☐ GREEN River
- ☐ GUIDE
- ☐ MULE-packing
- ☐ NATURAL wonders
- ☐ Canyonlands National PARK
- ☐ PETROGLYPH
- ☐ Desert PHLOX
- ☐ Inspiration POINT
- ☐ Capitol REEF National Park
- ☐ Horseback RIDES
- ☐ ROCK-climbing
- ☐ RUGGED
- ☐ RUINS
- ☐ SCENIC
- ☐ SUNSET Point
- ☐ THOR'S Hammer
- ☐ TOURISTS
- ☐ Hiking TRAIL
- ☐ VACATION
- ☐ WALL Street
- ☐ WATERFALLS
- ☐ WINDS
- ☐ ZION National Park

C	N	N	C	G	I	G	N	T	T	X	G	E	O	F
T	A	A	E	I	M	V	O	O	N	N	E	X	H	K
H	X	M	T	E	N	U	S	N	I	U	R	P	G	E
O	C	O	P	U	R	E	L	K	O	S	E	L	O	X
R	L	A	L	I	R	G	C	E	P	T	O	O	R	G
S	I	R	S	H	N	A	X	S	R	K	O	R	G	T
N	S	T	X	M	P	G	L	O	X	F	C	E	E	P
O	S	I	X	K	R	U	G	G	E	D	O	V	S	L
I	O	F	C	S	L	L	A	F	R	E	T	A	W	L
T	F	A	K	B	Y	T	S	E	D	I	R	C	I	A
A	B	C	W	P	S	S	E	D	I	U	G	A	N	W
M	O	T	H	E	I	F	H	S	B	Z	R	T	D	N
R	O	S	R	B	R	Y	C	E	N	T	I	I	S	B
O	L	O	E	O	B	I	R	D	S	U	X	O	D	L
F	F	U	P	S	K	P	A	R	K	X	S	N	N	I

225 BOXES 225

All the entries in the list are found in the diagram in an unusual way. Each entry reads either clockwise or counterclockwise around the edges of a box (sometimes a square and sometimes a rectangle).

- ☑ AIR LOCKS
- ☐ AMATEURS
- ☐ BALLET
- ☐ CONTRACT
- ☐ COTTAGES
- ☐ DRAFTS
- ☐ DRUMSTICKS
- ☐ EQUITY
- ☐ EVER-GREENS
- ☐ EXPECT
- ☐ FOLK-ROCK
- ☐ GENEVA
- ☐ GOLDFISH
- ☐ HELIPORT
- ☐ IBERIA
- ☐ INQUIRER
- ☐ MELLOW
- ☐ NORTHERN
- ☐ OUTING
- ☐ OVERDO
- ☐ PERIODIC
- ☐ QUESTION
- ☐ RAMBLING
- ☐ REPEAT
- ☐ SPEAKING
- ☐ STRINGER
- ☐ TOKENS
- ☐ TOOLROOM
- ☐ TRANCE
- ☐ UNIQUE
- ☐ VELOCITY
- ☐ VIOLET
- ☐ VIOLIN
- ☐ WEALTH
- ☐ WILDFIRE

G	O	A	T	E	M	E	X	B	X	C	M	D	I	N
N	U	Q	B	L	W	T	P	T	S	R	I	N	Q	U
I	T	L	A	L	O	C	E	R	Q	E	R	I	U	E
F	H	W	E	R	V	K	B	I	N	G	R	A	T	E
G	I	L	S	I	A	S	I	A	I	L	B	M	V	L
Q	N	O	H	F	U	Q	E	L	O	O	N	R	I	O
U	V	I	G	D	I	T	Y	R	Q	T	G	E	S	D
E	S	T	O	L	C	O	V	O	O	M	A	P	C	I
H	N	E	K	L	O	L	E	R	D	A	T	T	O	R
E	H	T	R	V	F	V	P	E	R	S	E	S	P	T
R	N	N	O	C	K	A	T	R	G	R	U	W	I	H
C	E	T	D	T	I	E	P	E	T	E	W	E	L	E
N	A	R	A	C	N	P	G	E	L	V	U	R	D	S
W	Y	D	F	E	G	S	A	N	S	E	M	I	F	K
B	O	S	T	M	H	C	V	E	Q	U	S	T	I	C

226 RADIO WORKS 226

Anyone can be a D.J.—that's "desk jockey." When you're at your desk, phone in your song request to your favorite radio station and then tune in at lunchtime.

- ☐ AIRWAYS
- ☐ COMMON
- ☐ COMPANION
- ☐ COMPANY
- ☐ CONTESTS
- ☐ DAYTIME
- ☐ DESK
- ☐ DISC jockeys
- ☐ EMPLOYEE
- ☐ EMPLOYER
- ☐ ENJOY
- ☐ EVENTS
- ☐ FIXTURE
- ☐ LISTEN
- ☐ LOCAL
- ☐ LUNCH
- ☐ MAINSTAY
- ☐ MUSIC
- ☐ NEWS
- ☐ OFFICE
- ☐ PACIFY
- ☐ RADIO
- ☐ RATINGS
- ☐ RELAXING
- ☐ SOOTHING
- ☐ SPEAKER
- ☐ STATIONS
- ☐ STORES
- ☐ TAPES
- ☐ TREND
- ☐ TUNING
- ☐ USERS
- ☐ VOLUME
- ☐ WORK force

K	V	L	K	R	H	Y	P	E	W	P	M	W	D	L
H	S	R	E	S	U	C	V	C	L	I	S	T	E	N
K	O	C	F	V	T	U	N	I	N	G	V	D	L	S
W	S	T	O	R	E	S	D	U	N	N	O	E	E	C
Y	A	E	E	M	Y	N	E	I	L	I	L	R	O	T
G	O	N	D	A	P	M	T	T	H	H	U	M	S	A
N	D	J	W	T	P	A	A	S	N	T	M	S	C	P
I	S	R	N	L	R	S	N	I	X	O	E	N	O	E
X	I	S	O	E	P	O	L	I	N	O	C	O	M	S
A	U	Y	L	E	C	I	F	F	O	S	I	I	P	X
L	E	P	A	C	I	F	Y	F	I	N	T	T	A	P
E	N	K	C	G	K	R	S	D	D	Y	C	A	N	Y
R	E	Y	O	L	P	M	E	H	A	G	X	T	Y	G
R	W	N	L	P	S	W	Y	D	R	C	I	S	U	M
K	S	L	R	E	U	W	C	T	O	V	Y	E	N	I

227 SPECIAL REQUEST 227

The Special Olympics is an international program, founded in 1968, that promotes physical fitness and athletic competition for the mentally and physically challenged. Local Olympics are held every year while the International Special Olympics Games are held every four years.

- ☐ ACCOMPLISH
- ☐ ACHIEVE
- ☐ ATHLETE
- ☐ ATTAIN
- ☐ ATTEMPT
- ☐ AWARD
- ☐ BASKETBALL
- ☐ BOWLING
- ☐ CHEER
- ☐ COACH
- ☐ COMPETE
- ☐ EAGER
- ☐ EVENTS
- ☐ FINISH
- ☐ GAMES
- ☐ GOAL
- ☐ HUGS
- ☐ JUDGE
- ☐ MEDAL
- ☐ MEET
- ☐ ORGANIZED
- ☐ PARENTS
- ☐ PARTICIPANT
- ☐ PHYSICAL
- ☐ PRACTICE
- ☐ QUALIFY
- ☐ RACE
- ☐ REGIONALS
- ☐ RIBBON
- ☐ SCORE
- ☐ STATE
- ☐ STRIVE
- ☐ TEAM
- ☐ TRACK
- ☐ TRAINING
- ☐ TRIUMPH
- ☐ VIGOR
- ☐ VOLUNTEER

```
N V A P A R E N T S L A D E M
Y F I L A U Q V T O B E N C A
E V E N T S I R E W Z C I A T
V S V T H A I G N I N I A R T
U L E J L V L O N H H T T I E
B A S K E T B A L L N C T B M
M N C U T G G L C A D A A B P
F O O C E R N C P I J R D O T
N I R T O E O I K W S P A N C
U G E M R M C G L Q E Y W W R
T E N E P I P J I W J T H E A
M R E E T N U L O V O U A P C
U H T R A C K M I Y G B D T R
C E A G E R W R P S E M A G S
U P U P F I N I S H H Z L O E
```

228 THE BEST OF BERLIN 228

Tunesmith Irving Berlin spoke to the average person with his touching and delightful melodies which, in his 101 years, numbered in the thousands. His patriotic hit, "God Bless America," was introduced by Kate Smith in 1938 and, as of fall 1989, had earned nearly a million dollars, all of which Berlin donated to the Boy and Girl Scouts of America.

- ☐ All ALONE
- ☐ ALWAYS
- ☐ Alexander's Ragtime BAND
- ☐ God BLESS America
- ☐ BLUE Skies
- ☐ CHEEK to Cheek
- ☐ The Girl on the Magazine COVER
- ☐ It's a Lovely DAY
- ☐ How DEEP Is the Ocean
- ☐ EASTER Parade
- ☐ The GIRL That I Marry
- ☐ HEAT Wave
- ☐ You're JUST in Love
- ☐ Isn't It a LOVELY Day
- ☐ MANDY
- ☐ Harlem on My MIND
- ☐ Say It With MUSIC
- ☐ I Love a PIANO
- ☐ The PICCOLINO
- ☐ PLAY a Simple Melody
- ☐ REMEMBER
- ☐ Puttin' on the RITZ
- ☐ RUSSIAN Lullaby
- ☐ SAY IT Isn't So
- ☐ Let Me SING and I'm Happy
- ☐ I Got the SUN in the Morning
- ☐ SUPPER Time
- ☐ Top Hat, White Tie, and TAILS
- ☐ How Many TIMES
- ☐ WHITE Christmas
- ☐ They Say It's WONDERFUL

I	R	O	Y	N	B	U	T	V	L	A	H	C	N	Y
W	I	B	A	W	H	H	A	T	W	R	O	T	K	H
Y	D	A	L	W	A	Y	S	S	A	M	P	S	D	E
Y	T	C	P	U	O	I	K	D	I	Y	U	F	A	A
W	L	H	P	D	E	N	K	N	H	P	W	S	Y	T
N	R	E	D	E	I	D	D	O	P	S	T	D	U	Y
Y	G	E	V	A	L	O	N	E	S	E	N	S	V	N
L	N	K	B	O	U	I	R	E	R	A	D	E	E	P
C	I	S	U	M	L	N	L	V	M	F	Z	N	N	E
F	S	S	V	O	E	B	O	C	K	C	U	T	A	U
Y	A	U	C	S	E	M	I	T	R	K	K	L	I	B
G	Y	C	R	E	T	T	E	B	T	A	I	L	S	R
P	I	A	N	O	E	E	I	R	E	V	O	C	S	W
P	T	R	K	L	M	P	C	H	A	Y	T	S	U	J
L	M	U	L	F	H	A	C	Y	W	O	H	S	R	H

229 MOVIE MAGIC 229

In 1914 a movie company paid Pancho Villa $25,000 to fight his Mexican revolution for their cameras. However, some restrictions did apply: fighting had to take place between 9 a.m. and 4 p.m. and battles were often delayed until the camera angles were properly adjusted!

- ☐ ACADEMY
- ☐ ACTION
- ☐ ACTOR
- ☐ ACTRESS
- ☐ BUDGET
- ☐ CAMERA
- ☐ CAST
- ☐ CINEMA
- ☐ CLOSE-UP
- ☐ COSTUME
- ☐ CREW
- ☐ DIRECT
- ☐ DISSOLVE
- ☐ EDIT
- ☐ EXTRA
- ☐ FADE to black
- ☐ FILM
- ☐ GAFFER
- ☐ GLAMOUR
- ☐ HOLLYWOOD
- ☐ LIGHTS
- ☐ LOCATION
- ☐ MAKE-UP
- ☐ OSCAR
- ☐ PLOT
- ☐ PRODUCE
- ☐ REEL
- ☐ RETAKE
- ☐ ROLE
- ☐ SCENE
- ☐ SCHEDULE
- ☐ SCREEN
- ☐ SCRIPT
- ☐ SHOT
- ☐ SOUND
- ☐ STAR
- ☐ STORY
- ☐ STUDIO
- ☐ STUNT
- ☐ UNDERSTUDY
- ☐ WARDROBE
- ☐ WRITER

B	G	O	T	E	G	D	U	B	S	D	N	V	A	R
Y	P	I	S	P	D	D	X	F	C	E	U	C	I	E
A	D	D	A	T	I	P	I	T	E	X	T	R	A	T
Y	N	U	C	D	R	R	O	R	N	R	I	S	D	I
U	U	T	T	O	I	H	C	O	E	K	A	T	E	R
M	O	S	D	S	S	S	I	S	S	C	G	H	I	W
A	S	U	A	I	R	T	S	T	I	L	T	G	I	H
K	C	R	C	S	A	E	U	O	A	C	T	I	O	N
E	R	E	T	C	S	N	D	M	L	I	F	L	Y	O
U	E	E	O	H	T	T	O	N	E	V	L	M	S	T
P	W	L	R	E	O	U	A	H	U	Y	E	C	I	O
E	B	O	R	D	R	A	W	R	W	D	A	D	F	V
O	D	R	S	U	Y	N	F	O	A	R	E	M	A	C
R	G	A	P	L	O	T	O	C	L	O	S	E	U	P
G	A	F	F	E	R	D	A	M	E	N	I	C	R	L

230 MUSEUM PIECE 230

One of the world's largest museums is the American Museum of Natural History in New York City. Founded in 1874, it consists of 22 interconnected buildings with approximately 34 acres of floor space.

☐ ANCIENT
☐ ARMOR
☐ ART
☐ CARS
☐ CASE
☐ CHINA
☐ COL-
LECTION
☐ DISCOVER
☐ DISPLAY
☐ EXHIBIT
☐ EXPLAIN
☐ FACTS
☐ FAMOUS
☐ FOSSIL
☐ GEMS
☐ GUIDE
☐ HISTORY
☐ JEWEL
☐ LARGE
☐ LEARN
☐ MODEL
☐ MODERN
☐ MURAL
☐ NATURAL
☐ PAINTING
☐ PAPERS
☐ PEOPLE
☐ POTTERY
☐ PRESERVE
☐ PUBLIC
☐ SCIENCE
☐ SCULPTURE
☐ STATUE
☐ STUDY
☐ TOUR
☐ VALUE
☐ VASE
☐ VISIT
☐ WALK
☐ WONDERS

N	T	Y	M	K	L	A	W	P	G	S	B	F	U	L
M	O	D	E	L	G	B	R	N	C	X	A	M	N	N
G	U	I	D	E	F	E	R	I	C	M	V	A	S	E
I	R	R	M	J	S	A	E	P	O	T	T	E	R	Y
S	X	S	A	E	E	N	C	U	E	U	T	A	T	S
H	S	T	R	L	C	W	S	T	R	P	F	N	E	T
I	R	V	N	E	I	O	E	A	S	U	S	I	X	U
S	E	W	B	E	V	S	L	L	O	B	C	H	P	D
T	P	V	N	P	I	O	S	L	W	L	U	C	L	Y
O	A	C	I	R	E	C	C	O	E	I	L	R	A	C
R	P	T	A	S	E	O	N	S	F	C	P	R	I	Y
Y	A	L	P	S	I	D	P	A	I	N	T	I	N	G
Y	V	A	L	U	E	T	O	L	T	D	U	I	U	X
O	C	L	A	R	G	E	L	M	E	A	R	M	O	R
C	A	R	S	O	T	I	B	I	H	X	E	A	S	N

231 ORDER IN THE COURT 231

Supreme Court justices are nominated by the president of the United States. According to the Constitution, a justice has a lifetime appointment and his salary cannot be reduced by Congress while he remains in office! Below are justices who have served on the Supreme Court.

- ☐ BLACK
- ☐ BRANDEIS
- ☐ BREWER
- ☐ BROWN
- ☐ BURGER
- ☐ BYRNES
- ☐ CHASE
- ☐ CLARKE
- ☐ DANIEL
- ☐ DAY
- ☐ DOUGLAS
- ☐ DUVAL
- ☐ FORTAS
- ☐ FULLER
- ☐ GRAY
- ☐ GRIER
- ☐ HARLAN
- ☐ HOLMES
- ☐ HUGHES
- ☐ HUNT
- ☐ JAY
- ☐ LAMAR
- ☐ MARSHALL
- ☐ MINTON
- ☐ MOODY
- ☐ MOORE
- ☐ MURPHY
- ☐ PITNEY
- ☐ POWELL
- ☐ REED
- ☐ REHNQUIST
- ☐ SHIRAS
- ☐ STEVENS
- ☐ STONE
- ☐ TAFT
- ☐ TODD
- ☐ VINSON
- ☐ WARREN
- ☐ WHITE
- ☐ WOODS

W	E	L	A	V	U	D	B	R	O	W	N	P	Y	O
B	U	R	G	E	R	G	R	A	Y	A	O	A	K	D
R	E	L	L	U	F	B	A	S	L	W	D	C	D	R
A	E	A	D	M	Y	R	M	R	E	O	A	O	S	W
N	Y	H	P	R	U	M	A	L	U	L	T	N	Y	A
D	U	A	N	O	Y	H	L	G	B	R	E	W	E	R
E	F	E	J	Q	M	H	L	S	T	V	G	O	N	R
I	S	N	D	O	U	A	A	E	E	R	H	O	T	E
S	V	T	O	G	S	I	H	T	I	M	S	E	I	N
D	G	R	H	T	B	U	S	E	G	N	L	T	P	O
O	E	E	G	W	N	H	R	T	I	F	A	O	C	T
O	S	I	C	T	I	I	A	V	R	E	E	D	H	S
W	C	L	A	R	K	E	M	O	O	D	Y	A	A	N
Y	V	S	A	T	R	O	F	G	T	F	A	T	S	O
S	N	S	Q	I	Y	E	E	S	W	H	I	T	E	K

232 RIGHT ON 232

You'll be right on target with this puzzle because all of the hidden 6-letter entries end with ON. We have looped one entry for you and provided the first letters of those remaining. The word list is given on page 523.

A CTION
A ______
B ______
B ______
C ______
C ______
C ______
C ______
C ______
C ______
C ______
C ______
D ______
D ______
F ______
F ______
G ______
G ______
J ______
L ______
L ______
L ______
L ______
M ______
M ______
N ______
O ______
P ______
P ______
R ______
R ______
R ______
S ______

T	N	O	I	T	A	R	R	L	N	O	S	A	E	S
N	O	I	T	A	N	E	Y	Z	N	T	S	P	D	N
N	O	Z	N	O	C	L	A	F	B	O	A	L	L	O
O	R	M	Z	K	R	C	N	I	E	I	O	J	N	I
T	A	A	O	P	D	J	O	O	A	S	S	G	U	G
R	M	N	O	G	A	R	D	A	C	J	D	C	A	E
A	C	G	T	Z	R	C	R	C	O	A	A	Z	R	L
C	P	A	I	J	I	A	O	T	N	N	E	B	J	O
E	A	G	N	B	B	R	C	I	T	E	O	D	A	T
P	R	A	Z	N	B	B	N	O	B	N	O	C	R	I
A	S	L	E	A	O	O	N	N	C	D	E	L	G	O
R	O	L	B	A	N	N	N	J	C	O	M	M	O	N
D	N	O	I	S	U	F	C	R	A	Y	O	N	N	A
O	O	N	S	Y	G	P	M	O	T	I	O	N	B	S
N	O	I	T	P	O	T	A	L	O	N	D	O	N	C

233 HESTON ON FILM 233

Actor Charlton Heston served 6 terms as president of the Screen Actors Guild and was the chairman of the American Film Institute. Enjoy a Charlton Heston film festival with this puzzle listing the titles of some of his films.

- ☐ AIRPORT (1975)
- ☐ ANTHONY and Cleopatra
- ☐ Planet of the APES
- ☐ BEN-HUR
- ☐ The BUCCANEER
- ☐ Julius CAESAR
- ☐ CALL of the Wild
- ☐ Dark CITY
- ☐ COUNTERPOINT
- ☐ The Big COUNTRY
- ☐ Major DUNDEE
- ☐ EARTHQUAKE
- ☐ EL CID
- ☐ Touch of EVIL
- ☐ GRAY Lady Down
- ☐ Soylent GREEN
- ☐ Peer GYNT
- ☐ The HAWAIIANS
- ☐ Diamond HEAD
- ☐ The Far HORIZONS
- ☐ Secret of the INCAS
- ☐ The Naked JUNGLE
- ☐ KHARTOUM
- ☐ The President's LADY
- ☐ The War LORD
- ☐ LUCY Gallant
- ☐ MIDWAY
- ☐ The OMEGA Man
- ☐ Number ONE
- ☐ Bad for Each OTHER
- ☐ Will PENNY
- ☐ PONY Express
- ☐ RUBY Gentry
- ☐ The SAVAGE
- ☐ SKYJACKED
- ☐ The TEN Commandments
- ☐ Two-Minute WARNING

A	O	H	D	G	B	I	M	I	D	W	A	Y	O	H
D	I	C	L	E	E	C	Z	U	K	A	P	G	N	J
O	D	A	N	T	V	C	D	R	O	L	E	C	E	L
M	T	H	O	R	I	Z	O	N	S	T	O	H	A	G
K	U	H	M	O	L	G	R	N	A	U	R	D	R	W
R	D	S	E	P	A	N	A	Y	N	G	Y	A	T	D
E	C	M	S	R	V	I	S	T	T	R	Y	U	H	J
E	P	O	A	I	I	N	E	I	H	E	P	J	Q	K
D	G	L	U	A	I	R	A	C	O	E	O	U	U	Y
N	I	A	W	N	P	A	C	H	N	N	N	N	A	J
U	L	A	V	O	T	W	O	N	Y	A	Y	G	K	U
D	H	U	I	A	Q	R	Y	G	B	C	G	L	E	S
V	I	N	C	A	S	K	Y	J	A	C	K	E	D	D
C	T	E	N	Y	R	N	H	L	R	U	B	Y	M	O
T	T	S	G	Q	T	O	L	N	O	B	V	Z	J	O

234 NUMBER SEEK 234

Solve this puzzle by seeking numbers instead of letters.

- ☐ 05541
- ☐ 06992
- ☐ 09676
- ☐ 09778
- ☐ 12049
- ☐ 12662
- ☐ 13310
- ☐ 13329
- ☐ 14212
- ☐ 15889
- ☐ 17434
- ☐ 18741
- ☐ 22180
- ☐ 22389
- ☐ 22404
- ☐ 25154
- ☐ 25684
- ☐ 25980
- ☐ 30146
- ☐ 30158
- ☐ 30612
- ☐ 34161
- ☐ 35260
- ☐ 44139
- ☐ 46427
- ☐ 48788
- ☐ 50643
- ☐ 56360
- ☐ 64794
- ☐ 64996
- ☐ 66668
- ☐ 69214
- ☐ 73792
- ☐ 78024
- ☐ 78412
- ☐ 80435
- ☐ 82457
- ☐ 85452
- ☐ 88832
- ☐ 89296
- ☐ 90900
- ☐ 91121
- ☐ 95935
- ☐ 96838
- ☐ 97445
- ☐ 97906
- ☐ 98102
- ☐ 98194
- ☐ 98959
- ☐ 99651

7	4	2	0	8	7	0	3	9	1	2	0	4	9	9
3	3	8	6	1	9	9	1	1	2	1	3	8	8	8
0	9	7	6	6	6	6	8	3	7	9	3	8	9	1
1	0	8	9	5	2	9	8	1	3	3	5	7	5	0
4	6	6	7	2	2	1	8	3	9	1	5	5	9	2
6	3	7	2	2	3	7	3	3	8	4	1	2	9	6
1	6	8	9	5	4	3	2	4	2	4	8	7	8	8
4	5	3	9	1	3	2	1	8	6	2	9	5	5	7
2	2	2	0	2	1	6	0	3	7	0	2	4	8	2
1	9	6	9	8	9	8	5	2	6	8	5	4	2	6
2	5	3	0	9	9	6	5	1	9	2	6	7	4	2
5	9	4	0	1	6	1	4	3	0	4	1	9	2	2
1	3	8	7	7	9	0	1	7	2	1	9	4	5	4
5	5	5	8	5	1	0	3	7	9	6	0	8	8	3
4	7	6	6	3	1	0	4	4	3	4	7	1	6	7

235 SILK SENSATIONS 235

According to a Chinese legend dating back to 2700 B.C., the first person to unravel the mysteries of silk was Empress Si Ling-Shi. She observed a worm spinning a cocoon and liked the thread. She took the cocoon, dropped it into her tea to loosen the fibers, carefully unwound it, and soon began cultivating the worms. The Chinese named the cloth "si" after her, which means "silk."

- ☐ APPLIQUE
- ☐ BEAUTY
- ☐ BOBBIN
- ☐ BRED
- ☐ CATER-PILLAR
- ☐ CLOTHES
- ☐ COCOON
- ☐ COLOR
- ☐ DELICATE
- ☐ DESIGN
- ☐ DRESS
- ☐ DYES
- ☐ EXPORTED
- ☐ FABRIC
- ☐ FARM
- ☐ FINE
- ☐ FLOSS
- ☐ GOLD
- ☐ GOODS
- ☐ GRADED
- ☐ MARKET
- ☐ Silk MOTH
- ☐ POUND
- ☐ PRIZED
- ☐ PROCESS
- ☐ PRODUCE
- ☐ QUALITY
- ☐ QUILT
- ☐ RAW
- ☐ REEL
- ☐ SERICIN
- ☐ SHIRT
- ☐ SILK
- ☐ SKEINS
- ☐ SLIP
- ☐ SPUN
- ☐ STRAND
- ☐ THREAD
- ☐ WEAVE
- ☐ WORM

F	A	R	M	L	T	D	D	N	N	M	P	Q	A	S
P	A	A	W	D	R	Y	S	B	R	E	D	W	S	H
I	O	B	P	W	E	K	T	O	A	F	P	E	E	T
L	L	U	R	P	E	T	L	I	L	E	R	V	Y	O
S	X	Y	N	I	L	O	R	O	L	D	O	A	D	M
S	P	U	N	D	C	I	S	O	I	A	D	E	Z	A
K	T	S	I	O	E	S	Q	W	P	P	U	W	V	R
M	G	L	C	Y	B	L	O	U	R	X	C	Q	M	K
F	O	O	I	T	P	R	I	Z	E	D	E	H	G	E
I	O	D	R	U	M	W	O	C	T	R	I	H	S	T
N	D	E	E	A	Q	S	T	R	A	N	D	B	H	C
E	S	S	S	E	H	T	O	L	C	T	T	R	V	Z
G	N	I	B	B	O	B	P	R	O	C	E	S	S	A
V	L	G	R	A	D	E	D	W	W	A	R	H	G	C
K	Y	N	V	R	O	H	F	D	D	L	O	G	N	L

236 GOLD FEVER 236

Gold fever has existed since the Middle Ages when alchemists devoted their time to finding a way to create gold artificially. Today modern scientists have succeeded in realizing some of those dreams. Gold can now be extracted from seawater, and particle accelerators can make it from lead and mercury.

☐ South AFRICA
☐ BARS
☐ BEAUTY
☐ CARATS
☐ CHUNKS
☐ COINS
☐ DECORATION
☐ DIG FOR
☐ DISCOVER
☐ Gold DUST
☐ FILLINGS
☐ FIND
☐ FLECKS
☐ GILT
☐ GROUND
☐ HEAVY
☐ INGOT
☐ JEWELRY
☐ Gold LEAF
☐ METAL
☐ MINED
☐ MINERAL
☐ MONEY
☐ NUGGET
☐ ORE
☐ ORNAMENTS
☐ PRETTY
☐ PROSPECTORS
☐ PURE
☐ Gold RUSH
☐ SHEETS
☐ STATUES
☐ TREASURE
☐ USES
☐ VALUE
☐ VEINS

```
E H O E U L A V F H O A B N N
S K C E L F E C S Y Y E N O M
E L T B R I P U S A T O O Y I
N F O I N L R S E S U T R V N
N F C S E L O M E T A L E S E
O A C A D I S C O V E R E R D
I B F O N N P M M W B U S P P
T I E T U G E I E V T A T N T
A N R L O S C J A A E D N I F
R G U I R T T H T S H E E T S
O O S G G Y O S U G H E M O K
C T A N G T R M I N E R A L A
E P E V I E S R A B K J N V N
D E R U P O T U O L H S R A Y
T S T A R A C P D I G F O R O
```

237 HIKE-EDELIC 237

Before setting out on a hike, be sure you have the proper attire and equipment for the terrain.

- ☐ ANIMALS
- ☐ AREA
- ☐ BEAUTY
- ☐ CLIMB
- ☐ COMPASS
- ☐ COURSE
- ☐ DIRECTION
- ☐ DISTANCE
- ☐ EXPLORE
- ☐ FOREST
- ☐ GUIDE
- ☐ HILL
- ☐ INCLINE
- ☐ KNAPSACK
- ☐ LAND
- ☐ MAPS
- ☐ MARKER
- ☐ MOUNTAIN
- ☐ NATURE
- ☐ OBSERVE
- ☐ PARKS
- ☐ PATH
- ☐ RANGE
- ☐ REGION
- ☐ ROUTE
- ☐ RUGGED
- ☐ SCENIC
- ☐ SHOES
- ☐ SIGNS
- ☐ SUPPLIES
- ☐ TERRAIN
- ☐ TERRITORY
- ☐ TRACK
- ☐ TRAIL
- ☐ TRANQUIL
- ☐ TRAVEL
- ☐ WALK
- ☐ WILDLIFE
- ☐ WOODS

```
O M P H Q U R A N G E T U O R
L A N N S N G I S K R A P E M
T R A N Q U I L N M N W G N M
S K T A N I M A L S I I I A K
E E U E T T P N T L O A P C S
R R R R R S C D D N R S A D D
O E E A A R T L O R U R O E E
F B V C I K I I E P T O G R C
C E K R L F T T P F W G M R I
L A N A E C L L O G U I D E N
I U W I E S I Q E R O L P X E
M T P R L E B E Q W Y U I C C
B Y I A S C C O M P A S S F S
L D I S T A N C E S R U O C O
I F L L I H V I T N S E O H S
```

238 GUIDELINES 238

Walt Disney's Jiminy Cricket advised Pinocchio to let his conscience be his guide, but whether you're traveling abroad or within your native land, a guidebook might be your better bet! So let your conscience guide you to your library after you solve this puzzle about travel guidebooks.

- ☐ BUSES
- ☐ CAMP
- ☐ CITY
- ☐ COUNTRY
- ☐ DETAILS
- ☐ EDITION
- ☐ EVENTS
- ☐ FACTS
- ☐ FAIRS
- ☐ FOOD
- ☐ GEOGRAPHY
- ☐ HANDY
- ☐ HIKE
- ☐ HINTS
- ☐ HISTORICAL
- ☐ HOLIDAY
- ☐ HOTELS
- ☐ INFORM
- ☐ ISLAND
- ☐ MAPS
- ☐ MONEY
- ☐ MUSEUMS
- ☐ NIGHTLIFE
- ☐ PLACES
- ☐ PLAN
- ☐ REFERENCE
- ☐ REGION
- ☐ RESORT
- ☐ RESOURCE
- ☐ ROAD
- ☐ ROUTE
- ☐ SEASON
- ☐ SHOPPING
- ☐ SIGHTSEEING
- ☐ TOURS
- ☐ TRAINS
- ☐ TREK
- ☐ USEFUL
- ☐ VACATION

Y	E	N	O	M	V	K	E	R	T	D	D	S	P	N
F	R	V	S	E	A	S	O	N	N	A	E	E	M	F
A	E	D	E	R	C	L	T	A	O	C	T	G	A	O
I	G	E	E	N	A	N	L	R	A	U	N	C	C	S
R	I	T	G	K	T	S	E	L	O	I	T	E	D	Y
S	O	A	C	E	I	S	P	R	E	S	F	U	R	E
G	N	I	P	P	O	H	S	E	E	I	E	T	H	D
S	S	L	T	U	N	G	S	M	L	F	N	R	O	E
T	A	S	R	G	I	T	R	T	U	U	E	O	T	R
N	R	C	B	N	H	H	H	A	O	E	F	R	E	N
I	E	A	F	G	P	G	A	C	P	U	S	E	L	S
H	N	O	I	T	I	D	E	N	H	H	R	U	S	O
U	R	S	Y	N	H	O	L	I	D	A	Y	S	M	U
M	A	P	S	E	S	U	B	C	A	Y	T	I	C	F
H	I	S	T	O	R	I	C	A	L	S	B	H	F	D

239 SPIES IN THE SKY 239

Military reconnaissance satellites, also called spy satellites, are used to photograph enemy ground forces and warships at sea. Warning satellites guard against surprise missile attacks by measuring the heat of a missile's rocket exhaust upon its launch.

- ☐ ANGLE
- ☐ AREA
- ☐ BEAM
- ☐ CAMERA
- ☐ COMPUTER
- ☐ DATA
- ☐ DEPLOY
- ☐ DETAIL
- ☐ DETECT
- ☐ FILM
- ☐ FIND
- ☐ IMAGES
- ☐ INFRARED
- ☐ INTEL-LIGENCE
- ☐ LEARN
- ☐ LENS
- ☐ LISTEN
- ☐ OBSERVE
- ☐ OPTICS
- ☐ ORBIT
- ☐ PHOTO
- ☐ PICTURE
- ☐ RADAR
- ☐ RECORD
- ☐ RELAY
- ☐ SCAN
- ☐ SECRET
- ☐ SECTION
- ☐ SEND
- ☐ SENSOR
- ☐ SIGNAL
- ☐ SIZE
- ☐ SPACE
- ☐ STUDY
- ☐ SURVEILLANCE
- ☐ TRANSMIT
- ☐ VIEW
- ☐ WARN
- ☐ ZOOM

E	L	G	N	A	O	T	U	Y	W	E	I	V	R	R
D	T	E	S	I	E	E	I	O	M	S	E	E	S	O
S	H	C	A	M	E	R	A	L	S	L	C	L	I	P
N	E	G	E	R	C	C	A	P	U	O	I	A	G	T
I	E	G	I	T	N	E	D	E	R	A	R	F	N	I
R	N	T	A	T	E	S	N	D	V	U	M	F	A	C
T	C	I	S	M	G	D	C	O	E	R	A	R	L	S
Z	U	B	R	I	I	N	T	S	I	Z	E	O	N	L
L	C	R	E	S	L	E	I	V	L	T	B	S	E	P
Z	I	O	T	P	L	S	M	R	L	D	C	N	B	H
M	O	U	U	A	E	V	S	D	A	I	S	E	E	O
U	D	O	P	C	T	Z	N	T	N	D	A	S	S	T
Y	C	T	M	E	N	R	A	W	C	I	A	T	V	O
D	S	T	O	C	I	I	R	F	E	F	F	R	E	Y
Z	N	I	C	P	I	C	T	U	R	E	L	A	Y	D

240 ONE AND ONLY 240

The word CHANCE is hidden in the diagram only once. It will read in a straight line forward, backward, up, down, or diagonally.

E	E	H	E	A	E	N	A	E	N	E	A
E	N	N	C	C	C	H	N	A	H	H	C
N	N	E	E	C	N	H	A	E	C	N	H
E	H	C	C	C	E	A	E	H	E	A	E
C	E	N	N	C	C	E	H	A	N	H	A
H	E	E	C	N	E	C	E	C	A	E	E
A	E	N	N	C	E	A	A	E	N	C	E
E	N	E	A	E	N	H	H	E	E	A	H
N	E	C	H	A	A	E	N	C	C	A	N
E	E	N	A	N	H	C	H	N	C	C	E

241 HOW MANY? 241

Can you find the word CHANCE hidden in this diagram 22 times? Its letters read in a straight line forward, backward, up, down, and diagonally.

E	C	N	A	H	C	E	C	N	A	H	C
C	C	H	A	N	C	E	C	N	A	H	C
N	C	H	A	N	C	E	C	N	A	H	C
A	C	E	E	N	A	E	C	N	A	H	C
H	C	H	C	C	C	C	C	C	C	H	C
C	H	H	A	N	N	E	H	H	H	H	C
N	A	E	A	N	A	A	A	A	A	N	A
E	N	H	E	N	C	N	H	N	N	N	E
H	C	H	A	N	C	E	C	C	C	C	C
E	E	E	H	E	C	E	N	E	E	E	E

242 WHEEL OF FORTUNE 242

Brush up on your roulette lingo before jetting off to the gaming tables in Monte Carlo by perusing this list of words associated with roulette.

- ☐ ATLANTIC City
- ☐ BALL
- ☐ BETS
- ☐ BLACK
- ☐ CASINO
- ☐ CHANCE
- ☐ CHIP
- ☐ CIRCLE
- ☐ COLORS
- ☐ COLUMNS
- ☐ COMBINATIONS
- ☐ DOUBLE zero
- ☐ EVEN
- ☐ FORTUNE
- ☐ GAMBLE
- ☐ GAME
- ☐ GROUP
- ☐ GUESS
- ☐ LAS VEGAS
- ☐ LUCK
- ☐ MONEY
- ☐ MONTE CARLO
- ☐ NUMBERS
- ☐ ODDS
- ☐ PAYOFF
- ☐ PLAY
- ☐ RED
- ☐ RESORTS
- ☐ REVOLVING
- ☐ RISK
- ☐ ROLL
- ☐ ROTATING
- ☐ ROUND
- ☐ SECTION
- ☐ SPIN
- ☐ SPLIT
- ☐ SQUARES
- ☐ TABLE
- ☐ TURN
- ☐ WAGER
- ☐ WHEEL
- ☐ WINNER
- ☐ ZERO

Q	S	C	P	S	R	E	B	M	U	N	Z	F	D	L
L	W	L	U	C	C	E	S	C	S	E	F	N	L	O
F	A	E	D	O	O	T	S	Q	R	O	U	O	D	R
Y	G	L	L	M	E	L	P	O	Y	O	R	D	H	E
R	E	O	C	B	S	Q	U	A	R	E	S	R	F	D
I	R	C	P	I	A	P	P	M	C	T	E	P	O	O
S	E	G	H	N	T	T	L	A	N	N	S	U	R	L
K	M	N	S	A	S	N	S	I	N	S	B	O	T	R
C	A	I	A	T	N	I	A	I	T	L	T	R	U	A
A	G	V	G	I	N	C	W	L	E	A	C	G	N	C
L	A	L	E	O	M	S	E	C	T	I	O	N	E	E
B	M	O	V	N	B	O	H	I	R	A	E	L	T	T
A	B	V	S	S	P	I	N	C	U	V	T	U	R	N
L	L	E	A	I	P	G	L	E	E	H	W	C	E	O
L	E	R	L	S	S	E	U	G	Y	V	N	K	H	M

243 IN THE CRIB 243

In cribbage, as opposed to many other card games, the ace is the low card. The game can be played by as many as six or by just one as a solitaire game.

- ☐ BOARD
- ☐ CARDS
- ☐ COLLECT
- ☐ COMBINATION
- ☐ COUNT
- ☐ CRIB
- ☐ CUT
- ☐ DEAL
- ☐ DECK
- ☐ DISCARD
- ☐ DUPLICATE
- ☐ EXCEED
- ☐ FACE-UP
- ☐ FIFTEEN
- ☐ FLUSH
- ☐ FOURS
- ☐ GAME
- ☐ HANDS
- ☐ LINE
- ☐ LURCH
- ☐ MUGGINS
- ☐ NOBS
- ☐ OUT
- ☐ PACK
- ☐ PAIR
- ☐ PARTNERS
- ☐ PEGS
- ☐ PIP
- ☐ PLAYERS
- ☐ POINTS
- ☐ RUNS
- ☐ SCORE
- ☐ SHUFFLE
- ☐ START
- ☐ SUITS
- ☐ SUM
- ☐ TABLE
- ☐ TRIPLETS
- ☐ TURNS
- ☐ VALUE

```
S D U X K G N X C Y K E M N E
Y E K C A P F O U R S D N A H
T A U M F K V N B T T N T F I
C L E L F F U H S S N R R L H
E O U T A B L E S N I G G U M
L R M F A V D T R P O N O S T
L L U B D C I Y L D P E S H U
O I E N I U I E B O A R D X V
C N X X S N T L N E E T F I F
L E R O C S A R P Y M O S V A
M U C A A E P T A U E C T U C
V X R A R E E L I T D E C K E
H D I C D D P D R O S T I M U
S N B T H I L C O U N T U V P
O N N O P A R T N E R S G E P
```

244 TIC TALK 244

Tic off the time in style as you set your razor-sharp mind to work at breaking your old puzzle-solving record as you search for the hidden entries of 5 or more letters that all contain TIC. We have looped one entry for you and provided the first letters of those remaining. The word list is given on page 528.

A COUSTIC	O ______	S ______
A ______	P ______	S ______
A ______	P ______	S ______
A ______	P ______	T ______
A ______	R ______	T ______
A ______	R ______	T ______
A ______		
B ______		
C ______		
C ______		
D ______		
E ______		
E ______		
E ______		
F ______		
F ______		
G ______		
H ______		
H ______		
I ______		
L ______		
N ______		
N ______		

```
U B E N G H E R E T I C K E T
I G L E B C I T C R A O F N E
D T K S C C I T S U R Y K Q F
I C C E P I I C I T N A G I G
O E I N L A T T D R A S T I C
T L T T S R S O O G O P T I C
I A A I A C I T N A L T A C C
C S N C U T P O I T H F K I A
I T U E I L S R F C M C T T U
T I L C A T E D D R I S P L S
S C U S I K U C I T A U Q A T
U E T C C D G A T T G N G B I
O I K I R O M A N T I C T Y C
C I T E O P R A C T I C E I R
A N T I C D F H E H E C T I C
```

245 FOR SAIL 245

It's TGIF (thank goodness it floats!) in this puzzle that's pure pleasure on the high seas as you hoist your sails and maneuver through the sea of letters below to find the entries associated with sailing.

☐ ADJUST
☐ AFT
☐ BATTEN
☐ BOATS
☐ BOOM
☐ CANVAS
☐ COURSE
☐ CUTTER
☐ DINGHY
☐ FABRIC
☐ FORE
☐ GAFF
☐ JIB
☐ KETCH
☐ LEECH
☐ LUFF
☐ MAINSAIL
☐ MAST
☐ MIZZEN
☐ RIG
☐ ROPES
☐ RUDDER
☐ SCHOONER
☐ SHIP
☐ SHROUDS
☐ SLOOP
☐ SPANKER
☐ SPINNAKER
☐ STANDING
☐ STAYS
☐ STYLES
☐ TIE
☐ TILLER
☐ TYPES
☐ VESSELS
☐ WHEEL
☐ WIND
☐ YARD
☐ YAWL

H	D	N	V	T	Y	P	E	S	V	E	T	M	B	Y
M	S	N	M	F	F	U	L	R	E	T	T	U	C	A
J	A	J	I	B	J	O	E	I	T	M	Y	R	S	W
S	J	K	Z	W	O	K	E	H	A	W	H	E	E	L
D	P	C	Z	P	A	F	C	C	S	S	G	L	V	A
A	S	A	E	N	A	Y	H	T	C	L	N	L	F	F
D	P	H	N	B	K	J	Y	E	K	E	I	I	F	P
J	G	I	R	K	M	L	U	K	R	S	D	T	A	M
U	P	I	H	O	E	C	O	U	R	S	E	F	G	M
S	C	J	S	S	U	R	D	G	N	E	T	T	A	B
T	A	S	T	A	N	D	I	N	G	V	C	B	A	J
A	S	V	D	A	E	F	S	T	A	O	B	R	M	W
Y	J	A	N	R	E	N	O	O	H	C	S	O	J	T
S	J	L	M	A	A	D	A	R	W	R	O	P	E	S
D	F	D	B	P	C	Y	V	V	E	B	M	D	I	J

246 MISSING VOWELS 246

Before you can loop the words in the list below, you must first fill in the circles in the diagram with the missing vowels A, E, I, O, and U. We have filled in one entry for you.

- ☑ AVENUE
- ☐ BLUE
- ☐ CARE
- ☐ CLAIM
- ☐ COUGH
- ☐ CREDIT
- ☐ DELAY
- ☐ FAVOR
- ☐ FENCE
- ☐ GENIUS
- ☐ GOOD
- ☐ GROWING
- ☐ HEAVY
- ☐ ITCH
- ☐ JUNIOR
- ☐ JURY
- ☐ LANE
- ☐ LEAVE
- ☐ LINEAR
- ☐ LOOM
- ☐ MILLION
- ☐ OBSTACLE
- ☐ OKAY
- ☐ OPTION
- ☐ OUTLET
- ☐ PAINT
- ☐ PATROL
- ☐ PHARMACY
- ☐ POINT
- ☐ ROAD
- ☐ ROOF
- ☐ ROPE
- ☐ SERIOUS
- ☐ SETTLE
- ☐ SIDE
- ☐ TASTE
- ☐ TEAM
- ☐ THERE
- ☐ VALUE
- ☐ VITAMIN

J	G	T	K	N	N	M	P	W	○	C	N	(E)	F	B
P	R	M	H	H	C	T	○	S	V	○	L	(U)	○	R
S	○	○	N	○	G	R	○	W	○	N	G	N	P	B
○	R	○	C	○	R	F	○	V	○	R	○	(E)	○	M
R	F	L	H	V	○	○	D	○	S	M	L	V	R	H
○	L	C	W	Y	○	H	L	D	○	○	R	(A)	R	K
○	N	○	B	C	N	L	K	T	P	T	T	○	N	H
○	B	L	○	○	○	○	○	○	○	○	○	J	N	○
S	○	S	○	M	L	V	○	D	S	N	○	L	H	Y
○	G	K	T	R	S	N	○	T	○	W	○	K	R	P
F	○	S	T	○	T	R	○	J	P	○	T	○	○	Y
C	○	○	G	H	C	○	H	P	T	○	J	○	○	Y
J	D	○	K	P	M	L	P	L	S	J	N	L	J	V
N	N	L	R	○	V	○	○	L	T	T	○	S	R	G
L	H	K	L	V	J	T	V	W	V	D	D	H	V	V

247 ORIENT EXPRESSED 247

Until recently, kissing was considered bad form in China. Upon its governmental approval, one Chinese publication explained the decision as follows: "Kissing in Western countries is as common as shaking hands in China." Here is a list of words associated with the Orient.

- ☐ ART
- ☐ BAMBOO
- ☐ BEIJING
- ☐ BELLS
- ☐ BICYCLES
- ☐ BRONZES
- ☐ BUDDHISM
- ☐ CANTON
- ☐ CHOP-STICKS
- ☐ CONFU-CIUS
- ☐ CULTURE
- ☐ DRAGON
- ☐ DYNASTIES
- ☐ Mount EVEREST
- ☐ FISH
- ☐ GARDENS
- ☐ GOBI Desert
- ☐ HIM-ALAYAS
- ☐ IMPERIAL Palace
- ☐ JADE
- ☐ MAN-CHURIA
- ☐ MANDARIN
- ☐ PAGODA
- ☐ PORK
- ☐ RICE paddy
- ☐ RUINS
- ☐ SHANGHAI
- ☐ SIAN
- ☐ SILK
- ☐ TEA
- ☐ TEMPLES
- ☐ TIBET
- ☐ Great WALL
- ☐ YANGTZE River
- ☐ Sun YAT-SEN
- ☐ YUAN
- ☐ Mao ZEDONG

```
B E I J I N G B A M B O O N A
S R F U N E S T A Y N S A R P
G N O D E Z N N T A K U M A V
N O E N S R D B I C Y A G T V
O T P D Z A H S I F N O D S R
G N C V R E Y T H C D U D E A
A A O I B A S A H A Y Y I R B
R C N T B P G U L U N C T E E
D M F S O O R E D A J G L V L
R S U H L I G I S T M D H E L
I U C Y A N G T Z E E I C A S
C W I F M S I H D D U B H E I
E A U N I E R U T L U C I T V
L L S L S E L P M E T N O T K
C L K R O P Y L A I R E P M I
```

248 MYTHICAL CREATURES 248

Chinese dragons were believed to come in three colors: black for destruction, yellow for luck, and sky blue for the birth of great people. It is said that two sky blue dragons were present on the night of Confucius's birth.

- ☐ ALICORN
- ☐ APEP
- ☐ ARENA
- ☐ AWES
- ☐ BASILISK
- ☐ BEAST
- ☐ CHAC
- ☐ CHARM
- ☐ CHIAO
- ☐ COCKA-TRICE
- ☐ DAJJA
- ☐ DRAGONS
- ☐ DRAKE
- ☐ DREADS
- ☐ FAFNIR
- ☐ FAWN
- ☐ GARGOYLE
- ☐ KIAU
- ☐ KIRIN
- ☐ LADON
- ☐ LAKE dragon
- ☐ LUNG
- ☐ NAGA
- ☐ NIDHOGGR
- ☐ PERIL
- ☐ PHALANX
- ☐ PYTHON
- ☐ RIONG
- ☐ SENATE
- ☐ SERPENT
- ☐ SETH
- ☐ SMAUG
- ☐ TATSU
- ☐ TIMET
- ☐ UNICORN
- ☐ VRITA
- ☐ WEYR
- ☐ WYRM
- ☐ WYVERN
- ☐ YANG

H	B	T	O	S	T	S	D	T	S	A	E	B	O	R
G	V	T	E	M	I	T	O	O	A	D	A	W	E	S
F	S	T	L	I	R	E	P	O	J	U	A	P	S	I
E	H	P	Y	T	H	O	N	B	J	O	L	E	E	N
K	C	P	O	V	H	P	G	F	A	F	N	I	R	P
A	L	I	G	Y	R	N	H	N	D	C	W	O	P	D
R	A	N	R	O	C	I	L	A	O	H	C	C	E	D
D	D	R	A	T	M	R	T	G	L	I	H	D	N	D
J	O	R	G	R	A	I	O	A	N	A	R	R	T	N
V	N	I	A	G	E	K	F	U	R	O	N	C	A	N
S	M	A	U	G	O	N	C	M	U	S	H	X	T	H
N	S	K	W	W	O	H	A	O	F	A	Y	L	S	L
A	W	Y	V	E	R	N	D	W	C	A	I	A	U	U
L	R	A	Y	Y	B	A	S	I	L	I	S	K	N	N
M	P	N	F	R	G	E	T	A	N	E	S	E	L	G

249 NUMBER SEEK 249

Solve this puzzle by seeking numbers instead of letters.

- ☐ 00537
- ☐ 01367
- ☐ 01477
- ☐ 01604
- ☐ 01814
- ☐ 02949
- ☐ 03710
- ☐ 04422
- ☐ 04912
- ☐ 06016
- ☐ 07414
- ☐ 09359
- ☐ 11061
- ☐ 11076
- ☐ 15244
- ☐ 15493
- ☐ 17179
- ☐ 18318
- ☐ 18673
- ☐ 22237
- ☐ 29110
- ☐ 29696
- ☐ 35519
- ☐ 40519
- ☐ 44922
- ☐ 50429
- ☐ 50992
- ☐ 51571
- ☐ 56417
- ☐ 62060
- ☐ 63801
- ☐ 67106
- ☐ 69041
- ☐ 71039
- ☐ 71282
- ☐ 72441
- ☐ 73985
- ☐ 74133
- ☐ 75847
- ☐ 77623
- ☐ 77694
- ☐ 77975
- ☐ 80894
- ☐ 82272
- ☐ 82715
- ☐ 83681
- ☐ 84373
- ☐ 92313
- ☐ 97664
- ☐ 99723

5	5	9	1	5	5	3	0	0	5	3	7	2	6	1
2	7	2	2	8	2	7	1	5	1	3	2	9	5	5
4	2	9	0	3	5	9	4	8	6	1	0	1	6	4
6	0	1	7	6	1	5	4	2	0	4	5	9	2	9
7	6	4	9	7	6	3	0	2	1	7	4	3	0	3
0	0	9	9	4	7	9	1	4	1	9	7	1	6	0
1	1	6	1	3	0	0	7	4	2	6	3	8	0	1
1	7	7	4	9	8	0	8	0	8	9	7	2	1	6
4	3	7	1	7	9	0	1	1	9	2	1	6	6	0
7	0	1	3	7	3	7	3	3	3	8	9	8	2	4
8	1	5	0	9	9	2	2	5	6	6	1	2	9	7
0	4	2	1	0	7	4	2	3	9	7	9	3	7	5
7	7	4	8	9	6	4	8	2	7	4	0	6	8	6
7	7	4	1	2	6	1	9	0	4	1	2	0	0	1
1	9	9	4	7	4	8	5	7	7	3	9	8	5	5

250 BLEU RIBBON 250

The Cordon Bleu ribboned medallion is an award for culinary excellence. According to one legend, it was created by Louis XV, who presented it to Madame DuBarry as a reward for her fine dinners.

- ☐ AUGUST
- ☐ AWARD
- ☐ BEST
- ☐ CHEF
- ☐ CHOICE
- ☐ CREDIT
- ☐ DISTINCTION
- ☐ ELITE
- ☐ EMINENT
- ☐ ESTEEM
- ☐ EXCEPTIONAL
- ☐ FAME
- ☐ FINE
- ☐ FIRST
- ☐ GLORY
- ☐ GRAND
- ☐ GREAT
- ☐ HIGHEST
- ☐ HONORS
- ☐ LEAD
- ☐ LOFTY
- ☐ MAJESTIC
- ☐ MASTER
- ☐ MOST
- ☐ NOBLE
- ☐ NOTED
- ☐ OUTSTANDING
- ☐ PERFECT
- ☐ RANK
- ☐ RECOGNITION
- ☐ REGARD
- ☐ RENOWN
- ☐ REWARD
- ☐ RIBBON
- ☐ RICH
- ☐ SUPERB
- ☐ SUPERIOR
- ☐ SUPREME
- ☐ TOPS
- ☐ WINNER

```
N F I R S T W P Y D E T O N L
W A U G U S T G L O R Y G B R
O M I N L O F T Y P F A O M E
N E W I M A J E S T I C W E G
E D D D F O N T N E N I M E A
R E N N I W S O A O E S R T R
G R E A T S R T I W I U A S D
S L E T R R T T E T A P N E X
U U C S H G I I Y J P R K B P
P M I T I N S B N C I E D X E
E A O U G C R R B C R M C E R
R S H O H L O E H O T E L X F
I T C E E C N P N O N I D E E
O E F A S W O U P D T M O I C
R R D U T X H S T E L B O N T
```

UNDER-STOOD

251

"Don't sit under the apple tree with anyone else but me," sang the Andrews Sisters in 1942. For a look at other things found under trees, read through the list below.

- ☐ ACORN
- ☐ ANTS
- ☐ APPLE
- ☐ BENCH
- ☐ BLOSSOM
- ☐ BRANCH
- ☐ BUDS
- ☐ CAT
- ☐ COCONUT
- ☐ DIRT
- ☐ DOG
- ☐ FEATHER
- ☐ FROND
- ☐ GRASS
- ☐ HAMMOCK
- ☐ HUSKS
- ☐ LEAF
- ☐ LICHENS
- ☐ LIMB
- ☐ LUMBER-JACK
- ☐ MONKEY
- ☐ MOSS
- ☐ MULCH
- ☐ NEST
- ☐ NUTS
- ☐ ORANGE
- ☐ PECAN
- ☐ PICNIC
- ☐ PINE cone
- ☐ PODS
- ☐ ROOT
- ☐ SEEDS
- ☐ SHADE
- ☐ SHELLS
- ☐ SNOW
- ☐ SPROUT
- ☐ SQUIRREL
- ☐ SWING
- ☐ TOADSTOOL
- ☐ TWIG
- ☐ Rip Van WINKLE

L	G	K	A	C	O	R	N	G	H	M	W	D	B	S
D	I	R	T	O	A	D	S	T	O	O	L	C	D	P
M	W	W	L	C	H	T	O	S	T	U	N	U	I	E
U	T	T	U	O	R	P	S	G	M	G	B	C	M	D
R	E	S	T	N	A	F	N	B	W	N	N	G	O	A
O	A	W	Q	U	J	L	E	R	R	I	U	Q	S	H
G	P	F	O	T	E	R	H	A	C	W	N	Q	S	S
Q	P	Y	H	N	J	S	C	N	T	S	B	K	O	D
Y	L	G	R	A	S	S	I	C	O	H	Q	I	L	E
T	E	K	C	C	M	K	L	H	C	N	E	B	B	E
L	N	K	Y	E	S	M	S	L	D	N	O	R	F	S
E	I	R	N	P	H	U	O	U	E	G	N	A	R	O
A	P	M	O	O	I	L	Q	C	H	H	F	E	M	Y
F	A	D	B	O	M	C	G	H	K	I	S	U	S	C
H	S	I	O	W	T	H	G	J	W	D	S	Q	P	T

252 QUOTABLE 252

This quotation is by Ben Franklin. The words in the diagram are grouped together as they are shown in the list.

- ☐ IF YOU
- ☐ WOULD
- ☐ KEEP
- ☐ A SECRET
- ☐ FROM AN
- ☐ ENEMY
- ☐ TELL IT
- ☐ NOT TO
- ☐ A FRIEND.

O	M	C	T	T	U	T	T	U	L	O	U
S	C	N	K	E	E	P	O	O	W	S	Y
E	C	F	N	A	R	L	R	Y	I	T	D
O	E	E	C	L	R	C	L	F	N	R	D
R	M	C	I	W	D	N	E	I	R	F	A
Y	M	K	Y	O	O	F	W	S	T	T	A
N	F	W	S	T	F	R	O	M	A	N	Y
N	K	C	T	T	L	C	U	N	W	R	L
A	Y	O	A	E	T	M	L	C	R	Y	U
M	L	O	N	M	L	M	D	F	K	M	E

253 SQUARE NINES 253

Find 3x3 squares in the diagram that contain, in no particular order, the nine letters of the words listed.

M	A	C	P	A	B	G	A	I	T	R	G
I	F	Y	L	C	R	I	U	S	L	A	T
N	S	I	C	E	D	V	S	M	C	E	L
S	I	R	S	T	M	I	H	A	I	S	E
T	M	E	P	N	P	E	L	U	L	A	K
B	C	F	A	D	T	R	A	N	V	S	N
R	I	N	E	G	A	C	P	E	E	A	B
T	L	R	S	N	H	M	G	R	I	N	S
E	C	A	B	A	L	V	R	E	A	H	T
C	Y	K	E	N	U	F	I	D	B	A	G

- ☑ APPLECART
- ☐ BRIGADIER
- ☐ CAMPFIRES
- ☐ CELESTIAL
- ☐ GRAPEVINE
- ☐ MINISTERS
- ☐ MUSIC HALL
- ☐ NEBRASKAN
- ☐ SIMULCAST
- ☐ STAGEHAND
- ☐ TRICYCLES

254 ANTIQUE HOGS 254

If you're a motorcycle enthusiast looking for two-fisted entertainment, get in gear and tool out to motordrome hot spots like Daytona (Florida), Sturgis (South Dakota), and the Loudon Classic in New Hampshire, where the thrill of motorcycle racing and the excitement of antique bike shows come together.

- ☐ AMERICAN
- ☐ ARIEL
- ☐ ATTEND
- ☐ BIKE
- ☐ BRAND
- ☐ BRITISH
- ☐ BUYING
- ☐ COLLECTOR
- ☐ CROWD
- ☐ CUSTOM
- ☐ CYCLE
- ☐ DESIGN
- ☐ EVENT
- ☐ EXHIBIT
- ☐ HARLEY-Davidson
- ☐ HONDA
- ☐ INDIAN
- ☐ JAPAN
- ☐ KAWASAKI
- ☐ LOUD
- ☐ MODEL
- ☐ MOTOR
- ☐ MUSTANG
- ☐ NOISE
- ☐ NOSTALGIA
- ☐ OLDEST
- ☐ ORIGINAL
- ☐ OWNER
- ☐ RACER
- ☐ RALLY
- ☐ RARE
- ☐ RESTORED
- ☐ RIDE
- ☐ ROAD
- ☐ SHOW
- ☐ TENTS
- ☐ TRIUMPH
- ☐ UNIQUE
- ☐ VINTAGE
- ☐ WHEEL
- ☐ WHIZZER

C	A	N	B	Z	S	V	Z	E	M	D	N	A	R	B
N	U	R	R	B	I	K	E	X	U	L	E	E	H	W
A	P	S	I	N	G	I	S	E	D	Q	Q	A	H	K
C	A	T	T	E	N	D	U	G	K	R	I	I	M	O
I	L	A	I	O	L	X	W	A	E	G	Z	N	C	R
R	G	M	S	I	M	O	W	S	L	Z	G	A	U	I
E	O	O	H	Z	H	A	T	A	E	G	N	P	V	G
M	W	T	L	S	S	O	T	R	X	N	A	A	D	I
A	N	O	C	A	R	S	S	R	H	I	T	J	L	N
D	E	R	K	E	O	A	N	A	I	Y	S	G	E	A
N	R	I	D	N	L	S	R	A	B	U	U	Y	D	L
O	C	R	O	W	D	L	Y	E	I	B	M	A	I	O
H	C	Y	C	L	E	D	O	M	T	D	O	P	R	U
R	A	L	L	Y	S	R	A	C	E	R	N	R	H	D
N	S	T	N	E	T	N	E	V	E	N	O	I	S	E

255 POLI SCI 255

Political science is the study of government. It dates back to the 3rd century B.C., when Socrates and Plato discussed the ideal forms for government to take.

☐ AIDE
☐ ALIGN
☐ AMNESTY
☐ ASYLUM
☐ BLOC
☐ BUREAU
☐ CHECKS and balances
☐ CIVIL
☐ CONGRESS
☐ COUNTY
☐ COURIER
☐ DECREE
☐ DIPLOMAT
☐ DISTRICT
☐ DOSSIER
☐ ENACT
☐ ENVOY
☐ FACTION
☐ FEDERAL
☐ FIAT
☐ GOVERNMENT
☐ JUNTA
☐ LAWS
☐ LEGISLATE
☐ LOCAL
☐ MANDATE
☐ PARLEY
☐ PARTY
☐ POLICY
☐ POLITICS
☐ PURGE
☐ REGIME
☐ REPUBLIC
☐ SENATE
☐ SLATE
☐ STATE
☐ SYSTEM
☐ TACTIC
☐ VETO
☐ VOTE

L	T	T	S	A	N	B	M	A	E	N	A	C	T	T
I	C	A	K	L	U	Y	A	R	P	T	T	T	N	M
V	F	I	C	R	E	I	R	U	O	C	A	E	S	U
I	L	F	E	T	A	D	N	A	M	O	M	N	T	L
C	S	A	H	D	I	I	V	M	Y	N	O	G	E	Y
I	U	C	C	I	I	C	M	N	R	G	L	I	O	S
L	E	G	I	S	L	A	T	E	K	R	P	L	P	A
B	G	R	H	T	V	C	V	S	T	E	I	A	O	T
U	R	F	E	R	I	O	E	T	Y	S	D	W	L	N
P	U	E	A	I	G	L	T	Y	R	S	Y	S	I	U
E	P	D	L	C	S	B	O	E	T	A	L	S	C	J
R	V	E	O	T	T	S	G	P	A	R	L	E	Y	S
E	E	R	C	E	D	I	O	A	S	T	A	T	E	H
T	K	A	A	H	M	V	O	D	D	N	G	P	K	F
A	H	L	L	E	C	O	U	N	T	Y	O	V	N	E

256 ZIGZAG 256

Instead of reading in a straight line, each entry has one bend in it. One entry has been looped for you.

- ☐ ALGERIA
- ☐ ARMAGH
- ☐ BADLANDS
- ☐ CAMELS
- ☐ CENTI-GRADE
- ☐ CHOIRS
- ☐ CLUING
- ☐ COHORT
- ☐ DANCE
- ☐ DENMARK
- ☐ ENORMOUS
- ☐ FLEXION
- ☐ GAFFER
- ☐ GLOAT
- ☐ GRADUATE
- ☐ HEPTA-CHORD
- ☐ INKBERRY
- ☐ KNUCKLE
- ☐ LOWLAND
- ☐ MIMES
- ☐ MISCHIEF
- ☐ NINETY
- ☐ NOMADIC
- ☐ NORMAN
- ☐ OFFSCREEN
- ☐ PARSEC
- ☐ PARTAKE
- ☐ RECRYSTAL-LIZE
- ☐ SEAFARER
- ☐ SHAGGY
- ☐ SKEINS
- ☐ TACKLED
- ☐ THRESHER
- ☐ TROPIC
- ☐ TUCSON
- ☐ UNTANGLE
- ☐ UPLAND
- ☐ VINLAND
- ☐ WATCHER
- ☑ ZIGZAG

E	R	I	A	N	A	T	A	L	L	I	Z	E	U	P
G	V	R	A	M	S	G	I	Z	G	I	T	N	E	C
L	K	M	R	Y	N	D	H	F	E	R	T	T	M	I
A	F	A	R	E	R	E	N	F	C	A	A	I	R	P
T	A	C	V	O	P	D	D	A	N	O	S	D	X	O
C	E	M	I	T	N	E	L	G	L	C	H	I	E	F
R	S	D	N	A	L	G	G	Y	C	W	O	L	L	R
E	W	F	L	C	A	P	R	K	B	N	R	B	F	E
E	C	B	F	H	S	Y	U	A	N	P	T	P	N	H
N	L	T	S	O	R	N	D	Y	D	U	A	T	E	S
S	U	O	M	R	I	L	G	T	N	R	C	R	H	E
C	I	I	E	D	O	A	E	W	T	A	K	E	S	R
S	N	B	N	H	Z	N	O	M	A	D	L	L	E	L
O	K	Z	C	G	I	D	E	F	I	T	E	H	C	P
N	Z	E	I	N	S	S	F	C	A	M	C	A	K	U

257 WONDERFUL TOWN 257

Enjoy a night on the town, compliments of this Word Seek, as you search for the entries associated with an evening out.

☐ APPETIZER
☐ CHAM-
PAGNE
☐ CLUB
☐ COFFEE
☐ CONCERT
☐ DANCE
☐ DATE
☐ DESSERT
☐ DINNER
☐ DRINKS
☐ EVENING
☐ FRIENDS
☐ GALA
☐ GOWN
☐ KISS
☐ LIMO
☐ LOVE
☐ MENU
☐ MOON-
LIGHT
☐ MOVIE
☐ MUSIC
☐ OPENING
☐ PARTY
☐ PLAY
☐ RELAX
☐ RESTAURANT
☐ ROMANCE
☐ SERVICE
☐ STARS
☐ STREET lights
☐ STROLL
☐ SUIT
☐ TALK
☐ TAXI
☐ THEATER
☐ TIE
☐ TOAST
☐ TUXEDO
☐ VALET
☐ WINE
☐ WRAP

K	T	X	B	U	L	C	T	P	D	D	H	N	Y	C
I	U	A	P	L	I	H	H	H	R	R	A	G	B	W
S	X	L	K	S	M	A	E	V	E	N	I	N	G	I
S	E	E	T	D	O	M	D	S	Z	A	Y	I	C	N
S	D	R	S	N	G	P	T	A	I	E	T	N	T	E
T	O	T	V	E	D	A	H	R	T	I	R	E	A	A
R	S	S	R	I	U	G	G	E	E	E	A	P	R	Y
E	M	R	N	R	C	N	I	V	P	C	P	O	E	R
E	C	N	A	F	D	E	L	O	P	U	N	E	M	D
T	E	N	B	T	T	M	N	L	A	A	F	O	R	H
R	T	S	A	V	S	Y	O	H	O	F	R	I	C	D
C	I	S	U	M	A	G	O	V	O	R	N	W	P	Y
C	Y	X	P	I	O	L	M	C	I	K	T	A	L	K
G	A	L	A	W	T	R	E	S	S	E	D	S	A	P
P	P	R	N	T	N	P	Y	T	E	T	V	Y	Y	L

258 ONE AND ONLY 258

The word MAYFLY is hidden in the diagram only once. It will read in a straight line forward, backward, up, down, or diagonally.

A	Y	M	A	M	F	F	Y	M	F	F	A
L	Y	L	Y	F	M	F	L	F	F	Y	L
F	F	M	F	F	F	F	Y	Y	A	F	M
L	Y	Y	F	Y	F	Y	F	A	A	F	A
L	A	A	A	Y	A	F	M	F	L	L	A
M	Y	L	L	M	L	M	F	A	M	F	F
L	A	M	F	A	Y	M	A	M	Y	F	F
L	L	L	Y	L	A	A	F	M	Y	L	F
L	L	M	F	L	F	F	A	F	F	F	Y
F	L	L	L	M	L	M	M	M	M	L	F

259 HOW MANY? 259

Can you find the word MAYFLY hidden in this diagram 17 times? Its letters read in a straight line forward, backward, up, down, and diagonally.

L	M	A	Y	F	L	Y	L	F	Y	A	M
M	Y	L	F	Y	A	M	L	M	F	M	M
L	M	L	Y	L	F	Y	A	M	A	L	A
Y	M	M	F	M	Y	Y	F	Y	Y	Y	A
Y	L	M	M	Y	F	L	F	M	F	M	M
L	L	F	A	L	A	L	F	A	A	L	A
F	Y	M	Y	Y	Y	M	A	Y	F	L	Y
Y	L	F	F	A	F	M	F	F	A	A	F
A	Y	F	L	M	M	L	F	L	F	M	L
M	A	L	Y	F	Y	Y	Y	Y	F	Y	Y

260 CHURCH OF THE ROCK 260

Saint Peter's Basilica in Vatican City is the world's largest Christian church. Different architects, including Michelangelo and Giacomo della Porta, contributed to its dome and Latin-cross-shaped design. The original design by Donato Bramate, the first architect, was one of a domed, symmetrical church in the form of a Greek cross.

- ☐ ALTAR
- ☐ BALCONY
- ☐ BASILICA
- ☐ BEAUTY
- ☐ CANOPY
- ☐ CHAMBERS
- ☐ CHAPEL
- ☐ CHERUBS
- ☐ CHURCH
- ☐ CROSS
- ☐ CRYPT
- ☐ DOME (over 400 feet high)
- ☐ DONATO Bramante (first architect)
- ☐ HALLS
- ☐ MARBLE
- ☐ MASSES
- ☐ MOSAICS
- ☐ NAVE (150 feet high)
- ☐ POPE
- ☐ ROOMS
- ☐ SACRISTY
- ☐ SHAPE
- ☐ SISTINE
- ☐ SPLENDOR
- ☐ STATUES
- ☐ TOMBS
- ☐ TOURISTS
- ☐ TOURS
- ☐ TRAVERTINE
- ☐ VATICAN City
- ☐ VISIT
- ☐ WALLS

O	T	S	T	H	I	R	M	O	S	H	W	E	W	M
A	E	I	S	S	T	A	T	U	E	S	L	L	A	H
T	L	H	S	O	N	O	T	A	N	O	D	S	M	T
S	S	T	S	I	R	U	O	T	I	O	S	B	N	N
R	B	W	A	P	V	C	P	B	T	E	A	Y	A	S
E	P	U	C	R	L	I	D	D	S	S	P	V	C	V
B	C	T	R	A	V	E	R	T	I	N	E	I	A	Y
M	W	P	I	E	L	Y	N	L	S	N	A	T	H	V
A	C	Y	S	N	H	C	I	D	P	S	I	W	S	S
H	I	R	T	M	H	C	Y	N	O	C	L	A	B	R
C	Y	C	Y	U	A	W	A	M	A	R	O	O	M	S
T	O	U	R	S	A	R	W	N	P	E	I	D	O	H
S	O	C	B	L	P	E	B	D	O	M	E	S	T	A
T	H	T	L	S	M	V	B	L	P	P	U	N	B	P
P	B	S	V	L	C	H	A	P	E	L	Y	D	O	E

261 A STITCH IN RHYME 261

It seems as though nursery rhymes have been around forever. From the ancient and unknown origins of "Eenie, Meenie, Minie, Mo," to Mrs. Sarah Josepha Hale's "Mary Had a Little Lamb," written in 1830, nursery rhymes have been a part of our lives. Here is a collection of titles to help you rekindle your childhood wonder.

- ☐ BAA, BAA, Black Sheep
- ☐ Rock-a-bye BABY
- ☐ Little Boy BLUE
- ☐ One, Two, BUCKLE My Shoe
- ☐ Hot-Cross BUNS
- ☐ Bye, Baby BUNTING
- ☐ Old King COLE
- ☐ Hey DIDDLE Diddle
- ☐ EENCY Weency Spider
- ☐ GEORGIE Porgie
- ☐ GOOSEY, Goosey Gander
- ☐ HICKORY Dickory Dock
- ☐ Little JACK Horner
- ☐ Jack and JILL
- ☐ Three Little KITTENS
- ☐ Mary Had a Little LAMB
- ☐ LITTLE Bo-Peep
- ☐ LONDON Bridge
- ☐ MARY, Mary, Quite Contrary
- ☐ Three Blind MICE
- ☐ MONDAY'S Child
- ☐ Old MOTHER Hubbard
- ☐ Little Miss MUFFET
- ☐ Jack Be NIMBLE
- ☐ PAT-A-CAKE
- ☐ One POTATO, Two Potato
- ☐ The QUEEN of Hearts
- ☐ RAIN, Rain, Go Away
- ☐ Little ROBIN Redbreast
- ☐ RUB-A-DUB-DUB, Three Men in a Tub
- ☐ SIMPLE Simon
- ☐ Sing a SONG of Sixpence
- ☐ Jack SPRAT
- ☐ STAR Light
- ☐ Little TOMMY Tucker
- ☐ Pop Goes the WEASEL
- ☐ Wee WILLIE Winkie
- ☐ There Was an Old WOMAN
- ☐ YANKEE Doodle

R	S	A	U	C	M	R	Y	M	A	A	B	A	A	B
G	A	P	J	A	S	N	Y	B	A	B	J	G	W	J
C	A	I	R	P	A	T	A	C	A	K	E	N	O	A
O	L	Y	N	A	S	Y	A	D	N	O	M	T	M	C
L	O	R	E	H	T	O	M	R	R	E	A	Q	A	K
E	B	O	U	S	O	N	G	G	T	T	E	M	N	G
S	P	K	M	B	N	Y	I	R	O	B	I	N	B	E
A	Y	C	S	U	A	E	L	P	M	I	S	M	L	D
E	G	I	N	N	F	D	T	F	M	F	I	D	I	E
W	H	H	K	T	U	F	U	T	Y	M	D	B	T	S
N	I	E	Y	I	Y	B	E	B	I	I	I	U	T	S
N	E	L	O	N	D	O	N	T	D	K	B	C	L	R
N	L	E	L	G	O	O	S	E	Y	U	T	K	E	N
K	R	I	U	I	E	U	W	N	I	M	B	L	E	T
T	N	S	D	Q	E	U	L	B	M	A	L	E	S	G

262 MISSING VOWELS 262

Before you can loop the words in the list below, you must first fill in the circles in the diagram with the missing vowels A, E, I, O, and U. We have filled in one entry for you.

☑ ARROW
☐ BEIGE
☐ BLOOM
☐ BOUND
☐ BUNDLE
☐ CHANNEL
☐ CHARAC-TER
☐ CLEAN
☐ CLENCH
☐ COTTON
☐ EXAMPLE
☐ EXTRA
☐ GRADE
☐ HERALD
☐ HERBAL
☐ HOIST
☐ LAYER
☐ MANIA
☐ NICHE
☐ OMEGA
☐ OMIT
☐ ONCE
☐ PERK
☐ POACH
☐ POCKET
☐ PORK
☐ SCOOP
☐ SCORE
☐ SCOUT
☐ SKATE
☐ SPACE
☐ STRAIT
☐ SUPER
☐ TYPE
☐ UNFIT
☐ UNISON
☐ VOYAGE
☐ WEASEL
☐ WOODEN
☐ YANKEE

B	R	B	T	T	○	N	C	○	D	H	○	R	W	T
A	R	R	O	W	M	○	K	○	N	○	N	B	○	○
P	○	N	P	○	○	C	H	K	○	○	F	M	P	○
B	○	N	D	L	○	H	H	N	○	S	○	N	○	C
V	○	Y	○	G	○	○	V	○	B	T	T	V	L	S
F	○	X	○	M	R	N	C	Y	R	○	G	○	M	○
B	G	C	D	B	○	○	N	○	M	○	N	F	T	R
W	V	P	○	D	C	D	F	○	T	C	C	P	C	○
P	T	L	R	P	S	○	S	T	H	T	V	T	L	X
G	K	M	G	C	S	○	T	○	K	C	○	P	○	T
N	R	R	○	K	W	W	R	L	D	R	M	N	○	R
○	○	○	○	○	B	○	○	○	F	○	○	T	N	○
P	P	T	H	R	L	D	○	Y	X	N	P	P	F	N
W	○	Y	G	D	W	B	T	○	G	○	○	B	H	N
X	K	B	T	S	○	P	○	R	W	○	○	S	○	L

TWO HARTS

Television's Jonathan and Jennifer Hart were a rich, stylish couple who solved baffling crimes when they weren't hobnobbing with members of the jet set. Jonathan was a self-made millionaire and head of Hart Industries, and Jennifer was an internationally famous journalist. They were sometimes assisted by their faithful butler Max and dog Freeway (found on a freeway).

- ☐ ADVENTURE
- ☐ CAMERAS
- ☐ CARS
- ☐ CAST
- ☐ COMEDY
- ☐ COUPLE
- ☐ CREW
- ☐ CRIMES
- ☐ DANGER
- ☐ DIRECTOR
- ☐ DOG
- ☐ DRAMA
- ☐ EXCITEMENT
- ☐ GUESTS
- ☐ HOUR long
- ☐ HOUSE
- ☐ HUSBAND
- ☐ JENNIFER
- ☐ JONATHAN
- ☐ LOVE
- ☐ MARRIED
- ☐ MAX
- ☐ MYSTERY
- ☐ PLOTS
- ☐ Stephanie POWERS
- ☐ SCENES
- ☐ SCRIPTS
- ☐ SERIES
- ☐ SLEUTHS
- ☐ Lionel STANDER
- ☐ STARS
- ☐ STORIES
- ☐ TRAVEL
- ☐ Robert WAGNER
- ☐ WEALTHY
- ☐ WEEKLY
- ☐ WIFE

J	E	N	N	I	F	E	R	E	N	G	A	W	E	V
O	B	A	S	T	O	R	I	E	S	C	E	N	E	S
N	R	S	Y	E	F	I	W	L	A	E	S	U	O	H
A	E	L	R	R	A	M	E	W	R	V	I	R	C	F
T	D	O	S	A	O	U	A	D	E	I	R	R	A	M
H	N	V	H	T	T	T	E	X	M	A	E	U	E	C
A	A	E	E	H	P	S	C	Y	A	W	L	V	O	S
N	T	D	S	N	P	I	S	E	C	V	W	T	T	H
T	S	A	C	D	T	T	R	O	R	E	L	O	H	L
G	D	N	O	E	E	U	M	C	E	I	L	O	U	Y
U	T	G	M	R	L	E	R	K	S	P	D	E	S	T
E	G	E	Y	V	D	P	L	E	V	A	R	T	B	N
S	N	R	M	Y	C	Y	U	F	J	D	A	R	A	X
T	T	U	F	S	R	E	W	O	P	E	M	X	N	C
S	M	A	Y	S	E	M	I	R	C	U	A	L	D	G

264 EXPRESSION SESSION 264

The well-known phrases listed below are each missing a word. Using the clues provided in the parentheses, can you determine what the missing words are and then locate them in the puzzle diagram? One entry has been looped to start your list. The word list is given on page 526.

A ACE in the hole
A ________ of my eye
B ________ and chain
B ________ in his bonnet
B ________ the dust
C ________ off the old block
D ________ and out
D ________ behind the ears
E ________ Steven
F ________ in his cap
F ________ a kite
F ________ budget
G ________ of gab
G ________ of salt
H ________ over heels
H ________ pie
K ________ and caboodle
K ________ under
L ________ of Riley
L ________-livered
M ________ your P's & Q's
N ________ truth
O ________ knocks but once
P ________ in a poke
P ________ down
P ________ hookey
Q ________ life
R ________ cats and dogs
R ________ nor reason
R ________ the roost
S ________ days
S ________ and narrow
T ________ will tell
T ________-three skiddoo
U ________ the weather
W ________ your whistle
W ________ and woolly

S	B	O	H	A	Q	U	P	C	U	H	R	D	R	Y
C	O	L	G	C	L	L	H	K	Y	E	H	N	T	L
A	P	P	L	E	K	I	U	U	D	T	P	I	P	E
T	Y	G	V	A	P	N	L	N	K	E	N	M	F	K
I	G	E	C	V	B	I	U	Y	I	U	K	E	C	G
M	N	W	E	R	C	A	N	C	T	P	A	A	W	G
E	N	R	O	D	L	R	W	R	K	T	P	H	N	T
E	Q	A	W	V	P	G	O	F	H	L	F	U	S	S
E	T	I	B	K	V	P	D	E	A	Q	E	I	W	R
I	L	N	G	I	P	E	R	Y	S	V	W	F	G	I
D	G	T	Q	O	L	E	U	A	O	U	T	E	I	Q
L	I	C	H	U	M	B	L	E	H	E	M	T	W	L
Q	A	G	S	I	I	A	E	H	W	Y	L	F	K	W
K	L	H	E	A	D	E	K	B	H	P	C	C	C	B
H	A	L	H	D	D	S	T	R	A	I	G	H	T	R

265 BEAU GESTE 265

Beau Bridges began his acting career as a child in the late 1940's. After trying for a career in basketball, he returned to films in 1961, emerging as the All-American leading man. His 1989 film, "The Fabulous Baker Boys," which also featured his brother Jeff, helped put his career in the fast lane.

- ☐ ACTOR
- ☐ ALL-AMERICAN TYPE
- ☐ "The Fabulous BAKER Boys"
- ☐ CHILDREN
- ☐ DIRECTOR
- ☐ DOROTHY (mother)
- ☐ DYLAN (son)
- ☐ EMILY (daughter)
- ☐ Acting FAMILY
- ☐ "FORCE of Evil"
- ☐ "Honky Tonk FREEWAY"
- ☐ "GAILY, Gaily"
- ☐ "GREASED Lightning"
- ☐ "HEART Like a Wheel"
- ☐ "The HOTEL New Hampshire"
- ☐ "The INCIDENT"
- ☐ JEFF (brother)
- ☐ "The LANDLORD"
- ☐ "For LOVE of Ivy"
- ☐ MARRIED
- ☐ MOVIES
- ☐ "NORMA Rae"
- ☐ "Ensign O'TOOLE"
- ☐ "The Wild PAIR"
- ☐ "Child's PLAY"
- ☐ "The Red PONY"
- ☐ Child ROLES
- ☐ "The RUNNER Stumbles"
- ☐ "SEVEN Hours to Judgment"
- ☐ "SPACE"
- ☐ STAGE
- ☐ TALENT
- ☐ TELEVISION
- ☐ "The Iron TRIANGLE"
- ☐ UCLA
- ☐ "UNITED States"
- ☐ "No Minor VICES"
- ☐ "Two-Minute WARNING"

T	T	C	D	V	A	F	E	M	I	L	Y	R	C	T
J	E	F	F	E	C	S	P	P	C	B	K	W	N	E
C	E	L	O	O	T	O	Y	I	P	C	A	E	O	D
T	H	L	E	A	O	I	T	O	V	H	D	K	K	S
G	N	G	G	V	R	O	N	P	A	I	R	W	E	Y
A	Y	E	R	N	I	Y	A	U	C	L	C	L	N	R
I	L	D	O	E	A	S	C	N	D	D	O	E	R	W
L	I	R	E	G	A	I	I	I	H	R	Y	U	S	Y
Y	M	O	V	I	E	S	R	O	N	E	N	L	H	W
A	A	O	H	F	R	E	E	T	N	N	A	T	A	T
L	F	W	P	S	C	R	M	D	E	U	O	R	N	N
P	E	L	E	T	O	H	A	R	N	R	N	E	T	B
K	T	V	O	E	V	O	L	M	O	I	L	W	K	A
N	E	R	K	D	R	O	L	D	N	A	L	C	U	D
N	G	E	C	R	O	F	A	G	T	E	C	A	P	S

266 IT'S LEGOLAND 266

Legoland, a fun park in the Disneyland/Disney World vein, is located in Billund, Denmark. Opened in 1968, it promotes the Lego building-block philosophy of creativity and gentleness, featuring buildings, mini-scale models of scenes from around the world, and cars made of Lego bricks. The park is open from late April until mid-September.

- ☐ AUTOMATED
- ☐ BILLUND
- ☐ BLOCKS
- ☐ BOAT ride
- ☐ BRICKS
- ☐ BUILD
- ☐ CANALS
- ☐ CARS
- ☐ CHARMING
- ☐ COLORS
- ☐ DANISH
- ☐ DENMARK
- ☐ ELECTRONIC
- ☐ FAMILY
- ☐ FERRIES
- ☐ HOUSES
- ☐ KIDS
- ☐ Statue of LIBERTY
- ☐ MARVEL
- ☐ MINIATURE
- ☐ MOUNT Rushmore
- ☐ Amusement PARK
- ☐ PLASTIC
- ☐ PLAY
- ☐ REMOTE control
- ☐ REPLICAS
- ☐ RURAL
- ☐ SCANDINAVIA
- ☐ SCENES
- ☐ SETS
- ☐ SNAP
- ☐ STATUE
- ☐ THEME park
- ☐ TICKETS
- ☐ TOYS
- ☐ TRAIN ride
- ☐ UNIQUE
- ☐ VACATION
- ☐ VISIT

Y	C	I	N	O	R	T	C	E	L	E	V	R	A	M
D	A	N	I	S	H	D	T	S	T	C	A	M	U	K
L	E	L	S	A	K	R	E	I	T	H	C	U	N	K
I	T	C	P	C	A	C	S	T	D	A	A	M	I	I
U	O	E	O	I	A	I	O	E	A	R	T	O	Q	D
B	M	S	N	L	V	N	N	L	K	M	I	U	U	S
O	E	E	T	P	O	M	D	R	B	I	O	N	E	Y
A	R	I	S	E	A	R	A	I	S	N	N	T	T	S
T	U	R	E	R	K	P	S	E	N	G	S	R	U	R
F	T	R	K	M	L	C	N	K	A	A	E	G	C	A
G	A	E	Y	A	E	E	I	O	P	B	V	E	A	C
O	I	F	S	K	C	H	D	T	I	I	E	I	N	I
H	N	T	Q	S	Y	O	T	L	Y	L	I	M	A	F
B	I	L	L	U	N	D	S	N	R	U	R	A	L	D
C	M	S	K	C	I	R	B	H	O	U	S	E	S	B

267 THE MERRY FESTIVAL 267

Jai alai developed from a game played in the Basque regions of Spain and France during the 1600s. "Jai alai" in the Basque language means "merry festival."

- ☐ ANCIENT
- ☐ ARENA
- ☐ BACK
- ☐ BALL
- ☐ BET
- ☐ CANCHA (court)
- ☐ CATCH
- ☐ CESTA (basket)
- ☐ COURT
- ☐ Goatskin COVER
- ☐ CUBA
- ☐ EGYPT
- ☐ FAST
- ☐ FORCE
- ☐ FRONT
- ☐ FUN
- ☐ GAME
- ☐ GEAR
- ☐ HAND
- ☐ HURL
- ☐ LONG
- ☐ MATCHES
- ☐ MERRY festival
- ☐ MEXICO
- ☐ ONE SIDE
- ☐ PELOTA (ball)
- ☐ PLAYERS
- ☐ REACH
- ☐ REBOUNDS
- ☐ RULES
- ☐ SCORE
- ☐ SPAIN
- ☐ SPECTATORS
- ☐ SPEED
- ☐ THREE-WALL
- ☐ TRAINING
- ☐ WALLS
- ☐ WICKER basket
- ☐ WIDE
- ☐ WINNER
- ☐ WRIST

I	B	R	P	O	G	W	G	U	F	H	H	U	R	L
K	D	E	E	P	S	B	A	F	F	U	A	U	R	A
O	S	V	C	V	E	R	M	R	U	A	L	N	H	R
C	Y	R	R	T	H	W	E	O	N	E	S	I	D	E
T	R	U	O	C	C	R	X	N	S	D	R	T	W	N
G	R	T	F	T	T	I	I	T	N	E	I	C	N	A
G	E	E	H	L	A	S	C	U	V	I	T	C	T	E
S	M	D	S	R	M	T	O	O	N	R	W	O	G	D
H	C	P	L	R	E	B	C	U	B	A	L	L	N	I
X	R	L	P	G	E	E	A	E	R	E	K	C	I	W
L	S	C	O	R	E	Y	W	T	P	Y	G	E	N	X
F	W	C	A	N	C	H	A	A	K	S	E	S	I	I
B	F	L	O	T	G	L	C	L	L	M	A	T	A	S
D	O	K	B	A	C	K	N	G	P	L	R	A	R	X
H	D	R	E	A	C	H	N	I	A	P	S	T	T	V

268 SPICE OF LIFE 268

"Variety's the very spice of life/ That gives it all its flavor," wrote 18th-century English poet William Cowper. There are plenty of varieties of spice for you in this puzzle.

- ☐ ALLSPICE
- ☐ ANISE
- ☐ BALM
- ☐ BASIL
- ☐ BORAGE
- ☐ CAPERS
- ☐ CARAWAY
- ☐ CATNIP
- ☐ CAYENNE
- ☐ CHERVIL
- ☐ CHILI powder
- ☐ CHIVES
- ☐ CINNAMON
- ☐ CLOVES
- ☐ COCOA
- ☐ CUMIN
- ☐ CURRY
- ☐ DILL
- ☐ FENNEL
- ☐ GARLIC
- ☐ GINGER
- ☐ Bay LEAF
- ☐ MINT
- ☐ MUSTARD
- ☐ NUTMEG
- ☐ OREGANO
- ☐ PAPRIKA
- ☐ PARSLEY
- ☐ PEPPER
- ☐ POPPY seed
- ☐ ROSEMARY
- ☐ RUE
- ☐ SAGE
- ☐ SALT
- ☐ SAVORY
- ☐ Celery SEED
- ☐ SESAME
- ☐ THYME

C	I	A	F	I	L	I	H	C	G	D	W	U	K	U
G	H	S	W	S	C	E	G	I	N	G	E	R	O	U
T	W	L	N	A	A	L	E	L	I	V	R	E	H	C
R	N	P	P	V	R	L	P	R	P	S	C	C	S	L
F	I	I	D	O	A	I	T	A	Y	I	A	V	E	O
C	M	K	M	R	W	D	M	G	P	P	N	G	L	V
N	U	L	C	Y	A	N	I	S	E	R	E	T	E	E
B	C	R	Y	A	Y	T	L	R	T	M	I	I	A	S
O	E	V	R	B	Y	L	S	M	T	A	G	K	F	C
N	P	U	A	Y	A	E	C	U	I	T	B	E	A	H
A	E	L	M	C	I	N	N	A	M	O	N	Y	M	I
G	M	P	E	P	P	E	R	N	R	N	W	C	L	V
E	M	A	S	E	S	D	A	A	E	M	Y	H	T	E
R	B	C	O	C	O	A	G	L	I	S	A	B	B	S
O	P	A	R	S	L	E	Y	P	P	O	P	W	W	B

WIZARD WORDS

First loop in the diagram all the words listed below. Then read the leftover letters (any not looped), from left to right, top to bottom, to discover the Wizard's Words. *Wizard Words on page 524*

___ ___ ____ _______ ___,
___ ___'_ _____ ________.

- ☐ ACUMEN
- ☐ ASTUTE
- ☐ COMPASSION
- ☐ COPE
- ☐ DEEM
- ☐ DEPTH
- ☐ DIPLOMACY
- ☐ EXPERIENCE
- ☐ GUIDE
- ☐ HEED
- ☐ HONE
- ☐ INSIGHT
- ☐ INTELLIGENCE
- ☐ JUDGMENT
- ☐ KNOWLEDGE
- ☐ LEARN
- ☐ LORE
- ☐ MENTAL
- ☐ MINDFUL
- ☐ OPINION
- ☐ PLAN
- ☐ PRACTICAL
- ☐ PROFOUND
- ☐ PRUDENT
- ☐ PUNDIT
- ☐ RATIONAL
- ☐ REASON
- ☐ SAGE
- ☐ SAPIENT
- ☐ Common SENSE
- ☐ SHREWD
- ☐ SOUND
- ☐ TEACH
- ☐ THINK
- ☐ VALUES
- ☐ WISE
- ☐ WORLDLY

Y	M	O	U	W	O	R	L	D	L	Y	W	L	I	I
C	I	N	O	S	A	E	R	A	C	N	I	A	N	G
D	N	U	O	S	N	I	T	A	V	D	S	T	S	E
E	D	O	A	D	V	O	M	U	I	C	E	N	I	E
E	F	S	I	B	P	O	I	U	T	L	U	E	G	C
M	U	E	A	S	L	L	G	N	L	S	L	M	H	O
H	L	E	X	P	S	U	A	I	I	E	A	G	T	P
O	T	G	I	P	I	A	G	N	A	P	V	D	R	E
N	P	D	E	D	E	E	P	R	O	F	O	U	N	D
E	U	E	E	G	N	R	N	M	Y	I	D	J	H	E
O	N	L	S	C	A	U	I	T	O	E	T	C	C	P
A	D	W	E	R	H	S	N	E	N	C	A	A	T	T
G	I	O	N	K	N	I	H	T	N	E	I	V	R	H
E	T	N	S	W	L	A	C	I	T	C	A	R	P	I
S	D	K	E	R	O	L	A	C	U	M	E	N	O	M

270/271 HERE AND THERE 270/271

There are many 6-letter words hidden in the two diagrams below, but only 7 words are in BOTH diagrams! Can you find them? The list of the 7 words is given on page 525.

HERE

B	E	D	S	R	R	E	V	L	I	S	F
S	C	R	E	E	N	C	Y	S	D	A	S
T	S	V	E	E	L	T	T	O	B	V	F
R	S	R	T	V	E	M	E	E	B	O	R
I	N	E	R	F	E	H	S	L	V	R	C
K	S	H	A	N	B	S	O	P	C	Y	P
E	P	S	T	R	S	S	L	M	R	H	V
D	B	A	F	L	C	N	C	I	C	D	P
R	L	B	R	F	P	H	H	S	B	S	P
D	I	A	P	E	R	E	D	I	P	S	L

YOUR LIST OF 6-LETTER WORDS

THERE

L	D	L	H	F	P	N	N	N	R	G	E
T	R	E	V	O	L	T	N	G	T	K	F
N	D	L	G	P	F	E	D	S	I	C	S
N	L	P	F	A	E	D	P	R	R	A	E
D	L	M	P	R	T	R	T	F	V	M	A
F	G	I	C	A	E	S	E	O	C	E	R
H	T	S	V	R	P	D	R	V	T	R	C
T	T	E	H	S	D	Y	E	M	L	A	H
S	R	F	G	H	T	L	A	E	W	I	N
N	L	Y	T	E	F	A	S	T	M	S	S

272 CAR-PORT 272

One of the most popular collections of toy cars is the Mattel company's Hot Wheels line, launched in 1968. Over 40 million Hot Wheels are made each year, and they are sold in over a hundred countries!

- ☐ BODY
- ☐ BRAND
- ☐ CARS
- ☐ CHILDREN
- ☐ COLOR
- ☐ CONTROL
- ☐ DESIGNS
- ☐ DETAIL
- ☐ DRIVE
- ☐ FAST
- ☐ IMITATE
- ☐ MANEUVER
- ☐ MODELS
- ☐ MOTION
- ☐ NASCAR models
- ☐ PAINT
- ☐ PARTS
- ☐ PLASTIC
- ☐ PLAY
- ☐ PRODUCT
- ☐ PURCHASE
- ☐ RACE
- ☐ ROLL
- ☐ SCALE
- ☐ SEAT
- ☐ SHAPE
- ☐ SIDEWALK
- ☐ SIZE
- ☐ SMALL
- ☐ SPIN
- ☐ TIRES
- ☐ TOYS
- ☐ TRACTION
- ☐ TURN
- ☐ VEHICLE
- ☐ VERSION
- ☐ WHEELS
- ☐ WILD

E	T	I	P	I	B	Y	A	L	P	O	N	F	P	P
N	V	C	T	O	M	R	L	F	O	W	C	P	A	O
R	E	V	U	E	N	A	M	N	A	R	F	R	E	E
T	H	R	C	D	W	H	E	E	L	S	T	O	Y	S
W	I	L	D	M	O	T	I	O	N	S	T	N	N	A
S	C	B	D	L	A	R	M	L	N	A	M	G	O	H
P	L	A	S	T	I	C	P	S	E	R	I	T	I	C
I	E	E	I	Z	R	H	N	S	D	S	U	D	S	R
N	V	M	D	E	L	A	C	S	E	W	E	T	R	U
S	I	Z	E	O	S	S	C	D	T	P	T	I	E	P
Z	R	F	W	C	M	B	H	T	A	N	G	Z	V	O
I	D	O	A	A	T	O	R	H	I	L	Z	O	N	K
R	D	R	L	Y	Y	D	S	A	L	O	P	D	K	O
K	S	L	K	O	U	Y	P	O	N	U	N	I	P	U
E	L	K	I	E	C	A	R	L	O	D	T	E	T	R

273 ZIGZAG 273

Instead of reading in a straight line, each entry has one bend in it. One entry has been looped for you.

- ☐ ARMY ANT
- ☐ BASEBALL
- ☐ BAYBERRY
- ☐ BOOKWORM
- ☐ BUGGY
- ☐ CHIMPANZEE
- ☐ DAUGHTER
- ☐ DEPUTY
- ☐ EXPERT
- ☐ FORT KNOX
- ☐ FREIGHT
- ☐ FUZZY
- ☐ GRADUATE
- ☐ HEADBAND
- ☐ HORNETS
- ☐ IDLE WHEEL
- ☐ JUMBLE
- ☐ KEELBOAT
- ☐ LYRICIST
- ☐ MATCHBOX
- ☐ NORTH
- ☐ ODDITY
- ☐ PALACE
- ☐ PROGRAM
- ☐ RADIANT
- ☐ RANCH
- ☐ SERENE
- ☐ SPONGE
- ☐ TIBETAN
- ☐ TRANSOM
- ☐ UPROOT
- ☐ VIDEO
- ☐ VISIBLE
- ☐ WHISKER
- ☐ WINESKIN
- ☑ ZIGZAG

A	X	T	A	O	B	Y	P	T	E	R	T	S	I	C
N	Y	L	Q	L	G	K	H	R	T	R	S	H	I	W
T	B	M	E	G	S	G	I	U	O	P	F	R	B	T
E	N	E	R	E	U	E	G	N	O	G	Y	R	R	H
X	K	A	N	A	H	B	O	R	Z	L	R	A	E	G
O	D	I	D	L	E	W	P	E	R	T	N	A	B	I
B	W	U	P	R	N	U	X	D	X	S	M	V	Y	M
H	C	T	A	M	L	Y	E	O	H	O	G	Z	A	G
T	V	D	I	T	Y	L	N	E	Z	M	P	I	B	H
N	I	D	N	O	E	K	A	Y	Z	Z	U	A	Z	E
A	D	G	M	A	T	D	E	B	P	N	I	F	L	D
O	H	E	R	R	B	B	T	B	E	S	A	B	E	A
E	N	R	O	H	O	I	A	M	I	B	M	P	L	C
W	T	W	W	O	C	F	N	V	Y	T	U	O	M	E
H	I	S	K	E	R	N	A	R	N	X	J	C	H	I

274 THEY DECLARE 274

The parchment copy of the Declaration of Independence was signed by most of the 56 members of the Continental Congress on August 2, 1776. The rest of them signed it later. Some of those who signed the Declaration are included in the list.

- ☐ ADAMS
- ☐ BRAXTON
- ☐ CARROLL
- ☐ CHASE
- ☐ CLARK
- ☐ CLYMER
- ☐ ELLERY
- ☐ FLOYD
- ☐ FRANKLIN
- ☐ GERRY
- ☐ HALL
- ☐ HANCOCK
- ☐ HEWES
- ☐ HOOPER
- ☐ HOPKINS
- ☐ LEWIS
- ☐ LYNCH
- ☐ MCKEAN
- ☐ MORRIS
- ☐ MORTON
- ☐ NELSON
- ☐ PACA
- ☐ PAINE
- ☐ PENN
- ☐ READ
- ☐ RODNEY
- ☐ ROSS
- ☐ SHERMAN
- ☐ SMITH
- ☐ STONE
- ☐ TAYLOR
- ☐ WALTON
- ☐ WILSON
- ☐ WOLCOTT
- ☐ WYTHE

```
H E W E S P P N K M C K E A N
B H P A I N E C K O X K Y R T
M T H A L L N D Y R F P S I M
D Y M N H T N H W R O L Y A T
P W H O H T O O A I E S A H C
R F G S O O I N T S C L R R S
A Y E L P C K M C X L E L S I
K Y R E K L A W S A A P O E N
C X R N I O T N X D R R F S Y
O H Y N N W A C A P K R B A C
C L H B S M I M N O T R O M F
N E R C R L S L T R E M Y L C
A W Y E N D O R S H C D X N L
H I H C D Y O L F O S L O F P
A S P O D O L S T O N E W D E
```

275 HERE, HERE DEER 275

Deer calling is a great way to get a first-hand look at area wildlife. Deer-calling videos are available, as are commercial deer-calling devices, similar to those for duck calling, that mimic the varied vocalizations of the species. To attract bucks, try a doe call; to attract does, try a fawn bleat.

- ☐ BLEAT
- ☐ BUCK
- ☐ COPY
- ☐ DOES
- ☐ DRAW
- ☐ DUPLICATE
- ☐ FAWN
- ☐ FOREST
- ☐ GRUNT
- ☐ HEAR
- ☐ HUNTER
- ☐ INITIATE
- ☐ INTEREST
- ☐ LOUD
- ☐ LURE
- ☐ MIMIC
- ☐ NATURE
- ☐ NOISE
- ☐ PATTERN
- ☐ PITCH
- ☐ RANGE
- ☐ REACT
- ☐ REPLY
- ☐ RESPOND
- ☐ SEEK
- ☐ SHRILL
- ☐ SOFT
- ☐ SPORTSMAN
- ☐ SQUEAKY
- ☐ TACTIC
- ☐ TONE
- ☐ VARY
- ☐ VOCAL
- ☐ VOICE
- ☐ WILDLIFE
- ☐ WOODS

P	B	Y	S	D	G	W	F	N	L	F	A	W	N	E
O	U	L	E	E	R	T	B	T	M	O	E	O	T	A
U	C	P	E	D	U	A	S	C	F	G	U	O	S	I
E	K	E	K	A	N	R	W	E	N	E	W	D	E	Q
F	N	R	E	T	T	A	P	A	R	E	N	S	R	K
N	L	A	C	O	V	E	R	E	W	O	S	O	E	N
D	M	Q	M	D	A	H	A	C	P	H	F	F	T	D
L	N	E	Y	S	U	C	O	S	R	L	E	T	N	Y
R	W	T	R	G	T	P	E	I	E	C	I	M	I	M
D	Y	A	A	E	Y	R	L	H	P	O	G	T	G	A
F	D	I	V	N	T	L	O	I	I	U	D	Q	W	U
L	F	T	O	I	D	N	A	P	C	I	T	C	A	T
U	P	I	Y	K	A	E	U	Q	S	A	B	F	F	I
R	S	N	Q	P	I	T	C	H	N	A	T	U	R	E
E	F	I	L	D	L	I	W	V	O	I	C	E	F	H

276 CAUGHT IN A TRAP 276

*"Trapper John, M.D." was an extension of the comedy "M*A*S*H," set 28 years after Dr. John McIntyre's discharge from the 4077th MASH unit in Korea. Now a more mellow chief of surgery at San Francisco Memorial Hospital, his routine is disrupted by Dr. George Alonzo "Gonzo" Gates, whose irreverent attitude and personality remind Trapper of his own youth.*

- ☐ BRIAN Mitchell
- ☐ CAST
- ☐ CHARLES Siebert
- ☐ CHIEF of surgery
- ☐ CLARA Willoughby
- ☐ DOCTOR
- ☐ Alonzo GATES
- ☐ GLORIA Brancusi
- ☐ "GONZO"
- ☐ GREGORY Harrison
- ☐ HOUR
- ☐ "JACKPOT"
- ☐ JOHN McIntyre
- ☐ KOREA
- ☐ MADGE Sinclair
- ☐ "M*A*S*H"
- ☐ MELANIE McIntyre
- ☐ MEMORIAL Hospital
- ☐ Christopher NORRIS
- ☐ NURSE
- ☐ PATIENT
- ☐ "RIPPLES"
- ☐ Pernell ROBERTS
- ☐ SAN FRANCISCO
- ☐ Simon SCOTT
- ☐ SCRIPT
- ☐ SERIES
- ☐ SETS
- ☐ Ernestine SHOOP
- ☐ SHOW
- ☐ Arnold SLOCUM
- ☐ SPIN-off
- ☐ STANLEY Riverside
- ☐ "STARCH"
- ☐ STORY
- ☐ Jessica WALTER

F	L	C	E	K	S	Y	E	L	N	A	T	S	P	P
F	S	T	O	R	Y	T	D	O	C	T	O	R	H	T
S	C	R	I	P	T	N	E	I	T	A	P	A	S	H
W	E	L	T	F	H	S	M	S	N	K	K	A	C	J
A	N	A	I	R	B	S	E	T	A	G	C	R	L	T
W	O	C	S	I	C	N	A	R	F	N	A	S	A	T
O	A	S	A	P	R	H	L	M	I	T	J	I	R	O
H	E	L	E	P	D	G	A	A	S	E	N	R	A	C
S	S	O	T	L	R	O	S	P	I	N	S	R	H	S
R	R	O	B	E	R	T	S	A	I	R	A	O	H	L
M	U	Y	G	S	R	A	B	Z	I	R	O	N	C	O
F	N	O	H	G	N	N	H	O	S	R	O	M	S	C
Z	R	O	H	F	E	I	H	C	N	H	O	J	E	U
Y	O	Z	N	O	G	F	R	E	I	N	A	L	E	M
P	R	U	P	D	F	K	K	S	O	M	A	D	G	E

277 NUMBER SEEK 277

Solve this puzzle by seeking numbers instead of letters.

- ☐ 06153
- ☐ 07495
- ☐ 07798
- ☐ 11144
- ☐ 15268
- ☐ 16777
- ☐ 19554
- ☐ 37741
- ☐ 37861
- ☐ 46358
- ☐ 50972
- ☐ 52657
- ☐ 52823
- ☐ 54760
- ☐ 55750
- ☐ 56399
- ☐ 57486
- ☐ 64305
- ☐ 64595
- ☐ 65725
- ☐ 73449
- ☐ 74234
- ☐ 74635
- ☐ 77083
- ☐ 78100
- ☐ 78337
- ☐ 78449
- ☐ 79319
- ☐ 79729
- ☐ 80258
- ☐ 80333
- ☐ 80426
- ☐ 80527
- ☐ 87838
- ☐ 90513
- ☐ 90920
- ☐ 95623
- ☐ 97953
- ☐ 98425
- ☐ 98537

7	6	1	2	7	6	8	7	8	7	3	4	4	9	8
2	7	4	4	8	0	7	7	9	8	4	8	5	5	9
0	6	5	0	3	0	7	4	7	7	3	6	0	1	4
5	8	8	3	3	8	2	5	3	8	2	0	3	4	8
5	9	3	4	7	8	3	5	2	3	4	9	5	5	1
1	8	0	5	7	4	4	9	8	8	7	9	1	3	8
1	0	6	7	4	5	0	1	2	2	9	7	6	0	3
0	2	7	8	1	0	0	5	5	6	7	9	0	5	7
5	6	2	8	0	4	9	0	9	2	0	5	0	8	9
1	5	2	7	3	5	8	9	1	5	7	3	4	9	3
5	8	1	5	9	6	4	5	3	6	4	4	1	1	1
0	6	8	1	3	0	2	2	2	6	9	6	1	5	1
4	7	8	9	4	6	5	4	7	7	5	7	1	0	5
9	0	6	7	8	9	0	1	1	0	5	7	5	5	1
1	9	5	1	9	8	6	2	3	7	8	6	1	5	6

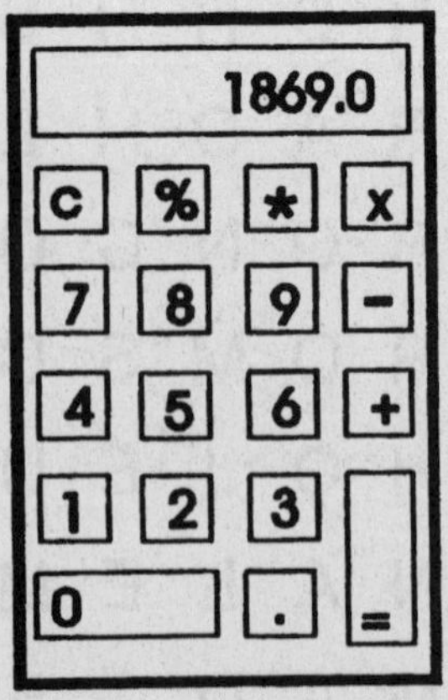

278 ONE IS NOT ENOUGH 278

All of the words below describe activities, things, or situations, that require at least two participants. Call a friend and see how many of the entries both of you can find in the diagram below.

- ☐ ARMADA
- ☐ AUDIENCE
- ☐ BAND
- ☐ BOUQUET
- ☐ BRIGADE
- ☐ BUNCH
- ☐ CATCH
- ☐ CHORUS
- ☐ CLAN
- ☐ COLONY
- ☐ CONGA line
- ☐ CONTEST
- ☐ CONVOY
- ☐ CREW
- ☐ CROWD
- ☐ DEAL
- ☐ DEBATE
- ☐ DUET
- ☐ FAMILY
- ☐ FLOCK
- ☐ GEESE
- ☐ GROUP
- ☐ HERD
- ☐ MEETING
- ☐ PAIR
- ☐ PARTY
- ☐ PLATOON
- ☐ QUEUE
- ☐ SHARE
- ☐ SQUAD
- ☐ STAFF
- ☐ TANGO
- ☐ TEAM
- ☐ TENNIS
- ☐ TRIBE
- ☐ TROOP
- ☐ TUG OF WAR
- ☐ WEDDING

A	D	D	S	B	U	N	C	H	M	P	U	O	R	G
M	M	W	U	U	E	C	O	L	O	N	Y	T	L	U
Y	K	O	I	M	R	N	B	O	A	E	R	A	H	S
Q	E	R	A	W	F	O	G	U	T	E	N	N	I	S
A	U	C	J	U	U	G	H	S	S	A	D	G	C	W
S	D	E	G	Q	D	N	G	C	E	F	L	O	C	K
Q	U	A	U	Y	Y	I	E	L	T	A	N	P	P	E
U	E	E	M	E	T	D	E	A	N	V	G	B	M	N
A	T	S	E	R	R	D	S	N	O	P	R	N	G	D
D	H	P	J	S	A	E	E	Y	C	I	O	N	O	L
G	K	S	T	C	P	W	G	B	G	E	I	O	W	C
C	I	A	R	Y	L	I	M	A	F	T	R	A	R	A
P	F	E	T	A	B	E	D	N	E	J	K	I	O	T
F	W	T	R	I	B	E	K	E	B	B	A	N	D	C
Q	E	Q	R	I	A	P	M	A	E	T	D	R	E	H

279 PANEL DISCUSSION 279

Paneling adds a rustic, majestic feel to family rooms and dens, and is also a great form of insulation. Most paneling comes in a wide selection of woods and colors to suit a variety of decors.

- ☐ ACCENT
- ☐ ADHESIVE
- ☐ ANTIQUED
- ☐ APPLY
- ☐ BACKING
- ☐ BEDROOM
- ☐ BROWN
- ☐ CASUAL
- ☐ CAULKING
- ☐ DARK
- ☐ DEN
- ☐ DIAGONAL
- ☐ DOOR
- ☐ EMBOSSED
- ☐ FINISH
- ☐ FORMAL
- ☐ GLUE
- ☐ GRAIN
- ☐ GROOVES
- ☐ HOME
- ☐ INSTALL
- ☐ INSULATE
- ☐ KITCHEN
- ☐ LASTS
- ☐ LIGHT
- ☐ LIVING room
- ☐ MEASURE
- ☐ NAIL
- ☐ OUTLET
- ☐ PATTERN
- ☐ PECAN
- ☐ PINE
- ☐ PUTTY
- ☐ TAN
- ☐ TINT
- ☐ TRADITIONAL
- ☐ VENEER
- ☐ WALL
- ☐ WALNUT
- ☐ WOOD

N	I	I	G	V	E	N	I	P	U	T	T	Y	T	V
Q	D	V	E	N	E	E	R	B	E	K	L	E	D	H
I	D	O	O	W	I	P	F	G	I	C	R	I	O	T
F	N	I	O	O	A	K	P	T	R	U	A	M	A	C
O	B	S	K	R	A	D	C	L	S	G	E	N	W	N
R	E	E	T	B	G	H	I	A	O	M	W	A	L	L
M	D	V	L	A	E	R	E	N	B	G	L	L	A	Y
A	R	O	I	N	L	M	A	O	S	N	L	A	C	T
L	O	O	V	S	M	L	S	I	U	U	C	U	C	O
L	O	R	I	N	E	S	L	T	N	I	L	S	E	U
A	M	G	N	C	E	H	S	I	N	I	F	A	N	T
S	D	P	G	D	H	D	D	D	G	I	A	C	T	L
T	V	G	N	I	K	L	U	A	C	H	T	E	N	E
S	Q	P	B	O	T	V	N	R	E	T	T	A	P	T
U	D	Y	L	P	P	A	N	T	I	Q	U	E	D	U

280 ZIGZAG 280

Instead of reading in a straight line, each entry has one bend in it. One word has been looped for you.

- ☐ ABLAZE
- ☐ ALGERIAN
- ☐ BRIDLED
- ☐ BUSH-WHACK
- ☐ CADENT
- ☐ CENTAVO
- ☐ CORALS
- ☐ DAISIES
- ☐ DEMON-STRATOR
- ☐ ECOLOGY
- ☐ FORMATION
- ☐ GRANDEUR
- ☐ HALLWAY
- ☐ HAVANA
- ☐ INVENTORY
- ☐ KERPLUNK
- ☐ LATTICE-WORK
- ☐ LEVANT
- ☐ LOGJAM
- ☐ MERCHANT
- ☐ NONRURAL
- ☐ OPTIONAL
- ☐ PATCHY
- ☐ PERIQUE
- ☐ PUNTER
- ☐ REPORTER
- ☐ SEA HORSE
- ☐ SECOND
- ☐ SHAMMY
- ☐ TIN-PLATE
- ☐ TRUNKS
- ☐ UPDATED
- ☐ VARIOUS
- ☐ WRESTLED
- ☐ YONKERS
- ☑ ZIGZAG

K	E	N	T	O	R	Y	P	D	C	S	R	E	K	A
A	B	V	S	A	P	E	Z	E	C	F	L	R	N	N
B	R	Z	N	E	R	T	N	T	A	V	O	A	O	O
L	I	E	R	I	A	N	I	A	D	W	L	R	Y	I
G	D	G	Q	U	E	H	D	O	E	A	K	O	M	T
S	Z	L	D	P	E	P	O	C	N	T	D	C	G	A
E	C	A	E	Y	U	D	I	R	S	E	E	M	A	J
I	I	M	G	D	W	N	T	E	R	Y	M	M	B	H
S	Y	O	N	D	P	A	T	C	H	E	O	A	W	R
U	L	C	O	K	E	R	A	P	R	K	N	H	E	E
O	C	E	N	T	P	G	L	C	N	K	S	S	G	T
G	I	S	R	L	N	L	H	A	L	U	T	Y	L	R
L	A	R	U	E	I	A	A	W	B	L	R	E	P	O
P	T	N	A	V	T	N	A	T	E	L	A	T	O	R
E	K	H	A	V	A	Y	N	D	E	Z	A	H	K	E

281 HEARTTHROBS 281

Each generation has its own group of popular idols. In the 1920s there was Rudolph Valentino, and in the 1940s, Frank Sinatra was number one. The names of male and female heartthrobs of the 1980s are hidden in the diagram below.

- ☐ Chris ATKINS
- ☐ Scott BAIO
- ☐ Peter BARTON
- ☐ Jason BATEMAN
- ☐ John BON JOVI
- ☐ Christie BRINKLEY
- ☐ Kirk CAMERON
- ☐ Phoebe CATES
- ☐ Kevin COSTNER
- ☐ Cusi CRAM
- ☐ Tom CRUISE
- ☐ Jamie Lee CURTIS
- ☐ Michael DAMIAN
- ☐ Kim DELANEY
- ☐ Bo DEREK
- ☐ Matt DILLON
- ☐ Emilio ESTEVEZ
- ☐ Michael (J.) FOX
- ☐ Richard GERE
- ☐ Debbie GIBSON
- ☐ Lisa HARTMAN
- ☐ David HASSEL-HOFF
- ☐ Don JOHNSON
- ☐ Heather LOCKLEAR
- ☐ Rob LOWE
- ☐ Ralph MACCHIO
- ☐ Nancy MCKEON
- ☐ Demi MOORE
- ☐ Timothy Patrick MURPHY
- ☐ Judd NELSON
- ☐ Bruce PENHALL
- ☐ Sean PENN
- ☐ David Lee ROTH
- ☐ Tom SELLECK
- ☐ Charlie SHEEN
- ☐ Brooke SHIELDS
- ☐ Rex SMITH
- ☐ John STAMOS
- ☐ Patrick SWAYZE
- ☐ Heather THOMAS
- ☐ Lisa WHELCHEL

H	E	Z	Y	A	W	S	A	M	O	H	T	J	L	E
T	N	O	S	L	E	N	I	C	O	S	T	N	E	R
O	I	A	B	T	L	V	H	T	I	M	S	N	H	E
R	C	M	A	R	C	A	N	O	R	E	M	A	C	G
M	A	C	C	H	I	O	H	T	G	U	S	M	L	M
J	O	H	N	S	O	N	O	N	Z	S	C	T	E	U
S	B	O	Y	L	O	C	K	L	E	A	R	R	H	R
G	N	I	R	L	N	N	N	L	V	P	U	A	W	P
G	H	I	L	E	D	B	H	O	E	S	I	H	K	H
I	N	I	K	A	A	O	F	N	T	Y	S	C	E	Y
B	D	E	M	T	F	N	N	A	S	R	E	R	R	B
S	L	I	E	F	A	J	M	N	E	L	A	L	E	V
O	A	M	O	H	L	O	W	E	L	Y	Z	B	D	D
N	A	X	H	O	S	V	Y	E	N	A	L	E	D	K
N	O	E	K	C	M	I	S	D	L	E	I	H	S	Z

282 ONE AND ONLY 282

The word BOUQUET is hidden in the diagram only once. It will read in a straight line forward, backward, up, down, or diagonally.

E	E	U	O	T	O	E	Q	Q	U	B	O
B	U	U	B	Q	O	U	O	Q	O	E	E
E	B	O	O	T	E	U	B	T	T	T	U
Q	T	U	E	B	U	T	E	T	B	T	Q
T	O	T	T	T	O	B	T	T	U	B	E
E	B	O	U	Q	T	E	U	Q	U	O	B
B	B	U	T	U	T	E	O	U	O	U	T
T	B	E	U	U	U	T	O	B	O	B	T
U	O	U	E	U	U	U	Q	Q	B	B	E
T	B	T	T	Q	B	E	B	Q	O	O	B

283 HOW MANY? 283

Can you find the word BOUQUET hidden in this diagram 13 times? Its letters read in a straight line forward, backward, up, down, and diagonally.

B	B	Q	O	B	O	U	Q	U	E	T	U
O	T	E	B	O	T	O	B	Q	O	E	E
U	E	T	E	U	Q	U	O	B	U	U	U
Q	U	Q	B	Q	B	O	U	T	B	Q	B
U	Q	O	O	U	B	O	Q	O	O	U	T
E	U	O	U	E	T	E	U	Q	U	O	B
T	O	O	Q	T	U	Q	E	Q	Q	B	U
O	B	O	U	Q	U	E	T	Q	U	E	O
E	Q	E	E	E	Q	U	O	O	E	E	Q
E	U	B	T	Q	T	E	B	B	T	B	T

284 MEDICURE 284

While some home cold remedies are no more than old wives' tales, doctors have found that having some chicken soup helps clear a stuffy head and makes you feel a bit better. Remedy the situation with the list below featuring home cures for various ailments.

- ☐ ALOE VERA
- ☐ ASPIRIN
- ☐ Warm BATH
- ☐ Hot-water BOTTLE
- ☐ BROTH
- ☐ BUTTER
- ☐ CAMOMILE tea
- ☐ CASTOR oil
- ☐ Cool CLOTH
- ☐ Feed a COLD
- ☐ COMPRESS
- ☐ Starve a FEVER
- ☐ GARGLE
- ☐ GARLIC
- ☐ HEAT
- ☐ HERBS
- ☐ HONEY
- ☐ HOT tea
- ☐ IODINE
- ☐ Orange JUICE
- ☐ LEMON
- ☐ LIQUIDS
- ☐ MINTS
- ☐ MOLASSES
- ☐ Cod-liver OIL
- ☐ Ice PACK
- ☐ PEROXIDE
- ☐ Mustard PLASTER
- ☐ PUT FEET UP
- ☐ REST
- ☐ ROOTS
- ☐ SALT water
- ☐ SOAK
- ☐ Baking SODA
- ☐ Chicken SOUP
- ☐ STEAM
- ☐ SULFUR
- ☐ VINEGAR

G	P	S	O	D	A	I	C	A	F	H	T	O	L	C
Y	E	N	O	H	L	M	J	J	G	E	R	Q	H	S
F	R	I	M	K	N	O	M	E	L	A	V	E	T	Y
M	C	R	P	B	C	L	C	O	M	P	R	E	S	S
E	J	I	E	U	T	A	E	H	U	B	A	G	R	T
T	Y	P	L	T	O	S	P	T	S	M	X	A	U	O
S	R	S	G	T	D	S	F	L	C	C	G	R	F	O
L	B	A	R	E	V	E	O	L	A	E	T	L	L	R
B	I	Q	A	R	E	S	D	M	N	S	I	I	U	J
A	O	Q	G	T	A	I	O	I	J	O	T	C	S	Q
T	F	T	U	L	M	M	V	U	X	T	I	E	A	Q
H	V	P	T	I	I	Q	I	H	T	O	R	B	R	C
O	L	N	N	L	D	C	A	S	T	O	R	S	G	Q
T	R	T	E	N	E	S	I	O	D	I	N	E	I	Q
G	S	O	A	K	X	T	X	B	U	B	J	I	P	S

285 NUMBER SEEK 285

Solve this puzzle by seeking numbers instead of letters.

- ☐ 02709
- ☐ 03180
- ☐ 03573
- ☐ 04619
- ☐ 05483
- ☐ 07103
- ☐ 11858
- ☐ 16723
- ☐ 16765
- ☐ 17157
- ☐ 22320
- ☐ 25921
- ☐ 27670
- ☐ 28307
- ☐ 29758
- ☐ 33008
- ☐ 35290
- ☐ 37281
- ☐ 45790
- ☐ 46072
- ☐ 46182
- ☐ 49895
- ☐ 52296
- ☐ 54036
- ☐ 54592
- ☐ 55535
- ☐ 56170
- ☐ 56662
- ☐ 57430
- ☐ 58798
- ☐ 58923
- ☐ 60692
- ☐ 61654
- ☐ 66359
- ☐ 67117
- ☐ 69977
- ☐ 74255
- ☐ 77056
- ☐ 80384
- ☐ 80820
- ☐ 84457
- ☐ 86408
- ☐ 88354
- ☐ 89282
- ☐ 89734
- ☐ 93281
- ☐ 98201
- ☐ 98294
- ☐ 98971
- ☐ 99466

6	7	2	2	2	3	2	0	8	1	3	0	1	3	7
6	0	9	7	5	4	9	2	0	9	2	9	1	1	4
3	9	8	9	7	8	5	8	0	3	8	4	8	2	2
5	9	2	7	0	6	4	5	3	8	8	0	5	9	5
9	9	9	2	5	4	5	5	3	4	5	5	8	5	5
8	0	4	7	5	1	6	7	6	5	6	4	0	2	6
0	7	6	7	2	5	7	1	9	1	6	8	0	6	0
4	2	1	0	6	9	5	1	9	8	6	3	4	1	4
6	0	0	5	8	9	2	3	9	7	2	9	8	3	3
8	6	0	6	9	2	9	2	5	6	9	2	7	8	3
0	5	4	0	3	6	8	7	8	5	7	9	2	7	5
7	7	6	9	2	2	2	6	7	3	8	1	5	6	2
3	4	1	9	8	9	7	1	5	2	0	3	1	5	9
7	3	8	0	1	9	2	1	0	7	0	7	6	7	0
0	0	2	1	3	1	5	1	2	2	0	4	5	4	7

286 BY A DAM SITE 286

The Aswan High Dam, one of the world's largest, is on the Nile river in Egypt. Completed in 1970, it is 11,811 feet long and stores enough water to irrigate 7 million acres of farmland. The list below contains words about dams.

- ☐ ARCH
- ☐ ASWAN
- ☐ BASE
- ☐ BEAVER
- ☐ BOULDER
- ☐ BUILD
- ☐ BUTTRESS
- ☐ CONCRETE
- ☐ Flood CONTROL
- ☐ Grand COULEE
- ☐ DESIGN
- ☐ DIVERSION
- ☐ EARTH
- ☐ ENGINEER
- ☐ FALLS
- ☐ Prevent FLOODS
- ☐ HIGH
- ☐ HOLD back
- ☐ HOOVER
- ☐ HORIZONTAL arch
- ☐ IRRIGATION
- ☐ LAKE
- ☐ LEAK
- ☐ MUD
- ☐ MULTIPLE arch
- ☐ NARROW
- ☐ PRESSURE
- ☐ PROTECT
- ☐ PURPOSE
- ☐ REINFORCED
- ☐ RIVER
- ☐ ROCKFILL
- ☐ ROCKS
- ☐ STEEL
- ☐ STREAM
- ☐ WATER
- ☐ WIDE

C	F	U	B	B	E	S	L	O	R	T	N	O	C	E
H	W	A	R	O	E	E	L	U	O	C	E	G	N	L
A	O	S	L	U	B	U	I	L	D	K	Z	G	W	P
S	D	O	O	L	F	C	F	H	A	S	I	E	O	I
W	L	H	V	D	S	O	K	L	K	N	S	P	R	T
A	U	E	A	E	E	N	C	C	E	A	H	R	R	L
N	N	F	E	R	R	C	O	E	B	A	I	O	A	U
F	O	W	A	T	E	R	R	U	D	G	K	T	N	M
E	I	E	H	Z	S	E	T	O	A	I	N	E	G	H
A	S	M	A	E	R	T	S	T	F	O	W	C	R	O
R	R	O	H	R	R	E	I	O	Z	N	S	T	F	L
C	E	E	P	E	T	O	K	I	N	G	I	S	E	D
H	V	V	S	R	N	H	R	B	E	A	V	E	R	K
M	I	S	I	K	U	O	E	R	U	S	S	E	R	P
M	D	U	M	R	H	P	E	I	U	V	H	G	I	H

287 SHOW OF SHOWS 287

Take a television tour of 1989 with this list featuring names of programs on the air that year. Reach for a sharp pencil and the television listings and begin!

- ☐ A Current AFFAIR
- ☐ ALF
- ☐ AMEN
- ☐ Who's the BOSS?
- ☐ Murphy BROWN
- ☐ CHEERS
- ☐ Head of the CLASS
- ☐ COPS
- ☐ The COSBY Show
- ☐ Night COURT
- ☐ DAY by Day
- ☐ DONAHUE
- ☐ Inside EDITION
- ☐ FAMILY Ties
- ☐ Family FEUD
- ☐ The Golden GIRLS
- ☐ The HOGAN Family
- ☐ 48 HOURS
- ☐ Full HOUSE
- ☐ HUNTER
- ☐ JAKE and the Fatman
- ☐ JEOPARDY
- ☐ Dear JOHN
- ☐ 21 JUMP Street
- ☐ KNOTS Landing
- ☐ L.A. LAW
- ☐ MARRIED . . . with Children
- ☐ MATLOCK
- ☐ 60 MINUTES
- ☐ MURDER, She Wrote
- ☐ Unsolved MYSTERIES
- ☐ Empty NEST
- ☐ OPRAH Winfrey
- ☐ Growing PAINS
- ☐ ROSEANNE
- ☐ Entertainment TONIGHT
- ☐ WHEEL of Fortune
- ☐ The WONDER Years
- ☐ A Different WORLD

L	H	C	G	J	N	L	J	N	P	E	F	A	Y	D
K	R	U	L	N	C	H	E	E	R	S	F	L	A	W
T	E	N	N	A	E	S	O	R	W	F	I	E	J	J
D	D	L	O	T	S	M	P	J	A	M	F	S	U	D
F	R	H	I	G	E	S	A	I	A	D	P	M	C	D
T	U	N	T	S	A	R	R	F	K	O	P	T	K	E
I	M	C	I	T	P	M	D	U	C	N	W	O	R	B
S	Y	O	D	O	I	F	Y	L	O	A	O	Y	L	F
L	Y	U	E	N	P	F	A	S	L	H	N	F	H	M
G	W	R	U	K	F	C	D	N	T	U	D	J	A	O
B	H	T	H	G	I	N	O	T	A	E	E	R	R	G
O	E	K	A	J	E	H	Y	S	M	G	R	W	P	I
S	E	I	E	S	H	K	U	N	B	I	O	I	O	R
S	L	U	T	B	H	O	U	S	E	Y	C	H	E	L
L	A	L	A	W	O	R	L	D	Y	P	A	I	N	S

288 QUOTABLE 288

This quotation is from Oliver Wendell Holmes. The words in the diagram are grouped together as they are shown in the list.

- ☐ TO BE
- ☐ SEVENTY
- ☐ YEARS YOUNG
- ☐ IS SOMETIMES
- ☐ FAR MORE
- ☐ CHEERFUL
- ☐ AND HOPEFUL
- ☐ THAN TO
- ☐ BE FORTY
- ☐ YEARS OLD.

A	V	H	N	N	A	C	B	B	C	P	T
N	S	E	M	I	T	E	M	O	S	S	I
D	Y	E	A	R	S	Y	O	U	N	G	C
H	C	E	T	F	B	E	F	O	R	T	Y
O	G	O	A	A	N	C	V	C	A	D	E
P	B	O	O	R	F	B	F	E	R	E	E
E	A	U	L	M	S	T	H	A	N	T	O
F	O	S	N	O	H	O	A	G	C	T	U
U	C	A	T	R	O	P	L	I	O	I	Y
L	U	F	R	E	E	H	C	D	L	V	A

289 SQUARE NINES 289

Find 3x3 squares in the diagram that contain, in no particular order, the nine letters of the words listed.

B	A	L	K	H	T	A	N	D	F	X	O
W	B	E	W	E	S	C	A	M	R	C	A
V	G	R	K	I	T	E	O	I	D	E	U
O	I	E	N	Y	A	S	K	V	A	D	P
N	E	S	R	R	E	P	E	L	S	E	R
E	O	D	A	U	M	S	V	E	I	M	S
E	B	A	B	T	E	A	R	T	A	C	A
Y	H	Y	N	I	B	H	E	R	X	I	R
A	T	L	H	R	S	D	M	C	F	C	E
B	S	E	H	A	V	A	F	T	O	A	P

- ☑ AESTHETIC
- ☐ ARCTIC FOX
- ☐ BASEBOARD
- ☐ EYEWINKER
- ☐ HARVESTER
- ☐ LABYRINTH
- ☐ MACEDONIA
- ☐ PERSUADED
- ☐ SOVEREIGN
- ☐ THIRD BASE
- ☐ VERSATILE

290 AMAZING ANIMALS 290

If you like parties, rock-'n'-roll, and general zaniness, then dust off your toga and get set to enjoy the antics of the Delta fraternity with this puzzle about the 1978 movie, "National Lampoon's Animal House."

- ☐ Karen ALLEN
- ☐ John BELUSHI
- ☐ BLUTO
- ☐ BOON
- ☐ CAMPUS
- ☐ COLLEGE
- ☐ COMEDY
- ☐ Cesare DANOVA
- ☐ D-DAY
- ☐ DEAN Wormer
- ☐ DELTAS
- ☐ DONALD Sutherland
- ☐ FABER University
- ☐ FLOUNDER
- ☐ FOOD fight
- ☐ FRATERNITY
- ☐ Stephen FURST
- ☐ "Knowledge is GOOD"
- ☐ HOOVER
- ☐ Thomas HULCE
- ☐ JENNINGS
- ☐ KATIE
- ☐ John LANDIS (director)
- ☐ MANDY
- ☐ Tim MATHESON
- ☐ MAYOR
- ☐ Mark METCALF
- ☐ NEIDERMEIER
- ☐ OTIS Day and the Knights
- ☐ OTTER
- ☐ PARADE
- ☐ PARTY
- ☐ PINTO
- ☐ PLEDGE
- ☐ Harold RAMIS (writer)
- ☐ ROAD trip
- ☐ ROTC
- ☐ TOGA
- ☐ John VERNON
- ☐ Mary Louise WELLAR

G	N	O	O	B	G	R	O	T	T	E	R	H	S	M
O	O	A	S	U	P	M	A	C	N	A	E	D	E	Y
O	N	B	L	Y	G	C	O	M	A	S	V	B	D	D
D	R	E	K	L	T	M	P	S	I	G	O	L	A	N
O	E	L	I	F	E	I	I	D	R	S	O	U	R	A
O	V	U	R	D	D	N	N	O	S	E	H	T	A	M
F	I	S	Y	A	E	A	T	R	K	E	B	O	P	P
E	S	H	R	K	L	R	O	N	E	E	F	A	H	L
U	G	I	E	W	T	L	M	M	G	T	M	D	F	E
S	N	K	D	D	A	Y	E	E	D	L	A	N	O	D
S	I	F	N	S	S	T	L	W	I	N	Y	R	A	G
P	N	T	U	E	C	L	U	H	O	E	O	O	F	E
V	N	P	O	A	O	A	J	V	P	A	R	T	Y	F
B	E	K	L	C	S	K	A	T	I	E	M	C	N	C
K	J	F	F	U	R	S	T	F	K	F	M	T	E	W

291 CAREER CHARISMA 291

Some people make a career of looking for a job and so can you by looking for the jobs hidden in the diagram. We have looped one entry for you and provided the first letters of those remaining.

Word list on page 533

A <u>CCOUNTANT</u>
A ________
A ________
B ________
B ________
B ________
C ________
C ________
C ________
C ________
D ________
D ________
D ________
D ________
E ________
E ________
F ________
F ________
G ________
J ________
J ________
J ________
L ________
M ________

M ________
M ________
N ________
P ________
P ________
P ________
P ________

S ________
S ________
T ________
T ________
W ________
W ________
W ________

S	H	R	O	T	I	D	E	R	O	T	C	O	D	D
K	R	E	L	L	E	T	R	E	K	O	R	B	J	R
R	O	H	T	U	A	K	S	T	H	H	J	C	U	I
E	L	C	O	A	E	N	G	I	N	E	E	R	D	V
L	S	A	R	T	I	S	T	A	R	T	W	R	G	E
C	H	E	M	I	S	T	T	W	N	O	E	T	E	R
B	D	T	C	T	W	L	S	A	Y	H	L	W	P	E
A	M	S	G	R	A	D	T	E	C	B	E	F	F	T
R	E	A	I	W	E	N	I	T	I	L	R	A	N	N
B	R	T	Y	N	U	T	U	A	D	R	R	N	P	I
E	E	E	T	O	G	B	A	E	M	M	P	A	I	A
R	R	I	C	C	R	E	R	R	E	B	M	U	L	P
A	S	C	O	N	F	M	R	R	Y	M	A	S	O	N
T	A	O	W	F	A	R	O	T	I	N	A	J	T	N
I	K	G	U	A	R	D	M	J	S	E	S	R	U	N

292 LICKETY-SPLIT 292

We're setting a fast puzzle pace with this Word Seek whose entries are things that move or happen fast. Keep on your toes and see if you can find them all and break your puzzle-solving record.

- ☐ ARROW
- ☐ BLAST
- ☐ BULLET
- ☐ CHEETAH
- ☐ COBRA
- ☐ COMET
- ☐ COUGH
- ☐ CRASH
- ☐ DART
- ☐ DASH
- ☐ DIVE
- ☐ EXPLOSION
- ☐ FLASH
- ☐ FLICKER
- ☐ GLANCE
- ☐ HARE
- ☐ HICCUP
- ☐ HUMMING-BIRD
- ☐ JET
- ☐ KICK
- ☐ LIGHTNING
- ☐ LOOK
- ☐ METEOR
- ☐ MISSILE
- ☐ MOUSE
- ☐ RABBIT
- ☐ RATTLER
- ☐ REACTION
- ☐ RETORT
- ☐ ROCKET
- ☐ SHOT
- ☐ SHOWER
- ☐ SLAP
- ☐ SNAP
- ☐ SNEEZE
- ☐ SPARK
- ☐ SPLASH
- ☐ WAVE
- ☐ WINK

M	O	I	R	E	K	C	I	L	F	C	Z	R	W	L
K	E	T	I	X	O	T	C	X	I	R	E	P	I	S
H	R	T	E	P	C	H	E	E	T	A	H	G	W	H
S	U	A	E	L	A	R	B	O	C	T	H	A	S	E
A	T	M	P	O	L	M	I	T	I	T	E	N	R	H
L	E	I	M	S	R	U	I	V	N	L	E	M	I	E
F	V	S	O	I	P	O	B	I	T	E	K	C	O	R
D	A	S	H	O	N	L	N	B	Z	R	C	C	M	C
X	W	I	G	N	L	G	A	E	S	U	O	M	I	F
B	R	L	J	R	B	H	B	S	P	A	L	S	T	K
F	A	E	C	N	A	L	G	I	H	S	A	R	C	L
S	T	O	W	R	O	B	A	U	R	P	A	N	S	I
X	H	I	R	O	B	E	B	S	O	D	I	V	E	G
X	N	O	K	A	H	V	H	I	T	C	P	R	A	P
K	W	N	T	F	S	S	R	E	T	O	R	T	F	B

293 SEASON IN THE SUN 293

Though summer has faded and the autumn leaves have fallen, the memories of the season in the sun will last throughout winter's hibernation and be reborn the following year. Remember summer with the list of things associated with that season.

- ☐ AMUSEMENT
- ☐ BARBECUE
- ☐ BASEBALL
- ☐ BATHING
- ☐ BEACH
- ☐ BEES
- ☐ CAMERA
- ☐ CAMPING
- ☐ CHESS
- ☐ CONCERT
- ☐ COOKOUT
- ☐ CRUISE
- ☐ DANCE
- ☐ DATE
- ☐ DIVING
- ☐ DRIVE
- ☐ FANS
- ☐ FLIGHT
- ☐ FRAPPE
- ☐ GAME
- ☐ GARDEN
- ☐ GULLS
- ☐ HEAT
- ☐ HIKE
- ☐ HOT DOG
- ☐ HUNT
- ☐ ICE
- ☐ JOB
- ☐ JOG
- ☐ KITE
- ☐ LAKE
- ☐ LEAGUE
- ☐ LOAF
- ☐ MELON
- ☐ MOTEL
- ☐ MOVIE
- ☐ NOVEL
- ☐ OCEAN
- ☐ PAGEANT
- ☐ PARK
- ☐ PARTY
- ☐ PEACH
- ☐ PEEL
- ☐ PICNIC
- ☐ PLANT
- ☐ POOL
- ☐ RAFT
- ☐ ROMP
- ☐ ROWING
- ☐ SAILING
- ☐ SCHOOL
- ☐ SHIP
- ☐ SNORKEL
- ☐ SPAS
- ☐ STEAMY
- ☐ SUN TAN
- ☐ SURFING
- ☐ SWIMMING
- ☐ SWING
- ☐ TRACK meet
- ☐ TREK
- ☐ TRIP
- ☐ VACATION
- ☐ WALK
- ☐ WATER skiing

293 SEASON IN THE SUN 293

O	D	Y	T	S	Y	A	F	T	N	M	U	I	Y	A	R	O	S
H	F	N	W	A	F	K	H	F	C	B	A	S	E	B	A	L	L
R	C	I	A	L	E	C	N	A	D	I	H	N	O	V	E	L	G
S	N	A	T	O	G	H	M	R	M	O	S	T	E	A	M	Y	G
G	U	C	E	O	A	E	F	C	T	U	O	K	O	O	C	I	U
K	U	N	R	P	R	S	V	D	R	X	S	N	O	R	K	E	L
R	D	E	T	A	D	S	O	F	A	C	T	E	U	G	A	E	L
A	O	R	I	A	E	G	I	E	C	I	R	M	M	B	B	A	S
P	G	W	I	N	N	N	U	O	K	Y	E	U	K	E	K	M	S
E	N	A	I	V	G	C	P	J	T	L	C	I	I	E	N	C	A
E	I	L	W	N	E	A	F	R	O	N	N	S	V	S	H	T	P
L	H	K	I	B	G	M	A	N	G	B	O	A	W	O	E	N	S
H	T	C	R	E	P	P	A	R	F	R	C	I	O	E	M	A	G
I	A	A	A	F	L	I	G	H	T	O	M	L	T	S	M	L	W
K	B	O	C	E	A	N	U	B	K	M	W	I	E	A	N	P	T
E	E	P	H	C	B	G	S	H	I	P	K	N	U	T	C	A	M
P	I	R	T	D	I	V	I	N	G	J	O	G	A	L	O	A	F
H	U	N	T	N	A	E	G	A	P	I	C	N	I	C	L	M	V

294 ALL TALK 294

If you've ever been at a loss for something to say at a party or get-together, this Word Seek's for you! Listed below are some popular topics of conversation that are sure to help you get the ball rolling.

- ☐ ACHIEVEMENTS
- ☐ BOOKS
- ☐ CARS
- ☐ CLOTHING
- ☐ COMPUTERS
- ☐ CRIME
- ☐ CURRENT events
- ☐ ECONOMY
- ☐ FAMILY
- ☐ FOOD
- ☐ FRIEND
- ☐ HEALTH
- ☐ HOBBIES
- ☐ HOLIDAY
- ☐ HOME improvements
- ☐ INVESTMENTS
- ☐ LAWS
- ☐ MONEY
- ☐ MOVIES
- ☐ MUSIC
- ☐ NEWS
- ☐ PARTIES
- ☐ PERSONAL relationships
- ☐ PETS
- ☐ PHILOSOPHY
- ☐ PLACES to visit
- ☐ POLITICS
- ☐ PRODUCTS
- ☐ RELIGION
- ☐ SCHOOL
- ☐ SIBLING
- ☐ SPORTS
- ☐ SPOUSE
- ☐ TELEVISION
- ☐ WEATHER
- ☐ WORK

```
E S R E T U P M O C T V N C F
S P O U S E O V F B L S E N A
G N I H T O L C R M O M W A M
F F K S N S I E U E O O S A I
C U R R E N T S V V H E K I L
Y P O P M E I C I I C T N S Y
C A W B E C C E U A S V A H U
A R C Y V R S O L D E I P E F
R T A R E E S P N S O O O D W
S I B L I N G O T O S R O N S
M E L B H M O M N O M O P E T
N S B O C Y E M L A F Y N I N
S O M C A N O I G I L E R R M
H E A L T H H O L I D A Y F C
H M F S S P O R T S B P U R P
```

295 MODEL TEA 295

Most teas fall into one of three categories: green (unfermented), black (fermented), and oolong (partially fermented). Fermenting is believed to reduce the bitterness of the leaves and enhance the tea's flavor and aroma.

☐ AFTERNOON
☐ BLACK
☐ BLENDS
☐ BREAKFAST
☐ BREW
☐ CEYLON
☐ CHINA
☐ CLOTH napkins
☐ CREAM
☐ DARJEELING
☐ DELICIOUS
☐ ENGLISH
☐ FLAVOR
☐ GREEN
☐ GUESTS
☐ HEARTY
☐ INDIA
☐ KETTLE
☐ LAPSANG
☐ LEAVES
☐ LEMON
☐ LOOSE
☐ MINT
☐ OOLONG
☐ ORANGE pekoe
☐ PEKOE
☐ SCONES
☐ SOOTHING
☐ SPICED
☐ STRAINER
☐ SUGAR
☐ TEA CADDY
☐ TEACUPS
☐ TEA SERVICE
☐ TRADITION
☐ WARM
☐ WATER

R	H	Y	G	R	E	E	N	R	S	E	V	A	E	L
W	E	R	B	T	G	I	O	T	O	E	S	W	R	C
A	T	T	L	N	R	U	R	D	T	V	N	O	L	T
N	T	S	A	F	K	A	E	R	B	W	A	O	O	Y
I	O	R	C	W	I	L	D	S	B	M	T	L	C	L
H	O	M	K	N	I	L	H	I	T	H	I	O	F	S
C	M	D	E	C	I	P	S	N	T	S	E	N	K	O
S	D	R	I	L	S	O	O	T	H	I	N	G	T	Y
N	U	O	A	A	T	O	B	C	M	L	O	G	C	T
E	U	G	I	W	N	T	L	A	S	G	G	N	E	R
S	O	D	A	R	J	E	E	L	I	N	G	A	Y	A
I	N	K	E	R	S	R	N	K	B	E	C	S	L	E
I	V	T	E	A	C	A	D	D	Y	U	G	P	O	H
S	F	Y	I	P	U	W	S	H	P	R	R	A	N	L
A	H	E	C	I	V	R	E	S	A	E	T	L	I	P

296 EMOTIONAL RESCUE 296

Without a stiff upper lip the emotions and expressions in the list below are very hard to disguise. So put a twinkle in your eye and see how many entries you can locate in the diagram below.

- ☐ APATHY
- ☐ BLISS
- ☐ BOREDOM
- ☐ CANDOR
- ☐ COMPAS-SION
- ☐ CONCERN
- ☐ CONTEMPT
- ☐ COURAGE
- ☐ DEFEAT
- ☐ DELIGHT
- ☐ DESIRE
- ☐ DIGNITY
- ☐ DISMAY
- ☐ DOUBT
- ☐ DREAD
- ☐ FAITH
- ☐ FATIGUE
- ☐ FEAR
- ☐ FRIGHT
- ☐ GAIETY
- ☐ GRIEF
- ☐ HONESTY
- ☐ JEALOUSY
- ☐ LOVE
- ☐ PITY
- ☐ PRIDE
- ☐ REGRET
- ☐ SHAME
- ☐ SPITE
- ☐ SUCCESS
- ☐ SURPRISE
- ☐ TALENT
- ☐ TIMIDITY
- ☐ TRUST
- ☐ VALOR
- ☐ VANITY
- ☐ VIGOR
- ☐ WORRY
- ☐ ZEAL
- ☐ ZEST

R	O	L	A	V	L	A	E	Z	D	W	T	S	E	Z
F	S	U	C	C	E	S	S	D	C	O	V	T	G	B
A	T	H	D	O	U	B	T	H	I	R	E	V	G	R
T	Y	H	A	P	M	H	E	O	D	R	E	A	D	V
I	A	B	G	M	G	P	G	N	G	Y	P	Y	D	I
G	M	O	L	I	E	T	A	E	F	E	D	T	D	G
U	S	R	L	I	R	O	R	S	H	C	C	E	R	O
E	I	E	Y	T	S	F	U	T	S	O	S	I	W	R
S	D	D	T	S	P	S	O	Y	N	I	E	A	S	A
I	V	O	I	U	U	M	C	C	R	F	O	G	P	E
R	A	M	D	R	O	O	E	E	P	B	P	N	I	F
P	N	P	I	T	Y	R	L	T	A	L	E	N	T	A
R	I	E	M	T	N	Y	C	A	N	D	O	R	E	I
U	T	D	I	G	N	I	T	Y	E	O	F	V	E	T
S	Y	H	T	A	P	A	T	T	V	J	C	P	E	H

297 WIMBLEDON CHAMPS 297

Wimbledon, England, was the site of the world's first tennis tournament held in 1877. Since then, the Wimbledon tennis championship has been played there every summer. Below are the names of Wimbledon champions.

- ☐ Arthur ASHE
- ☐ Boris BECKER
- ☐ Pauline BETZ
- ☐ Bjorn BORG
- ☐ Louise BROUGH
- ☐ Don BUDGE
- ☐ Maria BUENO
- ☐ Pat CASH
- ☐ Jimmy CONNORS
- ☐ Maureen CONNOLLY
- ☐ Margaret COURT
- ☐ Jack CRAWFORD
- ☐ Stefan EDBERG
- ☐ Roy EMERSON
- ☐ Chris EVERT
- ☐ Neale FRASER
- ☐ Shirley FRY
- ☐ Althea GIBSON
- ☐ Evonne GOOLA-GONG
- ☐ Steffi GRAF
- ☐ Doris HART
- ☐ Lew HOAD
- ☐ Billie Jean KING
- ☐ Jan KODES
- ☐ Rene LACOSTE
- ☐ Rod LAVER
- ☐ John MCENROE
- ☐ Helen Wills MOODY
- ☐ Martina NAVRATILOVA
- ☐ John NEWCOMBE
- ☐ Budge PATTY
- ☐ Fred PERRY
- ☐ Yvon PETRA
- ☐ Bobby RIGGS
- ☐ Richard SAVITT
- ☐ Margaret SMITH
- ☐ Bill TILDEN
- ☐ Tony TRABERT
- ☐ Virginia WADE

E	D	B	E	R	G	L	Y	B	H	O	A	R	T	C
D	O	D	S	R	O	N	N	O	C	T	E	T	Y	H
A	N	E	D	L	I	T	O	R	E	V	I	E	S	T
W	O	T	B	N	D	G	Y	G	A	V	D	M	Y	R
M	S	S	E	M	A	P	G	L	A	R	E	E	S	U
H	B	O	C	F	O	V	F	S	O	L	T	R	U	O
B	I	C	K	A	H	C	R	F	P	M	O	S	T	C
H	G	A	E	S	I	P	W	A	C	Y	D	O	O	M
T	S	L	R	H	K	A	E	E	T	K	I	N	G	M
F	R	A	S	E	R	R	N	R	N	I	N	B	Y	P
U	A	U	C	C	T	R	A	H	R	O	L	R	K	E
I	B	U	E	N	O	B	F	X	L	Y	U	O	N	T
B	U	D	G	E	E	E	T	L	M	Y	D	U	V	R
N	U	F	A	R	G	T	Y	R	F	E	U	G	A	A
K	P	A	T	T	Y	Z	Y	I	S	U	R	H	T	E

298 FOLKS OF TALES 298

Enjoy a journey through classic literature with this puzzle featuring characters from Chaucer's celebrated 1387 work, "The Canterbury Tales."

- ☐ ALICE
- ☐ CANON
- ☐ CARPENTER
- ☐ Geoffrey CHAUCER
- ☐ CLERK
- ☐ COOK
- ☐ DYER
- ☐ FRANKLIN
- ☐ FRIAR
- ☐ HABERDASHER
- ☐ HARRY Bailly
- ☐ HOST
- ☐ JOHN
- ☐ KNIGHT
- ☐ Man of LAW
- ☐ MADAME Eglentyn
- ☐ MANCIPLE
- ☐ MELIBEE
- ☐ MERCHANT
- ☐ MILLER
- ☐ MONK
- ☐ NUN
- ☐ OSWALD
- ☐ PARDONER
- ☐ PARSON
- ☐ PHYSICIAN
- ☐ PLOWMAN
- ☐ PRIEST
- ☐ PRIORESS
- ☐ REEVE
- ☐ ROGER
- ☐ SCHOLAR
- ☐ SECOND Nun
- ☐ SHIPMAN
- ☐ SQUIRE
- ☐ SUMMONER
- ☐ TAPICER
- ☐ WEAVER
- ☐ WIFE of Bath
- ☐ YEOMAN

D	Y	E	R	E	N	O	M	M	U	S	A	N	G	P
S	A	O	N	L	E	M	A	D	A	M	L	U	L	H
R	E	R	M	P	L	O	W	M	A	N	I	N	A	Y
O	V	C	E	I	W	I	F	E	U	G	C	B	W	S
G	S	D	O	C	A	R	P	E	N	T	E	R	T	I
E	Q	T	L	N	I	L	K	N	A	R	F	N	S	C
R	U	H	D	A	D	P	D	R	D	G	A	T	E	I
T	I	G	R	M	W	Y	A	A	E	H	M	S	I	A
P	R	I	O	R	E	S	S	T	C	C	C	O	R	N
P	E	N	M	O	H	H	O	R	B	H	U	H	P	O
A	K	K	M	I	E	R	E	N	O	D	R	A	P	N
R	U	A	P	R	L	M	E	L	I	B	E	E	H	A
S	N	M	P	N	C	L	A	G	E	K	R	E	L	C
O	A	E	V	E	E	R	E	V	A	E	W	F	G	K
N	H	O	J	I	A	H	A	R	R	Y	K	O	O	C

299 BORGNINE ON FILM 299

In 1955 Ernest Borgnine won an Academy Award, best actor honors at the Cannes Festival, the New York Film Critics Award, and the National Board of Review Award for his starring role in the film "Marty."

- ☐ The Catered AFFAIR
- ☐ Man On A STRING
- ☐ The Wild BUNCH
- ☐ CHUKA
- ☐ The Last COMMAND
- ☐ CONVOY
- ☐ Run for COVER
- ☐ Law and DISORDER
- ☐ The Dirty DOZEN
- ☐ EMPEROR of the North Pole
- ☐ The Day the World ENDED
- ☐ From Here to ETERNITY
- ☐ The Neptune FACTOR
- ☐ The GREATEST
- ☐ The Black HOLE
- ☐ The Bounty HUNTER
- ☐ HUSTLE
- ☐ JOHNNY Guitar
- ☐ The Square JUNGLE
- ☐ MARTY
- ☐ McHale's NAVY
- ☐ The OSCAR
- ☐ The Flight of the PHOENIX
- ☐ The POSEIDON Adventure
- ☐ The PRINCE and the Pauper
- ☐ The REVENGERS
- ☐ Bad Day at Black ROCK
- ☐ SEASON of Passion
- ☐ SHOOT
- ☐ The SPLIT
- ☐ SUNDAY in the Country
- ☐ Crossed SWORDS
- ☐ THREE Brave Men
- ☐ TORPEDO Run
- ☐ The Rabbit TRAP
- ☐ VERA Cruz
- ☐ The VIKINGS
- ☐ VIOLENT Sunday
- ☐ WILLARD
- ☐ Ice Station ZEBRA

O	D	U	W	G	N	I	R	T	S	A	Y	U	T	S
A	C	O	W	I	L	L	A	R	D	M	T	V	O	P
R	L	H	Z	W	S	N	E	C	N	I	R	P	R	L
G	V	U	U	E	D	G	O	S	P	M	A	R	P	I
R	Y	S	N	K	N	T	N	S	U	O	M	O	E	T
E	T	T	A	E	A	O	B	I	A	N	S	T	D	K
A	I	L	V	L	M	O	P	V	K	E	D	C	O	C
T	N	E	Y	R	M	H	S	A	I	I	S	A	A	O
E	R	E	D	R	O	S	I	D	R	O	V	F	Y	R
S	E	F	P	E	C	R	O	H	R	E	L	O	H	H
T	T	L	N	K	C	N	E	Z	C	O	V	E	R	U
H	E	I	G	D	T	R	A	P	E	N	W	X	N	N
R	X	C	O	N	V	O	Y	M	M	B	U	S	C	T
E	J	H	C	H	U	D	E	D	N	E	R	B	G	E
E	Y	N	N	H	O	J	I	O	A	F	F	A	I	R

300 ONE AND ONLY 300

The word MUFFIN is hidden in the diagram only once. It will read in a straight line forward, backward, up, down, or diagonally.

U	F	U	M	U	M	N	I	F	M	U	U
I	U	U	F	F	M	U	N	M	U	I	U
M	U	F	U	F	I	I	F	U	F	U	M
F	M	F	N	I	F	M	F	N	U	N	N
U	N	I	F	U	I	U	M	N	U	U	M
F	U	I	F	N	F	N	I	U	U	N	F
I	U	F	F	F	U	F	U	U	F	F	U
U	I	F	F	F	U	N	I	N	U	I	U
I	N	F	I	I	U	M	N	F	U	U	F
F	F	I	I	N	F	M	N	N	F	M	M

301 HOW MANY? 301

Can you find the word MUFFIN hidden in this diagram 18 times? Its letters read in a straight line forward, backward, up, down, and diagonally.

U	M	N	I	F	F	U	M	U	F	M	M
M	U	M	I	F	N	F	M	N	U	F	U
M	F	N	U	F	I	U	M	M	U	F	F
N	F	M	U	F	F	I	N	U	F	M	F
F	I	N	I	F	F	U	M	F	M	U	I
N	N	F	I	F	U	I	M	F	U	F	N
F	U	N	F	F	M	U	N	I	F	F	M
F	F	U	M	U	F	F	I	N	F	I	U
N	I	F	F	U	M	U	F	F	I	N	U
U	M	N	I	F	F	U	M	F	N	I	M

302 PRAGUE-NOSIS 302

The Vltava River flows through Prague, dividing the city into two sections which are connected by a series of bridges. The most famous of these is the Charles Bridge, built in the mid-1300s. Made of stone, it is lined with thirty baroque statues of saints. It has been strictly a pedestrian bridge since 1950, when cars were banned from crossing it.

- ☐ ASTRONOMICAL Clock
- ☐ BRIDGES
- ☐ BUILDINGS
- ☐ CAPITAL
- ☐ CHARLES Bridge
- ☐ CHURCH of Our Lady of Tyn
- ☐ CITY
- ☐ CROWDS
- ☐ CZECH Republic
- ☐ ENCHANTING
- ☐ EUROPE
- ☐ FESTIVE
- ☐ GOLDEN Lane
- ☐ HISTORY
- ☐ LARGE
- ☐ MUNICIPAL House
- ☐ NARROW streets
- ☐ OLD TOWN
- ☐ PEOPLE
- ☐ PRAGUE Castle
- ☐ RESIDENTS
- ☐ SHOPS
- ☐ SMETANA Hall
- ☐ SPIRES
- ☐ SQUARE
- ☐ STATUES
- ☐ ST. VITUS Cathedral
- ☐ TOUR
- ☐ TWISTING streets
- ☐ VENDORS
- ☐ VIEW
- ☐ VLTAVA River
- ☐ WENCESLAS Square

T	M	O	L	A	P	I	C	I	N	U	M	P	E	V
N	V	C	C	Z	E	C	H	H	B	E	G	R	A	L
A	V	A	T	L	V	U	N	C	A	E	A	A	M	T
R	L	P	G	E	C	W	R	B	H	R	G	G	O	S
R	A	I	O	U	O	Y	S	O	R	U	L	U	L	E
O	C	T	L	T	A	L	R	S	P	I	R	E	S	U
W	I	A	D	E	S	N	S	O	S	E	D	C	S	T
E	M	L	E	N	C	H	A	N	T	I	N	G	H	A
N	O	M	N	I	O	U	D	T	N	S	N	U	E	T
C	N	B	T	P	E	O	P	L	E	I	I	V	R	S
E	O	Y	S	W	Q	W	O	A	D	M	I	H	A	D
S	R	O	D	N	E	V	H	L	I	T	S	L	U	W
L	T	H	R	I	G	N	I	T	S	I	W	T	Q	O
A	S	T	V	I	T	U	S	E	E	Y	G	V	S	R
S	A	B	T	H	B	H	F	G	R	T	U	T	T	C

303 WOMEN'S MOVEMENT 303

The Age of Reason was a time when educated women began participating in intellectual and political debates. These women set the stage for the rise of the women's rights movements of the 1800s:

- ☐ AGE OF REASON
- ☐ ARTISAN
- ☐ BUSINESS
- ☐ CHANCE
- ☐ CONTRIBUTE
- ☐ CONTROL
- ☐ EDUCATION
- ☐ EQUALITY
- ☐ ESTATE
- ☐ GARDEN
- ☐ HOUSEHOLD
- ☐ INDUSTRIAL Revolution
- ☐ INNKEEPER
- ☐ LAND
- ☐ LIBERTY
- ☐ MANAGE
- ☐ MERCHANT
- ☐ MIDDLE Ages
- ☐ MIDWIFE
- ☐ NOBLEWOMAN
- ☐ NUN
- ☐ OWNER
- ☐ PRINTER
- ☐ PROPERTY
- ☐ RENAISSANCE
- ☐ ROLE
- ☐ SALON
- ☐ SKILLS
- ☐ SUPERVISE
- ☐ SUPPORT
- ☐ TEACHER
- ☐ TEXTILE worker

M	A	R	T	I	S	A	N	E	D	R	A	G	X	B
E	G	M	L	N	E	Q	U	A	L	I	T	Y	E	R
R	E	A	U	A	O	D	R	E	H	C	A	E	T	E
C	O	N	T	R	I	B	U	T	E	U	C	T	R	S
H	F	A	U	E	X	R	L	C	O	N	T	R	O	L
A	R	G	M	P	D	E	T	E	A	O	P	P	P	L
N	E	E	I	E	E	T	L	S	W	T	R	Y	P	I
T	A	I	D	E	S	N	S	N	U	O	I	G	U	K
E	S	L	W	K	T	I	E	A	P	D	M	O	S	S
X	O	I	I	N	A	R	V	E	L	M	N	A	N	D
T	N	B	F	N	T	P	R	R	I	O	T	I	N	B
I	X	E	E	I	E	T	F	D	E	C	N	A	H	C
L	W	R	Q	O	Y	W	D	L	T	P	L	R	O	M
E	L	T	Q	D	D	L	O	H	E	S	U	O	H	W
O	Q	Y	R	L	E	R	S	S	E	N	I	S	U	B

304 IF YOU KNEW SUSIE 304

Susan Hayward received the first of five Oscar nominations in 1947 for "Smash-Up: The Story of a Woman." Listed below are titles of films starring Susan Hayward.

- ☐ AMONG the Living
- ☐ AND NOW Tomorrow
- ☐ BACK Street
- ☐ BEAU Geste
- ☐ CANYON Passage
- ☐ CONQUER-OR, The
- ☐ DAVID and Bathsheba
- ☐ GARDEN of Evil
- ☐ HAIRY Ape, The
- ☐ HOLLYWOOD Hotel
- ☐ HONEY Pot, The
- ☐ HOUSE of Strangers
- ☐ I'LL CRY Tomorrow
- ☐ I WANT to Live
- ☐ LOST Moment, The
- ☐ MY FOOLISH Heart
- ☐ OUR LEADING Citizen
- ☐ REAP the Wild Wind
- ☐ REVENGERS, The
- ☐ SAXON Charm, The
- ☐ SISTERS, The
- ☐ SOLDIER of Fortune
- ☐ STAR Spangled Rhythm
- ☐ STOLEN Hours
- ☐ STORY of a Woman, The
- ☐ TAP ROOTS
- ☐ THUNDER in the Sun
- ☐ TOP SECRET Affair
- ☐ TULSA
- ☐ UNTAMED
- ☐ VALLEY of the Dolls
- ☐ WOMAN Obsessed
- ☐ YOUNG and Willing

O	I	N	R	M	G	S	H	A	I	R	Y	A	C	P
H	C	G	K	V	W	L	S	R	E	T	S	I	S	W
N	O	Y	N	A	C	O	Y	D	O	P	T	R	T	F
D	N	L	Y	I	L	U	N	T	A	M	E	D	O	I
Q	Q	H	L	D	D	U	N	D	N	G	H	H	O	O
W	U	E	I	Y	H	A	H	B	N	S	T	O	R	Y
G	E	E	L	T	W	A	E	E	I	A	G	C	P	B
D	R	S	L	I	Y	O	V	L	A	A	N	U	A	O
T	O	K	C	A	B	E	O	A	R	S	E	K	T	P
C	R	G	R	A	R	O	L	D	B	U	L	S	Q	A
E	D	N	Y	G	F	N	E	L	E	H	O	U	S	E
U	M	U	N	Y	E	N	O	H	A	L	T	R	T	R
D	W	O	M	A	N	B	M	X	U	V	S	Q	A	P
U	M	Y	P	O	Y	X	O	D	A	V	I	D	R	T
A	I	E	H	N	T	E	R	C	E	S	P	O	T	I

305 AT THE BAR 305

Salad bars are everywhere, from four-star restaurants to fast-food chains. Whether you're counting calories or searching for a health-conscious feast, read through the list and see if you can find the tasty tidbits from a salad bar hidden below.

- ☐ ALFALFA sprouts
- ☐ APPLE
- ☐ BACON bits
- ☐ BEAN sprouts
- ☐ BEET
- ☐ BROCCOLI
- ☐ CARROT
- ☐ CELERY
- ☐ COLESLAW
- ☐ COTTAGE cheese
- ☐ CROUTON
- ☐ CUCUMBER
- ☐ DRESSING
- ☐ EGG
- ☐ ENDIVE
- ☐ ESCAROLE
- ☐ FRUIT
- ☐ JELL-O
- ☐ LETTUCE
- ☐ MACARONI salad
- ☐ MELON
- ☐ MUSHROOM
- ☐ OIL
- ☐ OLIVE
- ☐ ONION
- ☐ PEA
- ☐ PEPPER
- ☐ PICKLE
- ☐ PINTO beans
- ☐ POTATO salad
- ☐ RADISH
- ☐ ROMAINE
- ☐ SPINACH
- ☐ TOMATO
- ☐ VINEGAR
- ☐ WATERCRESS
- ☐ ZUCCHINI

I	M	O	O	R	H	S	U	M	N	H	U	G	K	T
B	W	H	A	W	V	Y	K	F	S	P	L	O	Z	O
A	M	A	C	A	R	O	N	I	O	N	E	T	T	D
C	J	L	T	A	E	N	D	I	V	E	T	A	K	B
O	E	F	S	E	N	A	V	W	A	Y	T	M	R	R
N	L	A	H	L	R	I	E	A	T	O	U	O	M	R
P	P	L	O	R	N	C	P	L	P	E	C	T	L	E
I	P	F	E	E	M	I	R	S	O	C	E	I	G	U
N	A	A	G	J	C	E	A	E	O	R	N	B	N	P
T	O	A	G	K	B	L	L	L	S	I	A	T	I	E
O	R	T	L	M	T	L	I	O	H	S	E	C	S	P
R	Z	E	U	I	K	V	U	C	N	O	B	G	S	P
R	R	C	U	O	E	D	C	O	T	T	A	G	E	E
A	U	R	J	V	R	U	E	N	I	A	M	O	R	R
C	F	N	E	R	Z	C	E	L	E	R	Y	D	D	U

306 HOT SPOT 306

Saunas originated in Finland and are a characteristic feature of the Finnish lifestyle. In fact, saunas can be found on almost every farm as well as in every city and offer bathers complete physical and mental relaxation.

- ☐ BATH
- ☐ BENCH
- ☐ BODY
- ☐ CLEANSE
- ☐ CONTROLS
- ☐ DOOR
- ☐ DRY HEAT
- ☐ ENJOY
- ☐ ENTER
- ☐ EXIT
- ☐ FEEL
- ☐ FINNISH
- ☐ FLOOR
- ☐ HEALTHY
- ☐ HEATED
- ☐ HOT ROCKS
- ☐ INSIDE
- ☐ LIE DOWN
- ☐ OPENS PORES
- ☐ PERSPIRATION
- ☐ RELAX
- ☐ RELIEF
- ☐ RESORT
- ☐ REST
- ☐ ROOM
- ☐ SHOWER
- ☐ SIT
- ☐ SOOTHING
- ☐ STEAM
- ☐ TEMPERATURE
- ☐ TOWEL
- ☐ VAPOR
- ☐ WALLS
- ☐ WARM
- ☐ WASH
- ☐ WOOD

```
S W A S H Y C S E E X O N T G
T R H O T R O C K S W A R M V
E J O O O E A J L I N O C S W
M P L O L S A L N H S A P D T
P H M G D T A M E E F E E L X
E C C L A W V A R W R O O L F
R N G N I H T O O S O D M P C
A E U F T E P O P X N T S P C
T B W W D S D I Y H T L A E H
U K C O N T R O L S S N D D V
R Y G E H A Y E W I V I V I R
E D P X T S H M T N S A V Y I
L O D I A O E P W N J L P S E
A B O T B E A K I I E X K O H
X N R L S X T R W F E I L E R
```

307 TICKET TAKERS 307

When the Beatles sang "Ticket to Ride" in 1965 they could have had this puzzle in mind because listed below are things that require folks to buy a ticket, pay a fee, or pay a fare in order to partake.

- ☐ AMUSEMENT park
- ☐ ARENA
- ☐ BALL game
- ☐ BANQUET
- ☐ BENEFIT
- ☐ BOXING match
- ☐ BRIDGE
- ☐ BROADWAY
- ☐ CARNIVAL
- ☐ CHARITY ball
- ☐ CONCERT
- ☐ CRUISE
- ☐ DANCE
- ☐ DRAWING
- ☐ EXHIBIT
- ☐ FAIR
- ☐ FESTIVAL
- ☐ LOTTERY
- ☐ MOVIE
- ☐ MUSEUM
- ☐ OPENING
- ☐ OPERA
- ☐ PLANE
- ☐ PLAY
- ☐ RAFFLE
- ☐ RECEPTION
- ☐ RECITAL
- ☐ SUBWAY
- ☐ TAXI
- ☐ THEATER
- ☐ TOUR
- ☐ TRACK meet
- ☐ TRAIN
- ☐ TROLLEY
- ☐ TURNPIKE

A	Y	E	I	V	O	M	T	U	R	P	Y	I	P	P
Y	E	K	D	E	U	Q	Y	G	L	L	A	B	L	I
D	L	I	E	S	I	U	R	C	A	A	W	B	A	E
R	S	B	E	N	E	F	I	T	V	Y	D	F	N	K
A	U	U	Q	E	X	H	I	B	I	T	A	B	E	C
W	M	O	B	M	M	C	C	W	N	I	O	A	G	W
I	O	U	T	W	E	F	T	H	R	K	R	N	D	R
N	T	Y	S	R	A	R	E	N	A	E	B	Q	I	G
G	D	R	D	E	E	Y	K	S	C	R	U	U	R	V
Q	A	N	A	C	M	R	I	E	T	B	I	E	B	O
B	T	G	N	I	N	E	P	O	G	I	T	T	P	N
P	T	O	C	B	N	T	N	N	P	A	V	E	Y	F
I	C	A	E	M	I	T	R	T	E	T	R	A	C	K
G	N	I	X	O	B	O	U	H	R	A	F	F	L	E
Q	D	N	N	I	O	L	T	R	O	L	L	E	Y	P

308 SH! 308

You don't have to be very, very quiet, just very, very observant as you pick up your pencil and search for the entries of 4 or more letters that all begin with SH. We have looped one entry to start your list.

Word list on page 535

SH ACK
SH ____
SH ____
SH ____
SH ____
SH ____
SH ____
SH ____
SH ____
SH ____
SH ____
SH ____
SH ____
SH ____
SH ____
SH ____
SH ____
SH ____
SH ____
SH ____
SH ____
SH ____
SH ____
SH ____
SH ____
SH ____

SH ____
SH ____
SH ____
SH ____
SH ____
SH ____
SH ____

SH ____
SH ____
SH ____
SH ____
SH ____
SH ____
SH ____

V	N	T	F	S	H	R	I	M	P	R	V	Y	F	D
R	T	U	E	H	C	L	E	N	K	C	A	H	S	E
L	R	O	A	E	G	K	L	W	N	K	T	E	S	H
D	V	H	K	L	H	A	A	I	I	T	F	I	H	S
W	S	S	S	L	S	S	H	I	R	T	A	S	O	S
W	E	H	U	C	H	H	S	S	H	H	H	C	R	O
N	C	S	O	I	E	A	S	H	S	O	S	K	T	F
R	N	R	M	C	I	L	H	H	O	H	H	H	D	V
K	U	M	T	P	K	L	A	T	A	V	O	W	O	U
S	Y	A	N	S	R	V	M	D	V	P	E	R	R	W
T	H	M	P	H	E	A	E	S	S	R	E	L	E	L
S	H	I	P	A	F	W	H	S	H	A	W	L	T	S
S	H	A	N	K	R	A	H	S	A	A	S	L	T	A
K	O	P	E	E	H	S	D	Y	R	V	R	S	A	L
O	D	K	A	K	T	S	H	E	E	R	T	D	L	R

309 COUNTRY GIRLS 309

The belles of country music are ringing out in this puzzle. Can you find their names hidden in the diagram below?

- ☐ Deborah ALLEN
- ☐ Lynn ANDERSON
- ☐ Jeanne BLACK
- ☐ June CARTER
- ☐ Roseanne CASH
- ☐ Patsy CLINE
- ☐ Jessi COLTER
- ☐ Rita COOLIDGE
- ☐ Skeeter DAVIS
- ☐ Donna FARGO
- ☐ Janie FRICKE
- ☐ Crystal GAYLE
- ☐ Bobbie GENTRY
- ☐ Terri GIBBS
- ☐ Emmylou HARRIS
- ☐ JUICE Newton
- ☐ Christy LANE
- ☐ Brenda LEE
- ☐ Loretta LYNN
- ☐ Barbara MANDRELL
- ☐ MELBA Montgomery
- ☐ Jody MILLER
- ☐ Anne MURRAY
- ☐ OLIVIA Newton-John
- ☐ Marie OSMOND
- ☐ Dolly PARTON
- ☐ Minnie PEARL
- ☐ Jeanne PRUETT
- ☐ Jeannie (C.) RILEY
- ☐ SANDY Posey
- ☐ Sammi SMITH
- ☐ SYLVIA
- ☐ Tanya TUCKER
- ☐ Dottie WEST
- ☐ Tammy WYNETTE

G	E	N	T	R	Y	C	N	H	E	E	D	J	R	S
C	A	K	O	Y	I	G	L	G	N	H	E	P	L	V
N	K	O	E	S	I	V	A	D	A	I	V	L	Y	S
O	R	L	L	B	R	Y	M	R	L	N	E	L	L	A
T	I	E	B	I	L	E	R	W	Y	R	G	V	Y	E
R	P	S	L	E	V	I	D	Y	D	V	D	X	N	K
A	E	E	M	L	S	I	C	N	N	W	I	I	N	R
P	L	K	A	I	I	F	A	E	A	B	L	A	C	K
Y	F	C	C	R	T	M	R	T	S	C	O	C	E	P
H	A	I	A	U	L	H	T	T	T	S	O	G	A	Y
N	R	R	V	S	T	B	E	E	M	L	C	J	S	A
L	G	F	R	A	H	T	R	O	T	T	E	U	R	P
M	O	K	V	U	L	B	N	E	K	H	V	I	R	W
U	A	B	L	E	M	D	R	M	V	I	H	C	E	A
T	G	L	J	S	U	Y	V	A	F	L	W	E	S	T

310 GOOD OL' BOYS 310

Listed below are some of country music's good ol' boys whose ways with a song are guaranteed to set your foot a-tappin' quicker than ants at a picnic!

- ☐ Bill ANDERSON
- ☐ Eddy ARNOLD
- ☐ Chet ATKINS
- ☐ Glen CAMPBELL
- ☐ Johnny CASH
- ☐ Roy CLARK
- ☐ Rodney CROWELL
- ☐ Charlie DANIELS
- ☐ Freddy FENDER
- ☐ Lefty FRIZZLE
- ☐ Mickey GILLEY
- ☐ Merle HAGGARD
- ☐ Tom (T.) HALL
- ☐ Johnny HORTON
- ☐ Sonny JAMES
- ☐ Waylon JENNINGS
- ☐ Johnny LEE
- ☐ Jerry Lee LEWIS
- ☐ Roger MILLER
- ☐ Buck OWENS
- ☐ Webb PIERCE
- ☐ Charley PRIDE
- ☐ Eddie RABBIT
- ☐ Jim REEVES
- ☐ Tex RITTER
- ☐ Marty ROBBINS
- ☐ Kenny ROGERS
- ☐ Billy Joe ROYAL
- ☐ (T.G.) SHEPPARD
- ☐ Ray STEVENS
- ☐ Mel TILLIS
- ☐ Randy TRAVIS
- ☐ Conway TWITTY
- ☐ Slim WHITMAN
- ☐ Hank WILLIAMS

R	T	H	M	R	A	E	Y	P	M	C	Y	S	M	K
I	I	P	H	E	O	T	L	S	I	V	A	R	T	F
T	L	W	R	O	T	G	L	O	W	E	N	S	R	V
T	L	H	M	I	R	S	E	D	K	N	R	I	H	S
E	I	I	W	O	D	T	W	R	O	R	Z	C	E	R
R	S	T	D	S	P	E	O	S	S	Z	A	V	E	D
Y	N	M	R	G	H	V	R	N	L	M	E	L	N	P
F	I	A	A	N	L	E	C	E	P	E	R	E	C	Y
K	K	N	G	I	D	N	P	B	R	O	I	S	L	E
M	T	O	G	N	L	S	E	P	B	L	F	N	I	B
I	A	K	A	N	L	L	R	B	A	S	E	M	A	J
L	L	A	H	E	L	B	I	Y	A	R	N	O	L	D
L	Z	J	W	J	G	N	O	W	F	J	D	W	T	H
E	A	I	G	K	S	R	G	I	L	L	E	Y	R	S
R	S	F	E	C	W	T	I	B	B	A	R	K	B	G

311 FORD'S THEATER 311

Ford's Theater, located in Washington, D.C., is the site of Abraham Lincoln's assassination by John Wilkes Booth. It was purchased by the U.S. government in 1866 and restored as an active theater in the 1960s. Plays are presented from October to May and theatergoers can also visit the Lincoln Museum, which occupies the basement.

- ☐ ACTORS
- ☐ AISLES
- ☐ ALCOVE
- ☐ BALCONY
- ☐ John Wilkes BOOTH
- ☐ BOXES
- ☐ BRICK
- ☐ CARPET
- ☐ CAST
- ☐ CHAIRS
- ☐ CHANDE-LIERS
- ☐ CLOSED
- ☐ COMPANY
- ☐ CURTAIN
- ☐ DRAMA
- ☐ EXHIBITS
- ☐ FAMOUS
- ☐ FLAGS
- ☐ HALL
- ☐ HISTORY
- ☐ LIGHTS
- ☐ LINCOLN
- ☐ LIVE
- ☐ MEMORIAL
- ☐ MUSEUM
- ☐ MUSICALS
- ☐ PLAYHOUSE
- ☐ PLAYS
- ☐ RELICS
- ☐ RESTORED
- ☐ REVUES
- ☐ ROWS
- ☐ SEATS
- ☐ SHOWS
- ☐ SMALL
- ☐ STAGE
- ☐ STAIRS
- ☐ WASHINGTON (D.C.)

```
S Y A L P T S W O R E V I L B
S C I L E R S R E V U E S I R
G E S U O H Y A L P K W T G I
A R L W C Y N O C L A B A H C
L C E X H I B I T S S P I T K
F U S M A L L V H R H S R S B
O R M B I V A I E K T A S A O
P T E U R U N I N O A R L S O
E A E S S G L C R C C C F L T
G I A H T E L Y T O O A X A H
A N O O D O U O T V M L S C B
T W N N S T R M E O P E N I O
S R A E N S I E U V A O M S X
H H D R A M A S D T N A A U E
C A R P E T H U S F Y P U M S
```

312 NUMBER SEEK 312

Solve this puzzle by seeking numbers instead of letters.

☐ 05027
☐ 06153
☐ 09543
☐ 10006
☐ 11547
☐ 20602
☐ 21037
☐ 25663
☐ 26973
☐ 35347
☐ 37282
☐ 37354
☐ 41665
☐ 43026
☐ 49521
☐ 52487
☐ 58453
☐ 58863
☐ 58916
☐ 59246
☐ 70439
☐ 70555
☐ 75369
☐ 75609
☐ 77474
☐ 78399
☐ 80426
☐ 81449
☐ 81466
☐ 86262
☐ 87838
☐ 89661
☐ 91616
☐ 93854
☐ 96195
☐ 96536
☐ 97296
☐ 98609
☐ 99373
☐ 99941

8	7	1	9	4	3	9	5	9	7	6	4	2	9	2
9	4	3	1	7	6	3	9	9	7	4	9	5	0	0
6	5	2	7	5	2	9	2	4	2	3	1	3	3	7
8	7	8	3	8	4	9	4	0	8	3	1	2	7	6
0	4	6	0	1	3	7	6	5	8	0	4	8	1	9
1	4	7	1	4	0	0	4	2	3	7	4	2	3	5
9	3	7	2	6	2	4	8	3	7	2	8	2	9	5
9	8	2	5	6	6	3	0	0	5	0	3	3	6	7
3	7	3	9	9	7	9	1	2	4	3	5	1	6	0
8	7	9	4	4	1	8	8	3	4	3	6	0	4	9
7	4	7	3	7	9	6	2	5	6	1	2	0	3	9
3	7	3	5	4	2	8	9	4	9	8	6	0	9	2
7	4	3	8	6	5	0	8	8	8	0	8	6	8	8
3	6	6	2	7	0	5	5	5	0	9	8	5	5	8
9	0	6	5	9	5	9	4	0	5	5	0	8	6	6

313 AT THE INN 313

Television's "Hotel" debuted on September 21, 1983, with a "Love Boat" format, offering audiences three gentle stories of the heart every week. It was based on Arthur Hailey's best-selling novel of the same title, which was the basis of a theatrical film in 1967.

- ☐ BAXTER, Anne
- ☐ BELAFONTE-Harper, Shari
- ☐ BELLBOYS
- ☐ BILLY Griffin
- ☐ BOHAY, Heidi
- ☐ BROLIN, James
- ☐ CAST
- ☐ CHRISTINE Francis
- ☐ COOK, Nathan
- ☐ DAVIS, Bette
- ☐ DRAMA
- ☐ FARRELL, Shea
- ☐ GUESTS
- ☐ HOTEL
- ☐ HOUR-long
- ☐ JULIE Gillette
- ☐ MARBLE columns
- ☐ MARK Danning
- ☐ MEGAN Kendall
- ☐ NOB Hill
- ☐ PETER McDermott
- ☐ REGISTER
- ☐ ROOMS
- ☐ SCRIPT
- ☐ SELLECCA, Connie
- ☐ SETS
- ☐ SPOUND, Michael
- ☐ STAIRCASE
- ☐ STARS
- ☐ ST. GREGORY
- ☐ TRENT, (Mrs.)
- ☐ VICTORIA Cabot
- ☐ WEEKLY

```
R B O N B A X T E R J C R X U
Y E E N M I I Y S T S E U G H
A L K L X X L R D A G P V T T
H L K P A L X R O I E D S R P
O B S E I F A P S T N A M U I
B O I B E M O T E C C V Y O R
V Y W S A W E N I T S I R H C
C S T N E R T S T N E S V F S
P H P K H L S S A E N R A L J
R H K O O C L B M C T R S U S
E H O S T G R E G O R Y L V S
O M O K E O G J C E O I M S T
G S O X L A Y R L C E R A E A
N U T I N E E L B R A M R T R
L D N U O P S M Y R A T K S S
```

314 MISSING VOWELS 314

Before you can loop the words in the list below, you must first fill in the circles in the diagram with the missing vowels A, E, I, O, and U. We have filled in one entry for you.

☑ AGENT
☐ CELERY
☐ CREATE
☐ DECIDE
☐ DEFEND
☐ DIAGRAM
☐ DIVIDE
☐ EVER
☐ FEAST
☐ FIELD
☐ FOCUS
☐ FREEZE
☐ GARAGE
☐ GENERAL
☐ GREASE
☐ INCREASE
☐ JOINT
☐ KNEE
☐ MASTER
☐ MEEK
☐ MIDDLE
☐ PAPER
☐ PONDER
☐ PUDDLE
☐ PRAYER
☐ PREFACE
☐ QUIET
☐ QUINCE
☐ READER
☐ REPAIR
☐ SAFE
☐ SALARY
☐ SALUTE
☐ SERVE
☐ SHIELD
☐ STEREO
☐ TAXED
☐ USES
☐ WINDOW
☐ WINTER

D	Z	L	H	Q	R	Q	H	G	○	L	D	D	○	P
R	○	○	D	○	R	○	D	N	○	P	N	Q	W	T
C	G	X	A	G	E	N	T	○	H	G	○	○	X	S
R	○	P	○	○	R	G	W	S	V	M	F	○	L	○
○	N	○	P	T	S	R	○	○	○	○	○	N	T	C
○	○	V	Z	H	○	F	J	R	N	M	D	C	N	○
T	R	R	○	V	○	F	G	C	○	D	L	○	○	F
○	○	○	○	H	R	○	R	F	P	G	○	M	○	H
○	L	S	D	S	○	○	○	○	H	T	F	W	J	R
D	○	G	○	D	○	○	Y	C	○	L	○	R	Y	○
M	P	R	C	S	S	L	C	○	○	Z	○	○	L	R
G	○	○	○	T	○	L	○	S	R	T	○	D	○	F
W	P	○	D	T	T	M	○	R	N	P	D	○	C	Q
V	○	S	N	F	S	S	L	○	Y	○	C	W	N	W
P	R	○	F	○	C	○	W	Q	M	○	○	K	T	K

315 JAPANESE FEAST 315

In Japanese culture, the appearance of food is as important as its taste. Meals are planned with the colors and textures arranged to stimulate the appetite visually. Japanese food is low in calories, high in protein and vitamins, and is easy and economical to prepare.

- ☐ ABALONE
- ☐ BARBECUE
- ☐ BATTER
- ☐ BOILED
- ☐ BROIL
- ☐ CABBAGE
- ☐ CARP
- ☐ CHESTNUTS
- ☐ CHICKEN
- ☐ CLAMS
- ☐ COD
- ☐ COOK
- ☐ DELICIOUS
- ☐ DUCK
- ☐ FISH
- ☐ MISO
- ☐ MUSH-ROOMS
- ☐ NOODLES
- ☐ ONIGIRI
- ☐ OYSTERS
- ☐ PORK
- ☐ PRAWNS
- ☐ QUAIL
- ☐ RICE
- ☐ SAKE
- ☐ SALMON
- ☐ SASHIMI
- ☐ SOBA
- ☐ SUKIYAKI
- ☐ SUSHI
- ☐ TEA
- ☐ TEMPURA
- ☐ TOFU
- ☐ VEGETABLES
- ☐ WOK
- ☐ YAKITORI

P	R	A	W	N	S	O	A	B	O	S	T	I	X	N
U	I	O	S	Z	B	U	C	E	M	I	U	K	D	W
D	K	V	C	A	T	S	O	O	N	R	O	S	K	I
K	L	A	T	H	A	O	O	I	D	O	N	T	H	H
Q	R	T	E	L	E	R	F	X	C	T	L	E	L	I
P	E	O	M	S	H	S	S	U	K	I	Y	A	K	I
R	H	O	P	S	E	E	T	I	T	K	L	N	B	P
C	N	Q	U	A	I	L	C	N	N	A	V	E	I	A
L	K	M	R	G	S	B	D	I	U	Y	P	K	D	O
A	E	G	A	B	B	A	C	O	R	T	U	C	O	N
M	Z	A	S	R	E	T	S	Y	O	Z	S	I	Q	I
S	D	B	O	I	L	E	D	H	A	N	A	H	Z	G
O	S	I	M	S	S	G	U	X	I	N	K	C	V	I
O	L	B	A	R	B	E	C	U	E	M	E	V	C	R
B	P	C	F	N	T	V	K	M	H	S	I	F	F	I

316 IN THE BLACK 316

We're operating in the black with this puzzle containing the names of things that are or can be black. So think basic black and begin! One entry has been looped to start your list. *Word list on page 542*

A NTHRACITE
A ______
B ______
B ______
B ______
B ______
C ______
C ______
C ______
C ______
C ______
C ______
C ______
C ______
D ______
E ______
G ______
G ______
H ______
I ______
L ______
L ______
M ______
N ______
O ______

O ______
P ______
P ______
P ______
R ______
S ______
S ______

S ______
S ______
S ______
T ______
T ______
T ______
T ______

O	G	C	H	A	R	C	O	A	L	A	P	E	U	E
E	T	A	L	S	P	O	L	C	Y	S	I	T	T	M
D	R	S	T	I	B	A	H	O	B	E	T	I	H	I
I	O	S	H	X	L	L	L	E	D	D	C	H	G	R
E	B	O	N	Y	A	I	A	M	M	A	H	P	I	G
N	G	C	O	N	C	R	A	C	R	P	N	A	N	V
C	E	K	B	O	K	H	N	H	K	S	E	R	I	T
O	V	F	R	W	B	S	T	A	B	T	B	G	O	T
F	A	I	A	M	O	N	S	R	L	I	O	O	L	T
F	C	G	C	D	A	R	K	N	E	S	S	P	N	A
E	N	E	V	A	R	S	C	L	M	H	U	G	R	S
E	T	U	X	E	D	O	C	O	T	P	T	E	I	O
U	K	A	V	L	U	P	K	A	I	A	M	N	F	V
Y	D	M	S	G	D	E	O	L	R	A	K	N	A	S
Y	U	C	P	H	H	G	S	E	C	A	P	S	Y	P

317 ALFRESCO 317

Alfresco is an Italian word meaning "out-of-doors." Below are some words that will help you think about the warm summer days to come and dining outdoors.

- ☐ BEER
- ☐ BOWL
- ☐ BREEZE
- ☐ BUGS
- ☐ BUNS
- ☐ BUSY
- ☐ CAKE
- ☐ CHAIRS
- ☐ CHARCOAL
- ☐ CHATTER
- ☐ CHICKEN
- ☐ CHILDREN
- ☐ COFFEE
- ☐ COOLER
- ☐ Paper CUPS
- ☐ DESSERT
- ☐ DRINKS
- ☐ EVENING
- ☐ FAMILY
- ☐ FLOWERS
- ☐ FOOD
- ☐ FORKS
- ☐ FUN
- ☐ GRILL
- ☐ HAMBURGERS
- ☐ HAPPY
- ☐ HOT DOGS
- ☐ ICE CREAM
- ☐ INFORMAL
- ☐ JUICE
- ☐ KETCHUP
- ☐ KNIVES
- ☐ LAUGH
- ☐ LEMONADE
- ☐ LETTUCE
- ☐ LOUNGE chair
- ☐ MELONS
- ☐ MUSIC
- ☐ MUSTARD
- ☐ NAPKINS
- ☐ NEIGHBORS
- ☐ PEPPER
- ☐ PIE
- ☐ PLANTS
- ☐ Paper PLATES
- ☐ PLATTER
- ☐ PRIVACY
- ☐ RADIO
- ☐ RELAX
- ☐ RIBS
- ☐ SALAD
- ☐ SALT
- ☐ SHADE
- ☐ SMILES
- ☐ SODA
- ☐ STEAK
- ☐ TABLE
- ☐ TALK
- ☐ TOMATO plant
- ☐ UMBRELLA

317 ALFRESCO 317

S	A	L	T	C	S	K	R	O	F	C	H	A	P	P	Y	N	P
M	L	W	O	B	O	E	I	W	L	A	M	R	O	F	N	I	L
C	O	E	M	U	L	F	F	A	M	I	L	Y	S	T	E	A	K
U	H	D	G	A	N	U	F	B	I	K	E	T	C	H	U	P	O
P	Y	A	X	U	E	G	U	E	P	V	A	B	U	G	S	H	E
S	C	H	I	L	D	R	E	N	E	L	U	K	H	G	O	C	L
M	A	S	A	R	G	B	C	N	L	L	A	L	L	T	H	L	B
Y	V	M	T	E	S	A	I	E	E	E	Y	T	D	A	I	D	A
C	I	U	R	T	K	N	R	M	C	I	T	O	T	R	T	S	T
N	R	S	F	E	G	B	O	O	P	I	G	T	G	E	N	P	O
L	P	T	L	T	M	N	O	L	D	S	E	H	U	U	R	L	O
A	T	A	O	U	A	L	A	A	E	R	E	E	B	C	U	A	G
O	O	R	W	D	E	N	L	P	I	M	V	K	C	O	E	T	V
C	M	D	E	R	T	A	M	B	K	P	E	P	P	E	R	E	O
R	A	V	R	S	S	U	S	K	N	I	R	D	W	B	A	S	K
A	T	Y	S	R	S	E	V	I	N	K	N	L	U	E	D	T	P
H	O	J	U	I	C	E	Z	E	E	R	B	S	E	L	I	M	S
C	H	I	C	K	E	N	D	O	O	F	Y	B	A	D	O	S	K

POET'S CORNER

318

Locate and loop in the diagram only those words shown underlined in this poem.

CATHERINE

Catherine said, "I think I'll bake
A most delicious chocolate cake."
She took some mud and mixed it up
While adding water from a cup
And then some weeds and nuts and bark
And special gravel from the park
A thistle and a dash of sand.
She beat out all the lumps by hand.
And on the top she wrote "To You"
The way she says the bakers do
And then she signed it "Fondly, C."
And gave the whole of it to me.
I thanked her but I wouldn't dream
Of eating cake without ice cream.

Karla Kuskin

W	F	Y	P	S	I	B	E	B	Y	W	P	W	C	K	R	I	H	I	O
F	R	O	M	A	X	M	A	E	R	C	N	D	G	N	I	D	D	A	O
A	C	I	N	I	T	R	T	T	A	I	I	E	E	I	W	E	E	D	S
M	A	E	R	D	K	A	I	U	H	L	L	K	H	H	B	L	N	N	Y
V	K	W	H	I	L	E	N	O	L	X	R	N	G	T	A	I	G	A	A
E	E	N	U	O	L	Y	G	H	L	E	V	A	R	G	H	C	I	H	S
B	M	M	C	M	A	B	T	T	W	Y	V	H	K	S	P	I	S	O	O
F	A	O	I	A	I	E	N	I	R	E	H	T	A	C	N	O	G	U	R
P	H	K	S	X	C	A	E	W	O	U	L	D	N	T	L	U	M	P	S
C	A	A	E	R	E	T	A	W	T	K	O	O	T	H	I	S	T	L	E
X	N	R	C	R	P	D	S	G	E	M	G	T	H	X	V	M	O	S	T
D	H	P	K	U	S	K	I	N	C	T	L	K	C	W	B	T	W	H	B

319 BABIES ONLY 319

Get into a little baby talk with this puzzle that focuses on the bundle of joy in your life.

☐ BIBS
☐ BLOCKS
☐ BLUE
☐ BONNET
☐ CARRIAGE
☐ CRADLE
☐ CRIB
☐ DIAPER
☐ DOLLS
☐ FATHER
☐ FORMULA
☐ GRANDMA
☐ GRANDPA
☐ KISS
☐ KITE
☐ LOVE
☐ LULLABY
☐ MOTHER
☐ NANNY
☐ NAPS
☐ NURSERY
☐ PACIFIER
☐ PEDIATRICIAN
☐ PEEKABOO
☐ PINK
☐ PINS
☐ PLAYPEN
☐ PONY
☐ POWDER
☐ RATTLE
☐ ROCKER
☐ SLED
☐ SMILE
☐ SOFT
☐ STROLLER
☐ SWING
☐ TOYS
☐ TRICYCLE
☐ WAGON
☐ ZOO

E	L	T	T	A	R	M	K	I	S	S	F	P	A	B
V	W	W	R	E	P	E	E	K	A	B	O	O	Z	L
O	B	L	U	E	N	L	R	D	P	I	R	W	S	O
L	M	C	N	R	L	N	A	E	O	B	M	D	O	C
A	O	P	A	A	U	L	O	Y	H	L	U	E	F	K
S	T	I	C	R	I	B	O	B	P	T	L	R	T	S
E	H	R	S	I	R	C	E	R	G	E	A	S	R	Y
G	E	E	T	I	K	I	I	R	T	N	N	F	Y	O
P	R	P	A	P	D	N	A	R	G	S	O	N	C	T
Y	K	A	P	L	Y	N	I	G	T	P	N	G	R	L
G	N	I	W	S	D	C	Y	P	E	A	L	U	A	C
Y	N	D	M	M	Y	N	O	P	N	N	I	N	D	W
S	N	I	A	C	T	U	H	C	N	R	L	D	L	B
I	L	U	L	L	A	B	Y	Y	R	O	C	K	E	R
E	D	E	L	S	R	E	I	F	I	C	A	P	C	P

320 ARTFUL ENDEAVORS 320

The American Federation of Arts (AFA), founded in 1909, is a nonprofit organization that works to broaden public knowledge and appreciation of art.

☐ ABSTRACT
☐ ACTS
☐ ARTIST
☐ BALLET
☐ CREATIVE
☐ CULTURE
☐ DANCE
☐ DESIGN
☐ DRAMA
☐ FEEL
☐ FOLK
☐ GIFT
☐ GRAND
☐ IMAGE
☐ LITERA-TURE
☐ MAKE
☐ MOLD
☐ MOVIE
☐ MUSEUM
☐ MUSIC
☐ NOVEL
☐ OPENING
☐ OPERA
☐ ORCHESTRA
☐ PAINT
☐ PERFORM-ING
☐ PLAY
☐ POETRY
☐ PRODUCE
☐ READ
☐ REHEARSE
☐ RHYME
☐ SCENE
☐ SCHOOL
☐ SCREEN
☐ SHAPE
☐ SHOW
☐ SKILL
☐ STAGE
☐ STYLE
☐ TALENT
☐ VIEW
☐ WRITE

F	G	N	I	N	E	P	O	E	T	R	Y	G	O	I
D	T	O	G	I	F	T	O	S	K	I	L	L	R	T
Y	A	V	W	O	H	S	C	E	N	E	E	R	C	S
S	A	E	E	M	Y	H	R	A	R	W	P	W	H	I
I	T	L	R	E	O	M	D	U	R	E	R	E	E	T
T	M	Y	P	O	Y	V	T	R	R	T	E	I	S	R
V	E	A	L	L	V	A	I	F	A	D	S	V	T	A
V	H	E	G	E	R	C	O	E	E	M	R	B	R	E
S	T	A	G	E	P	R	U	S	V	U	A	A	A	S
Y	B	N	T	F	M	T	T	L	I	E	E	V	G	L
U	A	I	G	I	C	C	A	Y	T	S	H	W	R	D
K	L	T	N	I	A	P	T	L	A	U	E	K	A	M
M	L	G	C	I	S	U	M	V	E	M	R	N	N	O
C	E	O	R	O	P	E	R	A	R	N	C	E	D	L
C	T	W	F	P	R	O	D	U	C	E	T	M	A	D

321 ZIGZAG 321

Instead of reading in a straight line, each entry has one bend in it. One word has been looped for you.

- ☐ ADHESIVE
- ☐ APACHE
- ☐ AREA CODE
- ☐ AROMATIC
- ☐ BOOMERANG
- ☐ CANOPY
- ☐ CARTOON
- ☐ CLOVER
- ☐ CROWBAR
- ☐ DREAMS
- ☐ DRUMSTICK
- ☐ ESCALATOR
- ☐ ESCORT
- ☐ FIELDER
- ☐ FLOWERS
- ☐ GUIDELINE
- ☐ GYPSUM
- ☐ HABITAT
- ☐ INDUSTRY
- ☐ JANGLE
- ☐ KINGDOM
- ☐ MUSING
- ☐ OVERHAUL
- ☐ PLATES
- ☐ PLATOON
- ☐ RAILWAY
- ☐ SEASON
- ☐ STEADY
- ☐ TAILGATE
- ☐ TOBOGGAN
- ☐ UNCANNY
- ☐ VALVES
- ☐ WHIP RAY
- ☐ WINDSOCK
- ☐ YEARLONG
- ☑ ZIGZAG

D	A	E	T	S	R	Y	B	C	S	E	P	Y	W	S
G	Y	K	U	P	E	A	D	O	J	L	D	M	P	E
N	U	M	I	Y	V	W	Y	R	A	B	W	O	R	V
O	E	H	L	G	O	L	C	T	E	N	N	S	C	L
L	W	Y	C	Z	I	D	O	Y	D	A	C	T	V	A
R	E	S	C	A	L	Z	J	O	C	G	M	S	E	E
A	N	T	R	G	P	A	M	B	N	G	N	R	N	U
B	T	O	Y	L	N	A	T	O	B	O	A	I	N	D
S	E	A	S	G	I	A	O	O	W	S	L	C	K	U
O	S	E	L	C	S	T	R	M	R	E	A	N	G	S
F	V	N	K	P	R	H	S	E	D	N	I	W	A	T
I	S	E	H	D	A	K	W	M	I	S	N	M	T	R
E	L	R	R	B	C	O	L	F	U	T	O	Y	I	Y
L	E	F	I	H	G	U	O	M	G	R	E	C	C	M
D	V	T	A	T	A	I	L	G	A	T	D	N	K	Y

322 DESERT MENU 322

Nevada is a land of snow-capped mountains, grassy valleys, and sandy deserts. Las Vegas is Nevada's largest city and the chief tourist attraction in the state.

- ☐ ALAMO
- ☐ AUSTIN
- ☐ BABBITT
- ☐ BAKER
- ☐ BATTLE Mountain
- ☐ BEATTY
- ☐ BOULDER City
- ☐ CARLIN
- ☐ CARSON City
- ☐ CHERRY Creek
- ☐ CONTACT
- ☐ CURRANT
- ☐ CURRIE
- ☐ DENIO
- ☐ DYER
- ☐ ELGIN
- ☐ ELKO
- ☐ ELY
- ☐ EMPIRE
- ☐ EUREKA
- ☐ FALLON
- ☐ GABBS
- ☐ GERLACH
- ☐ GOLD Point
- ☐ HAZEN
- ☐ HIKO
- ☐ IMLAY
- ☐ INDIAN Springs
- ☐ LAS VEGAS
- ☐ LIDA
- ☐ LUND
- ☐ MINA
- ☐ NELSON
- ☐ NEVADA
- ☐ OWYHEE
- ☐ PANACA
- ☐ RENO
- ☐ RUTH
- ☐ SCHURZ
- ☐ SPARKS
- ☐ VALMY
- ☐ VERDI
- ☐ VYA
- ☐ WELLS

W	Z	O	W	Y	H	E	E	A	A	H	H	G	O	Y
O	Y	R	R	E	H	C	G	D	K	F	T	C	N	Y
O	K	L	E	P	A	N	A	C	A	E	U	Z	O	L
I	M	I	D	R	E	V	U	L	W	R	R	R	S	E
V	Y	A	H	A	E	R	L	E	R	R	G	U	L	M
D	C	S	L	N	R	O	L	I	B	E	N	H	E	P
Y	T	O	G	A	N	L	E	U	O	K	G	C	N	I
E	R	E	N	O	S	R	A	C	U	A	I	S	W	R
R	P	T	T	T	L	Z	A	Y	L	B	A	S	R	E
D	G	N	T	N	A	D	L	D	D	G	P	H	L	E
Y	L	A	I	B	I	C	O	B	E	A	T	T	Y	L
L	M	O	B	L	H	T	T	V	R	N	T	E	W	G
U	S	L	B	B	R	O	S	K	N	A	I	D	N	I
N	E	Z	A	H	S	A	S	U	B	W	P	O	Z	N
D	Z	Z	B	V	L	P	C	Y	A	L	M	I	N	A

323 ONE AND ONLY 323

The word PALMS is hidden in the diagram only once. It will read in a straight line forward, backward, up, down, or diagonally.

M	P	A	M	S	A	M	P	P	S	L	M
L	S	P	S	P	P	A	M	A	S	L	P
A	P	M	M	S	A	P	M	M	P	A	A
A	P	A	M	A	M	M	S	A	L	P	S
L	P	A	S	S	L	M	A	M	L	L	A
M	L	M	A	P	L	S	S	M	P	S	A
P	A	L	S	P	P	P	L	L	A	P	A
A	M	A	S	P	L	M	S	L	S	M	S
S	L	M	M	A	P	M	A	M	S	L	S
M	M	L	S	A	A	L	P	S	S	P	A

324 HOW MANY? 324

Can you find the word PALMS hidden in this diagram 26 times? Its letters read in a straight line forward, backward, up, down, and diagonally.

P	P	S	M	L	A	P	A	L	M	S	M
S	L	A	S	S	M	L	A	P	L	S	S
M	L	S	M	P	M	P	A	L	M	S	M
L	A	L	M	P	A	L	M	S	M	S	L
A	A	S	A	L	M	L	L	P	M	S	A
P	A	L	M	S	A	S	M	L	A	P	P
A	M	S	M	L	A	P	A	S	A	A	A
S	M	L	A	P	A	P	L	L	L	L	L
A	P	S	M	L	A	P	M	M	M	M	M
A	A	P	A	L	M	S	S	S	L	S	S

325 V WORDS 325

The 5-letter words below are found in the diagram in a V shape pointing left, right, up, and down. Find them all and give yourself the V-for-victory sign!

☑ ABASH
☐ ADULT
☐ BILGE
☐ BRAIN
☐ CHAIN
☐ CROWN
☐ DELTA
☐ DRIVE
☐ ELATE
☐ ERUPT
☐ FIELD
☐ FRUIT
☐ GOODY
☐ GREAT
☐ GROUP
☐ HONEY
☐ IRONY
☐ JUICE
☐ KOALA
☐ LAPSE
☐ LIMIT
☐ LLAMA
☐ MAJOR
☐ MERIT
☐ MOTOR
☐ NAIVE
☐ ORDER
☐ PASTA
☐ PROBE
☐ PUNCH
☐ QUITE
☐ QUOTE
☐ RAISE
☐ RELAY
☐ SENSE
☐ SHAME
☐ SMILE
☐ TRAIN
☐ VAUNT
☐ WRONG

E	B	D	A	Q	O	D	P	C	Q	L	H	E	X	R
E	T	J	U	T	L	A	R	U	I	C	S	L	O	U
I	C	O	L	E	S	O	I	M	N	P	T	J	E	V
Y	R	U	A	G	I	N	W	T	I	A	A	N	A	D
F	A	O	D	I	H	F	L	N	E	T	I	L	U	M
K	N	L	U	A	C	I	R	G	I	V	I	A	E	G
Y	E	J	P	I	B	E	Q	U	E	Y	V	R	N	G
R	Y	L	M	E	H	A	T	Q	A	R	D	O	O	D
A	A	E	S	O	S	R	U	L	E	O	T	O	R	I
Y	M	I	N	H	A	E	A	S	S	E	K	I	G	W
E	B	A	V	E	A	I	N	R	N	E	B	P	V	H
W	L	D	T	M	M	S	N	I	R	R	F	O	U	E
L	R	A	E	I	U	O	A	O	A	E	R	J	M	O
O	X	T	M	R	L	P	T	H	A	P	R	N	R	O
D	A	S	E	C	Z	E	T	T	C	W	L	G	K	P

326 THE BUTCHER SHOP 326

The local butcher shop is a place where you can get a ¼ pound of fresh cold cuts and a healthy helping of conversation. While today's one-stop supermarket delis are fast, they can't compare with that little neighborhood shop with the family atmosphere, a cheery "hello," and meats cut to order.

- ☐ APRON
- ☐ BACON
- ☐ BEEF
- ☐ Chopping BLOCK
- ☐ BONES
- ☐ BUTCHER
- ☐ Meat CASE
- ☐ CHITTER-LINGS
- ☐ CHOPS
- ☐ CHUCK roast
- ☐ CLEAVER
- ☐ COUNTER
- ☐ Cold CUTS
- ☐ FATS
- ☐ FILET
- ☐ FRANK-FURTERS
- ☐ GRINDER
- ☐ GROUND beef
- ☐ HAMS
- ☐ LARD
- ☐ LOINS
- ☐ MEAT
- ☐ MUTTON
- ☐ PORK
- ☐ PORTER-HOUSE steak
- ☐ POULTRY
- ☐ PRIME cuts
- ☐ RIBEYE
- ☐ ROAST
- ☐ SAUSAGE
- ☐ Meat SAWS
- ☐ SCALE
- ☐ SCRAPS
- ☐ SIRLOIN
- ☐ SLICER
- ☐ SOUSE
- ☐ STEAK
- ☐ TENDERIZER
- ☐ TRIM
- ☐ TRIPE
- ☐ VEAL
- ☐ VENISON
- ☐ WRAPPER

N	C	R	E	D	N	I	R	G	S	A	W	S	F	C
O	O	H	E	S	C	L	E	A	V	E	R	C	T	H
C	U	T	I	H	A	Z	O	M	R	E	A	R	S	U
A	N	I	T	T	C	C	F	I	T	G	P	A	A	C
B	T	U	W	U	T	T	B	R	N	A	P	P	O	K
V	E	P	R	I	M	E	U	T	V	S	E	S	R	F
E	R	A	P	S	Y	F	R	B	E	U	R	M	E	W
A	V	Y	G	E	K	N	L	L	N	A	N	E	Z	B
L	D	M	R	N	I	O	L	R	I	S	B	S	I	V
N	A	N	A	T	C	H	F	P	S	N	H	U	R	C
O	F	R	U	K	L	I	A	V	O	L	G	O	E	H
R	F	A	D	O	L	U	B	M	N	R	I	S	D	O
P	O	R	T	E	R	H	O	U	S	E	K	C	N	P
A	C	U	T	S	D	G	K	P	F	B	O	N	E	S
B	K	A	E	T	S	C	A	L	E	P	I	R	T	R

327 AUTHORSHIP 327

American literature is replete with diverse offerings ranging from Jack London's "Call of the Wild" to Louisa May Alcott's "Little Women." Below are the names of American authors whose works have kept us entertained.

- ☐ George ADE
- ☐ Louisa May ALCOTT
- ☐ Pearl (S.) BUCK
- ☐ Willa CATHER
- ☐ Samuel CLEMENS
- ☐ James Fenimore COOPER
- ☐ Emily DICKINSON
- ☐ Ralph Waldo EMERSON
- ☐ Eugene FIELD
- ☐ Robert FROST
- ☐ Ellen GLASGOW
- ☐ Zane GREY
- ☐ Joel Chandler HARRIS
- ☐ Nathaniel HAWTHORNE
- ☐ Ernest HEMINGWAY
- ☐ Washington IRVING
- ☐ Joyce KILMER
- ☐ Sidney LANIER
- ☐ Sinclair LEWIS
- ☐ Vachel LINDSAY
- ☐ Jack LONDON
- ☐ Henry Wadsworth LONGFELLOW
- ☐ John MUIR
- ☐ Edgar Allan POE
- ☐ William Sydney PORTER
- ☐ James Whitcomb RILEY
- ☐ Carl SANDBURG
- ☐ John STEINBECK
- ☐ Harriet Beecher STOWE
- ☐ Henry THOREAU
- ☐ Noah WEBSTER
- ☐ Walt WHITMAN
- ☐ John Greenleaf WHITTIER
- ☐ Laura Ingalls WILDER
- ☐ Thomas WOLFE

C	F	P	M	L	E	W	I	S	M	P	E	G	P	A
L	I	N	D	S	A	Y	T	S	N	T	D	Y	K	L
E	E	A	O	V	Y	O	W	O	G	S	A	L	G	C
M	L	M	S	S	W	O	S	R	E	D	L	I	W	O
E	D	T	T	E	N	R	O	H	T	W	A	H	E	T
N	R	I	E	H	E	I	A	U	O	V	I	S	B	T
S	S	H	M	M	E	R	K	L	A	T	T	G	S	K
W	Y	W	E	U	R	M	L	C	T	E	R	W	T	W
O	E	L	N	I	B	E	I	I	I	U	R	K	E	I
L	L	O	S	R	F	L	E	N	B	D	I	O	R	C
F	I	N	O	G	G	R	B	D	G	L	A	V	H	A
E	R	D	N	K	F	E	N	R	M	W	I	P	E	T
R	E	O	U	D	C	A	R	E	I	N	A	L	O	H
T	L	N	S	K	S	U	R	O	G	R	E	Y	E	E
R	P	O	R	T	E	R	B	S	C	O	O	P	E	R

328 SCENE OF THE CRIME 328

In a detective's world, everything is a clue, which is evident from the words in the list that name things that are associated with a mystery novel.

- ☐ ALIBI
- ☐ AMBULANCE
- ☐ ASHES
- ☐ BLUNT instrument
- ☐ BODY
- ☐ BULLET
- ☐ BUTLER
- ☐ CAMERA
- ☐ CARTRIDGE
- ☐ CHALK
- ☐ CLOCK
- ☐ CLUES
- ☐ CORONER
- ☐ DAGGER
- ☐ DETECTIVE
- ☐ EVIDENCE
- ☐ FIBER
- ☐ FLASH
- ☐ Magnifying GLASS
- ☐ GLOVES
- ☐ GUN
- ☐ HAIR
- ☐ KNIFE
- ☐ LIPSTICK
- ☐ MATCHES
- ☐ MEMO
- ☐ NOTE
- ☐ PHOTOGRAPH
- ☐ PILLS
- ☐ PRESS
- ☐ PRINTS
- ☐ SECRET drawer
- ☐ SHEET
- ☐ SKETCH
- ☐ STAIN
- ☐ SUSPECT
- ☐ WEAPON
- ☐ WITNESS

F	C	C	A	R	T	R	I	D	G	E	W	I	K	N
K	L	A	H	C	R	S	M	A	A	E	D	N	M	V
V	O	A	N	G	K	M	E	R	A	G	I	O	S	T
M	C	A	M	E	R	A	M	P	R	F	G	T	E	S
R	K	L	T	B	G	L	O	V	E	S	P	E	K	V
H	E	C	I	C	U	N	S	E	N	H	H	S	R	S
D	H	B	B	P	T	L	V	M	O	S	A	S	S	G
T	W	U	I	M	S	I	A	T	R	U	I	E	U	K
N	S	L	L	F	T	T	O	N	O	S	R	N	C	P
U	E	L	A	C	C	G	I	A	C	P	E	T	R	A
L	C	E	E	H	R	S	E	C	N	E	D	I	V	E
B	R	T	E	A	S	H	E	S	K	C	N	W	D	O
O	E	S	P	M	N	A	R	E	L	T	U	B	O	H
D	T	H	S	P	I	L	L	S	S	A	L	G	F	M
Y	K	F	S	E	U	L	C	F	A	N	I	A	T	S

329 330 HERE AND THERE 329 330

There are many 6-letter words hidden in the two diagrams below, but only 7 words are in BOTH diagrams! Can you find them? The list of the 7 words is given on page 537.

HERE

N	O	B	O	D	Y	O	S	K	B	M	B
H	L	D	K	T	P	C	L	S	P	O	A
N	S	S	L	P	L	A	T	B	J	D	T
S	H	K	O	P	Q	C	R	O	K	E	T
C	L	S	U	R	R	U	I	E	Y	R	E
C	E	D	N	E	T	N	I	L	N	N	R
J	H	I	G	H	E	R	G	N	R	T	S
G	G	N	E	D	N	N	J	S	C	A	G
S	O	J	R	J	I	P	H	K	H	E	G
L	L	N	G	K	R	T	M	C	S	D	K

YOUR LIST OF 6-LETTER WORDS

THERE

F	G	H	L	R	J	D	J	H	G	T	L
G	D	L	O	H	C	O	N	R	T	R	B
L	N	G	N	Y	I	U	S	E	F	U	L
S	G	N	G	N	L	G	J	B	T	A	M
F	K	F	E	V	R	G	H	M	S	N	S
C	T	D	R	O	A	N	N	E	R	T	I
M	S	J	B	R	G	C	L	I	R	C	N
G	K	U	M	N	D	D	A	R	K	M	D
D	S	F	R	C	O	B	A	T	T	E	R
T	J	R	J	M	W	I	T	H	E	R	D

331 TABLE TOPPERS 331

Dress up your table for the holidays with beautiful linens, either embroidered or appliqued. Cotton and cotton-synthetic blends are easiest to care for. Traditional damask and lace are perfect for formal settings.

- ☐ ACCENT
- ☐ AIDA cloth
- ☐ APPLIQUE
- ☐ BORDER
- ☐ BOWS
- ☐ CREWEL
- ☐ CROSS-stitch
- ☐ DAMASK
- ☐ DELICATE
- ☐ DESIGNS
- ☐ ELEGANT
- ☐ EMBROIDERY
- ☐ FABRIC
- ☐ FANCY
- ☐ FESTIVE
- ☐ FORMAL
- ☐ HARDANGER cloth
- ☐ HOLIDAYS
- ☐ LACE
- ☐ MOTIFS
- ☐ NAPKINS
- ☐ ORNATE
- ☐ PATTERNS
- ☐ PLACE MATS
- ☐ PLAIN
- ☐ PRINTS
- ☐ RIBBONS
- ☐ SOLIDS
- ☐ STAIN-resistant
- ☐ STENCILS
- ☐ STITCH
- ☐ TABLECLOTHS
- ☐ TEXTURES
- ☐ WHITE
- ☐ WOOL
- ☐ WOVEN
- ☐ WRINKLES

R	E	S	O	L	I	D	S	L	I	C	N	E	T	S
E	E	S	T	I	T	C	H	Y	S	K	Y	T	E	S
D	C	D	N	V	T	L	T	N	A	T	E	A	T	O
N	E	A	R	G	O	N	O	Q	A	D	N	C	A	R
C	L	N	L	O	I	B	L	C	M	D	I	I	N	C
A	E	F	W	A	B	S	C	S	R	S	R	L	R	R
P	G	E	T	I	P	E	E	P	D	E	R	E	O	P
P	A	S	R	L	N	R	L	D	G	L	W	D	X	H
L	N	T	A	T	U	A	B	N	X	K	H	E	A	T
I	T	I	T	T	C	L	A	Y	C	N	A	F	L	M
Q	N	V	X	E	I	D	T	S	N	I	K	P	A	N
U	G	E	M	B	R	O	I	D	E	R	Y	D	M	U
E	T	A	Y	A	B	N	E	V	O	W	I	U	R	D
E	T	I	H	W	A	K	S	A	M	A	D	I	O	Q
S	B	O	W	S	F	I	T	O	M	U	M	D	F	G

332 MISSING VOWELS 332

Before you can loop the words in the list below, you must first fill in the circles in the diagram with the missing vowels A, E, I, O, and U. We have filled in one word for you.

☑ ALPHA
☐ BISHOP
☐ BROKEN
☐ BUSHEL
☐ CAUSE
☐ CIRCUIT
☐ DECLINE
☐ DEPOSIT
☐ ELBOW
☐ EVOKE
☐ FAVOR
☐ GLOBE
☐ HEART
☐ HONEST
☐ IDEAL
☐ JACKET
☐ KIOSK
☐ LOAFER
☐ MUSKET
☐ NATION
☐ PAGODA
☐ PEOPLE
☐ PREFACE
☐ RAISE
☐ REQUIRE
☐ ROUND
☐ SALUTE
☐ SIMPLE
☐ SKATE
☐ SOLID
☐ STABLE
☐ STARE
☐ TITLE
☐ TRAFFIC
☐ TRIBE
☐ TUMBLE
☐ TUTOR
☐ UNION
☐ VOGUE
☐ YOUNG

C	T	F	B	G	B	○	F	○	B	V	○	D	C	H
L	L	P	N	C	C	N	N	R	G	T	○	P	C	○
Q	○	○	B	○	K	○	D	○	○	L	M	J	○	V
G	○	H	G	R	L	○	C	K	○	○	K	L	○	○
Y	J	P	S	C	○	N	S	S	S	K	○	○	S	K
W	G	N	○	○	○	K	L	K	T	T	○	○	○	○
G	L	D	○	○	B	F	○	H	H	○	L	G	L	S
G	○	R	○	T	○	T	F	N	P	○	B	P	P	○
T	B	T	K	A	○	○	R	○	T	S	M	L	○	○
○	○	○	B	L	R	○	G	○	R	○	○	Q	○	R
S	B	K	S	P	H	○	N	○	S	T	T	P	P	V
○	○	B	C	H	D	B	V	W	W	○	B	L	○	M
P	R	○	F	A	○	L	P	○	V	○	G	○	○	P
○	T	G	T	H	J	P	R	○	F	○	C	○	M	N
D	N	○	○	R	H	○	○	R	T	Q	K	K	L	D

333 LITTLE BAVARIA 333

Frankenmuth, Michigan, was founded by German-Lutheran missionaries in 1845. Its name is a combination of the German words meaning "Courage of the Franks." Known as "Michigan's Little Bavaria," Frankenmuth's residents take pride in preserving their German heritage and sharing it with visitors.

- ☐ ANNUAL events
- ☐ ATTRACTIONS
- ☐ BREWERY
- ☐ CARRIAGE ride
- ☐ CASS River
- ☐ CHARM
- ☐ CHEESE Haus
- ☐ CHIPPEWA Indian Memorial
- ☐ CITY Hall
- ☐ CLOCK Company
- ☐ COMMUNITY
- ☐ COVERED bridge
- ☐ FLOUR Mill
- ☐ FUDGE Kitchen
- ☐ GLOCKEN-SPIEL
- ☐ HERITAGE Park
- ☐ "LITTLE Bavaria"
- ☐ MAIN St.
- ☐ MEMORIAL Park
- ☐ MICHIGAN
- ☐ PRETZEL Company
- ☐ PRIDE
- ☐ QUAINT
- ☐ RESTAURANTS
- ☐ RIVERBOAT tour
- ☐ SALOON
- ☐ SAUSAGE Haus
- ☐ SHOPS
- ☐ STREETS
- ☐ VISIT
- ☐ WOOLEN Mill

D	D	E	R	E	V	O	C	E	W	W	I	Q	L	C
Y	C	H	I	P	P	E	W	A	T	H	L	V	I	Q
B	O	O	K	M	R	R	T	N	R	E	L	M	T	A
D	D	S	M	L	L	I	I	I	I	R	A	C	T	W
C	S	F	Y	M	E	A	D	P	C	I	I	T	L	O
U	L	T	V	U	U	Z	S	E	N	T	R	A	E	O
H	R	O	N	Q	O	N	T	T	Y	A	O	E	G	L
M	G	N	C	A	E	E	I	E	C	G	M	B	A	E
I	R	T	O	K	R	S	S	T	R	E	E	T	S	N
C	U	I	C	O	I	U	I	E	Y	P	M	P	U	A
H	O	O	I	V	L	O	A	C	E	S	O	A	A	F
I	L	A	U	N	N	A	H	T	V	H	G	G	S	D
G	F	M	K	S	C	A	S	S	S	W	C	Q	T	N
A	R	I	V	E	R	B	O	A	T	E	G	D	U	F
N	F	E	P	M	Z	Y	R	E	W	E	R	B	C	W

334 LOOK OF THE '80s 334

Every decade has its own fashion identity, and the 1980s were no exception. The cool preppy look was hot with folks turning up the collars of their Izod shirts, as was the "Flashdance" look (inspired by the 1983 dance-oriented film), which popularized off-one-shoulder sweaters, designer jeans, and droopy leg warmers.

- ☐ BEADS
- ☐ BERMUDA shorts
- ☐ BLAZER
- ☐ BRIGHT colors
- ☐ COWLNECK
- ☐ CULOTTES
- ☐ DENIM jacket
- ☐ DESIGNER jeans
- ☐ FEATHERS
- ☐ FLANNEL shirt
- ☐ FLATS
- ☐ JUMPSUIT
- ☐ KHAKI
- ☐ KNEE-HIGHS
- ☐ KNITWEAR
- ☐ LACE
- ☐ LEG warmers
- ☐ MINISKIRT
- ☐ MOCCASINS
- ☐ OVERALLS
- ☐ PINSTRIPES
- ☐ PLAID
- ☐ POLO shirt
- ☐ PREPPY clothes
- ☐ PRINTS
- ☐ RUGBY shirt
- ☐ SEQUINS
- ☐ SNEAKERS
- ☐ SUSPENDERS
- ☐ SWEAT suit
- ☐ TUBE socks
- ☐ TUNIC
- ☐ TURTLENECK
- ☐ TWEEDS
- ☐ VEST

S	T	N	I	R	P	M	N	M	R	E	E	H	I	D
C	I	N	U	T	R	Y	J	O	K	A	B	C	D	I
T	U	R	T	L	E	N	E	C	K	D	R	U	A	A
H	S	E	O	S	T	R	E	C	S	W	E	A	T	L
G	P	Z	C	L	E	N	N	A	L	F	N	N	Z	P
I	M	A	U	S	L	V	P	S	C	A	G	O	I	J
R	U	L	L	W	D	T	R	I	K	S	I	N	I	M
B	J	B	O	S	R	E	D	N	E	P	S	U	S	T
W	P	C	T	A	K	C	E	S	R	T	E	L	B	Y
D	O	A	T	A	J	E	I	W	R	S	D	A	E	B
K	L	C	E	I	H	K	N	I	T	W	E	A	R	G
F	O	N	S	I	A	J	P	R	E	P	P	Y	M	U
P	S	Y	G	H	F	E	A	T	H	E	R	S	U	R
P	H	H	K	O	S	E	Q	U	I	N	S	R	D	P
Z	S	L	L	A	R	E	V	O	Q	N	I	I	A	D

335 ENCAPSULATED 335

A time capsule is a way for a civilization to leave a first-hand artifactual record of itself to future generations. Time capsules were buried at the New York World's Fairs of 1939-1940 and 1964-1965. Some were also buried throughout the United States in 1975 and 1976 in honor of the nation's Bicentennial.

- ☐ BASEBALL
- ☐ BOOK
- ☐ BRUSH
- ☐ BUMPER sticker
- ☐ CALENDAR
- ☐ CARDS
- ☐ COMB
- ☐ COMPUTER
- ☐ DIARY
- ☐ FILM
- ☐ GUITAR
- ☐ JEANS
- ☐ JEWELRY
- ☐ LABEL
- ☐ LOCKET
- ☐ MAGAZINE
- ☐ NEWSPAPER
- ☐ NOVEL
- ☐ PEARLS
- ☐ PENCIL
- ☐ PENNANT
- ☐ PHONE
- ☐ POEM
- ☐ POSTER
- ☐ RADIO
- ☐ RECIPE
- ☐ RECORD
- ☐ RING
- ☐ SEED
- ☐ SHEET music
- ☐ SKATEBOARD
- ☐ SNEAKERS
- ☐ STAMP
- ☐ SUNGLASSES
- ☐ TEA BAG
- ☐ UNIFORM
- ☐ VIDEO
- ☐ WATCH

```
M L D N C D P H J I F S B E E
H B L M F R N O V E L N M J N
L R W A P O E M S O W A T C H
E U L G B C R P K T D E E S D
P S C A L E N D A R E J L M F
S H R Z C R S R T P Y R S R Y
T R O I S L R A E P S R K O Y
U C P N N P E N B T E W A F L
E E O E E G N B O K U O E I K
E T E A B A G S A V S P C N D
P N D F N R D E R L H N M U W
G U I T A R N I D T E K C O L
W L V D A S B U M P E R U B C
M N I C O M B P M A T S H P V
K O O B J S E S S A L G N U S
```

336 NUMBER SEEK 336

Solve this puzzle by seeking numbers instead of letters.

- ☐ 02263
- ☐ 03473
- ☐ 06092
- ☐ 06783
- ☐ 08972
- ☐ 09798
- ☐ 10738
- ☐ 15567
- ☐ 16283
- ☐ 18602
- ☐ 21037
- ☐ 25727
- ☐ 26038
- ☐ 30740
- ☐ 30822
- ☐ 32099
- ☐ 40380
- ☐ 45797
- ☐ 47446
- ☐ 48989
- ☐ 50245
- ☐ 54336
- ☐ 62520
- ☐ 62875
- ☐ 63174
- ☐ 63318
- ☐ 64659
- ☐ 65450
- ☐ 67795
- ☐ 70389
- ☐ 70483
- ☐ 71273
- ☐ 78399
- ☐ 78521
- ☐ 78903
- ☐ 89904
- ☐ 90573
- ☐ 91371
- ☐ 91616
- ☐ 93854

6	2	5	8	3	4	0	1	3	6	6	6	3	4	5
1	5	7	6	2	5	2	0	4	7	0	3	0	4	8
1	9	4	1	8	7	0	3	8	9	7	3	5	0	2
3	4	0	9	9	8	1	2	3	9	8	3	4	8	0
5	3	6	8	3	5	2	7	0	0	3	1	2	9	6
7	9	3	9	5	8	2	0	3	2	9	8	0	7	7
8	9	1	6	0	0	0	4	5	3	9	8	5	2	8
2	1	7	3	1	9	7	8	3	6	5	9	7	4	3
6	8	4	5	4	3	3	6	4	6	7	5	3	6	0
1	9	5	6	4	6	6	4	0	7	2	3	8	5	6
4	7	1	2	7	3	7	1	6	6	7	2	4	0	2
7	9	6	6	3	4	2	7	5	5	0	5	0	0	8
4	0	2	1	1	5	9	3	0	6	6	9	7	5	1
2	6	8	5	8	6	9	9	8	9	8	4	2	4	6
2	5	3	7	2	1	3	1	0	7	3	8	5	1	4

337 GRAND YANKEE 337

Movie tough guy James Cagney dazzled audiences in 1942 with his dynamic recreation of George M. Cohan's life and times in the film "Yankee Doodle Dandy," for which he won his only Oscar as Best Actor. Get caught up in the splendor of the film/play "Yankee Doodle Dandy" as you solve this puzzle.

- ☐ AMERICAN
- ☐ BAND
- ☐ BANNER
- ☐ BEST actor
- ☐ BIOGRAPHY
- ☐ BROADWAY
- ☐ James CAGNEY
- ☐ George (M.) COHAN
- ☐ COURAGE
- ☐ DANCE
- ☐ Rosemary DE CAMP
- ☐ DRAMA
- ☐ DYNAMIC
- ☐ FAME
- ☐ FILM
- ☐ FINE
- ☐ FLAG
- ☐ GREAT
- ☐ Walter HUSTON
- ☐ JEAN Cagney
- ☐ LAVISH
- ☐ Joan LESLIE
- ☐ LOVED
- ☐ LYRICS
- ☐ MARCH
- ☐ MUSIC
- ☐ NICE
- ☐ OSCAR winner
- ☐ PATRIOTIC
- ☐ PLAYS
- ☐ PORTRAYAL
- ☐ ROUSING
- ☐ SCENES
- ☐ SHOW
- ☐ SINGING
- ☐ SONGS
- ☐ SPIRITED
- ☐ STAGE
- ☐ STAR
- ☐ STEPS
- ☐ STORY
- ☐ TROUPE
- ☐ VAUDEVILLE

H	S	P	E	T	S	P	S	C	E	N	E	S	Y	M
I	E	G	B	P	L	F	L	A	G	P	B	B	O	U
D	L	N	N	A	U	B	R	O	A	D	W	A	Y	S
E	L	N	Y	O	H	O	H	T	R	A	C	S	O	I
V	Y	S	A	C	S	C	R	H	U	S	T	O	N	C
O	R	R	T	H	R	I	L	T	O	P	T	S	E	B
L	I	P	O	A	O	O	H	A	C	I	W	L	Y	A
A	C	W	M	T	G	C	I	I	V	R	L	C	H	M
Y	S	T	I	A	S	E	M	G	R	I	E	H	P	A
A	I	C	P	E	C	A	R	O	V	T	S	T	A	R
R	N	A	E	J	N	E	U	E	D	E	L	H	R	D
T	G	G	G	Y	A	S	D	A	N	D	I	T	G	F
R	I	N	D	T	I	U	N	F	I	N	E	D	O	I
O	N	E	N	N	A	C	I	R	E	M	A	F	I	L
P	G	Y	G	V	E	C	I	N	D	N	A	B	B	M

338 GARDEN VARIETY 338

The sentiments of devoted gardeners were put into words by philosopher Amos Bronson Alcott when he wrote, "Who loves a garden still his Eden keeps,/ Perennial pleasure plants, and wholesome harvest reaps."

- ☐ BLOOMS
- ☐ BOX
- ☐ BULBS
- ☐ BUSH
- ☐ CLIPPERS
- ☐ DIGGER
- ☐ DIRT
- ☐ EXPERIENCE
- ☐ FERTILIZER
- ☐ FLOWERS
- ☐ GARDEN
- ☐ GLOVES
- ☐ HOE
- ☐ HOSE
- ☐ MARK
- ☐ PATIENCE
- ☐ PETALS
- ☐ PLANTS
- ☐ PLOT
- ☐ POTS
- ☐ RAIN
- ☐ RAKE
- ☐ REAP
- ☐ ROOTS
- ☐ ROWS
- ☐ SEEDS
- ☐ SHEARS
- ☐ SHOVEL
- ☐ SHRUBS
- ☐ SOIL
- ☐ SOW
- ☐ SPADE
- ☐ SPRAY
- ☐ SPRING
- ☐ SPRINKLER
- ☐ SUNSHINE
- ☐ TIME
- ☐ TROWEL
- ☐ VEGETABLES
- ☐ WATER
- ☐ WEATHER
- ☐ WEEDS
- ☐ WORMS

M	L	T	E	G	N	I	R	P	S	W	Y	S	A	H
Y	U	S	M	O	O	L	B	H	S	L	A	T	E	P
E	O	T	E	R	H	P	R	P	R	S	R	T	D	R
F	A	N	E	L	A	U	R	W	E	U	P	D	E	E
K	R	A	M	C	B	I	E	C	W	N	S	S	S	R
B	U	L	B	S	N	A	N	U	O	S	O	T	M	T
L	O	P	W	K	T	E	T	O	L	H	R	O	R	D
C	W	X	L	H	I	Z	I	E	F	I	Z	O	O	A
L	C	E	E	R	M	C	G	T	G	N	W	R	W	X
I	R	R	E	S	E	L	S	R	A	E	H	S	O	S
P	V	P	P	D	O	G	T	O	L	P	V	S	S	L
P	X	A	T	V	S	I	G	K	Z	F	E	P	H	Z
E	E	F	E	R	T	I	L	I	Z	E	R	A	K	E
R	H	S	U	B	I	G	A	R	D	E	N	D	B	W
S	H	O	V	E	L	D	K	S	T	O	P	E	T	K

339 CATAL-CALL 339

Mail-order catalogues are great! I ordered a lamp from India and a rug from Turkey and got a bill from Wisconsin!

- ☐ AMOUNT
- ☐ AVAILABLE
- ☐ BOOK
- ☐ BRAND
- ☐ BROWSE
- ☐ COMPANY
- ☐ COST
- ☐ DELIVER
- ☐ DESCRIBE
- ☐ EDITION
- ☐ GEAR
- ☐ GIFT
- ☐ GOODS
- ☐ GUARANTEE
- ☐ HOME
- ☐ INDEX
- ☐ ITEMS
- ☐ LIST
- ☐ LOOK
- ☐ MAIL
- ☐ MODEL
- ☐ NOVELTY
- ☐ OFFER
- ☐ PAGES
- ☐ PICTURES
- ☐ PRESENT
- ☐ PRICE
- ☐ PRINT
- ☐ PROVISION
- ☐ PUBLISH
- ☐ QUALITY
- ☐ RECEIVE
- ☐ RETAIL
- ☐ SALE
- ☐ SHIPMENT
- ☐ STOCK
- ☐ STYLE
- ☐ SUPPLY
- ☐ TOTAL
- ☐ VARIETY

G	I	F	T	N	E	M	P	I	H	S	T	O	C	K
X	R	B	N	O	I	T	I	D	E	E	D	S	F	P
L	R	E	Q	I	N	D	E	X	V	E	T	O	A	P
H	I	C	V	S	B	G	T	I	R	N	L	V	O	A
Q	U	A	L	I	T	Y	E	S	E	E	A	Y	Q	G
N	C	M	M	V	L	C	L	S	I	I	T	E	T	E
O	L	O	S	O	E	E	E	N	L	L	O	A	E	S
M	E	D	M	R	Q	R	D	A	E	F	T	T	I	Y
B	B	E	E	P	P	Q	B	V	V	O	N	S	P	L
B	I	L	T	U	A	L	O	G	A	A	Q	O	R	P
O	R	E	I	B	E	N	S	E	R	U	T	C	I	P
O	C	O	C	L	R	O	Y	A	I	L	H	L	N	U
K	S	E	W	I	C	A	U	R	E	F	F	O	T	S
B	E	L	A	S	R	G	N	D	T	N	U	O	M	A
N	D	E	P	H	E	P	E	D	Y	B	P	K	L	E

340 MONTHLY MINDER 340

The first calendar of ancient Rome used principles borrowed from the Greeks. The earliest known calendar of this type consisted of ten months and a year of 304 days with 60 unassigned days, which fell in the middle of winter.

- ☐ ACCURATE
- ☐ APRIL
- ☐ AUGUST
- ☐ CHANGES
- ☐ DATES
- ☐ DECEMBER
- ☐ FEBRUARY
- ☐ FIXED days
- ☐ FRIDAY
- ☐ GREGORIAN
- ☐ HEBREW
- ☐ HOLIDAYS
- ☐ ISLAMIC
- ☐ JANUARY
- ☐ JULIAN
- ☐ JULY
- ☐ JUNE
- ☐ LEAP year
- ☐ LUNAR month
- ☐ MARCH
- ☐ MAY
- ☐ MONDAY
- ☐ MONTHS
- ☐ NOVEMBER
- ☐ OCTOBER
- ☐ SATURDAY
- ☐ SEASONS
- ☐ SEPTEMBER
- ☐ SOLAR month
- ☐ SUNDAY
- ☐ THURSDAY
- ☐ TIME
- ☐ TUESDAY
- ☐ WEDNESDAY
- ☐ WEEKS
- ☐ WORLD
- ☐ YEAR

Y	A	D	S	E	U	T	X	T	W	E	E	K	S	C
Y	M	E	O	J	S	S	H	O	S	N	Y	A	J	R
A	A	X	T	U	U	O	R	U	X	U	W	C	A	T
O	R	I	I	L	N	L	Y	D	R	J	G	C	N	W
W	C	F	R	I	D	A	Y	H	R	S	G	U	U	E
R	H	T	Y	A	D	R	O	E	W	R	D	R	A	R
C	E	J	O	N	G	L	B	R	E	E	F	A	R	B
S	I	M	O	B	I	M	A	G	U	B	L	T	Y	E
H	U	M	I	D	E	N	O	V	E	M	B	E	R	H
T	P	S	A	T	U	R	D	A	Y	E	A	R	A	S
N	E	Y	P	L	I	R	P	A	R	C	L	G	U	P
O	S	E	N	A	S	N	O	S	A	E	S	N	R	W
M	S	L	N	L	V	I	G	J	S	D	D	I	B	J
A	F	O	S	E	T	A	D	C	H	A	N	G	E	S
Y	A	D	S	E	N	D	E	W	Y	A	P	V	F	K

341 ONE AND ONLY 341

The word DRIVE is hidden in the diagram only once. It will read in a straight line forward, backward, up, down, or diagonally.

E	I	V	R	I	I	V	D	D	E	D	V
D	V	V	R	R	R	I	D	V	R	V	I
D	D	D	R	E	V	D	I	D	E	I	V
E	E	V	D	I	I	V	E	I	E	D	I
I	E	E	E	R	I	R	D	I	R	D	V
E	D	I	I	D	I	D	E	I	R	E	E
V	V	E	V	E	E	R	I	V	V	R	R
V	E	I	R	R	E	V	D	I	R	E	D
I	V	E	R	V	V	V	V	D	D	V	I
V	V	I	V	D	E	D	V	R	V	V	I

342 HOW MANY? 342

Can you find the word DRIVE hidden in this diagram 25 times? Its letters read in a straight line forward, backward, up, down, and diagonally.

L	T	E	V	I	R	D	I	R	L	D	I
E	D	D	E	E	D	N	R	E	V	R	E
V	R	R	V	R	V	D	V	I	E	I	V
I	I	I	I	E	V	I	R	D	V	V	I
R	V	V	R	V	R	D	R	I	V	E	R
D	E	E	D	D	E	I	D	D	V	R	D
R	L	V	R	R	E	V	I	R	D	E	R
I	P	I	I	L	I	A	I	L	I	I	I
V	V	D	D	R	I	V	E	R	V	V	V
E	V	I	R	D	D	E	E	I	D	P	E

343 WESTERN STARS 343

There's only one Star of the East, but there are many stars of the West. Below are the names of some of Hollywood's bright stars who have appeared in westerns.

- ☐ Nick ADAMS
- ☐ James ARNESS
- ☐ Gene AUTRY
- ☐ Don BARRY
- ☐ Amanda BLAKE
- ☐ Dan BLOCKER
- ☐ Ward BOND
- ☐ Richard BOONE
- ☐ Charles BRONSON
- ☐ Harry CAREY
- ☐ CHUCK Connors
- ☐ CLINT Eastwood
- ☐ James COBURN
- ☐ Gary COOPER
- ☐ Gail DAVIS
- ☐ Richard DIX
- ☐ Jack ELAM
- ☐ Dale EVANS
- ☐ Henry FONDA
- ☐ GABBY Hayes
- ☐ June GALE
- ☐ James GARNER
- ☐ Lorne GREENE
- ☐ Joel GREY
- ☐ William HART
- ☐ Tim HOLT
- ☐ HOOT Gibson
- ☐ Jack HOXIE
- ☐ Alan LADD
- ☐ Michael LANDON
- ☐ LASH La Rue
- ☐ Virginia MAYO
- ☐ Tom MIX
- ☐ MONA Barrie
- ☐ Clayton MOORE
- ☐ Audie MURPHY
- ☐ John PAYNE
- ☐ Roy ROGERS
- ☐ Randolph SCOTT
- ☐ SMILEY Burnette
- ☐ Bob STEELE
- ☐ TEX Ritter
- ☐ Lee VAN CLEEF
- ☐ John WAYNE
- ☐ Mae WEST

E	M	O	H	E	U	D	Y	T	E	D	O	B	H	I
D	C	Y	H	X	V	D	Y	T	E	N	N	A	U	P
C	I	A	I	O	I	A	O	O	H	E	O	O	Y	W
S	H	M	R	X	X	L	N	C	W	S	N	O	B	G
W	I	U	Y	E	L	I	M	S	C	F	A	Y	B	B
A	N	V	C	N	Y	O	E	T	E	O	Y	L	A	R
U	B	L	A	K	E	V	T	E	X	W	O	V	G	P
T	H	N	O	D	N	A	L	E	A	C	A	P	H	M
R	S	T	N	I	L	C	C	L	K	R	G	Y	E	E
Y	U	E	T	A	N	O	M	E	N	R	A	K	N	R
E	H	P	W	A	B	H	R	E	E	E	L	E	F	E
R	A	P	V	U	O	L	S	R	E	N	E	L	A	M
G	R	B	R	O	N	S	O	N	Y	R	R	A	B	R
S	T	N	T	U	H	O	L	T	G	A	D	N	O	F
C	I	A	D	A	M	S	S	R	E	G	O	R	V	M

344 SUPER SELECTION 344

Join the lineup of gridiron players as you relive the exciting Super Bowl XXV match between New York's top teams with this puzzle listing players and coaches from the New York Giants and the Buffalo Bills football teams.

- ☐ ANDERSON
- ☐ BAILEY
- ☐ BAKER
- ☐ BANKS
- ☐ BAVARO
- ☐ BENNETT
- ☐ BENTLEY
- ☐ CARTHON
- ☐ COLLINS
- ☐ CONLAN
- ☐ CROSS
- ☐ DAVIS
- ☐ GUYTON
- ☐ HOSTET-LER
- ☐ HOWARD
- ☐ INGRAM
- ☐ KELLY
- ☐ KELSO
- ☐ LEVY
- ☐ LOFTON
- ☐ MARSHALL
- ☐ MCKELLER
- ☐ MEGGETT
- ☐ MUELLER
- ☐ NORWOOD
- ☐ OATES
- ☐ ODOMES
- ☐ PARCELLS
- ☐ REASONS
- ☐ REED
- ☐ SEALS
- ☐ SMITH
- ☐ TALLEY
- ☐ TAYLOR
- ☐ THOMAS
- ☐ WALLS

```
L D M R B S E T A O D O M E S
O B S A M O H T A L L E Y F L
F A E N W H O V I N G R A M L
T N V N O T Y U G G M H Y Y A
O K N W N S L L E C R A P R W
N S A O M E A T K E O M F O D
F R B I S U T E L S R M F L U
D P T E S R L T R E A U O Y B
A H C E N L E N E R V E K A A
V T A H E T O D S L A L I T K
I L R R S R L H N A B L E L E
S O T O W K A E P A E E M V R
R V H O S L E K Y Y M R E P Y
L C O L L I N S S O R C A B I
R D N A L N O C U T Y L L E K
```

345 A LITTLE WINE 345

The wine industry not only provides us with splendid vintage beverages, but it is also a major contributor of commercial tartaric acid, by-products of which are used in products as varied as foods and textiles. The acid's crystals are extracted from argol, which collects on the walls of wine vats during the fermentation of grapes.

- ☐ AGE
- ☐ AROMA
- ☐ BODY
- ☐ BOTTLE
- ☐ COLOR
- ☐ CRUSH
- ☐ DRY
- ☐ FERMENT
- ☐ FILTER
- ☐ FLAVOR
- ☐ FRUIT
- ☐ GRAPES
- ☐ HERB
- ☐ ITALY
- ☐ JUICE
- ☐ MUST
- ☐ PORT
- ☐ RED
- ☐ ROSE
- ☐ SHERRY
- ☐ SMOOTH
- ☐ SWEET
- ☐ TART
- ☐ VATS
- ☐ VER-MOUTH
- ☐ VINTAGE
- ☐ WATER
- ☐ WHITE
- ☐ YEAR
- ☐ YEAST

J	F	I	L	T	E	R	D	Y	R	F	G	A	H	H
L	L	P	I	O	F	R	C	H	E	R	B	F	S	B
J	S	E	L	C	Y	E	A	R	C	A	I	W	C	N
P	M	J	R	D	C	F	M	E	O	C	S	H	G	J
B	N	U	S	W	E	E	T	D	T	L	I	T	A	S
O	S	I	H	F	N	P	N	I	E	C	O	J	T	H
H	V	C	E	T	M	W	U	A	J	H	A	C	Y	J
T	R	E	R	S	S	R	L	R	M	U	F	P	W	R
V	T	L	R	U	F	E	N	O	L	E	S	A	N	I
M	A	T	Y	M	P	R	P	M	G	M	T	S	O	R
A	C	T	Y	D	O	B	D	A	O	E	E	H	O	G
E	O	O	S	S	R	U	T	O	R	B	G	V	T	Y
U	S	B	E	E	T	N	T	S	N	G	A	R	E	E
D	N	G	E	T	I	H	W	H	Y	L	A	T	I	T
V	G	M	U	V	N	V	E	N	F	T	U	J	P	V

346 SINGLE FILE 346

Here are things that work best when they are used by only one person at a time. But you might enjoy solving this puzzle with a buddy.

- ☐ BATON
- ☐ BINOCULARS
- ☐ BOOK
- ☐ CIGAR
- ☐ DART
- ☐ FLUTE
- ☐ HAMMER
- ☐ HARMONICA
- ☐ HAT
- ☐ HIGHCHAIR
- ☐ LADDER
- ☐ MASK
- ☐ MOP
- ☐ OBOE
- ☐ PARACHUTE
- ☐ PENCIL
- ☐ POGO STICK
- ☐ RAKE
- ☐ RAZOR
- ☐ RING
- ☐ RULER
- ☐ SADDLE
- ☐ SASH
- ☐ SCISSORS
- ☐ SHOES
- ☐ SKI
- ☐ STOOL
- ☐ TRUMPET
- ☐ WHISTLE
- ☐ WRENCH

G	S	H	W	S	A	D	D	L	E	Z	S	H	N	U
O	H	Z	L	A	E	C	I	F	M	S	O	C	O	P
M	O	F	P	I	A	R	I	W	L	A	B	N	T	P
E	E	F	O	K	M	P	E	N	C	I	L	E	A	L
F	S	G	G	W	S	D	S	S	O	E	I	R	B	E
R	L	H	O	H	A	T	P	R	H	M	A	W	G	S
U	F	U	S	R	S	R	E	A	O	C	R	I	N	G
L	O	O	T	S	H	U	M	L	H	S	R	A	E	H
E	N	D	I	E	R	M	Z	U	T	A	S	P	H	R
R	L	E	C	A	E	P	T	C	Z	S	P	I	E	R
Z	U	C	K	R	D	E	E	O	B	O	I	D	C	K
S	U	E	I	O	O	T	R	N	M	S	D	H	S	S
I	W	U	B	G	O	S	K	I	T	A	L	A	W	S
I	F	Z	N	G	A	B	B	B	L	W	M	A	Z	G
P	I	Z	L	O	C	R	I	A	H	C	H	G	I	H

347 WATER VESSELS 347

An umiak is an Eskimo boat with a wooden frame covered with skins, used to transport goods and travelers. Unlike kayaks, umiaks are open on top like canoes. Various types of boats and ships are included in the list.

- ☐ BARGE
- ☐ CANOE
- ☐ CARRIER
- ☐ CATAMARAN
- ☐ CATBOAT
- ☐ CLIPPER
- ☐ CRUISER
- ☐ CUTTER
- ☐ DINGHY
- ☐ DORY
- ☐ DUGOUT
- ☐ FRIGATE
- ☐ GALLEON
- ☐ GONDOLA
- ☐ HYDRO-FOIL
- ☐ ICE-BREAKER
- ☐ JUNK
- ☐ KAYAK
- ☐ KETCH
- ☐ LIFEBOAT
- ☐ LINER
- ☐ RAFT
- ☐ SCHOONER
- ☐ SCOW
- ☐ SCULL
- ☐ SKIFF
- ☐ SLOOP
- ☐ TANKER
- ☐ TRAWLER
- ☐ TRIREME
- ☐ TUG
- ☐ UMIAK
- ☐ WHALER
- ☐ YACHT

```
H F F I K S C U L L Y T A Y P
W K K N O E L L A G K R A F T
W A F A S U T O S Y E I C T H
O I C R C R S R O K T R L W E
C M W A H A R S A P C E I K U
S U T M O W T E Y W H M P L I
K D T A O R R B S N L E P T S
T H T T N B D D O I T E E R R
D A R A E T O L G A U R R E E
I L O C R R I O G D T R I L K
N E I B Y N N I U G Y R C A N
G R G R E D R G T K R A Y H A
H Y D R O F O I L A N A C W T
Y H S L A U I K C O K U M H N
W I A M T B F L E E G O J D T
```

348 REVERED 348

In April 1775 American patriot Paul Revere carried news to Lexington of the approach of the British troops. He warned patriot leaders Samuel Adams and John Hancock of the danger, and called the citizens of the countryside to arms. His exploit inspired Henry Wadsworth Longfellow to write "Paul Revere's Ride," one of the most popular poems in American literature.

- ☐ ALERT
- ☐ AMERICAN
- ☐ BELLS
- ☐ BOSTON
- ☐ CONCORD
- ☐ CRAFTSMAN
- ☐ ENGRAVE
- ☐ FAME
- ☐ GUN-POWDER
- ☐ HERO
- ☐ HORSE
- ☐ LANTERN
- ☐ LEADER
- ☐ LEXING-TON
- ☐ LIBERTY
- ☐ MASSA-CHUSETTS
- ☐ MINUTE-MEN
- ☐ NIGHT
- ☐ PARTY
- ☐ PATRIOT
- ☐ POEM
- ☐ PRINTER
- ☐ RIDE
- ☐ SARAH
- ☐ SILVER
- ☐ SKILL
- ☐ SMITH
- ☐ STEEPLE
- ☐ WARN

L	U	W	Y	H	S	L	C	K	L	C	U	O	O	B
A	W	X	L	I	B	E	I	O	Y	U	P	H	E	L
N	G	N	L	N	C	X	L	B	F	O	A	D	T	H
T	H	V	I	E	I	U	Y	P	E	U	I	B	W	D
E	E	T	K	L	W	G	A	M	E	R	I	C	A	N
R	M	A	S	S	A	C	H	U	S	E	T	T	S	Y
N	P	T	C	N	X	S	S	T	R	D	T	Y	N	W
E	N	G	R	A	V	E	C	S	O	W	L	S	A	U
M	T	B	O	S	T	O	N	B	H	O	P	R	M	S
E	N	O	T	G	N	I	X	E	L	P	N	T	S	B
T	V	S	I	C	G	S	R	L	E	N	I	E	T	V
U	U	A	O	R	M	O	L	L	A	U	B	U	F	O
N	P	R	I	I	T	G	F	S	D	G	E	M	A	F
I	D	A	T	H	A	A	M	R	E	T	N	I	R	P
M	R	H	Y	T	R	A	P	T	R	E	L	A	C	W

349 BIG CATS 349

The wild cat is the ferocious counterpart of the domestic feline. Smaller than most animals in the big-game class, the powerful cat resembles the domestic tabby, but is a heavier, stronger, and more independent creature that prefers to be left alone.

☐ ALERT
☐ ANIMAL
☐ BENGAL tiger
☐ BRAWN
☐ CAGE
☐ CHEETAH
☐ CIRCUS
☐ CLAWS
☐ CLEVER
☐ CLIMB
☐ COUGAR
☐ COURAGE
☐ DEN
☐ FELINE
☐ HIDE
☐ HUNT
☐ KEEN
☐ LARGE
☐ LEOPARD
☐ LION
☐ LYNX
☐ MANE
☐ MOUNTAIN lion
☐ OUNCE
☐ PANTHER
☐ PAWS
☐ PUMA
☐ QUIET
☐ ROAR
☐ SENSES
☐ SLEEK
☐ SNOW leopard
☐ SPOTS
☐ STALK
☐ STRIPES
☐ STRONG
☐ SWIFT
☐ TAIL
☐ TEETH
☐ TIGER
☐ WHELP
☐ WHISKERS
☐ WILD
☐ ZOO

H	A	T	E	E	H	C	N	W	A	R	B	N	F	U
L	S	T	L	I	R	E	H	T	N	A	P	E	K	P
K	T	T	A	O	C	I	L	I	S	K	L	L	E	U
Q	R	I	R	I	S	A	A	T	E	I	A	C	E	M
U	I	G	G	K	L	T	G	E	N	T	R	E	L	A
D	P	E	E	B	N	L	N	E	S	D	G	I	S	U
B	E	R	I	U	S	S	E	T	G	R	N	T	S	R
P	S	N	O	W	E	R	B	H	O	A	O	E	P	A
L	A	M	I	N	A	N	E	A	O	P	R	I	S	G
E	U	F	S	N	K	K	R	V	Z	O	T	U	P	U
H	T	E	W	C	O	U	N	C	E	E	S	Q	O	O
W	S	H	A	Q	M	I	B	M	I	L	C	H	T	C
R	I	S	P	S	W	A	L	C	I	R	C	U	S	Q
I	F	L	A	V	L	Y	N	X	L	P	S	N	H	M
B	H	I	D	E	Q	H	D	E	R	Q	V	T	N	R

350 NUMBER SEEK 350

Solve this puzzle by seeking numbers instead of letters.

- ☐ 03861
- ☐ 08274
- ☐ 17358
- ☐ 18912
- ☐ 24415
- ☐ 24998
- ☐ 25201
- ☐ 25943
- ☐ 26464
- ☐ 27305
- ☐ 29800
- ☐ 29950
- ☐ 31459
- ☐ 32935
- ☐ 34370
- ☐ 35399
- ☐ 36318
- ☐ 36476
- ☐ 40770
- ☐ 44685
- ☐ 45124
- ☐ 45668
- ☐ 45812
- ☐ 46297
- ☐ 46683
- ☐ 47372
- ☐ 48065
- ☐ 51295
- ☐ 51735
- ☐ 52280
- ☐ 52460
- ☐ 53324
- ☐ 54916
- ☐ 57250
- ☐ 57466
- ☐ 57904
- ☐ 60795
- ☐ 69258
- ☐ 77403
- ☐ 77913
- ☐ 80959
- ☐ 84449
- ☐ 84978
- ☐ 86623
- ☐ 89425
- ☐ 91839
- ☐ 96423
- ☐ 96549
- ☐ 96941
- ☐ 97058

3	0	5	2	7	5	3	8	8	8	3	2	6	6	8
2	5	6	3	4	9	3	3	4	1	9	5	4	9	0
9	7	1	0	1	2	2	9	9	5	0	6	4	7	9
7	9	3	0	7	7	9	6	3	2	6	2	4	5	5
0	0	1	7	3	9	3	4	4	8	5	4	5	2	9
5	4	4	0	4	8	5	5	3	7	1	5	9	2	3
8	4	5	8	1	2	6	5	7	2	4	1	3	8	0
1	8	9	1	2	0	3	1	0	3	4	9	8	4	4
3	4	9	5	2	9	6	5	4	9	2	5	1	9	7
6	0	8	9	9	4	2	4	6	6	2	8	9	7	7
3	5	2	5	1	4	0	9	2	9	6	6	4	8	9
0	1	0	8	2	7	4	2	6	5	8	4	4	6	1
0	2	2	1	7	2	3	4	1	3	6	4	7	6	3
2	9	8	0	0	0	8	5	8	4	2	3	3	5	4
8	5	6	0	8	4	5	0	8	8	6	1	9	4	5

351 DO I HAVE TO? 351

Parents will recognize this plaintive cry, which often greets a request to do any of the things mentioned below.

- ☐ BABY-SIT
- ☐ BATHE
- ☐ CHANGE
- ☐ CLEAN my room
- ☐ Go to the DENTIST
- ☐ DRESS UP
- ☐ DUST
- ☐ FEED the cat
- ☐ GET UP
- ☐ Get a HAIRCUT
- ☐ Come HOME
- ☐ KISS my aunt
- ☐ Mow the LAWN
- ☐ MAKE my BED
- ☐ MOP the floor
- ☐ Take a NAP
- ☐ Leave the POOL
- ☐ PRACTICE
- ☐ RAKE leaves
- ☐ READ
- ☐ Attend SCHOOL
- ☐ Go to SLEEP
- ☐ STAY IN
- ☐ STUDY
- ☐ SWEEP the floor
- ☐ Set the TABLE
- ☐ Brush my TEETH
- ☐ Share TOYS
- ☐ TURN off the (TV)
- ☐ VACUUM
- ☐ WALK the dog
- ☐ WASH my hands
- ☐ WATER the plants
- ☐ WAX the CAR
- ☐ WEED
- ☐ WORK

T	D	E	E	F	P	O	O	L	F	O	R	E	I	U
C	V	M	H	T	S	U	D	A	S	W	E	E	P	V
Y	W	K	A	T	P	E	S	V	M	G	T	R	O	A
N	M	G	I	K	A	T	I	S	Y	B	A	B	M	S
D	A	E	R	S	E	B	U	S	E	C	W	U	T	M
P	L	R	C	A	S	B	T	T	T	R	S	U	U	L
O	M	U	U	G	C	U	E	I	C	T	D	U	O	A
W	O	H	T	W	R	X	C	D	A	Y	C	O	S	W
A	C	H	A	N	G	E	A	Y	C	A	H	Y	Y	N
V	E	S	A	P	Y	G	I	W	V	C	O	L	B	N
P	H	G	V	D	E	N	T	I	S	T	V	V	G	H
A	M	I	U	T	A	E	A	A	W	U	R	W	I	G
F	A	B	U	P	E	H	L	E	B	P	A	F	U	W
H	G	P	M	T	V	O	E	S	L	L	K	R	O	W
V	C	P	H	R	C	D	V	N	K	C	E	M	O	H

352 HTV 352

Get set for an alphabetical journey into television history with these programs whose titles begin with H.

- ☐ HAGEN
- ☐ HAIL to the Chief
- ☐ HALF Nelson
- ☐ HALLMARK Hall of Fame
- ☐ HANK
- ☐ HAPPY Days
- ☐ HARD-CASTLE & McCormick
- ☐ HARPER Valley P.T.A.
- ☐ HARRIGAN & Son
- ☐ HARRY O
- ☐ HART to Hart
- ☐ HAVE Gun Will Travel
- ☐ HAWAII Five-O
- ☐ HAWK
- ☐ HAZEL
- ☐ HEAD of the Class
- ☐ Have a HEART
- ☐ Hawaiian HEAT
- ☐ Highway to HEAVEN
- ☐ HECKLE and Jeckle
- ☐ HEE HAW
- ☐ HELLO, Larry
- ☐ HE-MAN and the Masters of the Universe
- ☐ HERBIE, The Love Bug
- ☐ HERE'S Lucy
- ☐ HERE WE Go Again
- ☐ HE SAID, She Said
- ☐ HE (&) SHE
- ☐ HIGH Rollers
- ☐ HILL Street Blues
- ☐ HIT Man
- ☐ HOGAN'S Heroes
- ☐ HOLLYWOOD Squares
- ☐ HOLMES and Yoyo
- ☐ HOME Run Derby
- ☐ HONDO
- ☐ HONEY West
- ☐ HONG Kong Phooey
- ☐ HOPALONG Cassidy
- ☐ HOTEL
- ☐ HOT L Baltimore
- ☐ HOUR Magazine
- ☐ HOUSE Calls
- ☐ HOWDY Doody
- ☐ HUNTER

K	W	A	H	I	T	D	A	E	H	Y	E	N	O	H
K	K	E	V	A	H	O	G	A	N	S	A	S	H	D
Y	P	S	E	M	L	O	H	H	C	M	E	H	A	H
P	R	H	E	R	E	W	E	H	E	S	E	U	L	E
R	N	E	G	A	H	Y	H	H	U	S	A	N	L	A
B	B	L	P	H	E	L	L	O	Z	C	H	T	M	V
L	H	K	G	R	H	L	H	U	P	A	S	E	A	E
L	L	C	H	N	A	O	Y	R	R	A	H	R	R	N
I	A	E	S	A	O	H	W	T	C	O	L	L	K	F
H	P	H	E	G	Z	H	E	D	T	L	I	O	L	O
O	E	V	R	I	K	E	R	E	Y	A	T	A	N	D
M	D	T	E	R	B	A	L	K	H	R	H	O	I	G
E	W	N	H	R	H	R	N	U	A	A	V	G	H	B
C	U	Y	O	A	E	A	E	E	H	A	W	A	I	I
Y	P	P	A	H	H	A	H	H	E	S	A	I	D	H

353 QUOTABLE 353

This quotation is from Elbert Hubbard. The words in the diagram are grouped together as they are shown in the list.

- ☐ YOU CAN
- ☐ LEAD
- ☐ A BOY
- ☐ TO COLLEGE
- ☐ BUT YOU
- ☐ CANNOT
- ☐ MAKE
- ☐ HIM
- ☐ THINK.

A	H	C	L	D	I	E	O	G	K	K	Y
Y	N	I	K	K	L	G	L	L	G	H	T
T	N	Y	M	A	K	E	N	Y	A	O	T
N	I	M	K	I	A	L	K	U	N	K	B
O	B	T	B	D	T	L	K	N	I	U	Y
O	B	Y	N	U	O	O	A	O	I	K	O
N	N	Y	Y	H	G	C	G	N	D	H	K
M	T	C	O	O	M	O	M	C	M	N	T
D	O	I	D	B	U	T	Y	O	U	G	L
O	E	N	Y	N	A	C	U	O	Y	Y	N

354 SQUARE NINES 354

Find 3x3 squares in the diagram that contain, in no particular order, the 9 letters of the words listed.

Y	T	S	R	N	M	A	H	E	D	T	G
S	O	K	O	U	D	E	S	N	M	R	S
B	A	C	M	C	Y	E	T	U	A	K	B
L	D	N	O	R	Y	M	I	N	O	A	L
U	M	R	E	F	W	B	R	M	D	M	A
Y	N	A	R	L	A	C	A	T	R	L	I
S	I	U	Y	A	K	G	K	E	A	R	U
T	A	N	R	E	M	B	S	A	T	N	D
E	U	R	D	H	A	T	M	T	N	A	C
O	D	C	O	M	T	A	I	A	M	H	O

- ☑ ARMADILLO
- ☐ BACKSTAGE
- ☐ COMMANDER
- ☐ LUNAR YEAR
- ☐ MANHATTAN
- ☐ MISTY-EYED
- ☐ MOUNTAINS
- ☐ RAY FLOWER
- ☐ TACK ROOMS
- ☐ TRADEMARK
- ☐ UNDERCOAT

355 HOLD EVERYTHING 355

The hardest thing for some people to hold is their temper! Almost everything else can be contained by the items below.

- ☐ BAG
- ☐ BARREL
- ☐ BASIN
- ☐ BASKET
- ☐ BOTTLE
- ☐ BOWL
- ☐ BOX
- ☐ BUCKET
- ☐ CABINET
- ☐ CANTEEN
- ☐ CARAFE
- ☐ CARTON
- ☐ Attache CASE
- ☐ CHEST
- ☐ Ice-cream CONE
- ☐ CRATE
- ☐ CUP
- ☐ DAM
- ☐ Soap DISH
- ☐ ENVELOPE
- ☐ FLASK
- ☐ GAS TANK
- ☐ GLASS
- ☐ JAR
- ☐ KEG
- ☐ MUG
- ☐ PACK
- ☐ PAIL
- ☐ PAN
- ☐ PIE SHELL
- ☐ PITCHER
- ☐ POCKET
- ☐ POOL
- ☐ PURSE
- ☐ SACK
- ☐ SAFE
- ☐ SAUCER
- ☐ SPOON
- ☐ TACO shell
- ☐ THERMOS
- ☐ TUBE
- ☐ VALISE
- ☐ WALLET

```
E G C K G B S M D A M L S P F
F N B G P U C G R I U H A T N
A L V L A C M C H E S T C X C
S I A A C K A I V V C H K O F
H B A S K E T S T A U U N B O
F U B S K T F U H F L E A N K
L O O P L C B A E C B I T S H
W N A C I E L E R R A B S C M
O N I A A T P V M A W G A E F
B B K N P O C B O T C B G E T
O A K T L L E H S E I P S E T
T S T E L L A W E N C A K A L
T I V E G J K U E R C C C C O
L N E N C A R T O N O O P S N
E S R U P R B V C P I X L O W
```

356 HANG AROUND 356

In the word game hangman, one player chooses a word, telling the opponent only the number of letters it has. The opponent tries to guess the letters to complete the word within an agreed-upon number of misses. Television's popular game show "Wheel of Fortune" is based on hangman.

- ☐ ALPHABET
- ☐ BASE
- ☐ BODY
- ☐ CALL OUT
- ☐ CHOOSE
- ☐ COMPLETE
- ☐ CORRECT
- ☐ CROSS-PIECE
- ☐ DASHES
- ☐ DRAW
- ☐ EDUCA-TIONAL
- ☐ FUN
- ☐ GAME
- ☐ GUESS
- ☐ HANG
- ☐ HEAD
- ☐ IDENTIFY
- ☐ LEARN
- ☐ LEFT ARM
- ☐ LEFT LEG
- ☐ LETTERS
- ☐ LOSE
- ☐ NAME
- ☐ PAPER
- ☐ PHRASE
- ☐ PICTURE
- ☐ PLACE
- ☐ PLAYER
- ☐ RIGHT ARM
- ☐ RIGHT LEG
- ☐ ROPE
- ☐ SELECT
- ☐ SPACES
- ☐ SUPPORT
- ☐ THEME
- ☐ TITLE
- ☐ UPRIGHT
- ☐ WORDS
- ☐ WRONG

D	L	S	D	R	O	W	G	N	O	R	W	R	L	E
E	R	P	B	E	O	F	R	L	E	T	T	E	R	S
E	C	O	D	Y	P	A	P	E	R	I	F	G	P	A
N	D	A	A	A	E	F	M	R	A	T	H	G	I	R
Y	C	A	L	L	O	U	T	D	A	E	I	N	C	H
N	T	C	S	P	A	N	C	R	R	B	P	W	T	P
A	T	H	R	H	L	N	M	O	Y	A	P	O	U	B
M	Y	O	G	O	E	S	O	L	M	H	W	S	R	L
E	F	O	E	I	S	S	S	I	S	P	A	C	E	S
M	I	S	L	S	R	S	A	N	T	L	L	F	P	T
A	T	E	T	S	E	P	P	B	E	A	T	E	O	T
G	N	L	H	U	B	A	U	I	H	L	C	W	T	H
U	E	E	G	M	C	O	R	R	E	C	T	U	H	E
T	D	C	I	Y	H	A	N	G	A	C	T	I	D	M
B	I	T	R	O	P	P	U	S	D	R	E	U	T	E

357 WIZARD WORDS 357

First loop in the diagram all the words listed below. Then read the leftover letters (any not looped), from left to right, top to bottom, to discover the Wizard's Words. *Wizard Words on page 540*

_ _,

_ _ _ _ _ _ _ _ _ _ _ _'_ _ _ _ _ _ _ _ _

_ _ _ _ _ _ _ _ _ _ _ _ _ _ _ _ _ _.

- ☐ AMAZON
- ☐ AMUR
- ☐ COLORADO
- ☐ CONGO
- ☐ DANUBE
- ☐ DNIEPER
- ☐ DON
- ☐ EUPHRA-TES
- ☐ GANGES
- ☐ HUDSON
- ☐ HWANG HO
- ☐ INDUS
- ☐ JORDAN
- ☐ LENA
- ☐ MADEIRA
- ☐ MEKONG
- ☐ MISSISSIPPI
- ☐ MISSOURI
- ☐ NELSON
- ☐ NERA
- ☐ NIGER
- ☐ NILE
- ☐ OHIO
- ☐ ORINOCO
- ☐ PARANA
- ☐ PEACE
- ☐ PURUS
- ☐ RHINE
- ☐ RIO GRANDE
- ☐ SNAKE
- ☐ ST. LAWRENCE
- ☐ TIBER
- ☐ URAL
- ☐ VOLGA
- ☐ YENISEI
- ☐ YUKON
- ☐ ZAMBEZI

A	F	L	O	O	N	O	D	N	I	E	P	E	R	O
R	D	E	L	I	N	I	I	R	U	O	S	S	I	M
T	I	B	E	R	H	J	S	P	C	D	N	A	U	S
O	C	O	N	I	R	O	H	G	N	A	W	H	E	C
N	I	D	G	B	Y	R	M	E	K	R	A	N	O	R
O	I	P	I	R	A	D	R	E	V	O	E	N	U	E
K	P	G	P	T	A	A	E	R	K	L	G	G	R	C
U	A	E	E	I	I	N	D	U	S	O	E	A	A	N
Y	M	S	A	R	S	T	D	O	Y	C	N	N	L	E
H	A	P	E	C	A	S	N	E	E	T	I	G	S	R
T	Z	A	M	B	E	Z	I	O	N	O	H	E	B	W
I	O	R	G	P	U	R	U	S	I	G	R	S	F	A
O	N	A	R	L	I	N	N	O	S	D	U	H	T	L
S	B	N	R	I	O	M	A	D	E	I	R	A	D	T
G	E	A	N	E	L	V	S	D	I	A	M	U	R	S

358 ON QUEUE 358

"A Chorus Line" has been heralded as one of the longest-running shows in Broadway history. It is estimated that over 23 million people worldwide have seen it since its premiere on July 25, 1975.

- ☐ ANGEL Street
- ☐ ANNIE
- ☐ Sugar BABIES
- ☐ BORN Yesterday
- ☐ BUTTERFLIES Are Free
- ☐ CABARET
- ☐ (A) CHORUS Line
- ☐ DANCIN'
- ☐ EQUUS
- ☐ EVITA
- ☐ Life with FATHER
- ☐ FIDDLER on the Roof
- ☐ Cactus FLOWER
- ☐ GEMINI
- ☐ Funny GIRL
- ☐ GREASE
- ☐ GUYS and Dolls
- ☐ HAIR
- ☐ HARVEY
- ☐ HELLO, Dolly
- ☐ Kiss Me KATE
- ☐ The KING AND I
- ☐ Man of LA MANCHA
- ☐ LIGHTNIN'
- ☐ MAME
- ☐ MARY, Mary
- ☐ The Sound of MUSIC
- ☐ OH, CALCUTTA
- ☐ OKLAHOMA
- ☐ Barefoot in the PARK
- ☐ PIPPIN
- ☐ PROMISES, Promises
- ☐ Tobacco ROAD
- ☐ Abie's Irish ROSE
- ☐ SLEUTH
- ☐ The WIZ

E	K	Z	Z	I	W	L	E	G	N	A	Q	G	A	E
Q	Q	M	E	S	O	R	R	N	E	F	E	P	T	S
P	G	U	H	S	P	E	B	G	I	M	L	R	I	G
R	S	S	U	E	A	W	I	D	I	P	A	O	V	S
E	E	I	O	S	L	O	D	N	K	N	P	M	E	A
M	I	C	E	K	F	L	I	G	H	T	N	I	N	M
B	B	R	K	A	E	F	O	S	W	E	L	S	P	O
I	A	C	T	R	P	F	K	Y	L	F	N	E	A	H
Y	B	H	A	R	V	E	Y	I	R	E	Q	S	R	A
S	E	O	C	A	N	N	I	E	N	A	U	Y	K	L
R	Y	R	A	N	K	A	T	E	U	G	M	T	P	K
O	Y	U	I	M	A	T	T	U	C	L	A	C	H	O
A	R	S	G	A	U	M	A	I	N	I	C	N	A	D
D	N	R	O	B	H	C	A	B	A	R	E	T	D	Y
I	M	K	U	G	L	T	T	L	F	U	B	I	A	I

359 UN-DECIDED 359

This puzzle is actually an unpuzzle because each of the 6-letter entries hidden in the diagram begins with UN. Give it your undivided attention and you're sure to uncover all of the entries in record time!

Word list on page 545

UN ABLE

UN______

UN______

UN______

UN______

UN______

UN______

UN______

UN______

UN______

UN______

UN______

UN______

UN______

UN______

UN______

UN______

UN______

UN______

UN______

UN______

UN______

UN______

UN______

UN______

UN______

UN______

UN______

UN______

UN______

UN______

UN______

UN______

R	E	S	A	E	N	U	U	N	B	O	L	T	S	K
U	N	F	A	I	R	N	H	D	R	U	N	U	R	O
N	U	C	L	I	O	C	N	U	N	E	P	O	B	O
M	N	E	U	N	B	E	N	D	B	I	C	J	D	H
A	L	R	U	C	N	U	O	N	E	N	B	A	C	N
S	I	M	A	N	U	N	U	U	U	R	L	N	N	U
K	K	D	U	U	E	C	N	A	N	C	B	U	U	N
U	E	Q	N	O	N	A	S	T	N	K	R	N	E	P
C	N	O	X	I	B	G	S	U	L	C	F	E	U	A
P	U	R	T	L	K	E	L	Y	N	O	Y	V	N	C
U	N	L	E	S	S	N	O	U	L	L	M	E	D	K
E	S	R	D	A	U	H	U	D	E	N	O	N	Y	M
B	A	A	F	D	L	J	N	R	Y	U	J	A	E	V
S	F	J	Y	L	U	R	N	U	N	P	A	I	D	G
P	E	D	G	U	L	P	N	U	N	R	E	S	T	C

360 BOXES 360

All the entries in the list are found in the diagram in an unusual way. Each entry reads either clockwise or counterclockwise around the edges of a box (sometimes a square and sometimes a rectangle).

- ☑ AIR BRAKE
- ☐ BANK CARD
- ☐ BREAKERS
- ☐ CORAL SNAKE
- ☐ DECK HAND
- ☐ DOLLAR
- ☐ ELBOWS
- ☐ ETHICS
- ☐ EXPEDITE
- ☐ FEATURES
- ☐ FEDORA
- ☐ FORESAIL
- ☐ GOPHER
- ☐ HEATED
- ☐ ICE PLANT
- ☐ JARGON
- ☐ KERCHIEF
- ☐ LIFE-SIZE
- ☐ LUXURY
- ☐ MARTIN
- ☐ MEANINGS
- ☐ NAMESAKE
- ☐ OCTAVE
- ☐ OPTICS
- ☐ PROPERTY
- ☐ RINGBOLT
- ☐ RUCKUS
- ☐ SEND-OFFS
- ☐ SHELF ICE
- ☐ THROTTLE
- ☐ TRINKETS
- ☐ ULTIMATE
- ☐ VENUSIAN
- ☐ VOODOO
- ☐ WHITTLED

A	N	T	I	F	F	L	I	B	N	O	T	A	U	R
L	P	E	C	L	O	V	A	D	J	G	C	V	C	S
I	Z	E	E	E	R	E	S	L	A	R	O	E	K	U
S	F	L	S	H	G	M	N	A	K	E	C	T	N	Z
E	F	I	T	P	O	O	V	R	L	A	F	S	I	N
D	A	C	S	O	D	O	O	B	R	I	T	T	R	A
O	R	F	F	O	X	K	L	G	U	H	A	L	T	M
B	M	S	L	D	D	Y	T	N	S	W	D	E	I	N
E	F	S	E	N	E	P	R	I	E	O	G	D	O	L
A	T	U	R	A	C	R	E	Y	L	B	S	R	A	L
M	E	I	D	H	K	O	P	R	U	R	M	E	S	Y
I	U	J	B	A	N	U	S	U	X	E	A	K	A	W
T	L	E	S	M	E	A	I	H	P	E	N	E	K	F
T	K	T	C	S	V	N	A	T	E	T	R	R	O	E
O	R	H	I	G	N	I	E	H	D	I	N	C	H	I

361 THE GOLDEN POND 361

New Hampshire's Squam Lake is nestled at the foot of the White Mountains. The idyllic getaway spot is New Hampshire's largest lake after Lake Winnipesaukee and was immortalized in the 1981 film "On Golden Pond."

- ☐ CENTER Harbor
- ☐ COVES
- ☐ EXCURSION
- ☐ FARMS
- ☐ FOLIAGE
- ☐ GOLDEN Pond
- ☐ HIKE
- ☐ LEISURE
- ☐ LODGING
- ☐ LOONS
- ☐ MANOR on Golden Pond
- ☐ MANSIONS
- ☐ MARINA
- ☐ NEW HAMPSHIRE
- ☐ PEACEFUL
- ☐ PICNIC
- ☐ PRESERVE
- ☐ PRETTY
- ☐ PRIVATE
- ☐ QUAINT
- ☐ QUIET
- ☐ RED Hill Inn
- ☐ RENOWNED
- ☐ RENTAL canoes
- ☐ RESTAURANTS
- ☐ SCENIC
- ☐ SHORE
- ☐ SQUAM Lake
- ☐ STONE cottages
- ☐ TOURISTS
- ☐ TRAILS
- ☐ VISIT
- ☐ WATER
- ☐ WHITE Mountains
- ☐ WOODS

```
G E E S C A P E Q T L Q H Y A
X X R L N N R G U E R U R L C
Q P E I L O N T I C T A A R O
M I R I H I O S E R I I I S V
C A E S G S U L T G E N S L E
M T N D Q R P R I V A T E I S
A U O O E U D M R H N I N C V
C L W O R C A E A A U H L E S
Q O N W T X S M R H G I L O C
I P E A C E F U L D W K A S F
T I D R R Y A M A P R E T T Y
X C L P E T M A N S I O N S S
E N O T S T S I R U O T E D C
D I G E D F A F F W S M R A F
L C R E T I H W I I F K E X V
```

362 VEND FOR YOURSELF 362

In the past, street vendors were the initiators of our system of commerce, bringing a variety of wares to the consumer's door. Today, street vendors are still popular in cities and towns, selling everything from tasty snacks to adorable toys.

- ☐ BAGS
- ☐ BUSY
- ☐ CANDY
- ☐ CANOPY
- ☐ CART
- ☐ CASH
- ☐ CHIPS
- ☐ CONVENIENT
- ☐ COST
- ☐ CROWD
- ☐ CUSTOMER
- ☐ DEAL
- ☐ DOWNTOWN
- ☐ ENTERPRISE
- ☐ FOOD
- ☐ FRUIT
- ☐ HOT DOG
- ☐ ICE CREAM
- ☐ LUNCH
- ☐ MERCHANT
- ☐ NEARBY
- ☐ PARK
- ☐ PERMIT
- ☐ PRETZEL
- ☐ PUBLIC
- ☐ SANDWICH
- ☐ SAUSAGE
- ☐ SELL
- ☐ SIDEWALK
- ☐ SNACK
- ☐ SODA
- ☐ SOUVENIRS
- ☐ STADIUM
- ☐ UMBRELLA
- ☐ VANS
- ☐ WORK

```
C L Y C B V S E L L I H S A C
V A N S N T H P C E C A F E L
D S N W A C G S I I Z B B N C
H O T D O G P I W H L T K T A
E B I S Y T T D D A C B E E N
F U T N E I N E V N O C U R O
M S O U L A A W G Y P M A P P
A Y O A S L H A O A B Y P R Y
E N F M L V C L R D S R S I T
R E V R W L R K C L A U A S B
C S S O U V E N I R S F A E N
E B R N T I M R E P O I T S N
C K C A N S T Y B O O W T G I
I H T K D H F N D M S O D A S
C U C S R E M O T S U C C B E
```

363 ZIGZAG 363

Instead of reading in a straight line, each word has one bend in it. One word has been looped for you.

- ☐ ACADEMY
- ☐ ANTLERS
- ☐ BEEFSTEAK
- ☐ CABOOSE
- ☐ CARGO
- ☐ CELESTIAL
- ☐ CLUBS
- ☐ CREEKS
- ☐ DECORATE
- ☐ ELECTOR
- ☐ ELECTRON
- ☐ GERMANY
- ☐ GIFTED
- ☐ GOLDFISH
- ☐ GULF
- ☐ HORNET
- ☐ IVORY
- ☐ JANGLE
- ☐ KEESHOND
- ☐ LEAFLET
- ☐ MUSTACHE
- ☐ NOURISH
- ☐ OSTRICH
- ☐ PARTNER
- ☐ REALMS
- ☐ ROCKET
- ☐ SARDINES
- ☐ TICKLED
- ☐ TRIDENTS
- ☐ UPROAR
- ☐ VIDEO
- ☐ WALES
- ☐ WATCHMAN
- ☐ YEOMAN
- ☐ ZEALAND
- ☑ ZIGZAG

N	A	M	O	E	I	Z	H	C	I	R	T	O	K	V
E	N	T	S	S	Y	F	Z	A	A	N	S	E	E	I
N	D	O	H	M	O	L	D	E	L	D	O	L	K	D
S	T	I	O	G	U	U	G	L	R	K	E	U	J	C
R	J	E	R	B	E	S	D	Z	O	C	C	M	R	O
E	C	A	N	T	A	Z	T	N	T	G	J	I	Y	R
L	T	N	A	Z	W	C	O	A	O	R	S	Z	T	O
I	D	R	A	S	A	R	Z	N	C	H	E	O	K	V
N	O	N	E	N	T	R	A	P	S	G	Z	A	G	I
E	C	S	Z	C	C	M	T	E	I	X	E	G	L	V
S	E	L	E	K	H	J	E	Z	L	T	I	R	D	M
L	D	R	U	E	B	K	W	V	S	F	L	N	M	S
A	C	P	S	B	K	E	C	F	T	B	A	J	W	A
W	R	O	A	R	L	S	E	E	D	L	A	E	Z	N
Z	J	A	N	G	W	V	L	E	S	T	I	A	L	Y

364 SITTIN' PRETTY 364

When you're a child, your parents tell you what time to be home; when you're a parent, your baby-sitter tells you. Enjoy an adventure with this puzzle featuring words associated with baby-sitting.

- ☐ BEDTIME
- ☐ CAPABLE
- ☐ CARE
- ☐ CHECK
- ☐ CHILD
- ☐ DIAPER
- ☐ EVENING
- ☐ EXPERIENCE
- ☐ GAMES
- ☐ HANDLE
- ☐ HELP
- ☐ HIRE
- ☐ HOME
- ☐ HOUSE
- ☐ INFANT
- ☐ INVITE
- ☐ JOBS
- ☐ NEED
- ☐ NEIGHBOR
- ☐ NIGHT
- ☐ PHONE
- ☐ RESPONSIBLE
- ☐ RULES
- ☐ SERVICE
- ☐ SITTER
- ☐ SNACK
- ☐ STORY
- ☐ SUPERVISE
- ☐ TEENAGER
- ☐ TELEVISION
- ☐ TODDLER
- ☐ TRUST
- ☐ WATCH
- ☐ WEEKEND
- ☐ WORK

M	S	W	C	P	T	S	X	A	N	S	W	P	X	F
W	R	E	P	A	I	D	T	S	U	R	T	B	H	Y
N	H	E	R	T	P	R	O	F	B	E	N	O	H	P
H	E	K	T	V	E	A	E	Y	K	S	A	I	R	O
X	J	E	W	L	I	T	B	G	D	P	F	W	U	Y
E	R	N	D	E	H	C	I	L	A	O	N	N	O	R
M	M	D	L	G	C	K	E	V	E	N	I	N	G	T
I	O	O	I	R	O	N	H	E	N	S	E	D	W	X
T	K	N	H	S	U	P	E	R	V	I	S	E	A	Y
D	W	C	C	G	T	L	U	I	G	B	U	K	T	G
E	C	S	A	E	D	E	E	H	R	L	O	N	C	H
B	H	M	G	N	J	H	B	S	E	E	H	M	H	G
B	E	R	A	C	S	O	F	F	P	Y	P	F	H	I
S	C	H	W	O	R	K	B	J	O	B	I	X	F	G
H	K	F	O	H	N	O	I	S	I	V	E	L	E	T

365 TEEN SCENE 365

Take a look back to your eventful, sometimes hectic teenage years with this puzzle featuring the trends, fads, and priorities that fill the years between childhood and adulthood.

- ☐ ACTIVITIES
- ☐ ATHLETE
- ☐ BASKETBALL game
- ☐ BOYFRIEND
- ☐ BUDDIES
- ☐ CAR
- ☐ CHEER-LEADER
- ☐ CLASS
- ☐ CLIQUE
- ☐ CROWD
- ☐ DANCES
- ☐ DATES
- ☐ DRIVE
- ☐ ENERGY
- ☐ FAD
- ☐ FASHION
- ☐ FOOTBALL game
- ☐ FUN
- ☐ GAB
- ☐ GAMES
- ☐ GIRLFRIEND
- ☐ GOSSIP
- ☐ GROUP
- ☐ HIGH school
- ☐ HOBBY
- ☐ JOB
- ☐ LEARN
- ☐ MALL
- ☐ MENTOR
- ☐ PARTIES
- ☐ PEERS
- ☐ SELF-ESTEEM
- ☐ SHOPPING
- ☐ SPORTS
- ☐ TREND
- ☐ YOUTH

V	C	J	S	B	I	H	Y	K	I	O	H	F	K	S
M	S	D	N	E	R	T	I	B	Y	G	R	E	N	E
K	E	O	J	S	M	B	A	G	B	G	C	D	O	I
L	C	T	E	U	L	A	U	C	H	O	Q	S	Q	T
A	N	T	E	C	C	S	G	D	G	S	H	P	O	R
E	A	O	V	L	H	K	N	P	D	S	V	O	Q	A
D	D	M	I	C	H	E	U	U	K	I	S	R	C	P
E	I	Q	R	H	I	T	E	O	F	P	E	T	Q	R
J	U	O	D	R	S	B	A	R	G	C	I	S	O	V
E	W	L	F	U	R	A	C	G	L	V	I	T	R	C
D	J	Y	G	I	R	L	F	R	I	E	N	D	S	Q
F	O	O	T	B	A	L	L	T	L	E	A	R	N	K
B	G	U	B	S	L	K	I	F	M	F	E	D	M	T
H	L	T	S	A	M	E	E	T	S	E	F	L	E	S
M	A	H	M	B	S	H	O	P	P	I	N	G	E	R

366 NO WATER 366

Koalas are marsupials native to Australia. Usually, they do not need to drink water because they get enough moisture from the juicy leaves they eat. "Koala" is from the aboriginal word meaning "no water."

- ☐ ARBOREAL
- ☐ AUSTRALIA
- ☐ BROWN
- ☐ CALM
- ☐ CLIMB
- ☐ CLING
- ☐ CUDDLY
- ☐ CUTE face
- ☐ EUCALYP-TUS tree
- ☐ FEET
- ☐ FLUFFY
- ☐ FOREST
- ☐ GENTLE
- ☐ GRASP
- ☐ GRAY
- ☐ HABITAT
- ☐ LARGE nose
- ☐ LEAVES
- ☐ LONG toes
- ☐ MAMMAL
- ☐ MARSUPIAL
- ☐ NOCTURNAL
- ☐ OFFSPRING
- ☐ PAWS
- ☐ POUCH
- ☐ QUIET
- ☐ ROUND ears
- ☐ SHARP claws
- ☐ SOFT fur
- ☐ STRONG grip
- ☐ THICK fur
- ☐ TREETOP
- ☐ WHITE belly
- ☐ WILD
- ☐ ZOOS

E	D	O	L	U	E	L	G	I	E	B	I	Z	M	B
Y	H	O	S	W	A	P	F	G	Z	P	R	A	H	S
E	N	C	D	T	L	U	N	E	F	B	M	O	R	T
G	B	T	U	T	F	O	S	N	M	M	Y	F	W	D
N	T	M	F	O	R	E	S	T	A	K	F	F	Z	N
I	P	L	I	T	P	W	E	L	R	C	F	S	L	U
L	S	E	S	L	E	A	V	E	S	A	U	P	U	O
C	A	L	M	T	C	G	K	W	U	T	L	R	Q	R
T	R	E	E	T	O	P	M	C	P	K	F	I	Q	G
F	G	I	R	G	Q	Y	W	Y	I	N	E	N	A	S
Y	U	M	R	O	R	W	L	I	A	H	E	G	O	W
Q	T	A	T	I	B	A	H	D	L	A	T	O	C	S
A	Y	L	U	D	C	R	L	I	D	D	Z	U	N	S
N	O	C	T	U	R	N	A	L	T	U	T	Q	D	I
Z	M	M	E	D	A	W	Q	Z	O	E	C	B	E	R

367 HARVEST MOON 367

The gathering of the harvest has been celebrated since ancient times. In some cultures a corn mother, symbolic of the spirit of grain, was made of the best or last sheaf cut, drenched with water, and carried through the field to invoke rain for the next growing season. In the United States we celebrate the gathering of the harvest on Thanksgiving Day.

- ☐ APPLE
- ☐ ASTER
- ☐ BARLEY
- ☐ BEAUTY
- ☐ BOUNTIFUL
- ☐ CERES
- ☐ CIDER
- ☐ COLOR
- ☐ CORN
- ☐ CROP
- ☐ DANCE
- ☐ State FAIR
- ☐ FARMER
- ☐ FEAST
- ☐ FESTIVAL
- ☐ FIELD
- ☐ FLOWER
- ☐ FOLIAGE
- ☐ FROST
- ☐ FRUIT
- ☐ GARNER
- ☐ GATHER
- ☐ GRAIN
- ☐ HAYRIDE
- ☐ Harvest MOON
- ☐ ORCHARD
- ☐ POMPON
- ☐ PUMPKIN
- ☐ REAPER
- ☐ REJOICE
- ☐ RICE
- ☐ STORE
- ☐ THANKSGIVING
- ☐ VEGETABLE
- ☐ WHEAT
- ☐ YIELD

Y	N	B	W	P	L	T	R	E	T	S	A	N	E	G
F	L	O	W	E	R	S	G	D	L	E	I	F	U	F
A	R	U	P	B	D	A	N	C	E	A	O	G	R	B
D	E	N	O	M	I	E	G	A	R	N	E	R	E	L
L	J	T	E	L	O	F	N	G	H	S	R	A	D	N
E	O	I	O	I	N	P	I	V	A	W	U	O	I	E
I	I	F	E	S	T	I	V	A	L	T	H	T	C	W
Y	C	U	I	Y	E	D	I	R	Y	A	H	A	J	R
B	E	L	B	A	T	E	G	E	V	G	V	E	O	H
Y	R	L	V	D	J	C	S	A	F	A	B	H	R	T
T	E	S	R	R	N	I	K	P	M	U	P	W	C	P
U	S	N	T	A	H	R	N	E	F	W	R	P	O	G
J	J	O	O	O	B	F	A	R	M	E	R	R	L	J
F	A	I	R	O	R	C	H	A	R	D	C	U	O	E
R	P	H	D	F	M	E	T	I	U	R	F	L	R	K

368 NUMBER SEEK 368

Solve this puzzle by seeking numbers instead of letters.

☐ 01541
☐ 03489
☐ 10591
☐ 16140
☐ 21799
☐ 24304
☐ 26456
☐ 27831
☐ 29140
☐ 29638
☐ 34634
☐ 37332
☐ 39346
☐ 40275
☐ 41806
☐ 42336
☐ 43392
☐ 44790
☐ 46347
☐ 46794
☐ 47689
☐ 49865
☐ 54486
☐ 54820
☐ 55821
☐ 57011
☐ 61879
☐ 62836
☐ 64310
☐ 64890
☐ 65286
☐ 66476
☐ 68085
☐ 70470
☐ 72930
☐ 77309
☐ 77881
☐ 78679
☐ 78797
☐ 80656
☐ 83230
☐ 86654
☐ 88865
☐ 88913
☐ 89193
☐ 91932
☐ 93612
☐ 95693
☐ 97462
☐ 99525

5	2	4	9	8	0	1	3	4	6	9	3	6	1	2
0	4	6	3	6	9	5	6	9	3	6	8	0	8	5
1	4	2	4	6	8	3	7	3	3	2	4	8	4	2
1	3	1	9	5	4	5	5	8	2	1	9	7	7	5
0	3	0	9	7	6	3	6	0	4	1	8	0	6	9
7	9	9	1	1	4	6	9	6	3	7	6	4	8	9
5	2	7	8	5	5	6	6	3	9	9	5	1	9	5
5	4	8	4	4	4	0	2	7	5	4	2	0	4	9
3	6	6	8	4	3	1	8	7	4	1	8	7	7	0
2	8	8	6	8	9	0	3	8	8	2	6	8	7	7
8	4	7	8	0	6	5	6	8	3	3	1	3	3	4
6	9	7	6	8	7	2	2	1	7	6	1	7	0	0
4	9	1	9	3	2	4	3	0	4	1	9	2	9	7
8	5	1	9	5	0	1	7	1	5	4	8	2	0	9
6	2	2	8	3	4	1	0	7	9	3	7	6	3	5

369 SUNDAY AFTERNOON 369

Sunday afternoon is traditionally a time to relax with family and friends. Here are some leisure-time activities enjoyed by those recuperating from the week gone by and gearing up for the week to come.

☐ BALL game
☐ BEACH
☐ Telephone CALLS
☐ CARDS
☐ CHESS
☐ CIRCUS
☐ CLIMB
☐ COMPANY
☐ CONCERT
☐ Country DRIVE
☐ EAT OUT
☐ FAIR
☐ FISH
☐ GARDENING
☐ GOLF
☐ HIKE
☐ JOG
☐ Fly a KITE
☐ MOVE
☐ MOVIE
☐ MUSEUM
☐ PAINT
☐ PICNIC
☐ PLAY
☐ READ
☐ RELAX
☐ REST
☐ SAIL
☐ SHOP
☐ SLEEP
☐ STROLL
☐ SWIM
☐ SWING
☐ TENNIS
☐ VISIT
☐ WALK
☐ Car WASH
☐ WATCH TV
☐ WRITE
☐ YOGA

K	Y	E	X	O	G	V	N	R	M	E	V	O	M	B
T	T	O	N	Y	M	P	D	N	K	B	C	G	A	S
D	J	O	G	N	L	E	G	I	P	S	A	L	A	X
X	S	X	W	A	T	C	H	T	V	C	L	I	M	B
B	V	A	Y	P	R	K	M	P	U	O	L	E	V	X
G	L	L	R	M	E	D	U	X	R	O	S	D	E	H
K	N	E	I	O	C	H	E	T	I	K	T	T	D	P
S	D	R	A	C	N	S	S	N	D	P	I	A	A	V
G	O	L	F	E	O	A	U	A	I	R	U	M	E	I
O	A	I	T	T	C	S	M	C	W	N	I	K	R	S
T	S	E	R	I	N	W	N	S	R	W	G	V	B	I
H	L	A	M	O	V	I	E	H	S	I	N	N	E	T
G	N	M	P	E	C	N	A	O	L	E	C	L	A	M
S	W	G	U	E	M	G	G	P	H	K	H	C	C	U
U	O	R	C	U	U	S	E	S	P	H	U	C	H	A

370 FOOD FOR THOUGHT 370

"Food, glorious food," sang the orphans in the musical, "Oliver!" And you're sure to echo those sentiments as you dig into this puzzle featuring a delightful menu of the foods we consume for nourishment and enjoyment. Bon appetit!

☐ ANTIPASTO
☐ BEVERAGE
☐ BREAD
☐ CAKE
☐ CEREAL
☐ CHEESE
☐ CREPE
☐ Cold CUTS
☐ DESSERT
☐ EGG
☐ ENTREE
☐ FISH
☐ FRUIT
☐ GRAIN
☐ JELLY
☐ MEAT
☐ MERINGUE
☐ MOUSSE
☐ OMELET
☐ PASTA
☐ PASTRY
☐ PICKLE
☐ PIZZA
☐ POT PIE
☐ POULTRY
☐ QUICHE
☐ RAGOUT
☐ SALAD
☐ SANDWICH
☐ SAUCE
☐ SEAFOOD
☐ SHERBET
☐ SNACK
☐ SOUFFLE
☐ SOUP
☐ SPICE
☐ STAPLE
☐ STEW
☐ TORTE
☐ VEGETABLE

P	C	T	M	O	U	S	S	E	A	W	G	D	T	C
G	E	I	T	E	O	E	C	N	Y	R	O	B	H	D
O	R	U	W	U	R	D	T	L	A	O	M	E	A	T
M	E	R	F	A	A	I	L	I	F	H	E	V	G	T
E	A	F	G	E	P	E	N	A	V	S	I	E	O	G
L	L	O	R	A	J	Q	E	G	E	I	P	R	C	F
E	U	B	S	E	Z	S	U	V	U	F	T	A	U	S
T	T	T	A	N	S	Z	G	I	H	E	O	G	T	F
P	O	U	L	T	R	Y	I	P	C	E	P	E	S	K
T	T	E	B	R	E	H	S	P	I	H	C	T	T	C
K	O	Z	C	E	S	G	A	M	W	C	E	I	A	A
Y	G	T	R	E	S	S	E	D	D	W	K	O	P	N
C	A	K	E	G	T	J	B	V	N	T	Q	L	L	S
S	O	U	P	A	Y	R	T	S	A	P	Q	B	E	P
A	U	W	E	M	D	A	L	A	S	A	U	C	E	Y

371 QUOTABLE 371

This quotation is from Oscar Wilde. The words in the diagram are grouped together as they are shown in the list.

- ☐ THE PUBLIC
- ☐ HAS AN
- ☐ INSATIABLE
- ☐ CURIOSITY
- ☐ TO KNOW
- ☐ EVERYTHING
- ☐ EXCEPT
- ☐ WHAT
- ☐ IS WORTH
- ☐ KNOWING.

E	N	O	X	U	N	I	K	T	T	I	L
V	Y	I	S	W	O	R	T	H	H	G	Y
E	G	T	A	L	T	H	E	I	A	N	L
R	Y	A	I	B	V	P	N	X	S	I	O
Y	W	H	T	S	U	L	W	R	A	W	N
T	P	W	S	B	O	T	O	K	N	O	W
H	U	E	L	B	A	I	T	A	S	N	I
I	O	I	N	R	V	K	R	I	L	K	A
N	C	U	K	S	T	E	C	U	A	Y	R
G	H	O	Y	K	K	T	P	E	C	X	E

372 SQUARE NINES 372

Find 3x3 squares in the diagram that contain, in no particular order, the nine letters of the words listed.

T	E	N	T	M	A	U	N	N	A	B	O
U	R	N	A	R	M	P	E	R	E	N	L
B	W	I	L	E	A	C	R	N	P	G	E
D	H	E	W	I	Y	A	D	E	T	I	A
P	I	T	N	H	E	S	W	H	N	N	C
R	F	S	O	T	H	A	I	G	H	W	O
E	E	G	W	O	B	P	L	S	I	S	W
T	O	R	N	E	S	A	T	W	N	I	H
L	P	U	N	B	L	O	N	N	T	E	T
A	B	I	T	E	P	N	E	A	B	S	P

- ☑ ALMA MATER
- ☐ BEANPOLES
- ☐ CHINATOWN
- ☐ GHOST TOWN
- ☐ HIDEAWAYS
- ☐ INNER TUBE
- ☐ PRETENDER
- ☐ SNOW PLANT
- ☐ TREE FROGS
- ☐ WHISTLING
- ☐ WHITE NILE

373 FAN-TASIA 373

Folding fans are believed to have originated in the Orient between the 7th and 10th centuries. Fans were introduced into Europe in the early 16th century; in Europe the art of the fashion fan reached its height in the latter part of the century. Following the Civil War, America jumped into the fan-making fray, with fans remaining popular until the 1940's. You'll enjoy solving this puzzle about antique fans that made life a breeze in years gone by.

- ☐ ANTIQUE
- ☐ ARTIST
- ☐ BONE
- ☐ BREEZE
- ☐ CARDBOARD
- ☐ CARVED handle
- ☐ CEREMONIES
- ☐ CHINA
- ☐ COLLECT
- ☐ COLOR
- ☐ CRAFTED
- ☐ DAINTY
- ☐ DANCE
- ☐ DECORATED
- ☐ DELICATE
- ☐ DESIGN
- ☐ DETAIL
- ☐ EUROPEAN
- ☐ FABRIC
- ☐ FANCY
- ☐ FASHION
- ☐ FINE
- ☐ FLAP
- ☐ FLUTTER
- ☐ FOLD
- ☐ FRANCE
- ☐ GAUZE
- ☐ HAND-HELD
- ☐ HANDLE
- ☐ HORN
- ☐ IVORY
- ☐ JAPAN
- ☐ LACE
- ☐ MATERIAL
- ☐ MOTHER-OF-PEARL
- ☐ MOUNTED
- ☐ NOVELTY
- ☐ OPEN
- ☐ ORIENT
- ☐ OSTRICH feathers
- ☐ PAINTED
- ☐ PANELS
- ☐ PAPER
- ☐ PARCHMENT
- ☐ PEACOCK feathers
- ☐ PICTURE
- ☐ RIBBON
- ☐ SANDALWOOD
- ☐ SILK
- ☐ SPECIALTY
- ☐ STRING
- ☐ SYMBOL
- ☐ TEXTURE
- ☐ VALUE
- ☐ WAVE
- ☐ WOVEN

373 FAN-TASIA 373

G	G	Y	K	I	V	O	R	Y	D	D	D	V	E	C	V	U	E
P	A	R	C	H	M	E	N	T	E	E	A	D	I	J	H	M	H
L	R	U	Y	G	T	O	S	V	Y	T	L	A	I	C	E	P	S
R	O	Y	Z	T	P	I	R	J	A	E	A	D	G	G	P	E	M
A	Q	N	U	E	T	A	N	I	H	C	E	C	N	A	D	N	A
E	H	L	R	R	C	I	A	D	E	D	S	T	I	A	R	I	T
P	F	Z	A	O	P	E	N	R	E	E	Z	N	R	L	H	C	E
F	Z	K	O	M	H	A	E	R	U	T	X	E	T	P	E	Q	R
O	H	C	Z	O	H	M	I	L	Q	S	A	I	S	L	U	D	I
R	P	O	P	U	O	P	A	N	I	K	X	R	L	L	R	L	A
E	S	C	E	N	O	V	E	L	T	Y	J	O	O	A	O	O	L
H	W	A	I	T	O	C	K	E	N	E	C	P	O	C	P	F	D
T	O	E	N	E	C	I	R	B	A	F	D	B	R	E	E	Z	E
O	S	P	R	D	A	M	H	E	F	C	D	Q	R	G	A	D	V
M	L	L	L	U	A	Y	A	S	P	R	I	B	B	O	N	E	A
K	K	J	E	O	T	L	G	B	A	A	A	T	R	G	L	U	W
I	M	A	H	N	B	C	W	C	E	F	P	N	F	Y	Y	O	L
F	W	P	I	V	A	M	I	O	S	T	R	I	C	H	V	I	C
L	I	A	T	E	D	P	Y	P	O	E	R	N	M	E	H	N	O
A	D	N	Y	I	N	G	I	S	E	D	A	G	N	M	Y	Q	P
P	E	Q	E	Q	M	H	T	D	X	F	Z	X	N	S	O	Z	F

374 DIAMOND MINE 374

The largest diamond ever discovered was the Cullinan, a 1⅓-pound rock found in South Africa's Premier mine in 1905. The Great Star of Africa (530.20 carats) and Cullinan II (317.40 carats) were both cut from it and are among the British crown jewels.

- ☐ AFRICA
- ☐ AUSTRALIA
- ☐ CARBON
- ☐ CLARITY
- ☐ COLOR
- ☐ CONDE diamond
- ☐ CROWN
- ☐ CRYSTAL
- ☐ CUTTING
- ☐ ENGAGEMENT ring
- ☐ FISSURE
- ☐ FLAWLESS
- ☐ GRINDING
- ☐ HARD
- ☐ HOPE diamond
- ☐ INDUSTRIAL use
- ☐ KOH-I-NOOR diamond
- ☐ LASTING
- ☐ LOPPING
- ☐ MINE
- ☐ ORLOFF diamond
- ☐ PRIZED
- ☐ RARE
- ☐ REGENT diamond
- ☐ ROUGH diamond
- ☐ SAWED
- ☐ SHAPE
- ☐ SOUTH Africa
- ☐ SPINEL
- ☐ STAR of Africa
- ☐ SYNTHETIC
- ☐ TIFFANY diamond
- ☐ WEIGHT
- ☐ ZAIRE
- ☐ ZIRCON

```
I S E K M A M I N E I K B T G
R E S R K D K Z N W D R N I N
C P I E A C I R F A O E H F I
H O B P L R L F P O G R S F D
O H L E C W O A N E E O C A N
S A T O N L A I R T S U D N I
A R N U R G H L A I T G C Y R
W D U O O O A U F T T H R G G
E W Y E K S S G I G C Y Y N D
D L E R T T G N E R U S S I F
D E Z I R P G E O M Y I T P M
W Z N A G W S P I N E L A P O
M G L Z O H C A R B O N L O O
K I L S Y N T H E T I C T L B
A I E F R A T S O P E I I N A
```

375 STELLAR SHOW 375

The first modern planetarium was installed in 1923 at the Deutsches Museum in Munich, Germany.

- ☐ ASTEROIDS
- ☐ COMET
- ☐ DOME
- ☐ GALAXY
- ☐ HEAVENS
- ☐ MODEL
- ☐ MOON
- ☐ PLANETS
- ☐ ROTATE
- ☐ SPACE
- ☐ STARS
- ☐ UNIVERSE

A	V	X	N	G	Y	E	R	E	M	R	M
S	Y	X	N	O	A	L	S	O	G	D	H
T	E	M	O	C	S	R	O	P	M	D	I
E	M	U	H	E	E	N	L	X	A	H	X
R	O	M	U	V	S	A	E	H	V	C	C
O	D	D	I	I	N	R	T	V	S	T	E
I	H	N	T	E	V	G	A	L	A	X	Y
D	U	C	T	C	E	N	T	T	P	E	U
S	U	S	I	L	E	D	O	M	S	I	H
E	R	P	Y	E	C	V	R	X	A	H	D

376 STARGAZER 376

On a clear evening you may be able to identify some of the stellar constellations featured in the list below.

- ☐ ANDROMEDA
- ☐ AQUARIUS
- ☐ ARIES
- ☐ GEMINI
- ☐ HERCULES
- ☐ LIBRA
- ☐ ORION
- ☐ PEGASUS
- ☐ PISCES
- ☐ SAGITTARIUS
- ☐ TAURUS
- ☐ VIRGO

H	S	A	G	I	T	T	A	R	I	U	S
N	T	U	H	P	R	E	S	R	D	R	S
R	M	U	S	U	R	U	A	T	B	E	S
O	G	U	M	A	I	O	U	U	C	I	E
R	C	L	G	R	G	N	U	S	Q	B	L
I	E	C	A	E	A	E	I	C	A	O	U
O	E	U	O	R	M	P	P	D	I	M	C
N	Q	N	I	S	V	I	R	G	O	Q	R
A	D	E	M	O	R	D	N	A	B	G	E
Q	S	O	E	M	M	H	P	I	P	T	H

377 VICTORIANA 377

Lavishly ornamented Victorian furniture was produced from the mid-1800's to the turn of the 20th century. The Victorian style was considered to be old-fashioned in the years following World War I, and by the 1930's the style fell out of favor. Victorian designs were later reproduced and the style enjoyed a resurgence in popularity in the 1980's.

- ☐ ANTIQUES
- ☐ ARMCHAIR
- ☐ ARMS
- ☐ BACK
- ☐ BEDS
- ☐ CARVED
- ☐ CHAIRS
- ☐ CHEST
- ☐ CURVED
- ☐ DAYBED
- ☐ DECORATIVE
- ☐ DESIGN
- ☐ DESK
- ☐ DINING chair
- ☐ FRONT
- ☐ INCISED
- ☐ LEATHER
- ☐ LEGS
- ☐ MOLDING
- ☐ OLD-FASHIONED
- ☐ OPEN arms
- ☐ ORNATE
- ☐ PAINTED
- ☐ PEDESTAL
- ☐ PERIOD
- ☐ PIECES
- ☐ POPULAR
- ☐ RESTORED
- ☐ SEAT
- ☐ SETS
- ☐ SIDE
- ☐ SOFA
- ☐ STYLE
- ☐ TABLES
- ☐ UPHOLSTERED
- ☐ WALNUT
- ☐ WOODEN

S	O	G	O	L	D	F	A	S	H	I	O	N	E	D
O	R	N	A	T	E	P	E	O	H	L	L	S	R	D
I	R	I	R	S	V	U	V	P	I	E	C	E	S	C
A	L	D	A	E	R	A	A	E	A	U	V	L	G	G
K	F	L	R	H	U	K	D	N	P	I	O	B	B	S
C	G	O	E	C	C	D	A	H	T	G	N	A	R	W
A	B	M	S	S	Y	M	O	A	N	I	C	T	O	P
R	E	H	T	A	E	L	R	I	D	K	Q	O	E	E
V	D	E	O	G	S	O	N	A	R	R	D	U	H	D
E	S	V	R	T	C	I	Q	V	L	E	T	I	E	E
D	U	M	E	E	D	I	S	T	N	U	P	N	L	S
D	U	R	D	E	B	Y	A	D	N	T	P	Y	M	T
D	E	S	I	G	N	Q	D	L	H	O	T	O	A	A
D	E	S	I	C	N	I	A	R	M	S	R	E	P	L
U	F	F	K	I	Y	W	R	W	H	D	S	F	M	G

378 MISSING VOWELS 378

Before you can loop the words in the list below, you must first fill in the circles in the diagram with the missing vowels A, E, I, O, and U. We have filled in one word for you.

- ☑ AFTER
- ☐ AMAZE
- ☐ ANNUAL
- ☐ BEEN
- ☐ BLAZE
- ☐ BOREDOM
- ☐ COUNTY
- ☐ ENROLL
- ☐ FAMILIAR
- ☐ FONDUE
- ☐ FORMER
- ☐ GARAGE
- ☐ GRAVEL
- ☐ GRAZE
- ☐ GROUP
- ☐ HELLO
- ☐ ISLAND
- ☐ LARGEST
- ☐ LONGEST
- ☐ MAJOR
- ☐ MARBLE
- ☐ MEASURE
- ☐ MOUNT
- ☐ NAMED
- ☐ NATURAL
- ☐ OTHER
- ☐ PRODUCE
- ☐ SHIPPED
- ☐ SIXTY
- ☐ STONE
- ☐ TEXAS
- ☐ UNABRIDGED
- ☐ UNITED
- ☐ USED
- ☐ UTTER
- ☐ VISIT
- ☐ WATER
- ☐ WELCOME
- ☐ WHEAT
- ☐ YOUR

W	S	G	V	○	S	○	T	S	○	G	R	○	L	L
M	○	M	○	Z	○	M	W	H	○	○	T	○	○	H
○	X	T	○	Z	○	R	G	○	Z	P	S	V	○	○
○	○	L	○	J	L	D	○	P	N	○	○	L	G	T
N	T	F	○	R	M	○	R	P	D	R	L	B	R	T
T	○	R	○	H	T	○	○	○	G	○	L	M	○	○
L	M	L	Z	D	D	S	G	D	L	○	○	C	○	R
○	○	R	B	○	R	D	○	○	Z	D	R	D	P	P
○	C	N	C	R	○	E	R	○	○	○	N	○	T	S
N	L	○	G	R	○	○	T	R	R	○	○	P	○	○
N	○	N	B	○	T	M	○	F	F	○	G	D	N	X
○	W	○	N	○	S	B	D	N	A	L	S	○	○	T
P	N	M	N	X	Y	T	N	○	○	C	C	○	T	Y
○	Z	○	F	○	M	○	L	○	○	R	N	○	○	B
V	C	D	F	T	R	G	P	V	R	○	○	Y	D	M

379 CURRENT AFFAIR 379

El Nino is a warm ocean current that develops after late December along the coasts of Ecuador and Peru. El Nino, Spanish for "the child," is named after the Christ child because the current appears around Christmastime.

- ☐ ACTIVE
- ☐ AREA
- ☐ ATMOSPHERE
- ☐ CAUSE
- ☐ CENTER
- ☐ CHANGE
- ☐ CLIMATE
- ☐ CURRENT
- ☐ DEPTH
- ☐ DEVELOP
- ☐ DISRUPT
- ☐ EFFECT
- ☐ EXPAND
- ☐ EXTEND
- ☐ FLUCTUATE
- ☐ FORCE
- ☐ FORM
- ☐ GLOBAL
- ☐ GROW
- ☐ HEAT
- ☐ LAYER
- ☐ MEASURE
- ☐ NATURE
- ☐ OCEAN
- ☐ PHENOMENON
- ☐ PREDICT
- ☐ PRESSURE
- ☐ SCIENCE
- ☐ SEAS
- ☐ SEASON
- ☐ SECTION
- ☐ SPREAD
- ☐ STUDY
- ☐ SURFACE
- ☐ SYSTEM
- ☐ VAST
- ☐ WARM
- ☐ WATER
- ☐ WAVE
- ☐ WEATHER
- ☐ WIND
- ☐ ZONE

S	W	O	R	G	E	N	O	Z	D	H	T	P	E	D
S	O	S	E	A	S	O	N	W	E	N	A	E	C	O
P	A	A	F	R	E	H	T	A	E	W	I	H	U	E
R	H	E	C	O	U	R	T	R	E	T	A	W	B	M
E	M	E	S	T	R	S	A	M	T	N	C	C	P	E
A	E	C	N	E	I	C	S	C	G	S	U	D	R	A
D	T	A	O	O	N	V	E	E	D	R	A	E	E	S
N	S	F	I	A	M	F	E	I	R	D	H	V	D	U
E	Y	R	T	X	F	E	S	E	D	P	P	E	I	R
T	S	U	C	E	T	R	N	G	S	N	F	L	C	E
X	R	S	E	E	U	T	V	O	L	T	A	O	T	S
E	D	T	S	P	N	D	M	G	N	O	U	P	R	R
H	I	E	T	A	U	T	C	U	L	F	B	D	X	M
P	C	L	I	M	A	T	E	S	U	A	C	A	Y	E
N	T	S	G	E	V	A	W	R	R	E	Y	A	L	S

380 NUMBER SEEK 380

Solve this puzzle by seeking numbers instead of letters.

☐ 04781
☐ 11588
☐ 11705
☐ 15110
☐ 15542
☐ 17053
☐ 17154
☐ 21847
☐ 22451
☐ 23213
☐ 24923
☐ 24951
☐ 26508
☐ 26950
☐ 30504
☐ 30566
☐ 35052
☐ 39811
☐ 42443
☐ 50255
☐ 51023
☐ 55823
☐ 56647
☐ 56870
☐ 56874
☐ 57929
☐ 58939
☐ 60785
☐ 61102
☐ 63008
☐ 64040
☐ 65803
☐ 68762
☐ 69467
☐ 70700
☐ 76499
☐ 77276
☐ 77879
☐ 79431
☐ 79998
☐ 80903
☐ 83022
☐ 83303
☐ 87473
☐ 88246
☐ 88922
☐ 93529
☐ 97565
☐ 97879
☐ 99571

6	1	6	2	1	2	9	1	1	0	3	5	0	7	1
9	1	6	4	2	9	5	6	0	6	5	6	3	1	7
8	5	5	9	1	9	3	1	2	3	2	9	7	2	9
7	9	0	2	9	5	8	3	3	0	3	0	6	9	7
7	1	3	3	2	0	1	1	6	0	5	5	9	2	5
2	7	1	0	3	4	1	1	4	8	0	3	7	7	6
7	1	8	6	9	6	5	7	0	8	5	2	8	6	5
6	5	8	7	2	0	8	1	4	0	2	8	7	4	8
4	4	9	4	9	1	8	0	0	2	8	9	9	9	7
9	8	4	9	7	5	1	7	9	2	5	2	4	9	0
6	3	4	0	5	0	3	8	4	2	3	4	3	3	6
5	0	7	2	6	7	8	6	9	0	4	9	1	5	8
8	0	0	4	4	7	1	5	0	3	8	5	9	2	3
0	5	6	8	7	4	6	6	5	5	9	1	5	9	7
3	2	8	5	5	8	3	0	2	2	7	0	0	1	4

381 THE BERRY FARM 381

Knott's Berry Farm, in Buena Park, California, features everything from prehistoric dinosaurs and wild west action, to Camp Snoopy and Broadway style extravaganzas. Below are words associated with a rollicking day of fun at the berry farm.

- ☐ ANIMALS
- ☐ Prehistoric BEASTS
- ☐ BLACK-SMITH
- ☐ CARVER
- ☐ CRAFTS barn
- ☐ DANCE hall
- ☐ DAREDEVIL
- ☐ DINOSAURS
- ☐ FANTASY
- ☐ FARM market
- ☐ FIESTA Village
- ☐ FRONTIER
- ☐ GHOST town
- ☐ GIANTS
- ☐ Can Can GIRLS
- ☐ Iron HORSE
- ☐ Fun HOUSE
- ☐ ICE show
- ☐ JAMS
- ☐ Mrs. KNOTT'S Kitchen
- ☐ LOG RIDE
- ☐ MAGICAL
- ☐ MONSTERS
- ☐ (3-D) MOVIES
- ☐ PRESERVES
- ☐ Wild RIDES
- ☐ SHOOT-OUT
- ☐ Stage SHOW
- ☐ SIERRA mountains
- ☐ Camp SNOOPY
- ☐ SPINNER
- ☐ Butterfield STAGE
- ☐ STEAMER
- ☐ Good Time THEATRE
- ☐ THRILLS
- ☐ 2,100-foot WATERWAY
- ☐ Old WEST

S	M	H	O	R	S	E	I	V	O	M	R	E	E	B
L	R	O	J	O	T	T	E	D	I	R	G	O	L	K
A	A	U	N	V	U	D	S	F	A	N	T	A	S	Y
M	F	S	A	S	O	J	M	A	G	I	C	A	L	T
I	W	E	S	S	T	A	G	E	E	K	Y	P	E	S
N	C	H	E	T	O	E	V	W	S	B	F	F	L	M
A	O	E	V	N	O	N	R	M	P	M	R	R	Y	A
W	T	T	R	A	H	R	I	S	I	O	I	A	P	J
R	H	T	E	I	S	T	S	D	N	G	W	T	O	C
I	E	H	S	G	H	O	S	T	N	R	W	S	O	R
D	A	R	E	D	E	V	I	L	E	S	E	E	N	A
E	T	I	R	W	A	E	S	T	R	A	T	I	S	F
S	R	L	P	Y	R	N	A	L	P	I	M	F	C	T
M	E	L	D	Y	V	W	C	C	A	R	V	E	R	S
N	M	S	T	T	O	N	K	E	S	I	E	R	R	A

382 AUTO-MATIC 382

Put your thoughts in gear and fasten your safety belt as you steer your pencil around the diagram below in search of the hidden entries associated with automobiles. One entry has been looped for you.

Word list on page 545

A SHTRAY
B ______
C ______
C ______
C ______
D ______
E ______
F ______
F ______
G ______
G ______
H ______
H ______
J ______
L ______
L ______
L ______
M ______
M ______
M ______
O ______
P ______
R ______
R ______

R ______
R ______
S ______
S ______
S ______
S ______
S ______

T ______
T ______
T ______
V ______
V ______
W ______
W ______

E	T	N	E	V	S	H	B	S	K	C	O	L	E	R
N	D	K	R	A	P	S	I	C	M	H	Y	N	H	O
V	R	B	O	V	A	Y	O	I	V	L	O	S	W	O
C	A	P	T	I	M	L	R	N	I	G	E	R	I	F
A	O	K	A	S	C	R	A	G	E	A	R	S	N	E
S	B	N	I	E	O	S	H	C	T	U	L	C	D	N
S	H	U	D	R	N	T	C	J	C	G	B	T	O	D
E	S	R	A	I	E	I	Y	R	A	E	R	U	W	E
T	A	T	R	R	T	T	G	A	A	C	A	R	S	R
T	D	A	R	S	K	I	E	N	R	P	K	N	T	A
E	C	S	P	E	E	D	O	M	E	T	E	R	A	D
K	V	A	T	I	T	L	E	N	O	C	H	R	M	I
F	R	O	P	E	D	A	L	S	I	D	C	S	B	O
E	N	T	L	M	F	U	E	L	S	N	O	P	A	A
K	C	M	V	X	L	E	E	H	W	T	X	P	Y	C

383 384 TWO FOR ONE 383 384

Only one word list for two diagrams! You must discover in which diagram each word is hidden.

- ☐ APPRAISE
- ☐ ARENA
- ☐ ATHLETIC
- ☐ DIGITAL
- ☐ EDITION
- ☐ HELMET
- ☐ HURDLE
- ☐ MEASURE
- ☐ MEDIA
- ☐ PLAIN
- ☐ POPULAR
- ☐ PROFILE
- ☐ RIBBON
- ☐ ROMANTIC
- ☐ ROUND
- ☐ SAFETY
- ☐ SCATTER
- ☐ SOFA
- ☐ SOFT
- ☐ SPECIAL
- ☐ SQUARE
- ☐ STEER
- ☐ STRIPES
- ☐ TEXTURE
- ☐ THROW
- ☐ TOUCH
- ☐ VARIETY
- ☐ VELVET

WORD SEEK 383

I	N	Y	I	A	G	T	E	M	L	E	H
N	P	E	C	N	R	M	P	H	L	A	D
M	C	D	P	E	Y	U	I	S	N	I	M
E	S	I	A	R	P	P	A	T	G	D	H
A	T	T	T	A	O	F	A	I	I	E	Y
S	E	I	G	E	E	F	T	Y	R	M	A
U	E	O	H	T	L	A	I	C	E	P	S
R	R	N	Y	O	L	H	E	L	D	M	D
E	L	D	R	U	H	E	T	C	E	R	T
Y	G	O	P	O	P	U	L	A	R	I	Y

WORD SEEK 384

O	V	S	D	R	I	V	S	P	U	M	R
N	Q	M	D	N	A	Q	Y	S	N	R	I
N	Y	R	E	R	U	T	X	E	T	E	B
M	V	M	I	A	O	O	B	O	H	T	B
O	A	E	R	P	V	M	R	E	C	T	O
R	T	E	L	A	U	W	A	W	U	A	N
Y	E	A	X	V	V	F	O	N	O	C	D
X	I	L	F	S	E	P	I	R	T	S	S
N	N	O	S	O	F	T	M	Y	H	I	B
W	R	U	S	S	S	X	C	U	M	T	C

385 A.M. ODYSSEY 385

A traditional breakfast in Japan usually includes umeboshi (sour red pickled plums), rice topped with nori (seaweed), and misoshiru (broth enriched with fermented soybean paste, tofu, and vegetables). What a difference from coffee and a powdered doughnut!

- ☐ BACON
- ☐ BISCUIT
- ☐ BUNS
- ☐ CEREAL
- ☐ COCOA
- ☐ COFFEE
- ☐ CROISSANT
- ☐ DANISH
- ☐ DOUGHNUT
- ☐ EGGS
- ☐ FRENCH toast
- ☐ FRIED eggs
- ☐ FRUIT
- ☐ GRANOLA
- ☐ GRITS
- ☐ Fried HAM
- ☐ HARD-boiled egg
- ☐ HASH browns
- ☐ HONEY
- ☐ HOT tea
- ☐ JAM
- ☐ JELLY
- ☐ JUICE
- ☐ MELON
- ☐ MILK
- ☐ MUSH
- ☐ OATMEAL
- ☐ OMELET
- ☐ PANCAKES
- ☐ POACHED eggs
- ☐ Sweet ROLL
- ☐ SAUSAGE
- ☐ SCRAMBLED eggs
- ☐ SYRUP
- ☐ TOAST
- ☐ WAFFLES
- ☐ YOGURT

S	L	B	U	N	S	H	W	F	G	R	I	T	S	W
Y	H	S	I	N	A	D	G	P	O	A	C	H	E	D
R	A	Y	Y	S	W	A	F	F	L	E	S	Y	K	R
U	M	E	H	L	C	C	R	H	J	P	Y	S	A	A
P	C	N	A	O	L	U	M	U	C	O	A	C	C	H
A	T	O	H	L	I	E	I	A	A	A	L	R	N	S
Y	S	H	C	T	L	C	J	T	E	I	O	A	A	U
E	G	H	D	O	E	P	M	M	C	I	N	M	P	M
H	W	C	E	W	A	E	A	L	S	E	A	B	S	E
B	K	O	I	L	A	J	G	S	L	Y	R	L	F	H
A	L	F	R	L	R	C	A	A	S	O	G	E	G	K
C	I	F	F	R	E	N	C	H	S	G	R	D	A	S
O	M	E	L	E	T	U	N	H	G	U	O	D	G	L
N	M	E	L	O	N	N	H	D	M	R	A	G	K	W
G	K	Y	L	A	F	T	S	A	O	T	E	S	L	L

386 COASTING 386

For fun on Florida's Gulf Coast, enjoy the J.N. "Ding" Darling National Wildlife Refuge on Sanibel, boutiques for bargain hunters in Naples, and the lively sporting atmosphere of St. Petersburg. If you're a history buff, don't miss Thomas Edison's house, lab, and garden in Fort Myers!

- ☐ BEACH
- ☐ BOATS
- ☐ BRADENTON
- ☐ BUSCH Gardens
- ☐ CAPTIVA Island
- ☐ CEDAR Keys
- ☐ COAST
- ☐ EVERGLADES
- ☐ Gasparilla FESTIVAL
- ☐ FISHING
- ☐ FORT Myers
- ☐ GULF of Mexico
- ☐ IVORY sand
- ☐ Longboat KEY
- ☐ NAPLES
- ☐ PALM trees
- ☐ PINE Island
- ☐ PONCE de Leon Bay
- ☐ SAIL
- ☐ SANDY shore
- ☐ SANIBEL Island
- ☐ SARASOTA
- ☐ SCENIC
- ☐ SEASHELL
- ☐ SIESTA Key
- ☐ Jet-SKIING
- ☐ SUN
- ☐ TAMPA
- ☐ TARPON Springs
- ☐ TOURISTS
- ☐ TREASURE Island
- ☐ VENICE
- ☐ WARM
- ☐ WATER-skiing
- ☐ WETLANDS

W	E	T	L	A	N	D	S	E	A	L	S	W	G	D
A	C	V	S	V	B	D	C	T	R	E	L	T	N	M
T	N	T	E	O	E	P	E	E	S	B	U	T	I	K
E	O	W	A	R	M	N	N	G	N	I	H	S	I	F
R	P	T	S	R	G	I	I	G	R	N	R	B	K	L
S	S	M	H	R	P	L	C	C	O	A	U	U	S	U
I	A	R	E	A	U	O	A	T	E	S	W	S	O	G
E	L	I	L	L	R	P	N	D	Y	I	T	C	M	T
I	A	M	L	H	T	E	D	Y	E	E	M	H	Y	F
B	V	A	N	I	D	T	R	E	A	S	U	R	E	F
O	I	O	V	A	S	N	T	K	R	T	T	K	E	F
K	T	A	R	I	P	A	T	O	S	A	R	A	S	D
K	S	B	H	Y	R	L	P	R	M	Y	D	N	A	S
B	E	A	C	H	P	V	E	P	F	C	C	E	C	B
U	F	O	R	T	C	O	A	S	T	C	B	K	C	K

387 PUZZLING PEOPLE 387

Everybody is somebody, and we have hidden some 6-letter words that describe types of people within the puzzle diagram. One entry has been looped for you and we have provided the first letters of those remaining.

Word list on page 545

A NGLER
A ______
A ______
B ______
B ______
B ______
C ______
C ______
D ______
D ______
E ______
F ______
F ______
H ______
J ______
K ______
L ______
M ______
M ______
N ______
O ______
P ______
P ______
P ______
P ______
P ______
S ______
S ______
S ______
T ______
T ______
T ______
U ______
W ______
Y ______

N	E	D	R	A	W	Y	B	C	T	S	I	P	Y	T
R	L	D	O	J	R	O	U	M	P	I	R	E	R	R
E	F	K	P	C	O	B	T	T	E	S	O	J	E	E
T	C	A	P	B	T	W	L	B	S	U	J	B	H	T
S	O	N	R	A	I	O	E	R	S	I	R	Y	T	A
I	P	G	I	M	D	C	R	I	Y	A	T	C	A	K
S	J	L	B	R	E	K	N	A	B	E	L	R	F	S
K	O	E	A	E	P	R	A	U	T	H	O	R	A	J
R	E	R	C	Y	A	M	Y	B	Y	O	H	M	P	H
P	C	L	N	W	E	D	A	N	C	E	R	J	A	J
R	O	L	I	A	S	R	E	R	R	W	K	N	R	N
I	U	R	J	L	J	P	S	M	I	K	J	C	S	J
E	S	G	T	T	H	G	I	N	K	N	N	U	O	M
S	I	U	R	E	H	T	O	M	Y	K	E	D	N	J
T	N	S	W	A	R	E	L	L	E	T	A	L	E	U

388 WAVE OF GLORY 388

Cowabunga, dude! Surf's up, so grab your boogie board and hitch a ride in your wet suit as you shoot the curls with this totally awesome surfing puzzle!

- ☐ ANGLE
- ☐ BALANCE
- ☐ BEACH
- ☐ BOARD
- ☐ BODY
- ☐ BREAK
- ☐ CATCH
- ☐ COAST
- ☐ CREST
- ☐ CURL
- ☐ FACE
- ☐ FAST
- ☐ FIN
- ☐ FLIP
- ☐ GLIDE
- ☐ HIGH wave
- ☐ INSIDE
- ☐ JUICE
- ☐ LIFT
- ☐ OUTSIDE
- ☐ PADDLE
- ☐ PAIPO board
- ☐ REFLEX
- ☐ SHORE
- ☐ SIMMONS board
- ☐ SKIM
- ☐ SPEED
- ☐ SPIN
- ☐ SPORT
- ☐ SURF
- ☐ SWELL
- ☐ TIMING
- ☐ WATER
- ☐ WAVES

S	T	N	R	J	P	Y	L	N	P	J	Y	G	P	E
D	M	H	P	H	U	O	R	H	U	V	W	I	C	T
T	U	C	P	I	G	I	U	O	P	I	A	P	H	P
U	S	A	N	G	L	E	C	N	A	L	A	B	P	C
P	R	E	U	H	T	A	D	E	S	D	I	W	O	H
Y	K	B	R	E	T	I	T	I	D	N	K	A	P	F
G	S	U	B	C	E	E	M	L	S	A	S	T	M	X
M	E	P	H	A	R	M	E	I	E	T	E	E	D	S
Y	I	N	I	F	O	R	D	R	N	B	U	R	P	G
T	A	K	F	N	H	E	B	L	V	G	A	O	S	D
F	R	U	S	F	S	F	D	C	T	O	R	D	P	O
R	B	S	W	E	L	L	N	I	B	T	E	B	H	K
W	E	B	W	A	V	E	S	O	L	E	F	L	I	P
C	A	G	T	F	N	X	D	A	P	G	Y	I	G	H
I	X	S	Y	N	K	Y	T	S	A	F	S	K	L	B

389 MISSING VOWELS 389

Before you can loop the words in the list below, you must first fill in the circles in the diagram with the missing vowels A, E, I, O, and U. We have filled in one entry for you.

☑ AERIAL
☐ BEAGLE
☐ BUTTER
☐ CARPET
☐ CENTER
☐ CITY
☐ CLAIM
☐ COMPEL
☐ CUSTOM
☐ DEFER
☐ DIGIT
☐ EAGER
☐ ELITE
☐ FAMOUS
☐ FAUN
☐ FINAL
☐ FLECK
☐ FOREST
☐ FUTURE
☐ GLASS
☐ GLEAM
☐ GREAT
☐ HAVEN
☐ HEIST
☐ HORN
☐ HUMID
☐ LARGE
☐ LOITER
☐ LUNAR
☐ MARK
☐ PACK
☐ PASTEL
☐ PATRIOT
☐ PROOF
☐ PROSE
☐ SEPTIC
☐ SITE
☐ SMELL
☐ SPONGE
☐ SWISH

F	H	L	M	L	P	R	P	M	G	L	B	N	T	D
○	F	S	○	N	○	H	S	L	N	P	K	M	○	○
N	G	P	○	L	T	D	○	L	○	R	G	○	G	F
○	L	S	B	W	○	S	T	S	○	L	○	N	○	○
L	○	L	C	○	S	T	○	M	○	○	○	H	D	R
B	A	W	○	F	○	R	○	S	T	P	○	H	Y	P
R	M	I	M	○	○	L	C	T	S	M	T	○	T	L
T	○	G	R	H	T	M	S	N	○	○	K	○	○	L
R	○	T	N	E	C	○	○	D	M	C	C	S	C	○
L	○	P	T	P	A	F	R	○	D	S	○	T	R	M
P	W	N	R	○	W	L	○	T	S	○	P	○	R	S
W	R	○	○	○	B	○	○	G	L	○	T	○	M	D
D	○	○	P	L	C	C	B	B	N	○	G	D	S	S
F	D	W	S	R	G	K	H	D	F	○	○	N	N	R
B	H	○	V	○	N	M	T	○	○	R	G	R	L	M

390 SECRETARIAL POOL 390

Over the years secretaries have been transformed from "the girls in the office" to "executive assistants," with positions of greater respect and responsibility. There is also a greater number of male secretaries in the work force than ever before.

- ☐ AGENDA
- ☐ BOSS
- ☐ CALENDAR
- ☐ COMPUTER
- ☐ Carbon COPY
- ☐ DATE stamp
- ☐ DESK
- ☐ DIARY
- ☐ DICTATE
- ☐ EDIT
- ☐ ENVELOPES
- ☐ FAX
- ☐ FILE
- ☐ FOLDER
- ☐ GREAT
- ☐ HELP
- ☐ "Please HOLD"
- ☐ KEYS
- ☐ LETTERS
- ☐ LUNCH
- ☐ MAIL
- ☐ MESSAGE
- ☐ Postage METER
- ☐ OFFICE
- ☐ ORGANIZE
- ☐ PAPER
- ☐ PAY bills
- ☐ REWRITE
- ☐ RUSH
- ☐ SHORTHAND
- ☐ SMART
- ☐ SPEED
- ☐ SPELL
- ☐ STAMPS
- ☐ TELEPHONE
- ☐ TYPE
- ☐ WORD processor
- ☐ WORK late

U	K	Y	D	W	W	V	P	E	T	I	R	W	E	R
P	A	Y	P	O	C	A	L	E	N	D	A	R	G	E
T	Z	T	R	G	G	W	L	M	N	I	P	S	R	A
E	H	D	R	E	L	E	O	A	E	C	S	E	E	C
W	B	N	N	A	P	E	H	R	O	T	P	B	A	R
T	I	D	E	H	M	T	T	E	K	A	E	L	T	Y
S	A	B	O	H	R	S	D	T	P	T	L	R	E	N
D	R	N	O	O	U	A	E	U	E	E	L	O	G	H
E	E	L	H	S	T	A	M	P	S	R	F	A	X	T
F	D	S	M	E	S	E	F	M	O	F	S	L	Y	P
E	L	D	K	D	S	A	A	O	I	L	P	P	B	G
N	O	H	I	S	S	I	O	C	U	U	E	P	V	F
T	F	A	A	U	L	Y	E	P	I	N	E	V	F	I
O	R	G	A	N	I	Z	E	G	E	C	D	I	N	L
Y	E	Z	R	H	E	D	L	K	F	H	S	U	R	E

391 BIBLE QUOTE 391

This Biblical quotation is taken from Proverbs 8:32. The words in the diagram are grouped together as they are shown in the list.

- ☐ NOW
- ☐ THEREFORE
- ☐ HEARKEN
- ☐ UNTO ME,
- ☐ O YE CHILDREN:
- ☐ FOR BLESSED
- ☐ ARE THEY
- ☐ THAT
- ☐ KEEP
- ☐ MY WAYS.

O	C	N	C	E	L	S	Y	A	W	Y	M
B	S	H	B	H	T	P	C	A	N	T	N
U	M	A	W	S	D	B	K	R	H	W	Y
N	E	R	D	L	I	H	C	E	Y	O	R
T	L	D	R	P	E	F	R	T	E	N	B
O	I	T	H	A	T	E	O	H	N	P	A
M	S	R	R	M	F	R	B	E	H	O	C
E	C	K	W	O	Y	D	N	Y	D	C	D
I	E	N	R	I	E	H	P	R	N	R	L
N	D	E	S	S	E	L	B	R	O	F	T

392 I-DEAL 392

How many 5-letter words beginning with the letter Ican you find in the diagram? Our list, with 25 entries, is given on page 545.

B	P	R	E	F	N	I	I	N	T	E	R
W	A	L	N	I	M	I	N	G	O	T	E
N	R	E	G	P	G	N	I	C	I	E	N
I	F	O	L	L	Y	D	I	M	D	L	N
N	N	Y	O	E	A	A	B	D	I	N	I
F	I	O	R	P	D	E	E	B	I	I	P
I	N	N	O	M	D	N	D	G	R	O	L
X	E	D	N	I	A	M	F	I	A	N	M
R	R	T	I	N	C	U	R	A	T	M	E
D	T	D	I	N	A	P	T	P	E	N	I

YOUR WORD LIST

393 394 HERE AND THERE 393 394

There are many 6-letter words hidden in the two diagrams below, but only 7 words are in BOTH diagrams! Can you find them? The list of the 7 words is given on page 545.

HERE

W	L	N	V	B	D	E	C	I	L	S	U
Y	N	C	R	H	T	A	E	H	S	N	W
D	L	D	V	H	V	W	T	G	K	M	O
E	V	O	T	O	G	D	A	I	H	B	E
M	T	H	R	L	L	D	N	H	D	G	F
O	O	T	B	A	I	D	D	U	S	H	U
C	M	N	U	M	N	T	E	W	O	H	L
M	C	N	C	R	D	G	M	B	C	B	C
N	A	S	D	T	H	T	E	U	L	C	A
M	T	T	N	A	L	W	A	Y	S	L	N

YOUR LIST OF 6-LETTER WORDS

THERE

C	G	G	W	E	G	G	A	F	F	D	R
C	A	S	S	G	F	L	F	R	D	T	I
F	S	V	D	N	W	Y	D	E	M	O	C
R	D	L	O	A	G	N	R	N	R	R	H
E	T	M	Y	R	L	L	S	N	C	T	E
F	G	S	I	O	T	O	A	N	T	D	S
U	F	S	N	L	R	T	R	U	C	N	W
S	L	R	V	N	E	M	E	D	N	A	T
E	L	M	S	U	M	T	I	L	L	A	T
C	G	G	V	M	C	C	L	C	V	Y	M

395 RECIPE TIME 395

This puzzle is a double treat! First find the underlined words from the recipe hidden in the diagram. Then clip the recipe to prepare these tasty cheese popovers that are sure to entice anyone within range of their aroma to pop over for a bite!

CHEESE POPOVERS

1 cup milk

1 cup grated Cheddar cheese

2 eggs

1 cup sifted flour

1/4 tsp. salt

Preheat oven at 425 degrees. Heat popover or muffin pans and grease. Place all ingredients in blender and blend for 20 seconds. Pour into heated pans, filling 2/3 full. Bake for about 45 minutes, or until puffy and brown. Don't open oven door while popovers bake. Serve immediately with butter or jam. Makes 8-10 popovers.

Y	C	B	K	W	M	I	L	K	Y	S	S	V	G	T	E	D	L	W	S
F	D	W	A	I	B	A	R	E	T	T	U	B	Y	C	A	M	M	G	S
F	Y	I	N	K	L	R	K	D	N	E	L	B	A	S	G	E	G	W	T
U	N	T	I	L	E	C	H	E	D	D	A	R	B	I	N	E	H	F	I
P	O	H	C	O	N	T	I	D	S	O	T	E	O	F	I	I	U	O	D
W	R	S	P	H	D	D	E	T	A	R	G	C	U	T	L	L	B	V	F
Y	Y	E	G	F	E	I	M	M	E	D	I	A	T	E	L	Y	M	I	I
C	N	C	H	R	R	E	B	N	E	E	T	L	N	D	I	U	T	R	N
C	S	O	G	E	E	S	S	R	E	V	O	P	O	P	F	L	O	U	R
R	M	N	V	I	A	A	A	E	O	V	R	T	D	F	O	O	E	F	E
I	I	D	A	L	W	T	S	D	N	W	O	E	I	H	D	U	N	F	L
T	Y	S	T	P	V	M	P	E	V	K	N	N	S	G	T	W	R	B	O

396 NUMBER SEEK 396

Solve this puzzle by seeking numbers instead of letters.

☐ 00830
☐ 01529
☐ 04029
☐ 04420
☐ 05512
☐ 05608
☐ 05927
☐ 07084
☐ 07351
☐ 11119
☐ 12822
☐ 13472
☐ 21527
☐ 24912
☐ 25597
☐ 27624
☐ 28420
☐ 28641
☐ 31648
☐ 32268
☐ 32306
☐ 32537
☐ 32655
☐ 33787
☐ 35948
☐ 40135
☐ 44096
☐ 44864
☐ 45693
☐ 48177
☐ 48510
☐ 49630
☐ 53603
☐ 56478
☐ 59799
☐ 61972
☐ 64434
☐ 67114
☐ 75553
☐ 75599
☐ 79716
☐ 84572
☐ 86429
☐ 86590
☐ 88777
☐ 90895
☐ 92540
☐ 93564
☐ 97366
☐ 99888

5	5	4	4	1	1	7	6	6	7	7	7	8	8	9
6	9	7	3	4	2	7	4	3	1	5	2	0	7	7
4	8	4	4	0	8	1	8	7	4	6	5	6	9	3
0	0	0	4	3	2	6	5	5	1	9	0	5	7	6
5	9	4	6	0	2	5	4	5	2	4	5	3	1	6
6	2	9	5	6	5	5	6	7	0	2	3	5	6	3
0	5	1	5	3	7	0	7	2	4	7	1	9	4	2
8	1	3	1	5	9	7	9	9	9	1	0	4	0	3
0	0	6	3	2	7	9	2	4	6	8	4	8	9	0
3	4	6	3	7	2	4	6	5	3	9	6	6	4	6
8	3	3	0	9	8	6	5	9	0	2	5	2	8	0
0	8	7	2	1	1	2	7	6	2	4	9	1	2	2
0	0	0	8	6	5	1	8	3	8	4	5	7	2	4
2	1	5	2	7	4	8	1	7	7	3	5	2	3	8
5	4	6	0	7	2	6	4	1	8	8	8	9	9	2

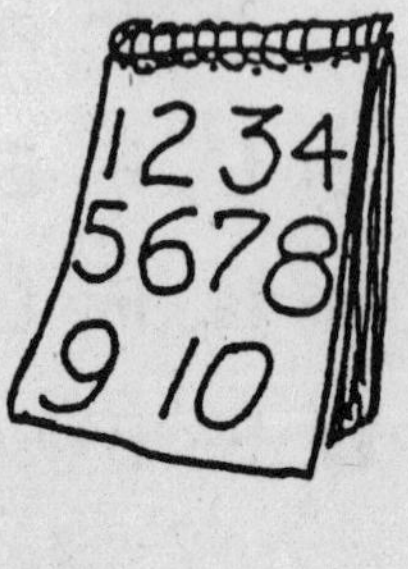

397 CROSS WORDS 397

Hidden in the diagram below are pairs of words that cross at their common middle letter. Some are pairs of 5-letter words and some are pairs of 7-letter words. We have looped the pair ABODE and ROOST to start your list.

Word list on page 551

A BODE______
R OOST______

A ______
F ______

B ______
S ______

B ______
N ______

B ______
I ______

B ______
S ______

C ______
J ______

C ______
F ______

C ______
F ______

C ______
F ______

F ______
P ______

F ______
R ______

G ______
U ______

H ______
M ______

N ______
P ______

O ______
P ______

O ______
T ______

O ______
U ______

O ______
P ______

T	S	B	R	E	N	R	O	H	E	S	B	E	A	C
S	E	U	G	A	O	I	O	K	C	F	S	I	H	A
T	Y	D	C	I	T	T	A	T	T	R	D	O	B	D
L	U	E	A	O	U	L	C	H	U	H	I	R	L	E
J	P	N	P	C	F	U	D	N	C	R	M	B	F	F
F	R	E	I	G	H	T	P	O	C	T	A	G	O	N
R	F	M	T	T	S	U	N	I	O	N	R	Y	P	L
D	E	I	A	I	M	I	M	N	N	I	Y	P	E	C
I	R	F	L	U	N	I	K	O	S	Y	P	P	U	P
G	F	Y	F	I	M	U	N	Y	R	F	F	I	E	R
Y	T	E	K	O	A	A	B	D	B	E	F	N	T	N
S	L	G	I	G	H	B	R	U	S	H	G	I	C	N
E	G	D	I	R	O	O	S	T	D	U	S	A	G	E
R	I	U	P	L	B	D	G	S	I	E	N	R	N	G
O	O	F	P	U	N	E	L	N	U	C	L	G	Y	O

398 FAMILY ALBUM 398

A picture is worth a thousand words and a wealth of memories. So take a look through the family album and remember the good times and those with whom we shared them.

- ☐ AUNT
- ☐ BABY
- ☐ BROTHER
- ☐ CHERISH
- ☐ CHILDREN
- ☐ COUSIN
- ☐ DARLING
- ☐ DAUGHTER
- ☐ DEAR
- ☐ FAMILY
- ☐ FATHER
- ☐ FIANCE
- ☐ FRIEND
- ☐ GRANDMA
- ☐ GRANDPA
- ☐ HAPPY
- ☐ HUSBAND
- ☐ IN-LAW
- ☐ KIDS
- ☐ MEMORIES
- ☐ MOTHER
- ☐ NANNY
- ☐ NEIGHBOR
- ☐ PARENT
- ☐ PETS
- ☐ PHOTOS
- ☐ PROUD
- ☐ SISTER
- ☐ SMILE
- ☐ SON
- ☐ SWEET
- ☐ TEACHER
- ☐ TEAM
- ☐ TODDLER
- ☐ UNCLE
- ☐ WIFE

L	C	D	U	C	T	T	P	F	D	B	E	P	T	L
E	N	E	Y	S	T	M	F	I	A	N	C	E	L	P
Y	O	A	L	S	M	Y	O	B	U	T	A	T	C	D
U	W	R	I	C	P	I	Y	T	G	C	H	S	B	U
T	B	O	M	P	N	H	L	N	H	H	P	E	N	O
P	M	B	A	E	D	U	N	E	T	E	R	Y	R	R
C	Y	H	F	N	M	U	R	E	E	G	R	N	T	P
O	A	G	E	S	T	O	D	A	R	L	I	N	G	H
R	R	I	W	K	T	G	R	A	N	D	P	A	P	O
I	R	E	T	S	I	S	N	I	N	A	L	N	A	T
F	E	N	L	N	D	D	M	A	E	T	O	I	N	O
T	U	S	L	D	M	I	B	D	W	S	S	E	H	S
A	B	A	R	A	D	S	K	H	S	I	R	E	H	C
I	W	N	I	S	U	O	C	K	C	A	F	L	S	G
B	R	O	T	H	E	R	T	G	P	K	P	E	W	I

399 IN TOUCH 399

Louis Braille developed the Braille alphabet in 1824 at age 15 while he was a student at the Royal Institution for Blind Youth in Paris, France. His 6-dot system replaced the Nigh Writing system, which used as many as 14 dots and dashes for each letter or sound.

- ☐ ALPHABET
- ☐ BRAILLE
- ☐ CODE
- ☐ COUPVRAY, France (birthplace)
- ☐ DEDICATED
- ☐ DEVOTED
- ☐ FINGERS
- ☐ FRANCE
- ☐ FRENCH
- ☐ IDEA
- ☐ INVENTION
- ☐ LETTERS
- ☐ MESSAGE
- ☐ MUSIC
- ☐ NOTES
- ☐ ORGANIST
- ☐ PARIS
- ☐ PRINTING
- ☐ RAISED dots
- ☐ READING
- ☐ ROYAL Institution for Blind Youth
- ☐ SCHOOL
- ☐ SCIENCE
- ☐ STUDENT
- ☐ STUDY
- ☐ SYSTEM
- ☐ TEACHER
- ☐ TEXT
- ☐ TOUCH
- ☐ WRITING

L	N	S	E	G	P	H	D	D	E	F	W	B	R	P
A	R	W	O	L	T	T	N	E	E	C	G	V	A	R
Y	A	R	V	P	U	O	C	D	V	S	N	R	Y	T
O	A	S	E	T	O	N	U	O	Y	O	I	A	P	F
R	E	H	C	A	E	T	N	C	A	S	T	A	R	V
P	D	G	I	I	D	X	H	C	H	C	N	E	R	F
S	I	E	C	W	R	I	T	I	N	G	I	R	D	E
T	R	S	T	U	D	E	N	T	L	N	R	S	C	X
U	P	E	O	A	B	E	U	G	V	N	P	M	U	W
D	P	S	T	A	C	E	G	E	H	V	P	L	D	M
Y	G	R	H	T	S	I	N	A	G	R	O	B	Y	W
O	B	P	D	O	E	T	D	G	S	O	N	N	M	E
N	L	B	R	A	I	L	L	E	H	S	A	R	O	R
A	A	F	M	O	M	Y	U	C	D	T	E	L	R	T
P	F	I	N	G	E	R	S	Y	S	T	E	M	P	V

400 GET PHYSICAL 400

Start on the road to good health with the help of this Word Seek featuring words associated with health spas. Jog to your favorite chair, make yourself comfortable, and begin!

☐ BASKETBALL
☐ BATH
☐ CLEAN
☐ CLUB
☐ COST
☐ EXERCISE
☐ FIT
☐ GYM
☐ HEALTHY
☐ HOT
☐ JOGGING
☐ JOIN
☐ LOCKER
☐ MASSAGE
☐ MUSCLES
☐ POOL
☐ PRIVATE
☐ RELAX
☐ RINSE
☐ RUB
☐ RUNNING
☐ SAUNA
☐ SHOWER
☐ SOAK
☐ SOAP
☐ STEAM
☐ SWEAT
☐ SWIM
☐ TIRED
☐ TONE
☐ TOWEL
☐ TRACK
☐ TRUNKS
☐ WASH
☐ WATER
☐ WORKOUT

J	P	W	O	R	K	O	U	T	H	N	B	B	C	A
Y	E	H	B	Y	E	R	H	N	I	B	U	O	X	X
Y	B	S	C	A	S	O	A	P	K	R	H	D	X	V
W	G	N	I	N	N	U	R	R	E	J	E	F	L	D
B	M	U	W	C	I	D	J	I	U	S	W	D	B	S
Y	A	T	O	H	R	O	B	V	W	Y	O	C	V	M
M	A	S	S	A	G	E	J	A	H	U	P	E	K	F
I	T	A	K	G	N	F	X	T	T	D	F	N	C	M
W	W	U	I	E	X	A	L	E	R	H	T	M	A	A
S	K	N	U	R	T	A	E	K	E	E	U	E	R	K
S	G	A	E	Y	E	B	B	L	K	S	T	M	T	J
D	Y	F	O	H	U	W	A	A	C	S	K	A	O	S
I	M	M	I	L	P	O	O	L	O	B	E	X	W	X
O	S	E	C	T	O	N	E	H	L	W	P	M	E	V
W	G	I	X	B	Y	S	U	A	S	P	F	U	L	R

401 TENNIS LIFE 401

If it's the tennis player's life for you, you'll enjoy solving this puzzle about playing professional tennis.

- ☐ AGILE
- ☐ ATHLETE
- ☐ BACKHAND
- ☐ BASELINE
- ☐ CHAMPION
- ☐ COMPETE
- ☐ CONTEND
- ☐ COURT
- ☐ FANS
- ☐ FINALS
- ☐ FOREHAND
- ☐ GAME
- ☐ MATCH
- ☐ PLAY
- ☐ POINTS
- ☐ POISE
- ☐ POSITION
- ☐ PRACTICE
- ☐ PROFES-SIONAL
- ☐ QUICK
- ☐ RACKET
- ☐ RANGE
- ☐ RANKING
- ☐ REACH
- ☐ ROUNDS
- ☐ SERVE
- ☐ SETS
- ☐ SKILL
- ☐ SPEED
- ☐ STAR
- ☐ STROKES
- ☐ SUCCESS
- ☐ TENNIS
- ☐ TOURNAMENT
- ☐ TRAIN
- ☐ VOLLEY

U	Q	D	P	F	C	M	E	Y	T	F	S	C	C	R
B	F	B	A	C	K	H	A	N	D	H	U	H	E	Q
R	L	N	M	R	P	P	E	C	I	T	C	A	R	P
E	L	I	G	A	O	M	F	R	K	T	C	M	H	I
U	I	A	I	I	A	U	A	G	A	M	E	P	I	M
A	K	R	N	N	I	N	N	M	M	T	S	I	Y	S
Q	S	T	R	O	K	E	S	D	D	A	S	O	I	T
T	S	U	E	I	I	Q	B	N	S	S	G	N	U	F
D	O	T	N	T	U	S	E	A	Y	P	N	L	R	I
T	V	G	E	I	E	T	S	H	S	E	R	V	E	N
F	E	T	C	S	N	P	T	E	T	E	L	H	T	A
O	H	K	I	O	P	G	M	R	F	D	L	L	K	L
V	D	O	C	P	U	G	I	O	D	O	Q	I	O	S
G	P	H	C	A	E	R	R	F	C	U	R	D	N	V
L	E	G	N	A	R	Y	T	H	Y	A	L	P	R	E

402 SHEEP TRICK 402

Fat-tailed sheep breeds, like the Ausimi, store fat in their tails, as camels do in their humps. When food is scarce, the sheep subsist on this fat reserve.

☐ AUSIMI
☐ CHEVIOT
☐ CLOTHING
☐ COLBRED
☐ COLUMBIA
☐ COTSWOLD
☐ DORSET
☐ EWES
☐ FARMS
☐ FLEECE
☐ FOOD
☐ GRASS
☐ GRAZE
☐ HAMPSHIRE
☐ HOOFS
☐ HORNS
☐ KARAKUL
☐ LAMB
☐ LEICESTER
☐ LINCOLN
☐ MAMMAL
☐ MERINO
☐ MILK
☐ MUTTON
☐ NAVAJO
☐ OXFORD
☐ PANAMA
☐ POLWARTH
☐ RAMS
☐ ROMNEY
☐ RUMINANT
☐ RYELAND
☐ SUFFOLK
☐ TARGHEE
☐ TUNIS
☐ WOOL

R	S	V	D	S	E	W	E	C	E	E	L	F	R	B
K	W	G	M	E	R	I	N	O	Z	E	N	E	Y	C
L	A	M	H	O	R	N	S	T	A	R	G	H	E	E
O	E	R	V	O	L	B	O	S	R	I	R	P	L	R
F	A	I	A	O	O	I	L	W	G	H	A	T	A	I
F	W	J	C	K	V	F	Y	O	C	S	S	M	N	S
U	S	N	L	E	U	T	S	L	C	P	S	I	D	C
S	I	I	H	J	S	L	O	D	B	M	A	L	O	X
L	M	C	O	I	F	T	H	T	R	A	W	L	O	P
A	I	U	N	J	H	A	E	O	A	H	U	Y	F	M
M	J	U	T	I	A	S	U	R	X	M	E	N	F	L
M	T	N	N	T	R	V	C	S	B	F	A	R	M	S
A	M	G	L	O	O	W	A	I	I	X	O	N	M	V
M	P	A	D	Y	T	N	A	N	I	M	U	R	A	R
U	L	S	A	N	R	O	M	N	E	Y	I	R	D	P

403 THE 4-H IS A-1 403

The agricultural 4-H Clubs take their name and logo from their pledge: "I pledge my Head to clearer thinking, my Heart to greater loyalty, my Hands to larger service, and my Health to better living for my club, my community, my country and my world."

- ☐ ANIMALS
- ☐ AWARDS
- ☐ BOYS
- ☐ CAMP
- ☐ CAREERS
- ☐ CLUBS
- ☐ COMMUNITY
- ☐ COUNTRY
- ☐ CRAFTS
- ☐ FAIR
- ☐ FAMILY
- ☐ FARM
- ☐ FITNESS
- ☐ FORESTRY
- ☐ FRIENDS
- ☐ GARDEN
- ☐ GIRLS
- ☐ GROOMING
- ☐ GROUPS
- ☐ HEALTH
- ☐ HOME
- ☐ LEADERS
- ☐ LIFE
- ☐ MEET
- ☐ NATURE
- ☐ PRIDE
- ☐ PRIZES
- ☐ PROJECTS
- ☐ SAFETY
- ☐ SCIENCE
- ☐ SEEDS
- ☐ SERVICE
- ☐ SKILLS
- ☐ STATES
- ☐ TEACH
- ☐ TRIPS
- ☐ YOUTHS

J	S	E	T	A	T	S	K	I	L	L	S	L	Y	F
S	P	T	P	M	D	H	M	F	E	I	P	D	S	P
Y	D	O	S	R	J	B	O	S	A	F	E	T	Y	R
Z	V	E	A	S	O	R	J	M	D	E	F	U	C	I
A	J	W	E	K	E	J	S	V	E	A	D	O	R	Z
G	A	Z	V	S	D	N	E	I	R	F	U	I	M	E
Y	O	U	T	H	S	C	T	C	S	N	A	V	R	S
L	S	R	G	E	N	O	A	I	T	F	V	U	A	P
I	Y	P	N	E	E	M	P	R	F	S	T	S	F	Z
M	O	T	I	W	G	M	Y	H	E	A	L	T	H	R
A	B	C	M	R	A	U	C	R	N	E	D	R	A	G
F	S	L	O	C	T	N	V	F	S	C	R	C	I	T
L	S	U	O	A	N	I	M	A	L	S	V	S	Y	G
H	P	B	R	R	C	T	E	A	C	H	F	N	K	Y
S	I	S	G	E	D	Y	I	L	A	S	A	P	N	N

404 LABOR FORCE 404

The chief aims of a labor union are to improve the wages, hours, working conditions, and job security of its members. The first nationwide labor organizations in America developed during the mid-1800s. But it wasn't until the 1930s that the movement began to be more widely accepted.

- ☐ AFL-CIO
- ☐ BARGAIN
- ☐ BENEFITS
- ☐ CLOSED
- ☐ CONTRACT
- ☐ CRAFT
- ☐ DEBATE
- ☐ DELEGATE
- ☐ DUES
- ☐ FACTORY
- ☐ HALL
- ☐ HOURS
- ☐ INDUSTRY
- ☐ LAWS
- ☐ LOCAL
- ☐ MANAGEMENT
- ☐ MEETING
- ☐ MEMBERS
- ☐ NATIONAL
- ☐ OFFICERS
- ☐ OPEN
- ☐ ORGANIZE
- ☐ PENSION
- ☐ POLICY
- ☐ SETTLE
- ☐ SHOP
- ☐ SPEAKER
- ☐ SPEECH
- ☐ STEWARD
- ☐ TRADE
- ☐ UNION
- ☐ WAGES
- ☐ WORK

T	L	A	H	N	D	H	B	K	R	O	W	B	B	Z
P	F	A	Y	R	O	T	C	A	F	Y	Y	E	T	E
D	L	A	C	O	L	I	P	H	R	C	A	N	U	O
L	E	S	R	E	C	I	F	F	O	G	E	E	N	P
I	T	O	B	C	S	B	C	N	S	M	A	F	I	E
Z	A	N	R	E	D	B	T	P	E	N	S	I	O	N
F	G	E	T	G	S	R	E	G	N	D	N	T	N	O
W	E	T	N	O	A	E	A	P	N	D	A	S	C	Y
S	L	A	A	C	C	N	O	W	U	I	M	R	C	O
E	E	B	T	H	A	H	I	S	E	E	T	I	T	S
G	D	E	I	M	S	F	T	Z	M	T	L	E	W	G
A	Z	D	O	Y	M	R	L	B	E	O	S	A	E	L
W	A	C	N	Y	Y	D	E	C	P	O	L	E	Z	M
S	P	E	A	K	E	R	O	Z	I	R	K	T	U	U
L	S	C	L	O	S	E	D	U	H	O	U	R	S	D

405 NOVEL APPROACH 405

Expand your literary horizons with this puzzle featuring words associated with books of all kinds. Check them out at your local library!

☐ APPENDIX
☐ AUTHOR
☐ BINDING
☐ BIOGRAPHY
☐ CATALOG
☐ CHAPTER
☐ COPYRIGHT
☐ DEDICATION
☐ DIAGRAM
☐ DRAMA
☐ EDITION
☐ EDITOR
☐ ESSAY
☐ FAIRY tale
☐ FICTION
☐ GLOSSARY
☐ HISTORY
☐ INDEX
☐ JOURNAL
☐ LETTER
☐ PAGE
☐ PAPER
☐ PARAGRAPH
☐ PHOTO
☐ PICTURE
☐ POETRY
☐ PREFACE
☐ PRIMER
☐ PRINT
☐ PUBLISHER
☐ READ
☐ SCIENCE fiction
☐ SHORT story
☐ TABLES
☐ TALE
☐ TEXT
☐ TITLE
☐ TYPE

J	L	D	A	X	N	S	P	Y	G	G	O	E	T	P
E	C	N	E	I	C	S	A	S	H	O	R	T	N	B
G	D	R	N	D	M	F	P	F	E	L	A	T	O	I
T	A	D	R	N	I	A	E	S	S	A	Y	T	I	O
L	E	T	T	E	R	C	R	O	H	T	U	A	T	G
X	R	X	U	P	A	R	A	G	R	A	P	H	C	R
B	R	E	T	P	A	H	C	T	A	C	G	F	I	A
I	Y	L	H	A	H	B	N	N	I	I	H	R	F	P
N	Y	R	A	S	S	O	L	G	R	O	D	E	I	H
D	E	H	O	E	I	A	T	Y	E	A	N	C	P	Y
I	X	D	L	T	N	L	P	O	M	E	T	A	T	P
N	O	B	I	R	S	O	B	A	I	U	G	F	I	R
G	A	D	U	T	C	I	R	U	R	E	I	E	T	I
T	E	O	A	U	O	D	H	E	P	Y	T	R	L	N
N	J	N	F	A	I	R	Y	R	T	E	O	P	E	T

406 TALK TO ME 406

The phrase, "What we have here is a failure to communicate," was spoken between actors Strother Martin and Paul Newman in the 1967 film "Cool Hand Luke." But there's no breakdown in communication with this list of words.

- ☐ ADVERTISE
- ☐ ANSWER
- ☐ BROADCAST
- ☐ COMPUTER
- ☐ COURSE
- ☐ HEAR
- ☐ INFORM
- ☐ LANGUAGE
- ☐ LETTER
- ☐ LISTEN
- ☐ MAGAZINE
- ☐ MAIL
- ☐ MEDIA
- ☐ NEWS
- ☐ NOTE
- ☐ OPINION
- ☐ PHONE
- ☐ PICTURE
- ☐ PRESS
- ☐ PRINT
- ☐ PUBLIC
- ☐ QUESTION
- ☐ RADIO
- ☐ READ
- ☐ RELATE
- ☐ SIGN
- ☐ SPEECH
- ☐ TALK
- ☐ TELEGRAM
- ☐ TELEGRAPH
- ☐ TELEVISION
- ☐ TELL
- ☐ TRANSMIT
- ☐ VIEW
- ☐ WIRE
- ☐ WRITE

A	A	L	L	E	T	T	E	R	E	T	A	L	E	R
E	R	K	N	E	W	S	E	I	E	Z	H	T	N	E
P	E	G	A	U	G	N	A	L	P	C	V	I	O	F
M	A	G	A	Z	I	N	E	C	E	R	U	M	H	V
V	D	M	P	K	F	G	O	E	D	G	I	S	P	F
K	V	E	S	W	R	I	P	I	B	A	R	N	I	L
U	E	D	R	A	U	S	I	A	T	G	O	A	T	G
H	R	I	M	B	F	R	N	N	S	S	E	R	P	C
I	T	A	N	O	I	S	I	V	E	L	E	T	B	H
E	I	S	R	F	W	K	O	Z	R	T	F	U	O	R
L	S	G	T	E	O	I	N	F	U	V	S	V	Q	N
M	E	R	R	L	D	R	K	P	T	B	W	I	K	L
H	H	I	U	A	F	V	M	O	C	A	O	E	L	T
R	W	I	R	O	E	O	C	F	I	Q	L	W	H	R
P	U	B	L	I	C	H	I	U	P	Q	P	K	N	H

407 KNOT ENTIRELY 407

Macrame is the art of creating beautiful and useful objects by intricately knotting cord, rope, or string. It developed from the art of knotting practiced by Arabian weavers of the 13th century.

- ☐ ARTICLES
- ☐ BEADS
- ☐ BELT
- ☐ BRACELET
- ☐ CLAMP
- ☐ CLOVE hitch
- ☐ CORD
- ☐ DIAMOND pattern
- ☐ FRINGE
- ☐ HITCHES
- ☐ JUTE
- ☐ KNOTS
- ☐ MATERIAL
- ☐ METHOD
- ☐ NYLON
- ☐ PADDING
- ☐ PATTERN
- ☐ PINS
- ☐ PLANT hanger
- ☐ PURSE
- ☐ ROPE
- ☐ SHEARS
- ☐ SPLICE
- ☐ SQUARE knot
- ☐ STRING
- ☐ TAPE
- ☐ TENSION
- ☐ THREAD
- ☐ TOTE BAG
- ☐ TWINE
- ☐ TYING
- ☐ WALL hanging
- ☐ WOOL
- ☐ YARN
- ☐ ZIGZAG pattern

Q	E	C	Y	W	P	J	W	T	K	D	N	O	M	W
Z	T	V	U	O	D	L	L	L	E	O	S	D	C	E
Z	W	G	O	O	N	E	L	S	T	R	I	N	G	C
W	I	G	H	L	B	Y	P	G	G	A	Z	G	I	Z
L	N	T	N	A	C	R	L	G	M	D	P	S	G	P
T	E	N	S	I	O	N	A	O	L	G	W	H	A	U
M	H	C	O	R	D	B	N	C	N	L	T	G	J	U
W	W	R	C	E	E	D	T	R	E	R	A	U	Q	S
S	D	Y	E	T	U	J	A	G	N	L	P	W	E	Y
Z	O	S	O	A	Y	C	N	P	R	D	E	L	C	K
C	R	T	O	M	D	I	U	S	E	H	C	T	I	H
K	Y	O	S	S	R	R	N	D	T	I	P	L	L	W
B	I	N	P	F	S	R	G	G	T	Q	O	S	P	E
V	O	K	B	E	A	D	S	R	A	E	H	S	S	M
C	J	I	R	Y	C	L	A	M	P	V	L	M	N	D

408 V-WORDS 408

The 5-letter words below are found in the diagram in a V shape pointing left, right, up, and down. The key to finding them all is just around the corner!

- ☑ AFTER
- ☐ ARMOR
- ☐ ARROW
- ☐ BATCH
- ☐ BLESS
- ☐ BUYER
- ☐ CATCH
- ☐ CHARM
- ☐ CHINA
- ☐ DIVER
- ☐ DREAM
- ☐ DUSTY
- ☐ EXTRA
- ☐ HURRY
- ☐ HUTCH
- ☐ ISLET
- ☐ KAYAK
- ☐ KNOWN
- ☐ NERVE
- ☐ OTHER
- ☐ PEACE
- ☐ PORCH
- ☐ PRIDE
- ☐ QUIET
- ☐ QUOTE
- ☐ RAINY
- ☐ RANGE
- ☐ REACH
- ☐ SPARK
- ☐ SPOON
- ☐ STAGE
- ☐ STRAY
- ☐ TRADE
- ☐ TRAIN
- ☐ TRIAL
- ☐ VISOR
- ☐ VOICE
- ☐ YEARN
- ☐ ZEBRA
- ☐ ZESTY

C	N	L	Y	H	S	L	J	A	S	Z	O	C	V	W
M	A	T	C	P	E	E	S	I	N	O	H	P	T	X
I	S	T	A	T	I	K	V	I	N	I	R	E	S	T
O	R	E	Y	R	R	L	A	R	N	R	I	S	Q	Q
S	K	T	Z	O	K	R	E	R	N	S	E	U	U	U
E	S	A	W	A	H	N	A	W	T	H	O	L	Q	U
R	D	U	Y	A	A	T	O	E	Z	B	C	T	B	R
P	Q	I	D	G	R	R	X	E	Y	R	P	T	E	B
T	R	E	F	Q	D	T	B	E	T	R	A	A	U	N
P	C	E	Y	I	M	R	D	S	C	B	R	Y	C	O
I	O	H	V	R	R	E	E	A	Q	U	M	A	E	H
U	O	T	A	E	P	A	Q	E	H	R	A	O	N	R
Y	Z	V	H	R	M	O	H	C	A	T	T	G	R	M
V	N	B	A	U	M	C	R	C	S	E	E	F	E	G
A	X	I	W	C	T	D	E	L	R	K	P	H	A	I

409 TEA ROSES 409

Tea roses are so named for their fragrance, which is similar to that of the beverage. Here are names of hybrid tea rose varieties guaranteed to transform your yard into a garden showplace!

- ☐ AMERICAN Heritage
- ☐ ANTIGUA
- ☐ ARKANSAS
- ☐ AUTUMN Gold
- ☐ BLUE Moon
- ☐ BRANDY
- ☐ CHICAGO Peace
- ☐ COLOR Magic
- ☐ CRIMSON Glory
- ☐ DAINTY Bess
- ☐ DOUBLE Delight
- ☐ ELECTRON
- ☐ FIRST Love
- ☐ FUTURA
- ☐ GARDEN Party
- ☐ GRANADA
- ☐ IRISH Gold
- ☐ KING'S Ransom
- ☐ MISTER Lincoln
- ☐ NATIONAL Trust
- ☐ OREGOLD
- ☐ PARADISE
- ☐ PEACE
- ☐ PERFUME Delight
- ☐ PINK Favorite
- ☐ PRISTINE
- ☐ PROUD Land
- ☐ ROSE Gaujard
- ☐ ROYAL Highness
- ☐ SEASHELL
- ☐ SOUTH Seas
- ☐ SUMMER Sunshine
- ☐ SUTTER'S Gold
- ☐ SWEET Surrender
- ☐ TIFFANY
- ☐ YANKEE Doodle

```
B A B R A N D Y W Y I M M G T
D E R N O R N O S M I R C L T
L A P K E S U R U S G N I K E
O A I P A D E T T B A C I S Y
G U N N N T R E U C L H W E H
E T K O T R R A I F D E M O C
R U B U I Y G R G F E U G P Y
O M S K G T E R L T F A O A F
H N C L U M A L L R C K N R F
T I F F A N Y N E I D K R A P
U L K W A Y E P H C E F R D B
O E N D R M O C S E T I O I L
S S A S N A K R A G W R L S U
H P R I S T I N E E S S O E E
U M T R E M M U S I P T C N B
```

410 LINCOLN'S . . . 410

Abraham Lincoln was the first president born beyond the boundaries of the original thirteen states. He was born near Hodgenville, in Hardin (now Larue) County, Kentucky.

☐ ADDRESS
☐ ARMY
☐ BALLOT
☐ BATTLES
☐ BOOKS
☐ CABINET
☐ CAMPAIGN
☐ CIVIL WAR
☐ CONGRESS
☐ ELECTION
☐ FLAG
☐ FORT Sumter
☐ FRONTIER
☐ GETTYSBURG
☐ GRANT, Ulysses
☐ GREAT
☐ JOHNSON, Andrew
☐ LAWYER
☐ LOG CABIN
☐ MEMORIAL
☐ MOUNT Rushmore
☐ NORTH
☐ POLICY
☐ POLITICS
☐ PRESIDENT
☐ REPUBLICAN
☐ SENATE
☐ SOUTH
☐ SPEAKER
☐ SPRINGFIELD, Ill.
☐ TODD, Mary
☐ UNION
☐ VOTES
☐ WHITE House

N	Y	C	R	F	C	L	S	E	N	A	T	E	L	H
G	C	I	T	H	T	U	O	S	Y	Y	M	A	J	A
U	I	V	E	N	T	A	V	G	E	M	I	F	O	C
Y	L	I	N	E	A	P	E	F	C	R	L	B	H	J
P	O	L	I	T	I	C	S	R	O	A	G	U	N	B
B	P	W	B	N	G	D	I	M	G	R	B	N	S	B
A	C	A	A	E	D	E	E	L	E	C	T	I	O	N
L	D	R	C	D	C	M	T	I	B	L	D	O	N	C
L	H	D	O	I	S	S	T	T	A	U	K	N	A	A
O	T	T	R	S	P	N	V	W	Y	S	P	M	A	V
T	R	F	J	E	O	A	Y	I	E	S	P	E	A	R
J	O	M	A	R	S	E	L	T	T	A	B	N	R	F
A	N	K	F	P	R	S	O	N	I	T	N	U	O	M
A	E	T	I	H	W	V	V	G	R	A	N	T	R	G
R	D	L	E	I	F	G	N	I	R	P	S	R	K	G

411 . . . PROCLAMATION 411

Because of its fragility, the Emancipation Proclamation is not kept on public display. However, to mark the 130th anniversary of the document's signing, it was exhibited at the National Archives in Washington, D.C., from December 31, 1992 to January 4, 1993.

- ☐ APPROVE
- ☐ ARCHIVES
- ☐ BOLD
- ☐ CONFEDERACY
- ☐ CONFIRM
- ☐ DECLARE
- ☐ DECREE
- ☐ DELIVER
- ☐ DISTINCT
- ☐ DOCUMENT
- ☐ EDICT
- ☐ EVENT
- ☐ FIVE pages
- ☐ FREE
- ☐ HISTORIC
- ☐ ISSUED
- ☐ LIBERATE
- ☐ LINCOLN
- ☐ MERIT
- ☐ NATIONAL
- ☐ NEW YEAR'S Day
- ☐ NOTABLE
- ☐ NOTIFY
- ☐ OFFICIAL
- ☐ ORDER
- ☐ PAST
- ☐ PRESERVE
- ☐ READ
- ☐ RIGHT
- ☐ SAVE
- ☐ SIGNATURE
- ☐ VALUE
- ☐ WASHINGTON, (D.C.)
- ☐ WORTHY

A	U	T	V	C	Y	E	E	P	B	B	D	C	C	D
S	N	A	V	A	V	D	E	U	L	A	V	F	A	I
A	L	R	M	H	I	S	T	O	R	I	C	O	N	F
Y	O	D	E	C	R	E	E	C	O	N	F	I	R	M
O	C	A	T	V	V	T	H	V	N	F	N	A	Y	N
R	N	A	P	O	A	I	V	G	I	I	R	H	A	P
D	I	A	R	R	V	S	E	C	S	F	T	T	F	A
E	L	P	E	E	E	R	I	S	N	R	I	S	N	S
R	P	B	S	V	D	A	U	G	O	O	I	O	I	T
A	I	F	E	I	L	E	D	W	N	I	T	G	E	D
L	E	N	R	L	D	Y	F	A	C	A	P	I	H	H
C	T	L	V	E	U	W	L	N	B	L	T	L	F	T
E	C	G	E	D	E	E	D	L	O	B	C	U	A	Y
D	M	E	R	I	T	N	E	M	U	C	O	D	R	I
A	N	O	T	G	N	I	H	S	A	W	T	C	I	E

412 FOOT PETROL 412

To most people, a Christmas tree is an evergreen decked for the holidays. But in the petroleum industry, it's a set of valves with many branchlike fittings that is attached to the top of an oil well and controls the flow of oil to the surface.

- ☐ ALASKA
- ☐ BLOWOUT
- ☐ CASING
- ☐ CHRISTMAS tree
- ☐ CRUDE oil
- ☐ DRY HOLE
- ☐ ENERGY
- ☐ FAULT
- ☐ FRACTION
- ☐ FUEL
- ☐ GASOLINE
- ☐ JACK-UP rig
- ☐ MIDDLE East
- ☐ NORTH Sea
- ☐ OCTANE
- ☐ OFFSHORE well
- ☐ PERFO-RATOR
- ☐ POROUS rock
- ☐ REFINERY
- ☐ RESERVES
- ☐ RESERVOIR
- ☐ RESOURCE
- ☐ ROCK
- ☐ ROUGHNECK
- ☐ ROYALTY
- ☐ SAUDI Arabia
- ☐ TEXAS
- ☐ THUMPER truck
- ☐ TRUCKS
- ☐ TUBING
- ☐ TURBODRILL
- ☐ VALUE
- ☐ WHIPSTOCK
- ☐ WILDCAT

E	J	M	V	C	S	C	H	R	I	S	T	M	A	S
U	L	L	I	R	D	O	B	R	U	T	H	Y	A	H
S	M	I	D	D	L	E	Y	X	O	W	G	X	T	T
A	K	S	A	L	A	R	N	R	H	R	E	R	U	H
K	C	C	N	E	O	O	G	I	E	T	O	O	N	U
C	A	A	U	C	L	H	P	N	L	N	W	O	I	M
E	S	E	V	R	E	S	E	R	V	O	I	R	D	P
N	I	J	J	U	T	F	R	K	L	T	S	F	V	E
H	N	A	Y	O	E	F	F	B	C	Y	M	A	E	R
G	G	C	C	S	N	O	O	A	T	H	L	U	G	R
U	F	K	A	E	A	U	R	L	F	U	E	L	U	D
O	E	U	E	R	T	F	A	O	E	V	B	T	W	D
R	D	P	P	P	C	Y	T	A	C	D	L	I	W	L
I	Y	E	S	U	O	R	O	P	U	K	I	G	N	L
F	E	D	U	R	C	D	R	Y	H	O	L	E	O	G

413 PINE-ING FOR YOU 413

Small pitch pines cover 12,000 acres of the Pine Barrens, a national reserve of more than one million acres at the bottom half of New Jersey. A variety of the pines found in North America and Europe are named in the list below.

- ☐ ALEPPO
- ☐ AROLLA
- ☐ AUSTRIAN
- ☐ BEACH
- ☐ BHUTAN
- ☐ BIG-CONE
- ☐ BISHOP
- ☐ BLACK
- ☐ CHILE
- ☐ CHINESE
- ☐ CLUSTER
- ☐ COW'S tail
- ☐ CRIMEAN
- ☐ DAVID'S
- ☐ DIGGER
- ☐ HOLFORD'S
- ☐ JACK
- ☐ JAPANESE black
- ☐ KING William
- ☐ KNOBCONE
- ☐ LIMBER
- ☐ LONGLEAF
- ☐ MARITIME
- ☐ MEXICAN nut
- ☐ MONTEREY
- ☐ NORTHERN pitch
- ☐ PITCH
- ☐ POND
- ☐ SCOTCH
- ☐ SCRUB
- ☐ SHORE
- ☐ SLASH
- ☐ SUGAR
- ☐ SWISS stone
- ☐ UMBRELLA
- ☐ WHITE
- ☐ YELLOW

S	L	A	S	H	K	C	L	O	N	G	L	E	A	F
W	D	W	X	E	L	I	H	C	W	H	N	S	S	D
K	O	I	T	M	S	I	A	V	P	O	N	D	H	G
C	N	I	V	J	L	U	M	E	C	L	L	D	O	C
B	H	U	T	A	N	X	G	B	N	F	N	L	R	H
W	M	M	R	P	D	P	O	A	E	O	A	C	E	R
P	D	B	O	A	G	N	I	K	R	R	C	B	G	Y
N	S	R	E	N	K	R	C	T	O	D	I	G	G	P
R	W	E	W	E	T	N	H	L	C	S	X	E	I	S
E	T	L	N	S	A	E	L	K	H	H	E	V	D	B
T	M	L	U	E	R	A	R	O	C	C	M	S	E	S
S	A	A	M	N	O	P	P	E	L	A	T	F	H	W
U	G	I	J	I	A	G	O	V	Y	E	J	O	D	I
L	R	Y	O	H	C	K	C	A	L	B	U	R	C	S
C	O	X	F	C	E	M	I	T	I	R	A	M	S	S

414 THE QUEEN MUM 414

Great Britain's Queen Mother Elizabeth was born on August 4, 1900. She was the oldest person called by the affectionate title (Queen Mother), which is given to the widow of a monarch.

- ☐ AFFECTION
- ☐ ALBERT
- ☐ BRITISH
- ☐ BUSY
- ☐ CASTLE
- ☐ CEREMONY
- ☐ CHARM
- ☐ COUNTRY
- ☐ DINNERS
- ☐ DUTY
- ☐ ELEGANT
- ☐ FAMILY
- ☐ GRAND
- ☐ HATS
- ☐ HONOR
- ☐ HORSES
- ☐ KIND
- ☐ KING George (VI)
- ☐ LADY ELIZABETH Angela Marguerite Bowes-Lyon
- ☐ LONDON
- ☐ LOVED
- ☐ MATRIARCH
- ☐ MONARCH
- ☐ MOTHER
- ☐ OCCASION
- ☐ PALACE
- ☐ PARADE
- ☐ PEARLS
- ☐ RECEPTION
- ☐ REFINED
- ☐ REIGN
- ☐ ROYAL
- ☐ SCHEDULE
- ☐ SCOTLAND
- ☐ SMILE
- ☐ THRONE

M	R	C	A	S	T	L	E	B	O	K	T	Z	D	L
U	N	C	M	O	N	A	R	C	H	N	I	E	O	Y
T	H	G	D	U	E	D	A	R	A	P	N	N	N	N
R	T	K	I	N	G	Y	I	G	H	I	D	O	D	O
H	O	R	S	E	S	E	E	N	F	O	D	R	F	M
R	N	Y	E	U	R	L	Y	E	N	U	B	H	A	E
V	G	O	A	B	E	I	R	H	T	E	A	T	M	R
F	M	C	I	L	L	Z	T	Y	S	T	R	E	I	E
D	S	C	O	T	L	A	N	D	S	I	L	S	L	C
E	C	A	L	A	P	B	U	M	A	U	T	M	Y	N
V	D	S	S	E	N	E	O	R	D	V	B	I	G	E
O	V	I	N	O	I	T	C	E	F	F	A	L	R	A
L	R	O	N	O	H	H	H	E	O	M	I	E	A	B
U	H	N	L	E	A	C	H	A	R	M	P	T	N	H
P	E	A	R	L	S	F	K	F	R	S	D	Y	D	E

415 FAMILY CLAN 415

In Scotland, clans are groups of related families that were organized under a chieftain. The clans began around the 9th century and are distinguished by their plaid tartans. Below are some names of Scottish clans and families.

- ☐ BARCLAY
- ☐ BRUCE
- ☐ CAMERON
- ☐ CHATTAN
- ☐ DAVIDSON
- ☐ DOUGLAS
- ☐ DUNCAN
- ☐ ELLIOT
- ☐ ERSKINE
- ☐ FORBES
- ☐ FRASER
- ☐ GORDON
- ☐ GRAHAM
- ☐ GRANT
- ☐ GUNN
- ☐ HAMILTON
- ☐ HAY
- ☐ INNES
- ☐ KEITH
- ☐ LAMONT
- ☐ LINDSAY
- ☐ MACBEAN
- ☐ MAC-DONALD
- ☐ MACDUFF
- ☐ MACFEE
- ☐ MACLEAN
- ☐ MACLEOD
- ☐ MACNAB
- ☐ MACNEIL
- ☐ MACRAE
- ☐ MENZIES
- ☐ MUNRO
- ☐ MURRAY
- ☐ RAMSAY
- ☐ RANALD
- ☐ ROSS
- ☐ SCOTT
- ☐ SHAW
- ☐ STEWART

```
R G O R D O N N F N D V G Y D
F F U D C A M R L O A O R O L
Z G O V E A A C U A E C A R A
Y O U L C S C G H L M S N N N
M A C N E I L M L A S O T U O
M A A R N A E I V O T K N M D
M B L K S N O N R L I T D T C
A W R E Z T D L I N D S A Y A
H A S I K B L M G K A N A N M
A H E T T R A W E T S R D A E
R S B H W H N R A A R R C E R
G C R A M S A Y C U R F E B O
V O O E C U R B M L E C Y C N
K T F N S E N N I E A T A A T
Z T N O S D I V A D N Y Z M H
```

416 DOCKERS 416

You'll really sail along as you plow full steam ahead with this nautically themed Word Seek featuring words associated with ports of call. So pull in to port, drop anchor, and begin!

☐ ARRIVE
☐ ASHORE
☐ BAGGAGE
☐ BOAT
☐ BRIEF
☐ CARGO
☐ CITY
☐ COUNTRY
☐ CRATES
☐ CUSTOMS
☐ DEPART
☐ DISCHARGE
☐ DOCK
☐ FUEL
☐ GANGWAY
☐ GOODS
☐ GREET
☐ INTER-MEDIATE
☐ ITINERARY
☐ LINER
☐ LONG-SHOREMEN
☐ PASSENGERS
☐ PLACE
☐ PORT
☐ REPAIRS
☐ SAILOR
☐ SEAMEN
☐ SHIP
☐ STOP
☐ SUPPLIES
☐ TRAVEL
☐ UNLOAD
☐ VESSEL
☐ VISIT
☐ VOYAGE
☐ WAVE
☐ WHARF

L	P	A	S	S	E	N	G	E	R	S	H	I	P	H
B	G	P	D	U	C	I	T	Y	L	M	L	E	U	F
H	A	O	O	S	P	E	N	N	R	O	E	P	E	R
D	C	G	O	R	V	P	O	U	N	T	U	V	G	V
K	D	Y	G	I	T	Y	L	G	A	S	N	I	A	D
U	E	G	R	A	H	C	S	I	D	U	L	U	Y	W
N	P	R	Y	P	G	H	D	V	E	C	O	V	O	G
G	A	S	F	E	O	E	S	G	D	S	A	H	V	C
S	R	S	W	R	M	S	A	R	T	A	D	F	A	L
C	T	H	E	R	A	N	E	S	P	I	G	R	E	E
F	R	M	E	A	G	H	T	T	H	L	G	V	G	S
A	E	T	R	W	M	O	W	I	A	O	A	P	R	S
N	N	I	A	T	P	E	K	S	I	R	R	C	E	E
I	I	Y	R	A	R	E	N	I	T	I	C	E	E	V
B	L	I	N	B	G	N	S	V	H	B	O	A	T	M

417 WILD WEASELS 417

"Wild Weasel" is a nickname given to various United States military aircraft fitted with radar-detection and jamming equipment and missiles. They can disable enemy air defenses, giving bomber planes a safe pathway to their targets. Weasel flight tactics were developed in 1960s by the United States to combat Viet Cong surface-to-air missiles.

- ☐ AIRCRAFT
- ☐ AIR FORCE
- ☐ BASE
- ☐ CLIMB
- ☐ COCKPIT
- ☐ COMBAT
- ☐ CREW
- ☐ DUTY
- ☐ ELECTRONICS
- ☐ FIGHTER
- ☐ FLIGHTS
- ☐ FLYING
- ☐ FUEL
- ☐ FUSELAGE
- ☐ JETS
- ☐ JOBS
- ☐ LOCATE
- ☐ MANEUVERS
- ☐ MILITARY
- ☐ MISSION
- ☐ NOSE
- ☐ PERFORMANCE
- ☐ PILOT
- ☐ PLANE
- ☐ POWER
- ☐ RADAR
- ☐ RADIO
- ☐ ROLL
- ☐ RUNWAY
- ☐ SEARCH
- ☐ SIGNALS
- ☐ SQUADRON
- ☐ SYSTEMS
- ☐ TACTICS
- ☐ TAIL
- ☐ TASK
- ☐ WINGS

U	E	J	B	B	E	I	L	H	M	N	Q	I	Y	E
S	S	M	E	T	S	Y	S	D	R	U	N	W	A	Y
C	A	F	F	C	O	G	F	F	I	G	H	T	E	R
I	B	S	L	A	N	G	I	S	H	V	F	F	P	A
N	M	J	B	I	D	A	F	C	O	C	K	P	I	T
O	O	A	Y	O	G	U	M	L	L	G	B	R	L	I
R	P	L	N	I	S	H	T	R	L	I	F	J	O	L
T	F	E	E	E	Q	N	T	Y	O	O	M	P	T	I
C	R	R	L	T	U	F	U	S	R	F	O	B	I	M
E	N	A	L	P	A	V	H	C	C	W	R	J	P	C
L	G	D	D	R	D	C	E	L	E	I	E	E	S	O
E	R	A	C	I	R	J	O	R	D	T	T	G	P	M
U	K	R	N	A	O	P	C	L	S	A	N	C	R	B
F	I	O	E	B	N	O	I	S	S	I	M	J	A	A
A	J	S	S	G	S	A	U	K	W	L	L	N	U	T

418 HOCKEY-DOODLE-DOO 418

Floor hockey, like ice hockey, uses a puck. Only field hockey is played with a ball. Terms associated with floor hockey are listed below.

- ☐ ACTIVITY
- ☐ AREA
- ☐ ASSIST
- ☐ BALL
- ☐ CENTER
- ☐ CIRCLE
- ☐ CLOCK
- ☐ COURT
- ☐ DEFENSE
- ☐ FLOOR
- ☐ FORWARD
- ☐ GAME
- ☐ GLOVES
- ☐ GOALIE
- ☐ GUARDS
- ☐ LOSS
- ☐ OFFENSE
- ☐ OFFICIAL
- ☐ OPPONENT
- ☐ OVERTIME
- ☐ PASS
- ☐ PENALTY
- ☐ PLAYERS
- ☐ POSITION
- ☐ POSSESSION
- ☐ PUCK
- ☐ RULES
- ☐ RUNNING
- ☐ SAVE
- ☐ SCORER
- ☐ SHOTS
- ☐ SKILL
- ☐ START
- ☐ STICK
- ☐ STOP
- ☐ SWINGING
- ☐ TEAM
- ☐ WHISTLE

P	N	D	W	E	H	F	D	E	O	P	G	E	N	C
Y	O	T	B	M	K	C	U	P	W	G	O	G	C	R
P	Y	T	L	A	N	E	P	R	L	O	T	L	E	G
V	T	E	S	G	L	O	C	O	U	A	F	O	N	U
U	I	A	A	N	N	L	C	F	S	L	Y	V	T	A
R	V	M	N	E	W	I	L	F	E	I	E	E	E	R
E	I	G	N	O	R	A	N	E	T	E	T	S	R	D
D	T	T	V	O	I	A	G	N	I	G	N	I	W	S
R	C	L	O	C	K	S	V	S	U	E	H	H	O	T
A	A	L	I	W	C	E	S	E	F	R	F	E	S	N
W	F	F	K	O	L	H	L	E	M	O	O	I	T	T
R	F	N	R	C	O	L	D	T	S	A	S	L	K	R
O	V	E	R	T	I	M	E	L	T	S	I	H	W	A
F	R	I	S	K	B	T	G	O	A	C	O	U	R	T
U	C	S	S	O	L	H	S	P	P	G	K	P	P	S

419 I'M WALKIN' 419

Walk—don't run—to a comfortable chair and put your feet up. Then, let your fingers do the walking through the diagram below where we've hidden words of 4 or more letters naming things we walk on. Be careful; some are tricky!

Word list on page 555

A SPHALT
B ________
B ________
C ________
C ________
C ________
C ________
D ________
D ________
D ________
D ________
E ________
F ________
F ________
G ________
G ________
L ________
L ________
P ________
P ________
P ________
P ________
P ________
P ________
R ________
R ________
S ________

S ________
S ________
S ________
S ________
S ________
S ________

T ________
T ________
T ________
T ________
T ________
W ________

H	I	C	U	S	E	A	S	P	H	A	L	T	U	M
L	T	R	U	T	F	I	E	L	D	I	R	T	M	G
K	E	R	Y	R	D	P	G	D	A	C	S	S	O	R
B	K	S	A	E	B	E	A	R	A	M	O	N	C	G
R	T	H	W	E	N	O	T	S	E	L	B	B	O	C
I	W	A	E	T	R	U	S	W	E	I	K	A	G	W
C	L	E	V	A	R	G	H	R	P	L	P	C	U	E
K	F	B	I	M	R	E	S	B	A	M	B	I	O	M
S	S	A	R	G	U	T	T	W	V	R	F	B	N	D
A	H	T	D	E	A	E	D	R	E	O	D	W	E	M
N	V	C	U	I	P	R	L	C	M	O	A	N	U	P
D	T	E	R	R	A	C	E	O	E	L	D	D	U	P
A	E	S	A	O	F	N	N	H	N	F	F	G	G	T
A	Y	C	B	C	P	O	P	A	T	I	O	F	V	I
K	Y	V	K	K	L	C	M	B	T	I	L	E	I	M

420 LEND A HAND 420

A law was once passed in Warren, Idaho, requiring Punch and Judy puppets to wear American rather than European clothes. Here are words associated with puppets.

- ☐ AUDIENCE
- ☐ BACKDROP
- ☐ BOOTH
- ☐ CARVE
- ☐ CONTROL
- ☐ CREPE hair
- ☐ DANCE
- ☐ DUMMY
- ☐ ENTERTAIN
- ☐ FABLE
- ☐ FELT
- ☐ FINGER puppet
- ☐ GLUE
- ☐ HAND puppet
- ☐ JOINTS
- ☐ LIGHTING
- ☐ MARIONETTE
- ☐ MOLD
- ☐ MUSIC
- ☐ NARRATOR
- ☐ PAINT
- ☐ PAPER BAG
- ☐ PROPS
- ☐ PUNCH and Judy
- ☐ PUPPETEER
- ☐ RODS
- ☐ SETS
- ☐ SHADOW puppet
- ☐ SHOW
- ☐ SOCK
- ☐ STAGE
- ☐ STRINGS
- ☐ TEACH
- ☐ VENTRILOQUIST
- ☐ WIRES
- ☐ YARN

F	C	M	K	Y	J	W	G	W	D	E	L	Q	O	Y
F	N	I	D	M	W	T	F	I	N	G	E	R	A	N
F	A	M	S	M	R	H	E	I	N	P	C	R	G	D
S	T	S	I	U	Q	O	L	I	R	T	N	E	V	A
V	N	D	T	D	M	H	T	O	O	B	E	B	T	N
T	T	T	E	A	C	H	P	A	C	K	I	G	R	C
P	M	J	T	Q	G	S	D	O	R	E	D	L	E	E
P	E	D	O	I	N	E	C	A	E	R	U	G	E	N
T	O	O	L	I	W	O	S	S	P	D	A	Y	T	T
M	A	R	I	O	N	E	T	T	E	B	D	N	E	E
H	A	N	D	T	M	T	C	A	R	V	E	E	P	R
S	I	A	R	K	E	N	S	E	R	I	W	U	P	T
O	H	O	C	W	C	I	P	T	W	N	N	L	U	A
S	L	O	E	L	B	A	F	U	E	C	F	G	P	I
E	S	K	W	O	P	P	B	F	H	S	S	I	S	N

421 MITCHUM ON FILM 421

Actor Robert Mitchum made his film debut in 1943 in the Hopalong Cassidy western, "Hoppy Serves a Writ." He appeared in about 18 movies that year. In 1990 he broke his tough-guy image when he starred in the television sitcom, "A Family for Joe," as a surrogate grandfather to four orphaned children.

- ☐ ANGEL Face
- ☐ ANZIO
- ☐ BIG SLEEP, The
- ☐ CAPE Fear
- ☐ CRY HAVOC
- ☐ ENEMY Below, The
- ☐ FOREIGN Intrigue
- ☐ GIRL Rush
- ☐ GOING Home
- ☐ GUNG HO!
- ☐ HOLIDAY Affair
- ☐ HUNTERS, The
- ☐ LAST Tycoon, The
- ☐ LOCKET, The
- ☐ LONGEST Day, The
- ☐ MARIA'S Lovers
- ☐ MATILDA
- ☐ MIDWAY
- ☐ MR. NORTH
- ☐ NIGHT of the Hunter
- ☐ PURSUED
- ☐ RAMPAGE
- ☐ RED PONY, The
- ☐ RYAN'S Daughter
- ☐ SCROOGED
- ☐ SECOND Chance
- ☐ SECRET Ceremony
- ☐ THUNDER Road
- ☐ TRACK of the Cat
- ☐ VILLA Rides
- ☐ WAY WEST, The
- ☐ YAKUZA, The
- ☐ YOUNG Billy Young

T	N	F	L	D	S	A	Z	U	K	A	Y	R	O	N
W	G	K	O	H	G	N	U	G	V	F	A	G	I	S
W	S	E	C	R	E	T	G	T	I	M	D	W	Z	M
O	N	L	K	A	E	O	Y	S	P	R	I	I	N	O
D	I	C	E	M	R	I	M	A	T	I	L	D	A	N
V	G	Z	T	G	S	T	G	L	W	C	O	W	G	N
Y	H	D	S	I	N	E	C	N	O	D	H	N	P	C
M	T	S	E	W	Y	A	W	V	N	I	I	U	A	B
E	R	S	G	G	V	W	A	O	M	O	R	M	R	R
N	P	N	N	M	O	H	B	I	G	S	L	E	E	P
E	E	U	O	A	Y	O	N	P	U	G	D	K	D	E
N	O	H	L	R	Y	S	R	E	T	N	U	H	P	A
Y	H	L	C	I	T	R	D	C	U	H	V	A	O	V
I	I	W	O	A	L	H	F	H	S	E	C	O	N	D
V	O	A	E	S	D	Y	T	U	U	C	L	C	Y	U

422 OLIVIA ON FILM 422

Actress Olivia De Havilland, sister of Joan Fontaine, fought the studio system's contract policy and won a landmark decision that held player contracts to 7 years and no longer.

- ☐ AIRPORT '77
- ☐ ANTHONY Adverse
- ☐ My Love Came BACK
- ☐ Strawberry BLONDE
- ☐ The Well-Groomed BRIDE
- ☐ The Charge of the Light BRIGADE
- ☐ Lady in a CAGE
- ☐ CALL IT A DAY
- ☐ The Ambassador's DAUGHTER
- ☐ Hold Back the DAWN
- ☐ DEVOTION
- ☐ DODGE City
- ☐ A Midsummer Night's DREAM
- ☐ FOUR'S a Crowd
- ☐ Government GIRL
- ☐ GOLD Is Where You Find It
- ☐ GONE with the Wind
- ☐ HARD to Get
- ☐ The HEIRESS
- ☐ Adventures of Robin HOOD
- ☐ HUSH Hush
- ☐ Alibi IKE
- ☐ The IRISH in Us
- ☐ IT'S LOVE I'm After
- ☐ Pope JOAN
- ☐ That LADY
- ☐ LIBEL
- ☐ In This Our LIFE
- ☐ The Dark MIRROR
- ☐ Princess O'ROURKE
- ☐ The Light in the PIAZZA
- ☐ My Cousin RACHEL
- ☐ The Proud REBEL
- ☐ The SNAKE Pit
- ☐ Not as a STRANGER
- ☐ The SWARM
- ☐ SWEET Charlotte
- ☐ THANK Your Lucky Stars
- ☐ TO EACH His Own
- ☐ Santa Fe TRAIL
- ☐ WINGS of the Navy

N	L	H	Z	C	F	R	S	E	L	S	S	E	I	C
Y	I	G	O	T	F	E	Y	I	D	Z	F	P	R	Z
N	A	N	I	O	R	E	B	E	L	I	W	L	I	V
O	R	O	U	R	K	E	V	O	L	S	T	I	S	I
H	T	R	R	Z	L	C	G	T	O	E	A	C	H	E
T	S	L	E	H	C	A	R	N	I	D	R	E	A	M
N	E	U	T	Z	D	L	K	C	A	B	I	Z	C	H
A	N	E	H	R	W	L	A	M	I	R	R	O	R	C
I	O	N	G	P	F	I	E	D	E	I	T	I	E	A
R	I	O	U	D	I	T	N	S	Y	G	E	S	D	G
P	T	G	A	K	O	A	S	G	I	A	E	W	A	E
O	O	U	D	V	N	D	Z	G	S	D	W	A	D	K
R	V	F	P	J	O	A	N	Z	O	E	S	R	V	I
T	E	K	A	N	S	Y	H	O	A	L	A	M	T	R
E	D	N	O	L	B	Z	H	T	A	H	D	A	W	N

423 TREASURED TROVE 423

Wherever lost treasure is rumored to exist, from deep within the recesses of a forbidden cave to the watery sepulcher of a sunken ship, you'll find treasure hunters. If the thrill of uncovering valuables from long ago is dear to your soul, you're sure to enjoy this puzzle about treasure hunting.

- ☐ ARTIFACT
- ☐ BOOTY
- ☐ BUOY
- ☐ BURIED
- ☐ CACHE
- ☐ CHEST
- ☐ COINS
- ☐ CORAL
- ☐ CRYPT
- ☐ CUTLASS
- ☐ DIVER
- ☐ DOUBLOON
- ☐ DREDGE
- ☐ FIND
- ☐ GEMS
- ☐ GOLD
- ☐ HOIST
- ☐ HUNT
- ☐ INGOT
- ☐ JEWELS
- ☐ LOST
- ☐ MAPS
- ☐ MINE
- ☐ MONEY
- ☐ PIECE
- ☐ PIRATE
- ☐ PRIZE
- ☐ REEF
- ☐ RELIC
- ☐ REMNANT
- ☐ REWARD
- ☐ RICH
- ☐ SEARCH
- ☐ SHARD
- ☐ SIFT
- ☐ SILT
- ☐ SILVER
- ☐ SUNKEN
- ☐ SURVEY
- ☐ TREASURE
- ☐ WRECK

M	T	S	I	O	H	F	A	R	T	I	F	A	C	T
O	S	L	S	W	T	S	E	H	C	D	F	F	D	T
W	A	E	I	U	L	P	T	N	A	N	M	E	R	V
F	R	W	A	S	N	D	Y	M	D	I	K	E	E	Y
N	C	E	S	R	P	K	G	R	N	L	A	T	D	R
V	A	J	C	I	C	O	E	E	C	S	A	A	G	E
V	C	N	E	K	L	H	K	N	U	D	N	R	E	L
D	H	C	Y	D	S	V	D	R	T	O	S	I	O	I
C	E	N	L	T	S	M	E	G	L	U	S	P	O	C
V	Z	M	O	N	E	Y	I	R	A	B	H	B	A	C
D	I	X	R	E	W	A	R	D	S	L	O	U	I	M
U	R	N	Y	E	V	R	U	S	S	O	U	O	N	S
Y	P	A	G	S	V	E	B	R	T	O	J	Y	I	T
R	I	C	H	O	B	I	I	Y	D	N	I	F	V	W
T	N	L	O	S	T	F	D	G	W	K	T	N	K	Z

424 SUMMER SPLASHBACK 424

Summer is the perfect time to enjoy the water sports and activities that were kept on the back burner all winter. To get you in the right frame of mind, see how many of the entries of 3 or more letters that can all be preceded by WATER you can find in the diagram. We have looped one entry for you and provided the first letters of the remaining entries.

Word list on page 555

B ALLET
B ________
B ________
B ________
C ________
C ________
F ________
F ________
F ________
F ________
H ________
H ________
L ________
L ________
L ________
M ________
M ________
M ________
M ________
M ________
P ________
P ________
P ________
S ________
S ________
S ________
S ________
T ________
T ________
W ________
W ________

F	W	H	Y	N	U	B	T	N	O	R	F	N	B	H
I	Y	H	L	O	R	D	T	U	Y	D	L	A	M	M
B	Z	P	E	L	Y	W	U	F	N	D	W	E	L	N
D	P	F	D	E	G	G	O	L	I	T	T	I	K	L
M	C	F	V	M	L	U	P	I	P	E	S	L	T	S
P	U	M	P	B	N	L	S	W	R	B	D	E	H	S
S	D	B	O	T	T	L	E	E	U	R	W	V	H	O
S	K	Y	A	C	W	U	N	F	A	I	Y	E	E	C
D	P	I	T	F	C	E	F	Z	N	D	S	L	A	N
N	N	K	S	E	T	A	A	G	P	B	I	O	T	T
A	H	M	T	F	L	H	S	R	O	L	O	C	E	B
G	L	M	O	O	Y	L	O	I	Y	O	M	A	R	K
G	W	S	W	W	U	O	A	M	N	I	A	M	Z	L
E	R	K	E	L	F	T	A	B	L	E	Y	R	L	G
H	F	V	R	I	Y	E	N	Y	Y	T	K	H	A	D

425 THROUGH THE YEARS 425

Yearbooks are fun to look through as you remember friends from the past and the good ol' days. For a look at your favorite celebrities during their academic years, "Yearbook," published in 1990, is a book that should be on your summer reading list.

- ☐ ADVISOR
- ☐ CAPTION
- ☐ CLUBS
- ☐ COACH
- ☐ COLLAGE
- ☐ DEDICATION
- ☐ DESIGN
- ☐ EDITOR
- ☐ FRESHMEN
- ☐ GRADUATION
- ☐ HIGHLIGHTS
- ☐ HISTORY
- ☐ HOMECOMING
- ☐ INDEX
- ☐ JUNIORS
- ☐ LAYOUT
- ☐ LOGO
- ☐ MEMORIES
- ☐ NAMES
- ☐ PHOTOS
- ☐ PICTURES
- ☐ Class PLAY
- ☐ PRINCIPAL
- ☐ PROM
- ☐ SCHOOL
- ☐ SENIORS
- ☐ SIGN IT
- ☐ SOPHOMORES
- ☐ SPORTS
- ☐ TEACHERS
- ☐ THEME
- ☐ Class TRIP
- ☐ YEARBOOK

V	P	L	A	Y	V	U	C	T	U	O	Y	A	L	L
E	D	I	T	O	R	P	L	O	G	O	D	L	N	S
B	T	D	R	B	N	O	H	E	A	V	B	A	O	T
G	I	E	R	T	O	Y	T	O	I	C	N	P	I	H
S	N	S	E	N	I	O	R	S	T	O	H	I	T	G
P	G	I	J	K	T	S	O	C	I	O	O	C	A	I
O	I	G	M	O	P	R	R	T	M	H	S	N	C	L
R	S	N	M	O	A	F	A	O	S	O	Y	I	I	H
T	B	S	E	B	C	U	R	E	I	C	R	R	D	G
S	U	Y	M	R	D	E	M	E	O	N	H	P	E	I
F	L	V	O	A	S	A	M	L	S	E	U	O	D	H
S	C	T	R	E	N	I	L	O	S	H	G	J	O	C
D	D	G	I	Y	C	A	D	T	H	E	M	E	P	L
I	N	D	E	X	G	S	R	E	H	C	A	E	T	B
U	A	I	S	E	R	U	T	C	I	P	D	T	N	B

426 MISSING VOWELS 426

Before you can loop the words in the list below, you must first fill in the circles in the diagram with the missing vowels A, E, I, O, and U. We have filled in one entry for you.

- ☑ ACROSS
- ☐ AREA
- ☐ AUDIO
- ☐ AWAY
- ☐ CARE
- ☐ CELERY
- ☐ CHARITY
- ☐ DEFENSE
- ☐ EAGLE
- ☐ FOLLOW
- ☐ FUMBLE
- ☐ FUND
- ☐ GREAT
- ☐ HOT DOG
- ☐ IDEA
- ☐ LATER
- ☐ LISTEN
- ☐ MOWER
- ☐ NEED
- ☐ OMELET
- ☐ POINT
- ☐ POUR
- ☐ POWER
- ☐ PROPER
- ☐ PROVIDE
- ☐ RAIN
- ☐ REVIEW
- ☐ SHEET
- ☐ SPEAK
- ☐ TITLE
- ☐ TOWER
- ☐ USAGE
- ☐ USED
- ☐ VACATE
- ☐ VANITY
- ☐ VERBAL
- ☐ WEEK
- ☐ WHERE
- ☐ WINDOW
- ☐ WORTH

H	L	Y	L	N	G	H	○	W	T	F	C	W	P	F
S	○	R	○	C	R	H	M	G	○	D	T	○	H	V
V	B	P	○	W	○	R	○	L	○	D	○	G	○	F
T	V	○	R	B	○	L	L	F	S	R	N	N	H	W
F	M	B	G	K	T	○	○	Y	M	T	○	○	L	R
D	V	H	S	○	W	N	T	R	R	T	○	P	W	S
N	○	○	R	K	S	○	○	○	Y	R	V	R	S	P
G	H	○	C	○	R	○	W	○	○	W	○	O	○	○
K	D	D	W	○	P	○	G	V	P	L	R	V	L	○
F	○	○	H	G	T	○	○	L	T	C	H	○	B	K
B	S	C	○	L	W	○	R	○	A	T	S	D	M	○
T	○	H	R	○	W	F	T	P	R	T	T	○	○	P
C	X	R	○	W	○	M	○	○	○	W	○	D	F	V
V	V	K	C	○	S	M	W	N	V	B	○	R	L	P
T	H	R	H	W	T	N	○	○	D	○	F	H	F	P

427 CONSTITUTION STATE 427

Yankee ingenuity rings true in Connecticut where more patents have been granted to hometown inventors in proportion to the state's population than in any other state. Nutmeggers were the first in America to make copper coins, silk thread, needles and pins, cookbooks, cigars, carpets, bicycles, friction matches, and printing type!

- ☐ BARNUM Museum
- ☐ BEACHES
- ☐ BRIDGEPORT
- ☐ COAST
- ☐ COLLEGES
- ☐ CONNECTICUT River
- ☐ ENGLISH settlers
- ☐ FIFTH state
- ☐ GROTON
- ☐ HARBORS
- ☐ HARTFORD (capital)
- ☐ LAKES
- ☐ Mountain LAUREL (state flower)
- ☐ LONG Island Sound
- ☐ MUSEUMS
- ☐ MYSTIC Seaport
- ☐ NEW HAVEN
- ☐ OYSTERS
- ☐ PEAKS
- ☐ PEQUOT Indian War (1637)
- ☐ PORTS
- ☐ PURITAN settlers
- ☐ RIVERS
- ☐ ROBIN (state bird)
- ☐ SMALL
- ☐ STAMFORD
- ☐ Constitution STATE
- ☐ SUBMARINE base
- ☐ THAMES River
- ☐ TOBACCO
- ☐ TRADES
- ☐ WHITE oak (state tree)
- ☐ YACHTS
- ☐ YALE University

A	M	U	N	R	A	B	R	F	Q	E	L	A	Y	G
N	S	M	U	E	S	U	M	O	V	M	Q	D	A	R
S	O	W	S	C	V	D	Q	E	B	S	C	R	C	O
T	R	C	C	T	O	A	N	A	E	I	T	O	H	T
R	M	E	C	O	A	G	H	K	R	R	N	F	T	O
O	I	M	V	A	L	T	A	W	O	N	L	M	S	N
P	E	S	Y	I	B	L	E	P	E	O	E	A	E	P
W	T	E	S	S	R	O	E	C	N	N	D	T	N	E
C	I	H	E	I	T	G	T	G	W	P	R	S	I	A
D	H	C	D	T	D	I	S	L	E	G	O	B	R	K
C	W	A	A	I	C	M	C	Q	Y	S	F	H	A	S
O	L	E	R	U	A	L	U	F	I	F	T	H	M	R
A	E	B	T	L	I	O	Y	S	T	E	R	S	B	E
S	F	H	L	Y	T	P	U	R	I	T	A	N	U	F
T	H	A	M	E	S	R	O	B	R	A	H	Q	S	C

428 ALL IN ORDER 428

Get your thoughts in order as you search for the words associated with placing and taking an order.

- ☐ ADDRESS
- ☐ BACK order
- ☐ BILL
- ☐ BUY
- ☐ CATALOG
- ☐ CHARGE
- ☐ CLERK
- ☐ CLIENT
- ☐ CONFIRM
- ☐ CONTRACT
- ☐ COPY
- ☐ CREDIT
- ☐ CUSTOMER
- ☐ DATE
- ☐ DELIVER
- ☐ DESK
- ☐ FILE
- ☐ FOLDER
- ☐ INVOICE
- ☐ LABEL
- ☐ LETTER
- ☐ LINES
- ☐ MAIL
- ☐ MANUFAC-TURER
- ☐ MERCHANDISE
- ☐ ORDER
- ☐ PHONE book
- ☐ PRICE
- ☐ PRINTER
- ☐ PURCHASE
- ☐ QUANTITY
- ☐ QUOTE
- ☐ RECORDS
- ☐ RETAIL
- ☐ SHIP
- ☐ SHOP
- ☐ SIGN
- ☐ SUPPLY
- ☐ VENDOR
- ☐ WHOLESALE

C	V	T	Y	L	P	P	U	S	G	S	E	N	I	L
T	D	E	N	I	E	M	I	S	O	B	V	C	S	F
R	C	E	N	E	C	A	I	E	L	S	H	O	P	O
Y	E	A	S	D	I	I	S	R	A	C	E	N	R	L
C	L	E	R	K	O	L	M	D	T	U	T	F	I	D
O	H	T	Y	T	V	R	C	D	A	S	O	I	C	E
E	R	A	M	A	N	U	F	A	C	T	U	R	E	R
L	W	D	R	L	I	O	D	I	P	O	Q	M	Y	E
A	K	V	E	G	D	P	C	U	L	M	D	R	T	T
S	C	B	C	R	E	S	R	C	P	E	E	B	I	A
E	A	C	O	P	Y	C	R	I	P	R	L	Q	T	I
L	B	F	R	C	H	E	H	H	N	G	I	S	N	L
O	I	E	D	A	D	S	O	S	I	T	V	Y	A	D
H	L	E	S	I	D	N	A	H	C	R	E	M	U	T
W	L	E	T	T	E	R	L	H	D	B	R	R	Q	B

429 WOOD YOU? 429

We're on the level with this puzzle that's just plane fun! Clamp down and see if you can find awl of the words below associated with woodworking.

- ☐ AWL
- ☐ BAND
- ☐ BELT
- ☐ BENCH
- ☐ BITS
- ☐ Rip BLADE
- ☐ CHAIN
- ☐ CHISEL
- ☐ CHUCK
- ☐ CLAMP
- ☐ COPING
- ☐ CROSSCUT
- ☐ DADO
- ☐ DRILL
- ☐ ELECTRIC
- ☐ FILE
- ☐ GLUE
- ☐ HAMMER
- ☐ JOINTER
- ☐ LATHE
- ☐ LEVEL
- ☐ MITER box
- ☐ NAIL set
- ☐ ORBITAL
- ☐ PLANE
- ☐ POWER
- ☐ PRESS
- ☐ PUNCH
- ☐ RADIAL arm
- ☐ RASP
- ☐ ROUTER
- ☐ SABER
- ☐ SANDER
- ☐ SANDPAPER
- ☐ SAWS
- ☐ SCREWDRIVER
- ☐ SHAPER
- ☐ SQUARE
- ☐ TABLE
- ☐ Steel TAPE
- ☐ VISE
- ☐ WOOD

```
S H C N U P W P S S E R P M S
C A L O R E T I M A W D D E S
H D A R C K U A M N A A A U T
U O M B E N C H P D R U S L I
C O P I N G S K O E R E U G B
K W S T P C S R V R O I B M J
E H T A L J O I N T E R L A Q
N A I L N U R E M M A H D L S
I I L L T D C H E L D B P L K
A L R E W O P M W R N L L B I
H G R E V T R A D I A L E E R
C I R T C E L E P N B U E R V
J C H I S E L E E E S M Q A J
S H A P E R W I B W R V I S E
G G V N A M D W F L V C D P Q
```

430 BOXES 430

All the entries in the list are found in the diagram in an unusual way. Each entry reads either clockwise or counterclockwise around the edges of a box (sometimes a square and sometimes a rectangle).

☑ AEROBICS
☐ AIR LOG
☐ BIWEEKLY
☐ BLIMPS
☐ BONEFISH
☐ BOOTLACE
☐ CALMLY
☐ CARRIAGE
☐ COTTON
☐ DINOSAUR
☐ ELFISH
☐ EXCHANGE
☐ EXOTIC
☐ FILM CLIP
☐ FRISKY
☐ HOVERING
☐ INVENTOR
☐ JOURNALS
☐ KITCHENS
☐ LACEWORK
☐ MINUTE
☐ MUSK ROSE
☐ NOGGIN
☐ OUTPUT
☐ OVERLORD
☐ POCKETBOOK
☐ REFLEX
☐ REVIEWER
☐ STOWAWAY
☐ SWARMS
☐ TEAROOMS
☐ TURTLE
☐ UNMASK
☐ VANQUISH
☐ V-EIGHT

H	S	I	A	U	N	T	O	B	S	P	N	S	S	B
E	L	F	V	K	M	I	X	L	I	M	E	M	W	A
X	R	E	T	S	A	C	E	W	N	U	T	R	A	W
X	W	A	J	M	R	Q	G	G	I	P	O	G	Y	O
O	D	R	O	O	R	I	A	G	N	T	U	I	S	T
V	E	R	L	I	K	R	L	O	N	G	Q	H	H	M
O	V	I	C	P	C	H	T	V	E	G	N	A	V	N
H	G	N	M	F	M	G	I	E	E	X	C	H	E	I
S	L	M	L	I	N	O	X	W	K	R	O	W	N	R
J	A	C	Y	D	T	S	C	I	L	A	C	E	T	O
O	N	Y	F	R	U	A	E	B	Y	T	C	P	L	O
U	R	K	S	I	V	E	R	O	N	I	H	R	A	B
B	O	N	U	E	W	E	R	T	C	K	E	T	C	E
H	S	E	M	V	O	R	U	T	O	S	N	B	K	S
S	I	F	S	P	N	T	L	E	P	K	O	O	E	T

431 WOMEN'S WEAR 431

A middy blouse, short for midshipman, is a loose-fitting shirt with a sailor collar. Take a look at what the best-dressed women are wearing with this Word Seek featuring various types of women's wear.

- ☐ BLAZER
- ☐ BLOUSE
- ☐ BOLERO
- ☐ CARDIGAN
- ☐ CHEMISE
- ☐ COAT dress
- ☐ CULOTTE
- ☐ Shirtwaist DRESS
- ☐ DROP waist dress
- ☐ GAUCHOS
- ☐ GORED skirt
- ☐ Evening GOWN
- ☐ JEANS
- ☐ JUMPER
- ☐ KILT
- ☐ KIMONO
- ☐ MIDDY blouse
- ☐ NEGLIGEE
- ☐ NIGHTGOWN
- ☐ OVERALLS
- ☐ PEDAL pushers
- ☐ PLEATED skirt
- ☐ POLO shirt
- ☐ RUFFLED skirt
- ☐ SARONG
- ☐ SCARF
- ☐ SHAWL
- ☐ SHEATH dress
- ☐ SHORTS
- ☐ SMOCK
- ☐ STOLE
- ☐ STRAPLESS dress
- ☐ SUIT
- ☐ SUNDRESS
- ☐ SWEATER
- ☐ TURTLENECK
- ☐ Drop WAIST dress
- ☐ WRAP dress
- ☐ YOKE skirt

K	F	Z	E	Y	O	K	E	P	C	F	R	R	R	S
C	A	H	T	A	E	H	S	U	N	D	R	E	S	S
O	J	L	R	E	P	M	U	J	Z	Z	T	Z	D	E
M	K	L	A	S	T	R	O	H	S	T	N	A	E	L
S	I	Z	G	D	D	V	L	G	O	R	I	L	L	P
V	M	D	G	A	E	I	B	L	C	C	G	B	F	A
F	O	C	D	R	U	P	U	M	H	N	H	F	F	R
B	N	V	A	Y	K	C	E	N	E	L	T	R	U	T
V	O	L	S	R	F	I	H	G	M	G	G	A	R	S
C	L	L	W	H	D	D	L	O	I	N	O	C	P	A
S	O	N	E	W	A	I	S	T	S	S	W	S	I	R
T	P	A	A	R	G	W	G	U	E	S	N	O	P	O
O	D	V	T	E	O	W	L	A	I	P	E	A	G	N
L	P	D	E	T	A	E	L	P	N	T	R	R	E	G
E	G	O	R	E	D	R	O	P	D	W	D	T	D	J

432 433 HERE AND THERE 432 433

There are many 6-letter words hidden in the two diagrams below, but only 7 words are in BOTH diagrams! Can you find them? The list of the 7 words is given on page 554.

HERE

M	R	G	P	T	R	U	S	T	S	C	R
E	L	D	D	A	P	N	P	S	G	A	T
T	F	N	R	S	D	G	C	C	N	M	S
C	R	B	O	S	T	O	N	C	O	E	A
T	I	P	M	F	M	R	R	C	R	L	H
T	G	M	I	B	M	E	A	E	P	S	G
N	H	P	O	G	F	C	N	N	D	F	A
H	T	S	P	O	L	E	H	L	D	G	M
B	N	A	R	C	H	E	S	S	P	S	N
D	H	M	R	S	N	T	T	G	T	F	H

YOUR LIST OF 6-LETTER WORDS

THERE

E	L	P	P	O	T	C	T	S	S	T	G
R	T	I	S	E	T	M	T	N	D	N	C
E	R	G	L	N	C	N	E	H	D	R	L
M	U	C	T	I	U	N	O	T	S	O	B
I	S	R	P	A	E	C	A	T	M	R	C
N	T	L	H	R	L	S	M	T	C	N	P
D	S	D	E	R	O	D	A	M	S	L	H
T	M	S	B	M	T	N	E	M	O	M	C
S	G	H	R	H	A	A	G	H	A	S	T
R	E	K	A	H	S	C	G	S	S	G	G

434 DESSERT CART 434

Ambrosia, made with fruits and grated coconut, is a rich dessert dating back to the 19th century. Its name is from the Greek "ambrotos," meaning "immortal," and refers to the food of the Greek gods, which was thought to bestow immortality.

- ☐ AMBROSIA
- ☐ BAKLAVA
- ☐ BLINTZ
- ☐ BOMBE
- ☐ BONBON
- ☐ BROWN betty
- ☐ CAKE
- ☐ CANDY
- ☐ COBBLER
- ☐ CON-FECTION
- ☐ COOKIE
- ☐ CREME
- ☐ CREPE
- ☐ CRISP
- ☐ CRULLER
- ☐ DIVINITY
- ☐ FRUIT
- ☐ FUDGE
- ☐ GELATIN
- ☐ GINGER-BREAD
- ☐ GLAZE
- ☐ ICE MILK
- ☐ MOUSSE
- ☐ MUFFIN
- ☐ PETITS fours
- ☐ PUFF
- ☐ ROLL
- ☐ SCONE
- ☐ SHERBET
- ☐ STOLLEN
- ☐ STREUSEL
- ☐ TART
- ☐ TORTE
- ☐ WAFER
- ☐ YOGURT
- ☐ ZABAGLIONE

P	Z	M	M	W	B	L	R	K	I	Z	H	Y	P	E
W	U	T	U	N	H	C	P	E	T	I	T	S	G	Z
T	Y	F	F	R	I	I	O	N	F	I	B	D	F	A
C	O	N	F	E	C	T	I	O	N	A	U	B	T	L
C	V	C	I	A	T	L	A	I	K	F	W	R	O	G
N	O	B	N	O	B	D	V	L	R	I	A	O	F	T
C	T	D	C	K	G	I	A	G	E	T	E	W	P	C
U	Y	A	T	C	D	V	L	A	I	G	Z	N	S	A
N	K	F	O	D	A	E	R	B	R	E	G	N	I	G
E	P	E	R	C	S	E	E	A	E	V	Y	S	R	G
L	S	V	T	U	L	O	T	Z	L	M	O	H	C	M
L	F	S	E	L	Z	V	T	E	B	R	E	H	S	W
O	T	R	U	G	O	Y	H	M	B	N	O	R	A	D
T	T	R	C	O	S	E	B	M	O	B	E	L	C	B
S	C	O	N	E	M	S	A	I	C	E	M	I	L	K

435 UNCOMMON GROUND 435

Loquats are the small, delicate orange or yellow fruits of the loquat tree. The petite evergreen is common in China and Japan and was introduced into the United States in 1784. Today, it grows along the Gulf Coast and in northern regions of South America and is commercially cultivated in California. Here is a list of uncommon fruits and vegetables to add to your shopping list.

- ☐ ARUGULA
- ☐ BOK CHOY
- ☐ BREADFRUIT
- ☐ CARAMBOLA
- ☐ CARDOON
- ☐ CHAYOTE
- ☐ DAIKON
- ☐ GUAVA
- ☐ JACKFRUIT
- ☐ JICAMA
- ☐ KIWI
- ☐ KOHLRABI
- ☐ LONGAN
- ☐ LOQUAT
- ☐ MEDLAR
- ☐ PASSION-FRUIT
- ☐ PERSIMMON
- ☐ POKEWEED
- ☐ PURSLANE
- ☐ QUINCE
- ☐ RAMP
- ☐ RAMPION
- ☐ RAPINI
- ☐ SALSIFY
- ☐ SAPODILLA
- ☐ TARO
- ☐ TOMATILLO
- ☐ UDO
- ☐ YAUTIA

Q	T	O	M	S	K	H	Q	Y	O	H	C	K	O	B
F	J	N	U	A	N	O	K	I	A	D	N	G	Q	E
J	R	P	O	P	E	S	H	R	M	S	U	U	T	N
M	T	A	R	O	A	H	U	L	A	I	I	O	O	N
T	W	S	P	D	D	G	P	M	R	N	Y	U	D	T
I	V	S	T	I	U	R	F	K	C	A	J	J	E	S
U	L	I	A	L	N	P	A	E	H	S	B	E	E	T
R	G	O	A	L	C	I	E	C	R	A	K	I	W	I
F	T	N	M	A	O	P	U	R	S	L	A	N	E	U
D	Q	F	A	N	T	B	N	P	S	S	O	C	K	L
A	N	R	C	I	T	O	M	A	T	I	L	L	O	D
E	H	U	I	D	T	A	O	A	P	F	M	Q	P	G
R	L	I	J	D	R	U	N	M	R	Y	U	M	Q	O
B	U	T	G	U	A	V	A	O	N	A	G	N	O	L
J	M	E	D	L	A	R	O	Y	T	N	C	M	A	N

436 COPPER PLATE 436

Since copper has a natural acidity, bowls of this metal are ideal to use when making meringue because the acid reacts with the egg whites and increases their volume.

- ☐ ALLOY
- ☐ ARIZONA
- ☐ BARS
- ☐ BILLETS
- ☐ BRASS
- ☐ BRONZE
- ☐ CANADA
- ☐ CHILE
- ☐ COIN
- ☐ COMMON
- ☐ CONDUCTOR
- ☐ DUCTILE
- ☐ ELEMENT
- ☐ ENGRAVING
- ☐ GENERATOR
- ☐ HINGE
- ☐ INGOTS
- ☐ KETTLE
- ☐ LAMP
- ☐ LUSTER
- ☐ MALLEABLE
- ☐ METAL
- ☐ MINE
- ☐ MOTOR
- ☐ ORES
- ☐ OXIDE
- ☐ PENNY
- ☐ PIGMENT
- ☐ PIPE
- ☐ POTS
- ☐ ROOFING
- ☐ SHEET
- ☐ SMELT
- ☐ STRONG
- ☐ TELEPHONE
- ☐ UTAH
- ☐ WIRE

Z	C	K	H	Y	N	N	E	P	I	P	X	C	L	E
C	O	I	N	C	O	S	H	A	C	E	F	W	O	C
D	N	N	P	M	A	L	R	O	X	D	G	P	G	S
H	D	G	M	O	D	I	L	A	U	I	W	N	N	S
C	U	O	R	T	Z	S	U	A	B	X	R	C	I	B
U	C	T	M	O	P	Y	S	T	R	O	N	G	V	H
E	T	S	N	R	I	T	T	A	T	L	Z	P	A	E
A	O	A	X	E	G	R	E	A	R	S	C	C	R	T
U	R	D	H	S	M	S	R	L	M	B	H	I	G	A
M	Y	A	U	E	E	E	T	E	E	I	W	E	N	A
K	G	N	T	C	N	C	L	E	L	P	A	Z	E	S
I	N	A	K	E	T	T	L	E	L	L	H	N	N	T
L	L	C	G	A	K	I	I	T	E	L	I	O	L	O
S	E	E	L	B	A	E	L	L	A	M	I	R	N	P
R	O	O	F	I	N	G	K	E	F	A	T	B	Y	E

437 IN THREES 437

Not only did television's "My Three Sons" have a Disney flavor to it, it even featured three Disney actors: Don Grady, a former Mouseketeer, and Fred MacMurray and Tim Considine, who costarred in the film "The Shaggy Dog."

- ☐ ADVENTURES
- ☐ BARBARA
- ☐ CAST
- ☐ CHIP
- ☐ COLLEGE
- ☐ DAVE Welch
- ☐ DODIE
- ☐ DOG
- ☐ DOUGLAS family
- ☐ ENGINEER
- ☐ ERNIE
- ☐ FAMILY
- ☐ FERGUS
- ☐ FLORENCE Pearson
- ☐ HANK Ferguson
- ☐ HENRY Pearson
- ☐ HOUSE-KEEPER
- ☐ KATIE
- ☐ LONG-RUNNING
- ☐ MARRIAGES
- ☐ MIDWEST
- ☐ MIKE
- ☐ POLLY
- ☐ ROBBIE
- ☐ SITCOM
- ☐ STEVE
- ☐ SUDSY Pfeiffer
- ☐ TERRI Dowling
- ☐ THEME
- ☐ TRAMP (dog)
- ☐ TRIPLETS
- ☐ TWELVE seasons
- ☐ UNCLE CHARLEY

U	K	A	T	I	E	P	B	P	H	I	T	K	V	N
E	K	I	M	W	T	B	F	U	L	S	E	T	V	F
G	R	Y	A	H	E	S	E	G	A	I	R	R	A	M
E	C	N	E	R	O	L	F	C	W	E	R	M	L	A
L	N	M	I	L	O	H	V	F	P	H	I	E	D	L
L	E	G	S	E	R	H	B	E	T	L	R	V	I	O
O	M	I	I	G	E	A	E	R	Y	A	E	A	S	N
C	D	D	B	N	R	K	H	P	S	N	V	D	O	G
U	O	M	R	B	E	P	F	C	T	P	S	K	O	R
D	K	Y	A	S	O	E	E	U	E	A	I	G	D	U
H	N	R	U	L	U	R	R	W	L	L	T	H	E	N
G	A	O	L	K	T	E	G	G	P	T	C	W	C	N
C	H	Y	S	Y	S	D	U	S	I	G	O	N	V	I
M	Y	W	A	P	W	O	S	T	R	A	M	P	U	N
C	U	Y	M	I	D	W	E	S	T	E	V	E	Y	G

438 MAH WORD 438

Mah-jongg is an ancient Chinese parlor game that dates back to the time of Confucius. It is played with 144 tiles engraved with Chinese drawings and symbols. The object is to obtain sets or combinations of tiles to win points.

- ☐ ACTIVITY
- ☐ ANCIENT game
- ☐ BAM tiles
- ☐ CHINA
- ☐ CHIPS
- ☐ COMBINE
- ☐ CRAK tiles
- ☐ DISCARD
- ☐ DOT tiles
- ☐ DRAGON tiles
- ☐ DRAW
- ☐ ENGRAVED
- ☐ EXCHANGE
- ☐ FLOWER tiles
- ☐ GREEN
- ☐ HAND
- ☐ PILE
- ☐ PLAYERS
- ☐ POINTS
- ☐ RECREATION
- ☐ RECTANGULAR tiles
- ☐ RED
- ☐ ROUND
- ☐ RULES
- ☐ SEASON tiles
- ☐ SET
- ☐ SKETCH
- ☐ SUIT
- ☐ SYMBOL
- ☐ TILES
- ☐ WHITE
- ☐ WIND tiles
- ☐ WINNERS

```
H N O I T A E R C E R W R G H
S V A V S P I H C C R A K S O
G E F E S D A U R N L C B R R
G F L L N N N E Y U O K A V D
G U O I D D O B G W B V F V H
R T W P T P S N C U M M B P L
A U E N G R A V E D Y I A A S
N B R X D T E C I O S N K B H
B O H I C X S S T L C W P H D
W T G E G H C R C I A H O V P
F R R A C A A E E R V T I U S
B S E T R O U N D Y L I N N L
A B E D D D T N G H A P T T A
B K N C O M B I N E M L S Y O
S D Y E T I H W B I L E P G H
```

439 BRADY'S BUNCH 439

Photographer Mathew Brady gained fame for his photographic record of the Civil War. Believing that the conflict needed to be photographed as completely as possible, he and a staff of about 100 photographers traveled with the Union armies and took more than 3,500 pictures. In many cases, his pictures provide the only visual record of leading people and events of the 1800s.

- ☐ ADAMS, John Quincy
- ☐ BATTLES
- ☐ CAMERA
- ☐ CAMP
- ☐ CIVIL War
- ☐ COLLECTION
- ☐ DAGUERRE-OTYPE
- ☐ EVENTS
- ☐ EXHIBIT
- ☐ FAME
- ☐ GALLERY
- ☐ GRANT, Ulysses (S.)
- ☐ HISTORY
- ☐ JOURNEY
- ☐ LEE, Robert (E.)
- ☐ LENS
- ☐ LINCOLN, Abraham
- ☐ MCKINLEY, William
- ☐ MEDAL
- ☐ NEGATIVES
- ☐ NEW YORK (birthplace)
- ☐ PEOPLE
- ☐ PHOTOGRAPHER
- ☐ PICTURES
- ☐ PRESIDENTIAL portraits
- ☐ PRIZES
- ☐ PROJECT
- ☐ RECORD
- ☐ SKILL
- ☐ SOLDIERS
- ☐ STUDIO
- ☐ TRAVEL
- ☐ UNION army
- ☐ VISUAL
- ☐ WARTIME

W	D	R	O	C	E	R	S	E	Z	I	R	P	F	P
A	D	A	M	S	Y	E	N	R	U	O	J	Y	R	M
E	I	T	G	E	R	H	N	P	R	O	J	E	C	T
L	T	T	N	U	D	P	W	O	O	A	S	K	A	G
P	I	K	T	A	E	A	N	G	I	I	I	F	M	I
O	B	C	N	D	R	R	L	K	D	N	D	K	P	M
E	I	F	O	T	F	G	R	E	L	E	U	U	B	V
P	H	A	I	A	O	O	N	E	V	G	B	M	T	I
C	X	M	T	L	Y	T	Y	O	O	A	R	J	G	S
A	E	E	C	W	I	O	S	L	T	T	R	L	A	U
M	U	M	E	A	E	H	L	T	I	I	Y	T	L	A
E	V	N	L	L	J	P	L	E	N	V	B	P	L	L
R	S	O	L	D	I	E	R	S	N	E	I	E	E	G
A	Y	R	O	T	S	I	H	P	F	S	V	C	R	F
L	I	N	C	O	L	N	S	K	I	L	L	E	Y	V

440 ZIGZAG 440

Instead of reading in a straight line, each word has one bend in it. One word has been looped for you.

- ☐ ALTIMETER
- ☐ BEEHIVE
- ☐ BIKINI
- ☐ BOULEVARD
- ☐ BUNDLE
- ☐ CANDY
- ☐ CEILING
- ☐ DATELINE
- ☐ DOWNSHIFT
- ☐ EASTBOUND
- ☐ FESTIVE
- ☐ FREIGHTER
- ☐ GRAINY
- ☐ HALF NOTE
- ☐ ISLANDS
- ☐ JUBILEE
- ☐ KEYHOLE
- ☐ LOBSTER
- ☐ MENORAH
- ☐ NINEVEH
- ☐ OREGON
- ☐ OTTOMAN
- ☐ PEBBLY
- ☐ PORTAL
- ☐ RADISH
- ☐ REMOVE
- ☐ STEWARD
- ☐ TARGET
- ☐ THIMBLES
- ☐ UNLOAD
- ☐ VIKING
- ☐ VISITORS
- ☐ WHISTLE
- ☐ WISHFUL
- ☐ YEARLY
- ☑ ZIGZAG

R	F	W	H	V	L	D	N	U	O	B	J	O	S	A
E	E	L	I	B	U	R	E	M	O	P	T	R	L	N
I	B	K	U	S	F	A	O	U	K	T	O	S	L	D
G	I	J	N	L	H	V	L	Z	O	T	I	R	A	S
H	K	N	C	O	E	E	I	M	I	O	L	E	T	E
T	B	I	G	A	Z	G	A	S	A	O	H	N	Z	T
E	M	E	N	O	R	A	N	R	A	W	X	Y	U	A
R	R	D	E	I	A	H	D	D	I	M	E	T	E	R
O	Y	V	E	N	I	L	E	M	T	B	I	T	G	K
Y	I	O	Y	I	N	I	N	T	L	U	O	E	S	B
L	T	U	L	N	Y	E	V	O	A	N	T	W	D	P
B	S	I	R	G	V	E	B	S	E	D	F	I	A	T
B	E	P	A	E	V	S	W	T	I	L	S	L	R	F
C	F	E	H	I	T	V	H	L	S	H	Z	Y	A	I
O	Y	T	H	I	M	B	L	E	D	O	W	N	S	H

441 CROSS WORDS 441

Hidden in the diagram below are pairs of words that cross at their common middle letter. Some are pairs of 5-letter words and some are pairs of 7-letter words. We have looped the pair BEARD and PLATE to start your list.

Word list on page 557

B EARD
P LATE

C ________
H ________

C ________
F ________

C ________
P ________

D ________
V ________

D ________
T ________

E ________
O ________

G ________
S ________

H ________
W ________

J ________
S ________

M ________
V ________

P ________
R ________

P ________
S ________

P ________
S ________

P ________
T ________

S ________
T ________

T ________
W ________

T ________
T ________

J	I	Y	D	O	I	O	E	N	L	E	C	J	V	T
Y	V	L	N	R	V	B	V	M	R	O	I	L	A	Y
P	I	J	R	B	I	Y	J	A	R	E	H	C	O	O
V	L	I	E	R	T	V	E	R	S	E	T	H	J	I
E	G	A	T	T	O	C	E	C	I	I	E	S	I	L
J	R	J	T	R	A	C	K	H	C	V	L	L	E	D
D	A	T	A	E	S	V	C	S	E	H	A	V	E	W
I	L	R	P	V	T	T	I	D	V	C	I	L	I	J
H	S	A	L	F	E	O	A	W	A	T	T	S	V	A
L	H	H	A	R	N	L	N	M	C	A	R	O	O	E
Y	O	C	T	I	G	R	I	A	P	H	I	P	L	O
I	E	S	A	V	T	R	E	N	I	K	P	M	U	P
V	S	T	E	E	L	R	I	T	L	P	L	A	N	T
I	S	V	L	R	T	L	C	L	A	V	E	W	O	J
T	O	L	P	Z	Y	H	I	O	V	C	T	S	R	L

442 NUMBER SEEK 442

Solve this puzzle by seeking numbers instead of letters.

- ☐ 19554
- ☐ 20650
- ☐ 24807
- ☐ 25751
- ☐ 25844
- ☐ 29466
- ☐ 38257
- ☐ 40104
- ☐ 42549
- ☐ 55511
- ☐ 55844
- ☐ 55902
- ☐ 56399
- ☐ 56431
- ☐ 58039
- ☐ 58118
- ☐ 58276
- ☐ 59144
- ☐ 59644
- ☐ 60210
- ☐ 60304
- ☐ 60567
- ☐ 64557
- ☐ 65188
- ☐ 65238
- ☐ 66754
- ☐ 68425
- ☐ 72941
- ☐ 75857
- ☐ 75884
- ☐ 75998
- ☐ 76342
- ☐ 76950
- ☐ 77007
- ☐ 77288
- ☐ 79359
- ☐ 79417
- ☐ 79701
- ☐ 80769
- ☐ 82790
- ☐ 83489
- ☐ 89012
- ☐ 90033
- ☐ 90887
- ☐ 95033
- ☐ 98404
- ☐ 98464
- ☐ 98942
- ☐ 99140
- ☐ 99257

1	0	7	9	7	1	4	9	7	8	6	0	2	1	0
5	1	8	7	8	8	6	0	5	1	7	5	2	9	9
2	4	0	2	0	6	5	0	4	0	5	5	4	0	7
5	0	2	5	7	0	6	3	2	8	3	6	0	8	2
7	3	9	5	6	9	5	7	6	1	9	3	1	7	8
5	0	4	5	9	8	9	4	2	8	3	9	0	5	5
1	6	6	4	5	5	7	4	4	8	4	9	4	8	6
9	5	6	8	0	5	8	3	4	5	5	2	0	5	6
0	2	0	3	7	0	8	4	2	1	1	3	5	7	7
8	7	5	2	8	3	9	4	5	5	9	1	6	4	2
8	9	9	5	7	1	0	0	4	9	8	5	6	1	6
7	4	6	6	9	9	1	4	0	8	0	4	1	1	1
1	2	4	4	7	7	2	8	8	6	8	5	4	7	2
8	2	4	3	6	7	9	3	5	9	5	5	9	3	3
0	8	8	1	5	6	2	0	3	5	9	7	7	5	3

443 MISSING VOWELS 443

Before you can loop the words in the list below, you must first fill in the circles in the diagram with the missing vowels A, E, I, O, and U. We have filled in one word for you.

- ☑ ACTION
- ☐ CAROL
- ☐ CHEF
- ☐ COUNTY
- ☐ CROP
- ☐ DECLARE
- ☐ FAVOR
- ☐ FICTION
- ☐ HEEL
- ☐ HELIUM
- ☐ HERE
- ☐ IMAGINE
- ☐ IVORY
- ☐ JUNKET
- ☐ KOALA
- ☐ LANTERN
- ☐ LIMIT
- ☐ LITTLE
- ☐ MOOD
- ☐ MOTION
- ☐ NUMERAL
- ☐ OCEAN
- ☐ ONLY
- ☐ PATRON
- ☐ PATTERN
- ☐ POSITION
- ☐ PREFIX
- ☐ PYLON
- ☐ REASSURE
- ☐ REMEDIAL
- ☐ ROYAL
- ☐ SEAT
- ☐ SECRET
- ☐ TOLERANT
- ☐ TUNNEL
- ☐ UNITED
- ☐ UTILITY
- ☐ VIVID
- ☐ WINTER
- ☐ WREATH

J	F	F	F	S	P	Y	L	○	N	M	W	X	C	R
X	○	F	○	R	P	○	P	M	○	N	L	Y	K	○
V	C	○	H	Y	N	○	T	○	T	○	W	○	X	Y
X	T	V	C	T	T	○	D	○	T	○	○	F	W	○
N	○	○	○	T	○	○	○	T	N	L	M	R	L	L
H	○	R	○	N	M	L	L	T	○	N	○	○	L	○
J	N	R	K	○	J	○	○	○	○	○	○	J	L	R
○	N	R	G	○	D	R	D	R	T	S	N	L	R	○
N	O	I	T	C	A	○	C	H	○	○	○	L	○	C
K	N	G	H	○	M	○	T	○	○	N	R	P	○	T
○	N	○	M	○	R	○	L	○	K	M	T	N	S	P
T	R	○	R	○	L	C	○	D	N	C	○	G	S	X
T	L	○	V	○	V	○	D	N	R	○	P	D	○	J
L	○	○	H	Y	T	N	○	○	C	○	V	○	R	Y
M	T	D	G	J	N	M	P	M	T	○	R	C	○	S

444 LICENSE PLATES 444

Take a spin around this diagram and locate all of these number-letter license plates.

- ☐ 28XHSD
- ☐ 28Y3AS
- ☐ 3MM9LT
- ☐ 3445RM
- ☐ 4V3VG6
- ☐ 42T48B
- ☐ 459RNZ
- ☐ 46XN2M
- ☐ 5D46W9
- ☐ 5H72S8
- ☐ 5VM9AY
- ☐ 6B289Z
- ☐ 64MTS9
- ☐ 7S244L
- ☐ 7697MD
- ☐ 8R4LLA
- ☐ 8XYD9S
- ☐ 95MDAL
- ☐ 98R7V3
- ☐ D8H2SX
- ☐ JMD62R
- ☐ L73G67
- ☐ L782B5
- ☐ MTJT33
- ☐ N46G4H
- ☐ Q2R39R
- ☐ Q7X8SJ
- ☐ QN7D87
- ☐ QQ6Q9Y
- ☐ V496V3
- ☐ VZ3R94
- ☐ X8B9HD
- ☐ Z886W8

9	5	M	D	A	L	H	Y	D	V	J	M	S	D	R
S	4	4	V	7	N	S	9	2	M	W	W	Q	G	6
B	V	Z	3	R	9	4	Q	D	8	7	R	V	N	S
6	N	G	5	M	G	G	6	6	Q	Y	9	S	V	4
M	6	W	B	R	6	2	Q	G	G	V	3	6	X	6
7	G	V	2	5	R	B	Q	6	4	V	H	A	7	X
D	A	S	8	4	V	B	2	9	3	H	3	N	S	N
G	S	L	7	4	R	M	6	8	S	M	7	V	2	2
5	4	H	L	3	9	V	9	5	9	8	M	R	4	M
D	5	4	X	4	3	T	H	A	D	Z	V	9	4	T
8	9	2	W	8	R	7	H	7	Y	4	4	5	L	J
H	R	T	4	4	2	8	N	Q	X	D	6	5	R	T
2	N	4	D	S	Q	Q	7	X	8	S	J	W	G	3
S	Z	8	8	6	W	8	L	3	V	7	R	8	9	3
X	8	B	9	H	D	V	9	B	9	S	T	M	4	6

445 ONE AND ONLY 445

The word GIANT is hidden in the diagram only once. It will read in a straight line forward, backward, up, down, or diagonally.

I	A	A	I	G	N	T	I	I	G	T	N
N	T	A	I	T	T	A	A	I	A	A	N
G	I	T	I	A	A	T	I	G	T	N	A
N	I	G	N	A	T	A	N	T	T	T	A
A	G	G	T	A	T	I	G	G	G	G	A
G	N	I	G	I	I	N	N	G	G	I	I
I	I	I	N	N	I	G	I	N	T	T	N
T	I	N	N	A	I	A	A	A	A	N	T
T	I	N	T	G	T	N	T	A	N	N	G
A	T	T	T	N	A	N	A	G	I	A	N

446 HOW MANY? 446

Can you find the word GIANT hidden in this diagram 25 times? Its letters read in a straight line forward, backward, up, down, and diagonally.

G	G	T	N	G	G	T	N	A	I	G	N
G	I	I	N	I	A	T	N	T	I	I	T
T	A	A	A	A	I	I	N	N	A	A	N
N	N	N	N	G	I	A	G	A	G	N	A
A	T	T	G	T	I	G	I	I	I	T	I
I	N	T	N	G	I	A	A	G	A	G	G
G	A	A	N	A	A	N	N	T	N	N	T
G	I	T	N	A	I	G	T	T	T	G	T
G	G	T	N	A	I	G	G	I	A	N	T
I	T	N	A	I	G	G	I	A	N	T	A

447 COMING UP ROSES 447

The Rose Bowl Hall of Fame is located in Pasadena's Brookside Park in California. It features statistics and mementos of all games played at the stadium since 1902. Below are names of Rose Bowl teams and words relating to the popular New Year's Day event.

- ☐ ALABAMA
- ☐ ARIZONA State
- ☐ BROWN
- ☐ CAMP Lewis
- ☐ COLLEGE
- ☐ COLUMBIA
- ☐ DUKE
- ☐ FOOTBALL
- ☐ GAME
- ☐ GEORGIA Tech
- ☐ GREAT Lakes
- ☐ HARVARD
- ☐ ILLINOIS
- ☐ INDIANA
- ☐ IOWA
- ☐ MARE Island
- ☐ MICHIGAN
- ☐ MINNESOTA
- ☐ NAVY
- ☐ NEBRASKA
- ☐ NEW YEAR'S Day
- ☐ NOTRE Dame
- ☐ OHIO State
- ☐ OREGON
- ☐ PASADENA
- ☐ PENN State
- ☐ PURDUE
- ☐ SCHOOLS
- ☐ SOUTHERN Cal.
- ☐ STANFORD
- ☐ TENNESSEE
- ☐ TRADITION
- ☐ TULANE
- ☐ UCLA
- ☐ WASHINGTON
- ☐ WISCONSIN

D	G	S	C	H	O	O	L	S	N	A	V	Y	S	V
A	A	N	N	O	I	T	I	D	A	R	T	A	G	T
M	M	M	R	N	L	O	K	H	N	I	A	G	U	I
I	E	A	N	E	N	L	C	E	O	Z	E	L	N	N
N	R	E	B	I	H	O	E	D	T	O	A	D	U	O
N	P	L	L	A	L	T	T	G	R	N	I	N	A	G
E	A	L	C	U	L	P	U	G	E	A	W	W	N	E
S	I	A	M	N	M	A	I	O	N	I	V	O	E	R
O	G	B	I	A	B	A	M	A	S	I	G	R	D	O
T	I	T	C	Y	W	F	E	C	C	S	H	B	A	V
A	C	O	H	O	D	R	O	F	N	A	T	S	S	H
E	D	O	I	C	A	N	E	B	R	A	S	K	A	N
R	U	F	G	M	S	R	A	E	Y	W	E	N	P	W
G	K	U	A	I	L	Y	G	F	U	R	M	B	I	K
T	E	N	N	E	S	S	E	E	U	D	R	U	P	M

448 FOR FORSYTHIA 448

Forsythia is a hardy shrub whose yellow flowers are a welcome ray of summer sunshine after the stark winter months. It may be pruned while in flower and cuttings placed in water root readily.

- ☐ ARCHING
- ☐ ARNOLD Gran
- ☐ ASIA (originated)
- ☐ ATTRACTIVE
- ☐ BEATRIX Farrand
- ☐ BEAUTY
- ☐ BLOOMS
- ☐ BORDER
- ☐ BRANCHES
- ☐ BUSH
- ☐ DECORATIVE
- ☐ DRAINAGE
- ☐ EARLY
- ☐ EASY to grow
- ☐ FLOWERS
- ☐ FOLIAGE
- ☐ FORSYTH, William
- ☐ GARDEN
- ☐ GOLDEN Bell
- ☐ GRACEFUL
- ☐ HARDY
- ☐ LEAVES
- ☐ LITTLE care
- ☐ PROLIFIC
- ☐ PRUNE
- ☐ RUGGED
- ☐ SCREEN
- ☐ SHAPE
- ☐ SHRUB
- ☐ SOIL
- ☐ SPREAD
- ☐ SPRING Glory
- ☐ SUNLIGHT
- ☐ VIVID
- ☐ YELLOW

D	T	D	N	G	V	P	S	P	R	I	N	G	D	A
C	Y	F	R	R	A	W	L	C	D	L	O	N	R	A
B	U	S	H	A	H	R	E	D	R	O	B	C	I	E
V	Y	U	A	C	I	X	D	R	B	E	H	B	P	T
A	D	N	E	E	E	N	N	E	G	I	E	A	P	W
T	I	L	N	F	B	V	A	A	N	A	H	N	V	U
X	V	I	U	U	C	T	I	G	U	S	D	E	N	N
F	I	G	R	L	R	L	I	T	E	U	E	D	I	S
L	V	H	P	I	O	I	Y	H	A	C	L	L	M	R
O	S	T	X	F	U	T	C	L	T	R	I	O	A	U
W	E	A	R	L	Y	N	V	I	H	Y	O	G	D	G
E	V	I	T	C	A	R	T	T	A	L	S	C	V	G
R	A	S	P	R	E	A	D	T	B	Y	N	R	E	E
S	E	A	B	S	P	R	O	L	I	F	I	C	O	D
T	L	I	M	W	O	L	L	E	Y	D	R	A	H	F

449 THE CHASE IS ON 449

Cornelius Crane "Chevy" Chase was one of the first major standouts on NBC's "Saturday Night Live," the late-night television spoof that earned him two Emmy Awards. He, along with pal Steve Martin, appeared in singer Paul Simon's music video "Proof" in 1991.

- ☐ ON
- "SATURDAY
- ☐ NIGHT
- ☐ LIVE,"
- ☐ CHEVY
- ☐ CHASE
- ☐ WAS THE
- ☐ ANCHOR OF
- ☐ "WEEKEND
- ☐ UPDATE."
- ☐ SINCE
- ☐ HE LEFT
- ☐ THE SHOW,
- ☐ HE HAS
- ☐ STARRED
- ☐ IN SEVERAL
- ☐ FILMS
- ☐ INCLUDING
- ☐ "FOUL
- ☐ PLAY,"
- ☐ "FLETCH,"
- ☐ AND
- ☐ "THREE
- ☐ AMIGOS,"
- ☐ BUT HIS
- ☐ MOST
- ☐ POPULAR
- ☐ ROLE IS
- ☐ THAT OF
- ☐ CLARK
- ☐ GRISWOLD IN
- ☐ "NATIONAL
- ☐ LAMPOON'S
- ☐ VACATION."

T	H	G	I	N	A	D	S	O	G	I	M	A	N	L
G	H	F	D	S	F	N	I	S	L	G	L	N	R	H
L	I	A	R	N	O	E	H	I	T	G	K	C	T	S
B	O	C	T	O	U	K	V	C	R	A	Y	H	N	E
Y	L	H	V	O	L	E	S	I	T	A	R	O	S	V
D	A	E	O	P	F	E	S	P	D	E	I	R	H	I
W	N	V	S	M	G	W	I	R	E	T	L	O	E	W
F	O	Y	O	A	O	N	U	S	A	A	K	F	L	D
A	I	S	P	L	H	T	I	C	U	D	C	V	E	T
V	T	L	D	N	A	C	A	D	R	P	V	D	F	V
M	A	I	M	S	G	V	N	H	U	U	C	V	T	D
Y	N	I	N	S	E	V	E	R	A	L	U	P	O	P
C	W	O	H	S	E	H	T	S	A	W	C	K	S	K
C	R	A	D	B	A	R	B	R	I	C	P	N	V	U
E	C	N	I	S	R	V	K	F	B	U	T	H	I	S

450 THE GREAT RACE 450

The London-Sydney marathon is a 10-day, 10,500 mile auto race that covers some of the world's roughest motoring terrain. In 1968 the event was filmed and aired by CBS news as an hour-long special, "The Incredible Auto Race."

- ☐ ADVENTURE
- ☐ ASIA
- ☐ AUSTRALIA
- ☐ AUTOMOBILES
- ☐ CARS
- ☐ COURSE
- ☐ DIRT
- ☐ DISTANCE
- ☐ DRIVERS
- ☐ ENDURANCE
- ☐ ENGINE
- ☐ ENTRIES
- ☐ EUROPE
- ☐ FAST
- ☐ FINISH
- ☐ GEAR
- ☐ KANGAROO bar
- ☐ LONDON
- ☐ MILES (10,500)
- ☐ MOTOR
- ☐ NUMBERS
- ☐ RACE
- ☐ RALLY
- ☐ REPAIRS
- ☐ ROAR
- ☐ ROLL cage
- ☐ ROOF
- ☐ SAFETY
- ☐ START
- ☐ STOPS
- ☐ SYDNEY
- ☐ TEAM
- ☐ TERRAIN
- ☐ TIME
- ☐ TIRES
- ☐ WINCH

Y	F	I	G	G	E	B	V	K	L	D	M	D	Y	U
N	S	O	V	P	E	C	N	A	R	U	D	N	E	C
M	O	T	O	R	C	A	D	N	E	N	I	G	N	E
M	H	R	A	R	N	N	R	G	R	A	C	D	D	P
A	U	S	T	R	A	L	I	A	R	U	U	M	Y	L
E	K	V	I	N	T	C	V	R	S	T	O	P	S	Y
T	R	I	D	N	S	C	E	O	C	O	C	L	M	E
C	R	U	Y	A	I	T	R	O	O	M	L	H	N	M
S	R	I	T	T	D	F	S	S	U	O	I	T	B	I
O	R	V	M	N	E	R	H	L	R	B	R	A	D	T
O	W	A	P	H	E	F	A	O	S	I	Y	V	I	P
A	N	G	C	B	A	V	A	T	E	L	A	R	A	H
D	L	N	M	D	I	R	D	S	L	E	E	P	E	R
V	I	U	W	Y	N	K	W	A	I	S	R	U	E	E
W	N	O	D	N	O	L	R	F	M	A	Y	K	K	R

451 GET BACK 451

You'll be taken aback with this puzzle whose hidden words of at least 4 letters can all follow BACK. We have looped one word to start your list and provided the first letters of those remaining.

Word list on page 557

B EAT ____

B ____

B ____

B ____

B ____

C ____

C ____

C ____

D ____

D ____

D ____

D ____

F ____

F ____

F ____

F ____

F ____

G ____

H ____

L ____

O ____

P ____

P ____

R ____

R ____

R ____

S ____

S ____

S ____

S ____

S ____

S ____

S ____

S ____

S ____

S ____

T ____

W ____

W ____

Y ____

G	A	P	L	K	T	Y	W	F	T	L	T	G	R	L
W	T	W	O	L	F	A	I	L	P	G	R	O	I	S
D	R	A	F	T	A	R	E	D	R	O	O	M	P	T
H	U	S	M	C	E	D	L	C	U	D	T	N	C	R
D	O	H	E	N	N	E	E	N	O	H	H	S	L	E
K	C	A	R	T	I	O	D	P	G	U	O	T	P	T
S	G	U	A	F	R	A	I	I	D	D	N	E	B	C
L	B	E	A	T	T	E	L	T	N	W	F	T	G	H
A	S	K	C	E	H	C	S	T	A	G	E	I	R	G
S	L	A	P	P	I	N	G	T	H	M	E	B	G	Y
H	W	M	H	N	O	C	E	U	K	H	R	F	H	K
N	S	I	D	E	G	R	A	C	C	O	L	O	B	A
A	C	B	N	F	F	Y	D	N	A	I	P	N	F	B
L	A	O	R	G	N	G	G	D	P	P	I	N	P	R
T	B	S	P	G	M	Y	Y	I	N	W	S	K	Y	L

452 YOUNG ON FILM 452

Actress Loretta Young began her professional career at age 4 as an extra in films. Her big break came at age 14 when she played a supporting role in the 1927 film "Naughty but Nice." Director Mervyn LeRoy had originally asked for her older sister, Polly Ann, who was unavailable. The role resulted in Loretta's first studio contract, with First National.

- ☐ ALONG Came Jones
- ☐ A MAN'S Castle
- ☐ BEAU Ideal
- ☐ BEDTIME Story
- ☐ CARAVAN
- ☐ CARELESS Age, The
- ☐ CAUSE for Alarm
- ☐ CLIVE of India
- ☐ ETERNALLY Yours
- ☐ FARMER'S Daughter, The
- ☐ FORWARD Pass, The
- ☐ GRAND Slam
- ☐ HEROES for Sale
- ☐ KENTUCKY
- ☐ KEY to the City
- ☐ LADIES in Love
- ☐ LAUGH Clown Laugh
- ☐ LIFE Begins
- ☐ LOVE Is News
- ☐ MIDNIGHT Mary
- ☐ PAULA
- ☐ PERFECT Game, The
- ☐ PLATINUM Blonde
- ☐ PRIVATE Number
- ☐ RACHEL and the Stranger
- ☐ RAMONA
- ☐ RIGHT of Way, The
- ☐ SCARLET Seas
- ☐ SECOND Floor Mystery, The
- ☐ SHOW of Shows, The
- ☐ SQUALL, The
- ☐ TRUTH About Youth, The
- ☐ WEEKEND Marriage

W	B	C	V	T	E	T	L	R	W	Q	T	N	I	H
L	Y	H	G	H	U	C	T	O	C	B	R	D	M	R
A	L	O	N	G	O	M	H	R	P	A	U	L	A	S
U	L	A	D	I	E	S	G	S	A	S	T	C	E	F
G	A	L	T	R	F	F	R	L	M	M	H	C	O	K
H	N	K	A	H	G	C	A	U	S	E	O	R	E	H
P	R	A	E	U	G	E	N	D	L	N	W	N	S	C
P	E	S	V	N	Q	I	D	R	D	A	Y	V	A	V
T	T	R	C	A	T	S	N	B	R	T	E	R	E	B
D	E	H	F	A	R	U	H	D	N	E	K	E	E	W
S	S	E	L	E	R	A	C	L	I	V	E	D	H	E
O	I	P	M	U	C	L	C	K	C	M	T	V	R	F
I	P	R	I	V	A	T	E	Q	Y	I	E	O	O	I
A	A	M	A	N	S	E	S	T	M	N	D	S	W	L
F	U	L	P	D	G	Y	B	E	D	T	H	O	T	T

453 ART A LA JAPAN 453

Some of the earliest Japanese sculptures are those called haniwa, small clay figures made from the 3rd to the 6th centuries. The most famous bronze statue in Japan is the Great Buddha, at Kamakura, which was cast during the 13th century.

- ☐ ASUKA Period
- ☐ BRUSHWORK
- ☐ CALLIGRAPHY
- ☐ CHOKKOMON
- ☐ CUNFA
- ☐ DYES
- ☐ EDO Period
- ☐ FUKINUKI yatai
- ☐ GENROKU Period
- ☐ HAND-SCROLL painting
- ☐ HANIWA
- ☐ IMPASTO
- ☐ INKWASH painting
- ☐ KANA
- ☐ KIRIGANE
- ☐ LACQUER
- ☐ MUQI style
- ☐ MURO-MACHI Period
- ☐ NANGA painting
- ☐ OTOKO-E
- ☐ PAPER-making
- ☐ POUNCING patterns
- ☐ RAIGO painting
- ☐ RAKU ware
- ☐ RYUSUI design
- ☐ SAKUI
- ☐ SETO ware
- ☐ SHIGAJIKU
- ☐ SHIKISHI
- ☐ TANG ware
- ☐ TAPESTRY
- ☐ TSUKURI-E
- ☐ WARIHAGI
- ☐ XIZ GUI style
- ☐ YAMATO-E
- ☐ YOSEGI
- ☐ YUJIAN style

I	Y	S	U	P	I	A	Y	D	Y	E	S	W	P	T
U	Z	H	S	A	W	K	N	I	Y	O	H	H	A	O
G	R	I	P	R	O	U	U	A	U	A	S	N	D	Y
Z	A	G	N	A	N	S	M	N	N	K	G	E	U	X
I	G	A	H	I	R	A	W	D	I	N	A	J	G	L
X	E	J	O	G	T	G	S	H	I	K	I	S	H	I
N	N	I	M	O	F	C	I	C	M	A	U	T	K	A
O	R	K	E	K	R	O	N	L	N	U	S	F	R	W
M	O	U	A	O	I	U	O	U	L	U	Q	E	O	I
O	K	T	L	N	O	R	P	T	K	A	P	I	W	N
K	U	L	E	P	A	R	I	U	O	A	C	G	H	A
K	J	I	U	S	U	Y	R	G	P	K	R	B	S	H
O	T	S	A	P	M	I	H	C	A	M	O	R	U	M
H	Y	T	A	P	E	S	T	R	Y	N	A	E	R	D
C	U	N	F	A	E	L	A	C	Q	U	E	R	B	W

T-MEN

454

The Treasury Department was organized by act of Congress on September 2, 1789. Listed below are those who have served as secretary of the treasury.

- ☐ James BAKER
- ☐ Joseph BARR
- ☐ George BIBB
- ☐ Nicholas BRADY
- ☐ Salmon CHASE
- ☐ Howell COBB
- ☐ Thomas CORWIN
- ☐ Alexander DALLAS
- ☐ Samuel DEXTER
- ☐ C. Douglas DILLON
- ☐ John DIX
- ☐ William DUANE
- ☐ Thomas EWING
- ☐ Charles FOLGER
- ☐ Charles FOSTER
- ☐ Henry FOWLER
- ☐ Lyman GAGE
- ☐ Carter GLASS
- ☐ James GUTHRIE
- ☐ Samuel INGHAM
- ☐ William MCADOO
- ☐ Louis MCLANE
- ☐ Andrew MELLON
- ☐ G. William MILLER
- ☐ Odgen MILLS
- ☐ Donald REGAN
- ☐ Richard RUSH
- ☐ George SHULTZ
- ☐ Leslie SHAW
- ☐ William SIMON
- ☐ John SPENCER
- ☐ Roger TANEY
- ☐ Phillip THOMAS
- ☐ Fred VINSON
- ☐ Robert WALKER
- ☐ William WINDOM

A	I	W	U	S	E	G	V	V	C	Y	S	X	R	B
Y	R	H	R	Z	L	G	N	I	W	E	T	L	V	L
H	G	U	U	A	U	S	A	U	S	N	A	G	E	R
D	F	O	S	T	E	R	P	G	S	A	M	O	H	T
U	B	S	H	D	E	X	T	E	R	T	L	U	M	E
A	W	R	H	Y	M	A	H	G	N	I	M	L	C	P
N	I	W	R	O	C	B	C	M	C	C	S	H	A	W
E	N	Z	N	R	U	E	R	W	L	M	E	T	D	D
P	D	N	U	E	A	Z	F	A	V	T	I	R	O	F
Z	O	W	O	L	T	B	N	L	D	I	L	L	O	N
T	M	F	O	L	G	E	R	K	I	Y	N	W	L	I
L	E	H	X	I	L	I	D	E	X	O	L	S	C	S
U	F	H	T	M	D	E	B	R	K	E	C	H	O	D
H	C	H	A	S	E	V	M	B	R	A	E	M	P	N
S	I	M	O	N	M	T	M	B	I	B	B	O	C	A

455 RANGER IN PARADISE 455

"The Lone Ranger" made its radio debut in 1933 and in 1949 began to thrill television audiences with its dynamic opening narration as it moved to the new medium. Come with us now, via this puzzle, to those thrilling days of yesteryear as the Lone Ranger rides again!

- ☐ ADVENTURE
- ☐ "AWAY"
- ☐ BOOTS
- ☐ BRAVE
- ☐ BULLETS
- ☐ CHASE
- ☐ COURAGE
- ☐ DISGUISE
- ☐ FAME
- ☐ FANS
- ☐ FILM
- ☐ FRIEND
- ☐ GLOVES
- ☐ GUNS
- ☐ White HAT
- ☐ HERO
- ☐ HOLSTER
- ☐ HONEST
- ☐ HORSES
- ☐ INDIAN
- ☐ JAY Silverheels
- ☐ KIDS
- ☐ LASSO
- ☐ MASK
- ☐ Clayton MOORE
- ☐ MUSIC
- ☐ "OLD FELLA"
- ☐ OUTLAWS
- ☐ RADIO
- ☐ RANGER
- ☐ RERUN
- ☐ RESCUE
- ☐ SADDLE
- ☐ SCARF
- ☐ SCOUT
- ☐ SILVER
- ☐ STORIES
- ☐ TASK
- ☐ TELEVISION
- ☐ THEME
- ☐ TONTO
- ☐ TOWNS
- ☐ TRAVELS
- ☐ VOICE
- ☐ WEST
- ☐ WHITE horse

```
N E C I O V S E S R O H F M F
Y V L N F R E R U N E C V C A
Y A J D A O U T L A W S N I M
I R W N D I L T S O T O C S E
L B G A I A D C A E I L T U M
B E M A S K S N L S W D N M E
R O O S G O A L I A K F A D H
E N O C U I U V S H O E H R T
B T R T I B E H T C T L G A E
F R E T S L O H O F N L B R T
I A D V E N T U R E O A E U I
L V N T E H R I I V T V O D H
M E A S E A E S E E L C V M W
B L T R G N W S S I S D I K G
S S O E D G U N S C A R F V V
```

456 I, ROBOT 456

In 1940 Dr. Cecil Nixon constructed a robot called Isis. She rested on a couch with a zither on her lap and could play about 3,000 tunes, responding to vocal requests given within a 12-foot radius. She also reacted to heat by removing her veil when she felt warm.

- ☐ ANDROID
- ☐ ARM
- ☐ AUTOMATION
- ☐ BEND
- ☐ CABLE
- ☐ CAMERA
- ☐ COMPUTER
- ☐ DATA
- ☐ DISK
- ☐ FAST
- ☐ GRIP
- ☐ HANDS
- ☐ HELP
- ☐ HYDRAULICS
- ☐ IMITATE
- ☐ INDUSTRY
- ☐ MACHINE
- ☐ MAGNET
- ☐ MEMORY
- ☐ MOTOR
- ☐ MOVE
- ☐ NO REST
- ☐ Pressure PADS
- ☐ PERFORM
- ☐ PROGRAM
- ☐ REMOTE control
- ☐ REPAIR
- ☐ ROBOTICS
- ☐ SCIENCE
- ☐ SENSOR
- ☐ SPACE
- ☐ SWEEP
- ☐ SWIVEL
- ☐ TASK
- ☐ TEACH
- ☐ TOOLS
- ☐ TOY
- ☐ TRANSPORTATION
- ☐ TYPE
- ☐ USES
- ☐ VOICE
- ☐ WORK
- ☐ WRIST

Y	E	S	E	S	U	S	H	U	M	H	P	P	R	A
M	R	L	S	E	T	E	S	D	A	P	L	S	E	R
O	P	O	B	C	T	C	P	D	G	I	E	E	P	E
V	I	O	M	A	I	O	W	E	N	I	H	C	A	M
E	O	T	T	E	C	L	M	D	E	E	A	A	I	A
N	G	I	N	M	M	D	U	E	T	W	B	P	R	C
O	M	C	C	H	R	S	I	A	R	L	S	S	A	C
I	E	R	M	E	T	O	N	O	R	E	S	T	P	O
T	D	P	O	R	T	A	S	K	R	D	A	L	R	M
A	S	M	Y	B	O	Y	P	N	W	D	Y	I	O	P
M	V	W	O	T	O	F	W	O	E	I	N	H	G	U
O	N	O	I	T	A	T	R	O	P	S	N	A	R	T
T	C	R	M	V	O	K	I	E	F	K	H	N	A	E
U	P	I	R	G	E	R	S	C	P	I	U	D	M	R
A	T	E	A	C	H	L	T	T	S	A	F	S	C	L

457 BOXES 457

All the entries in the list are found in the diagram in an unusual way. Each one reads either clockwise or counterclockwise around the edges of a box (sometimes a square and sometimes a rectangle).

- [x] ANTI-ICER
- [ ] AURORA
- [ ] BOMBAY
- [ ] BONEFISH
- [ ] CASCADES
- [ ] CREW NECK
- [ ] DOMINION
- [ ] DYNAMITE
- [ ] ELONGATE
- [ ] FLATWORK
- [ ] FULLBACK
- [ ] GEOMETRY
- [ ] HAVENS
- [ ] IMAGES
- [ ] JOCKEY
- [ ] KOPECK
- [ ] LEGEND
- [ ] LINSTOCK
- [ ] MERCHANT
- [ ] MUFFLE
- [ ] NIBBLE
- [ ] OATCAKES
- [ ] OVERLAND
- [ ] PITCHERS
- [ ] RANDOM
- [ ] REMEMBER
- [ ] ROWBOATS
- [ ] SUDANESE
- [ ] TESTER
- [ ] TIP-OFF
- [ ] UNMASK
- [ ] URETHANE
- [ ] VECTOR
- [ ] WATERY
- [ ] WELL-KNIT

H	A	V	R	O	S	E	N	A	C	A	S	E	N	D
W	P	E	C	T	E	S	U	D	T	K	I	G	E	L
B	O	K	K	A	E	B	M	E	A	E	M	A	N	B
M	A	S	C	G	L	E	U	M	O	S	H	S	I	B
I	C	R	A	N	O	R	R	E	E	V	B	I	F	D
L	S	E	D	T	F	L	E	T	G	I	O	N	E	R
F	K	C	I	I	F	U	M	R	Y	N	A	D	T	U
U	T	A	K	P	O	M	O	A	D	I	M	O	H	E
L	L	B	O	G	B	B	D	N	E	T	I	H	A	N
H	S	W	A	W	Y	A	R	D	S	R	K	C	R	T
A	N	O	T	E	R	A	O	W	T	E	C	R	E	M
V	E	R	S	N	I	U	R	Y	A	O	E	N	W	P
O	M	L	T	O	L	U	K	F	L	E	W	T	C	H
D	N	A	O	C	K	N	S	E	L	K	N	I	W	E
J	O	K	J	Y	E	M	A	K	C	E	N	P	S	R

458 BEASTLY BUZZ WORDS 458

Hidden in the puzzle diagram are names of animals, birds, and insects that complete the familiar expressions. The list is in alphabetical order by animal name. We have looped one entry to start your list.

Word list on page 558

BEAR hug
Eager ________
________ of a feather
________ horn
________-paw
________ feed
________house
________ soup
Double ________
White ________
________ story
________-trot
Scape________
________-brained
________-eyed
________peck
________wash
Autograph ________
________ court
________ share
________ suit
Quiet as a ________
Stubborn as a ________

Night ________
Stool ________
________back
________tail
Play ________
________ love
________ ears
Round ________

________ pace
________ eyes
________ party
Bum ________
________ song
________ by the tail
Talk ________
________neck

N	H	G	S	S	P	S	C	E	L	C	C	O	G	G
G	O	A	T	U	R	K	E	Y	N	L	I	D	I	D
T	G	E	A	N	K	W	R	N	I	B	H	S	U	P
X	E	T	C	B	A	A	E	O	Y	E	N	L	G	D
R	A	P	I	F	E	H	N	T	G	A	I	O	S	R
A	E	R	O	B	C	S	P	G	K	V	D	B	G	O
H	D	X	U	S	B	A	C	E	A	E	N	E	M	B
S	U	L	W	N	S	A	O	Y	L	R	U	M	D	I
P	L	A	T	A	T	U	R	T	L	E	O	X	P	N
T	N	N	E	I	A	V	M	L	P	N	H	O	E	E
L	W	O	E	L	G	A	E	U	K	R	N	K	R	U
I	N	E	E	S	U	O	M	E	F	Y	C	K	A	U
C	P	G	E	S	A	M	Y	G	G	I	P	N	H	Y
S	T	I	G	E	R	H	P	A	H	K	S	D	K	R
U	A	P	U	P	P	Y	K	C	U	D	O	H	C	V

459 MISSING VOWELS 459

Before you can loop the words in the list below, you must first fill in the circles in the diagram with the missing vowels A, E, I, O, and U. We have filled in one entry for you.

- [x] AUDIT
- [ ] CREATE
- [ ] DELETE
- [ ] DELICIOUS
- [ ] DIVER
- [ ] DREAM
- [ ] ESCAPE
- [ ] FREE
- [ ] HEAR
- [ ] HELIUM
- [ ] HUNTER
- [ ] LEGAL
- [ ] LOITER
- [ ] MATTER
- [ ] MELLOW
- [ ] MONITOR
- [ ] OFFENSE
- [ ] OPERA
- [ ] ORATOR
- [ ] PILOT
- [ ] PLATE
- [ ] PRICE
- [ ] PRIMATE
- [ ] QUIET
- [ ] RADIAL
- [ ] RANDOM
- [ ] RANGER
- [ ] ROBUST
- [ ] ROUND
- [ ] ROVER
- [ ] SAMPLE
- [ ] SUAVE
- [ ] SWEAT
- [ ] TANDEM
- [ ] THUNDER
- [ ] TRAPEZOID
- [ ] TREASURE
- [ ] WEIRD
- [ ] WONDER
- [ ] YELLOW

D	Q	A	Q	B	T	○	L	○	P	L	○	G	○	L
V	R	S	U	H	Q	N	D	R	Y	○	V	○	○	S
L	Z	○	R	D	○	F	○	R	M	○	L	L	○	W
M	L	D	○	L	I	C	○	○	○	S	L	N	N	F
○	○	D	T	W	○	T	○	M	○	R	P	L	G	F
T	○	D	N	H	T	P	R	○	○	R	○	T	○	R
T	D	R	○	○	Q	R	L	○	T	Q	G	F	H	W
○	○	○	H	R	○	P	○	○	P	○	F	R	○	M
R	R	B	D	W	M	R	R	D	P	○	L	○	○	T
○	R	○	Q	○	T	P	W	○	N	○	Z	○	R	H
T	○	S	S	○	L	W	C	S	N	○	R	○	D	○
○	N	T	N	○	G	S	○	G	W	D	W	○	○	N
N	G	D	T	H	○	L	○	○	M	○	○	S	V	D
○	○	○	T	○	○	R	C	F	L	B	○	M	○	○
M	R	○	V	○	R	○	T	○	○	L	W	T	R	R

460 BE SEATED 460

One question I've often pondered is, "What are occasional chairs the rest of the time?" Below are various types of chairs.

- ☐ ARMCHAIR
- ☐ ARMLESS chair
- ☐ BARSTOOL
- ☐ BASKET
- ☐ BEAN-BAG chair
- ☐ BENCH
- ☐ BUCKET seat
- ☐ CAPTAIN'S chair
- ☐ CHAISE
- ☐ CONTOUR chair
- ☐ DECK chair
- ☐ EASY chair
- ☐ FANBACK chair
- ☐ FOLDING chair
- ☐ HASSOCK
- ☐ HIGHCHAIR
- ☐ HOWDAH
- ☐ LAWN chair
- ☐ LAWSON sofa
- ☐ MILKING stool
- ☐ MORRIS chair
- ☐ OTTOMAN
- ☐ PEW
- ☐ PULL-UP chair
- ☐ RECLINER
- ☐ ROCKER
- ☐ RUMBLE seat
- ☐ SADDLE
- ☐ SEDAN
- ☐ SETTEE
- ☐ STEP stool
- ☐ STOOL
- ☐ SWING
- ☐ SWIVEL chair
- ☐ THRONE
- ☐ WINDSOR chair

S	T	S	M	O	V	L	O	O	T	S	R	A	B	E
U	E	T	S	C	D	P	K	G	K	H	E	M	F	D
M	R	E	K	C	O	R	U	S	I	R	R	O	M	H
T	P	P	R	G	N	I	K	L	I	M	L	O	F	C
P	B	E	A	N	B	A	G	B	L	D	M	A	N	N
M	H	O	W	D	A	H	U	N	I	U	N	V	T	E
L	E	X	E	B	A	C	I	N	I	B	P	R	B	B
W	E	A	F	S	K	M	G	G	A	W	U	C	A	W
L	D	E	S	E	I	R	S	C	H	M	S	A	S	I
L	E	O	T	Y	T	A	K	S	B	C	O	P	K	N
O	C	F	O	T	D	B	H	L	E	S	H	T	E	D
K	K	D	O	D	E	L	E	C	I	D	H	A	T	S
N	W	A	L	A	W	S	O	N	L	Y	A	I	I	O
A	L	E	V	I	W	S	R	E	C	L	I	N	E	R
R	U	O	T	N	O	C	A	R	M	L	E	S	S	B

461 THE WEDDING 461

Wedding rings are worn on the fourth finger of the left hand because, according to an ancient belief, a delicate vein, called "love's vein," runs directly from that finger to the heart.

- ☐ ALTAR
- ☐ BELLS
- ☐ BEST man
- ☐ BIBLE
- ☐ BRIDE
- ☐ CAKE
- ☐ CANDLES
- ☐ CANS
- ☐ CAR
- ☐ CEREMONY
- ☐ CHURCH
- ☐ ENGAGEMENT
- ☐ FAMILY
- ☐ FLOWERS
- ☐ GARTER
- ☐ GIFT
- ☐ GOWN
- ☐ GROOM
- ☐ GUEST book
- ☐ HONEYMOON
- ☐ "I DO"
- ☐ INVITATION
- ☐ JUNE
- ☐ JUST married
- ☐ KISS
- ☐ LICENSE
- ☐ LOVE
- ☐ MAID of honor
- ☐ MOTHER
- ☐ Something OLD
- ☐ PHOTOGRAPHER
- ☐ PUNCH
- ☐ RECEPTION
- ☐ RICE
- ☐ RING
- ☐ SHOWER
- ☐ SONG
- ☐ TEARS
- ☐ TUXEDO
- ☐ USHER
- ☐ VEIL
- ☐ VOWS

```
G I F T E A R S N A C R R S V
C K I S S H R C R E W O H S E
C A K E N G A G E M E N T E I
H S L L E B T L H R F L T M L
P D R D C H L B P R E S B R A
C U I N I O A B A G E M E I I
B H N A L N H C R U H C O E B
D E G C M E V O G L E C O N F
W N S B H Y O I O P F J T U Y
R E H T O M D V T L Y F U J V
I U H T S O E I O A T A X S E
C V O W S O O W H X T M E Y T
E X G O W N E V P B R I D E R
K X N G A R T E R S H L O L K
B G E U S H E R F P G Y G N O
```

462 ZIGZAG 462

Instead of reading in a straight line, each entry has one bend in it. One entry has been looped for you.

- ☐ ALGERIA
- ☐ APPAREL
- ☐ BEWARE
- ☐ BIG BEN
- ☐ BRICKKILN
- ☐ CATCHFLY
- ☐ DIGGINGS
- ☐ EDUCATE
- ☐ EVERYDAY
- ☐ FALCON
- ☐ FIRSTLING
- ☐ GIGANTIC
- ☐ HEROISM
- ☐ INBOARD
- ☐ IOWA CITY
- ☐ KILN-DRY
- ☐ LIMEKILN
- ☐ LUXURY
- ☐ MANDARIN
- ☐ MANTLE
- ☐ MEDALLION
- ☐ MOTORS
- ☐ NEWSBOY
- ☐ ORCHARD
- ☐ OXYTONE
- ☐ PACIFIC
- ☐ RECORD
- ☐ RECRUIT
- ☐ SALVAGE
- ☐ SCRAWL
- ☐ SEADOG
- ☐ SULTAN
- ☐ TALLOW
- ☐ TROLLEY
- ☐ VERIFY
- ☑ ZIGZAG

E	B	M	A	N	D	A	R	I	F	I	C	E	N	G
T	V	T	M	U	B	I	K	C	O	A	S	K	O	M
R	C	E	R	O	N	R	G	A	N	T	I	C	S	L
U	L	S	R	O	T	E	I	P	E	L	Y	I	R	W
I	E	C	Y	A	L	G	G	C	N	I	O	X	A	A
T	H	G	D	F	O	L	K	V	D	R	U	H	O	N
A	S	E	A	D	G	K	E	Y	R	R	E	X	M	O
A	R	L	Y	V	I	G	B	S	Y	D	M	H	U	I
W	C	D	Z	L	D	M	I	W	U	C	A	T	E	L
O	N	I	N	A	F	V	X	N	A	L	N	L	Y	L
I	G	N	T	S	I	H	E	T	G	P	T	A	N	A
Z	B	E	W	Y	R	W	C	R	I	S	P	D	L	D
L	A	B	A	O	S	T	L	I	N	G	R	A	E	C
B	I	G	R	B	L	A	D	F	B	A	E	M	R	P
F	S	M	E	K	I	L	N	Y	O	R	C	O	R	D

463 SWEET THING 463

Enjoy a little sweet temptation with this puzzle guaranteed to please your sweet tooth. All of the words below describe edibles and beverages that are sweet.

- ☐ ANISE
- ☐ BONBON
- ☐ BROWNIE
- ☐ CAKE
- ☐ CANDY
- ☐ CARAMEL
- ☐ CHERRY
- ☐ CHOCOLATE
- ☐ COOKIE
- ☐ CREPE
- ☐ CRUST
- ☐ CUSTARD
- ☐ DONUT
- ☐ ECLAIR
- ☐ FLOAT
- ☐ FONDUE
- ☐ FUDGE
- ☐ HONEY
- ☐ JAM
- ☐ JELLO
- ☐ JUICE
- ☐ JULEP
- ☐ MALT
- ☐ MAPLE
- ☐ MOUSSE
- ☐ ORANGE
- ☐ PARFAIT
- ☐ PASTRY
- ☐ PEACH
- ☐ PEAR
- ☐ PIES
- ☐ PUDDING
- ☐ SHERBET
- ☐ SODA
- ☐ SUGAR
- ☐ SUNDAE
- ☐ SYRUP
- ☐ TAFFY
- ☐ TAPIOCA
- ☐ TART
- ☐ WAFER

```
L J S M A J E L L O H A F C N
Y T U P U D D I N G D F A O T
E I N W O R B T K O L R B E Y
C K D E E A T A S O A N G W U
L Y A L U T I R A M O N U O S
A H E C D S A T E B A C R N Y
I C C N N U F L Y R R E H C R
R S I C O C R M O U S S E G U
F B U K F H A C K C T I P R P
D A J M H E P R A C O I P A T
O D O S A C T E B R E H S G L
D F O C A P A P S S A T C U A
U T O N J U L E P I R E D S M
D F D F U D G E P Y N W P J J
M Y F F A T S U R C W A F E R
```

464 I, THE JURY 464

The most common jury is the petit jury, which consists, in most cases, of 12 members. A grand jury, however, consists of 16 to 23 members in most states, and a coroner's jury usually contains only 6 members.

- ☐ Jury BOX
- ☐ CASE
- ☐ CHARGES
- ☐ CITIZEN
- ☐ COUNTY
- ☐ COURT
- ☐ DECIDE
- ☐ DISCUSS
- ☐ DISPUTE
- ☐ DUTY
- ☐ EXAMINE
- ☐ FAIR
- ☐ FEDERAL
- ☐ FOREMAN
- ☐ FORMAL
- ☐ GROUP
- ☐ HEAR
- ☐ HONEST
- ☐ ISSUE
- ☐ JUDGE
- ☐ JUST
- ☐ LAWS
- ☐ LISTEN
- ☐ MEMBER
- ☐ OATH
- ☐ PANEL
- ☐ PRO-NOUNCE
- ☐ PROPER
- ☐ PURPOSE
- ☐ REPORT
- ☐ RESOLVE
- ☐ RESULT
- ☐ Jury ROOM
- ☐ RULES
- ☐ SERVE
- ☐ SESSION
- ☐ SETTLE
- ☐ SUMMONED
- ☐ SWORN
- ☐ THINK
- ☐ TRIAL
- ☐ VERDICT
- ☐ VOTE

S	R	I	L	P	K	K	E	T	O	V	H	T	A	O
P	E	S	A	C	D	I	S	P	U	T	E	D	J	X
A	P	S	W	S	E	G	R	A	H	C	N	U	T	B
N	O	U	S	C	E	D	H	O	N	E	S	T	L	H
E	R	E	O	I	I	S	T	U	T	T	T	Y	U	K
L	T	U	Y	S	O	R	O	S	C	C	F	Y	S	N
T	R	F	C	L	I	N	I	P	I	O	E	P	E	I
T	E	U	O	A	O	L	D	D	R	X	U	Z	R	H
E	S	P	L	R	M	L	R	E	A	U	I	N	R	T
S	O	X	P	E	M	E	M	M	N	T	P	E	T	E
E	L	O	M	D	V	A	I	O	I	O	P	W	D	Y
H	V	B	N	E	N	N	L	C	O	O	M	I	S	L
R	E	R	R	F	E	F	A	I	R	R	C	M	T	C
R	M	A	E	G	R	O	U	P	P	E	G	D	U	J
H	E	S	R	S	E	L	U	R	D	N	R	O	W	S

465 NUMBER SEEK 465

Solve this puzzle by seeking numbers instead of letters.

☐ 04676
☐ 05627
☐ 22032
☐ 23959
☐ 23989
☐ 25592
☐ 25853
☐ 26293
☐ 27157
☐ 27172
☐ 29459
☐ 30695
☐ 31291
☐ 33994
☐ 37112
☐ 40738
☐ 41571
☐ 42337
☐ 42379
☐ 45958
☐ 46043
☐ 46048
☐ 46156
☐ 49917
☐ 51427
☐ 54387
☐ 58324
☐ 58553
☐ 60678
☐ 60773
☐ 61470
☐ 61964
☐ 63404
☐ 66919
☐ 67043
☐ 70682
☐ 77399
☐ 83083
☐ 84225
☐ 85385
☐ 85625
☐ 89382
☐ 90387
☐ 94298
☐ 94300
☐ 97422
☐ 97601
☐ 97657
☐ 98794
☐ 99972

9	8	6	1	3	4	9	5	7	5	2	9	5	5	2
5	0	4	6	7	6	6	7	7	3	9	9	2	3	6
3	2	4	0	6	0	0	8	3	4	8	7	3	7	3
3	2	6	5	7	4	6	7	2	6	6	6	9	1	9
9	0	1	5	4	3	7	9	1	0	7	4	5	9	8
9	6	8	5	8	0	8	3	0	8	3	0	9	9	9
4	6	9	1	6	4	2	4	2	0	3	7	4	4	3
5	5	8	5	5	3	2	9	0	5	2	2	0	3	2
8	1	5	8	3	2	4	2	0	6	4	3	9	0	8
3	4	9	7	6	5	7	0	5	2	4	2	6	6	6
5	2	1	2	9	8	9	8	4	7	6	8	1	9	0
8	7	1	5	1	5	9	7	3	2	4	4	8	5	7
6	1	1	1	7	3	6	0	8	0	7	7	3	8	8
4	5	1	2	7	1	7	2	7	0	9	7	6	0	1
4	7	9	2	8	3	9	8	9	4	4	7	8	6	5

466 WILD FLOWERS 466

The buttercup, also called crowfoot, is a yellow wild flower found in most temperate zones. According to old beliefs, if you hold the flower under your chin and it reflects yellow, it means that you like butter.

- ☐ AMARYLLIS
- ☐ ANEMONE
- ☐ ASTERS
- ☐ AZALEA
- ☐ BUTTERCUP
- ☐ CACTUS
- ☐ CLEMATIS
- ☐ COWSLIP
- ☐ DAHLIA
- ☐ DAISY
- ☐ DANDE-LION
- ☐ FERN
- ☐ GOLDEN-ROD
- ☐ HOLLY
- ☐ HONEY-SUCKLE
- ☐ LARKSPUR
- ☐ LAUREL
- ☐ LILY
- ☐ LOTUS
- ☐ MARIGOLD
- ☐ NETTLE
- ☐ ORCHID
- ☐ PHLOX
- ☐ POINSETTIA
- ☐ RHODO-DENDRON
- ☐ Wild ROSE
- ☐ SMILAX
- ☐ SPIREA
- ☐ SUNFLOWER
- ☐ TANSY
- ☐ THISTLE
- ☐ TIGER lily
- ☐ VIOLET
- ☐ WISTERIA
- ☐ YUCCA

P	Y	L	I	L	A	R	K	S	P	U	R	Y	R	B
A	E	L	T	T	E	N	A	U	V	S	S	H	S	F
S	X	N	U	H	Y	U	C	C	A	I	E	O	P	Y
T	D	L	O	G	I	R	A	M	A	L	O	L	I	S
E	T	P	O	R	E	S	L	D	K	L	D	L	R	N
R	N	D	O	T	D	A	T	C	T	Y	O	Y	E	A
S	D	O	T	I	U	N	U	L	T	R	R	X	A	T
U	S	U	M	R	N	S	E	C	E	A	N	O	Z	D
N	B	I	E	E	Y	S	O	D	X	M	E	L	A	C
F	R	L	T	E	N	W	E	D	O	A	D	H	L	A
L	N	E	N	A	S	A	R	T	T	D	L	P	E	C
O	Z	O	F	L	M	O	N	O	T	I	O	I	A	T
W	H	W	I	S	T	E	R	I	A	I	G	H	M	U
E	P	P	D	N	O	I	L	E	D	N	A	D	R	S
R	E	G	I	T	R	O	R	C	H	I	D	Z	W	X

467 ONE MORE TIME 467

It's one for all and all for one as you put on your thinking cap and see how many of the one-syllable words of 4 or more letters you can locate in the puzzle diagram. As an added hint, each contains OA. One entry has been looped for you. *Word list on page 561*

B LOAT
B ______
B ______
B ______
C ______
C ______
C ______
C ______
C ______
C ______
C ______
F ______
F ______
F ______
G ______
G ______
G ______
G ______
G ______
H ______
H ______
L ______
L ______
L ______
L ______
M ______
M ______
O ______
P ______
R ______

R ______
R ______
R ______
R ______
S ______
S ______
S ______

S ______
S ______
S ______
T ______
T ______
T ______
W ______

X	G	P	P	B	X	B	O	A	T	A	O	T	S	T
R	C	O	R	O	K	P	O	A	C	H	G	S	H	W
G	G	T	A	A	K	C	L	R	A	O	R	A	H	C
K	A	O	S	L	O	X	C	O	T	A	O	O	C	O
D	F	L	O	A	T	S	T	L	A	R	A	R	A	A
M	T	P	S	O	O	O	D	O	O	D	N	N	O	T
L	G	T	A	H	A	B	T	A	M	A	O	R	R	D
H	X	P	G	S	D	P	T	M	T	H	K	C	O	S
O	X	O	T	G	P	N	B	A	F	A	C	S	A	N
T	A	O	G	F	X	N	L	A	O	C	O	T	D	A
D	G	T	C	B	A	O	H	R	A	L	B	H	R	O
H	R	K	H	C	A	O	C	O	L	O	G	B	S	M
A	N	R	M	N	K	B	L	O	A	T	C	O	A	X
G	P	N	N	F	T	H	P	R	C	X	S	O	A	P
G	X	K	O	S	T	M	O	H	N	G	F	P	M	X

468 469 TWO FOR ONE 468 469

Only one word list for two diagrams! You must discover in which diagram each word is hidden.

- ☐ CONCEIT
- ☐ COUNT
- ☐ CRADLE
- ☐ CREDIT
- ☐ DENT
- ☐ DEPOT
- ☐ DICTATE
- ☐ EVAPORATE
- ☐ EVEN
- ☐ INNUENDO
- ☐ LIGHT
- ☐ MANSION
- ☐ MATURE
- ☐ MEDAL
- ☐ PROPER
- ☐ ROUND
- ☐ SCRIBE
- ☐ SEASON
- ☐ SECOND
- ☐ SECRET
- ☐ SERVE
- ☐ SURE
- ☐ TIGHT
- ☐ TRAVEL
- ☐ TREAD
- ☐ TRIPLE
- ☐ VALUE
- ☐ WEALTH

WORD SEEK 468

H	T	E	S	E	C	O	N	D	T	O	S
N	T	E	I	M	V	M	N	E	M	N	S
I	A	L	W	N	A	C	O	U	N	T	U
C	T	P	A	T	N	N	S	L	P	W	S
S	S	I	U	E	O	U	A	A	H	P	P
S	U	R	E	I	W	L	E	V	A	R	T
H	E	T	S	C	H	I	S	N	O	L	L
D	N	N	L	N	N	I	P	P	D	C	W
L	A	T	O	W	R	O	E	H	R	O	P
M	W	T	I	D	E	R	C	V	I	C	W

WORD SEEK 469

S	D	I	L	S	N	R	E	T	R	S	T
E	S	N	E	I	T	N	G	T	H	I	N
C	G	R	U	S	G	O	N	B	G	E	I
R	V	H	B	O	L	H	P	H	V	E	N
E	V	A	P	O	R	A	T	E	B	E	R
T	E	T	A	T	C	I	D	I	D	L	R
A	U	I	S	I	T	T	R	E	A	D	B
L	S	P	O	E	U	C	N	U	M	A	U
U	P	R	M	B	S	T	O	R	S	R	O
V	U	R	H	O	L	C	S	O	G	C	I

470 FOR THE BIRDS 470

The origin of falconry, the sport of using falcons, hawks, and eagles to hunt game, dates back more than 3,000 years to ancient China. It flourished in medieval and early modern Europe and was once called the "sport of kings" because of its appeal to monarchs.

- ☐ BELL
- ☐ CHASE
- ☐ EAGLE
- ☐ EUROPE
- ☐ EYES
- ☐ FALCON
- ☐ GAUNTLET
- ☐ GLOVE
- ☐ GOSHAWK
- ☐ HAGGARD
- ☐ HAWKING
- ☐ HOOD
- ☐ HOVER
- ☐ HUNT
- ☐ JACK (male)
- ☐ KESTREL
- ☐ LEASH
- ☐ MARSH hawk
- ☐ MIDDLE East
- ☐ NOBLEMEN
- ☐ NORTH America
- ☐ ORIENTAL origin
- ☐ PERCH
- ☐ PEREGRINE
- ☐ PIGEON hawk
- ☐ PLUMAGE
- ☐ PRAIRIE falcon
- ☐ PREY
- ☐ RETURN
- ☐ SPARROW hawk
- ☐ SPORT
- ☐ STOOP
- ☐ TALONS
- ☐ TAME
- ☐ WILD

B	V	L	O	N	O	E	G	I	P	K	P	M	R	N
F	I	V	O	P	D	O	O	H	D	L	O	L	S	K
A	P	E	R	C	H	A	S	E	U	R	O	P	E	U
L	F	O	N	E	T	F	H	M	S	W	T	J	Y	T
C	J	P	R	N	A	G	A	S	C	W	S	N	E	T
O	S	I	U	I	M	G	W	D	R	N	L	L	U	B
N	P	H	T	R	E	T	K	O	R	A	T	A	P	K
J	O	I	E	G	V	N	W	P	R	N	M	H	N	I
R	R	B	R	E	O	L	T	R	U	R	M	H	Y	P
L	T	B	L	R	L	N	H	A	G	G	A	R	D	H
I	B	G	T	E	G	D	G	I	L	W	H	P	K	H
U	A	H	B	P	M	B	D	R	K	O	J	U	S	P
E	L	E	R	T	S	E	K	I	V	J	N	A	T	T
W	O	E	Y	P	W	K	N	E	M	K	E	S	C	E
W	Y	P	G	H	U	G	R	N	D	L	I	W	J	K

471 BOXES 471

All the words in the list are found in the diagram in an unusual way. Each word reads either clockwise or counterclockwise around the edges of a box (sometimes a square and sometimes a rectangle).

- ☑ ALLIGATORS
- ☐ BEAR HUGS
- ☐ BOBCAT
- ☐ BRACELET
- ☐ CHARIOTS
- ☐ CHARTS
- ☐ DABBLE
- ☐ DIVOTS
- ☐ DUCKBILL
- ☐ EXHILA-RATE
- ☐ FABLES
- ☐ FOUNDERS
- ☐ GUMDROPS
- ☐ HELIUM
- ☐ INFRARED
- ☐ JACKET
- ☐ KILOBYTE
- ☐ LUMINARY
- ☐ MARKDOWN
- ☐ NEWLYWED
- ☐ OPTICS
- ☐ OUTPOSTS
- ☐ POSTMARK
- ☐ RADIUS
- ☐ RELATIVE
- ☐ SEDIMENT
- ☐ SOLUTION
- ☐ SPRAWL
- ☐ TANDEM
- ☐ TRACKMAN
- ☐ UNCOIL
- ☐ VINEYARD
- ☐ WHISTLES
- ☐ WOBBLE
- ☐ WOODEN

S	P	O	R	S	O	P	O	S	T	B	B	O	T	S
G	U	M	D	T	H	T	I	C	R	W	D	V	I	D
S	H	A	J	S	O	U	O	H	A	E	R	O	N	D
B	R	O	W	E	D	L	N	R	A	D	A	Y	E	E
E	A	B	B	L	I	O	S	S	U	I	R	V	W	W
I	D	E	L	U	N	C	K	B	M	N	F	S	L	Y
M	M	S	I	H	W	U	L	I	G	H	A	E	B	I
E	N	T	L	E	S	D	L	L	A	C	B	L	I	K
A	N	I	M	H	P	G	A	K	T	B	O	O	T	E
R	Y	L	U	E	R	P	S	R	O	O	W	B	Y	T
P	O	H	I	L	A	W	L	O	D	E	N	A	T	M
A	M	X	L	A	R	B	T	W	K	X	U	N	D	E
N	K	E	E	T	A	R	E	N	R	I	O	F	S	R
T	C	T	R	I	C	E	L	M	A	X	T	M	A	R
R	A	J	E	V	A	H	C	D	H	C	S	O	P	K

472 OLD SOFTIES 472

Prove that you're an old softy by finding the names of things that are soft or come in soft varieties in the diagram below.

- ☐ BREEZE
- ☐ CARESS
- ☐ CLOTH
- ☐ CLOUD
- ☐ CONTACT lens
- ☐ COTTON
- ☐ COVER
- ☐ DOWN
- ☐ DRINK
- ☐ FEATHERS
- ☐ FLANNEL
- ☐ FLEECE
- ☐ FUR
- ☐ HEART
- ☐ LANDING
- ☐ LIGHT
- ☐ MARSH-MALLOW
- ☐ MATTRESS
- ☐ PASTEL
- ☐ PETALS
- ☐ PILLOW
- ☐ QUILT
- ☐ RIBBON
- ☐ ROCK
- ☐ SATIN
- ☐ SHOE
- ☐ SILK
- ☐ SLIPPER
- ☐ SOAP
- ☐ STUFFED animal
- ☐ TEDDY bear
- ☐ TOUCH
- ☐ VELVET
- ☐ VOICE
- ☐ YARN

O	V	W	D	E	F	F	U	T	S	T	F	I	T	T
M	B	U	K	O	F	L	E	E	C	E	F	W	H	A
D	L	C	F	M	W	A	Y	A	A	W	S	G	N	E
T	O	B	I	H	W	N	T	T	T	O	I	Q	T	B
R	S	Z	G	W	R	N	H	V	E	L	V	E	T	Y
A	H	Z	E	E	O	E	S	W	D	L	R	O	L	D
E	H	I	V	C	R	L	A	N	D	I	N	G	I	K
H	E	O	H	S	I	S	L	M	Y	P	R	R	U	F
B	C	Y	H	P	B	O	A	A	E	O	A	G	Q	P
O	L	U	P	T	B	N	V	T	M	S	Y	Q	A	Q
D	R	E	O	T	O	N	A	T	I	H	N	O	F	B
U	R	D	T	T	N	L	F	R	A	N	S	F	U	Z
O	C	I	T	S	S	C	C	E	Z	E	E	R	B	R
L	Z	O	N	C	A	R	E	S	S	I	L	K	A	N
C	C	C	H	K	Z	P	L	S	R	G	Y	L	C	M

473 SUPREME BUILDING 473

The Supreme Court Building in Washington, D.C., was designed by Cass Gilbert and completed in 1935. The entrance stairway features two symbolic statues, "Justice" on the left and "Law" on the right, both carved by James Fraser.

- ☐ BAILIFF
- ☐ BENCH
- ☐ BOOKS
- ☐ BUILDING
- ☐ CASES
- ☐ CHAIRS
- ☐ CHAMBERS
- ☐ CHIEF Justice
- ☐ CLERKS
- ☐ COLUMNS
- ☐ COURT-ROOM
- ☐ DOORS
- ☐ DRAPES
- ☐ ELEGANT
- ☐ GAVEL
- ☐ JOURNALS
- ☐ JURORS
- ☐ JURY
- ☐ JUSTICES
- ☐ LAWYERS
- ☐ LIBRARY
- ☐ MAIN entrance
- ☐ MARBLE
- ☐ OFFICES
- ☐ OFFICIALS
- ☐ PILLARS
- ☐ POLICE
- ☐ PRIVATE rooms
- ☐ RECORDS
- ☐ REPORTERS
- ☐ SPECTATORS
- ☐ STAIRS
- ☐ STATUES
- ☐ VISITORS
- ☐ WASHINGTON, (D.C.)

E	C	C	R	P	O	L	I	C	E	J	O	W	E	V
I	L	I	O	I	C	W	S	E	U	T	A	T	S	T
C	E	B	R	L	A	W	Y	E	R	S	A	E	F	H
H	R	Y	R	L	U	J	C	E	H	V	C	E	S	C
A	K	T	Y	A	J	M	U	I	I	I	H	L	E	N
I	S	S	V	R	M	J	N	R	T	S	A	E	P	E
R	J	R	P	S	A	G	P	S	Y	I	M	G	A	B
S	M	O	O	R	T	R	U	O	C	T	B	A	R	N
D	H	T	U	O	F	J	B	I	K	O	E	N	D	O
R	E	A	N	R	D	F	F	I	O	R	R	T	C	R
O	C	T	I	U	N	F	I	K	L	S	S	O	A	C
C	H	C	A	J	O	A	S	L	E	V	A	G	S	N
E	I	E	M	B	U	I	L	D	I	N	G	D	E	S
R	E	P	O	R	T	E	R	S	T	A	I	R	S	O
O	F	S	E	C	I	F	F	O	N	G	B	D	L	R

474 SHOVEL BY SHOVEL 474

Snow looks deceptively light and fluffy, but shoveling it is strenuous exercise. Before you pick up your snow shovel, prepare for the task at hand by doing some simple stretching exercises, such as shoulder and calf stretches, to help you limber up.

- ☐ AMOUNT
- ☐ BACK
- ☐ BODY
- ☐ CAREFUL
- ☐ CLEAR
- ☐ COAT
- ☐ COLD
- ☐ DON'T RUSH
- ☐ DRESS WARMLY
- ☐ DRIVEWAY
- ☐ ENDURANCE
- ☐ EXERCISE
- ☐ GLOVES
- ☐ HANDLE
- ☐ HARD WORK
- ☐ HEAVY
- ☐ ICE
- ☐ LEGS
- ☐ LIFT
- ☐ LIGHT
- ☐ MOTION
- ☐ PILE
- ☐ PUSH
- ☐ REMOVE
- ☐ REST
- ☐ SAFETY
- ☐ SHOVEL
- ☐ STORM
- ☐ STRETCH
- ☐ TAKE BREAKS
- ☐ TASK
- ☐ WALKWAY
- ☐ WARMUP
- ☐ WINTER

L	H	G	M	R	U	Y	T	E	F	A	S	G	C	F
I	X	T	T	L	M	N	N	V	F	O	C	G	L	P
G	S	A	A	C	U	G	L	O	V	E	S	D	E	R
H	B	S	R	O	M	F	K	M	I	T	R	O	C	L
T	E	K	M	L	C	O	E	E	O	T	F	N	E	Y
F	C	A	E	D	P	U	M	R	A	W	O	I	L	C
W	G	L	V	K	B	W	M	K	A	K	D	M	L	L
M	I	C	E	Y	H	D	E	S	I	C	R	E	X	E
P	L	H	U	A	A	B	O	D	Y	A	R	R	T	V
P	R	F	N	W	R	W	C	N	W	B	S	S	H	O
L	B	D	C	E	D	U	K	S	T	R	E	T	C	H
G	L	I	A	V	W	M	S	L	H	R	B	F	X	S
E	M	K	E	I	O	E	C	N	A	R	U	D	N	E
A	S	T	S	R	R	E	T	N	I	W	L	S	O	U
V	F	B	G	D	K	G	U	I	U	P	U	S	H	B

475 DOWNTOWN 475

"Things'll be great when you're downtown," sang Petula Clark in her 1965 hit "Downtown." We've listed some of the things you'll find as you make tracks downtown.

- ☐ ALLEY
- ☐ BAKERY
- ☐ BARBER shop
- ☐ BUSES
- ☐ CAFE
- ☐ CARS
- ☐ CHURCH
- ☐ CITY hall
- ☐ COURT-HOUSE
- ☐ DEPOT
- ☐ FIRE station
- ☐ GAS station
- ☐ HARDWARE store
- ☐ HOTEL
- ☐ LIBRARY
- ☐ MAILBOX
- ☐ MALL
- ☐ MARKET
- ☐ MOVIE theater
- ☐ MUSEUM
- ☐ PARKING garage
- ☐ PAWN shop
- ☐ PHARMACY
- ☐ PLAZA
- ☐ POLICE station
- ☐ POST office
- ☐ RESTAURANT
- ☐ SHOP
- ☐ SIDEWALK
- ☐ STATUE
- ☐ STORE
- ☐ TAILOR
- ☐ TAXI
- ☐ THEATER
- ☐ TRAFFIC light

D	C	P	I	E	P	B	L	M	R	X	O	E	G	C
L	I	H	A	E	A	L	A	P	O	L	I	C	E	R
Z	T	T	U	R	R	R	A	B	L	I	E	T	E	S
P	Y	B	B	R	K	I	L	Z	I	B	U	S	E	S
Y	B	E	S	E	C	I	F	F	A	R	T	A	L	Y
E	R	O	T	S	A	H	N	K	T	A	X	I	K	M
L	U	E	A	M	F	K	E	G	U	R	B	Z	W	O
L	M	G	T	I	E	R	L	R	C	Y	P	K	X	V
A	D	U	U	A	Y	A	A	B	C	U	A	L	W	I
M	A	H	E	L	E	N	H	A	R	D	W	A	R	E
A	O	P	O	S	T	H	M	I	H	T	N	W	L	N
H	F	U	C	O	U	R	T	H	O	U	S	E	M	D
T	Y	Z	P	A	A	M	N	L	F	H	T	D	D	B
K	T	E	R	H	R	O	W	E	Z	O	B	I	U	C
U	D	B	P	O	H	S	B	Y	H	M	L	S	T	W

476 HEALTH KICK 476

We are certainly living in interesting times when the children who refused to eat spinach are now the adults who stand in line to buy yogurt! Below are words associated with health foods.

- ☐ ALFALFA
- ☐ B COMPLEX
- ☐ BONE meal
- ☐ BRAN
- ☐ Rice CAKES
- ☐ DATES
- ☐ DIET
- ☐ DOLOMITE
- ☐ FIGS
- ☐ FRUIT
- ☐ GARLIC
- ☐ GRAHAM flour
- ☐ GRANOLA
- ☐ GRANULES
- ☐ HEALTH
- ☐ HERB
- ☐ HONEY
- ☐ JUICE
- ☐ KELP
- ☐ LECITHIN
- ☐ LENTILS
- ☐ LOW FAT
- ☐ MACAROON
- ☐ NO SALT
- ☐ OATS
- ☐ POTASSIUM
- ☐ PROTEIN
- ☐ PRUNES
- ☐ RAISINS
- ☐ Brown RICE
- ☐ ROMAN meal
- ☐ SAFFLOWER
- ☐ SOUP
- ☐ TABLET
- ☐ VITAMIN
- ☐ WEIGHT
- ☐ WHOLE-wheat
- ☐ Brewer's YEAST
- ☐ YOGURT
- ☐ ZINC

Z	S	E	T	A	D	T	C	A	K	E	S	O	U	P
I	S	N	O	S	A	L	T	S	A	E	Y	W	L	G
N	Y	F	I	E	N	O	B	R	L	P	L	E	K	A
C	M	O	R	S	X	W	V	U	D	N	N	N	W	R
E	U	M	G	U	I	F	N	I	H	T	I	C	E	L
I	I	A	O	U	I	A	E	G	I	M	T	H	I	I
S	S	C	A	R	R	T	R	L	A	S	E	W	G	C
I	S	A	L	G	X	T	S	T	P	G	L	H	H	P
H	A	R	F	H	K	E	I	T	R	I	B	O	T	R
E	T	O	A	F	E	V	L	A	A	F	A	L	G	U
R	O	O	L	F	L	A	N	P	R	O	T	E	I	N
B	P	N	F	M	D	O	L	O	M	I	T	E	L	E
R	O	M	A	N	L	T	W	T	H	O	N	E	Y	S
A	Y	M	S	A	R	I	C	E	H	E	C	I	U	J
N	M	U	S	P	M	A	H	A	R	G	Y	B	O	W

477 STATUESQUE 477

The statue of poet Jose Olmedo in the plaza of Guayaquil, Equador, is actually a representation of Lord Byron. It was purchased by the Ecuadorians from a London thrift shop!

- ☐ ACRYLIC
- ☐ ALABASTER
- ☐ ANNEALING
- ☐ ART FORM
- ☐ BEAUTY
- ☐ BLOCK
- ☐ BRASS
- ☐ BRONZE
- ☐ CARVE
- ☐ CAST
- ☐ CLAY
- ☐ DESIGN
- ☐ DISPLAY
- ☐ DRILL
- ☐ EQUIPMENT
- ☐ FINISH
- ☐ GOUGE
- ☐ GRANITE
- ☐ GRINDER
- ☐ HAMMER
- ☐ IRON
- ☐ LIMESTONE
- ☐ MALLET
- ☐ MARBLE
- ☐ MASS
- ☐ METAL
- ☐ MODEL
- ☐ PAINT
- ☐ PLASTER
- ☐ PLASTIC
- ☐ POINT
- ☐ RASP
- ☐ RESIN
- ☐ SAW
- ☐ SCALE
- ☐ SHAPE
- ☐ SPACE
- ☐ STEEL
- ☐ TEMPER
- ☐ TEXTURE
- ☐ WAX

O	A	R	T	F	O	R	M	R	S	P	A	C	E	P
G	D	T	E	X	T	U	R	E	S	M	P	B	N	L
F	R	R	E	T	S	A	L	P	A	H	L	X	O	A
D	I	A	E	T	S	D	X	L	A	O	A	R	T	S
P	H	N	N	D	R	A	L	I	C	W	S	P	S	T
S	A	W	I	I	N	E	B	K	R	T	S	T	E	I
S	G	Y	L	S	T	I	Q	A	Y	N	A	V	M	C
A	F	L	A	P	H	E	R	U	L	I	R	N	I	I
M	O	D	E	L	H	E	E	G	I	A	B	G	L	H
P	P	T	S	A	C	G	T	L	C	P	T	I	B	X
S	S	O	M	Y	T	U	A	E	B	C	M	S	R	A
A	T	M	I	E	N	O	R	I	M	R	O	E	O	R
R	E	S	I	N	T	G	R	H	S	P	A	D	N	G
R	E	P	F	L	T	A	S	C	A	L	E	M	Z	T
R	L	A	N	N	E	A	L	I	N	G	H	R	E	S

478 FRIGHT NIGHT 478

Don't let little things give you a fright; be afraid of the things that go bump in the night! Summon thoughts of Halloween with this puzzle featuring frightening creatures and words associated with terror, all of 4 or more letters. We have looped one entry for you and provided the first letters of those remaining. *Word list on page 561*

B ATS
B ________
B ________
C ________
C ________
C ________
D ________
D ________
D ________
D ________
D ________
E ________
F ________
F ________
G ________
G ________
H ________
K ________
L ________
M ________
M ________
M ________
M ________
M ________
M ________

P ________
R ________
S ________
S ________
S ________
S ________

V ________
V ________
W ________
W ________
W ________
Z ________

G	R	O	E	I	B	M	O	Z	N	W	R	A	E	F
N	O	T	E	L	E	K	S	Y	T	E	I	U	S	M
O	I	B	R	O	R	R	O	H	O	G	V	T	M	Y
K	M	E	E	D	E	D	R	A	C	U	L	A	C	T
G	U	R	T	V	R	D	E	M	O	N	G	C	R	H
N	M	I	S	S	U	J	Y	V	H	I	O	K	P	C
I	M	P	N	L	N	L	E	H	C	E	D	C	M	L
K	Y	M	O	L	E	E	T	K	R	P	Z	A	A	O
R	R	A	M	I	D	P	K	U	Y	M	I	L	W	V
A	E	V	R	H	R	H	T	N	R	L	L	B	S	T
D	T	E	D	C	I	A	D	R	A	E	L	C	P	V
B	E	A	S	T	E	N	E	B	D	R	A	Z	I	L
S	M	F	O	R	W	T	S	O	H	G	F	R	R	W
P	E	R	C	Z	W	O	L	F	M	A	N	W	I	F
S	C	R	E	A	M	M	I	R	E	G	(B	A	T	S)

479 BEAGLE BRIGADE 479

Snoopy, Charlie Brown's pet beagle, was one of the four original members of the "Peanuts" comic strip, created by cartoonist Charles Schulz in 1950. In the movie cartoons, director Bill Melendez provides the perky pup's voice.

- ☐ ADVENTURE
- ☐ AIRPLANE
- ☐ "ARF, ARF"
- ☐ BEAGLE
- ☐ BLACK and white
- ☐ CARTOON
- ☐ CHARLIE Brown
- ☐ "CHOMP"
- ☐ COLLAR
- ☐ COMICS
- ☐ DANCE
- ☐ DISH
- ☐ DOG
- ☐ Droopy EARS
- ☐ Small EYES
- ☐ FRIENDS
- ☐ FUR
- ☐ GAMES
- ☐ HOUSE
- ☐ KIDS
- ☐ LEGS
- ☐ LIKED
- ☐ LINUS
- ☐ LOVABLE
- ☐ LUCY
- ☐ MUSIC
- ☐ NOSE
- ☐ PALS
- ☐ PAWS
- ☐ "PEANUTS"
- ☐ PET
- ☐ RED BARON
- ☐ RUNS
- ☐ SCARF
- ☐ SCHROEDER
- ☐ Charles SCHULZ
- ☐ SMART
- ☐ STORY
- ☐ TAIL
- ☐ WOODSTOCK

S	O	L	D	V	S	R	S	B	S	D	A	P	C	H
L	H	I	P	Z	Z	W	O	C	V	I	U	L	S	R
Y	D	N	M	E	L	G	A	E	B	S	C	F	E	A
S	U	U	O	R	L	R	I	P	L	H	R	D	Y	L
H	E	S	H	U	F	Z	R	A	A	A	B	G	E	L
U	S	M	C	F	P	E	P	R	F	A	O	D	E	O
F	Z	Y	A	H	A	E	L	R	R	D	Z	G	K	C
E	Y	Z	R	G	R	I	A	O	P	V	S	B	S	O
U	S	L	T	A	E	O	N	N	S	E	B	L	D	D
S	Y	U	O	S	R	A	E	T	U	N	T	A	I	L
M	I	H	O	V	W	O	O	D	S	T	O	C	K	P
U	C	C	N	H	A	R	S	A	E	U	S	K	D	H
S	E	S	O	N	Y	B	W	N	T	R	A	M	S	H
I	I	R	D	E	K	I	L	C	U	E	L	W	R	N
C	O	M	I	C	S	D	N	E	I	R	F	H	R	B

480 NUMBER SEEK 480

Solve this puzzle by seeking numbers instead of letters.

- ☐ 05147
- ☐ 05668
- ☐ 09423
- ☐ 11032
- ☐ 11370
- ☐ 11862
- ☐ 12123
- ☐ 12956
- ☐ 14031
- ☐ 14919
- ☐ 15573
- ☐ 15828
- ☐ 17491
- ☐ 17997
- ☐ 18112
- ☐ 18720
- ☐ 18777
- ☐ 20727
- ☐ 20912
- ☐ 23602
- ☐ 28414
- ☐ 29664
- ☐ 29898
- ☐ 30090
- ☐ 31714
- ☐ 34343
- ☐ 42368
- ☐ 42884
- ☐ 48187
- ☐ 52417
- ☐ 54051
- ☐ 56579
- ☐ 57076
- ☐ 57906
- ☐ 59158
- ☐ 62545
- ☐ 65345
- ☐ 68383
- ☐ 69264
- ☐ 71417
- ☐ 78258
- ☐ 79361
- ☐ 83579
- ☐ 84240
- ☐ 85747
- ☐ 86920
- ☐ 97035
- ☐ 97739
- ☐ 99106
- ☐ 99356

3	4	3	4	3	8	7	4	1	7	1	3	5	6	3
2	2	0	7	2	7	7	2	5	9	0	7	2	7	9
4	3	6	9	5	7	7	9	4	9	4	1	4	8	2
9	0	5	9	1	5	8	8	0	7	2	1	7	1	8
0	1	3	1	4	9	1	9	5	1	5	8	9	3	6
9	1	2	0	6	1	8	8	1	0	2	0	8	1	9
2	5	9	6	3	3	4	2	1	5	2	3	3	8	2
1	9	4	7	1	1	9	6	8	1	8	6	6	5	0
1	8	0	1	7	5	3	7	4	6	2	9	6	0	3
8	8	4	4	6	3	7	0	6	5	3	4	5	5	2
6	3	3	2	2	1	9	7	4	1	3	9	1	6	1
2	0	5	5	4	1	1	5	2	1	5	0	8	5	2
2	0	9	1	7	0	9	9	3	5	6	8	7	7	1
1	9	7	7	2	9	2	9	6	6	4	1	2	9	8
4	0	1	2	5	5	4	2	8	8	4	7	0	8	7

481 GREAT SCOT! 481

Scotland is one of the four countries that make up the United Kingdom. The rugged Highlands cover the northern two-thirds of the country and, with the area's blue lakes and steep valleys, make this one of the most scenic spots in Europe.

- ☐ ABBEY
- ☐ ABERDEEN
- ☐ ANGUS
- ☐ BAGPIPES
- ☐ Robert BRUCE
- ☐ Robert BURNS
- ☐ CATTLE
- ☐ CLANS
- ☐ CLYDE
- ☐ St. Andrew's CROSS
- ☐ DUNDEE
- ☐ EDIN-BURGH (capital)
- ☐ ENGLISH (language)
- ☐ FLING
- ☐ GAELIC (language)
- ☐ GLASGOW
- ☐ GRANITE
- ☐ HEBRIDES
- ☐ HIGH-LANDS
- ☐ ISLANDS
- ☐ IVANHOE
- ☐ JUTE
- ☐ KILTS
- ☐ John KNOX
- ☐ Loch LOMOND
- ☐ LOWLANDS
- ☐ MARY, Queen of Scots
- ☐ Loch NESS
- ☐ NORTH Sea
- ☐ PLAIDS
- ☐ POUND (currency)
- ☐ SHEEP
- ☐ SHETLANDS
- ☐ SPEY
- ☐ SWORD dance
- ☐ TARTAN
- ☐ TWEEDS
- ☐ WOOL

D	S	S	O	R	C	N	M	S	O	I	L	T	A	A
A	S	E	D	I	R	B	E	H	W	O	T	W	B	Y
E	B	U	R	N	S	Y	R	A	M	O	A	E	B	G
T	D	S	D	N	A	L	W	O	L	S	R	E	E	I
I	U	I	T	K	C	L	N	N	E	D	T	D	Y	G
N	N	R	N	L	C	D	T	P	E	W	A	S	W	N
A	D	S	Y	B	I	H	I	E	O	H	N	A	V	I
R	E	D	W	W	U	P	N	G	H	J	S	N	S	L
G	E	N	T	K	G	R	S	G	U	S	D	G	P	F
Y	E	A	I	A	N	A	G	T	A	O	I	U	O	S
E	P	L	B	T	L	O	E	H	B	E	A	S	U	S
P	T	H	T	G	V	M	X	H	S	I	L	G	N	E
S	W	G	H	T	R	O	N	M	N	M	P	I	D	N
W	B	I	S	L	A	N	D	S	B	B	R	U	C	E
H	S	H	E	E	P	C	L	A	N	S	L	O	O	W

482 V WORDS 482

The 5-letter words below are found in the diagram in a V shape pointing left, right, up, and down. Find them all and give yourself the V-for-victory sign!

- ☑ ADDLE
- ☐ AISLE
- ☐ ARENA
- ☐ BASIL
- ☐ BELLE
- ☐ BIRCH
- ☐ BREAK
- ☐ CARRY
- ☐ CHECK
- ☐ CLING
- ☐ DRAFT
- ☐ ENEMY
- ☐ ERODE
- ☐ EXPEL
- ☐ FARCE
- ☐ FLAKE
- ☐ FRANK
- ☐ GLOBE
- ☐ GRATE
- ☐ HAREM
- ☐ HORSE
- ☐ JEWEL
- ☐ LABEL
- ☐ LANCE
- ☐ MATCH
- ☐ NOVEL
- ☐ ORBIT
- ☐ PAUSE
- ☐ PROVE
- ☐ QUILT
- ☐ RANGE
- ☐ ROOST
- ☐ SCARE
- ☐ SPOIL
- ☐ STYLE
- ☐ TIGHT
- ☐ TRACE
- ☐ UNCLE
- ☐ VISIT
- ☐ WORLD

L	P	C	I	J	E	H	C	K	R	E	K	O	A	G
G	D	A	E	S	A	G	O	A	S	O	T	C	R	P
H	N	W	U	R	B	B	N	R	M	I	O	A	E	E
E	E	A	E	J	E	I	L	D	S	S	N	H	C	E
F	R	K	F	L	L	M	U	T	T	I	C	A	R	E
D	T	A	I	T	A	S	A	Q	C	X	V	A	R	W
M	D	H	G	J	I	M	L	Y	Q	H	V	O	O	T
D	O	H	G	A	L	B	A	E	U	P	U	R	D	W
S	L	I	V	A	R	N	A	R	R	Q	R	N	L	E
N	T	E	B	O	K	B	Z	S	F	H	A	O	C	D
G	L	Y	O	E	N	P	I	S	C	L	V	R	X	E
F	L	P	D	I	L	L	T	R	Z	E	A	R	A	R
E	S	O	P	E	L	I	E	W	R	K	A	C	R	F
E	B	X	M	E	N	B	L	B	E	C	L	K	N	Y
E	E	Y	C	G	L	E	A	C	V	E	T	Y	S	U

483 TANK YOU VERY MUCH 483

Chicago's John G. Shedd Aquarium, completed in November 1929, has display tanks that have a total capacity of 450,000 gallons of water! Start your own aquarium on a smaller scale with the help of this list about home aquariums.

- ☐ AIR
- ☐ AQUATIC
- ☐ CARE
- ☐ CATFISH
- ☐ CLEAN
- ☐ COLLECT
- ☐ COLOR
- ☐ COVER
- ☐ DANIO
- ☐ EEL
- ☐ EGGS
- ☐ EXHIBIT
- ☐ FEED
- ☐ FILTER
- ☐ GAR
- ☐ GLASS
- ☐ GLOBE
- ☐ GOLDFISH
- ☐ GRAVEL
- ☐ GUPPY
- ☐ HEATER
- ☐ LARGE
- ☐ LEAK
- ☐ LIGHT
- ☐ OXYGEN
- ☐ PET SHOP
- ☐ PLANT
- ☐ ROCKS
- ☐ SAND
- ☐ SNAIL
- ☐ SPECIES
- ☐ STONES
- ☐ SUNFISH
- ☐ SWORDTAIL
- ☐ TANK
- ☐ TEMPERATURE
- ☐ TETRA
- ☐ TINY
- ☐ TROPICAL
- ☐ WATER

L	O	X	S	U	S	N	A	I	L	A	R	G	E	Q
E	B	C	E	U	S	Q	G	A	Y	R	V	F	Y	W
A	R	U	N	R	U	F	I	L	T	E	R	T	P	G
K	P	U	O	A	S	E	I	C	E	P	S	E	P	T
H	I	C	T	G	W	U	T	U	I	V	T	G	U	K
Q	S	I	S	A	O	E	N	A	S	S	A	L	G	R
A	C	I	F	K	R	L	B	F	H	C	N	R	O	E
A	H	E	F	A	D	E	D	O	I	X	K	X	G	A
B	E	O	X	T	T	R	P	F	L	S	Y	L	R	L
D	A	O	Q	H	A	A	D	M	I	G	H	T	I	V
H	T	R	O	P	I	C	A	L	E	S	E	G	C	H
W	E	X	L	R	L	B	N	N	G	T	H	O	O	I
L	R	A	S	E	Y	N	I	T	W	T	V	N	L	E
T	N	W	A	T	E	R	O	T	C	E	L	L	O	C
T	D	N	A	S	S	K	C	O	R	V	W	O	R	U

484 BACK TO BASE-ICS 484

An air base is an airport facility for military aircraft, and the Air Force usually names their U.S. bases after people. Below are names of Air Force air bases.

- ☐ AMARILLO
- ☐ BEALE
- ☐ BENTON
- ☐ BIGGS
- ☐ BOLLING
- ☐ BROOKS
- ☐ CANNON
- ☐ CASTLE
- ☐ CRAIG
- ☐ DOBBINS
- ☐ DOVER
- ☐ DYESS
- ☐ EDWARDS
- ☐ EGLIN
- ☐ GUNTER
- ☐ HAMILTON
- ☐ HILL
- ☐ KENO
- ☐ KIRTLAND
- ☐ LAREDO
- ☐ LORING
- ☐ LOWRY
- ☐ LUKE
- ☐ MARCH
- ☐ MATHER
- ☐ MCCOY
- ☐ MINOT
- ☐ MOODY
- ☐ NELLIS
- ☐ ORLANDO
- ☐ OXNARD
- ☐ PEASE
- ☐ RANDOLPH
- ☐ REESE
- ☐ SCOTT
- ☐ TINKER
- ☐ TURNER
- ☐ VANCE
- ☐ WALKER

T	P	E	A	S	E	L	T	S	A	C	L	T	C	I
E	Y	O	C	C	M	M	O	O	D	Y	U	U	L	U
R	C	R	N	A	O	U	L	O	B	R	O	O	K	S
G	U	N	T	E	R	E	O	N	N	I	A	T	I	E
Y	R	H	A	Y	E	T	W	E	G	M	G	W	Y	O
M	E	H	A	V	K	G	R	K	A	X	C	G	D	D
R	K	H	S	M	N	N	Y	R	G	B	R	N	S	E
Y	L	H	N	M	I	I	I	A	E	L	A	M	S	R
S	A	K	I	R	T	L	A	N	D	L	I	C	E	A
C	W	N	B	L	L	L	T	D	R	X	G	T	Y	L
O	O	A	B	O	L	O	E	O	X	N	A	R	D	P
T	E	U	O	R	N	B	C	L	N	E	L	L	I	S
T	P	T	D	I	P	O	O	P	A	H	C	R	A	M
I	R	N	O	N	N	A	C	H	R	E	V	O	D	N
S	N	I	L	G	E	S	E	E	R	L	B	O	U	P

485 BOXES 485

All the entries in the list are found in the diagram in an unusual way. Each entry reads either clockwise or counterclockwise around the edges of a box (sometimes a square and sometimes a rectangle).

- ☑ AMATEURS
- ☐ ARMCHAIR
- ☐ BARTENDERS
- ☐ BLINKERS
- ☐ BROADWAY
- ☐ COACH DOG
- ☐ CUDDLE
- ☐ DYNAMITE
- ☐ ENCASE
- ☐ EUROPE
- ☐ EXPERIENCE
- ☐ EYEPIECE
- ☐ FLEXIBLE
- ☐ GENTRY
- ☐ GOURMETS
- ☐ GUIDED
- ☐ HUMIDIFY
- ☐ INVINCIBLE
- ☐ JOKING
- ☐ KITTEN
- ☐ LECTOR
- ☐ MUDDER
- ☐ POETRY
- ☐ RED FIR
- ☐ RESPONSE
- ☐ RUSTIC
- ☐ SILICA
- ☐ STRATEGY
- ☐ TABLES
- ☐ TOOTHPASTE
- ☐ URGENT
- ☐ VANGUARD
- ☐ WHITE OAK
- ☐ WIZARD
- ☐ YEOMAN

Z	J	S	Y	R	N	G	P	A	S	T	K	T	O	R
A	Z	T	G	T	I	J	H	B	V	E	W	C	E	L
R	I	R	E	N	K	O	T	O	O	T	E	U	D	D
D	W	A	T	T	I	P	O	E	N	A	H	R	E	U
A	S	Y	D	I	F	Y	R	T	Y	M	A	S	R	M
O	R	B	I	M	U	H	A	S	D	I	H	W	M	N
P	U	L	X	W	X	T	C	E	E	T	B	K	N	S
E	E	E	E	I	N	V	N	E	X	E	O	A	O	E
C	A	F	L	L	I	I	E	T	P	E	R	L	P	R
R	R	S	B	I	C	N	I	R	E	D	I	T	S	E
I	E	D	A	S	A	E	A	A	D	G	U	A	B	L
F	D	M	R	U	O	D	H	R	W	N	Y	R	S	I
P	N	E	T	S	G	S	C	M	O	A	V	D	R	N
O	T	G	U	R	C	O	A	A	E	E	C	E	E	K
E	U	R	S	T	I	R	Y	N	Y	E	P	I	C	B

486 NUMBER SEEK 486

Solve this puzzle by seeking numbers instead of letters.

- ☐ 04812
- ☐ 13874
- ☐ 15544
- ☐ 16424
- ☐ 20262
- ☐ 23603
- ☐ 28872
- ☐ 37052
- ☐ 37961
- ☐ 43276
- ☐ 43346
- ☐ 44112
- ☐ 46801
- ☐ 47998
- ☐ 49438
- ☐ 49707
- ☐ 53302
- ☐ 54203
- ☐ 58594
- ☐ 64305
- ☐ 67482
- ☐ 69299
- ☐ 69528
- ☐ 69610
- ☐ 70051
- ☐ 79729
- ☐ 80778
- ☐ 81466
- ☐ 84088
- ☐ 84910
- ☐ 86059
- ☐ 87597
- ☐ 87838
- ☐ 95415
- ☐ 95676
- ☐ 95927
- ☐ 96536
- ☐ 97272
- ☐ 97296
- ☐ 99677

9	5	8	6	9	5	4	9	6	2	8	2	9	6	5
7	4	7	9	9	8	0	8	3	9	3	7	9	6	1
2	9	2	0	4	8	9	3	0	0	4	6	8	0	1
1	5	0	0	7	9	9	9	4	2	9	6	0	3	0
9	8	8	3	9	9	5	5	8	6	4	4	7	3	8
6	5	2	3	8	7	4	4	1	5	6	1	7	0	4
7	0	9	5	0	9	7	0	2	2	1	4	8	6	9
6	9	8	7	9	2	5	8	8	0	4	8	1	6	1
0	2	6	6	6	6	1	4	9	1	3	1	5	8	0
1	9	7	2	9	7	7	7	1	5	8	3	9	8	8
3	7	0	2	9	6	2	2	3	5	6	8	5	0	6
6	2	9	0	6	7	4	3	3	4	6	7	0	2	5
7	9	5	7	8	9	9	9	0	4	2	4	6	1	9
6	5	8	8	6	4	5	9	9	6	6	8	8	6	6
6	9	2	7	9	7	2	7	2	3	7	0	5	2	6

487 THE TOY 487

Don't fret over what to get the little ones this year for Christmas or Hanukkah. Just browse through the list below that contains some toys and games that may be found in the toy stores this year.

- ☐ BASEBALL
- ☐ BATON
- ☐ BICYCLE
- ☐ BINGO
- ☐ BLOCKS
- ☐ CARDS
- ☐ CHECKERS
- ☐ CHESS
- ☐ DARTS
- ☐ DOLL-HOUSE
- ☐ DOMINOES
- ☐ DRUM
- ☐ FOOTBALL
- ☐ HORSE-SHOES
- ☐ HULA HOOP
- ☐ ICE SKATES
- ☐ KITE
- ☐ PINBALL
- ☐ POGO stick
- ☐ PUZZLE
- ☐ RAG DOLL
- ☐ SANDBOX
- ☐ SEESAW
- ☐ SLED
- ☐ SLIDE
- ☐ STILTS
- ☐ SWING
- ☐ TEDDY bear
- ☐ TRAIN set
- ☐ VIDEO game

G	S	V	B	P	S	W	S	W	S	F	I	L	H	S
O	F	D	A	C	F	T	U	L	O	P	C	S	L	N
G	D	N	S	S	N	I	I	O	X	I	A	E	H	P
N	K	F	E	K	F	D	T	L	V	V	D	O	I	G
I	Y	O	B	C	E	B	C	F	T	E	R	N	W	Z
B	D	G	A	O	A	A	H	H	W	S	B	I	A	U
S	D	O	L	L	H	O	U	S	E	A	I	M	S	S
B	E	P	L	B	L	L	N	S	L	C	L	O	E	V
I	T	T	C	B	A	O	H	L	A	X	K	D	E	I
S	I	W	A	H	W	O	D	U	T	N	G	E	S	D
W	K	T	O	K	E	I	E	G	R	R	D	Z	R	K
I	O	O	V	S	S	S	V	D	A	D	A	B	U	S
N	P	U	Z	Z	L	E	S	H	I	R	R	V	O	Y
G	N	U	S	D	R	A	C	I	N	V	T	U	C	X
X	C	Z	E	L	C	Y	C	I	B	E	S	I	M	C

488 ZIGZAG 488

Instead of reading in a straight line, each word has one bend in it. One word has been looped for you.

- ☐ AUTOGRAPH
- ☐ BOBBIN
- ☐ BULKHEAD
- ☐ CANADA
- ☐ CAVE-IN
- ☐ CENTAUR
- ☐ DELEGATE
- ☐ DRENCH
- ☐ ECLIPSE
- ☐ FIDDLER
- ☐ FROGMAN
- ☐ FURNACE
- ☐ GUM TREE
- ☐ HONEYDEW
- ☐ IVORY
- ☐ JACKAL
- ☐ KRYPTON
- ☐ LONGBOW
- ☐ MAGAZINE
- ☐ NAVAHO
- ☐ OBJECT
- ☐ POETS
- ☐ POTIONS
- ☐ PROFITS
- ☐ REPAIRMAN
- ☐ SCARLET
- ☐ SCEPTER
- ☐ TRIDENT
- ☐ UGANDA
- ☐ UNCOVER
- ☐ UPGRADE
- ☐ VICTORY
- ☐ WELSH
- ☐ WOLVERINE
- ☐ YOUTH
- ☑ ZIGZAG

W	N	I	B	B	W	N	H	S	L	O	R	U	A	T
Y	E	N	O	H	E	T	C	V	R	E	F	L	P	N
L	D	B	N	D	F	E	O	P	L	A	W	I	O	E
G	Y	E	I	A	J	I	A	D	E	M	C	T	T	C
U	O	R	W	B	M	Z	D	U	T	D	P	S	I	S
M	T	L	O	N	G	B	O	T	T	Y	A	M	O	S
T	W	V	P	V	O	Y	Z	H	O	R	H	C	N	E
R	U	S	I	W	R	N	Z	I	G	K	J	T	R	N
H	E	N	L	C	F	A	F	P	R	Z	E	D	S	I
T	P	E	C	S	T	M	U	W	A	O	A	J	W	R
E	M	A	E	O	A	R	I	A	P	E	R	G	O	E
R	N	L	R	G	V	R	O	B	H	M	C	L	N	V
A	E	Y	A	Z	A	E	A	K	C	A	J	A	W	L
D	N	Z	D	K	B	T	L	N	I	E	V	A	N	O
A	I	J	N	A	G	U	E	O	H	A	C	F	U	R

489 RECIPE TIME 489

This puzzle is a double treat! First find the underlined words from the recipe hidden in the diagram. Then clip the recipe to prepare this chocolate walnut pie, a chocolate lover's delight!

CHOCOLATE WALNUT PIE

3 large eggs
1 1/2 cups sugar
6 tablespoons unsalted butter, melted and cooled
2 teaspoons vanilla
3/4 cup flour
1 1/2 cups mini chocolate chips
1 1/2 cups chopped walnuts
1 nine-inch pie crust

Lightly beat the eggs and add the sugar, butter, and vanilla. Blend well. Gradually add the flour, mixing thoroughly. Stir in the chocolate chips and walnuts. Pour the mixture into the pie shell and bake at 350 degrees for 50 minutes. Serve warm.

```
M C R N T I E T A L O C O H C H I P S B
R A D I D D X U I M S A M I X T U R E L
M A N A Y L N H C N I T T G S O I A T I
L I G H T L Y E O F L O U R N Y T R U V
M N X U L E H O L U G N N A O V U N N A
W D U I S H P G R B S C L D O O M E I A
A C E P N S F R U A H L A U P T G V M S
G H U G E G I T L O I P W A S R R X E O
S C K L R G T T P N R S O L A R L I L D
V E B A K E E P A U C O O L E D C L T L
W A R M R D E V R E S C H Y T L N N E S
T Y D I W D T S U R C U A T T W I G D W
```

WORD SEEK 1

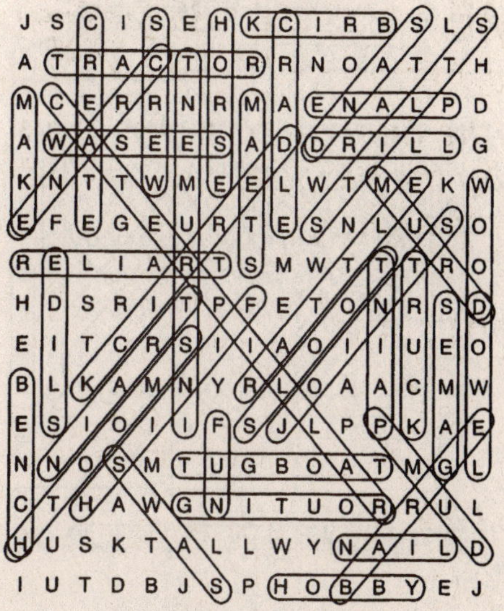

WORD SEEK 2

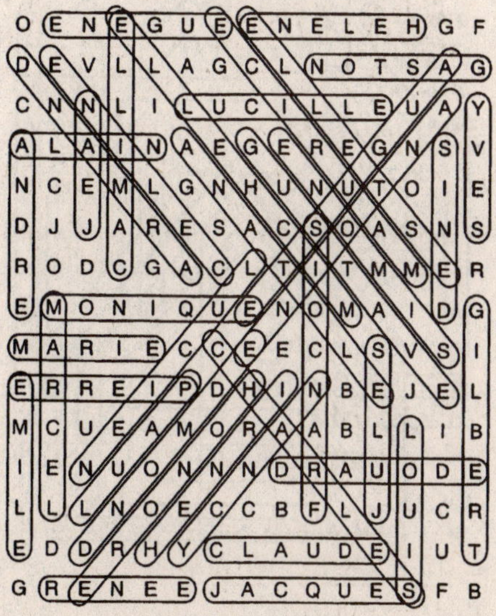

WORD SEEK 3

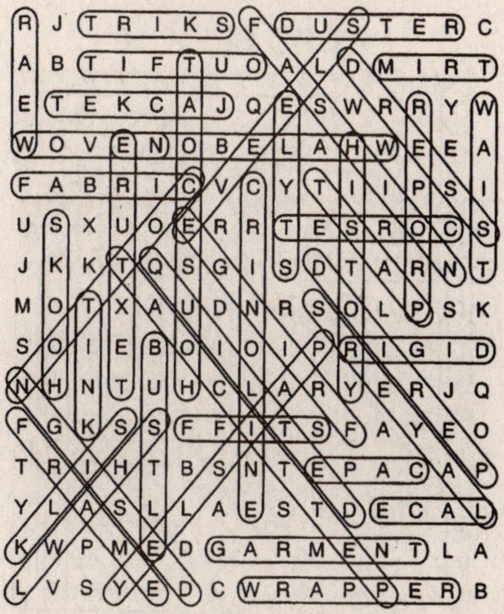

WORD SEEK 4

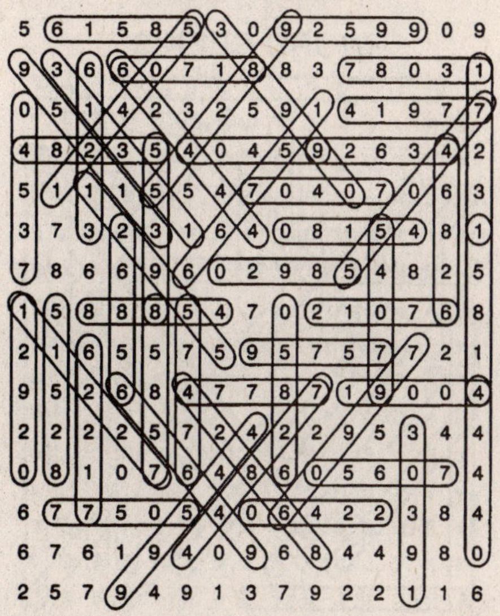

WORD SEEK 5

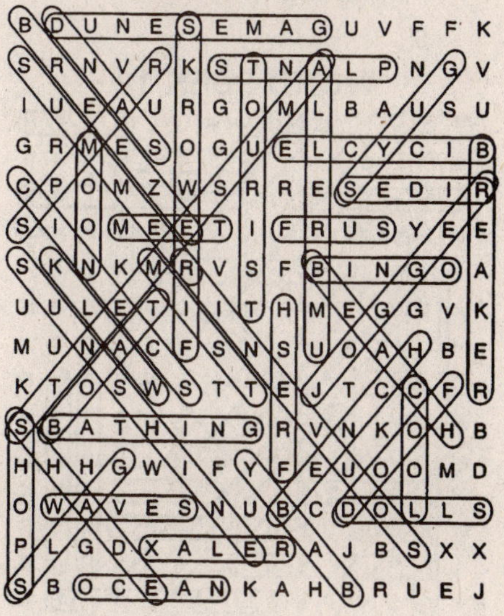

WORD SEEK 6

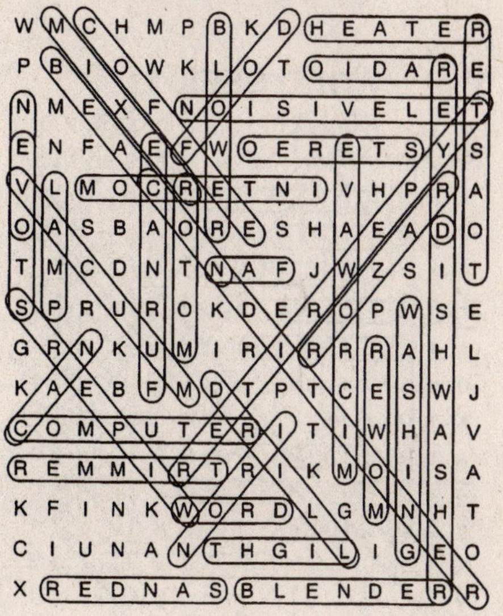

WORD SEEK 7

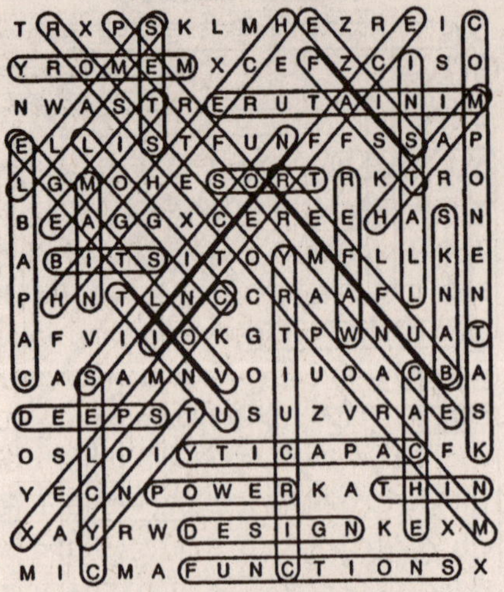

WORD SEEK 8

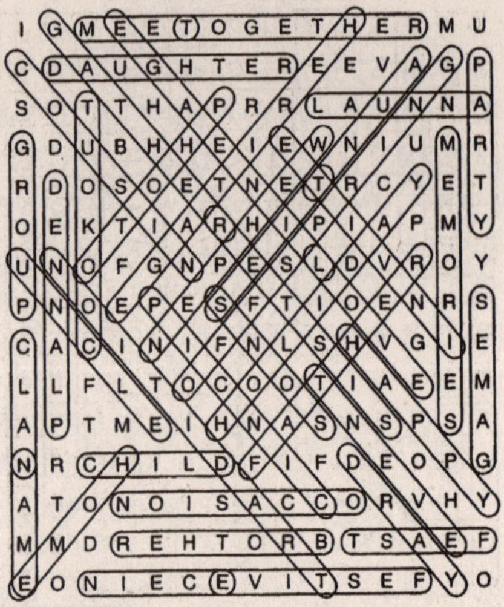

WORD SEEK 9

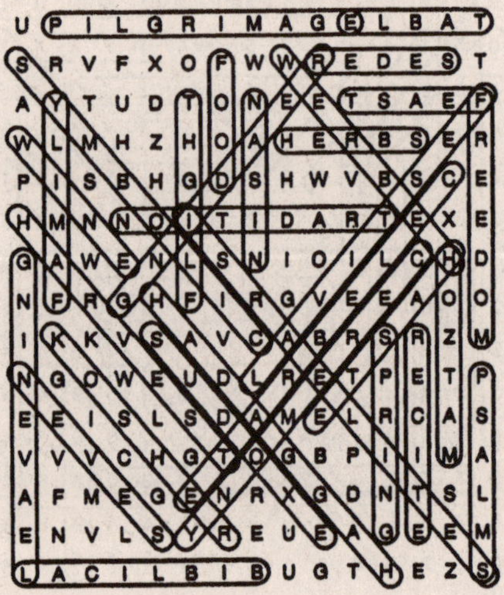

WORD SEEK 10

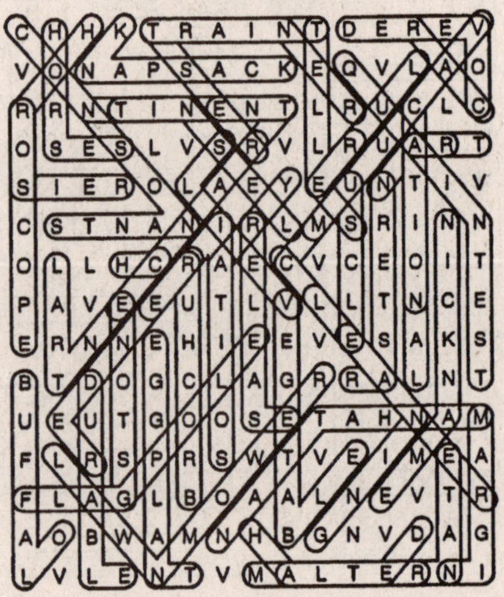

WORD SEEK 11

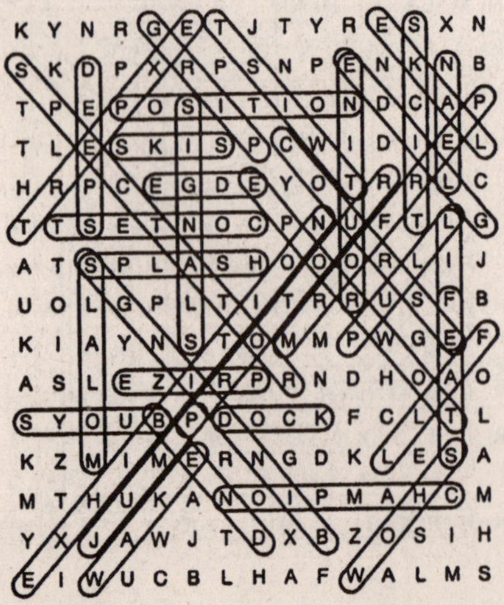

WORD SEEK 12

WORD SEEK 13

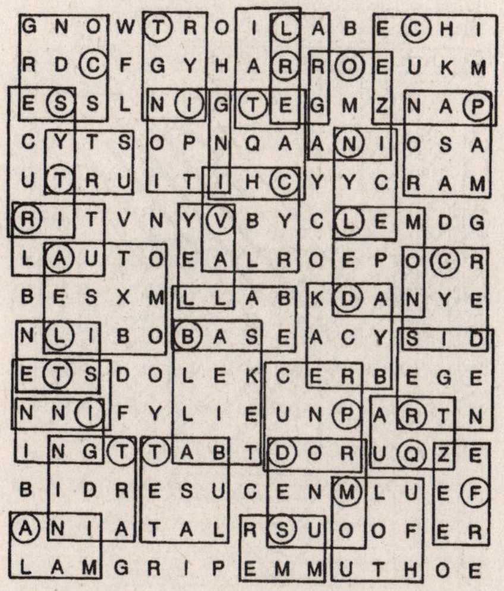

WORD SEEK 14

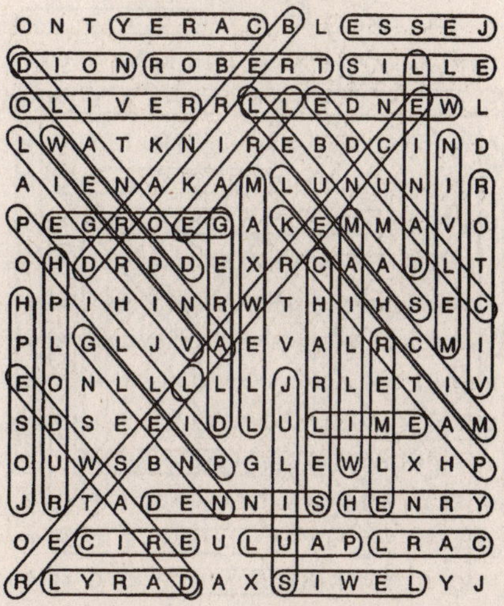

WORD SEEK 15

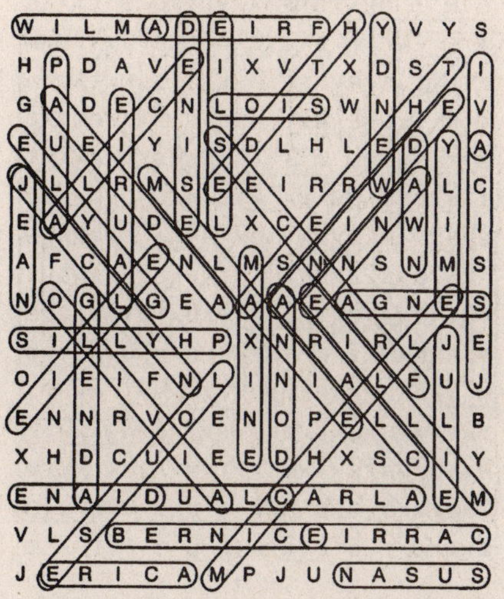

WORD SEEK 16

WORD SEEK 17

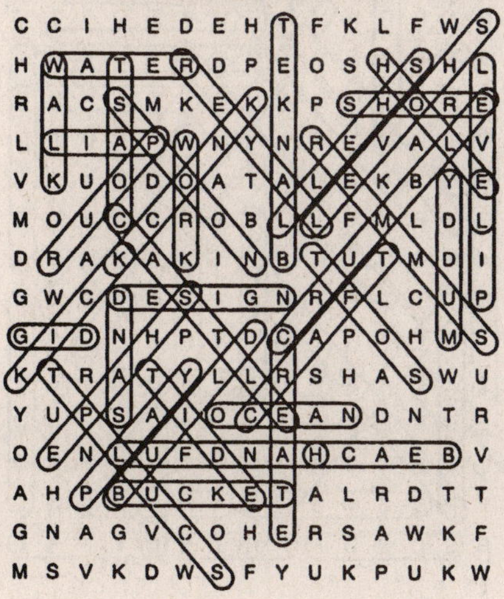

WORD SEEK 18

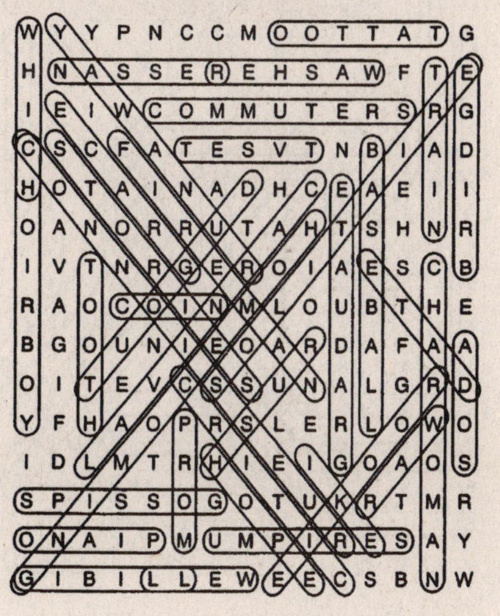

WORD SEEK 19

H	X	O	Q	A	Y	E	S	C	W	O	L	L	I	W
B	A	X	C	R	X	M	N	H	B	H	W	N	C	B
B	U	C	K	E	Y	E	T	I	U	Q	S	E	M	R
A	U	E	A	G	A	Q	V	T	P	Q	I	N	U	E
Y	M	C	P	Q	M	U	R	E	D	O	A	K	C	D
C	R	U	P	E	A	C	H	T	R	E	E	O	X	L
I	L	R	L	B	G	R	M	S	O	G	T	T	H	A
T	U	P	E	P	N	H	B	A	O	T	R	T	S	L
Y	O	S	T	B	O	R	K	U	O	J	Q	E	A	M
E	T	Q	A	L	L	C	A	N	T	L	J	M	E	O
L	U	I	L	U	I	U	W	D	I	U	Y	L	U	N
L	P	Y	C	T	A	O	M	N	E	P	S	A	L	D
O	E	X	Y	M	O	A	D	X	D	C	V	P	B	S
W	L	R	E	D	L	E	X	O	B	E	E	C	H	K
H	O	H	T	W	N	E	G	N	A	R	O	G	M	B

WORD SEEK 20

S	T	U	D	Y	E	Y	R	A	I	D	D	L	N	Z
M	O	N	E	Y	N	O	R	I	V	O	R	Y	Z	S
U	J	F	R	I	J	E	B	R	P	S	M	S	C	Y
M	E	A	B	O	O	T	Y	H	E	D	E	A	A	R
P	V	N	Y	A	Y	P	E	N	A	B	R	C	D	R
Y	Y	C	V	F	L	A	E	I	O	R	E	M	E	E
N	T	Y	N	O	V	M	S	N	Y	D	D	A	C	F
N	X	R	D	Y	Y	Y	Y	Y	D	Z	I	C	O	E
E	I	T	A	A	L	T	Y	O	N	N	A	R	Y	J
P	S	N	V	P	I	I	P	K	A	N	P	R	T	E
T	H	E	P	N	A	R	O	M	C	J	U	R	C	Y
O	V	A	S	L	D	I	Y	D	E	U	Y	F	N	N
D	T	R	P	S	S	I	L	L	Y	R	L	A	A	U
A	Z	L	V	P	A	H	L	H	F	S	C	A	V	H
Y	C	Y	B	Z	Y	Y	R	R	U	H	Z	Y	J	F

WORD SEEK 21

N	O	I	S	I	V	P	R	D	R	I	V	E	N	H
E	P	A	T	T	I	M	I	L	R	S	T	S	B	D
L	M	G	M	A	N	G	L	E	B	U	K	E	S	B
C	L	O	V	E	R	I	V	Y	L	C	D	T	S	G
D	V	O	R	C	N	O	O	A	A	R	R	O	E	E
W	W	V	T	N	O	D	S	P	T	I	I	N	D	N
A	G	A	I	H	E	N	M	R	P	C	G	W	I	E
R	H	N	S	G	K	I	O	E	E	I	I	O	S	R
F	G	T	R	E	H	M	S	I	N	T	V	T	C	A
S	D	E	Y	H	B	T	A	E	L	T	T	E	H	L
E	E	S	H	O	T	G	U	N	H	L	N	E	O	D
N	T	G	N	I	D	N	A	L	O	T	I	H	L	T
S	H	E	A	V	E	N	T	I	U	S	U	M	A	K
E	S	T	A	T	E	S	A	R	R	S	W	O	R	D
G	I	G	U	M	O	D	Y	B	D	D	L	R	O	W

WORD SEEK 22

G	N	I	D	N	B	P	A	Y	E	C	O	E	A	G
A	T	E	E	W	E	U	C	C	D	R	V	T	M	W
E	L	L	S	R	K	E	R	L	T	E	N	E	O	A
Y	K	I	U	E	R	L	R	E	R	G	I	P	S	T
S	P	N	T	M	M	I	L	G	A	S	M	B	A	T
T	U	C	O	N	W	R	Y	Z	W	U	U	R	B	O
E	H	N	P	M	E	V	G	P	R	A	C	P	R	E
R	A	C	S	K	S	V	I	T	E	O	E	A	E	L
I	I	D	A	O	T	I	Z	E	D	T	T	J	Y	E
P	F	B	N	I	W	T	F	R	S	M	U	R	T	C
M	U	P	B	A	P	M	O	T	G	N	I	N	H	J
T	Y	M	R	E	L	T	O	W	C	S	W	A	R	B
H	A	D	R	E	A	M	Y	T	N	A	S	L	L	K
T	G	M	O	G	D	N	I	O	N	S	V	E	U	G
E	I	W	I	L	L	A	L	K	L	O	F	T	A	E

WORD SEEK 23

1	1	7	5	6	3	2	1	4	2	5	5	9	1	9
5	1	8	3	7	5	8	0	3	9	7	6	2	5	2
3	8	0	9	8	7	1	8	0	4	4	8	1	8	4
2	5	5	5	3	7	0	0	3	7	4	7	3	0	9
1	3	2	9	1	5	5	4	0	1	7	5	7	3	2
9	1	9	8	9	8	1	4	0	5	9	3	1	2	7
5	4	0	4	3	6	6	6	0	0	4	3	6	0	5
2	8	0	7	2	8	5	7	3	9	5	9	4	4	1
4	1	7	8	4	4	4	7	4	3	3	6	7	3	2
1	7	8	6	9	5	5	5	2	6	2	9	4	3	8
4	0	5	4	6	5	2	8	6	6	2	6	3	8	2
8	2	4	3	3	8	8	0	4	0	1	4	0	8	4
4	5	2	6	6	2	3	8	5	1	4	8	7	4	5
6	1	7	5	0	7	0	4	2	3	9	6	8	7	7
0	2	1	2	2	0	8	2	2	8	3	1	1	9	1

WORD SEEK 24

B	P	B	O	O	K	S	P	T	M	K	R	O	W	P
U	A	P	R	P	M	R	S	U	P	P	O	R	T	C
Q	S	K	D	H	O	I	R	E	C	I	F	F	O	A
T	V	E	E	G	S	I	N	O	I	T	A	N	O	D
O	I	L	R	S	F	S	M	U	Y	L	C	D	T	N
R	P	A	A	V	A	M	T	P	T	E	P	K	I	E
G	M	F	Y	E	I	L	M	N	R	E	N	P	T	G
A	H	W	D	T	R	C	E	N	E	O	S	O	U	A
N	T	I	T	E	I	D	E	Z	T	D	V	B	M	S
I	N	E	P	U	I	V	T	N	P	E	U	E	F	C
Z	E	O	A	S	Y	T	I	L	A	U	Q	T	Z	H
E	R	K	E	C	W	Z	N	T	H	L	L	B	S	O
T	A	R	N	B	H	M	G	V	C	L	P	H	A	O
F	P	M	E	M	B	E	R	A	W	A	R	D	W	L
R	S	D	N	U	F	P	R	I	N	C	I	P	A	L

WORD SEEK 25

C	N	F	R	O	M	M	U	G	F	Y	H	D	I	T
L	L	U	H	E	J	Y	C	C	N	A	D	L	R	F
S	E	M	A	K	F	F	O	K	D	U	E	R	F	U
T	E	D	R	I	T	T	M	L	J	J	J	B	G	Y
H	A	L	L	D	H	R	E	N	E	H	C	T	I	T
U	R	T	O	N	N	R	O	G	E	R	S	E	R	U
R	Y	E	W	R	A	A	M	P	A	C	O	V	W	N
S	E	C	L	O	M	Y	W	A	L	I	O	I	E	K
T	N	N	A	H	L	E	U	A	S	L	P	L	K	T
O	R	A	N	T	O	R	R	Y	V	L	A	C	D	E
N	O	U	M	I	T	K	W	A	T	S	O	N	E	N
E	H	O	A	R	K	E	P	A	H	P	U	W	W	I
B	S	I	L	L	E	S	L	L	S	W	K	M	E	B
C	A	L	B	E	T	T	E	L	H	E	I	M	Y	R
Y	D	U	B	M	Y	Y	H	B	K	I	N	P	B	P

WORD SEEK 26

P	M	Y	N	N	C	W	R	L	G	T	O	L	E	T
S	U	A	E	G	A	R	E	K	O	R	B	L	L	S
G	E	C	V	N	F	D	T	P	A	A	O	I	A	E
N	C	C	V	T	I	S	O	P	E	D	N	W	U	R
I	O	O	U	M	E	R	G	E	R	E	D	T	T	A
N	U	U	K	R	T	B	K	N	S	D	L	L	U	H
R	P	N	E	F	I	C	A	P	I	T	A	L	M	S
A	O	T	O	K	E	T	U	V	R	G	E	E	A	K
E	N	L	S	H	U	Q	I	R	G	O	R	S	N	C
I	I	I	C	M	N	D	G	E	R	O	F	A	S	M
O	R	E	V	O	E	K	A	T	S	E	B	I	M	A
N	K	N	I	N	V	E	S	T	M	E	N	T	T	R
V	W	T	D	E	E	M	O	C	N	I	L	C	K	K
R	P	H	W	Y	R	C	I	E	Q	U	I	T	Y	E
O	L	B	H	A	K	O	Q	D	E	U	S	S	I	T

WORD SEEK 27

D	H	T	R	O	W	Y	A	H	C	I	G	A	M	Y
W	V	H	M	D	I	M	S	N	C	G	N	E	R	O
P	O	W	E	R	S	U	T	U	T	L	L	N	O	U
N	E	C	N	A	M	O	R	O	T	I	E	V	R	B
V	Y	N	S	G	A	S	O	O	S	H	C	V	K	J
J	W	J	O	N	E	N	N	S	T	R	E	S	E	D
J	S	D	N	I	I	Y	A	H	A	G	M	A	N	R
E	M	R	R	W	S	A	U	A	G	N	N	O	A	O
D	A	E	E	A	S	I	T	R	G	N	I	C	L	M
J	S	L	C	B	L	K	V	P	I	T	T	O	C	U
G	T	N	V	A	O	F	U	E	A	D	R	C	A	H
I	E	G	K	M	P	T	R	U	L	C	A	T	M	I
A	D	N	A	M	A	S	T	E	R	E	M	I	N	G
W	E	W	I	N	F	I	E	L	D	D	T	D	L	G
P	N	C	R	E	S	R	O	G	E	R	N	U	N	Y

WORD SEEK 28

I	M	R	O	F	N	I	I	E	E	L	D	N	A	H
G	U	I	D	E	L	N	A	T	T	A	F	R	B	E
T	P	G	N	N	D	N	D	A	E	U	R	U	I	N
C	O	F	E	I	G	I	V	L	R	A	C	L	B	G
E	D	E	C	E	S	I	I	U	N	E	S	E	L	A
F	X	A	D	U	S	T	S	G	O	C	U	S	X	G
F	T	T	R	I	A	R	E	E	N	I	G	N	E	E
E	G	A	C	S	S	X	E	R	D	N	G	U	L	T
S	U	P	S	U	P	E	R	V	I	S	E	O	R	A
R	H	P	G	L	D	E	R	A	O	T	S	C	W	C
U	M	O	A	O	T	N	T	P	O	R	T	A	C	O
B	T	I	W	S	V	N	O	L	O	U	T	S	S	V
S	N	R	A	W	I	E	I	C	T	C	E	R	I	D
I	L	M	N	A	L	P	R	P	H	T	W	N	C	A
D	N	A	M	M	O	C	O	N	T	R	O	L	I	W

WORD SEEK 29

R	D	H	J	D	D	W	O	L	C	E	B	F	W	O
S	M	A	R	G	O	R	P	A	R	T	Y	A	L	P
L	C	O	R	E	C	N	E	U	Q	E	S	M	N	U
S	E	R	L	S	P	R	O	D	U	C	T	I	O	N
E	G	V	E	N	J	O	Y	I	R	W	T	L	I	N
U	R	U	N	E	C	E	R	E	M	O	N	Y	T	O
L	F	U	G	L	N	E	A	N	R	T	C	P	A	I
A	I	E	T	N	S	T	G	C	N	G	R	M	C	T
U	L	G	H	C	I	N	I	E	N	H	O	F	A	A
D	M	A	H	V	I	D	M	I	H	V	O	P	V	C
I	R	T	E	T	A	P	D	S	I	C	E	B	G	O
O	I	O	R	M	I	N	I	E	U	U	T	R	B	L
U	D	O	C	U	E	N	G	S	W	Y	O	A	C	Y
V	P	F	O	E	I	G	G	L	A	E	H	O	W	Y
S	A	E	U	F	R	T	I	D	E	Y	S	E	U	U

WORD SEEK 30

K	B	B	Y	N	K	O	Y	N	A	M	K	C	I	H
B	N	Y	J	A	C	K	S	O	N	U	H	N	A	R
B	T	O	L	X	L	R	X	D	G	O	B	R	O	K
O	O	L	T	H	E	C	F	R	S	A	T	E	S	X
O	E	U	G	T	Y	Y	A	A	R	H	K	L	X	J
N	A	L	R	A	H	Y	Y	R	Y	D	T	Y	U	C
E	G	A	E	B	S	N	E	R	E	L	T	U	B	F
K	C	Y	E	O	O	N	T	A	S	I	V	D	C	U
C	L	I	N	T	O	N	T	G	A	J	N	A	O	G
A	A	M	N	S	T	R	E	N	C	G	R	V	N	F
R	R	E	N	D	I	O	R	H	A	R	D	I	N	U
B	K	H	Y	A	Y	M	I	H	O	R	M	E	L	N
B	O	Y	D	L	B	O	Y	L	E	E	G	S	M	G
J	B	A	Y	S	B	E	L	L	L	I	T	S	E	N
V	I	H	N	H	G	K	F	F	H	E	N	R	Y	E

WORD SEEK 31

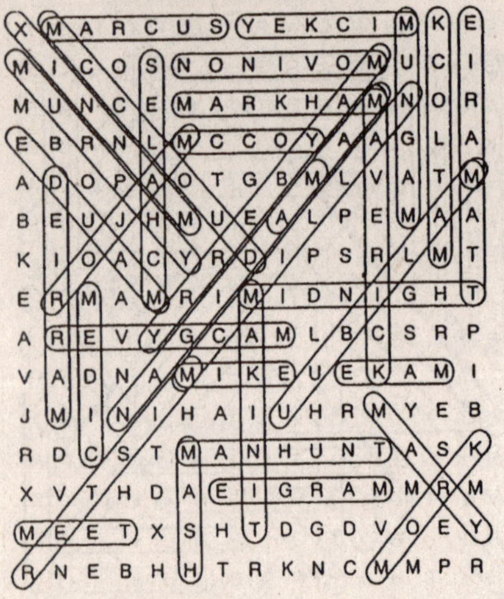

WORD SEEK 32

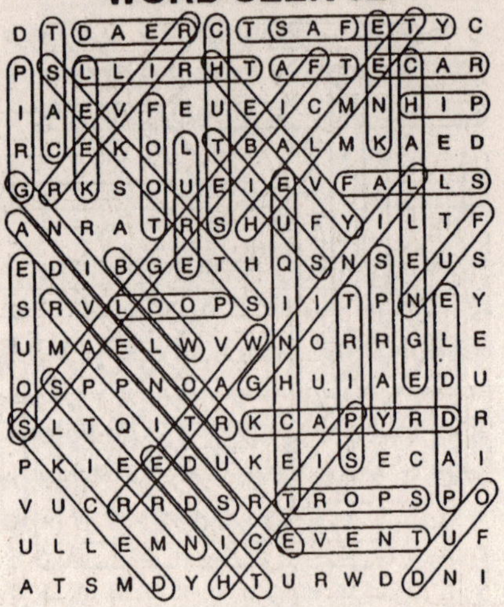

WORD SEEK 33

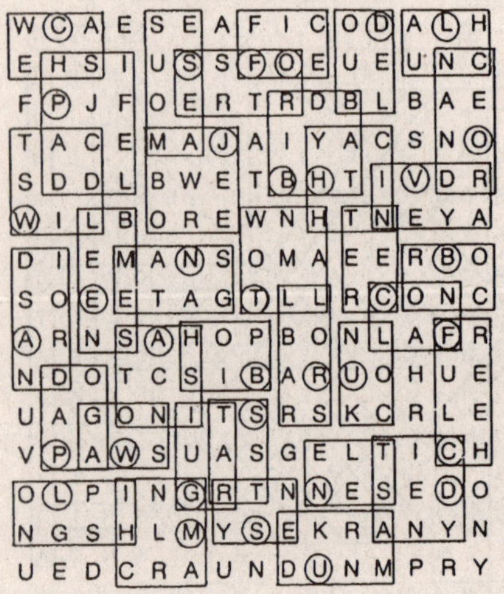

WORD SEEK 34

WORD SEEK 35

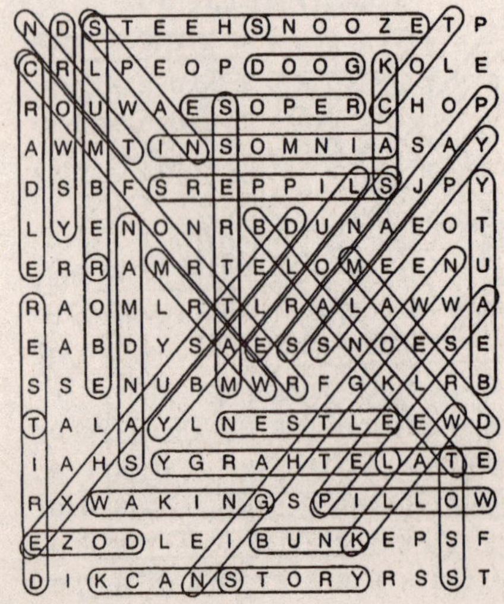

WORD SEEK 36

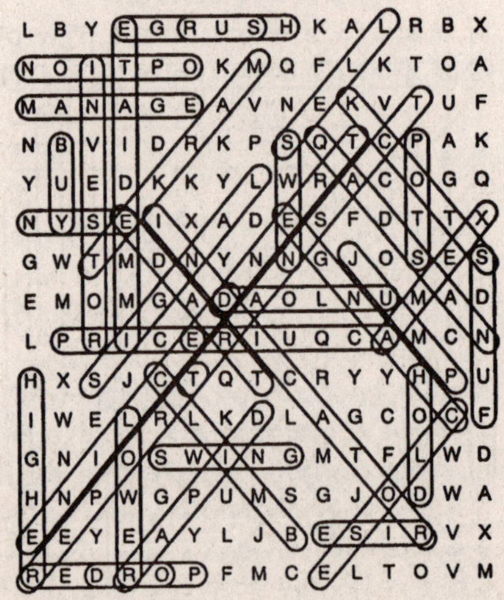

WORD SEEK 37

T	R	W	O	R	K	Q	Y	B	R	U	S	H	T	S
R	E	T	A	W	T	L	E	L	D	D	Q	L	O	O
U	P	X	A	S	P	C	M	U	D	I	U	Q	I	L
S	A	Y	T	P	H	I	A	R	N	F	L	O	W	T
T	P	A	A	U	S	M	R	R	T	F	O	S	H	X
Y	G	L	F	O	R	M	F	Y	T	U	N	I	Y	W
L	T	P	A	T	N	E	R	A	P	S	N	A	R	T
E	U	S	I	S	P	R	A	Y	U	E	B	D	E	H
X	M	I	I	G	H	S	J	B	Y	O	A	A	L	G
C	E	D	D	T	M	E	J	I	E	E	W	O	L	I
R	T	R	R	S	R	E	B	F	R	E	Z	G	A	L
E	H	Y	A	Y	C	A	N	P	L	E	C	A	G	N
A	O	A	W	T	I	E	S	T	R	U	Y	A	L	S
T	D	E	S	I	G	N	N	N	T	N	I	A	P	G
E	X	H	I	B	I	T	G	E	I	N	I	D	L	S

WORD SEEK 38

O	I	T	O	H	D	M	U	G	A	S	L	B	O	B
S	A	R	O	N	G	S	F	R	Z	D	C	N	U	O
U	W	E	G	N	E	C	A	E	N	A	O	R	Z	F
J	K	W	E	G	B	Z	A	R	F	M	K	I	A	H
A	I	S	R	G	I	Y	I	O	I	A	E	R	J	K
B	L	B	G	A	L	D	R	K	H	E	E	O	A	F
E	T	A	B	L	I	E	R	R	F	C	G	A	C	P
R	A	E	G	A	F	N	S	D	U	T	N	H	T	A
L	W	U	M	B	H	A	G	O	T	S	U	O	Z	H
U	L	I	P	I	U	H	B	L	O	D	L	A	P	C
W	C	A	B	A	A	N	N	M	D	N	M	A	H	T
R	A	N	O	R	A	K	N	A	F	A	R	A	S	E
N	X	F	H	M	G	S	R	N	R	E	M	U	L	N
K	A	D	T	O	U	S	E	R	U	M	E	O	B	O
I	N	U	X	E	L	L	A	B	A	L	E	X	H	G

WORD SEEK 39

C	A	N	A	L	S	T	A	O	B	N	O	R	U	H
L	G	N	R	W	R	O	I	R	E	P	U	S	D	A
A	H	R	A	Y	F	L	U	G	N	I	H	S	I	F
I	A	T	A	I	R	S	T	R	A	I	T	S	R	D
R	E	M	R	I	D	A	V	E	P	L	G	S	O	E
R	R	B	I	O	N	N	D	P	G	L	N	M	N	T
O	A	E	O	N	N	A	I	N	W	I	E	I	P	R
U	A	A	C	T	N	N	V	I	U	N	L	C	H	O
T	D	C	C	N	G	E	S	L	L	O	I	H	O	I
E	A	H	A	T	E	C	S	A	Y	I	B	I	G	T
E	N	E	W	Y	O	R	K	O	I	S	Y	G	A	B
O	A	S	W	N	O	E	W	C	T	L	N	A	S	O
O	C	W	S	N	I	A	G	A	R	A	I	N	P	C
E	R	I	E	C	I	T	N	A	L	T	A	N	E	U
O	N	T	A	R	I	O	N	P	S	D	O	O	G	P

WORD SEEK 40

F	N	P	C	H	O	W	A	E	N	K	C	U	D	Z
D	O	E	I	G	H	O	I	E	T	I	H	W	O	R
T	I	A	G	N	U	R	T	N	N	A	C	S	O	N
R	N	S	P	I	N	A	E	L	G	R	B	R	F	D
I	O	W	H	K	K	E	O	P	A	S	O	L	A	S
C	A	S	H	E	W	B	K	P	P	Z	M	A	E	B
E	K	R	O	P	S	B	P	C	T	E	E	W	S	S
G	L	U	W	T	R	E	R	D	I	C	P	O	I	T
G	T	O	E	S	T	E	N	T	R	H	P	N	Z	N
D	L	R	M	I	A	F	T	O	E	U	C	T	O	I
R	L	B	Z	E	U	R	Z	T	T	A	C	O	W	D
O	O	E	P	M	I	R	H	S	A	N	D	N	L	S
P	R	A	C	B	S	N	O	I	L	L	A	C	S	E
P	Z	N	S	C	O	O	K	I	E	T	P	C	S	H
M	S	U	E	Y	C	I	P	S	A	U	C	E	B	E

WORD SEEK 41

A	D	C	D	D	I	I	A	D	I	C	C
I	A	D	I	C	I	D	C	I	N	I	I
N	N	I	I	D	C	D	A	D	A	C	A
N	A	C	D	A	A	I	N	I	I	I	D
A	D	N	C	D	I	A	A	A	D	A	D
D	C	A	C	I	N	C	A	C	C	A	C
C	D	D	C	I	A	C	I	A	A	D	C
D	A	I	D	D	N	I	D	I	C	I	A
D	N	D	I	C	N	A	I	N	D	C	D
D	D	I	C	D	A	A	N	C	N	D	C

WORD SEEK 42

N	C	A	N	D	I	D	N	A	C	A	N
C	I	C	C	C	I	C	C	N	D	C	C
A	A	A	A	D	A	D	A	N	A	A	A
A	C	N	C	N	C	N	N	N	I	N	N
C	A	N	D	I	D	C	D	A	D	D	D
A	N	I	N	I	A	I	I	I	C	I	I
N	D	C	A	N	D	I	D	N	D	D	D
D	I	I	D	I	D	N	A	C	D	I	D
I	D	I	D	N	A	C	A	N	D	I	D
D	D	I	N	C	A	N	D	I	D	A	D

WORD LIST FOR WORD SEEK 20

Annoy, Apply, Balmy, Berry, Booty, Caddy, Candy, Carry, Crazy, Daily, Dairy, Daisy, Decay, Decoy, Derby, Diary, Dirty, Doily, Early, Ebony, Empty, Enemy, Enjoy, Entry, Envoy, Essay, Fancy, Ferry, Funny, Happy, Heavy, Hurry, Irony, Ivory, Jelly, Lucky, Mercy, Money, Party, Penny, Silly, Sixty, Study, Today.

WORD SEEK 43

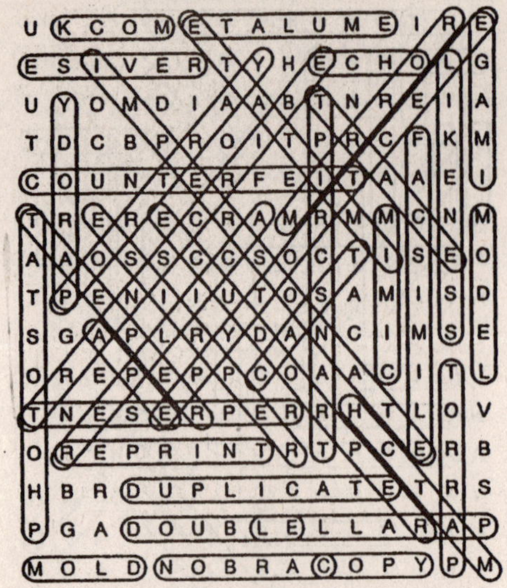

WORD SEEK 44

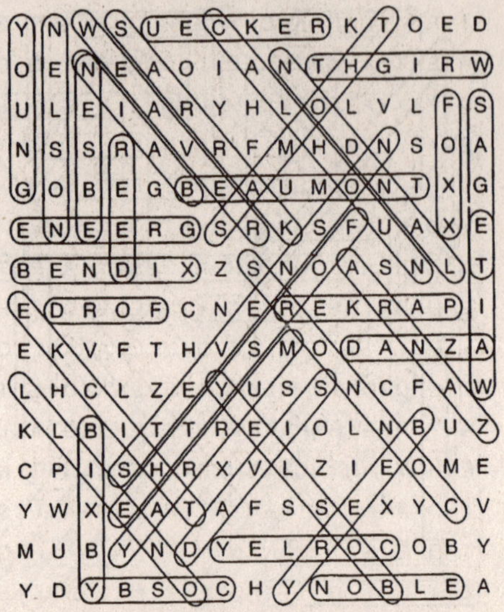

WORD SEEK 45

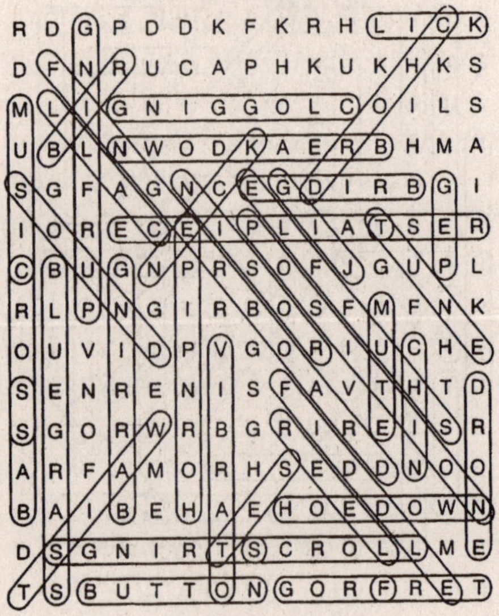

WORD SEEK 46

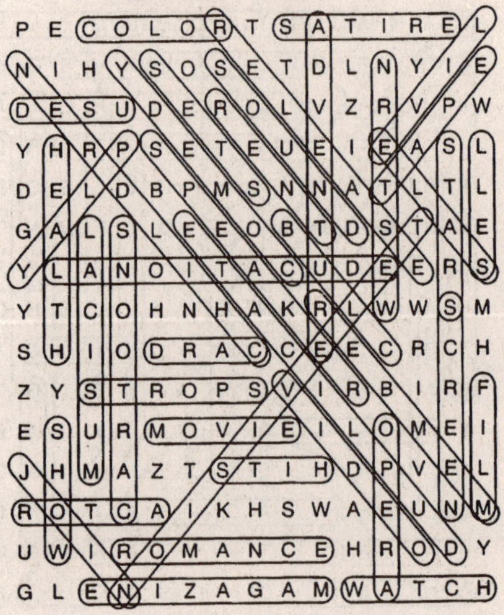

WORD SEEK 47

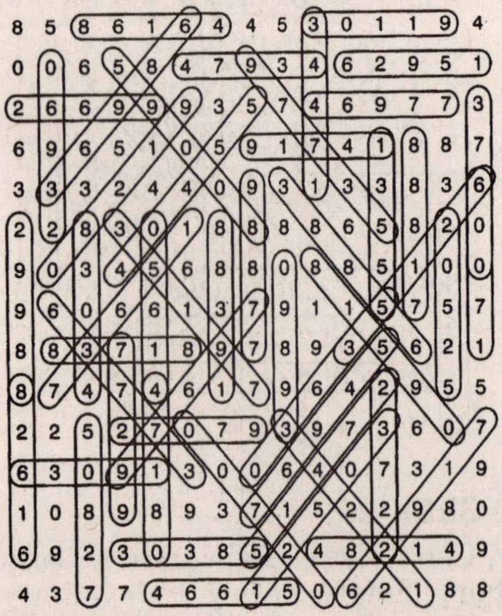

WORD SEEK 48

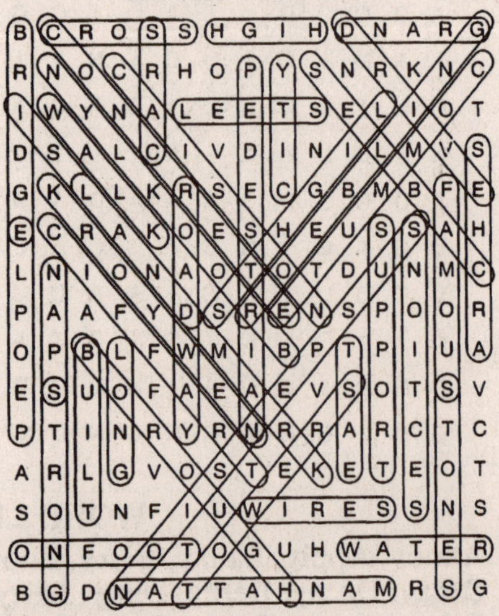

WORD SEEK 49

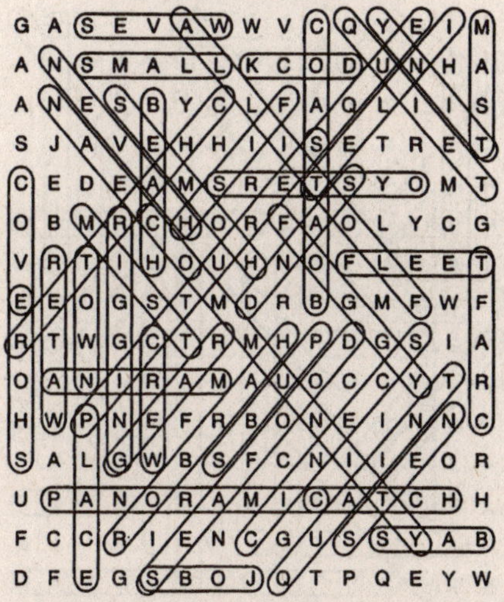

WORD SEEK 50

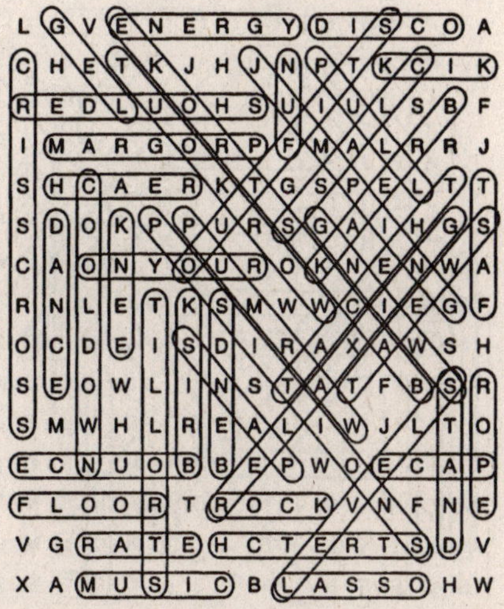

WORD SEEK 51

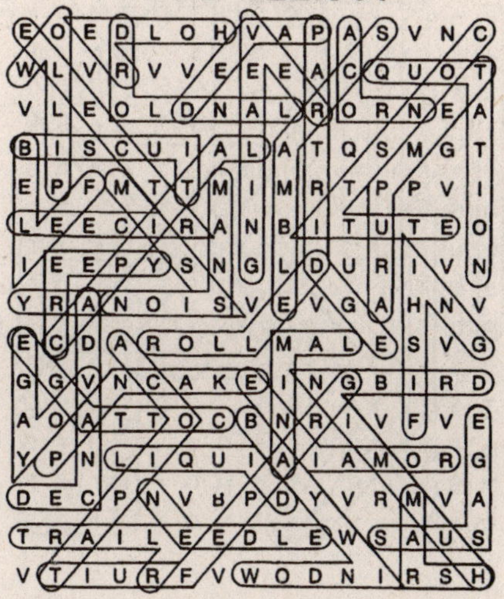

WORD SEEK 52

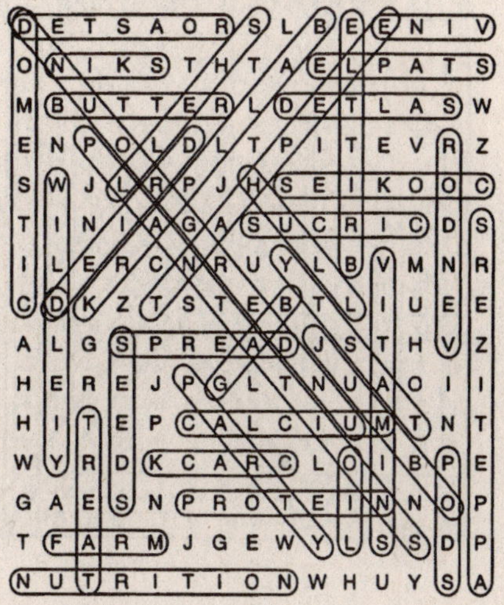

WORD SEEK 53

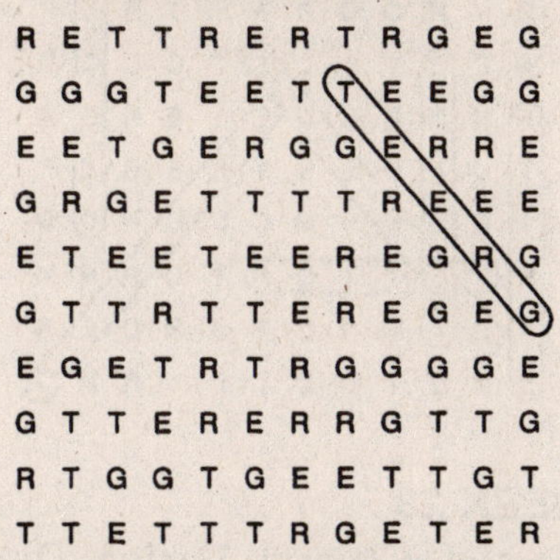

WORD SEEK 54

WIZARD WORDS FOR WORD SEEK 35

People who snore always fall asleep first.

WORD SEEK 55

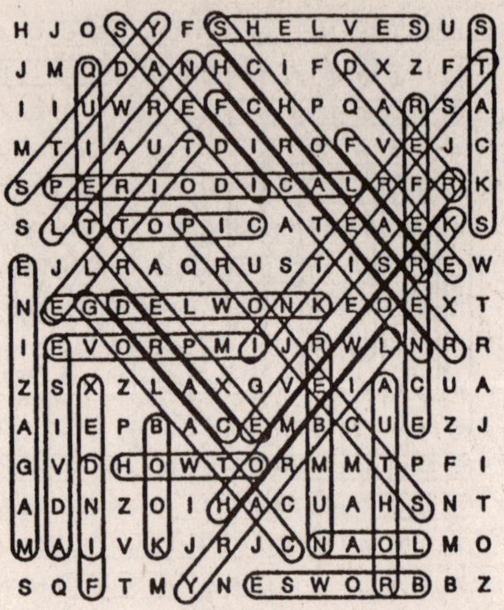

WORD SEEK 56

WORD SEEK 57

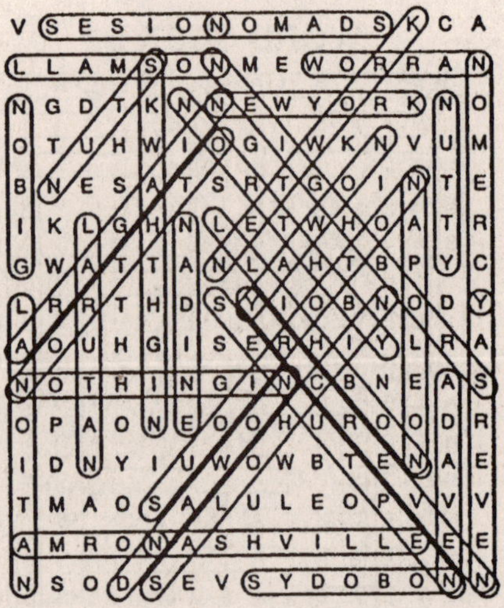

WORD SEEK 58

WORD SEEK 59

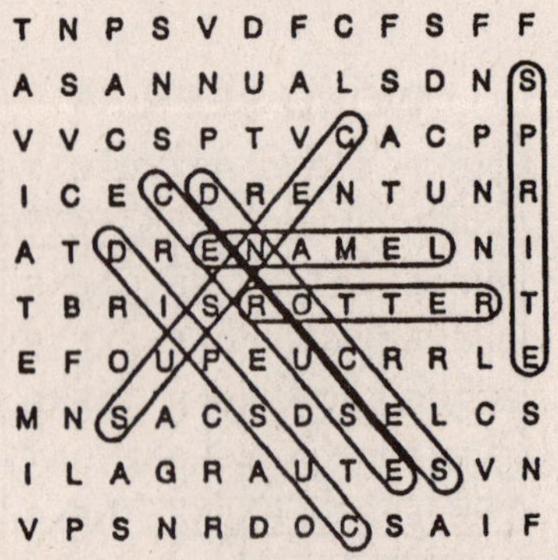

WORD SEEK 60

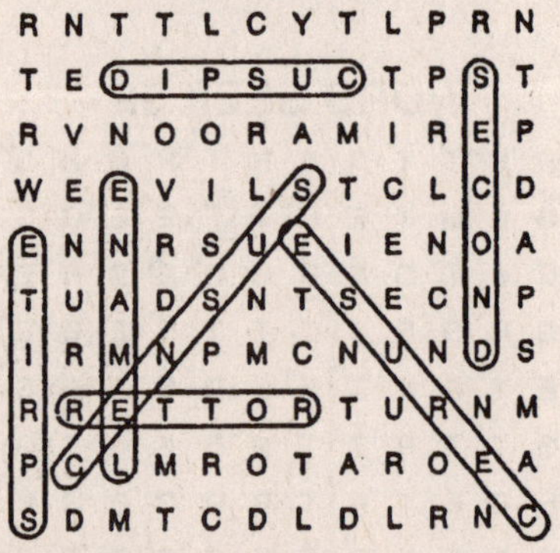

WORD LIST FOR WORD SEEK 28

Advise, Advocate, Arrange, Command, Conduct, Control, Counsel, Design, Direct, Disburse, Effect, Engage, Engineer, Execute, Explain, Govern, Guide, Handle, Indicate, Inform, Instruct, Lead, Maintain, Master, Minister, Oversee, Pilot, Plan, Preside, Regulate, Rule, Show, Suggest, Supervise, Watch.

WORD SEEK 61

E E V L O S B A B H C A E R O T C A R T O O N
S L L I P M I L B D I S A V O W E L Y S C P M
R B H P J F E A E R C K T S S T A R T L E O E
E A S P M S L G P O I A D R T W R E E T M P S
V T I I S A R E A I T D E H U A A A E M O C S
E O D E N A R S S I E R G H T L N L Y L C O Y
R N D C D C T T B H U U A E T S P D L E L R B
A I E E E E R A C S O C P H E I D S B O E N E
N G R N R A H T N R D E T A R R A N S Y W Y R
D H T S N B I E W E I G H T Y S G N I R R A E
A T E G A P C L A S S E S L I G H T L Y F G H
S T E E P L E Y R E N E C S H C R O T I A R T

WORD SEEK 62

E E V L O S B A B H C A E R O T C A R T O O N
S L L I P M I L B D I S A V O W E L Y S C P M
R B H P J F E A E R C K T S S T A R T L E O E
E A S P M S L G P O I A D R T W R E E T M P S
V T I I S A R E A I T D E H U A A A E M O C S
E O D E N A R S S I E R G H T L N L Y L C O Y
R N D C D C T T B H U U A E T S P D L E L R B
A I E E E E R A C S O C P H E I D S B O E N E
N G R N R A H T N R D E T A R R A N S Y W Y R
D H T S N B I E W E I G H T Y S G N I R R A E
A T E G A P C L A S S E S L I G H T L Y F G H
S T E E P L E Y R E N E C S H C R O T I A R T

WORD SEEK 63

O U O T I N S W E D D G U G G I C S C G
F I D M N B N T V N N C O C A B H M E N
X I K M G O O F L I H E K L D N A G D E
D E P I R G O C R O G K L G D K A K L P
E L U X E L P P P G C I I B E E R N E R
S M V T D N S P S A N H M S D K N V A K
A A H U I H E A B A K I N G P O C G M B
E E K R E D L K V R E T F A T O U C H U
R R D E N I B M O C O T O F C S W M F T
G C R E T T A B I O M W I S U E K D W T
O S U X S E T U N I M S N R P M P R E E
K U N S A L T E D I M U K A S F L O U R

WORD SEEK 64

WORD SEEK 65

WORD SEEK 66

WORD SEEK 67

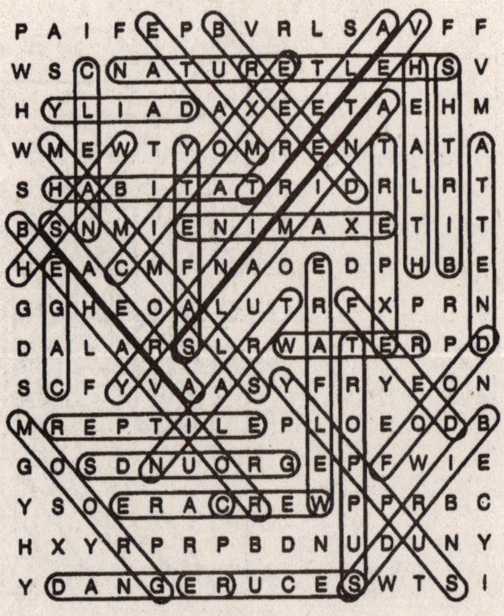

WORD SEEK 68

WORD SEEK 69

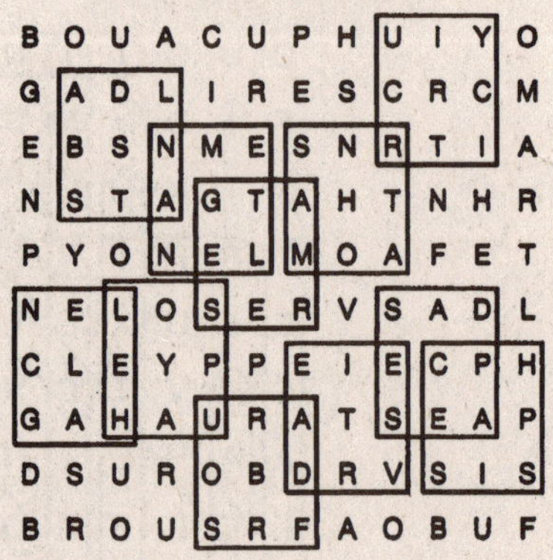

WORD LIST FOR WORD SEEKS 59 & 60

Census, Ceruse, Cuspid, Enamel, Rotter, Second, Sprite.

WORD SEEK 70

H N Y L K A I S K R S X Q R T
E I I R K V R T O C E U U H Y
M O N L O U P B A W A C E Z Z
O G N J O Q R V W L E X A F A
E A I C D P N A N Y E L L N T
C O D C A S Y E T I B A B Y K
V O A N E D U I S G A M S A A
H E A S G Z M A R R A A U H Y
L S D E E F Q O G R E N R O S
T O G E K E A U N L T E U N C
C D D B P A A E Y J L O X G T
D G U S L G Y R T E D M P E H
E C E F H S A F K S A E R E P
E N E V E C E R A S S T R B B
T R F T E D I B T L W A O N V

WORD SEEK 71

X R O N O H C A K Y R B T L K
H T R O W R A C H I E V E A U
Y Y M R E N O W N S E P C E D
D E N D A A D R T M R C N M O
E K I I L M R L A O L S E I S
T T D P T B A N S A E E L N E
O M K C H S W P I M T L L E M
N O T A B L E M O L U I E N A
I N P R P R R D S S B T C C F
A E R E S P E C T P I E X E O
G Y A E A S H R A O R T E T R
R C I R T K I L T W T I I Y T
E U S E T O P S U E H R D O U
A U E E U L A V S R E N A E N
T M S S E C C U S M T A L C E

WORD SEEK 72

W A H H V N R L I C P P T F U
E I Y E E I I N E G N F I N E
A C I R B A F A N N T I A R A
R L A B A B L R R U G T T G B
U L O A U R O S E T H T W A W
F N C S O D W S T N R I H S S
F G T N A G E L E A E N I W H
L L H E P Q R C D H H G T O I
E A R C U A S I E S D A E B R
E E M I H A T H S I V A L G R
N T N R S I L E P H P S W S P
S W A H O M F P F L A D I R B
L Y C N A F M F O F E C A L V
B I V O R Y A N O S A A G E K
P V E C L O G Y D N H T T W H

WORD SEEK 73

L E H I F M E L O N G E N A L
I O T C T R E T I M G E R P P
M H K U N U O L I V E K O V W
P N K W L O S G I R E T S Y O
E P I D D O C K M E E X N E P
T N E G C L V E U R L N C P O
U A O R R X E H R C Y K E A L
L B C L I A N S E L E L C B L
I R R H A W M R X L B S G O A
P U P M I B I B N B M M A L C
H T E W C T A N U N U E D V S
R O C A H U O B K D S R T K C
Y Y K K G E N N L L S L I T O
P Y X E P X L U S G E M T U N
I W R O C K Y K N P L A N L E

WORD SEEK 74

L E S T O L J I E X C L V I O
O X L R A V O Z S V J O F B D
N I E C E Z N I A R T E L R C
L R E K N O Y T H J Y E A S T
J D K I I U N U P E I W R N V
C O E N V U N P E G A I E C S
L V L G O P Z N N R W D V Z X
R E I L F I A I O W I A S I C
T B M V Y J T S O R W N L E O
O V S L W A I A T W O E Z T T
J E E A K V Y O V E H Z R J Z
I O D S A E C E C O M I C A L
L E M I H C N E B L C T S F V
R O R A V U A Y O K L I J K Y
L T V N S Z F V A V X C I O B

WORD SEEK 75

M D E G A S H C U O V R S R S
T W J G C Y H R E B A S Z B T
O E X P O R T E L L A W J R E
P E H N L E S S L K G F O E A
A V D C L U G I E I F P C A M
Z E E D A C P N N I M N O K N
R L H I R S N G R I E F S P T
M U S C L E E A T F O Z E R C
A M K R L R T P I R C S A O T
E L S V E D N A M E D V T M M
R D I M L A L A I S E K H A G
C D I T U O L P O L I C E N G
S S L L N L N M L E N H O O D
S X F G A U C I D E M K R D L
C V R G R V X V B K Z X Y J B

WORD SEEK 76

T	R	S	R	Z	T	S	A	O	C	S	D	M	O	L
R	I	A	E	D	T	B	N	G	O	E	D	F	L	W
O	A	U	L	R	E	E	N	I	R	A	M	N	B	Y
P	S	D	A	U	A	P	Z	I	A	F	R	I	C	A
E	G	I	T	G	G	Z	T	A	L	L	Y	N	R	N
I	T	E	L	P	C	E	T	H	I	O	P	I	A	N
A	U	A	T	U	Y	M	R	N	K	O	K	D	N	N
E	B	C	P	U	D	G	D	R	T	R	U	F	B	S
U	D	B	Y	Y	O	I	E	A	I	S	A	Z	L	U
Z	N	A	E	N	A	R	R	E	T	I	D	E	M	Y
B	Y	N	R	N	E	W	O	R	R	A	N	L	F	O
B	U	K	I	T	T	P	H	T	G	N	E	L	L	D
K	T	S	A	L	T	Y	S	G	A	H	R	R	U	F
F	I	W	Y	C	S	D	S	H	I	P	S	E	G	P
G	O	S	F	F	I	L	C	T	R	H	A	B	S	F

WORD SEEK 77

U	S	N	O	I	T	A	N	D	Y	F	L	A	G	S
T	M	S	L	A	O	G	N	E	M	T	E	N	O	V
M	Q	C	R	U	H	U	O	R	W	T	A	L	K	S
H	I	O	E	E	F	F	O	R	T	Y	U	E	S	M
T	U	M	T	N	T	F	M	E	E	T	O	E	R	N
L	S	M	R	D	N	E	S	R	I	I	C	R	O	T
A	M	I	A	I	E	E	R	O	S	R	E	I	K	W
E	R	T	H	N	I	L	N	P	E	U	T	D	C	O
H	E	T	C	C	I	P	E	T	R	C	O	E	G	R
A	T	E	N	F	L	T	A	G	A	E	V	A	A	L
P	E	E	R	A	O	R	Y	V	A	S	T	S	D	D
D	G	S	N	O	I	S	S	E	S	T	W	N	V	O
A	D	S	G	A	B	L	A	R	E	N	E	G	I	P
C	U	L	T	U	R	A	L	A	I	C	O	S	S	Y
Q	B	V	F	S	H	E	L	P	L	A	U	Q	E	K

WORD SEEK 78

U	E	M	I	N	I	S	E	R	I	E	S	Y	D	Z
L	C	L	C	N	N	R	E	H	T	U	O	S	F	C
G	Z	O	I	H	K	C	A	L	B	H	C	D	S	M
R	T	T	M	M	A	S	M	L	O	H	S	I	H	C
M	O	V	I	E	S	R	G	L	H	R	T	O	E	R
Y	S	V	S	N	D	Y	L	K	D	C	H	L	N	A
P	T	W	S	V	O	Y	V	E	O	B	E	B	N	N
M	R	T	F	S	W	I	S	M	S	B	Y	A	A	E
E	A	N	L	O	E	I	S	T	R	T	M	T	Z	Y
R	I	R	O	K	G	R	N	I	U	V	O	S	U	H
H	N	D	R	N	P	A	T	A	V	F	D	N	S	T
V	I	P	I	I	E	Y	E	C	P	E	E	L	R	L
C	N	N	D	G	E	B	W	M	A	T	L	E	D	I
T	G	O	A	N	O	D	N	A	L	R	O	E	V	F
U	V	P	R	E	T	T	Y	P	P	E	P	A	T	R

WORD SEEK 79

7	1	0	5	6	7	1	8	9	1	8	5	3	5	7
4	4	1	3	9	4	7	7	1	4	8	1	0	0	5
5	9	1	2	5	9	2	6	5	5	8	5	1	2	6
4	1	7	0	5	7	2	7	0	6	2	3	8	8	5
8	9	0	9	2	0	4	6	3	0	0	0	8	5	5
5	4	2	7	5	7	1	8	3	0	8	9	0	2	3
3	7	3	5	4	3	6	4	7	6	5	6	4	1	9
3	1	6	7	2	9	3	0	5	7	6	9	8	7	7
0	7	7	9	8	9	5	6	6	8	8	6	3	8	1
2	7	6	5	6	1	6	2	3	4	3	1	3	1	9
0	2	5	1	5	4	9	7	6	4	4	0	5	6	9
5	5	9	1	1	0	3	4	3	4	7	6	7	7	6
1	8	7	8	4	9	6	8	0	7	2	8	6	7	2
5	6	8	2	5	1	5	1	6	7	8	3	3	7	5
0	2	0	0	9	7	8	9	6	7	3	9	3	1	2

WORD SEEK 80

R	D	A	G	D	L	S	P	E	V	N	K	P	I	D
P	O	O	E	S	T	Y	A	M	M	E	W	N	W	Y
N	K	R	I	K	P	R	K	A	V	D	S	Y	K	H
W	E	R	D	N	A	P	R	I	L	L	W	N	T	D
K	H	U	L	O	O	S	N	H	C	O	L	I	N	C
C	Y	G	R	S	H	T	I	M	A	H	L	C	A	I
O	P	L	L	A	Y	D	F	L	E	I	T	K	R	W
R	H	E	A	J	L	U	S	Y	L	R	I	E	G	R
B	N	O	T	U	A	N	A	H	J	H	I	S	S	J
L	N	L	S	E	R	C	A	E	A	E	K	A	L	B
K	L	V	N	E	R	A	K	N	B	N	F	L	L	E
M	R	Y	D	I	Y	N	K	E	C	R	N	F	O	C
M	P	G	C	N	V	N	L	I	L	Y	V	O	E	U
H	S	I	E	R	R	A	R	L	P	B	P	C	N	H
W	D	M	A	E	C	D	G	C	U	K	R	E	D	U

WORD SEEK 81

P	B	M	S	E	P	A	T	O	E	D	I	V	L	H
I	R	S	Y	V	L	T	U	A	P	C	E	A	K	O
C	E	I	N	G	D	P	S	P	E	C	I	A	L	S
T	T	T	D	S	N	Y	R	R	P	R	V	M	K	T
U	R	R	I	C	C	I	H	O	E	V	O	G	R	R
R	O	O	C	H	M	E	T	S	G	R	M	H	O	O
E	P	N	A	E	W	A	T	C	H	R	U	T	W	P
H	E	I	T	D	C	D	C	L	A	B	A	N	T	S
T	R	I	E	U	L	O	N	Y	E	T	O	M	E	R
A	M	H	D	L	M	S	V	A	N	N	E	T	N	A
E	R	T	N	E	K	R	W	E	K	B	N	C	K	T
W	B	T	D	C	O	M	M	E	R	C	I	A	L	N
O	M	Y	A	L	B	M	L	B	N	A	A	B	H	O
H	O	N	O	R	O	S	N	O	P	S	G	L	S	C
S	S	C	M	C	G	U	E	S	T	T	Y	E	B	P

WORD SEEK 82

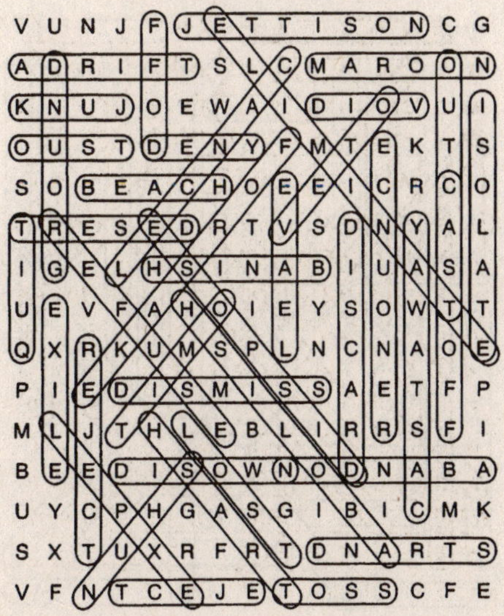

WORD SEEK 83

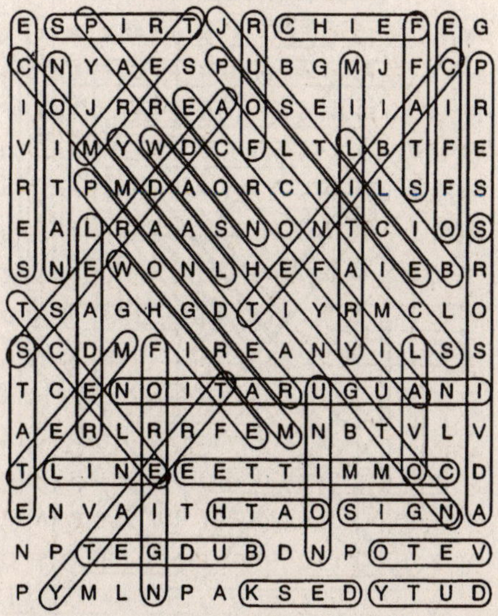

WORD SEEK 84

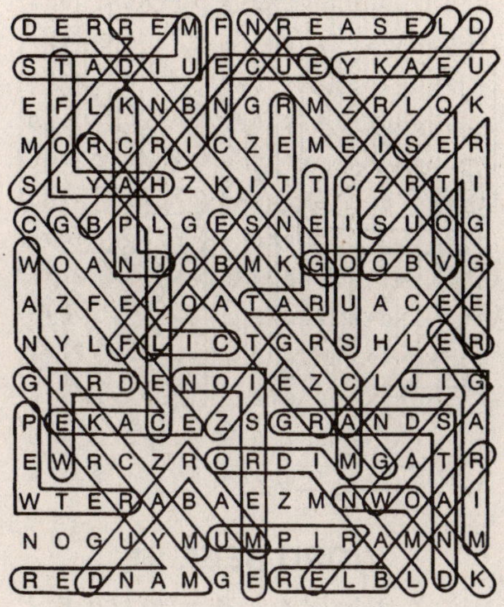

WORD SEEK 85

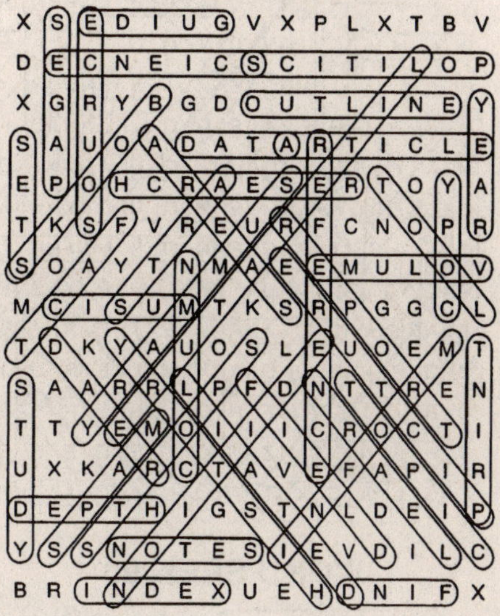

WORD LIST FOR WORD SEEK 74

Asian, Chime; Award, Jeans; Bench, Fancy; Citizen, Comical; Decal, Uncle; Flare, Yeast; Flier, Smile; Headset, Trident; Helix, Waltz; Inlet, Jolly; Input, Unpeg; Kenya, Venus; Niece, Sleek; Ovation, Skating; Paste, Visor; Phase, Train; Trick, Whisk; Video, Wader.

WORD LIST FOR WORD SEEK 81

Acting, Antenna, Black-and-white, Cable, Cast, Channel, Color, Comedy, Commentator, Commercial, Coverage, Easy chair, Guest, Host, Movie, Network, News, Picture, Prime time, Program, Remote, Reporter, Rerun, Schedule, Serial, Show, Snacks, Special, Sponsor, Sports, Syndicated, Videotape, Watch, Weather.

WORD SEEK 86

M	C	A	L	I	F	O	R	N	I	A	V	A	Y	Y
A	T	T	F	I	W	S	M	S	P	E	E	D	R	S
P	A	U	N	N	S	H	I	N	I	N	G	T	T	T
S	E	I	C	S	K	R	O	Y	W	E	N	R	N	O
G	S	C	M	O	V	I	E	Y	V	U	E	A	E	P
H	Y	Y	N	I	U	W	M	E	O	E	L	T	D	S
E	L	T	H	A	N	R	N	C	T	L	L	S	I	E
T	S	R	I	F	T	T	S	S	T	S	A	F	R	D
E	D	A	L	T	P	S	E	E	N	U	H	A	E	S
V	R	F	L	L	O	C	I	R	H	G	C	M	N	R
Y	I	F	I	R	I	R	H	D	S	F	I	W	C	A
I	V	I	C	T	O	R	Y	C	A	T	O	S	H	C
P	E	C	I	U	A	A	H	Y	D	T	A	R	A	E
V	T	E	T	Y	U	H	D	T	M	A	E	T	S	O
V	S	E	C	N	A	R	U	D	N	E	F	U	E	L

WORD SEEK 87

H	B	A	N	D	T	E	P	M	U	R	T	D	W	G
A	N	B	E	B	S	U	N	F	P	D	R	N	O	E
M	T	U	T	A	D	U	O	L	O	A	F	I	O	V
L	E	G	S	M	G	T	A	U	N	K	R	C	D	L
G	L	L	I	B	B	Y	N	G	A	T	E	F	B	A
A	R	E	L	O	H	E	E	E	R	E	N	Y	L	V
A	L	P	H	O	R	N	V	L	P	N	C	T	S	S
P	G	T	L	S	P	B	E	H	O	R	H	H	T	X
I	V	E	O	R	A	H	A	O	S	O	E	O	A	H
S	S	M	T	D	O	E	O	R	R	C	P	S	C	H
T	N	E	M	U	R	T	S	N	I	P	I	T	C	O
O	B	T	R	O	M	B	O	N	E	T	I	S	C	B
N	P	A	B	U	T	T	M	R	A	P	O	I	U	O
E	A	L	S	N	E	H	E	L	I	C	O	N	I	M
D	N	U	O	S	A	N	F	R	R	R	O	N	E	T

WORD SEEK 88

P	G	T	S	U	R	D	V	A	O	K	M	B	E	N
Y	R	O	V	I	K	A	H	K	C	A	G	U	G	S
V	H	G	L	N	L	T	D	A	U	B	U	R	N	R
B	L	U	E	D	I	V	U	V	D	W	E	G	A	S
H	I	V	T	I	M	C	E	R	I	S	E	U	R	Y
H	H	V	I	G	E	A	S	R	Q	I	E	N	O	K
N	A	Y	H	O	T	O	U	A	Q	U	A	D	I	Q
O	L	Z	W	N	L	L	E	M	O	N	O	Y	N	W
O	I	A	E	I	P	E	R	N	O	S	M	I	R	C
R	L	G	V	L	V	U	T	B	L	V	P	Y	S	B
A	A	E	M	S	C	A	R	L	E	T	E	R	G	E
M	C	P	P	G	L	O	A	P	M	L	E	R	U	I
D	B	I	I	U	W	E	H	O	L	H	E	R	R	G
I	H	E	N	N	A	Z	C	O	C	E	C	E	K	E
T	B	L	A	C	K	T	W	O	N	E	D	A	J	H

WORD SEEK 89

1	9	0	9	4	8	2	1	5	7	8	7	4	9	0
6	7	0	3	8	1	6	2	7	8	9	1	2	3	1
0	3	7	9	0	8	2	8	4	4	7	5	5	8	4
1	9	8	7	6	7	9	1	6	3	2	5	3	9	2
9	2	0	2	5	2	1	0	9	1	7	6	0	2	9
1	9	0	0	5	3	2	9	3	0	4	3	6	0	0
7	0	4	8	4	0	4	9	8	3	2	6	0	7	5
1	4	0	8	3	6	9	9	5	0	0	7	1	1	3
0	4	5	9	9	2	8	5	1	1	7	2	0	6	5
0	6	5	1	3	5	0	4	3	6	5	8	0	4	6
8	7	9	0	5	1	0	2	0	5	6	3	4	0	2
5	3	2	4	3	8	6	0	4	1	3	4	3	5	1
3	5	6	3	6	6	8	2	9	1	5	4	9	3	5
6	7	7	7	7	5	7	3	4	0	5	3	3	4	0
4	5	8	2	7	7	9	1	4	3	1	1	2	7	4

WORD SEEK 90

I	N	C	A	S	U	A	L	M	E	V	C	D	C	H
U	W	Z	T	D	F	I	S	H	I	N	G	L	I	M
L	O	A	U	S	G	I	F	T	F	H	Y	R	N	S
O	T	I	J	U	A	N	A	A	O	A	W	O	E	U
E	S	A	M	O	L	L	I	R	B	A	C	W	C	E
G	T	E	K	F	I	T	T	T	T	U	M	A	S	B
S	R	A	A	T	R	O	N	E	H	S	C	E	E	O
A	E	I	Y	F	N	I	R	O	I	C	N	S	H	L
I	S	R	A	T	O	F	E	R	M	I	A	O	C	G
L	E	P	K	R	R	O	U	N	H	S	T	Y	A	D
I	D	O	I	O	P	O	D	S	D	E	S	S	E	V
N	J	R	N	L	T	A	N	Y	L	L	L	O	B	S
G	W	T	G	L	J	U	Z	S	T	A	Y	R	R	J
A	Z	N	A	E	S	W	I	M	M	I	N	G	R	G
C	H	U	T	Y	J	I	R	P	A	O	C	E	A	N

WORD SEEK 91

O	Y	Z	O	B	D	Y	J	R	H	W	A	U	R	Z
R	S	B	S	R	M	F	G	O	L	M	O	R	N	T
O	A	F	O	L	O	J	L	T	E	R	W	T	V	K
S	M	L	A	H	O	L	Y	R	B	E	U	U	G	C
I	O	O	U	T	E	G	I	R	L	H	R	H	H	H
E	Y	W	G	H	H	C	A	H	R	T	A	E	G	S
M	K	E	U	K	A	G	M	X	S	O	R	F	W	C
O	C	R	S	T	H	G	I	L	T	R	A	E	H	C
T	U	S	T	T	F	D	S	N	Y	B	E	R	A	Y
T	T	I	O	D	E	J	A	K	O	T	H	T	A	W
O	N	J	N	S	E	R	I	H	H	T	F	N	A	K
G	E	A	E	U	L	B	D	E	S	I	R	E	E	W
U	K	Z	S	A	I	P	L	A	Y	M	E	Y	T	U
O	V	Z	P	N	N	A	M	V	Y	Z	K	I	K	W
Y	R	S	R	G	D	S	C	Y	J	S	K	C	O	R

WORD SEEK 92

H	E	B	V	R	E	D	P	I	I	H	L	S	F	T
S	T	R	A	P	R	M	P	L	U	O	I	R	R	R
C	L	A	S	S	I	C	E	S	F	R	A	M	E	O
H	E	K	P	T	W	V	V	A	R	N	I	S	H	P
O	G	E	O	B	A	O	D	O	M	E	T	E	R	M
K	N	S	R	R	C	R	M	N	L	O	D	H	G	I
E	O	H	T	H	S	I	T	I	R	B	O	N	N	U
I	L	V	S	H	R	D	B	E	L	C	I	H	E	V
V	T	E	H	T	G	O	D	L	R	D	L	N	D	F
G	I	L	D	B	M	I	G	W	L	I	G	E	O	O
L	R	N	W	O	D	D	L	O	F	L	A	L	O	U
S	E	A	T	S	M	O	F	D	A	G	U	P	W	R
U	S	U	B	A	G	S	N	N	A	L	G	M	E	C
O	A	U	F	O	G	W	D	O	K	E	E	L	S	R
T	F	R	S	M	G	E	W	P	U	R	H	A	O	E

WORD SEEK 93

V	V	L	E	O	S	W	E	R	C	P	L	G	N	Y
U	R	U	W	C	Y	E	A	S	U	Y	O	G	T	M
O	T	A	I	L	T	D	N	O	R	D	A	U	Q	S
A	O	H	N	V	I	A	W	I	G	U	D	G	R	T
M	A	O	G	O	C	D	C	O	G	Y	O	E	Y	N
M	I	S	S	I	O	N	S	E	R	N	L	C	R	E
B	R	L	E	R	L	Q	S	T	N	L	E	T	R	M
L	C	O	I	M	E	F	G	O	E	A	D	Q	A	U
A	R	W	G	T	V	W	I	P	G	G	L	A	C	R
N	A	V	I	G	A	T	O	R	A	P	R	P	G	T
D	F	Y	S	O	A	R	E	P	L	M	O	A	E	S
I	T	O	L	I	P	B	Y	R	E	D	B	R	T	N
N	Q	N	V	T	M	N	W	D	S	R	I	Y	D	I
G	F	A	M	O	U	S	E	D	U	T	I	T	L	A
U	T	A	B	M	O	C	U	I	F	H	C	F	A	E

WORD SEEK 94

W	S	N	O	I	T	S	E	U	Q	W	V	T	P	W
P	B	I	E	K	B	L	I	N	D	F	O	L	D	S
P	V	N	O	L	U	R	D	D	E	Q	C	R	K	P
R	A	H	O	F	L	C	B	A	T	C	N	C	K	A
P	G	C	Y	S	A	A	P	L	Z	R	I	H	C	N
T	K	A	G	S	R	R	D	Y	O	P	A	O	O	E
M	L	C	M	A	R	E	R	I	U	Q	N	I	V	L
P	E	H	E	E	R	E	P	L	Y	T	T	C	T	I
V	M	S	K	R	T	R	W	W	E	A	U	E	R	S
Y	R	P	O	S	F	R	E	S	P	O	N	D	U	T
G	P	M	Y	O	K	H	T	U	N	T	F	I	E	S
P	U	M	K	N	H	A	C	Y	A	A	Z	C	S	D
H	O	F	R	A	N	C	I	S	M	L	I	E	L	G
E	R	T	N	T	O	U	K	E	L	F	U	D	A	B
P	G	N	O	R	W	U	F	Z	K	G	Q	S	F	S

WORD SEEK 95

R	E	I	R	T	K	Z	K	F	V	O	S	G	E	S
O	G	S	L	B	A	G	N	T	S	D	H	V	T	H
D	P	E	W	Y	N	S	G	E	R	M	A	N	Y	T
B	E	G	R	I	R	I	T	A	L	L	L	N	D	A
S	N	D	K	U	N	A	Y	I	L	B	L	A	T	P
L	I	I	T	I	T	E	T	E	N	R	O	O	D	B
A	H	R	H	S	N	L	Y	U	I	G	W	K	U	A
V	R	B	E	I	E	S	U	E	B	N	F	C	E	N
I	E	B	V	C	L	R	S	C	S	I	O	A	G	K
T	V	C	N	O	M	L	O	V	H	L	R	S	R	S
S	I	A	P	K	I	S	S	F	Z	C	T	T	A	Y
E	R	E	C	N	A	T	S	I	D	Y	R	L	P	P
F	S	E	G	A	L	L	I	V	D	C	E	E	E	B
G	S	H	Z	C	H	U	R	C	H	E	S	S	V	A
B	V	I	E	W	S	T	R	A	I	L	S	N	H	G

WORD SEEK 96

A	E	M	D	U	W	G	N	C	G	B	B	E	B	G
G	R	A	N	D	T	O	W	N	N	G	A	I	F	M
U	A	R	K	B	L	E	M	U	I	G	L	E	B	T
I	L	N	A	O	R	U	K	Y	K	I	L	D	F	N
L	B	C	W	I	E	U	M	R	N	Y	E	C	U	E
D	E	E	W	S	R	B	X	G	A	S	T	C	N	M
S	R	S	U	A	M	P	U	E	B	M	N	I	F	A
L	T	M	S	K	D	A	O	R	L	I	A	R	C	I
L	P	R	C	U	L	T	U	R	A	L	G	O	M	L
C	D	K	A	D	R	B	N	N	T	U	E	T	L	R
B	E	M	P	D	U	B	A	U	W	P	L	S	L	A
P	S	N	I	S	E	T	I	R	O	O	E	I	G	P
U	Y	S	T	N	A	H	C	R	E	M	L	H	C	K
D	T	R	A	E	H	F	U	H	A	P	K	E	S	N
U	K	F	L	F	R	E	N	C	H	R	O	Y	A	L

WORD SEEK 97

W	Y	B	Y	T	Y	O	S	H	S	E	R	F	P	V
C	H	F	H	T	N	N	D	A	S	T	R	O	N	G
H	Y	G	L	D	I	U	Q	I	L	U	H	C	E	N
O	I	M	H	A	Q	D	A	Q	I	A	A	O	R	I
L	T	E	P	O	V	A	I	T	S	L	D	M	U	K
E	E	S	P	L	B	O	Y	C	O	W	S	M	P	O
S	M	E	D	I	T	E	R	R	A	N	E	A	N	M
T	R	W	M	V	C	E	I	F	E	S	A	E	F	S
E	U	V	S	E	T	E	D	E	U	C	S	O	T	W
R	O	D	E	S	S	E	R	P	D	L	O	C	I	O
O	G	R	A	L	D	G	E	F	I	D	N	R	T	L
L	G	T	K	N	T	R	C	O	O	K	I	N	G	H
O	P	F	E	T	I	T	A	L	Y	E	N	O	O	K
C	V	L	F	O	A	M	O	R	A	S	G	G	L	O
P	B	G	R	A	D	E	S	B	R	E	H	M	D	Y

WORD SEEK 98

WORD SEEK 99

WORD SEEK 100

WORD SEEK 101

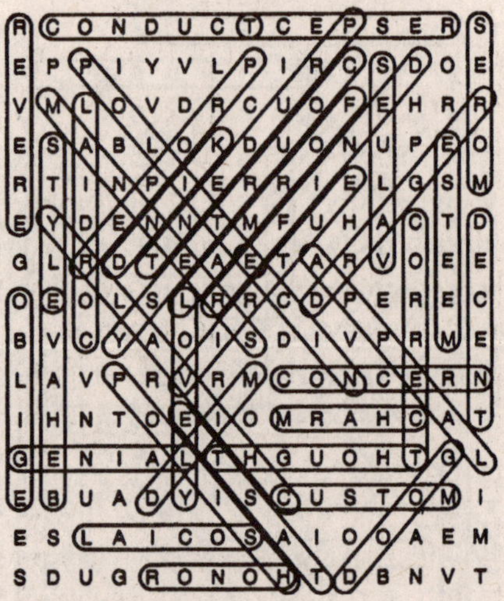

WORD SEEK 102

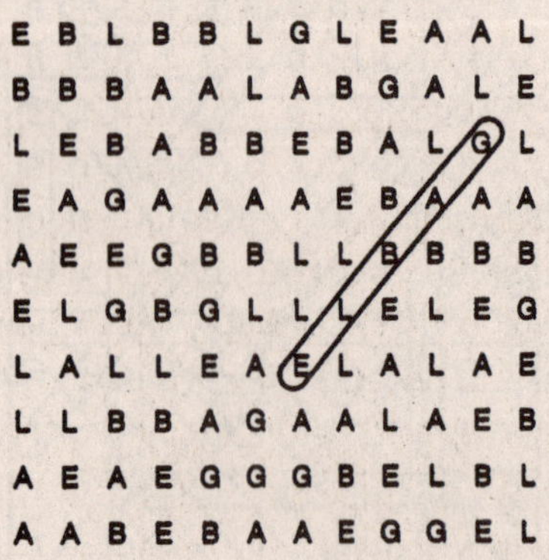

WORD SEEK 103

WORD SEEK 94 TV SHOW

WHAT'S MY LINE?

WORD SEEK 104

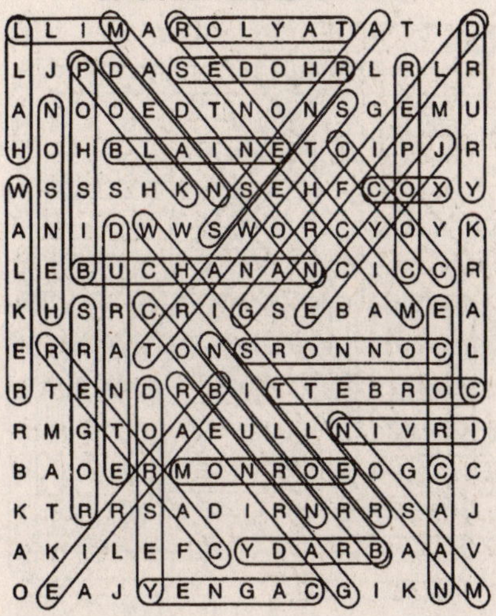

WORD SEEK 105

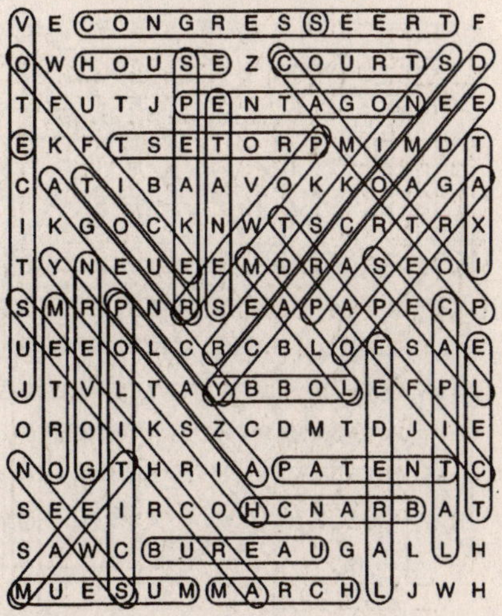

WORD SEEK 106

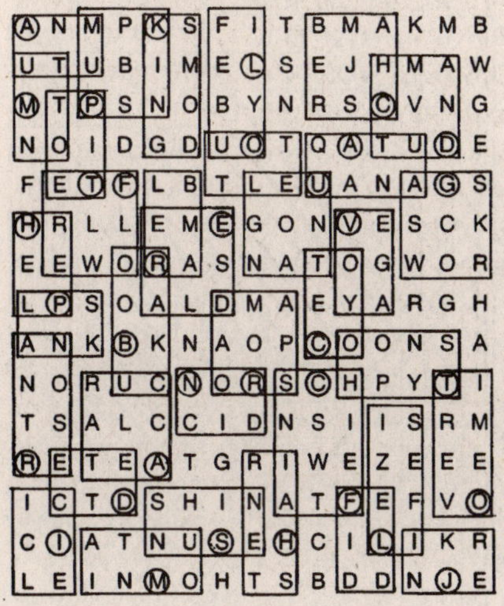

WORD SEEK 107

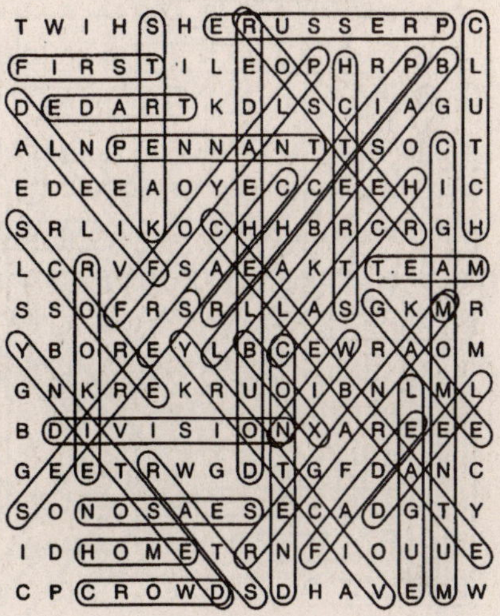

WORD SEEK 108

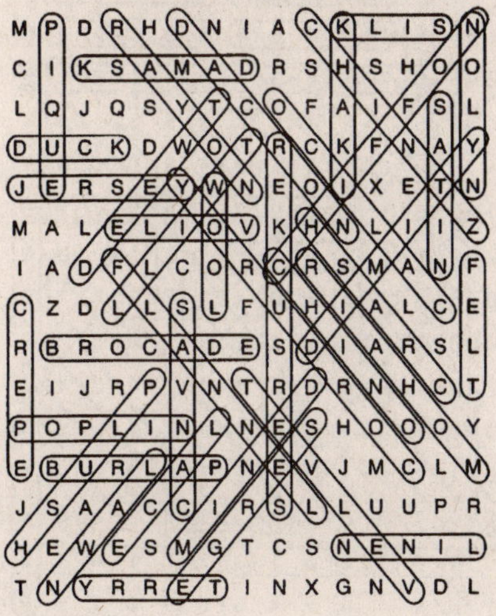

WORD SEEK 109

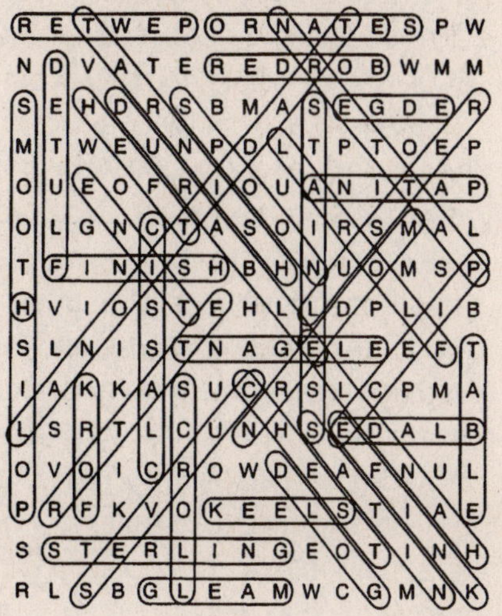

WORD SEEK 110

M A R T Y Y P E O P L E R F P
J C I S U M E L G R A U Y J H
L I E R V M I A E N H R I A F
O R E T U V C M N N I O W M J
S F F T E O A I E N O T T A P
T A I R W R E B E C C A S D P
R N C B K S N E M E L T N E G
Y C O N G Y R I M V N E D U O
R Y S R A I P P T E O L L S D
E E A E F L E T F Y R M E E F
E N N I A R B R E P R A F N A
D O H T O S E A I R A H G O T
U G O R E N O T S G M R E J H
I O R O C K Y N A A I S I I E
N J I H D N A G S W C G Z S R

WORD SEEK 111

P R E D N U O P G B G B L S R
P I C T U R E F E M P L O Y Q
O G E N T R O X V N D B B Q N
I W I C F R C I T N E V N I B
L T T E E I E S R E W E I V N
Y G C I T A B D C E R M U U B
I T G E Q R S I N I T I O Q B
E N D U G D T E W A E N O O R
L I I N T N A R R A W N I R E
D E U A A U S L T V I L C M D
T F N G V T E S A R E V X E N
T N I A T P A C A R X S E G A
X G T S E U Q G O R G E O U S
B M E C N U O S T F A M O U S
U N D O N E C A E P V H L R R

WORD SEEK 112

T Y E C U P F U L Z A A O E N
T O K Q L U F R A J X O C O E
L D B I U U J L Q U A R T B E
M U T U F I S B A T C H E N R
A E F N N L N T F H G T T S I
R T P X O C U T E I K C E P A
D L E B O I H F E R R T O R P
G R O U P B T W D T E L G I X
L T I N S T Y A N N L L N G C
O E R D O N H O R O A T L R D
U L T L N E S O D S L H P A B
N B T E T X E S S O T L B M A
C I P O U N D F J T Z A A T L
E R O C S J U G F U L E C G E
Q D R O P L E H S U B Q N K B

WORD SEEK 113

N H T R O W C O M A R E C N A D W R
O T S U N O T D C A V A L C A D E L
R L F U L C A N N O N A D E Y M O T
I U L O R R H M U O D E N A K O P S
A A R O K B A A N O O U W D K E O S
D S A S P N N E N O C A E O N R S U
M S T M U A R E D T L M U S A G N N
I A T E L O R N B R R T I L A N O D
R J L A I A I I I I H V U A O I F A
A E O I I H H H F M E C L O T K N Y
L T S L L R W F O X A Y I A T O O G
R P L E A S A N T T S C T V T U E H
I I E Z N N L T C H I I B R R N H S
L L D S E L D E E N C D A E U O U S
E O O G B V P B W R I B U I T N M A
Y T T W E S A B L A C K N A N H Z M
Y I A I D N A N I D R E F Y L R I M
V A G R A N T E R G E R S W A P S I

WORD SEEK 114

C M L E I P Y P R O S W L R V
L R L E S O J I C T O O U L O
B O I A D I G S O O H P Q P Y
H S W E O R K N V L R U E T N
P L C P E M E U E A W U M R S
Y A T L E E D V L H L O A C A
D H E F O A T L O T R E A E C
G M L G C N R X E L D D B R L
R I N H M B L B T Y E E Y B F
V O N O E E O V B S R E E U O
W E T E V R A B I F A W R B Q
T A D E R L B F Y R T J A O O
U V G I C I E O G H E Z I N R
X E U W R N N X R L K N Y O N
R Q S D Y K H K I I T M L P J

WORD SEEK 115

7 6 3 8 3 5 5 2 5 6 0 2 7 1 1
8 1 6 8 1 9 4 6 6 8 5 0 2 3 8
4 8 5 8 7 1 4 3 0 9 4 1 8 1 5
3 8 8 5 3 2 4 6 3 8 5 5 1 4 7
7 4 8 9 0 1 6 1 2 4 8 9 5 0 1
4 1 7 6 1 5 2 6 8 9 9 9 7 7 0
5 2 0 6 6 2 8 5 9 4 1 1 9 3 0
0 0 5 0 2 7 2 0 4 5 7 0 6 7 0
9 0 6 2 8 1 1 6 2 9 1 6 3 3 4
8 7 9 1 3 8 2 1 8 4 7 0 3 1 7
9 0 6 5 5 4 6 9 5 9 7 1 2 6 5
6 5 1 1 8 1 3 2 0 7 5 0 5 9 4
8 2 5 7 3 3 9 7 9 1 8 8 8 8 6
8 0 9 4 5 3 8 1 9 6 6 1 4 4 2
2 1 8 9 1 4 2 4 3 0 9 2 2 9 9

WORD SEEK 116

T T L E L C T T H N T A G E R
O I L A I I Z A O I S E M U L
R L C T C X B T M V R M A P X
H I E S O Y S T E A A D J S L
T R Y U B O R U R H R D E T I
J U E R F O J B C P E D S A F
W E A V T N U S E T I Y T I I
R V A N S R A L F D T Z R X E
U L E A N M T K I T I S Z J R
E V N S A A W P G G E S O E W
F N P D B Y A S M Z I J A I R
F I E O G T R I R A E B N O H
U J A R N R E E N G R D Y I S
A T N O O T J N K G O L D F I
H C X Y L O P H O W S D E N X

WORD SEEK 117

K K H Y H T E S Q H U N E N Y
T R A T S Q F C F S Q V R O H
E M Y E I G G L A T O E E U X
V A R T N N E Y C R W D S H P
E U T O I R Y L P O E E I Q Q
N S R M F L T M P H M E C U T
T T I U D R I L L S O P R P K
S T E S I M L B P T R S E F S
A T M C C M I M O A X K X T N
L R R L H E B W C M P H E F E
A A F E C N A T S I D F E E A
V C D S T R I D E N E R G Y K
T K Y N M C N Q L A U N A W E
M L O U E M H G U A P T S H R
F E P T H B P R R E C O R D S

WORD SEEK 118

O O M G D N M T P O D R I N Y
O R B S C E U E N O B T A E O
W N U U F U L Z K Z H P K B E
F S A I S L C I C R I F F O T
T A Z T M E Y S E K F A T T U
I Z R E N I L E N O I K K T P
E B L O N A S F V I C R P E T
I L E L U T F I S A T V M S U
N O A A A T O L T E L A Y U P
G W N R M N I K A E R B O L N
L D T U O D C N N F O V A B P
G R O N J I M D A N D Y I O U
Y Y V G T R I H S T O D O C K
O G K P O R H A L F L C A Y E
R L O R F G D C F T R F W Y R

WORD SEEK 119

T N K L P S K C E R W P I H S
A H A R F N R E T S E W B N G
C S E F A Y R O T N O M O R P
T I I M A M U N I T B I A R F
E L T L E R D N O C T N G E U
C G P N I I S N I C I R B D L
D N R S A U S R A T N P E L O
G E M E L L O R E L M D A U E
A Y O A A T T F I F I W C O E
L C O A S T N A I N N I H B S
L T B I A E M U I R E L E B T
E X H I B I T I O N S V S S H
O G R E E B V C G H N T U V G
N H E L I T T L E R O H S O I
T N I O P W H I S K E Y B G S

WORD SEEK 120

C Y Y L S P H P O G S T D O V
C O H M E N A L N D Y A V L H
I O U P B U S I N E S S L P M
R D N R A C T U R H T P I S U
T R G S T R O K E S E T E S V
E O V G O S G S P E M V E E Y
M C F P E N M O U A R C C H D
O E E N S R A H N U R G G W I
E R I M O F G N C E A N R S M
G L R F U D I C T A T I O N I
T E B A H P L A U S T S O G W
I R D I F N R O A E D A F I E
V K O U G Y T G T P I R C S B
U V T H T E S P E E C H O N D
R P S P S S L E W O V P O W I

WORD SEEK 121

E I Z Y E L I K S R K A J C S
L P S M B N F U M A N C H U S
B A P S O F P E P P E R O H U
M J A T O O I M J V I H E P E
I O R K T R D N O S W A D U S
K O R C P T E L T T I L O D H
H A O R O R E I P S E L L I G
Z B W A J G A S R Y U S L N O
N R R Z N N N E S T B A Y V L
W O E A R L Y G T A E L K J D
A Z R C C O B R A O B P E I F
T T R L F K I L D A R E J W O
S F R A N K E N S T E I N W O
O W T T B N L T K D G U U O T
N E R Z S C E K C O L P L S M

WORD SEEK 122

J	D	S	D	V	P	I	C	N	I	C	S	K	O	S
S	U	T	E	W	A	T	E	R	L	D	E	W	E	Y
S	T	R	O	L	L	C	U	L	G	F	D	M	V	W
P	A	A	B	E	T	H	A	N	Y	P	A	R	K	S
O	S	N	O	S	E	B	I	T	T	G	C	N	B	E
H	E	Q	D	B	Y	H	S	W	I	M	R	O	S	G
S	A	U	R	E	S	O	R	T	S	O	A	U	N	U
G	F	I	L	I	Y	R	R	E	F	R	N	I	U	F
V	O	L	F	M	B	G	W	E	D	S	P	J	F	E
H	O	T	E	L	S	E	N	W	H	M	Q	H	E	R
V	D	A	T	U	E	W	A	I	A	O	A	E	G	T
P	U	R	R	K	I	L	N	C	L	I	B	R	R	O
F	I	F	E	C	K	E	M	Y	H	I	F	O	E	W
P	Q	N	K	E	O	S	T	A	T	E	A	N	T	N
Q	D	O	S	E	G	A	T	T	O	C	S	S	S	H

WORD SEEK 123

V	C	K	A	S	F	W	D	K	O	D	L	L	I	F
H	S	E	R	H	T	E	C	W	P	H	O	W	S	Z
C	O	O	K	O	K	I	Y	I	E	L	D	O	D	Y
G	Y	A	M	A	P	A	N	S	S	T	U	B	F	Y
C	B	E	B	P	S	T	U	O	R	P	S	T	I	V
Y	E	P	G	R	O	W	I	G	W	R	O	U	D	A
E	A	W	L	O	R	L	R	E	B	I	F	R	D	N
N	N	O	I	T	G	E	L	R	L	Y	I	Z	C	K
D	E	C	M	E	C	O	F	F	E	E	U	W	K	A
I	P	D	A	I	P	L	L	R	D	K	C	A	S	S
K	O	G	R	N	T	L	C	L	I	M	B	L	E	B
O	D	R	A	A	N	I	A	H	E	E	U	E	M	H
C	S	E	M	U	G	E	L	N	I	H	D	K	T	W
P	B	E	E	M	M	V	D	P	T	L	S	K	S	O
U	A	N	I	K	S	O	B	U	S	H	I	U	E	V

WORD SEEK 124

R	I	S	A	K	S	I	N	G	G	J	D	N	E	W
A	S	T	I	P	L	E	E	R	R	I	O	E	E	C
P	R	O	M	E	N	A	D	E	A	M	B	L	E	E
M	H	O	O	V	E	S	T	R	U	T	C	P	T	S
O	S	B	L	S	W	N	C	S	I	Y	E	M	T	L
R	L	E	D	A	R	A	P	M	C	D	W	A	L	K
S	G	R	O	O	R	I	A	I	I	P	Y	R	O	N
S	A	U	N	T	E	R	B	R	E	V	I	T	C	A
T	P	S	P	R	E	T	T	T	T	R	D	R	T	U
R	E	H	T	E	S	S	S	R	U	E	T	O	T	S
O	O	C	B	D	D	E	U	O	A	G	W	D	L	C
L	K	U	N	N	A	D	O	T	N	G	E	C	A	P
L	O	N	S	A	G	E	L	H	W	A	N	D	E	R
D	A	N	C	E	R	P	R	E	S	W	G	O	J	O
H	C	R	A	M	U	P	R	T	F	S	E	S	E	T

WORD SEEK 125

E	D	B	B	R	Y	C	E	E	D	E	B	C	S	W
D	G	R	O	T	E	A	K	F	H	U	H	E	S	I
J	T	H	M	K	S	N	L	D	R	A	L	U	A	L
S	E	M	A	J	A	A	A	P	N	U	T	R	L	L
L	C	E	C	R	V	J	E	N	J	O	S	E	R	C
L	U	H	A	I	T	E	I	B	D	E	P	L	A	A
F	R	O	U	D	E	N	C	O	M	M	A	G	E	R
L	T	S	L	R	G	D	R	G	H	N	R	N	E	L
T	I	E	A	T	C	E	E	B	E	C	K	E	R	Y
N	H	D	Y	R	H	H	E	V	C	N	S	P	I	L
L	A	O	E	E	T	I	I	B	O	A	E	S	A	E
O	E	H	N	K	M	N	E	L	N	T	T	L	T	T
O	H	R	A	V	S	M	E	R	L	Y	O	T	L	T
N	Y	V	O	M	I	I	R	D	S	P	O	U	O	A
D	D	O	D	S	S	L	F	E	N	I	A	T	V	N

WORD SEEK 126

O	U	T	A	C	V	P	A	L	N	K	D	L	B	F
Q	P	N	I	I	A	R	N	D	E	A	E	I	E	C
R	T	T	A	N	G	M	Y	L	E	V	C	M	H	G
R	I	Z	Z	M	E	D	L	O	A	K	E	C	H	C
E	E	N	L	Y	A	L	P	P	M	D	T	A	I	F
S	S	I	H	A	T	E	U	E	I	I	X	I	L	J
E	T	R	L	C	P	T	R	S	Z	O	T	O	D	E
E	U	B	O	E	I	R	T	O	S	N	M	J	C	P
N	C	O	L	H	A	H	A	T	W	A	I	I	I	K
W	T	R	W	Y	S	S	E	O	K	E	T	L	O	L
T	A	V	B	H	E	L	G	Y	R	A	A	K	O	V
F	E	C	A	L	I	T	U	D	J	B	Y	M	T	T
D	X	L	T	S	O	U	S	W	E	A	A	N	T	O
F	S	E	D	O	R	A	O	C	K	B	U	R	M	S
I	L	E	D	E	H	V	P	Y	U	Q	I	T	N	R

WORD SEEK 127

B	N	B	R	O	W	N	L	N	P	T	R	K	R	R
O	N	W	O	H	S	I	I	A	C	E	G	I	O	R
R	I	S	O	U	T	H	R	G	A	M	R	S	A	W
N	G	D	H	T	K	I	E	K	N	S	E	S	M	H
U	I	I	L	E	S	P	V	C	C	I	A	P	U	T
S	G	E	C	E	L	H	I	Y	A	K	S	D	S	D
H	U	B	G	M	F	L	L	M	N	U	E	T	I	Z
I	Y	S	W	I	N	G	O	I	P	N	A	N	C	Z
V	S	D	L	T	R	H	E	E	S	T	U	Z	A	A
K	G	F	Z	E	A	L	R	I	E	E	O	F	G	J
F	I	T	L	L	M	S	S	N	Z	R	V	M	C	A
K	O	N	K	Y	T	E	R	N	B	A	I	E	M	V
O	P	O	G	A	I	R	V	A	L	B	D	A	N	Y
F	T	A	R	A	I	N	B	O	W	A	T	K	F	L
L	L	S	E	B	A	B	G	C	L	C	L	B	H	A

WORD SEEK 128

J	D	N	U	O	P	M	O	C	Q	U	O	T	E	P
E	T	C	E	J	B	O	F	N	U	O	N	J	R	P
S	Y	A	K	P	T	D	O	I	R	E	P	E	T	Q
N	O	S	R	E	P	I	R	Y	M	N	P	S	Q	G
E	E	I	A	R	O	F	M	E	V	O	I	C	E	N
T	L	T	M	F	Q	I	L	V	S	Q	F	R	S	D
L	L	A	A	E	R	E	S	I	N	G	U	L	A	R
Y	I	L	R	C	S	R	T	S	H	N	T	E	R	A
N	P	I	T	T	I	I	D	S	D	H	U	C	H	E
M	S	C	I	S	O	D	M	A	Y	F	R	N	P	L
M	I	S	C	N	A	O	E	P	N	E	E	E	L	C
E	S	V	L	O	D	P	H	R	L	G	H	T	U	O
C	A	S	E	A	L	E	B	S	P	E	L	N	R	M
U	M	S	L	R	N	O	C	L	A	U	S	E	A	M
V	D	O	O	M	B	H	N	Q	U	D	D	S	L	A

WORD SEEK 129

D	R	I	B	H	G	G	N	A	M	R	E	P	U	S
I	D	E	S	I	G	N	Y	X	S	L	A	S	N	E
M	S	A	B	O	X	T	O	P	B	E	R	O	V	P
A	E	I	O	P	E	N	A	I	S	A	W	A	R	A
G	A	G	L	I	I	C	T	P	T	W	S	E	F	C
G	L	L	R	A	E	C	O	S	H	O	S	T	F	K
I	C	A	D	V	E	R	T	I	S	E	M	U	I	A
O	V	T	S	L	T	R	T	U	R	S	E	O	F	G
P	N	S	L	S	E	E	E	V	R	S	L	T	R	E
A	D	O	O	F	W	N	E	C	E	E	B	U	T	P
L	C	N	I	D	R	A	O	B	D	R	A	C	E	R
F	R	O	N	T	I	E	R	L	I	U	U	V	M	I
L	D	T	E	R	C	E	S	E	S	G	L	B	P	Z
A	G	M	M	B	A	U	T	G	N	I	A	V	L	E
T	N	D	I	S	P	L	A	Y	I	F	V	G	E	V

WORD SEEK 130

F	S	W	G	R	O	U	P	W	M	R	O	O	M	V
C	Z	H	R	E	F	S	Y	O	T	U	G	L	M	E
L	I	P	U	P	P	E	T	R	L	L	T	Z	U	M
A	P	U	F	T	A	I	A	Y	T	E	F	A	S	E
U	E	Y	T	I	V	I	T	C	A	S	V	N	I	V
G	X	C	G	A	N	R	K	C	D	E	O	E	C	A
H	E	W	T	E	R	G	H	N	L	Y	E	E	D	H
E	R	E	N	X	T	E	E	Z	A	R	G	M	A	E
S	C	N	Y	E	R	I	Z	R	U	K	A	I	X	B
C	I	N	S	T	R	U	C	T	P	L	M	T	G	D
H	S	U	Y	F	P	D	C	X	E	A	E	P	R	S
O	E	U	R	B	A	I	L	T	E	H	I	A	I	L
O	T	R	O	P	P	U	S	I	Y	C	W	N	R	L
L	L	E	T	D	N	A	W	O	H	S	G	H	T	N
M	B	L	S	R	P	L	A	Y	S	C	L	A	Y	Z

WORD SEEK 131

R	K	V	W	O	N	S	E	W	S	M	I	R	A	F
E	L	C	D	A	O	R	F	R	E	P	A	I	R	T
D	V	N	E	E	I	W	A	R	R	A	N	T	Y	R
P	A	T	C	H	T	C	S	D	V	O	R	S	A	U
G	B	I	C	Y	C	L	E	K	I	Q	G	D	W	C
R	S	U	R	F	A	C	E	T	C	B	I	C	H	K
B	D	A	F	E	R	U	C	B	E	A	W	D	G	A
M	A	B	V	I	T	I	T	D	L	H	R	G	I	C
N	E	X	B	A	R	U	D	O	I	E	N	T	H	L
W	A	G	A	F	O	Y	B	T	M	I	E	A	Y	R
V	H	A	A	N	T	H	E	E	C	O	N	T	G	O
V	N	E	L	R	C	W	U	A	O	G	B	A	S	T
C	L	M	E	D	A	E	R	T	E	R	U	I	P	A
R	T	D	K	L	R	G	U	B	O	G	H	E	L	T
Q	U	A	L	I	T	Y	P	R	E	S	S	U	R	E

WORD SEEK 132

I	O	N	N	E	E	R	G	A	T	A	N
N	O	P	I	C	V	O	O	N	R	I	O
G	L	R	C	N	E	E	E	L	U	U	U
T	E	Y	E	I	R	W	R	O	T	O	N
E	L	B	U	O	R	T	O	Y	H	T	Y
E	B	A	C	I	L	E	A	L	O	I	S
R	N	U	E	U	I	U	T	L	L	N	A
I	L	O	S	L	O	I	N	E	Y	O	E
N	I	E	T	Y	O	U	R	S	E	L	F
T	R	E	W	O	L	F	I	N	D	E	Y

WORD SEEK 133

C	L	U	F	E	R	A	C	C	N	O	W
E	S	O	O	N	S	T	I	O	N	L	E
A	A	S	O	O	I	Y	E	L	L	O	W
R	T	R	I	K	R	A	I	U	H	R	E
T	L	U	N	E	I	N	R	T	I	I	L
H	I	E	V	H	C	N	E	G	N	E	C
A	S	E	S	A	E	R	G	N	N	P	O
R	T	N	U	A	S	L	N	I	C	O	M
P	E	O	P	L	E	L	U	N	C	H	E
T	N	O	U	R	I	S	H	C	I	U	T

WORD SEEK 134

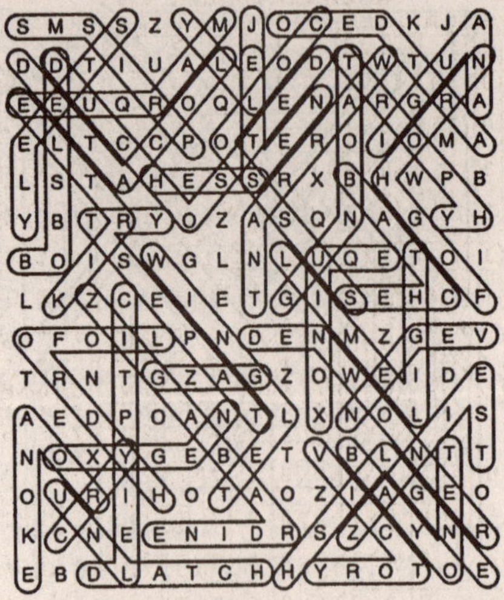

WORD SEEK 135

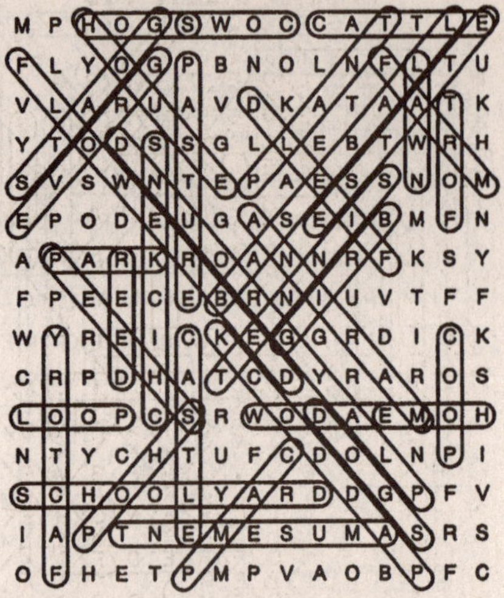

WORD SEEK 136

WORD SEEK 137

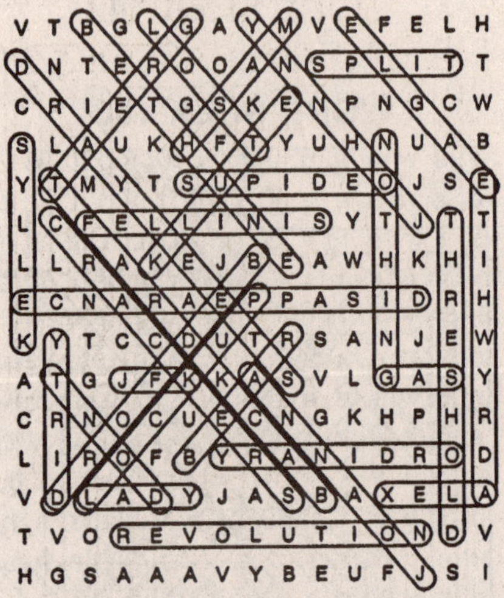

WORD SEEK 138

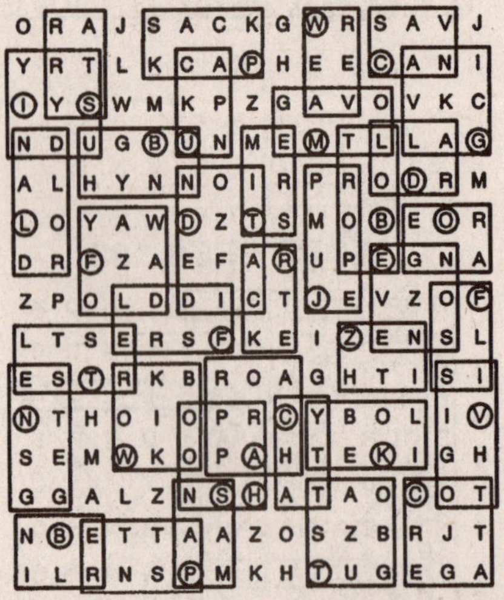

WORD SEEK 139

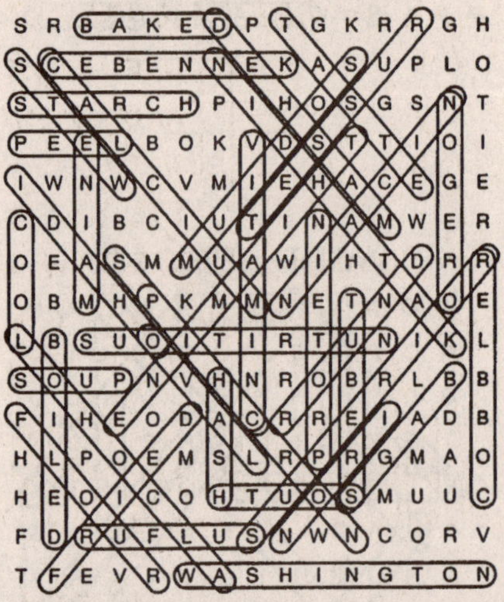

WIZARD WORDS FOR WORD SEEK 124

Rising gas prices will soon put us on our feet.

WORD SEEK 140

W	J	K	N	I	P	F	S	T	E	H	M	F	W	V
B	Y	D	O	L	L	D	E	O	R	L	R	A	Y	D
W	E	E	A	N	E	Y	R	T	N	A	G	O	E	R
S	R	C	L	T	F	E	L	R	I	G	P	N	S	U
K	E	E	A	L	A	M	E	N	T	U	A	T	U	G
I	I	I	O	D	O	E	A	N	I	X	S	H	R	J
E	L	V	B	G	N	W	T	L	D	M	W	E	G	H
S	R	E	N	O	I	T	U	C	E	X	E	R	W	A
R	E	R	C	O	N	D	O	M	I	N	I	U	M	U
E	C	S	U	D	D	R	N	G	I	A	O	N	O	E
P	N	B	K	B	C	U	V	I	M	P	G	M	E	N
P	E	R	X	Y	V	L	O	B	W	N	G	R	E	F
A	L	A	V	E	N	D	E	R	E	D	F	O	X	L
R	I	S	H	Y	A	R	G	K	H	D	F	D	L	K
W	S	S	R	A	L	B	M	C	M	S	C	G	J	D

WORD SEEK 141

6	8	5	1	3	2	1	7	1	9	2	8	6	0	3
0	5	4	4	0	5	1	7	4	5	5	0	2	1	8
8	3	6	5	1	0	1	7	0	6	8	2	5	6	4
3	1	0	0	3	1	1	6	9	8	3	2	8	4	3
2	6	6	3	5	3	1	6	5	4	6	0	4	3	9
3	7	1	1	2	3	7	6	8	9	6	3	6	7	3
1	4	4	3	4	2	9	1	9	6	5	2	6	8	4
4	2	9	5	0	7	4	3	5	2	6	4	2	5	9
7	5	9	8	1	9	0	9	9	9	7	2	5	0	8
4	3	3	5	0	2	9	7	7	9	2	7	7	2	8
6	0	3	4	5	9	9	3	7	7	2	5	1	7	0
8	9	0	6	7	2	5	4	3	1	7	4	7	1	0
7	9	9	4	7	7	4	5	6	5	3	7	4	4	4
3	0	6	2	7	1	2	6	0	6	1	2	0	4	9
2	4	7	6	1	6	9	8	4	0	3	0	6	5	6

WORD SEEK 142

E	B	R	A	S	S	D	C	K	L	I	N	E	S	C
C	R	D	U	R	A	L	U	G	N	A	B	T	C	O
H	I	S	I	L	V	E	R	R	K	L	A	W	I	L
I	G	C	L	A	K	M	C	H	A	R	N	E	T	O
P	H	A	O	P	L	A	A	L	T	B	G	A	S	R
S	T	R	I	K	I	N	G	L	I	L	L	R	A	P
R	S	V	G	G	D	E	I	S	U	P	E	E	L	I
E	T	E	Z	M	E	N	P	C	D	T	S	B	E	N
M	A	D	A	N	G	O	R	V	S	A	M	T	C	S
S	A	D	G	Y	P	Z	M	U	S	V	E	O	A	B
T	E	E	M	U	T	E	L	E	C	A	R	B	L	I
Y	N	N	L	I	C	G	P	E	T	G	N	V	K	D
L	Y	A	O	G	R	A	E	M	O	R	H	C	C	D
E	R	L	N	T	H	E	R	I	N	G	I	S	E	D
E	N	I	H	S	S	P	L	A	S	T	I	C	N	B

WORD SEEK 143

B	K	C	S	S	N	I	A	L	P	B	U	T	A	W
E	W	A	L	R	A	R	R	O	Y	O	A	A	E	E
L	L	C	E	N	E	R	R	A	B	E	E	F	K	L
T	C	T	M	L	T	P	E	C	H	A	T	R	A	L
W	H	U	A	N	B	I	T	T	N	A	A	I	N	K
M	I	S	C	I	G	D	S	I	A	P	L	C	S	N
I	L	L	I	R	A	U	T	O	L	W	P	A	O	S
Y	E	A	S	R	Z	N	D	U	L	E	H	M	K	T
A	T	M	P	I	E	E	T	I	A	A	A	L	H	P
E	A	I	A	G	L	T	F	I	R	D	T	G	M	Y
N	L	N	R	A	L	D	B	A	R	A	U	E	W	G
P	O	A	S	T	E	A	L	A	S	O	X	L	D	E
P	S	G	E	E	R	F	Z	O	R	I	B	O	G	K
E	E	P	B	A	S	I	N	D	C	S	A	N	D	E
E	D	Y	E	L	L	U	G	O	A	S	I	S	A	T

WORD SEEK 144

A	N	I	N	N	O	L	C	E	J	L	T
A	A	J	E	E	I	L	A	C	E	H	W
T	N	K	O	U	U	E	A	I	E	C	M
K	H	E	M	T	M	T	L	M	W	S	U
T	D	I	L	S	S	C	A	N	T	W	T
O	F	O	N	E	M	N	E	A	H	C	N
I	T	H	B	K	I	L	S	G	T	B	N
N	W	E	A	U	S	I	U	E	D	L	C
I	H	I	J	S	L	K	J	O	W	U	H
T	O	S	O	H	N	N	F	H	I	G	J

WORD SEEK 145

S	F	I	S	E	S	G	B	L	T	S	T
C	N	M	K	C	R	H	R	F	E	P	E
K	E	I	A	S	D	A	O	N	I	G	L
W	R	T	G	C	W	O	K	T	R	I	M
H	E	L	P	S	F	B	I	S	E	F	C
U	H	A	E	W	E	R	N	U	P	A	S
K	W	B	P	C	S	G	T	O	N	H	M
C	H	S	O	H	I	E	M	S	E	C	M
W	M	O	F	L	N	F	E	A	H	P	B
S	I	W	O	R	K	I	D	O	T	E	L

WORD LIST FOR WORD SEEK 108

Brocade, Burlap, Calico, Canvas, Chiffon, Chino, Chintz, Corduroy, Crash, Crepe, Dacron, Damask, Denim, Dimity, Duck, Felt, Flannel, Jersey, Khaki, Lace, Lawn, Linen, Mohair, Nylon, Pique, Plush, Poplin, Rayon, Satin, Seersucker, Serge, Silk, Terry, Tweed, Twill, Velvet, Voile, Wool.

WORD SEEK 146

M	A	W	D	U	A	E	P	G	P	C	A	K	V	B
N	O	W	V	Y	M	D	N	I	O	P	W	F	E	S
P	U	R	S	U	U	I	H	R	E	T	S	A	L	P
F	H	C	T	I	W	S	K	A	T	E	V	S	F	R
U	K	C	A	A	U	I	U	H	C	E	L	A	F	I
O	V	E	R	R	R	H	E	H	R	T	L	K	U	N
G	B	D	F	T	D	K	E	A	Y	E	I	V	H	G
K	S	I	O	O	G	C	D	A	E	R	B	H	S	I
R	B	O	B	T	K	A	R	S	D	O	E	I	R	S
H	F	I	U	E	I	L	A	N	P	O	F	M	F	V
S	L	R	R	N	P	B	A	P	I	L	C	D	E	D
U	D	O	H	G	D	A	S	H	B	F	L	D	D	A
F	C	I	A	N	N	I	L	K	C	U	B	A	P	A
S	O	S	B	U	P	U	N	C	H	K	U	R	W	C
T	B	K	D	I	V	I	N	G	V	K	R	T	V	F

WORD SEEK 147

O	F	A	R	M	S	B	E	T	X	B	O	Z	Y	W
R	X	X	T	S	W	O	K	A	R	K	L	D	H	B
F	C	H	L	E	C	H	L	O	P	O	R	E	E	V
O	Y	S	U	J	V	U	C	I	T	L	A	B	U	R
L	S	E	S	M	L	V	R	Y	D	T	W	U	R	L
K	E	T	S	A	I	U	W	Z	N	A	N	Z	O	P
W	A	E	R	S	E	N	B	A	O	W	R	D	P	C
A	Y	D	T	O	I	Y	E	L	L	N	Z	I	E	G
S	I	U	K	S	P	E	O	S	I	C	L	U	T	D
R	L	S	G	O	V	X	N	C	L	N	O	R	I	Y
A	C	U	L	T	U	R	E	A	S	T	E	R	N	N
W	L	I	K	F	F	Z	B	K	N	N	O	Y	W	I
F	S	G	W	P	C	O	U	A	A	U	Y	S	W	A
H	V	O	R	Z	R	A	G	U	S	L	F	Y	W	F
I	U	L	S	J	Y	U	A	R	K	U	Y	C	N	H

WORD SEEK 148

U	B	C	E	B	S	D	E	E	S	F	I	B	D	R
Y	M	E	G	C	R	Y	B	S	N	O	S	A	E	S
N	G	C	A	R	E	I	W	U	M	L	F	N	T	T
E	C	I	N	U	T	A	G	O	I	I	I	T	N	N
V	A	R	I	E	T	Y	L	H	R	A	L	A	I	A
T	B	S	A	E	R	I	I	U	T	G	L	N	A	L
T	U	O	R	P	S	O	F	N	F	E	H	N	P	P
T	D	S	D	E	R	H	O	Y	L	R	N	U	S	E
R	S	T	I	H	W	C	A	D	A	L	O	A	T	E
G	L	U	G	O	R	O	H	P	T	L	I	L	O	K
R	O	R	O	T	T	E	L	A	E	U	P	S	O	S
E	V	D	H	A	R	E	D	F	L	I	O	S	R	C
E	E	Y	E	B	V	O	F	L	O	R	A	D	I	U
N	L	N	S	E	R	O	M	O	O	L	B	L	B	D
O	Y	Y	L	N	A	T	T	A	C	H	E	D	P	O

WORD SEEK 149

M	E	T	J	T	O	E	X	H	I	B	I	T	T	H
S	F	I	C	R	T	B	N	E	I	C	F	D	P	N
T	T	R	E	E	V	B	U	R	H	S	L	R	I	X
D	X	E	P	R	J	T	E	L	E	H	O	A	O	O
I	I	M	M	U	T	B	E	W	C	F	W	W	S	H
L	O	V	D	L	M	R	O	D	E	T	E	A	Y	S
C	L	G	I	E	F	H	A	S	O	M	R	T	Y	E
O	E	R	M	S	S	N	S	P	C	U	W	T	V	R
U	B	J	S	M	I	I	W	R	V	I	S	I	W	F
D	A	M	W	F	O	O	G	I	Y	R	T	N	E	S
U	L	M	I	N	E	A	N	N	U	A	L	O	E	B
B	T	N	A	L	P	E	V	G	N	R	D	E	X	T
U	A	L	S	L	C	M	Y	G	A	R	D	E	N	E
L	U	N	I	C	O	L	O	R	U	E	T	A	M	A
B	R	E	H	N	O	I	R	H	I	T	B	I	I	D

WORD SEEK 150

S	T	R	O	H	S	W	B	L	O	Q	P	S	E	A
T	T	U	O	H	S	S	N	K	L	R	O	P	D	Z
O	T	U	O	P	S	T	E	W	O	O	T	O	P	D
Q	E	R	O	C	S	O	O	S	O	E	R	B	R	A
L	E	R	S	P	C	C	E	O	O	N	R	D	O	M
T	T	B	Q	R	O	K	O	Q	D	O	K	O	U	O
R	P	C	I	O	U	C	L	O	W	N	M	M	D	R
G	S	H	N	V	T	D	D	N	P	T	P	O	D	A
G	L	O	V	E	W	S	B	E	S	H	T	O	O	T
S	B	I	B	O	M	T	O	N	T	S	O	R	F	L
T	B	R	R	O	S	Q	U	O	T	A	A	G	L	C
O	K	C	O	L	B	L	L	H	R	B	L	O	O	M
R	Q	R	T	O	U	C	O	P	N	O	O	O	S	T
E	B	E	H	L	K	U	D	P	B	S	N	M	N	O
L	A	Z	U	O	Z	O	N	E	E	B	E	U	Q	G

WORD SEEK 151

R	Y	N	O	M	R	A	H	M	E	T	R	O	F	V
J	C	D	H	A	L	E	A	R	N	O	F	G	A	P
S	S	R	O	N	I	M	P	E	G	N	A	R	I	R
P	E	D	A	L	S	B	M	E	O	E	P	A	S	E
L	I	Y	T	I	E	N	D	S	T	E	N	L	C	H
A	F	E	R	N	G	M	S	B	G	I	O	I	R	C
Y	K	L	C	I	E	E	S	G	S	G	T	M	M	A
B	D	H	S	E	L	M	I	T	B	C	E	I	O	E
B	R	S	C	E	B	O	U	M	A	J	O	R	O	T
L	A	T	I	C	E	R	P	R	S	C	A	L	E	N
B	O	U	S	G	R	I	P	D	T	O	C	M	D	Y
H	B	D	U	A	T	Z	F	A	R	S	P	A	U	Z
B	Y	I	M	C	A	E	V	Y	S	O	N	A	T	A
V	E	O	H	M	L	E	J	F	T	D	H	I	E	O
L	K	V	G	C	F	T	Z	Z	C	A	G	C	T	R

WORD SEEK 152

S	I	R	S	T	E	A	K	P	T	Y	D	S	H	E
O	T	L	S	W	S	K	I	M	L	O	P	C	G	U
L	T	A	T	N	I	H	H	Q	R	M	A	A	D	D
T	E	B	R	E	H	S	A	C	I	N	S	L	E	W
E	H	O	A	C	M	I	S	R	I	U	C	L	N	N
A	G	O	W	P	H	H	H	P	A	W	B	I	I	O
N	A	E	B	Y	O	S	S	S	I	M	D	O	T	P
P	P	S	E	M	O	A	O	O	A	C	L	N	L	R
H	S	U	R	U	T	U	A	R	K	R	E	U	A	S
S	A	N	R	Y	F	Q	C	I	I	N	D	G	S	S
E	S	D	Y	F	P	S	C	S	M	Y	U	I	W	W
S	C	A	L	L	O	P	A	Q	A	S	R	E	N	E
A	Y	E	U	L	F	C	O	L	L	H	T	G	O	E
M	N	T	E	C	N	O	M	L	A	S	S	H	G	T
E	S	P	A	R	E	R	I	B	S	D	P	U	O	S

WORD SEEK 153

R	A	Y	O	O	K	A	E	B	I	N	T	O	P	W
G	V	S	R	A	G	N	B	V	W	W	C	W	W	O
N	I	T	E	J	V	B	S	L	I	O	D	N	E	D
P	A	S	K	C	L	A	G	O	N	D	C	V	S	O
Z	C	K	R	U	B	C	A	R	D	T	H	W	Z	C
O	N	L	O	T	T	A	T	T	A	E	R	O	I	P
T	K	I	C	N	O	I	L	S	C	H	I	F	R	O
E	O	R	F	C	U	T	F	N	U	S	N	T	E	K
B	O	B	A	R	P	L	I	F	P	R	L	S	E	T
T	A	C	E	I	G	D	N	E	S	A	E	G	K	M
R	S	T	L	N	N	L	I	W	C	L	R	K	R	A
E	M	I	E	T	I	K	E	E	I	B	O	O	M	D
Y	K	O	N	G	T	A	L	T	V	L	H	K	A	L
E	V	O	U	L	D	R	A	P	K	E	P	U	R	O
A	R	B	J	E	E	B	O	V	I	B	H	S	I	G

WORD SEEK 154

A	S	F	S	A	I	S	L	A	V	I	N	R	A	C
W	W	E	E	R	T	S	Q	S	E	T	I	K	K	P
N	I	Q	U	L	E	K	T	S	S	V	V	S	I	W
I	N	W	I	Q	T	T	N	R	E	U	C	P	E	L
N	G	U	S	B	A	M	E	T	A	H	E	A	S	S
G	Q	P	E	G	U	L	S	M	A	K	S	M	L	L
S	B	O	L	L	L	T	P	R	V	T	O	A	A	E
E	X	P	O	E	O	A	T	A	R	O	I	G	C	T
S	H	C	P	B	F	S	Z	O	L	D	I	A	E	N
S	E	O	O	C	E	I	L	I	N	G	S	C	D	A
A	R	R	E	G	H	O	L	U	E	S	X	B	E	M
P	B	N	D	K	G	D	S	L	E	R	R	A	B	I
M	S	A	H	E	A	R	B	O	R	I	S	T	S	S
O	B	U	R	L	A	P	E	G	A	T	S	O	V	F
C	X	S	E	L	K	C	U	B	O	X	F	N	E	K

WORD SEEK 155

P	I	N	P	Y	M	H	N	S	Y	F	N	D	E	T
N	C	H	E	Z	I	R	U	T	S	I	O	M	L	D
A	B	U	R	C	S	O	E	E	S	N	I	R	M	B
E	L	E	F	G	G	H	H	F	C	K	T	A	W	E
L	I	Q	U	I	D	T	A	I	W	O	O	W	Y	Z
C	R	N	M	P	O	U	R	M	H	F	L	S	M	E
B	Z	S	E	L	B	B	U	B	P	I	H	O	G	E
F	W	O	C	T	A	P	S	M	O	O	T	H	R	U
B	W	A	S	F	N	T	L	G	W	T	O	F	R	Q
R	C	K	S	D	N	A	H	E	D	Y	T	S	O	S
F	K	D	W	H	U	I	R	E	E	P	E	L	P	S
C	K	M	T	N	T	S	K	G	R	K	C	B	E	Q
Y	Q	A	D	F	B	B	H	S	A	Q	A	T	N	Z
O	B	R	Q	M	Z	R	F	L	O	R	F	C	K	U
P	Y	N	Y	E	L	W	F	K	K	G	F	Q	M	O

WORD SEEK 156

H	F	L	A	S	H	W	O	P	U	I	N	U	C	P
E	V	I	E	W	F	I	N	D	E	R	E	M	I	T
D	A	S	L	V	F	P	O	R	T	R	A	I	T	T
N	N	L	Y	T	I	R	U	W	X	S	U	S	A	N
M	W	I	Y	R	E	T	T	A	B	C	C	S	M	S
O	F	D	W	F	R	R	A	F	I	S	P	U	O	V
S	N	E	L	E	T	W	M	G	T	E	I	C	T	I
T	R	E	P	N	R	L	I	E	E	O	P	O	U	G
T	X	A	I	E	I	F	X	D	L	N	H	F	A	D
T	N	R	G	F	P	P	V	N	E	S	A	C	R	F
H	P	A	R	G	O	T	O	H	P	A	Z	I	I	T
G	M	A	T	S	D	I	W	A	H	G	N	T	I	C
I	M	D	U	S	T	A	N	W	O	T	B	G	H	T
L	H	R	C	C	N	S	H	U	T	T	E	R	L	D
S	E	M	A	R	F	I	R	Z	O	O	M	M	G	E

WORD SEEK 157

I	G	C	C	I	H	K	Y	U	F	R	Q	T	W	H
A	C	M	Y	D	S	I	G	R	A	I	N	T	B	B
A	T	P	R	E	S	T	O	R	E	N	N	I	H	T
Q	N	C	D	C	O	H	L	L	Y	M	L	I	E	K
H	I	T	H	W	S	A	S	I	F	O	I	N	S	V
S	T	A	I	N	C	S	P	I	O	B	I	R	E	H
U	I	B	B	Q	D	O	O	W	N	B	Q	N	P	Q
R	G	L	U	E	U	W	L	L	A	R	E	N	I	M
B	L	E	M	A	N	E	I	C	G	E	A	Q	R	S
G	R	C	E	M	E	L	S	P	R	A	Y	V	T	C
D	F	A	A	T	T	W	H	F	E	T	A	O	S	D
Y	O	F	S	A	D	L	M	E	N	N	O	T	E	Q
B	U	R	U	N	I	E	T	I	U	L	A	Q	H	P
M	D	U	A	B	V	E	A	B	D	O	H	D	C	B
U	R	S	C	R	A	P	E	K	C	O	P	P	U	F

WORD SEEK 158

WORD SEEK 159

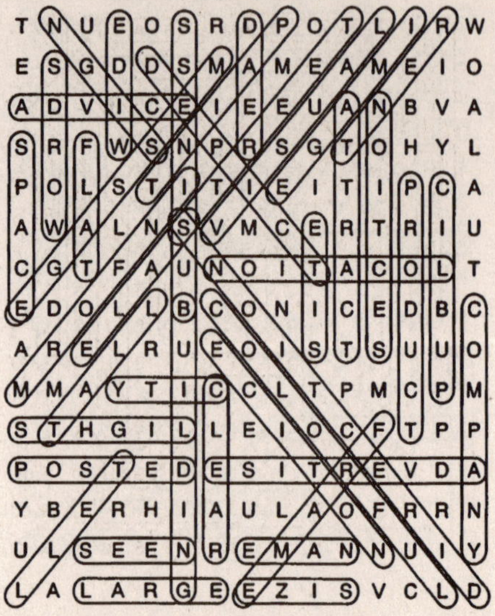

WORD SEEK 160

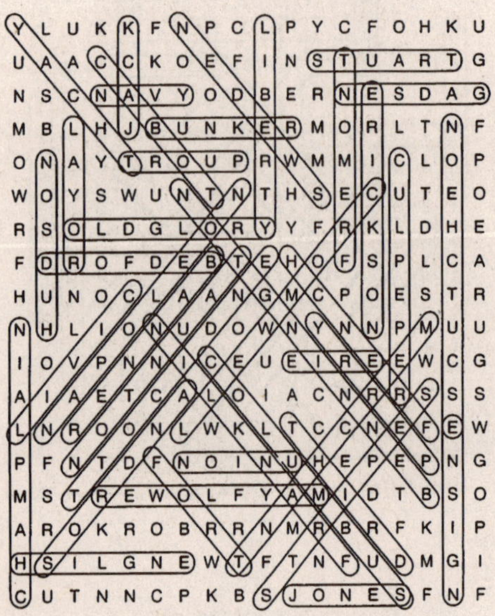

WORD SEEK 161

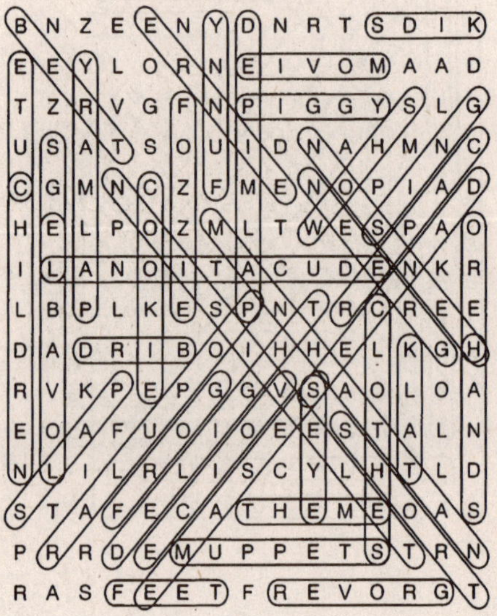

WORD LIST FOR WORD SEEK 132 & 133

Flower, Result, Trouble, Eerie, Everyone, Easy, Young, Green, Nice, Ebb, Busy, Yourself, Follow, Went, Truth.

Careful, Looking, Grease, Every, Yellow, Wriggle, Easel, Listen, Nourish, Hunger, Rain, Noose, Earth, Harp, People.

WORD LIST FOR WORD SEEK 146

Base, Beaver, Bill, Black, Bread, Buck, Card, Chalk, Checker, Clap, Clip, Cork, Dart, Dash, Diving, Drawing, Emery, Fiber, Floor, Foot, Head, Mortar, Over, Plaster, Punch, Score, Ship, Shuffle, Side, Sign, Skate, Sounding, Spring, Star, Surf, Switch, Teeter, Tote, Wall.

WORD SEEK 162

S	S	L	E	W	O	T	M	B	G	A	B	R	F	N
E	O	A	M	P	E	L	O	T	I	O	N	E	Q	M
I	A	H	T	K	M	N	B	Y	T	B	E	D	A	B
T	P	I	N	S	N	A	I	T	K	D	S	W	O	R
O	R	A	W	E	W	O	L	L	I	P	W	O	C	A
O	L	I	T	A	H	E	E	N	M	C	K	P	R	W
B	N	H	H	P	S	N	G	S	O	A	Q	A	A	P
G	R	E	E	S	Q	H	R	I	N	R	U	N	W	U
I	R	L	K	W	R	E	C	D	O	S	I	T	L	S
D	F	A	R	E	P	E	E	L	S	E	L	S	E	D
K	I	C	T	A	U	R	D	B	O	A	T	O	R	W
D	K	S	I	T	C	P	I	N	P	T	H	O	S	N
E	W	D	H	E	L	R	U	P	U	S	H	O	E	P
U	P	D	B	R	C	E	A	N	I	M	A	L	H	U
N	U	H	R	D	U	D	R	E	S	S	N	T	R	Q

WORD SEEK 163

A	Q	G	N	I	T	S	I	L	A	Y	O	U	T	N
M	L	M	F	O	L	T	O	I	D	P	P	L	O	T
O	A	S	T	I	I	A	N	E	N	M	X	I	V	G
R	T	U	N	T	N	S	F	A	U	C	T	I	O	N
T	N	R	E	E	E	A	S	B	N	A	O	X	L	I
I	E	V	G	R	U	K	N	I	I	E	Y	M	I	S
Z	R	E	A	L	T	O	R	C	M	N	T	Y	E	O
A	E	Y	T	I	P	T	E	A	I	M	D	D	N	L
T	S	S	D	N	I	R	K	G	M	N	O	E	G	C
I	I	N	A	T	P	O	O	M	A	E	G	C	R	S
O	A	I	L	E	C	I	R	P	Q	G	M	I	E	L
N	R	E	D	R	L	H	B	U	E	S	T	A	T	E
Z	P	U	R	E	D	L	I	U	B	R	R	R	P	A
T	P	Z	B	S	E	T	E	D	O	C	T	I	O	Q
N	A	L	P	T	Y	D	Y	G	H	Q	F	Y	Z	M

WORD SEEK 164

4	3	2	7	3	4	0	9	4	7	6	5	4	6	3
8	0	6	6	0	3	4	0	1	6	5	1	4	6	7
3	3	6	2	3	2	8	2	5	1	7	1	9	7	8
4	7	5	6	2	5	1	8	0	2	1	2	6	8	5
9	0	5	9	3	9	2	4	3	8	5	4	0	0	0
5	5	3	5	2	4	4	7	3	5	0	4	4	4	9
1	1	2	0	5	4	4	6	9	1	8	4	6	1	8
7	6	6	6	3	1	4	1	6	5	6	4	9	3	0
6	4	8	8	2	3	1	1	8	9	8	5	0	9	2
9	2	2	4	2	7	2	7	9	9	3	0	2	7	9
7	8	5	3	8	9	1	4	8	6	2	2	9	5	6
7	1	5	1	2	5	9	5	4	6	1	2	9	9	5
8	3	5	1	4	9	7	6	2	3	3	0	8	6	7
9	8	4	8	0	0	9	4	5	6	1	5	1	8	2
0	7	2	4	3	3	1	7	1	3	0	7	4	9	5

WORD SEEK 165

F	F	R	G	N	A	H	O	I	S	T	W	O	R	K
S	N	L	E	N	D	R	N	M	F	C	I	D	R	U
H	T	T	O	G	A	O	C	O	A	B	N	E	L	E
I	O	H	H	W	R	T	L	B	E	C	C	R	T	N
P	V	L	G	G	E	A	S	S	L	K	H	R	O	I
D	O	T	D	I	I	R	L	P	B	S	W	I	N	G
H	E	S	I	A	R	E	B	L	A	O	T	C	N	N
R	E	V	I	R	D	P	W	S	R	C	J	K	F	E
E	K	A	I	T	A	O	U	B	U	N	T	U	L	V
E	E	O	V	C	I	N	O	R	D	A	N	L	I	P
C	A	R	R	Y	E	O	T	T	L	C	A	F	U	B
C	Y	F	I	R	M	S	N	L	T	B	U	L	K	Y
U	Y	S	I	O	N	B	W	I	N	D	L	A	S	S
G	N	I	V	O	M	L	O	F	V	E	C	F	M	S
D	H	R	C	F	H	N	U	T	Y	D	R	U	T	S

WORD SEEK 166

B	N	S	N	O	O	P	S	B	Y	T	R	A	P	K
Y	A	K	D	A	E	F	A	C	R	O	U	O	I	O
D	I	N	E	R	I	N	L	M	E	V	B	T	N	O
F	N	I	S	S	Q	L	U	N	T	O	C	S	D	C
R	C	R	S	U	K	S	A	T	A	H	C	N	U	L
E	R	D	E	L	I	C	A	T	E	S	S	E	N	B
N	I	T	R	C	S	B	W	N	I	K	P	A	N	T
C	T	C	T	J	L	S	C	U	I	S	I	N	E	S
H	I	A	H	E	C	R	E	T	I	A	W	G	S	A
E	C	N	O	I	T	A	V	R	E	S	E	R	E	F
F	P	D	H	D	N	H	S	B	T	W	I	I	N	K
O	Y	L	R	T	O	E	C	H	A	I	R	L	A	A
R	H	E	M	S	E	O	S	P	I	N	A	L	P	E
K	E	N	T	B	U	F	F	E	T	E	U	W	A	R
N	R	E	N	N	I	D	B	I	S	T	R	O	J	B

WORD SEEK 167

E	L	L	A	H	N	S	I	P	E	N	N	S	L	E
R	S	G	N	O	O	S	Q	R	O	D	I	N	C	V
S	S	E	R	G	N	O	C	L	H	W	S	N	H	O
V	H	M	E	O	M	R	P	Q	H	C	E	H	R	Q
B	A	D	V	B	S	E	H	Y	I	D	U	L	I	Q
N	E	Y	A	E	R	E	E	E	N	L	E	O	S	R
U	T	L	T	E	B	L	N	E	A	K	L	Y	T	H
L	S	Y	L	O	L	C	P	B	M	D	T	E	P	C
H	A	M	U	A	E	E	S	N	A	M	E	R	I	F
U	A	R	I	S	D	S	O	L	R	C	C	A	O	G
N	S	A	U	N	N	S	E	P	I	I	H	U	F	P
E	H	A	I	Q	T	K	E	N	T	V	H	Q	V	E
F	R	A	N	K	L	I	N	Y	I	H	I	S	R	E
Q	S	R	E	M	M	U	M	H	M	H	I	C	M	P
G	N	T	M	U	S	I	C	L	E	E	C	D	Q	R

WORD SEEK 168

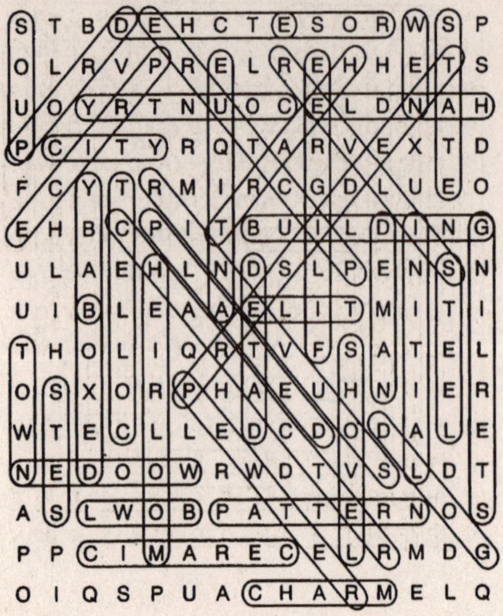

WORD SEEK 169

WORD SEEK 170

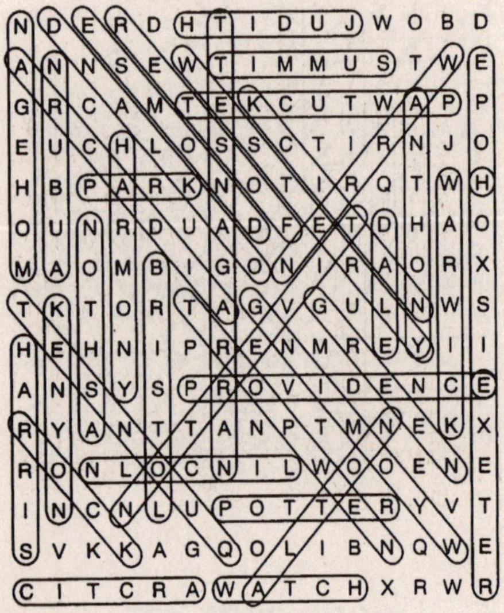

WORD SEEK 171

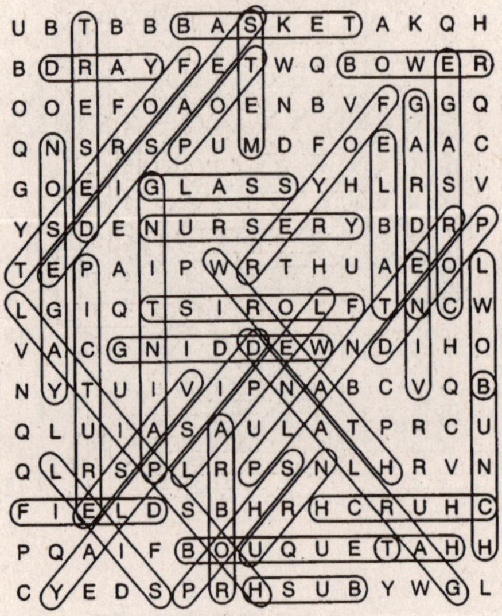

WORD LIST FOR WORD SEEK 150

Adopt, Adore, Adorn, Alone, Along, Aroma, Block, Bloom, Brook, Broom, Broth, Brown, Choir, Cloth, Clown, Crowd, Droll, Frost, Globe, Glove, Groom, Known, Loose, Moose, Ozone, Phone, Prose, Proud, Prove, Quota, Roost, Scoop, Score, Scout, Shore, Short, Shout, Slope, Sport, Spout, Stock, Stood, Store, Tooth.

WORD LIST FOR WORD SEEK 166

Banquet, Bistro, Breakfast, Buffet, Busboy, Cafe, Candle, Cashier, Chair, Chef, Chinese, Cook, Critic, Cuisine, Delicatessen, Dessert, Diner, Dinner, Drinks, Eatery, Ethnic, Food, Fork, French, Grill, Host, Italian, Japanese, Kitchen, Lunch, Music, Napkin, Party, Reservation, Spoon, Table, Waiter, Waitress, Wine.

WORD SEEK 172

V	A	L	E	D	O	M	S	T	U	T	Z	U	C	U
S	R	D	X	L	J	U	E	Y	C	P	A	F	L	A
A	T	E	I	P	L	B	A	H	O	R	A	C	E	R
C	C	U	S	F	O	E	T	R	U	M	B	L	E	A
R	O	O	D	I	O	T	M	L	P	D	G	T	N	U
A	L	L	L	E	A	R	D	O	E	J	S	G	I	G
N	O	E	L	U	B	K	E	R	T	D	A	O	G	A
K	R	D	U	E	R	A	R	I	A	S	O	D	N	J
G	B	S	F	Q	C	V	K	O	G	H	U	M	E	M
S	C	E	L	B	I	T	R	E	V	N	O	C	S	B
S	B	L	N	N	T	T	J	E	R	O	T	S	E	R
T	B	U	T	T	M	I	N	V	E	S	T	B	D	A
Y	D	A	L	C	L	D	R	A	K	C	A	P	A	S
L	G	T	U	C	K	E	R	E	J	I	C	S	N	S
E	U	L	A	V	O	A	Y	B	B	O	H	E	X	D

WORD SEEK 173

S	T	O	R	Y	N	L	K	O	T	Y	S	C	K	E
M	P	N	S	S	T	V	U	G	D	H	C	I	I	D
U	L	M	A	S	O	Q	S	A	M	A	R	D	N	A
S	O	O	O	S	N	L	L	E	S	G	E	O	G	N
I	T	H	C	A	A	M	D	T	R	L	G	W	N	C
C	G	K	B	L	H	E	L	I	G	V	G	E	O	E
N	N	E	E	R	A	E	P	S	E	K	A	H	S	R
A	T	W	N	S	I	M	A	L	G	R	D	N	E	V
I	K	I	O	E	U	T	M	T	N	G	N	O	T	N
C	O	D	R	R	R	A	I	A	H	U	A	B	A	M
I	P	R	D	I	C	A	C	S	H	A	L	L	C	P
S	E	E	L	D	P	N	L	B	H	R	T	E	E	U
Y	R	V	U	Q	U	S	S	E	D	D	O	G	H	L
H	A	F	A	D	T	I	T	L	E	S	C	A	P	E
P	F	H	C	T	I	W	O	O	D	P	S	K	I	N

WORD SEEK 174

8	0	3	7	1	5	7	0	8	1	2	7	4	2	1
0	3	0	7	0	1	4	7	8	9	0	9	2	9	7
8	4	7	9	8	1	7	9	6	9	7	1	7	9	2
3	5	6	7	4	8	0	5	8	4	3	9	1	8	7
2	8	9	4	4	5	1	8	6	6	4	0	5	7	4
8	6	7	5	3	1	8	7	7	3	5	4	5	7	6
6	9	4	0	9	3	6	6	1	3	8	5	3	0	2
2	1	3	2	2	4	8	2	0	7	8	2	5	2	8
4	1	1	2	6	5	8	4	8	1	7	9	4	6	0
2	1	6	9	2	5	1	2	6	4	1	4	3	9	9
3	0	0	4	4	8	3	4	3	2	1	6	1	4	7
9	0	6	5	1	5	9	9	5	8	0	5	7	2	6
1	6	0	2	2	2	7	7	6	8	4	5	4	6	6
4	4	2	9	2	3	5	7	3	4	4	3	4	2	8
8	5	4	2	5	6	9	3	0	6	0	1	7	4	1

WORD SEEK 175

E	L	P	P	A	T	U	C	I	V	S	M	F	C	H
E	E	I	A	F	H	F	M	I	E	R	U	S	O	W
E	D	I	R	Y	A	H	S	I	D	P	W	G	A	Y
O	N	O	A	A	N	L	R	E	U	E	N	R	T	E
N	S	G	D	L	K	E	L	M	A	I	R	T	Y	K
T	E	A	E	O	S	E	P	T	H	S	E	H	W	R
N	V	M	N	R	G	K	E	S	B	R	O	W	N	U
E	O	E	M	A	I	R	I	L	P	M	N	N	L	T
E	L	O	U	N	V	F	E	S	E	V	A	E	L	H
W	G	H	T	G	I	L	N	C	R	C	L	B	A	U
O	R	N	U	E	N	L	O	O	C	A	T	R	B	N
L	E	L	A	P	G	M	L	O	B	O	V	I	T	T
L	Y	T	M	H	I	O	S	O	H	E	S	S	O	T
A	M	A	I	N	C	G	R	W	S	C	D	K	O	N
H	C	U	G	K	C	I	R	T	D	E	S	F	F	U

WORD SEEK 176

F	S	T	I	T	C	H	Q	A	K	E	T	T	L	E
U	E	C	L	C	L	U	T	T	E	R	A	A	N	Y
S	T	T	U	P	I	N	S	T	A	N	T	U	P	O
L	T	T	E	T	A	T	I	M	I	M	T	B	U	U
P	E	I	T	P	T	R	S	T	F	T	P	T	P	T
C	E	E	L	A	A	L	D	A	A	O	S	C	S	L
T	R	I	N	T	E	R	E	S	T	E	O	C	T	E
P	A	A	C	T	P	T	S	T	T	N	R	B	A	T
R	D	H	T	E	S	L	E	H	F	T	A	T	T	A
E	E	E	T	R	C	R	A	E	U	I	O	F	E	E
T	N	T	N	N	Y	U	T	T	N	T	R	O	T	R
T	M	O	T	T	O	T	T	S	T	L	T	P	T	H
Y	B	F	B	E	I	C	U	T	C	E	T	E	D	T
E	L	T	T	O	B	S	K	T	E	K	R	K	R	F
U	H	U	W	R	I	T	T	E	N	L	Q	K	I	K

WORD SEEK 177

C	T	H	K	G	W	C	P	C	M	L	R	G	G	L
L	H	R	M	R	F	A	U	L	T	N	E	M	F	P
E	S	O	O	I	P	M	L	E	V	K	X	A	L	H
V	L	N	R	P	U	L	R	A	O	R	C	E	A	O
A	I	D	L	E	I	F	A	N	B	E	I	T	B	T
R	M	E	S	U	B	A	O	Y	T	R	T	S	O	O
G	E	U	T	E	M	I	E	S	E	A	E	I	R	S
X	M	D	M	I	T	C	G	L	E	R	N	H	U	N
B	O	P	N	C	B	H	N	G	V	D	I	R	I	V
D	T	R	A	O	V	A	A	E	E	N	G	O	N	V
Y	I	C	O	A	W	R	H	X	D	U	N	R	T	L
R	O	P	C	T	O	G	C	W	A	T	E	R	X	R
S	N	A	A	T	I	E	B	N	P	A	V	E	D	R
H	T	C	S	R	V	D	L	E	I	Y	T	S	M	R
E	V	I	O	L	A	T	E	K	C	A	R	B	T	G

WORD SEEK 178

```
A Y D C R Y I H B D P G N A H
U S P R I G S R E M A E R T S
T A I E I A R R A N G E G I L
U E U A B E A D S G D E M R A
M G C T S R D C N L E P A Y I
N T N E M A N R O U L I P K R
O L N Y L L O H B E S P T N E
I O T T T L E F B D D W C U T
T W W B N L O W I P H O O H A
A K R U D A I D R O L L O C M
R N E N F R G E M O G L E W N
O U A C E N T E R P I E C E A
C C T H G T Y F L D G M T O B
E U H L Y K U N A E A N A U U
D F D O L L S Y S E P A H S C
```

WORD SEEK 179

```
R E T T E L I N Q B E F I L Z
S G A L A H A D U V C H N K O
O K O N W O T R E D R O B M F
B R G S R Y N J E S I U R O N
I A E R R T N U N T Y S X N A
G D P E N E W N P R K E J O M
I S A G E N T E A E S W N P U
V G C N Y A C S F N W I I D H
O O S I G E R F I J I F S J O
W C Y R D E I L U S N E E M R
B Y S A V N R A T S T Z M C S
E U Y I G B R O L M E N A C E
H M N T R E T P U B R B D F E
V N O N Z F R A E S C M A I D
A N N H Y E X L A D Y R M D O
```

WORD SEEK 180

```
D N E R V S W B L L Y R O L L
E V O W W O R M E I T D L E C
B A L R B A L D J O T A D W Y
D K G N K E A C H G R N H I R
D L O E L D K H A N I C L E F
I O S D N A O T U C K R T A P
M H O E I N S T K L S A A E B
F O P K R T G M G E A R E M E
S O A E G A S U S L L D Z W L
Y Z C T Z B O E D I E E O A S
C Z I G U K E I L N L S D O K
N B R E V R S L K A T T I H W
E E A P F L E E I R N O N Y I
G L C L E A D I A S K C A E N
J E N I L O P M N T K B E J V
```

WORD SEEK 181

```
Y D A I L Y F T E A B F H S D
M H B T K T A K N N R P N P R
K R O W C E K I S I E A V E E
P Y O U R F M F E K P I T P S
S D K T R A I N I N G N G E T
F K S H L S D L V R E T U Y I
N U R S E S R U O C S S I L H
S P I R T C S E M A G T D R U
P M M A T H M G P R I V A T E
V F F E E O O C R A Y O N I S
I F N T R O O S D L I H C P D
S O N G S L R R E H C A E T I
I K F A L H C N U L R O R M K
T G N Y K R I I A E A I T P H
C D H K G I L Y C H A T S S Y
```

WORD SEEK 182

```
C P J N S P B B Q D L D T C C
O T L N T L O A E W R I F U H
P M T D A A O S T A C K S L A
I A E Y M Q K K W S D T C T I
E C O M P U T E R I O O G O R
R H X S S E R T C M F C E L H
Y I P E P X W T E F U S I Y T
R N I J N E I R E B O G X R P
O E C O F O N E I K H L P A A
T S T B N I H C D T C I D T P
C P U A M O L P I D E O S E E
E E R A S E R E E L K R L R R
R Y E A R A D N E L A C W C L
I I R Y R E C O R D E R I E X
D R E T N I R P F N O T E S I
```

WORD SEEK 183

```
C R S N U S R R E P U S T L K
C R L S C O R E I R C D N E G
H O M E R U N T Y I R R X A H
D S M R O F C C P A O P M G F
L T N P R H Y O F R L E S U D
E E M A E T R T R O I P E E E
I R H R H T S E R I O U S N C
F L E I C X I E E S L P A S I
U L N G T O R T T T E B B N U
W A O L A S T R I U G Y N A J
Y B L R C N I M R O E I L C L
C E D C I K A R E T N I W I G
D S E R E D I M D G D E P L M
H A R H H C A O C C S C W E R
K B K R T C B B U N T S A P W
```

WORD SEEK 184

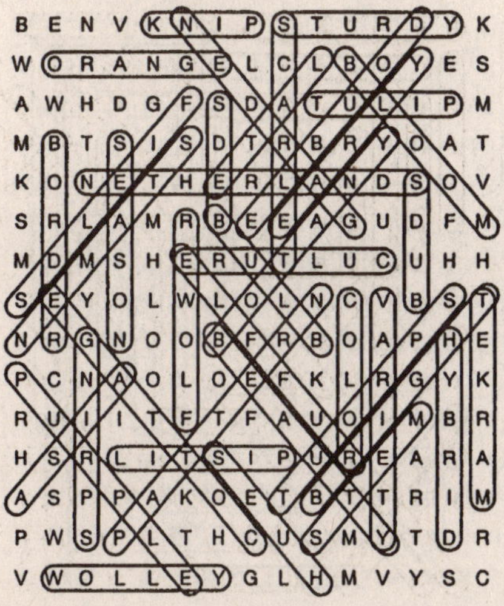

WORD SEEK 185

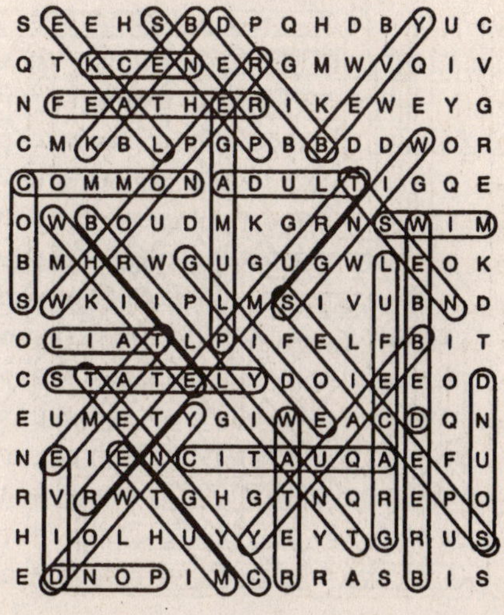

WORD SEEK 186

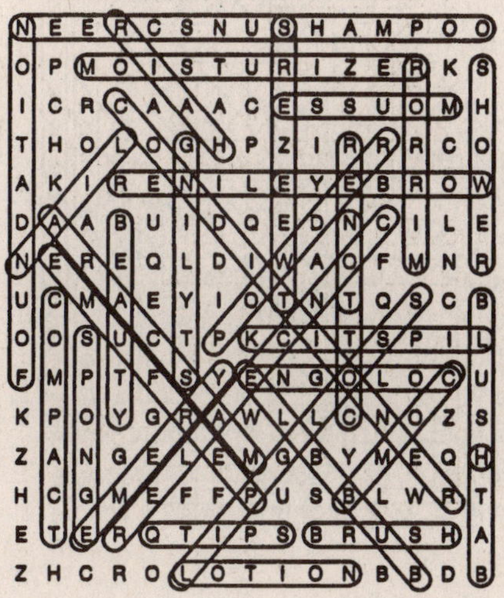

WORD SEEK 187

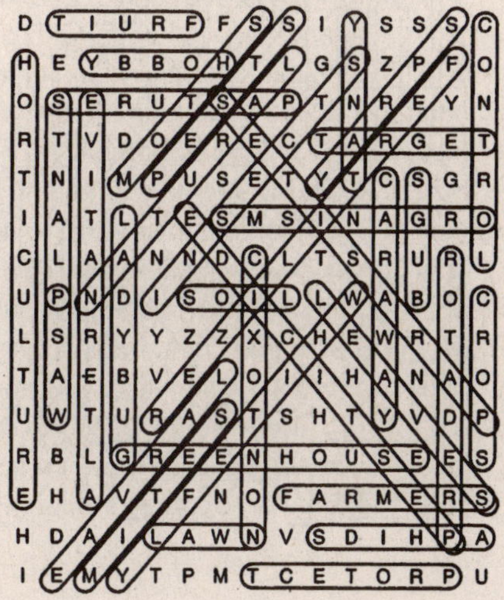

WORD LIST FOR WORD SEEK 176

Attune, Better, Bottle, Clutter, Confetti, Dentist, Detect, Entitle, Fantastic, Imitate, Instant, Interest, Kettle, Lettuce, Motto, Outlet, Outset, Pattern, Platter, Pottery, Pretty, Putt, Quitter, Ratchet, Retreat, Scuttle, Settee, Shutter, Stilt, Stitch, Tent, That, Threat, Toot, Trot, Upstate, Written.

WORD LIST FOR WORD SEEK 182

Basket, Book, Calendar, Chair, Clock, Coffee, Computer, Copier, Cubicle, Customer, Desk, Dictionary, Diploma, Directory, Drawer, Eraser, File, Folder, Light, List, Machine, Memo, Notes, Paper, Pencil, Picture, Plaque, Printer, Recorder, Secretary, Stamps, Tacks, Telephone, Typewriter.

WORD SEEK 188

```
D S B J B I E L A S I R B E D
L I T U S U O M A F L K A R E
L T H P M W O L G E N K E T P
S A G I S Q O D N I X X G E S
Y N I T S B G U R Y R P R H V
B O R E A E C H H B S I A L R
S D B R M L S E F S O L L N U
N A A S E F T P R D L D A Y D
O P M U E F V O I E A A I E G
R R S O C R E C Y L H E T E P
I R B N C T V S X B L H S H S
G V O I E H S E K C N E E L F
I N G M T S O L A R L H L G J
N H O U S C I E N C E A E P T
T A I L R R E T U R N R C F B
```

WORD SEEK 189

```
S I L E V A R T B C O M I C S
A P L I N D E X F N H Y P D U
L W A B I R T H S O W H E S N
E V E G B H R M T I O I W T D
S N R I E U O M L T F D E O A
S E I A V V P N O I T P A C Y
E T T L I E E G S D L L T K L
A E R E D W R S T E A O H S K
R I S O S A A A D V I C E S E
T Y P U P L E C K J R A R E E
X R R H C S O H R L O L I N W
E L E N I L E T A D T B M I Á
Y R S S U T A B L O I D S S R
R V S M N H M B R I D G E U F
F D N G P I S S O G E B H B E
```

WORD SEEK 190

```
O C P H S D A V O N E R O M S
N S A C W E N T N G N H E H U
C T R A E C V O E Y O R A T O
E L O J N U I A L E T L X O R
R E N A U R P I W E F H D R O
N Y M B T X E T Z R K S V I G
M E L O N U J R I F M R C O I
K H N O G R R A S I E E A H R
Z A G K A A O E T N M R M H O
E G R D T J L H I A L P A B N
S U I B E D M P C E H D E C C
T E Q Z D T A A K F D B S L Q
I G N I L R N Y S B R O A U L
O R F A M U T E L E T D C M E
N E T S O H O H G S R E H K R
```

WORD SEEK 191

```
F O D L E G B B T A Y L O R O
R L B E A M O N A D E N V E R
O D L E F S L L I R R E M D I
S B L A A G A K D M K U A F N
T O L W V O I T T T A E M O E
D N N A M U H C S L H V R R D
A T P Y K L D S L O A W M D T
R R E L L E F I H L C A A M I
N A A Y P T U T T A P L T I T
O H D M Y G H M N O W K H T T
C W S O A G A H T H A E I C E
B E U L I N O S B I G R A H P
O N D N L P C R Y A N U S U K
G A K L E I N M D E E R A M B
P N A L Y D M P B Y R D W V D
```

WORD SEEK 192

```
D S S T I C K Y Y S Y V V A S
S U P P L Y S S T N A O E E N
S L E E P Y P A O I N N X Y A
S O S X C I T H F C R I I A P
U S A T V I P N Y E I U K T P
M A Y P O M F S R A T E C S Y
M L D N Y R T Y R A X Y T E X
A A A S Y R Y R E N E C S Y S
R R E X A Y D O B E M O S F U
Y Y T Y D U T S W Y D S W F B
Y R S U R V E Y A F A I A U W
F D O K U I P H R S N M Y T A
X N A V T H S Y T F I H S S Y
V M D H A A Y F S I T A S D X
Y T X I S S I M P L Y K A H S
```

WORD SEEK 193

```
H A N G T E A D M D O O W E U
D R A O B D R A C W M E I C G
U O C L A Y T T E M P E R A L
E M I C M E T A L P H N T F Y
L A R T R H T O L C P E N O C
T N F I I A R T A T B W R I T
T C A I U E Y M O U Y S L L N
O L Y E T A R O C E D P B M I
B D F L R E T E N B I A E G A
U N I N I H I U U S G P G R P
T A G P P N L H O S G E K A A
T S A I D E D K Y T S R S T S
O P C I S C W E A R U I E I T
N K A F T E C I R R A C T E A
S N A E B U D O O F F A L G K
```

WORD SEEK 194

```
E C A P S H S W O R G A M E S
P H H N R E L I F J A O Z T J
O E W A S I Q N D C D A A V Y
H C Q S N S Z N U N A K A N U
H K S R K C O E A S E L B A T
R T R E N T E R T A I N L S E
C U H T A O P D C D C R O E R
C O S T R Y I O A A O E R L R
Q H A E E A R T R J N T G E M
G S C L G N E D A P F T A C O
A Q L O E L U C K E I A N T O
M U N R R E K R A M R P I G D
B A L L Q P I E C E M C Z D D
L R H T O K E N N U M B E R S
E E Y T Y A L P L E A S U R E
```

WORD SEEK 195

```
W L H N S E L F I B W A R D G
S U T I T R L L T E R E B B L
N L C G H E C K A D L I U G A
H K B H G W O E L Y T S D N S
C A C T I O N U E C O P I E S
T H S A L D T L N G X S X A E
U C L A C I R O T S I H I W C
D T E A G W A E P J I K S A A
A E F J N O S N M B S T M M F
R W F U B D T A I A U A U L M
K O O N O U S T S D R E P E T
A R T I S T S C E D S R A I B
W K S E E R T N A U D E I D O
J S D R A F T S M P S A N E B
F A M O U S T A C H E K T N D
```

WORD SEEK 196

```
B L N A E C O V E U S N E V P
D O X G N B R V M O O B M A B
P Y C W I O R E I H S A C C Z
L A T E X S S A P M O C O U A
A L P S T R E A M O R C N U P
I V R E V I R D M T O E I M O
N G W G R L V B M N C R A U T
C Z T E K C I T U A R E T A W
P R R A D E C T E P G D S K S
P H L O S N E P A G O N H V C
A C U R H T I P R O T A E X O
S B W O R R A A R W N S A T U
T T I U K Y I P T D C R S L T
E S K N A N B T L T S R Z Z E
T S C D Y R A E W E A T H E R
```

WORD SEEK 197

```
G L A S S D P M B O L N B J W
N I A R T A E N R E E E D W L
D S O T L T S O I R C N V E J
A I G L S E Y N D E A G E E K
U R E N N Y W N G H F H W S R
D T B T I R R A E S W E T T O
N E A O I D E C N A L A B R F
O K T S R O N G S W F D T A K
C C T I U R D I U F D I C P C
E O E A V V S S W L M G G L I
S P R I N G T D O E A I U R L
R T Y H Q U O G N I T T E S C
Z H O L D I N G H A C A O G U
Q U R A C H E T U H B L L R H
R Q Y E U A H Y O J S T O P L
```

WORD SEEK 198

```
Z W O R R A T L A S H A D Y S
V A C R E G N I G K M O L P H
T E P O F F I C E Y P E E L S
T I T A L L U N F L I C K E R
M R W O C O G O A I A R S C C
O E A I L H N V A N Q R D A B
T V N M P I E Y O E E I I C E
O O D A B N P G Y K X D C T N
R L E G D L N E C I O H C U B
O C R E Q I E I E Z A D B S O
J Y R U M U B R C R U A O U W
A H I A E E B S I B O Z W G O
M E L O D Y R O V I P Z S A E
T F R E W O T H I S T L E R P
I U K Y R I A D U B D E R Y H
```

WORD SEEK 199

```
G S S E R T S E C G N I T I C X E I
T W E L V E Y P C H N A E C O G L N
B R A G G I N G E N O I S Y H N P A
C P M C N O I T I T E P M O C I O M
R R A I S I N G B A E I P R E N E S
E G N E L L A H C C U X R Y A O P T
W S S U P P O R T E R S P E S H S R
N P H P I T M A N Z F P T E P E C O
E O I P Y S C B C I Y I S R N X A P
V N P Y A U R H O L R N T U A S E S
E S G A L G A E O A O N E S O L E G
L O F A R M N Z D T T A E S E M I U
E R R O P T X I P N C K H E W P A A
S S I I U M Y S L A I E S R I P O F
K M O L S R A T S T V R P P N O Y R
I N D I A N X H F N S K G S N W V X
L T E A M E R I C A A U S R E E H C
L Y A C H T R O P S X F H B R R L A
```

WORD SEEK 200

W	A	S	E	L	U	R	M	O	R	N	I	N	G	A
A	A	I	T	R	A	N	S	P	O	R	T	R	D	A
L	U	B	U	S	L	A	L	O	N	I	I	U	R	Y
K	I	N	C	O	I	I	N	E	R	D	L	I	H	C
Y	W	G	O	R	C	R	W	F	E	T	U	O	R	V
P	T	H	H	I	E	T	O	R	C	U	I	N	V	L
A	C	E	S	T	N	S	E	T	N	L	W	B	P	H
S	P	R	F	T	S	E	P	L	O	P	A	A	U	H
S	C	A	O	A	E	D	H	O	C	M	T	W	I	K
E	A	W	M	F	S	E	M	V	N	I	C	G	S	T
N	N	A	P	D	T	P	R	V	S	S	H	L	M	N
G	P	M	P	L	A	N	G	I	S	W	I	E	Y	F
E	J	O	B	K	E	O	C	O	A	P	N	B	V	I
R	T	H	Y	A	S	Y	R	Y	U	P	G	C	L	Y
S	U	L	B	L	U	C	C	P	K	D	R	I	V	E

WORD SEEK 201

R	B	I	F	X	A	G	O	N	U	C	A	T	E	C
A	E	R	E	T	H	G	I	Y	E	A	W	F	I	V
C	R	H	A	R	E	V	E	L	D	P	E	I	E	A
E	S	G	S	N	B	L	X	A	E	B	H	F	N	W
L	E	I	C	Z	C	A	N	D	R	D	O	J	K	U
E	F	H	T	A	C	K	J	I	E	L	I	Z	E	K
T	E	N	N	E	T	A	D	V	D	G	P	S	R	L
R	U	L	O	R	R	D	K	P	I	O	R	B	M	E
E	L	P	W	G	A	Z	G	M	U	S	R	N	P	T
A	R	O	W	T	I	B	M	I	C	K	U	O	B	A
C	E	A	A	A	S	T	R	J	Z	R	P	A	L	V
L	S	B	W	H	L	Y	K	N	O	O	B	T	Z	I
L	A	I	E	N	O	N	R	E	V	W	I	N	T	A
O	O	D	T	U	O	I	U	Z	Y	N	K	C	O	S
T	R	H	T	D	W	R	T	M	E	D	A	L	L	I

WORD SEEK 202

B	T	C	I	L	F	N	O	C	K	H	M	P	S	B
O	A	C	H	I	L	L	E	S	S	E	N	Y	O	R
L	D	C	F	A	O	B	L	G	O	K	C	L	T	V
S	R	O	I	R	R	A	W	P	M	N	E	D	I	H
C	O	N	B	A	E	I	O	A	Q	L	C	E	V	L
O	W	Q	V	O	H	F	O	S	T	U	R	B	R	E
N	S	E	S	E	C	R	E	T	W	V	O	P	E	G
C	F	M	P	H	E	L	A	T	S	L	F	S	U	E
E	R	I	E	G	P	B	T	R	D	W	O	D	Q	N
A	S	L	E	R	I	L	A	O	P	L	R	L	N	D
L	E	I	E	M	C	I	T	Y	E	G	M	E	O	H
N	S	T	R	I	C	K	C	A	T	T	A	I	C	S
P	A	A	D	A	C	I	R	O	T	S	I	H	O	H
G	F	R	O	C	P	R	A	M	I	D	R	S	P	I
U	L	Y	S	S	E	S	P	I	H	S	P	E	A	R

WORD SEEK 203

N	J	R	U	N	B	R	E	E	D	S	G	J	K	N
W	N	R	A	Y	O	J	N	E	B	N	E	L	K	A
O	D	A	N	C	E	E	H	J	I	T	K	C	U	M
O	O	R	K	S	E	A	A	T	H	G	I	R	B	E
D	K	I	J	T	E	S	O	R	E	T	H	N	T	F
N	N	D	T	U	Y	Y	E	G	S	C	R	D	Y	C
G	O	E	E	F	C	A	E	M	H	E	A	D	I	E
O	N	S	T	F	D	N	O	I	T	O	M	F	S	L
F	E	E	E	E	J	O	D	T	L	G	W	P	H	D
W	R	R	P	D	R	P	A	I	N	T	O	G	N	D
L	D	U	D	B	L	P	P	I	B	T	I	O	S	A
D	L	T	F	G	N	I	W	E	S	E	L	M	U	S
A	I	A	P	P	L	A	Y	I	N	G	H	O	U	M
E	H	E	E	S	R	O	H	O	P	K	K	V	O	K
Y	C	F	H	D	S	A	N	D	P	A	P	E	R	U

WORD SEEK 204

T	E	S	I	U	R	C	R	E	W	N	K	O	L	W
E	G	R	E	T	I	A	W	V	S	P	O	T	S	E
P	O	O	L	I	S	S	T	A	T	E	R	O	O	M
S	U	F	M	K	T	F	L	C	E	L	B	M	A	G
E	G	W	N	E	H	I	A	A	K	U	F	V	F	X
K	S	U	W	I	G	B	V	T	C	D	H	R	R	P
C	B	A	T	E	I	N	M	I	I	E	A	S	E	L
O	R	Y	T	N	S	M	I	O	T	H	U	R	U	E
D	G	I	R	K	Y	H	E	N	W	C	U	L	R	A
O	U	L	C	U	X	T	I	X	I	S	A	U	O	S
S	C	E	I	K	X	A	N	P	I	D	H	G	P	U
P	D	E	L	N	T	U	L	E	M	C	R	G	E	R
A	P	N	A	P	E	R	L	E	O	A	O	A	T	E
I	S	L	A	N	D	R	N	R	R	P	T	G	A	P
N	O	C	H	B	V	U	B	I	N	G	O	E	D	F

WORD SEEK 205

G	E	T	R	O	F	K	Y	Y	O	H	C	N	I	F
G	R	B	W	I	H	I	O	Q	P	H	V	H	T	Q
S	A	F	A	I	L	T	N	E	S	T	T	I	K	L
I	H	L	A	R	G	E	O	D	G	S	F	S	N	G
Y	F	E	Y	E	K	N	O	M	S	N	R	P	U	E
E	N	M	H	E	L	O	I	R	O	N	A	A	R	L
E	K	O	A	L	A	H	A	W	K	S	E	R	T	I
G	L	N	E	T	T	I	K	T	S	S	S	R	O	M
D	E	U	Y	R	R	E	H	C	U	W	E	O	W	B
I	R	T	P	N	R	S	I	O	O	E	E	W	L	S
R	R	S	P	E	A	C	H	C	H	M	L	P	H	B
T	I	U	R	F	A	D	K	O	H	P	M	G	I	B
R	U	Y	D	D	R	R	U	N	N	T	U	A	A	K
A	Q	L	A	I	A	S	Y	U	T	O	G	E	H	E
P	S	M	B	L	E	L	Q	T	B	U	D	S	S	W

WORD SEEK 206

U E G V C P O G I G K A Y A K
E A B T K H K D O H V M O X N
H T U F O I L L O O O N R O W
D P B P R O L T R M D E U O V
X I U A S O T P Y T F Y W N Y
B H D T P O O S O E R E O E N
O A E P U P P T R O T O R C P
R L E R L P S E T E N E T I M
R L D E L D P T L E V E L V U
D A D D U A O S K N M I N I M
H H C D P O T S T O P F V C P
M C S E X E S A H E O S E E S
N A R R C G A G P A V K E S R
D H A N N A H A S G H P I V M
H U C M Y N R S O L O S K D X

WORD SEEK 207

E N J O Y R L E P A L B B C V
O I D A R L L A T B L M T O I
N T B G S E P A I A L O I S T
M S Y N V E T M M A N D D C A
R E E E R O C E I A C R I L L
B V L I N E A R L S E D Y O J
T N L E L V E O E T E E T U S
K I A T M A N L A T K B M D S
L E V R E E I E G R E T O V L
V N L R L A N R U O J G G A C
F L R E P M E T E C A S U A L
V O A S C V D M V S I N G L E
R V O G S T A B L E N T I L T
E B R R E D K K L A V A N N R
K L E A P L L M C G S N C V D

WORD SEEK 208

T E D E V A S A G I V A C N G C Z D
K E E O U M D E E H Z E T P N R D R
S V D R E L I M S U T I Y U O E O D
E I D E R I W V R R R T Z K T C I
T L S K C T O R T X O F A S C S T S
O A D E C D R E A M S H A E O N A C
M R T D I A K A A A T M F W N O V O
M U U T E T S N Q R N E R I S M E V
Y H S L A M I N A U D F R A G I L E
H T K X C A E R G J A Z Z M W A N R
U R I O S A S P A R E L A Y E R I Y
F A X N E R H P A R X A U X I Z R D
U D L I I N U O E C K E J N X W E M
A O E U E F I O O C S R D A G S N K
W C N Q B P N G M T T E I K I F E O
G P L E H L K I A U S R T R U S T U
L W A V E G W P C M R P E A R L R G
W T Y U L K H T R L I M A S Q U E L

WORD SEEK 209

K K T L E L E V A W V J A I R I S H
O C S I D S E N O L C Y C J J M O R
I A P O B E R L B A D G E R S O E B
N P A N D U V E O R S E T U S D S A
I F R S A E C I I E U R U I M E R C
L L T E R V C K L L R I E E I D E O
L O A I P O M J E S A R N K Y I K W
I W N G U B A H R Y S V S S C T S B
I E S G E Y A T M T E U A K D O U O
S K A A H W S D A Y H S H C D L H Y
M R R A K O G L K R S J E U L B N S
S S W E B A R F E P H O A D I E R E
U K Y O T N R N R B O E O C J A O L
S E L O N I M E S G E G E N K V C G
S G R P A N T H E R S R P L E E U A
F S O R Y J R W I L D C A T S R T E
M N S R E G I T B P I R A T E S S S
F T V L F G O P H E R S N A J O R T

WORD SEEK 210

T S X D L W G S D M S Y W F U W S
T U N N E L G N I K I V W H E W I S
B R U C L R E A U G R K I C O I U V
T S O H G M E L F O N H N R L K W M
K M P P B L L H O I C P D O P P A O
S E Y E R L M L T O G U O T E C R U
S E R X C I F D I A I U W S N H N A
R S A P E M A N S S E C R E T N I L
E B M R B D S C W L R F A E A D N C
T H I E G L D A H H I L L V G E G K
S I D S F O A N A U P R A K O U C W
A H B S L O O D L P M R S M N O X A
M V A E O H R X E K A S O L L S A H
H T N T W B E T D C V T A C D L I W
C A O E E P R N J U N K R G L N X M
T E T W R W O R R A W X W O E I G B
I U I D E I H E H E L M E T L N F O
W W I R W R S P A N E L G I A N T F

WORD SEEK 211

Y F B D S Z K Y D O M T S R A A M M
A U P L U P R I R Y H A N D K R O A
G W E L K R O E R E P E E P A E R Y
D S U G A M H T U E L S B W P A I W
G Y W H O L C R O F T W S R D G A U
E T L U S N O C I R T U I E E L C W
I R E U R E P R U H N T P N E E A D
J I G S A W E C E D A P A H K L D B
O D D K E Y T R O M A N T I C L R E
B S I U B O Y W L N W I N D M I L L
M K R V R R N R D L N G W A T E R I
G Y B S O K A I O L A W F A H S U F
T J I L L W K I F T J F I S L A N D
E P L U O G O R N V C N D H U M N G
S M R M S W R P O S E I D A N I Y G
N N A L F I E Y E L L A V N E S T G
U N A L T V A R G A M B I T Y D M E
V D L K B L W D Y T R E B I L Y F D

WORD SEEK 212

D Y B E U G R K T U B X G U E
F L X S C N O I T A C A V K X
G I O A K I K D D Y M U C B H
Y M Q Y K R S E T E X G T A I
P A R A D E O U S O H H M R B
I F N D W H D W M S H B I B I
C A D I O T S A E F U A W E T
N I X L H A A I N R K N S C S
I R A O Q G T E G O I D G U Y
C S A H O I K E R T M F R E B
N H X C V D R R U T A E I A V
X O V I E D I N A Q K B L D U
X W T N A S A E L P O L L A U
M C M A W L L Y S Y L R A E Y
A M E M F D D X H C D N C W M

WORD SEEK 213

S R R E C U D O R P N M X Y L
E E O A X X D A S H A D O W M
S E O R O T C A M U Y B W O L
H R B H R O R Y N E R T S A C
U A M U S I C A L C S O H H H
F C V T H Z M W V N E W H M I
F U U H O X O D B A E R O C T
L M P E W G N A S N G N P R S
E A A A M P E O I I Z A E I K
L S R T A C Y R L F D X N C S
Y T T E N G G B V U N G I Z S
T C E R I D C L E A D I N S A
S A S R E G Z U R S T H G I L
E Y L I S E L T I T I T G H P
O S T A G E T P I R C S P A T

WORD SEEK 214

H A E V K L A S T H E M E I N
F R X A A C T I O N R S G R T
O E T A C S A H E E U H O E R
L T E L A T C B C X D O D T A
L A N I G I R O H T N W T U P
O E D S U S P E N S E T U R C
W H S T A G E V S T A R O N O
N T I T L E R O L S I L T L D
C H A S N E S R C A O N F S P
E I T R L S I P U N N S U E S
A G A I N Q S M G C U I E E T
L O V F C Y T I P E C I F F O
P E I O R K P Y D E M O C T R
U L M O V I E O T A E P E R Y
M N I T Y R O T C A A M A R D

WORD SEEK 215

C B O R D E R A P I D S N T W
H A R U M B L E K F H D C A A
T S N I T I S I V O C B L P E
D E A A D U S A R I T K O L T
P X R L D G C S E D A C S A C
T C H E P A E N T W W E E T T
S I G H T S I O T L E U U F V
I T V I H A U I E O C I P O E
M I O O G R W T W O I X V R G
D N E A I S L C O P P T N M R
W G R S L W T A N L I E P E O
I A T E T I S R D R C K E T G
N E W Y O R K T E I E W O T I
D E O T P L L T R H R H Y A S
S E M O S E W A R W P B G H R

WORD SEEK 216

T E I M L S Y L E Y B A
S L U A M F H D E R D S
D Y I N C R E A S E D I
F B H D A L R Y L E P Y
B R P T M S M S U L F H
T O O H F P M S I P B T
T F N E C O F H O O E E
U B L U F L S A A F C M
E T N Y D H P L I C I Y
D E I L P I T L U M E B

WORD SEEK 217

T F Y M Y E H D Y P F H
Y I F T P N O R D E D I
C T B E P E I G R G R N
E X F A A A S H A D A G
Y V A E H A T C H E O E
H N T A H T N U A H H H
B E K E T R A E H U I O
N I N H A L V E V I T B
X C V N U K I A H A C B
E A N H A B X I L E H Y

WORD SEEK 218

Z	G	L	A	Z	E	V	S	Y	M	N	D	Q	S	T
E	S	Y	Y	P	Y	T	D	M	Y	C	I	Y	S	P
T	T	N	A	E	A	C	L	L	A	D	S	A	D	B
Q	O	I	R	I	A	S	O	H	G	P	C	N	R	P
A	N	V	N	M	H	N	O	L	R	S	L	H	N	G
T	E	N	H	A	R	D	W	O	O	D	G	E	D	N
B	Z	B	T	R	R	P	H	R	U	R	T	V	N	G
P	I	L	E	B	C	G	I	U	T	E	P	R	A	C
Q	S	O	U	L	C	E	Y	R	R	A	U	Q	S	O
E	K	C	Q	E	N	B	H	C	T	R	E	B	I	F
B	N	K	R	T	Q	S	N	S	K	S	I	B	L	E
Y	E	I	A	I	U	O	H	M	G	Y	R	E	T	C
T	L	L	P	L	C	E	R	A	M	I	C	A	B	C
L	V	I	P	E	E	G	V	T	C	P	L	A	N	K
R	F	M	S	T	F	U	T	K	P	S	G	U	R	C

WORD SEEK 219

R	A	H	C	A	C	D	G	Y	A	R	A	W	U	N
C	D	N	C	G	R	N	T	Z	N	B	U	D	G	O
C	A	S	C	O	N	E	S	O	I	R	N	O	H	M
O	U	K	E	P	P	I	T	C	H	E	R	O	F	L
O	C	C	E	M	G	R	L	A	C	H	S	W	H	A
K	H	K	U	N	I	F	K	E	C	T	N	R	N	S
I	O	R	O	M	E	N	E	T	E	O	O	A	S	P
E	C	L	N	C	B	A	T	S	O	J	I	T	S	I
K	O	D	R	O	R	E	S	N	S	D	R	N	A	C
O	L	E	P	L	M	U	R	T	N	A	I	A	R	E
O	A	I	G	E	M	E	E	I	I	U	I	Y	D	S
M	T	R	M	A	T	E	L	N	F	N	K	O	A	U
L	E	Z	T	F	P	I	U	A	F	Z	D	J	M	G
Y	O	R	A	N	G	E	T	I	U	C	S	I	B	A
N	A	P	K	I	N	U	F	S	M	M	F	D	A	R

WORD SEEK 220

N	F	R	H	O	L	L	T	T	B	F	Y	H	K	M
T	E	O	L	E	L	A	R	A	Y	F	I	G	H	T
A	M	T	H	R	L	M	C	M	U	S	C	L	E	S
N	B	C	N	E	A	P	A	U	E	I	L	L	M	L
D	L	A	N	O	I	T	A	N	I	O	E	O	L	S
T	R	T	E	U	O	R	S	I	D	V	V	A	D	E
E	I	A	D	T	H	T	Y	B	I	I	B	F	A	L
D	C	M	U	D	H	K	R	S	E	T	N	R	T	O
V	H	S	A	G	C	K	I	A	O	K	R	K	E	R
N	H	E	E	O	Y	O	G	O	C	I	M	D	A	V
B	N	H	R	R	N	D	F	O	N	R	C	P	M	I
A	W	I	U	E	I	M	O	G	A	C	I	H	C	O
O	P	O	T	H	N	E	R	B	A	F	S	N	R	F
D	N	C	H	A	I	N	S	B	I	D	L	O	G	F
K	F	H	B	S	M	O	H	R	O	B	U	T	L	S

WORD SEEK 221

5	5	7	1	4	8	8	8	2	1	8	7	9	7	6
8	7	2	1	1	4	4	6	0	2	9	9	4	8	0
2	2	0	7	9	0	1	1	6	8	5	4	0	7	1
4	6	3	3	8	1	6	3	4	0	1	0	4	4	4
3	6	2	8	6	6	6	2	9	2	9	0	7	6	9
1	6	4	2	0	1	5	5	8	9	6	5	1	3	9
3	4	9	9	1	8	0	7	4	7	6	1	4	3	3
0	3	0	0	5	4	1	6	0	9	5	2	8	1	6
1	9	4	9	0	2	4	1	7	5	9	0	6	7	5
8	0	4	1	3	8	1	3	5	1	7	9	8	7	7
1	7	6	8	1	5	5	0	9	7	4	2	9	7	3
0	6	5	1	6	8	4	7	9	4	2	7	9	0	5
3	7	8	9	9	2	6	8	8	5	0	9	0	8	3
7	5	6	5	7	3	5	7	2	7	6	7	4	2	1
5	1	4	5	3	6	1	1	5	1	3	7	0	1	9

WORD SEEK 222

E	E	V	L	A	V	M	U	C	E	N	I	G	N	E
A	H	O	S	E	U	O	Q	G	G	Y	S	M	D	K
D	R	D	I	P	S	T	I	C	K	A	U	Q	N	A
B	H	O	Q	D	T	O	R	R	E	F	U	O	E	E
E	R	M	T	K	A	R	G	A	F	C	C	G	B	U
L	E	E	P	A	U	R	N	L	A	K	Y	N	E	Q
T	T	T	T	E	N	T	E	R	H	C	T	I	W	S
N	A	E	I	L	E	R	B	A	T	T	E	R	Y	G
E	W	R	G	N	I	U	E	G	A	E	L	I	M	U
M	W	W	N	L	R	F	L	T	X	X	E	W	T	L
N	I	A	I	E	L	I	B	H	L	S	P	B	I	P
G	P	N	T	U	D	R	A	D	I	A	T	O	R	X
I	E	O	I	F	Q	U	C	O	E	L	T	N	E	V
L	R	D	O	U	S	T	N	I	O	P	Q	B	S	C
A	S	A	N	T	E	Z	E	E	R	F	I	T	N	A

WORD SEEK 223

O	V	F	F	A	T	S	B	C	I	N	E	P	N	D
S	S	A	L	C	A	B	O	A	R	D	O	A	C	T
S	N	W	C	N	K	V	P	L	V	U	E	L	R	M
I	P	O	U	T	E	F	O	O	D	R	I	O	A	U
O	O	A	I	S	I	O	G	S	O	S	S	S	V	S
M	S	Y	S	T	P	V	N	B	S	E	S	A	E	W
A	L	E	N	L	A	R	I	D	R	A	O	B	N	O
E	L	E	R	X	E	C	P	T	G	G	L	U	O	R
T	S	I	F	V	S	Y	A	E	Y	O	P	G	N	K
S	H	I	P	A	I	G	H	V	C	I	C	A	S	O
W	X	F	I	F	C	C	S	R	K	N	G	F	T	U
P	A	M	P	E	R	I	E	L	A	G	O	L	O	T
E	L	I	D	E	E	W	A	E	S	M	L	O	P	O
D	E	W	S	I	X	W	F	L	P	O	S	A	T	H
L	R	S	T	R	E	T	C	H	E	A	L	T	H	F

WIZARD'S WORDS FOR 214

Having a second chance is sequel opportunity.

WORD SEEK 224

WORD SEEK 225

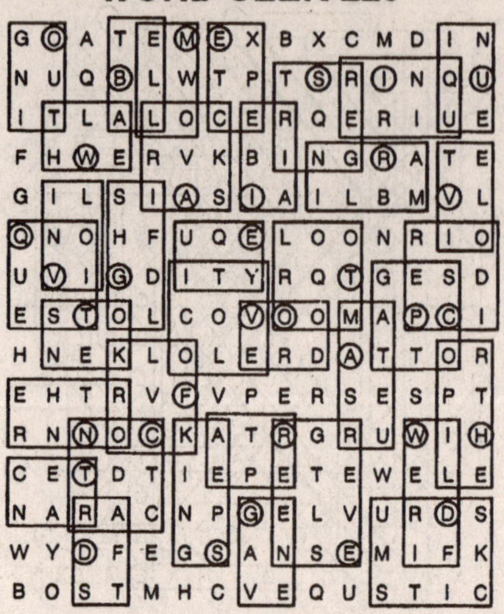

WORD SEEK 226

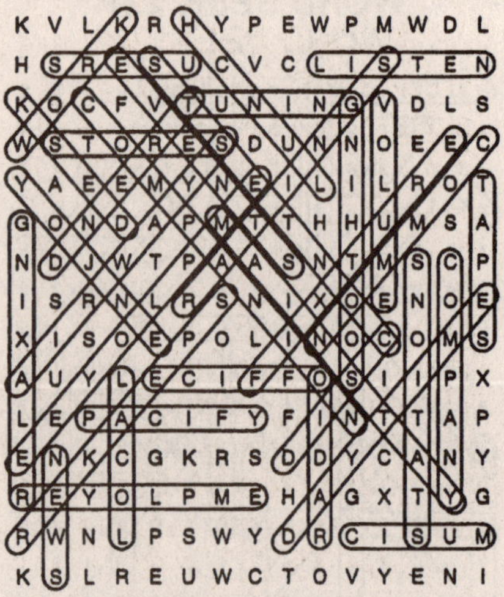

WORD SEEK 227

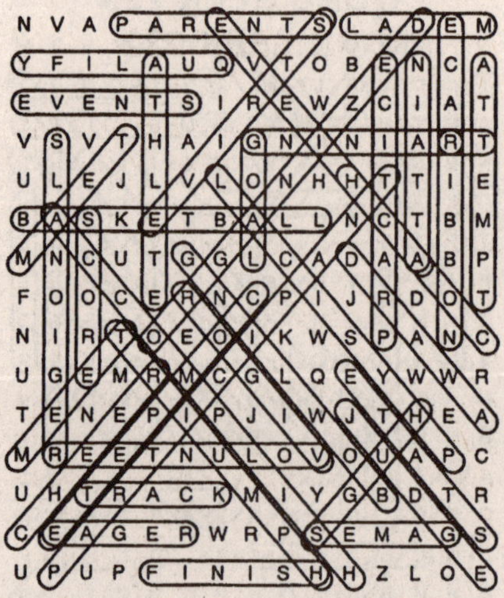

WORD SEEK 228

WORD SEEK 229

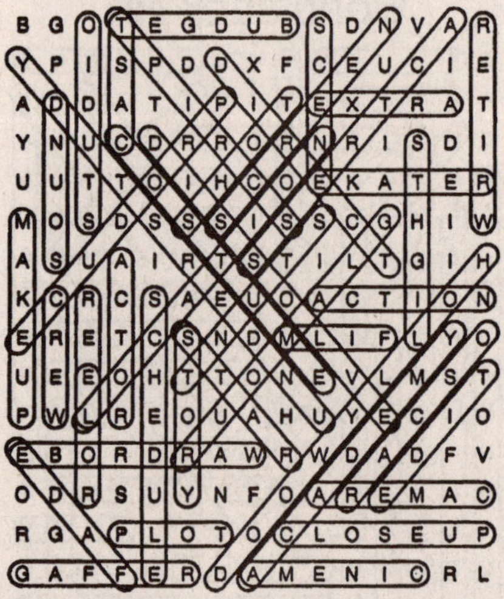

WORD LIST FOR WORD SEEK 217

Habit, Haiku, Hairy, Halve, Happy, Hardy, Hatch, Haunt, Haven, Heart, Heath, Heavy, Hedge, Hefty, Helix, Hence, Henna, Hinge, Hitch, Hoard, Hobby, Hoist.

WORD SEEK 230

N	T	Y	M	K	L	A	W	P	G	S	B	F	U	L
M	O	D	E	L	G	B	R	N	C	X	A	M	N	N
G	U	I	D	E	F	E	R	I	C	M	V	A	S	E
I	R	R	M	J	S	A	E	P	O	T	T	E	R	Y
S	X	S	A	E	E	N	C	U	E	U	T	A	T	S
H	S	T	R	L	C	W	S	T	R	P	F	N	E	T
I	R	V	N	E	I	O	E	A	S	U	S	I	X	U
S	E	W	B	E	V	S	L	L	O	B	C	H	P	D
T	P	V	N	P	I	O	S	L	W	L	U	C	L	Y
O	A	C	I	R	E	C	C	O	E	I	L	R	A	C
R	P	T	A	S	E	O	N	S	F	C	P	R	I	Y
Y	A	L	P	S	I	D	P	A	I	N	T	I	N	G
Y	V	A	L	U	E	T	O	L	T	D	U	I	U	X
O	C	L	A	R	G	E	L	M	E	A	R	M	O	R
C	A	R	S	O	T	I	B	I	H	X	E	A	S	N

WORD SEEK 231

W	E	L	A	V	U	D	B	R	O	W	N	P	Y	O
B	U	R	G	E	R	G	R	A	Y	A	O	A	K	D
R	E	L	L	U	F	B	A	S	L	W	D	C	D	R
A	E	A	D	M	Y	R	M	R	E	O	A	O	S	W
N	Y	H	P	R	U	M	A	L	U	L	T	N	Y	A
D	U	A	N	O	Y	H	L	G	B	R	E	W	E	R
E	F	E	J	Q	M	H	L	S	T	V	G	O	N	R
I	S	N	D	O	U	A	A	E	E	R	H	O	T	E
S	V	T	O	G	S	I	H	T	I	M	S	E	I	N
D	G	R	H	T	B	U	S	E	G	N	L	T	P	O
O	E	E	G	W	N	H	R	T	I	F	A	O	C	T
O	S	I	C	T	I	I	A	V	R	E	E	D	H	S
W	C	L	A	R	K	E	M	O	O	D	Y	A	A	N
Y	V	S	A	T	R	O	F	G	T	F	A	T	S	O
S	N	S	Q	I	Y	E	E	S	W	H	I	T	E	K

WORD SEEK 232

T	N	O	I	T	A	R	R	L	N	O	S	A	E	S
N	O	I	T	A	N	E	Y	Z	N	T	S	P	D	N
N	O	Z	N	O	C	L	A	F	B	O	A	L	L	O
O	R	M	Z	K	R	C	N	I	E	I	O	J	N	I
T	A	A	O	P	D	J	O	O	A	S	S	G	U	G
R	M	N	O	G	A	R	D	A	C	J	D	C	A	E
A	C	G	T	Z	R	C	R	C	O	A	A	Z	R	L
C	P	A	I	J	I	A	O	T	N	N	E	B	J	O
E	A	G	N	B	B	R	C	I	T	E	O	D	A	T
P	R	A	Z	N	B	B	N	O	B	N	O	C	R	I
A	S	L	E	A	O	O	N	N	C	D	E	L	G	O
R	O	L	B	A	N	N	N	J	C	O	M	M	O	N
D	N	O	I	S	U	F	C	R	A	Y	O	N	N	A
O	O	N	S	Y	G	P	M	O	T	I	O	N	B	S
N	O	I	T	P	O	T	A	L	O	N	D	O	N	C

WORD SEEK 233

A	O	H	D	G	B	I	M	I	D	W	A	Y	O	H
D	I	C	L	E	E	C	Z	U	K	A	P	G	N	J
O	D	A	N	T	V	C	D	R	O	L	E	C	E	L
M	T	H	O	R	I	Z	O	N	S	T	O	H	A	G
K	U	H	M	O	L	G	R	N	A	U	R	D	R	W
R	D	S	E	P	A	N	A	Y	N	G	Y	A	T	D
E	C	M	S	R	V	I	S	T	T	R	Y	U	H	J
E	P	O	A	I	I	N	E	I	H	E	P	J	Q	K
D	G	L	U	A	I	R	A	C	O	E	O	U	U	Y
N	I	A	W	N	P	A	C	H	N	N	N	N	A	J
U	L	A	V	O	T	W	O	N	Y	A	Y	G	K	U
D	H	U	I	A	Q	R	Y	G	B	C	G	L	E	S
V	I	N	C	A	S	K	Y	J	A	C	K	E	D	D
C	T	E	N	Y	R	N	H	L	R	U	B	Y	M	O
T	T	S	G	Q	T	O	L	N	O	B	V	Z	J	O

WORD SEEK 234

7	4	2	0	8	7	0	3	9	1	2	0	4	9	9
3	3	8	6	1	9	9	1	1	2	1	3	8	8	8
0	9	7	6	6	6	6	8	3	7	9	3	8	9	1
1	0	8	9	5	2	9	8	1	3	3	5	7	5	0
4	6	6	7	2	2	1	8	3	9	1	5	5	9	2
6	3	7	2	2	3	7	3	3	8	4	1	2	9	6
1	6	8	9	5	4	3	2	4	2	4	8	7	8	8
4	5	3	9	1	3	2	1	8	6	2	9	5	5	7
2	2	2	0	2	1	6	0	3	7	0	2	4	8	2
1	9	6	9	8	9	8	5	2	6	8	5	4	2	6
2	5	3	0	9	9	6	5	1	9	2	6	7	4	2
5	9	4	0	1	6	1	4	3	0	4	1	9	2	2
1	3	8	7	7	9	0	1	7	2	1	9	4	5	4
5	5	5	8	5	1	0	3	7	9	6	0	8	8	3
4	7	6	6	3	1	0	4	4	3	4	7	1	6	7

WORD SEEK 235

F	A	R	M	L	T	D	D	N	N	M	P	Q	A	S
P	A	A	W	D	R	Y	S	B	R	E	D	W	S	H
I	O	B	P	W	E	K	T	O	A	F	P	E	E	T
L	L	U	R	P	E	T	L	I	L	E	R	V	Y	O
S	X	Y	N	I	L	O	R	O	L	D	O	A	D	M
S	P	U	N	D	C	I	S	O	I	A	D	E	Z	A
K	T	S	I	O	E	S	Q	W	P	P	U	W	V	R
M	G	L	C	Y	B	L	O	U	R	X	C	Q	M	K
F	O	O	I	T	P	R	I	Z	E	D	E	H	G	E
I	O	D	R	U	M	W	O	C	T	R	I	H	S	T
N	D	E	E	A	Q	S	T	R	A	N	D	B	H	C
E	S	S	S	E	H	T	O	L	C	T	T	R	V	Z
G	N	I	B	B	O	B	P	R	O	C	E	S	S	A
V	L	G	R	A	D	E	D	W	W	A	R	H	G	C
K	Y	N	V	R	O	H	F	D	D	L	O	G	N	L

WORD SEEK 236

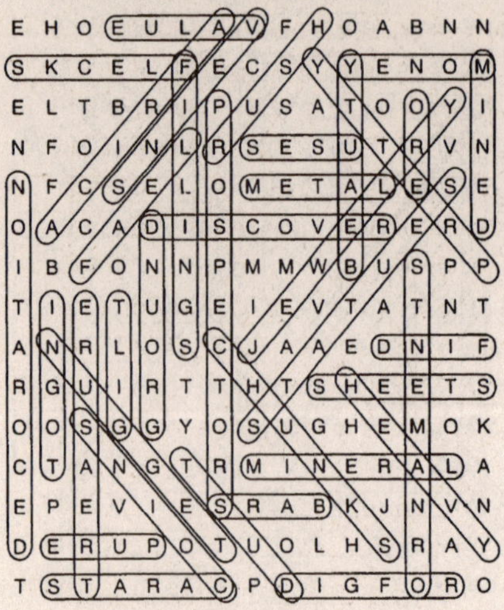

WORD SEEK 237

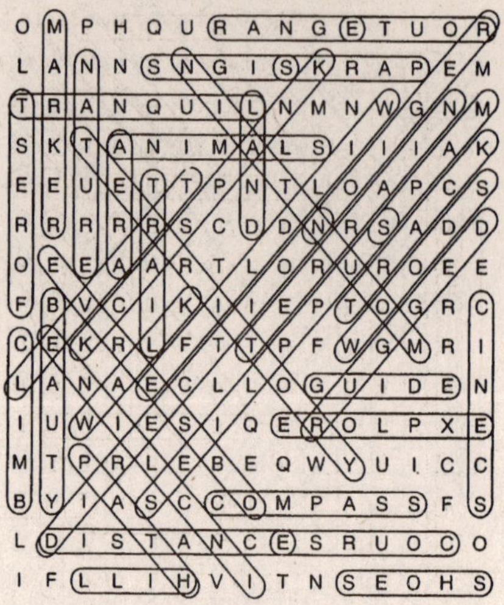

WORD SEEK 238

WORD SEEK 239

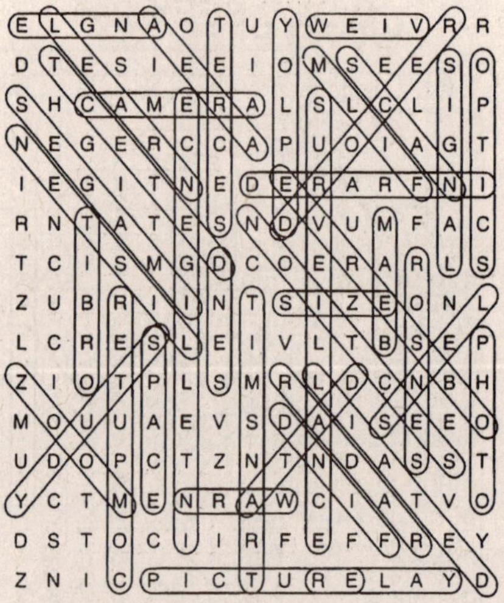

WORD SEEK 240

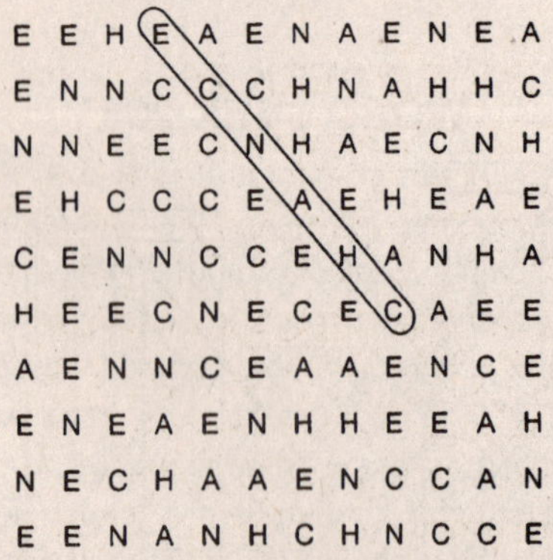

WORD SEEK 241

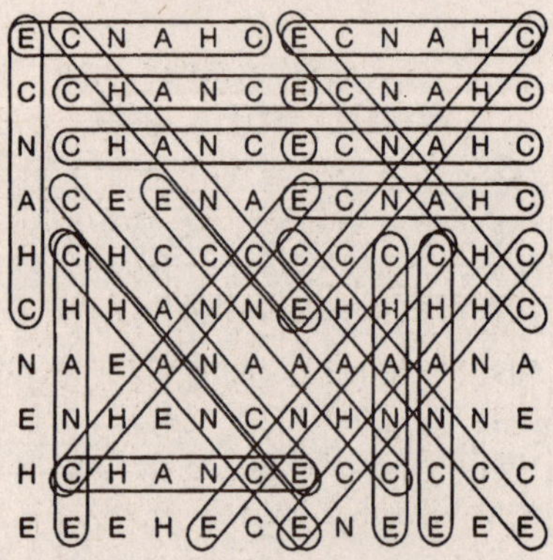

WORD LIST FOR WORD SEEK 192

Safety, Salary, Sanity, Sashay, Sassy, Satisfy, Saturday, Savory, Savvy, Scenery, Security, Shady, Shaky, Shifty, Simply, Sixty, Skinny, Sleepy, Snappy, Soapy, Society, Somebody, Specify, Stationary, Stay, Steady, Sticky, Story, Strawberry, Stray, Study, Stuffy, Subway, Summary, Supply, Survey, Sway, Symphony.

WORD SEEK 242

Q	S	C	P	S	R	E	B	M	U	N	Z	F	D	L
L	W	L	U	C	C	E	S	C	S	E	F	N	L	O
F	A	E	D	O	O	T	S	Q	R	O	U	O	D	R
Y	G	L	L	M	E	L	P	O	Y	O	R	D	H	E
R	E	O	C	B	S	Q	U	A	R	E	S	R	F	D
I	R	C	P	I	A	P	P	M	C	T	E	P	O	O
S	E	G	H	N	T	T	L	A	N	N	S	U	R	L
K	M	N	S	A	S	N	S	I	N	S	B	O	T	R
C	A	I	A	T	N	I	A	I	T	L	T	R	U	A
A	G	V	G	I	N	C	W	L	E	A	C	G	N	C
L	A	L	E	O	M	S	E	C	T	I	O	N	E	E
B	M	O	V	N	B	O	H	I	R	A	E	L	T	T
A	B	V	S	S	P	I	N	C	U	V	T	U	R	N
L	L	E	A	I	P	G	L	E	E	H	W	C	E	O
L	E	R	L	S	S	E	U	G	Y	V	N	K	H	M

WORD SEEK 243

S	D	U	X	K	G	N	X	C	Y	K	E	M	N	E
Y	E	K	C	A	P	F	O	U	R	S	D	N	A	H
T	A	U	M	F	K	V	N	B	T	T	N	T	F	I
C	L	E	L	F	F	U	H	S	S	N	R	R	L	H
E	O	U	T	A	B	L	E	S	N	I	G	G	U	M
L	R	M	F	A	V	D	T	R	P	O	N	O	S	T
L	L	U	B	D	C	I	Y	L	D	P	E	S	H	U
O	I	E	N	I	U	I	E	B	O	A	R	D	X	V
C	N	X	X	S	N	T	L	N	E	E	T	F	I	F
L	E	R	O	C	S	A	R	P	Y	M	O	S	V	A
M	U	C	A	A	E	P	T	A	U	E	C	T	U	C
V	X	R	A	R	E	E	L	I	T	D	E	C	K	E
H	D	I	C	D	D	P	D	R	O	S	T	I	M	U
S	N	B	T	H	I	L	C	O	U	N	T	U	V	P
O	N	N	O	P	A	R	T	N	E	R	S	G	E	P

WORD SEEK 244

U	B	E	N	G	H	E	R	E	T	I	C	K	E	T
I	G	L	E	B	C	I	T	C	R	A	O	F	N	E
D	T	K	S	C	C	I	T	S	U	R	Y	K	Q	F
I	C	C	E	P	I	I	C	I	T	N	A	G	I	G
O	E	I	N	L	A	T	T	D	R	A	S	T	I	C
T	L	T	T	S	R	S	O	O	G	O	P	T	I	C
I	A	A	I	A	C	I	T	N	A	L	T	A	C	C
C	S	N	C	U	T	P	O	I	T	H	F	K	I	A
I	T	U	E	I	L	S	R	F	C	M	C	T	T	U
T	I	L	C	A	T	E	D	D	R	I	S	P	L	S
S	C	U	S	I	K	U	C	I	T	A	U	Q	A	T
U	E	T	C	C	D	G	A	T	T	G	N	G	B	I
O	I	K	I	R	O	M	A	N	T	I	C	T	Y	C
C	I	T	E	O	P	R	A	C	T	I	C	E	I	R
A	N	T	I	C	D	F	H	E	H	E	C	T	I	C

WORD SEEK 245

H	D	N	V	T	Y	P	E	S	V	E	T	M	B	Y
M	S	N	M	F	F	U	L	R	E	T	T	U	C	A
J	A	J	I	B	J	O	E	I	T	M	Y	R	S	W
S	J	K	Z	W	O	K	E	H	A	W	H	E	E	L
D	P	C	Z	P	A	F	C	C	S	S	G	L	V	A
A	S	A	E	N	A	Y	H	T	C	L	N	L	F	F
D	P	H	N	B	K	J	Y	E	K	E	I	I	F	P
J	G	I	R	K	M	L	U	K	R	S	D	T	A	M
U	P	I	H	O	E	C	O	U	R	S	E	F	G	M
S	C	J	S	S	U	R	D	G	N	E	T	T	A	B
T	A	S	T	A	N	D	I	N	G	V	C	B	A	J
A	S	V	D	A	E	F	S	T	A	O	B	R	M	W
Y	J	A	N	R	E	N	O	O	H	C	S	O	J	T
S	J	L	M	A	A	D	A	R	W	R	O	P	E	S
D	F	D	B	P	C	Y	V	V	E	B	M	D	I	J

WORD SEEK 246

J	G	T	K	N	N	M	P	W	E	C	N	E	F	B
P	R	M	H	H	C	T	I	S	V	A	L	U	E	R
S	U	I	N	E	G	R	O	W	I	N	G	N	P	B
E	R	A	C	A	R	F	A	V	O	R	I	E	O	M
R	F	L	H	V	A	E	D	I	S	M	L	V	R	H
I	L	C	W	Y	E	H	L	D	A	O	R	A	R	K
O	N	O	B	C	N	L	K	T	P	T	T	O	N	H
U	B	L	O	A	I	O	I	O	I	A	I	J	N	E
S	U	S	O	M	L	V	I	D	S	N	O	L	H	Y
E	G	K	T	R	S	N	E	T	U	W	O	K	R	P
F	O	S	T	A	T	R	E	J	P	U	T	U	A	Y
C	O	U	G	H	C	A	H	P	T	O	J	I	A	Y
J	D	O	K	P	M	L	P	L	S	J	N	L	J	V
N	N	L	R	E	V	A	E	L	T	T	E	S	R	G
L	H	K	L	V	J	T	V	W	V	D	D	H	V	V

WORD SEEK 247

B	E	I	J	I	N	G	B	A	M	B	O	O	N	A
S	R	F	U	N	E	S	T	A	Y	N	S	A	R	P
G	N	O	D	E	Z	N	N	T	A	K	U	M	A	V
N	O	E	N	S	R	D	B	I	C	Y	A	G	T	V
O	T	P	D	Z	A	H	S	I	F	N	O	D	S	R
G	N	C	V	R	E	Y	T	H	C	D	U	D	E	A
A	A	O	I	B	A	S	A	H	A	Y	Y	I	R	B
R	C	N	T	B	P	G	U	L	U	N	C	T	E	E
D	M	F	S	O	O	R	E	D	A	J	G	L	V	L
R	S	U	H	L	I	G	I	S	T	M	D	H	E	L
I	U	C	Y	A	N	G	T	Z	E	E	I	C	A	S
C	W	I	F	M	S	I	H	D	D	U	B	H	E	I
E	A	U	N	I	E	R	U	T	L	U	C	I	T	V
L	L	S	L	S	E	L	P	M	E	T	N	O	T	K
C	L	K	R	O	P	Y	L	A	I	R	E	P	M	I

WORD SEEK 248

H	B	T	O	S	T	S	D	T	S	A	E	B	O	R
G	V	T	E	M	I	T	O	O	A	D	A	W	E	S
F	S	T	L	I	R	E	P	O	J	U	A	P	S	I
E	H	P	Y	T	H	O	N	B	J	O	L	E	E	N
K	C	P	O	V	H	P	G	F	A	F	N	I	R	P
A	L	I	G	Y	R	N	H	N	D	C	W	O	P	D
R	A	N	R	O	C	I	L	A	O	H	C	C	E	D
D	D	R	A	T	M	R	T	G	L	I	H	D	N	D
J	O	R	G	R	A	I	O	A	N	A	R	R	T	N
V	N	I	A	G	E	K	F	U	R	O	N	C	A	N
S	M	A	U	G	O	N	C	M	U	S	H	X	T	H
N	S	K	W	W	O	H	A	O	F	A	Y	L	S	L
A	W	Y	V	E	R	N	D	W	C	A	I	A	U	U
L	R	A	Y	Y	B	A	S	I	L	I	S	K	N	N
M	P	N	F	R	G	E	T	A	N	E	S	E	L	G

WORD SEEK 249

5	5	9	1	5	5	3	0	0	5	3	7	2	6	1
2	7	2	2	8	2	7	1	5	1	3	2	9	5	5
4	2	9	0	3	5	9	4	8	6	1	0	1	6	4
6	0	1	7	6	1	5	4	2	0	4	5	9	2	9
7	6	4	9	7	6	3	0	2	1	7	4	3	0	3
0	0	9	9	4	7	9	1	4	1	9	7	1	6	0
1	1	6	1	3	0	0	7	4	2	6	3	8	0	1
1	7	7	4	9	8	0	8	0	8	9	7	2	1	6
4	3	7	1	7	9	0	1	1	9	2	1	6	6	0
7	0	1	3	7	3	7	3	3	3	8	9	8	2	4
8	1	5	0	9	9	2	2	5	6	6	1	2	9	7
0	4	2	1	0	7	4	2	3	9	7	9	3	7	5
7	7	4	8	9	6	4	8	2	7	4	0	6	8	6
7	7	4	1	2	6	1	9	0	4	1	2	0	0	1
1	9	9	4	7	4	8	5	7	7	3	9	8	5	5

WORD SEEK 250

N	F	I	R	S	T	W	P	Y	D	E	T	O	N	L
W	A	U	G	U	S	T	G	L	O	R	Y	G	B	R
O	M	I	N	L	O	F	T	Y	P	F	A	O	M	E
N	E	W	I	M	A	J	E	S	T	I	C	W	E	G
E	D	D	D	F	O	N	T	N	E	N	I	M	E	A
R	E	N	N	I	W	S	O	A	O	E	S	R	T	R
G	R	E	A	T	S	R	T	I	W	I	U	A	S	D
S	L	E	T	R	R	T	T	E	T	A	P	N	E	X
U	U	C	S	H	G	I	I	Y	J	P	R	K	B	P
P	M	I	T	I	N	S	B	N	C	I	E	D	X	E
E	A	O	U	G	C	R	R	B	C	R	M	C	E	R
R	S	H	O	H	L	O	E	H	O	T	E	L	X	F
I	T	C	E	E	C	N	P	N	O	N	I	D	E	E
O	E	F	A	S	W	O	U	P	D	T	M	O	I	C
R	R	D	U	T	X	H	S	T	E	L	B	O	N	T

WORD SEEK 251

L	G	K	A	C	O	R	N	G	H	M	W	D	B	S
D	I	R	T	O	A	D	S	T	O	O	L	C	D	P
M	W	W	L	C	H	T	O	S	T	U	N	U	I	E
U	T	T	U	O	R	P	S	G	M	G	B	C	M	D
R	E	S	T	N	A	F	N	B	W	N	N	G	O	A
O	A	W	Q	U	J	L	E	R	R	I	U	Q	S	H
G	P	F	O	T	E	R	H	A	C	W	N	Q	S	S
Q	P	Y	H	N	J	S	C	N	T	S	B	K	O	D
Y	L	G	R	A	S	S	I	C	O	H	Q	I	L	E
T	E	K	C	C	M	K	L	H	C	N	E	B	B	E
L	N	K	Y	E	S	M	S	L	D	N	O	R	F	S
E	I	R	N	P	H	U	O	U	E	G	N	A	R	O
A	P	M	O	O	I	L	Q	C	H	H	F	E	M	Y
F	A	D	B	O	M	C	G	H	K	I	S	U	S	C
H	S	I	O	W	T	H	G	J	W	D	S	Q	P	T

WORD SEEK 252

O	M	C	T	T	U	T	T	U	L	O	U
S	C	N	K	E	E	P	O	O	W	S	Y
E	C	F	N	A	R	L	R	Y	I	T	D
O	E	E	C	L	R	C	L	F	N	R	D
R	M	C	I	W	D	N	E	I	R	F	A
Y	M	K	Y	O	O	F	W	S	T	T	A
N	F	W	S	T	F	R	O	M	A	N	Y
N	K	C	T	T	L	C	U	N	W	R	L
A	Y	O	A	E	T	M	L	C	R	Y	U
M	L	O	N	M	L	M	D	F	K	M	E

WORD SEEK 253

M	A	C	P	A	B	G	A	I	T	R	G
I	F	Y	L	C	R	I	U	S	L	A	T
N	S	I	C	E	D	V	S	M	C	E	L
S	I	R	S	T	M	I	H	A	I	S	E
T	M	E	P	N	P	E	L	U	L	A	K
B	C	F	A	D	T	R	A	N	V	S	N
R	I	N	E	G	A	C	P	E	E	A	B
T	L	R	S	N	H	M	G	R	I	N	S
E	C	A	B	A	L	V	R	E	A	H	T
C	Y	K	E	N	U	F	I	D	B	A	G

WORD SEEK 254

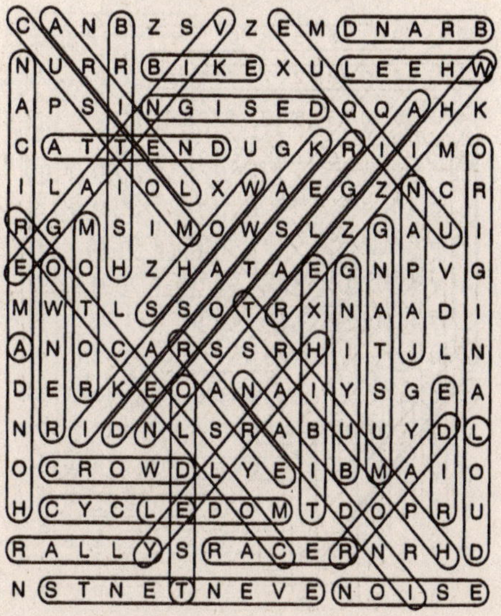

WORD SEEK 255

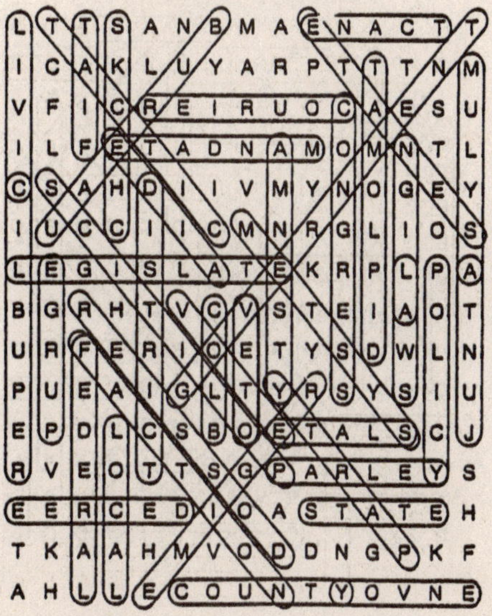

WORD SEEK 256

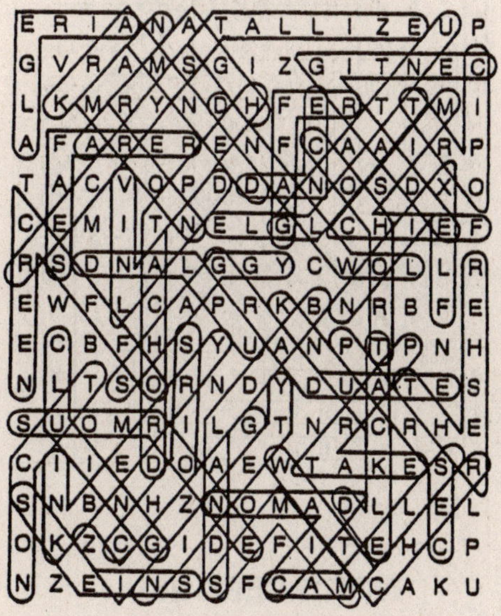

WORD SEEK 257

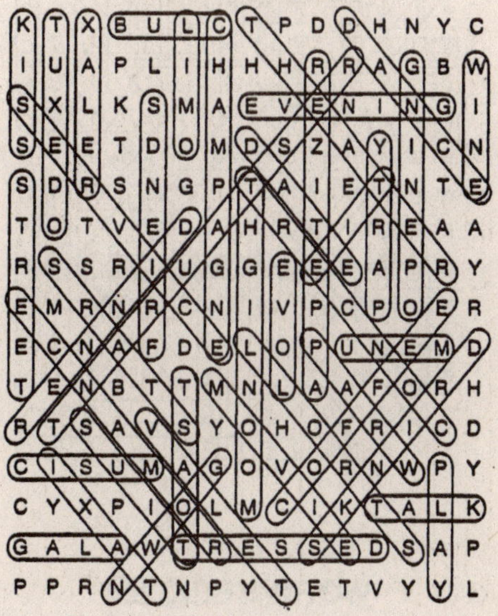

WORD SEEK 258

WORD SEEK 259

WORD SEEK 260

O	T	S	T	H	I	R	M	O	S	H	W	E	W	M
A	E	I	S	S	T	A	T	U	E	S	L	L	A	H
T	L	H	S	O	N	O	T	A	N	O	D	S	M	T
S	S	T	S	I	R	U	O	T	I	O	S	B	N	N
R	B	W	A	P	V	C	P	B	T	E	A	Y	A	S
E	P	U	C	R	L	I	D	D	S	S	P	V	C	V
B	C	T	R	A	V	E	R	T	I	N	E	I	A	Y
M	W	P	I	E	L	Y	N	L	S	N	A	T	H	V
A	C	Y	S	N	H	C	I	D	P	S	I	W	S	S
H	I	R	T	M	H	C	Y	N	O	C	L	A	B	R
C	Y	C	Y	U	A	W	A	M	A	R	O	O	M	S
T	O	U	R	S	A	R	W	N	P	E	I	D	O	H
S	O	C	B	L	P	E	B	D	O	M	E	S	T	A
T	H	T	L	S	M	V	B	L	P	P	U	N	B	P
P	B	S	V	L	C	H	A	P	E	L	Y	D	O	E

WORD SEEK 261

R	S	A	U	C	M	R	Y	M	A	A	B	A	A	B
G	A	P	J	A	S	N	Y	B	A	B	J	G	W	J
C	A	I	R	P	A	T	A	C	A	K	E	N	O	A
O	L	Y	N	A	S	Y	A	D	N	O	M	T	M	C
L	O	R	E	H	T	O	M	R	R	E	A	Q	A	K
E	B	O	U	S	O	N	G	G	T	T	E	M	N	G
S	P	K	M	B	N	Y	I	R	O	B	I	N	B	E
A	Y	C	S	U	A	E	L	P	M	I	S	M	L	D
E	G	I	N	N	F	D	T	F	M	F	I	D	I	E
W	H	H	K	T	U	F	U	T	Y	M	D	B	T	S
N	I	E	Y	I	Y	B	E	B	I	I	I	U	T	S
N	E	L	O	N	D	O	N	T	D	K	B	C	L	R
N	L	E	L	G	O	O	S	E	Y	U	T	K	E	N
K	R	I	U	I	E	U	W	N	I	M	B	L	E	T
T	N	S	D	Q	E	U	L	B	M	A	L	E	S	G

WORD SEEK 262

B	R	B	T	T	O	N	C	E	D	H	U	R	W	T
A	R	R	O	W	M	I	K	E	N	O	N	B	O	U
P	I	N	P	O	A	C	H	K	U	I	F	M	P	O
B	U	N	D	L	E	H	H	N	O	S	I	N	U	C
V	O	Y	A	G	E	E	V	A	B	T	T	V	L	S
F	E	X	E	M	R	N	C	Y	R	A	G	E	M	O
B	G	C	D	B	O	E	N	O	M	A	N	F	T	R
W	V	P	A	D	C	D	F	A	T	C	C	P	C	E
P	T	L	R	P	S	O	S	T	H	T	V	T	L	X
G	K	M	G	C	S	O	T	E	K	C	O	P	E	T
N	R	R	O	K	W	W	R	L	D	R	M	N	A	R
E	E	O	A	O	B	A	A	A	F	A	O	T	N	A
P	P	T	H	R	L	D	I	Y	X	N	P	P	F	N
W	E	Y	G	D	W	B	T	E	G	I	E	B	H	N
X	K	B	T	S	U	P	E	R	W	E	A	S	E	L

WORD SEEK 263

J	E	N	N	I	F	E	R	E	N	G	A	W	E	V
O	B	A	S	T	O	R	I	E	S	C	E	N	E	S
N	R	S	Y	E	F	I	W	L	A	E	S	U	O	H
A	E	L	R	R	A	M	E	W	R	V	I	R	C	F
T	D	O	S	A	O	U	A	D	E	I	R	R	A	M
H	N	V	H	T	T	T	E	X	M	A	E	U	E	C
A	A	E	E	H	P	S	C	Y	A	W	L	V	O	S
N	T	D	S	N	P	I	S	E	C	V	W	T	T	H
T	S	A	C	D	T	T	R	O	R	E	L	O	H	L
G	D	N	O	E	E	U	M	C	E	I	L	O	U	Y
U	T	G	M	R	L	E	R	K	S	P	D	E	S	T
E	G	E	Y	V	D	P	L	E	V	A	R	T	B	N
S	N	R	M	Y	C	Y	U	F	J	D	A	R	A	X
T	T	U	F	S	R	E	W	O	P	E	M	X	N	C
S	M	A	Y	S	E	M	I	R	C	U	A	L	D	G

WORD SEEK 264

S	B	O	H	A	Q	U	P	C	U	H	R	D	R	Y
C	O	L	G	C	L	L	H	K	Y	E	H	N	T	L
A	P	P	L	E	K	I	U	U	D	T	P	I	P	E
T	Y	G	V	A	P	N	L	N	K	E	N	M	F	K
I	G	E	C	V	B	I	U	Y	I	U	K	E	C	G
M	N	W	E	R	C	A	N	C	T	P	A	A	W	G
E	N	R	O	D	L	R	W	R	K	T	P	H	N	T
E	Q	A	W	V	P	G	O	F	H	L	F	U	S	S
E	T	I	B	K	V	P	D	E	A	Q	E	I	W	R
I	L	N	G	I	P	E	R	Y	S	V	W	F	G	I
D	G	T	Q	O	L	E	U	A	O	U	T	E	I	Q
L	I	C	H	U	M	B	L	E	H	E	M	T	W	L
Q	A	G	S	I	I	A	E	H	W	Y	L	F	K	W
K	L	H	E	A	D	E	K	B	H	P	C	C	C	B
H	A	L	H	D	D	S	T	R	A	I	G	H	T	R

WORD SEEK 265

T	T	C	D	V	A	F	E	M	I	L	Y	R	C	T
J	E	F	F	E	C	S	P	P	C	B	K	W	N	E
C	E	L	O	O	T	O	Y	I	P	C	A	E	O	D
T	H	L	E	A	O	I	T	O	V	H	D	K	K	S
G	N	G	G	V	R	O	N	P	A	I	R	W	E	Y
A	Y	E	R	N	I	Y	A	U	C	L	C	L	N	R
I	L	D	O	E	A	S	C	N	D	D	O	E	R	W
L	I	R	E	G	A	I	I	I	H	R	Y	U	S	Y
Y	M	O	V	I	E	S	R	O	N	E	N	L	H	W
A	A	O	H	F	R	E	E	T	N	N	A	T	A	T
L	F	W	P	S	C	R	M	D	E	U	O	R	N	N
P	E	L	E	T	O	H	A	R	N	R	N	E	T	B
K	T	V	O	E	V	O	L	M	O	I	L	W	K	A
N	E	R	K	D	R	O	L	D	N	A	L	C	U	D
N	G	E	C	R	O	F	A	G	T	E	C	A	P	S

WORD SEEK 266

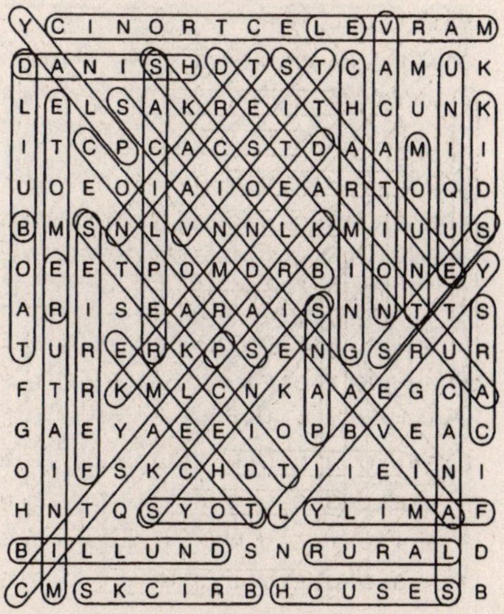

WORD SEEK 267

WORD SEEK 268

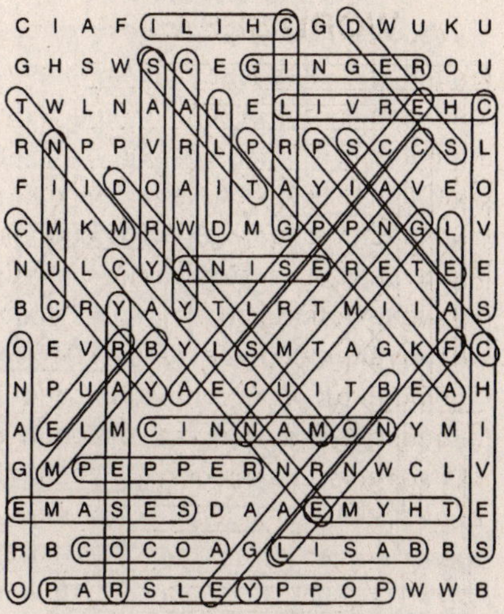

WORD SEEK 269

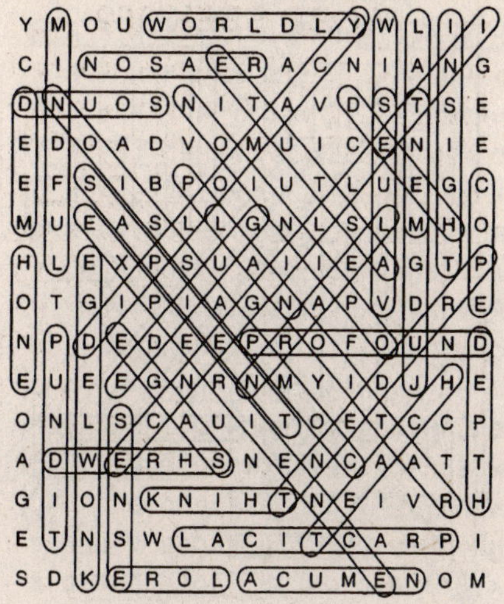

WORD SEEK 270

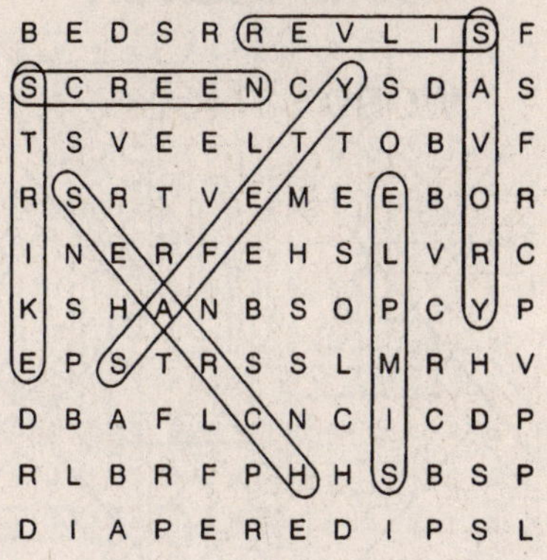

WORD SEEK 271

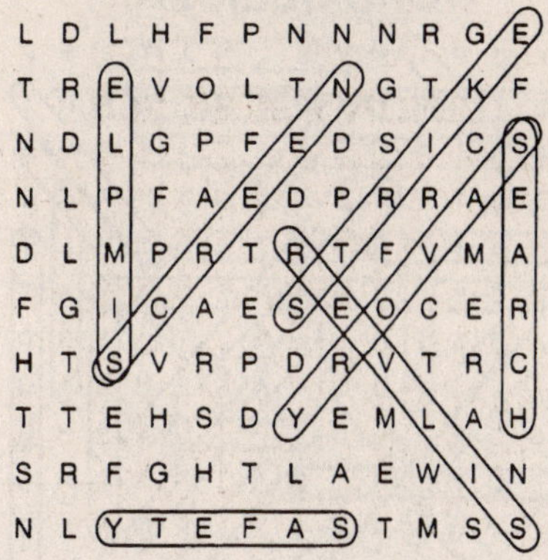

WORD LIST FOR WORD SEEK 232

Action, Amazon, Baboon, Beacon, Cannon, Canton, Carbon, Carton, Cocoon, Common, Cordon, Crayon, Deacon, Dragon, Falcon, Fusion, Gallon, Gibbon, Jargon, Lagoon, Legion, London, Lotion, Maroon, Motion, Nation, Option, Pardon, Parson, Ration, Reckon, Ribbon, Season.

WORD SEEK 272

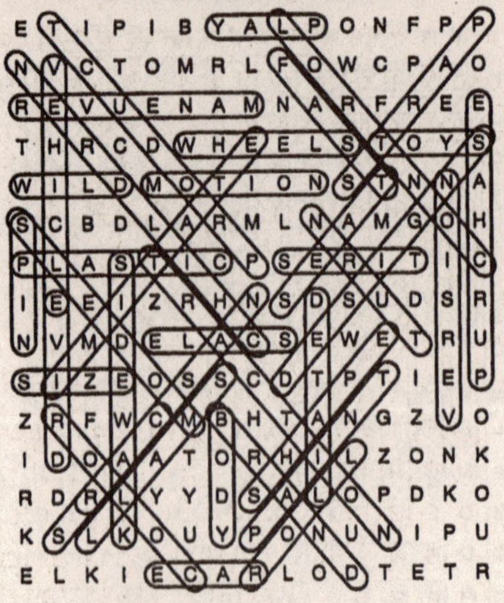

WORD SEEK 273

WORD SEEK 274

WORD SEEK 275

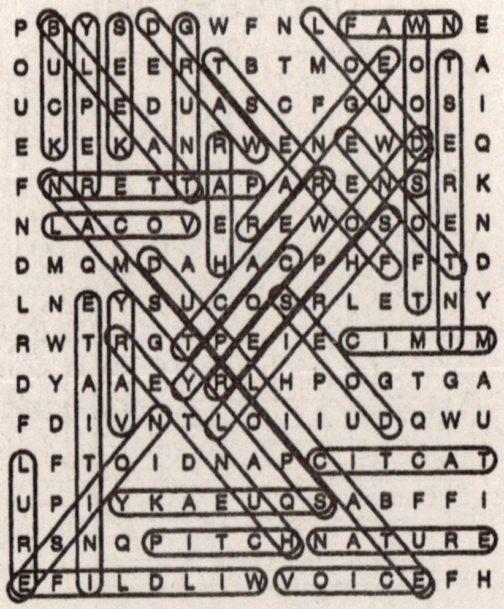

WORD SEEK 276

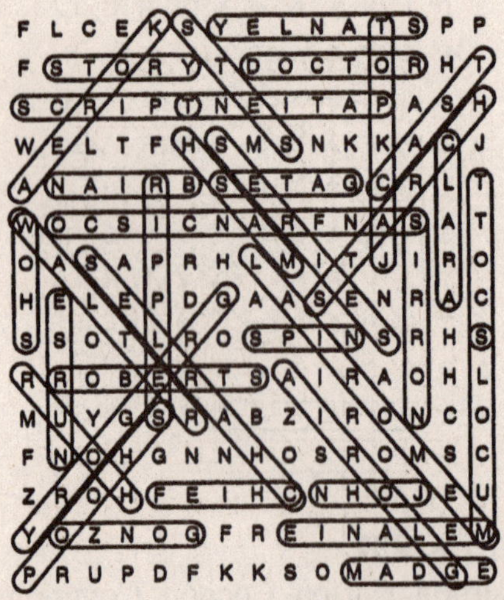

WORD SEEK 277

WIZARD'S WORDS FOR WORD SEEK 269

You can give advice but you can't give wisdom.

WORD SEEK 278

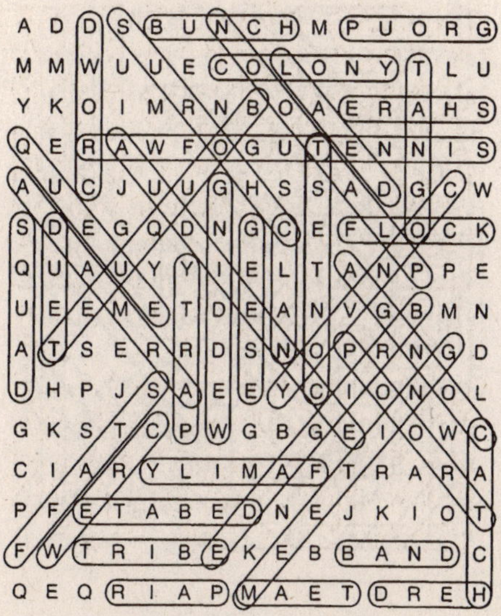

WORD SEEK 279

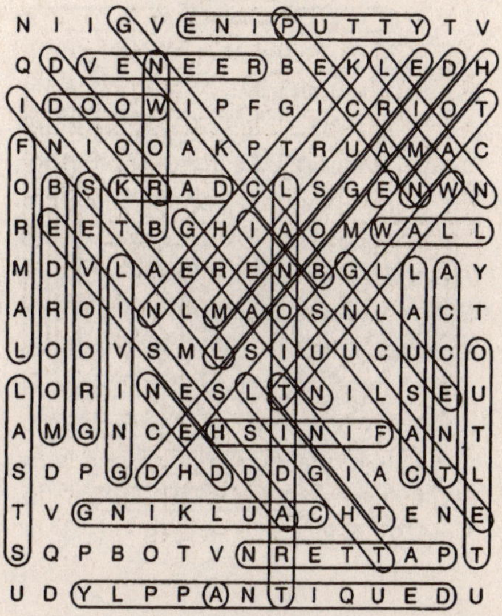

WORD SEEK 280

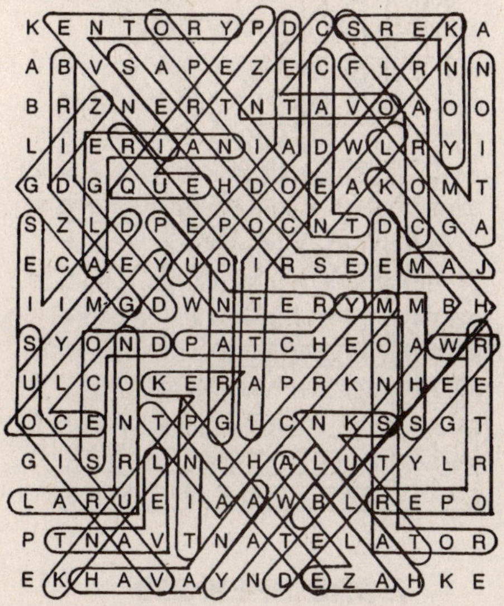

WORD SEEK 281

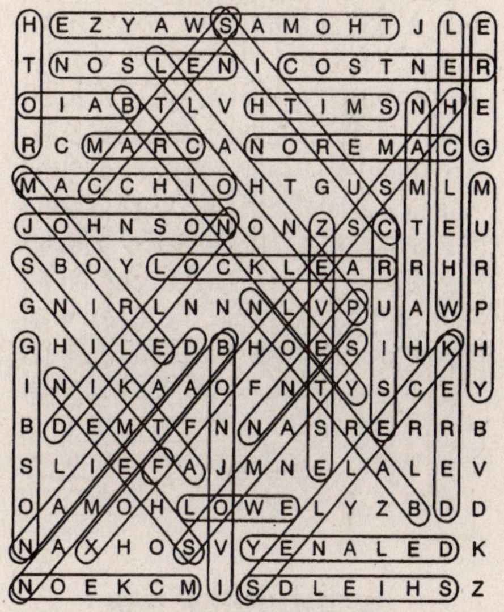

WORD SEEK 282

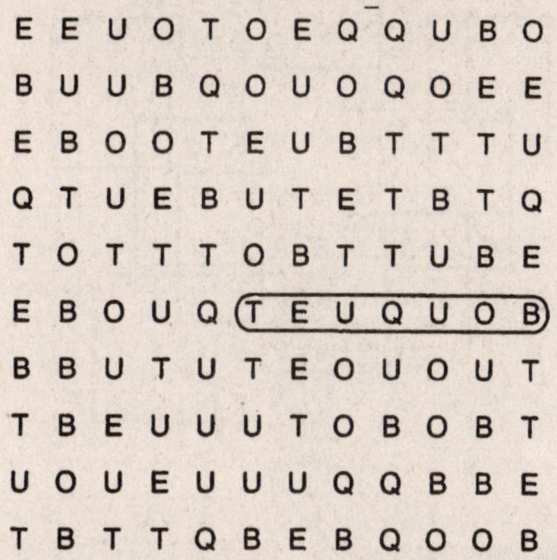

WORD SEEK 283

WORD LIST FOR WORD SEEKS 270 & 271

Safety, Savory, Screen, Search, Silver, Simple, Strike.

WORD SEEK 284

G	P	S	O	D	A	I	C	A	F	H	T	O	L	C
Y	E	N	O	H	L	M	J	J	G	E	R	Q	H	S
F	R	I	M	K	N	O	M	E	L	A	V	E	T	Y
M	C	R	P	B	C	L	C	O	M	P	R	E	S	S
E	J	I	E	U	T	A	E	H	U	B	A	G	R	T
T	Y	P	L	T	O	S	P	T	S	M	X	A	U	O
S	R	S	G	T	D	S	F	L	C	C	G	R	F	O
L	B	A	R	E	V	E	O	L	A	E	T	L	L	R
B	I	Q	A	R	E	S	D	M	N	S	I	I	U	J
A	O	Q	G	T	A	I	O	I	J	O	T	C	S	Q
T	F	T	U	L	M	M	V	U	X	T	I	E	A	Q
H	V	P	T	I	I	Q	I	H	T	O	R	B	R	C
O	L	N	N	L	D	C	A	S	T	O	R	S	G	Q
T	R	T	E	N	E	S	I	O	D	I	N	E	I	Q
G	S	O	A	K	X	T	X	B	U	B	J	I	P	S

WORD SEEK 285

6	7	2	2	2	3	2	0	8	1	3	0	1	3	7
6	0	9	7	5	4	9	2	0	9	2	9	1	1	4
3	9	8	9	7	8	5	8	0	3	8	4	8	2	2
5	9	2	7	0	6	4	5	3	8	8	0	5	9	5
9	9	9	2	5	4	5	5	3	4	5	5	8	5	5
8	0	4	7	5	1	6	7	6	5	6	4	0	2	6
0	7	6	7	2	5	7	1	9	1	6	8	0	6	0
4	2	1	0	6	9	5	1	9	8	6	3	4	1	4
6	0	0	5	8	9	2	3	9	7	2	9	8	3	3
8	6	0	6	9	2	9	2	5	6	9	2	7	8	3
0	5	4	0	3	6	8	7	8	5	7	9	2	7	5
7	7	6	9	2	2	2	6	7	3	8	1	5	6	2
3	4	1	9	8	9	7	1	5	2	0	3	1	5	9
7	3	8	0	1	9	2	1	0	7	0	7	6	7	0
0	0	2	1	3	1	5	1	2	2	0	4	5	4	7

WORD SEEK 286

C	F	U	B	B	E	S	L	O	R	T	N	O	C	E
H	W	A	R	O	E	E	L	U	O	C	E	G	N	L
A	O	S	L	U	B	U	I	L	D	K	Z	G	W	P
S	D	O	O	L	F	C	F	H	A	S	I	E	O	I
W	L	H	V	D	S	O	K	L	K	N	S	P	R	T
A	U	E	A	E	E	N	C	C	E	A	H	R	R	L
N	N	F	E	R	R	C	O	E	B	A	I	O	A	U
F	O	W	A	T	E	R	R	U	D	G	K	T	N	M
E	I	E	H	Z	S	E	T	O	A	I	N	E	G	H
A	S	M	A	E	R	T	S	T	F	O	W	C	R	O
R	R	O	H	R	R	E	I	O	Z	N	S	T	F	L
C	E	E	P	E	T	O	K	I	N	G	I	S	E	D
H	V	V	S	R	N	H	R	B	E	A	V	E	R	K
M	I	S	I	K	U	O	E	R	U	S	S	E	R	P
M	D	U	M	R	H	P	E	I	U	V	H	G	I	H

WORD SEEK 287

L	H	C	G	J	N	L	J	N	P	E	F	A	Y	D
K	R	U	L	N	C	H	E	E	R	S	F	L	A	W
T	E	N	N	A	E	S	O	R	W	F	I	E	J	J
D	D	L	O	T	S	M	P	J	A	M	F	S	U	D
F	R	H	I	G	E	S	A	I	A	D	P	M	C	D
T	U	N	T	S	A	R	R	F	K	O	P	T	K	E
I	M	C	I	T	P	M	D	U	C	N	W	O	R	B
S	Y	O	D	O	I	F	Y	L	O	A	O	Y	L	F
L	Y	U	E	N	P	F	A	S	L	H	N	F	H	M
G	W	R	U	K	F	C	D	N	T	U	D	J	A	O
B	H	T	H	G	I	N	O	T	A	E	E	R	R	G
O	E	K	A	J	E	H	Y	S	M	G	R	W	P	I
S	E	I	E	S	H	K	U	N	B	I	O	I	O	R
S	L	U	T	B	H	O	U	S	E	Y	C	H	E	L
L	A	L	A	W	O	R	L	D	Y	P	A	I	N	S

WORD SEEK 288

A	V	H	N	N	A	C	B	B	C	P	T
N	S	E	M	I	T	E	M	O	S	S	I
D	Y	E	A	R	S	Y	O	U	N	G	C
H	C	E	T	F	B	E	F	O	R	T	Y
O	G	O	A	A	N	C	V	C	A	D	E
P	B	O	O	R	F	B	F	E	R	E	E
E	A	U	L	M	S	T	H	A	N	T	O
F	O	S	N	O	H	O	A	G	C	T	U
U	C	A	T	R	O	P	L	I	O	I	Y
L	U	F	R	E	E	H	C	D	L	V	A

WORD SEEK 289

B	A	L	K	H	T	A	N	D	F	X	O
W	B	E	W	E	S	C	A	M	R	C	A
V	G	R	K	I	T	E	O	I	D	E	U
O	I	E	N	Y	A	S	K	V	A	D	P
N	E	S	R	R	E	P	E	L	S	E	R
E	O	D	A	U	M	S	V	E	I	M	S
E	B	A	B	T	E	A	R	T	A	C	A
Y	H	Y	N	I	B	H	E	R	X	I	R
A	T	L	H	R	S	D	M	C	F	C	E
B	S	E	H	A	V	A	F	T	O	A	P

WORD LIST FOR WORD SEEK 264

Ace, Apple, Ball, Bee, Bite, Chip, Down, Dry, Even, Feather, Fly, Fuss, Gift, Grain, Head, Humble, Kit, Knuckle, Life, Lily, Mind, Naked, Opportunity, Pig, Pipe, Play, Quiet, Rain, Rhyme, Rule, Salad, Straight, Time, Twenty, Under, Wet, Wild.

WORD SEEK 290

WORD SEEK 291

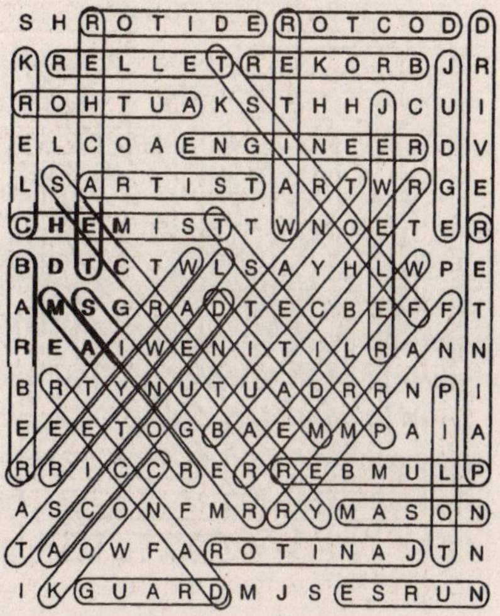

WORD SEEK 292

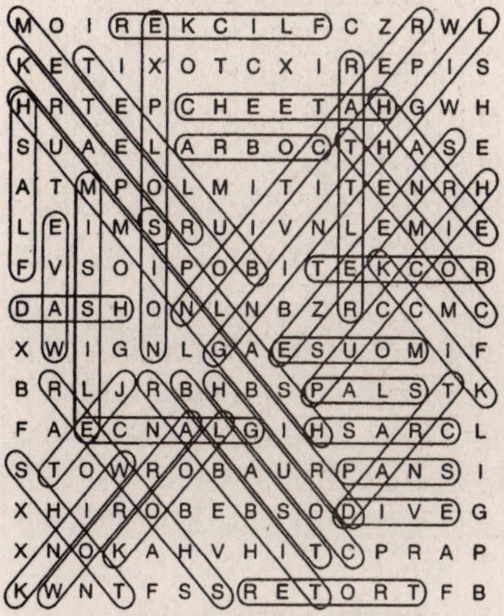

WORD SEEK 293

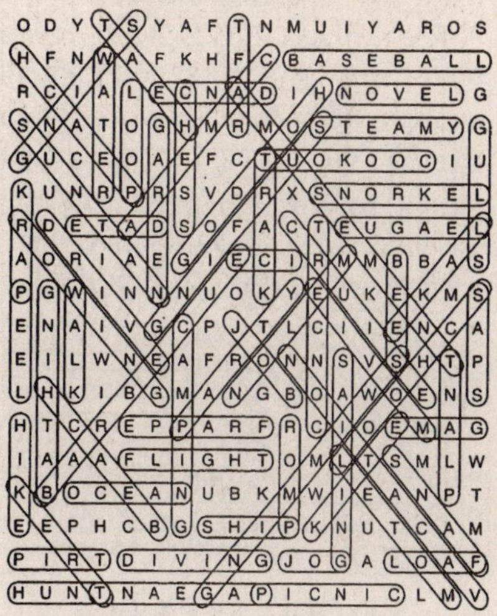

WORD SEEK 294

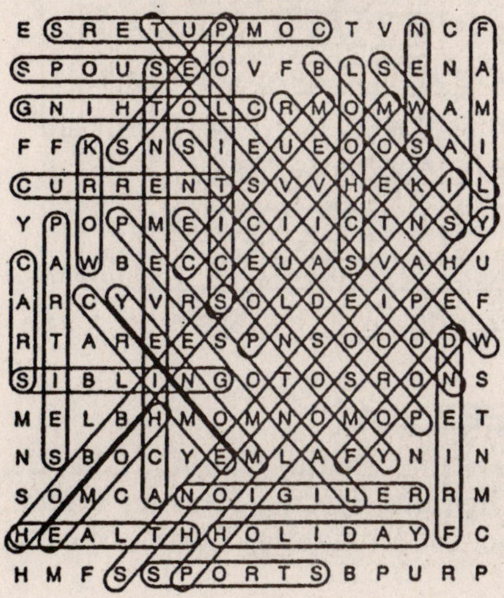

WORD SEEK 295

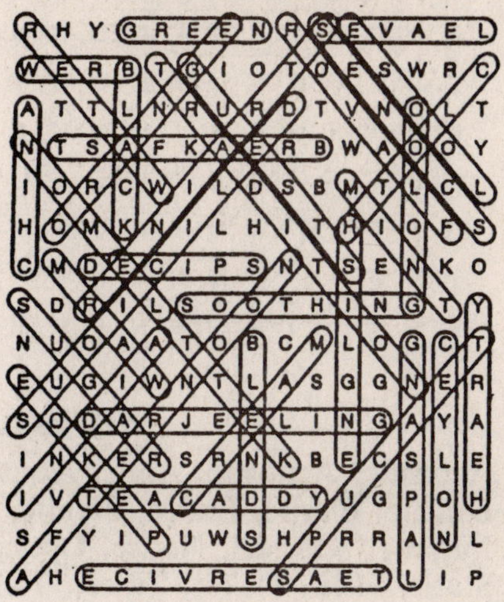

WORD SEEK 296

WORD SEEK 297

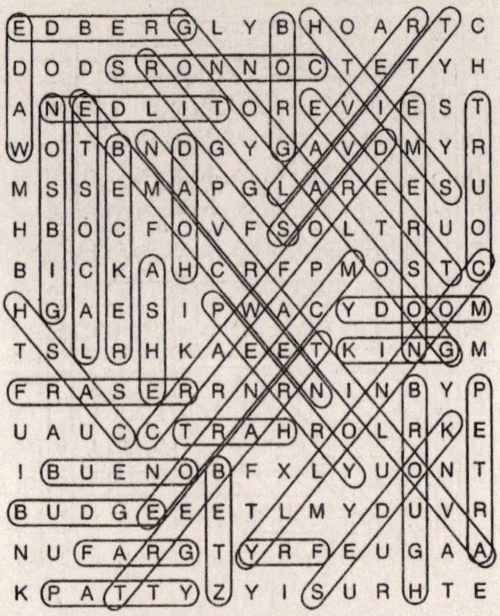

WORD SEEK 298

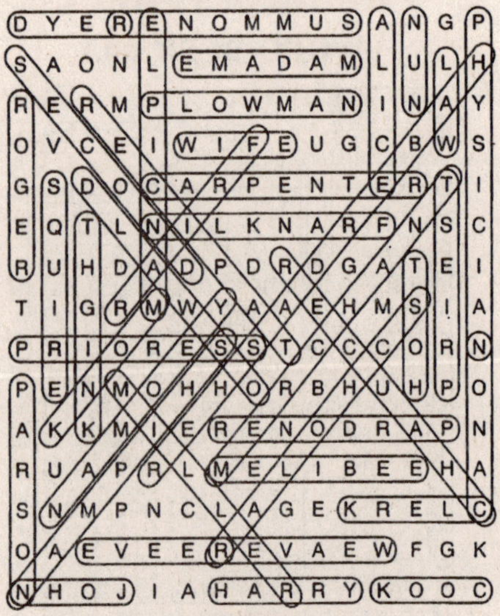

WORD SEEK 299

WORD SEEK 300

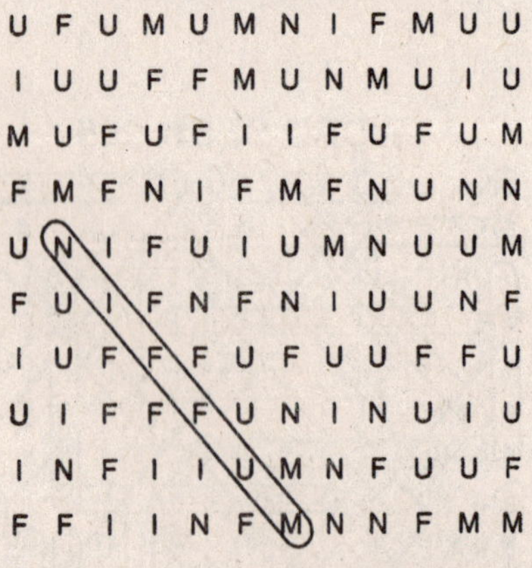

WORD SEEK 301

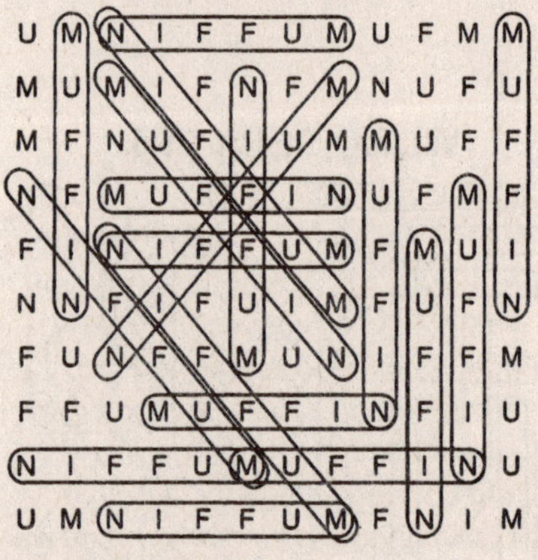

WORD LIST FOR WORD SEEK 244

Acoustic, Agnostic, Antic, Aquatic, Arctic, Atlantic, Attic, Baltic, Caustic, Chaotic, Drastic, Elastic, Entice, Erratic, Fantastic, Frantic, Gigantic, Hectic, Heretic, Idiotic, Lunatic, Nautical, Notice, Optic, Plastic, Poetic, Practice, Romantic, Rustic, Spastic, Static, Stick, Ticker, Ticket, Tickle.

WORD SEEK 302

T	M	O	L	A	P	I	C	I	N	U	M	P	E	V
N	V	C	C	Z	E	C	H	H	B	E	G	R	A	L
A	V	A	T	L	V	U	N	C	A	E	A	A	M	T
R	L	P	G	E	C	W	R	B	H	R	G	G	O	S
R	A	I	O	U	O	Y	S	O	R	U	L	U	L	E
O	C	T	L	T	A	L	R	S	P	I	R	E	S	U
W	I	A	D	E	S	N	S	O	S	E	D	C	S	T
E	M	L	E	N	C	H	A	N	T	I	N	G	H	A
N	O	M	N	I	O	U	D	T	N	S	N	U	E	T
C	N	B	T	P	E	O	P	L	E	I	I	V	R	S
E	O	Y	S	W	Q	W	O	A	D	M	I	H	A	D
S	R	O	D	N	E	V	H	L	I	T	S	L	U	W
L	T	H	R	I	G	N	I	T	S	I	W	T	Q	O
A	S	T	V	I	T	U	S	E	E	Y	G	V	S	R
S	A	B	T	H	B	H	F	G	R	T	U	T	T	C

WORD SEEK 303

M	A	R	T	I	S	A	N	E	D	R	A	G	X	B
E	G	M	L	N	E	Q	U	A	L	I	T	Y	E	R
R	E	A	U	A	O	D	R	E	H	C	A	E	T	E
C	O	N	T	R	I	B	U	T	E	U	C	T	R	S
H	F	A	U	E	X	R	L	C	O	N	T	R	O	L
A	R	G	M	P	D	E	T	E	A	O	P	P	P	L
N	E	E	I	E	E	T	L	S	W	T	R	Y	P	I
T	A	I	D	E	S	N	S	N	U	O	I	G	U	K
E	S	L	W	K	T	I	E	A	P	D	M	O	S	S
X	O	I	I	N	A	R	V	E	L	M	N	A	N	D
T	N	B	F	N	T	P	R	R	I	O	T	I	N	B
I	X	E	E	I	E	T	F	D	E	C	N	A	H	C
L	W	R	Q	O	Y	W	D	L	T	P	L	R	O	M
E	L	T	Q	D	D	L	O	H	E	S	U	O	H	W
O	Q	Y	R	L	E	R	S	S	E	N	I	S	U	B

WORD SEEK 304

O	I	N	R	M	G	S	H	A	I	R	Y	A	C	P
H	C	G	K	V	W	L	S	R	E	T	S	I	S	W
N	O	Y	N	A	C	O	Y	D	O	P	T	R	T	F
D	N	L	Y	I	L	U	N	T	A	M	E	D	O	I
Q	Q	H	L	D	D	U	N	D	N	G	H	H	O	O
W	U	E	I	Y	H	A	H	B	N	S	T	O	R	Y
G	E	E	L	T	W	A	E	E	I	A	G	C	P	B
D	R	S	L	I	Y	O	V	L	A	A	N	U	A	O
T	O	K	C	A	B	E	O	A	R	S	E	K	T	P
C	R	G	R	A	R	O	L	D	B	U	L	S	Q	A
E	D	N	Y	G	F	N	E	L	E	H	O	U	S	E
U	M	U	N	Y	E	N	O	H	A	L	T	R	T	R
D	W	O	M	A	N	B	M	X	U	V	S	Q	A	P
U	M	Y	P	O	Y	X	O	D	A	V	I	D	R	T
A	I	E	H	N	T	E	R	C	E	S	P	O	T	I

WORD SEEK 305

I	M	O	O	R	H	S	U	M	N	H	U	G	K	T
B	W	H	A	W	V	Y	K	F	S	P	L	O	Z	O
A	M	A	C	A	R	O	N	I	O	N	E	T	T	D
C	J	L	T	A	E	N	D	I	V	E	T	A	K	B
O	E	F	S	E	N	A	V	W	A	Y	T	M	R	R
N	L	A	H	L	R	I	E	A	T	O	U	O	M	R
P	P	L	O	R	N	C	P	L	P	E	C	T	L	E
I	P	F	E	E	M	I	R	S	O	C	E	I	G	U
N	A	A	G	J	C	E	A	E	O	R	N	B	N	P
T	O	A	G	K	B	L	L	L	S	I	A	T	I	E
O	R	T	L	M	T	L	I	O	H	S	E	C	S	P
R	Z	E	U	I	K	V	U	C	N	O	B	G	S	P
R	R	C	U	O	E	D	C	O	T	T	A	G	E	E
A	U	R	J	V	R	U	E	N	I	A	M	O	R	R
C	F	N	E	R	Z	C	E	L	E	R	Y	D	D	U

WORD SEEK 306

S	W	A	S	H	Y	C	S	E	E	X	O	N	T	G
T	R	H	O	T	R	O	C	K	S	W	A	R	M	V
E	J	O	O	O	E	A	J	L	I	N	O	C	S	W
M	P	L	O	L	S	A	L	N	H	S	A	P	D	T
P	H	M	G	D	T	A	M	E	E	F	E	E	L	X
E	C	C	L	A	W	V	A	R	W	R	O	O	L	F
R	N	G	N	I	H	T	O	O	S	O	D	M	P	C
A	E	U	F	T	E	P	O	P	X	N	T	S	P	C
T	B	W	W	D	S	D	I	Y	H	T	L	A	E	H
U	K	C	O	N	T	R	O	L	S	S	N	D	D	V
R	Y	G	E	H	A	Y	E	W	I	V	I	V	I	R
E	D	P	X	T	S	H	M	T	N	S	A	V	Y	I
L	O	D	I	A	O	E	P	W	N	J	L	P	S	E
A	B	O	T	B	E	A	K	I	I	E	X	K	O	H
X	N	R	L	S	X	T	R	W	F	E	I	L	E	R

WORD SEEK 307

A	Y	E	I	V	O	M	T	U	R	P	Y	I	P	P
Y	E	K	D	E	U	Q	Y	G	L	L	A	B	L	I
D	L	I	E	S	I	U	R	C	A	A	W	B	A	E
R	S	B	E	N	E	F	I	T	V	Y	D	F	N	K
A	U	U	Q	E	X	H	I	B	I	T	A	B	E	C
W	M	O	B	M	M	C	C	W	N	I	O	A	G	W
I	O	U	T	W	E	F	T	H	R	K	R	N	D	R
N	T	Y	S	R	A	R	E	N	A	E	B	Q	I	G
G	D	R	D	E	E	Y	K	S	C	R	U	U	R	V
Q	A	N	A	C	M	R	I	E	T	B	I	E	B	O
B	T	G	N	I	N	E	P	O	G	I	T	T	P	N
P	T	O	C	B	N	T	N	N	P	A	V	E	Y	F
I	C	A	E	M	I	T	R	T	E	T	R	A	C	K
G	N	I	X	O	B	O	U	H	R	A	F	F	L	E
Q	D	N	N	I	O	L	T	R	O	L	L	E	Y	P

WORD SEEK 308

V	N	T	F	S	H	R	I	M	P	R	V	Y	F	D
R	T	U	E	H	C	L	E	N	K	C	A	H	S	E
L	R	O	A	E	G	K	L	W	N	K	T	E	S	H
D	V	H	K	L	H	A	A	I	I	T	F	I	H	S
W	S	S	8	L	S	S	H	I	R	T	A	S	O	S
W	E	H	U	C	H	H	S	S	H	H	H	C	R	O
N	C	S	O	I	E	A	S	H	S	O	S	K	T	F
R	N	R	M	C	I	L	H	H	O	H	H	H	D	V
K	U	M	T	P	K	L	A	T	A	V	O	W	O	U
S	Y	A	N	S	R	V	M	D	V	P	E	R	R	W
T	H	M	P	H	E	A	E	S	S	R	E	L	E	L
S	H	I	P	A	F	W	H	S	H	A	W	L	T	S
S	H	A	N	K	R	A	H	S	A	A	S	L	T	A
K	O	P	E	E	H	S	D	Y	R	V	R	S	A	L
O	D	K	A	K	T	S	H	E	E	R	T	D	L	R

WORD SEEK 309

G	E	N	T	R	Y	C	N	H	E	E	D	J	R	S
C	A	K	O	Y	I	G	L	G	N	H	E	P	L	V
N	K	O	E	S	I	V	A	D	A	I	V	L	Y	S
O	R	L	L	B	R	Y	M	R	L	N	E	L	L	A
T	I	E	B	I	L	E	R	W	Y	R	G	V	Y	E
R	P	S	L	E	V	I	D	Y	D	V	D	X	N	K
A	E	E	M	L	S	I	C	N	N	W	I	I	N	R
P	L	K	A	I	I	F	A	E	A	B	L	A	C	K
Y	F	C	C	R	T	M	R	T	S	C	O	C	E	P
H	A	I	A	U	L	H	T	T	T	S	O	G	A	Y
N	R	R	V	S	T	B	E	E	M	L	C	J	S	A
L	G	F	R	A	H	T	R	O	T	T	E	U	R	P
M	O	K	V	U	L	B	N	E	K	H	V	I	R	W
U	A	B	L	E	M	D	R	M	V	I	H	C	E	A
T	G	L	J	S	U	Y	V	A	F	L	W	E	S	T

WORD SEEK 310

R	T	H	M	R	A	E	Y	P	M	C	Y	S	M	K
I	I	P	H	E	O	T	L	S	I	V	A	R	T	F
T	L	W	R	O	T	G	L	O	W	E	N	S	R	V
T	L	H	M	I	R	S	E	D	K	N	R	I	H	S
E	I	I	W	O	D	T	W	R	O	R	Z	C	E	R
R	S	T	D	S	P	E	O	S	S	Z	A	V	E	D
Y	N	M	R	G	H	V	R	N	L	M	E	L	N	P
F	I	A	A	N	L	E	C	E	P	E	R	E	C	Y
K	K	N	G	I	D	N	P	B	R	O	I	S	L	E
M	T	O	G	N	L	S	E	P	B	L	F	N	I	B
I	A	K	A	N	L	L	R	B	A	S	E	M	A	J
L	L	A	H	E	L	B	I	Y	A	R	N	O	L	D
L	Z	J	W	J	G	N	O	W	F	J	D	W	T	H
E	A	I	G	K	S	R	G	I	L	L	E	Y	R	S
R	S	F	E	C	W	T	I	B	B	A	R	K	B	G

WORD SEEK 311

S	Y	A	L	P	T	S	W	O	R	E	V	I	L	B
S	C	I	L	E	R	S	R	E	V	U	E	S	I	R
G	E	S	U	O	H	Y	A	L	P	K	W	T	G	I
A	R	L	W	C	Y	N	O	C	L	A	B	A	H	C
L	C	E	X	H	I	B	I	T	S	S	P	I	T	K
F	U	S	M	A	L	L	V	H	R	H	S	R	S	B
O	R	M	B	I	V	A	I	E	K	T	A	S	A	O
P	T	E	U	R	U	N	I	N	O	A	R	L	S	O
E	A	E	S	S	G	L	C	R	C	C	C	F	L	T
G	I	A	H	T	E	L	Y	T	O	O	A	X	A	H
A	N	O	O	D	O	U	O	T	V	M	L	S	C	B
T	W	N	N	S	T	R	M	E	O	P	E	N	I	O
S	R	A	E	N	S	I	E	U	V	A	O	M	S	X
H	H	D	R	A	M	A	S	D	T	N	A	A	U	E
C	A	R	P	E	T	H	U	S	F	Y	P	U	M	S

WORD SEEK 312

8	7	1	9	4	3	9	5	9	7	6	4	2	9	2
9	4	3	1	7	6	3	9	9	7	4	9	5	0	0
6	5	2	7	5	2	9	2	4	2	3	1	3	3	7
8	7	8	3	8	4	9	4	0	8	3	1	2	7	6
0	4	6	0	1	3	7	6	5	8	0	4	8	1	9
1	4	7	1	4	0	0	4	2	3	7	4	2	3	5
9	3	7	2	6	2	4	8	3	7	2	8	2	9	5
9	8	2	5	6	6	3	0	0	5	0	3	3	6	7
3	7	3	9	9	7	9	1	2	4	3	5	1	6	0
8	7	9	4	4	1	8	8	3	4	3	6	0	4	9
7	4	7	3	7	9	6	2	5	6	1	2	0	3	9
3	7	3	5	4	2	8	9	4	9	8	6	0	9	2
7	4	3	8	6	5	0	8	8	8	0	8	6	8	8
3	6	6	2	7	0	5	5	5	0	9	8	5	5	8
9	0	6	5	9	5	9	4	0	5	5	0	8	6	6

WORD SEEK 313

R	B	O	N	B	A	X	T	E	R	J	C	R	X	U
Y	E	E	N	M	I	I	Y	S	T	S	E	U	G	H
A	L	K	L	X	X	L	R	D	A	G	P	V	T	T
H	L	K	P	A	L	X	R	O	I	E	D	S	R	P
O	B	S	E	I	F	A	P	S	T	N	A	M	U	I
B	O	I	B	E	M	O	T	E	C	C	V	Y	O	R
V	Y	W	S	A	W	E	N	I	T	S	I	R	H	C
C	S	T	N	E	R	T	S	T	N	E	S	V	F	S
P	H	P	K	H	L	S	S	A	E	N	R	A	L	J
R	H	K	O	O	C	L	B	M	C	T	R	S	U	S
E	H	O	S	T	G	R	E	G	O	R	Y	L	V	S
O	M	O	K	E	O	G	J	C	E	O	I	M	S	T
G	S	O	X	L	A	Y	R	L	C	E	R	A	E	A
N	U	T	I	N	E	E	L	B	R	A	M	R	T	R
L	D	N	U	O	P	S	M	Y	R	A	T	K	S	S

WORD SEEK 314

D	Z	L	H	Q	R	Q	H	G	E	L	D	D	U	P
R	E	A	D	E	R	E	D	N	O	P	N	Q	W	T
C	G	X	A	G	E	N	T	I	H	G	E	U	X	S
R	E	P	A	I	R	G	W	S	V	M	F	I	L	U
E	N	E	P	T	S	R	A	I	A	I	E	N	T	C
A	E	V	Z	H	E	F	J	R	N	M	D	C	N	O
T	R	R	I	V	E	F	G	C	A	D	L	E	I	F
E	A	E	E	H	R	A	R	F	P	G	O	M	O	H
O	L	S	D	S	I	E	E	E	H	T	F	W	J	R
D	E	G	I	D	A	A	Y	C	E	L	E	R	Y	E
M	P	R	C	S	S	L	C	A	U	Z	E	I	L	R
G	A	E	E	T	U	L	A	S	R	T	E	D	U	F
W	P	A	D	T	T	M	E	R	N	P	D	E	C	Q
V	E	S	N	F	S	S	L	I	Y	I	C	W	N	W
P	R	E	F	A	C	E	W	Q	M	E	E	K	T	K

WORD SEEK 315

P	R	A	W	N	S	O	A	B	O	S	T	I	X	N
U	I	O	S	Z	B	U	C	E	M	I	U	K	D	W
D	K	V	C	A	T	S	O	O	N	R	O	S	K	I
K	L	A	T	H	A	O	O	I	D	O	N	T	H	H
Q	R	T	E	L	E	R	F	X	C	T	L	E	L	I
P	E	O	M	S	H	S	S	U	K	I	Y	A	K	I
R	H	O	P	S	E	E	T	I	T	K	L	N	B	P
C	N	Q	U	A	I	L	C	N	N	A	V	E	I	A
L	K	M	R	G	S	B	D	I	U	Y	P	K	D	O
A	E	G	A	B	B	A	C	O	R	T	U	C	O	N
M	Z	A	S	R	E	T	S	Y	O	Z	S	I	Q	I
S	D	B	O	I	L	E	D	H	A	N	A	H	Z	G
O	S	I	M	S	S	G	U	X	I	N	K	C	V	I
O	L	B	A	R	B	E	C	U	E	M	E	V	C	R
B	P	C	F	N	T	V	K	M	H	S	I	F	F	I

WORD SEEK 316

O	G	C	H	A	R	C	O	A	L	A	P	E	U	E
E	T	A	L	S	P	O	L	C	Y	S	I	T	T	M
D	R	S	T	I	B	A	H	O	B	E	T	I	H	I
I	O	S	H	X	L	L	L	E	D	D	C	H	G	R
E	B	O	N	Y	A	I	A	M	M	A	H	P	I	G
N	G	C	O	N	C	R	A	C	R	P	N	A	N	V
C	E	K	B	O	K	H	N	H	K	S	E	R	I	T
O	V	F	R	W	B	S	T	A	B	T	B	G	O	T
F	A	I	A	M	O	N	S	R	L	I	O	O	L	T
F	C	G	C	D	A	R	K	N	E	S	S	P	N	A
E	N	E	V	A	R	S	C	L	M	H	U	G	R	S
E	T	U	X	E	D	O	C	O	T	P	T	E	I	O
U	K	A	V	L	U	P	K	A	I	A	M	N	F	V
Y	D	M	S	G	D	E	O	L	R	A	K	N	A	S
Y	U	C	P	H	H	G	S	E	C	A	P	S	Y	P

WORD SEEK 317

S	A	L	T	C	S	K	R	O	F	C	H	A	P	P	Y	N	P
M	L	W	O	B	O	E	I	W	L	A	M	R	O	F	N	I	L
C	O	E	M	U	L	F	F	A	M	I	L	Y	S	T	E	A	K
U	H	D	G	A	N	U	F	B	I	K	E	T	C	H	U	P	O
P	Y	A	X	U	E	G	U	E	P	V	A	B	U	G	S	H	E
S	C	H	I	L	D	R	E	N	E	L	U	K	H	G	O	C	L
M	A	S	A	R	G	B	C	N	L	L	A	L	L	T	H	L	B
Y	V	M	T	E	S	A	I	E	E	E	Y	T	D	A	I	D	A
C	I	U	R	T	K	N	R	M	C	I	T	O	T	R	T	S	T
N	R	S	F	E	G	B	O	O	P	I	G	T	G	E	N	P	O
L	P	T	L	T	M	N	O	L	D	S	E	H	U	U	R	L	O
A	T	A	O	U	A	L	A	A	E	R	E	E	B	C	U	A	G
O	O	R	W	D	E	N	L	P	I	M	V	K	C	O	E	T	V
C	M	D	E	R	T	A	M	B	K	P	E	P	P	E	R	E	O
R	A	V	R	S	S	U	S	K	N	I	R	D	W	B	A	S	K
A	T	Y	S	R	S	E	V.	I	N	K	N	L	U	E	D	T	P
H	O	J	U	I	C	E	Z	E	E	R	B	S	E	L	I	M	S
C	H	I	C	K	E	N	D	O	O	F	Y	B	A	D	O	S	K

WORD SEEK 318

W	F	Y	P	S	I	B	E	B	Y	W	P	W	C	K	R	I	H	I	O
F	R	O	M	A	X	M	A	E	R	C	N	D	G	N	I	D	D	A	O
A	C	I	N	I	T	R	T	T	A	I	I	E	E	I	W	E	E	D	S
M	A	E	R	D	K	A	I	U	H	L	L	K	H	H	B	L	N	N	Y
V	K	W	H	I	L	E	N	O	L	X	R	N	G	T	A	I	G	A	A
E	E	N	U	O	L	Y	G	H	L	E	V	A	R	G	H	C	I	H	S
B	M	M	C	M	A	B	T	T	W	Y	V	H	K	S	P	I	S	O	O
F	A	O	I	A	I	E	N	I	R	E	H	T	A	C	N	O	G	U	R
P	H	K	S	X	C	A	E	W	O	U	L	D	N	T	L	U	M	P	S
C	A	A	E	R	E	T	A	W	T	K	O	O	T	H	I	S	T	L	E
X	N	R	C	R	P	D	S	G	E	M	G	T	H	X	V	M	O	S	T
D	H	P	K	U	S	K	I	N	C	T	L	K	C	W	B	T	W	H	B

WORD SEEK 319

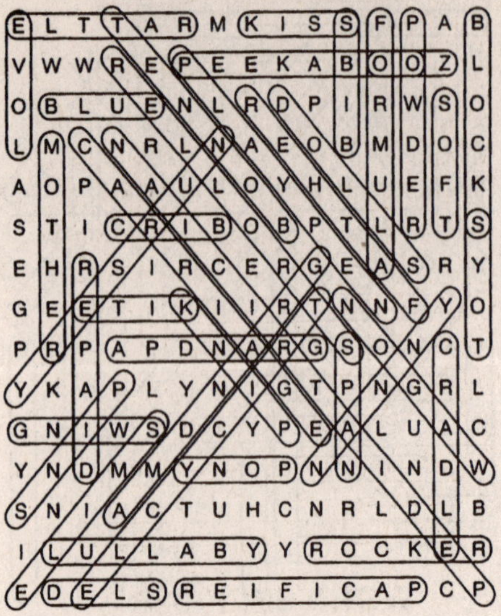

WORD SEEK 320

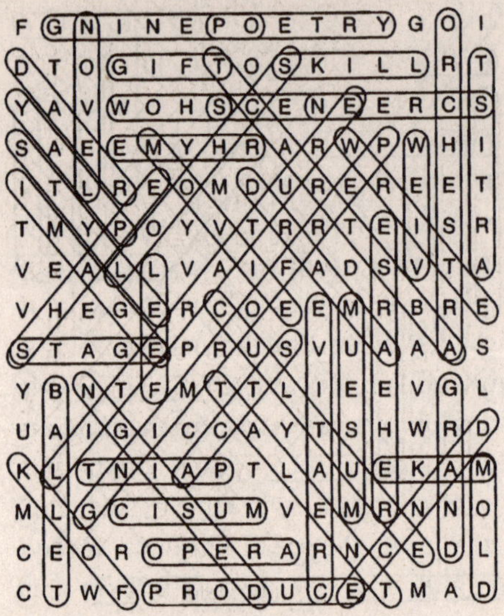

WORD SEEK 321

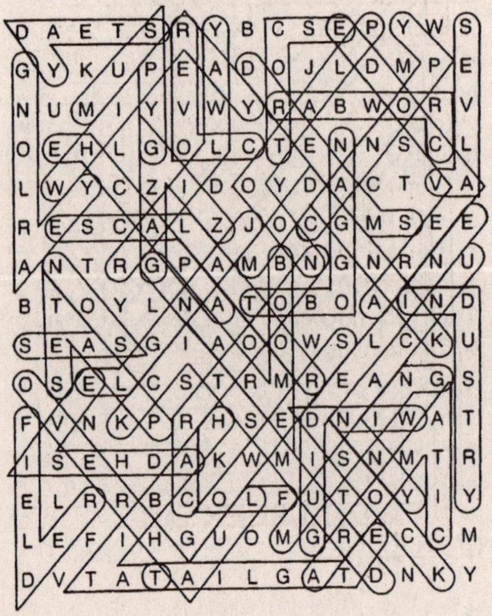

WORD SEEK 322

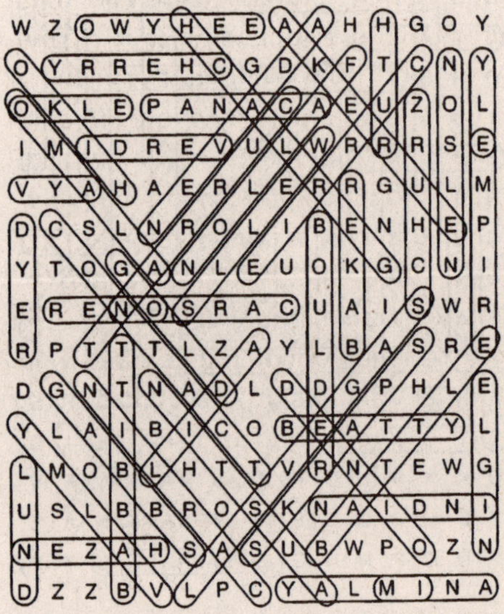

WORD SEEK 323

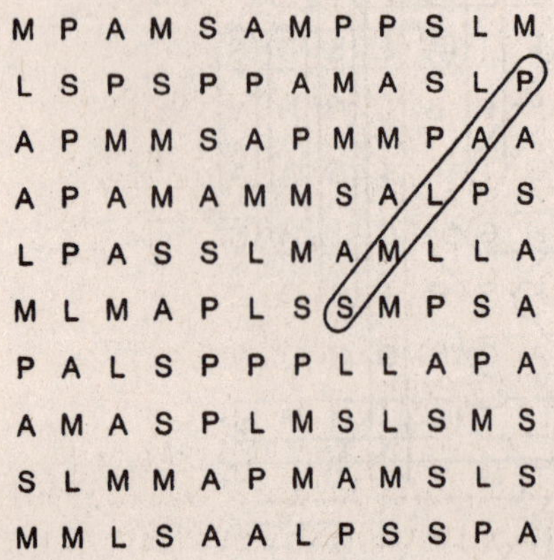

WORD SEEK 324

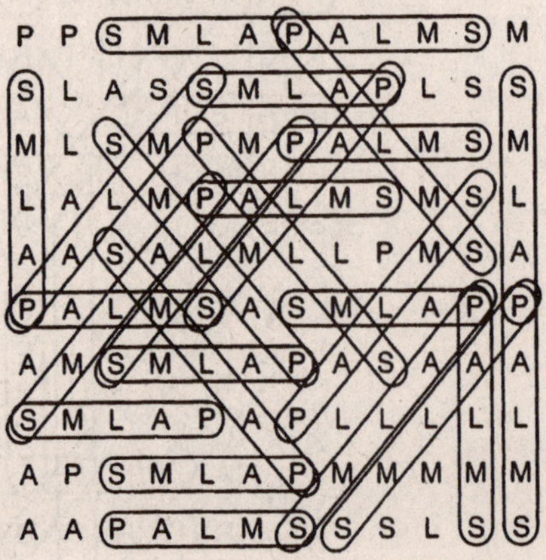

WORD SEEK 325

WORD SEEK 326

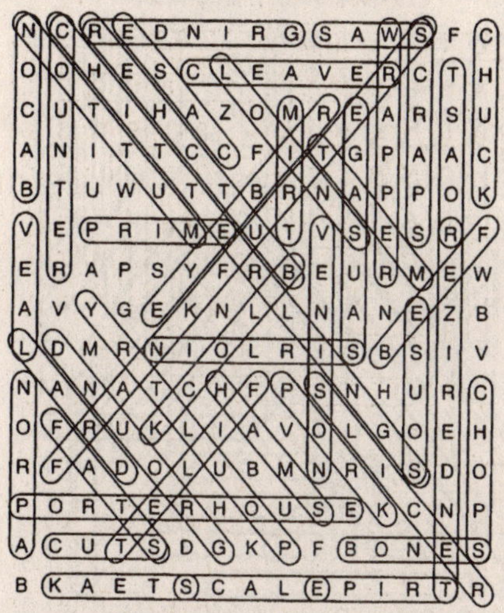

WORD SEEK 327

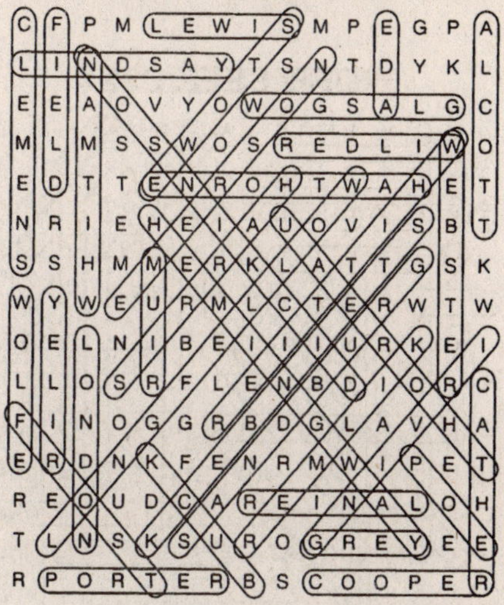

WORD SEEK 328

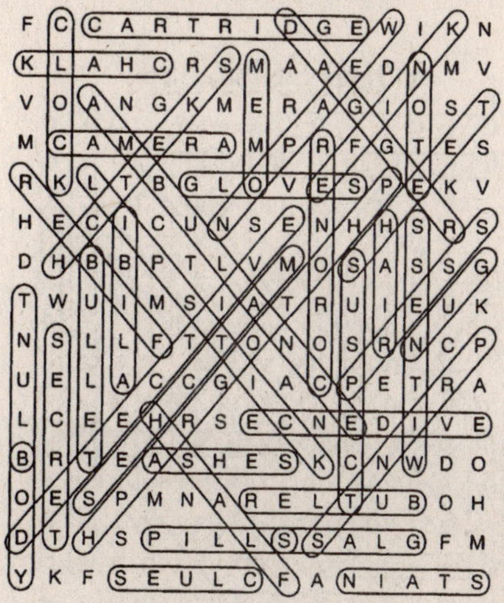

WORD SEEK 329

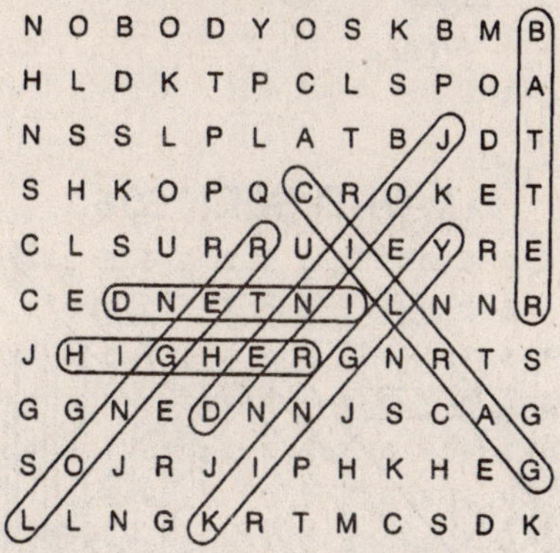

WORD SEEK 330

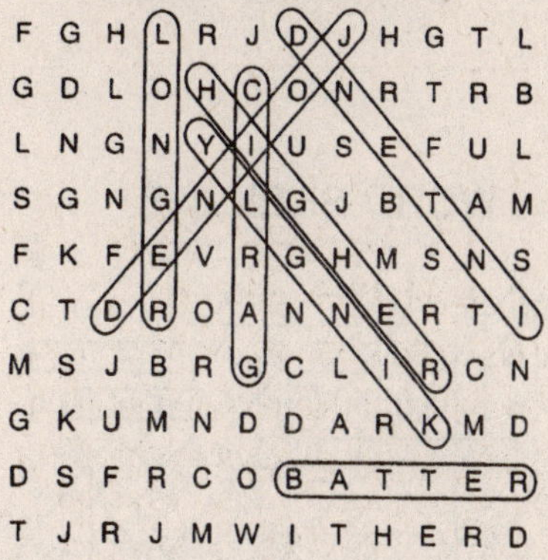

WORD LIST FOR WORD SEEK 291

Accountant, Artist, Author, Barber, Broker, Butcher, Chemist, Clerk, Cook, Dancer, Dentist, Doctor, Driver, Editor, Engineer, Farmer, Florist, Guard, Janitor, Jeweler, Judge, Lawyer, Maid, Mason, Mayor, Nurse, Painter, Pilot, Plumber, Priest, Secretary, Singer, Teacher, Teller, Waiter, Welder, Writer.

WORD SEEK 331

R	E	S	O	L	I	D	S	L	I	C	N	E	T	S
E	E	S	T	I	T	C	H	Y	S	K	Y	T	E	S
D	C	D	N	V	T	L	T	N	A	T	E	A	T	O
N	E	A	R	G	O	N	O	Q	A	D	N	C	A	R
C	L	N	L	O	I	B	L	C	M	D	I	I	N	C
A	E	F	W	A	B	S	C	S	R	S	R	L	R	R
P	G	E	T	I	P	E	E	P	D	E	R	E	O	P
P	A	S	R	L	N	R	L	D	G	L	W	D	X	H
L	N	T	A	T	U	A	B	N	X	K	H	E	A	T
I	T	I	T	T	C	L	A	Y	C	N	A	F	L	M
Q	N	V	X	E	I	D	T	S	N	I	K	P	A	N
U	G	E	M	B	R	O	I	D	E	R	Y	D	M	U
E	T	A	Y	A	B	N	E	V	O	W	I	U	R	D
E	T	I	H	W	A	K	S	A	M	A	D	I	O	Q
S	B	O	W	S	F	I	T	O	M	U	M	D	F	G

WORD SEEK 332

C	T	F	B	G	B	U	F	E	B	V	E	D	C	H
L	L	P	N	C	C	N	N	R	G	T	I	P	C	E
Q	E	U	B	I	K	I	D	E	A	L	M	J	A	V
G	O	H	G	R	L	O	C	K	O	U	K	L	U	O
Y	J	P	S	C	O	N	S	S	S	K	I	O	S	K
W	G	N	E	U	I	K	L	K	T	T	E	A	E	E
G	L	D	A	I	B	F	E	H	H	A	L	G	L	S
G	O	R	O	T	U	T	F	N	P	U	B	P	P	I
T	B	T	K	A	I	E	R	A	T	S	M	L	O	A
I	E	I	B	L	R	O	G	E	R	I	U	Q	E	R
S	B	K	S	P	H	O	N	E	S	T	T	P	P	V
O	I	B	C	H	D	B	V	W	W	O	B	L	E	M
P	R	E	F	A	O	L	P	A	V	O	G	U	E	P
E	T	G	T	H	J	P	R	E	F	A	C	E	M	N
D	N	U	O	R	H	E	A	R	T	Q	K	K	L	D

WORD SEEK 333

D	D	E	R	E	V	O	C	E	W	W	I	Q	L	C
Y	C	H	I	P	P	E	W	A	T	H	L	V	I	Q
B	O	O	K	M	R	R	T	N	R	E	L	M	T	A
D	D	S	M	L	L	I	I	I	I	R	A	C	T	W
C	S	F	Y	M	E	A	D	P	C	I	I	T	L	O
U	L	T	V	U	U	Z	S	E	N	T	R	A	E	O
H	R	O	N	Q	O	N	T	T	Y	A	O	E	G	L
M	G	N	C	A	E	E	I	E	C	G	M	B	A	E
I	R	T	O	K	R	S	S	T	R	E	E	T	S	N
C	U	I	C	O	I	U	I	E	Y	P	M	P	U	A
H	O	O	I	V	L	O	A	C	E	S	O	A	A	F
I	L	A	U	N	N	A	H	T	V	H	G	G	S	D
G	F	M	K	S	C	A	S	S	S	W	C	Q	T	N
A	R	I	V	E	R	B	O	A	T	E	G	D	U	F
N	F	E	P	M	Z	Y	R	E	W	E	R	B	C	W

WORD SEEK 334

S	T	N	I	R	P	M	N	M	R	E	E	H	I	D
C	I	N	U	T	R	Y	J	O	K	A	B	C	D	I
T	U	R	T	L	E	N	E	C	K	D	R	U	A	A
H	S	E	O	S	T	R	E	C	S	W	E	A	T	L
G	P	Z	C	L	E	N	N	A	L	F	N	N	Z	P
I	M	A	U	S	L	V	P	S	C	A	G	O	I	J
R	U	L	L	W	D	T	R	I	K	S	I	N	I	M
B	J	B	O	S	R	E	D	N	E	P	S	U	S	T
W	P	C	T	A	K	C	E	S	R	T	E	L	B	Y
D	O	A	T	A	J	E	I	W	R	S	D	A	E	B
K	L	C	E	I	H	K	N	I	T	W	E	A	R	G
F	O	N	S	I	A	J	P	R	E	P	P	Y	M	U
P	S	Y	G	H	F	E	A	T	H	E	R	S	U	R
P	H	H	K	O	S	E	Q	U	I	N	S	R	D	P
Z	S	L	L	A	R	E	V	O	Q	N	I	I	A	D

WORD SEEK 335

M	L	D	N	C	D	P	H	J	I	F	S	B	E	E
H	B	L	M	F	R	N	O	V	E	L	N	M	J	N
L	R	W	A	P	O	E	M	S	O	W	A	T	C	H
E	U	L	G	B	C	R	P	K	T	D	E	E	S	D
P	S	C	A	L	E	N	D	A	R	E	J	L	M	F
S	H	R	Z	C	R	S	R	T	P	Y	R	S	R	Y
T	R	O	I	S	L	R	A	E	P	S	R	K	O	Y
U	C	P	N	N	P	E	N	B	T	E	W	A	F	L
E	E	O	E	E	G	N	B	O	K	U	O	E	I	K
E	T	E	A	B	A	G	S	A	V	S	P	C	N	D
P	N	D	F	N	R	D	E	R	L	H	N	M	U	W
G	U	I	T	A	R	N	I	D	T	E	K	C	O	L
W	L	V	D	A	S	B	U	M	P	E	R	U	B	C
M	N	I	C	O	M	B	P	M	A	T	S	H	P	V
K	O	O	B	J	S	E	S	S	A	L	G	N	U	S

WORD SEEK 336

6	2	5	8	3	4	0	1	3	6	6	6	3	4	5
1	5	7	6	2	5	2	0	4	7	0	3	0	4	8
1	9	4	1	8	7	0	3	8	9	7	3	5	0	2
3	4	0	9	9	8	1	2	3	9	8	3	4	8	0
5	3	6	8	3	5	2	7	0	0	3	1	2	9	6
7	9	3	9	5	8	2	0	3	2	9	8	0	7	7
8	9	1	6	0	0	0	4	5	3	9	8	5	2	8
2	1	7	3	1	9	7	8	3	6	5	9	7	4	3
6	8	4	5	4	3	3	6	4	6	7	5	3	6	0
1	9	5	6	4	6	6	4	0	7	2	3	8	5	6
4	7	1	2	7	3	7	1	6	6	7	2	4	0	2
7	9	6	6	3	4	2	7	5	5	0	5	0	0	8
4	0	2	1	1	5	9	3	0	6	6	9	7	5	1
2	6	8	5	8	6	9	9	8	9	8	4	2	4	6
2	5	3	7	2	1	3	1	0	7	3	8	5	1	4

WORD SEEK 337

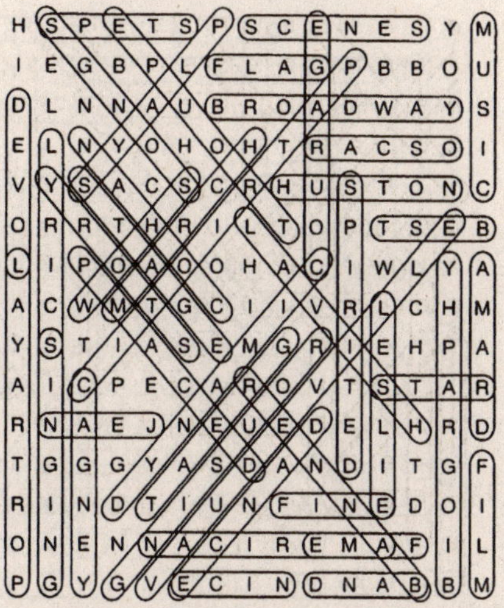

WORD SEEK 338

WORD SEEK 339

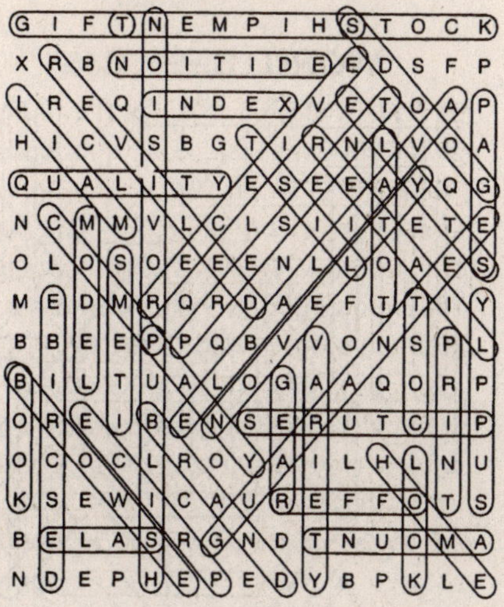

WORD SEEK 340

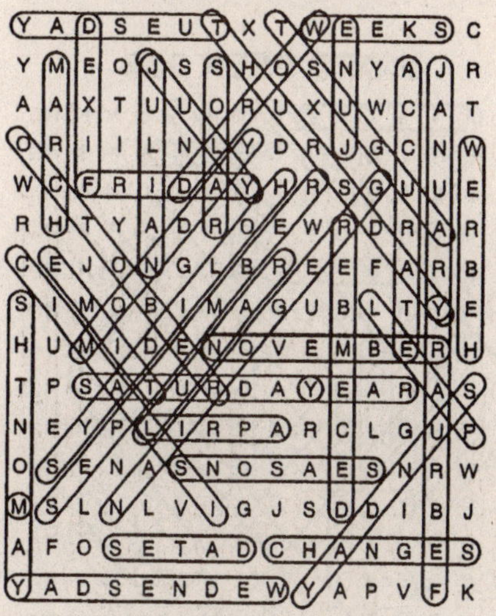

WORD SEEK 341

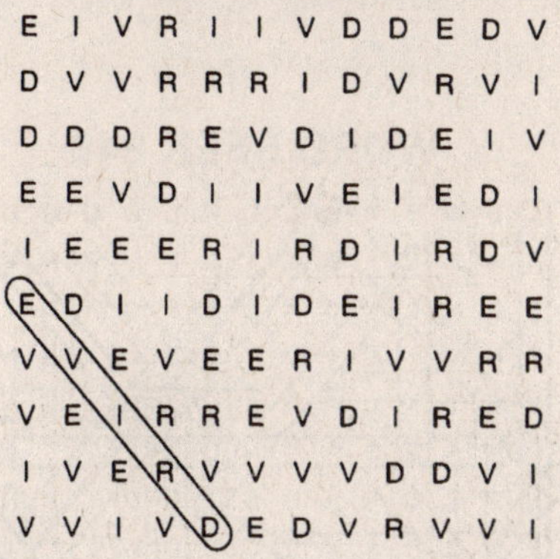

WORD SEEK 342

WORD LIST FOR WORD SEEK 308

Shack, Shade, Shaft, Shag, Shake, Shale, Shall, Shame, Shank, Shape, Shard, Share, Shark, Sharp, Shave, Shawl, Shear, Shed, Sheep, Sheer, Sheet, Sheik, Shell, Shift, Shimmy, Shine, Ship, Shirt, Shock, Shoe, Shoot, Shore, Short, Shout, Shovel, Show, Shrewd, Shrill, Shrimp, Shrink.

WORD SEEK 343

E	M	O	H	E	U	D	Y	T	E	D	O	B	H	I
D	C	Y	H	X	V	D	Y	T	E	N	N	A	U	P
C	I	A	I	O	I	A	O	O	H	E	O	O	Y	W
S	H	M	R	X	X	L	N	C	W	S	N	O	B	G
W	I	U	Y	E	L	I	M	S	C	F	A	Y	B	B
A	N	V	C	N	Y	O	E	T	E	O	Y	L	A	R
U	B	L	A	K	E	V	T	E	X	W	O	V	G	P
T	H	N	O	D	N	A	L	E	A	C	A	P	H	M
R	S	T	N	I	L	C	C	L	K	R	G	Y	E	E
Y	U	E	T	A	N	O	M	E	N	R	A	K	N	R
E	H	P	W	A	B	H	R	E	E	E	L	E	F	E
R	A	P	V	U	O	L	S	R	E	N	E	L	A	M
G	R	B	R	O	N	S	O	N	Y	R	R	A	B	R
S	T	N	T	U	H	O	L	T	G	A	D	N	O	F
C	I	A	D	A	M	S	S	R	E	G	O	R	V	M

WORD SEEK 344

L	D	M	R	B	S	E	T	A	O	D	O	M	E	S
O	B	S	A	M	O	H	T	A	L	L	E	Y	F	L
F	A	E	N	W	H	O	V	I	N	G	R	A	M	L
T	N	V	N	O	T	Y	U	G	G	M	H	Y	Y	A
O	K	N	W	N	S	L	L	E	C	R	A	P	R	W
N	S	A	O	M	E	A	T	K	E	O	M	F	O	D
F	R	B	I	S	U	T	E	L	S	R	M	F	L	U
D	P	T	E	S	R	L	T	R	E	A	U	O	Y	B
A	H	C	E	N	L	E	N	E	R	V	E	K	A	A
V	T	A	H	E	T	O	D	S	L	A	L	I	T	K
I	L	R	R	S	R	L	H	N	A	B	L	E	L	E
S	O	T	O	W	K	A	E	P	A	E	E	M	V	R
R	V	H	O	S	L	E	K	Y	Y	M	R	E	P	Y
L	C	O	L	L	I	N	S	S	O	R	C	A	B	I
R	D	N	A	L	N	O	C	U	T	Y	L	L	E	K

WORD SEEK 345

J	F	I	L	T	E	R	D	Y	R	F	G	A	H	H
L	L	P	I	O	F	R	C	H	E	R	B	F	S	B
J	S	E	L	C	Y	E	A	R	C	A	I	W	C	N
P	M	J	R	D	C	F	M	E	O	C	S	H	G	J
B	N	U	S	W	E	E	T	D	T	L	I	T	A	S
O	S	I	H	F	N	P	N	I	E	C	O	J	T	H
H	V	C	E	T	M	W	U	A	J	H	A	C	Y	J
T	R	E	R	S	S	R	L	R	M	U	F	P	W	R
V	T	L	R	U	F	E	N	O	L	E	S	A	N	I
M	A	T	Y	M	P	R	P	M	G	M	T	S	O	R
A	C	T	Y	D	O	B	D	A	O	E	E	H	O	G
E	O	O	S	S	R	U	T	O	R	B	G	V	T	Y
U	S	B	E	E	T	N	T	S	N	G	A	R	E	E
D	N	G	E	T	I	H	W	H	Y	L	A	T	I	T
V	G	M	U	V	N	V	E	N	F	T	U	J	P	V

WORD SEEK 346

G	S	H	W	S	A	D	D	L	E	Z	S	H	N	U
O	H	Z	L	A	E	C	I	F	M	S	O	C	O	P
M	O	F	P	I	A	R	I	W	L	A	B	N	T	P
E	E	F	O	K	M	P	E	N	C	I	L	E	A	L
F	S	G	G	W	S	D	S	S	O	E	I	R	B	E
R	L	H	O	H	A	T	P	R	H	M	A	W	G	S
U	F	U	S	R	S	R	E	A	O	C	R	I	N	G
L	O	O	T	S	H	U	M	L	H	S	R	A	E	H
E	N	D	I	E	R	M	Z	U	T	A	S	P	H	R
R	L	E	C	A	E	P	T	C	Z	S	P	I	E	R
Z	U	C	K	R	D	E	E	O	B	O	I	D	C	K
S	U	E	I	O	O	T	R	N	M	S	D	H	S	S
I	W	U	B	G	O	S	K	I	T	A	L	A	W	S
I	F	Z	N	G	A	B	B	B	L	W	M	A	Z	G
P	I	Z	L	O	C	R	I	A	H	C	H	G	I	H

WORD SEEK 347

H	F	F	I	K	S	C	U	L	L	Y	T	A	Y	P
W	K	K	N	O	E	L	L	A	G	K	R	A	F	T
W	A	F	A	S	U	T	O	S	Y	E	I	C	T	H
O	I	C	R	C	R	S	R	O	K	T	R	L	W	E
C	M	W	A	H	A	R	S	A	P	C	E	I	K	U
S	U	T	M	O	W	T	E	Y	W	H	M	P	L	I
K	D	T	A	O	R	R	B	S	N	L	E	P	T	S
T	H	T	T	N	B	D	D	O	I	T	E	E	R	R
D	A	R	A	E	T	O	L	G	A	U	R	R	E	E
I	L	O	C	R	R	I	O	G	D	T	R	I	L	K
N	E	I	B	Y	N	N	I	U	G	Y	R	C	A	N
G	R	G	R	E	D	R	G	T	K	R	A	Y	H	A
H	Y	D	R	O	F	O	I	L	A	N	A	C	W	T
Y	H	S	L	A	U	I	K	C	O	K	U	M	H	N
W	I	A	M	T	B	F	L	E	E	G	O	J	D	T

WORD SEEK 348

L	U	W	Y	H	S	L	C	K	L	C	U	O	O	B
A	W	X	L	I	B	E	I	O	Y	U	P	H	E	L
N	G	N	L	N	C	X	L	B	F	O	A	D	T	H
T	H	V	I	E	I	U	Y	P	E	U	I	B	W	D
E	E	T	K	L	W	G	A	M	E	R	I	C	A	N
R	M	A	S	S	A	C	H	U	S	E	T	T	S	Y
N	P	T	C	N	X	S	S	T	R	D	T	Y	N	W
E	N	G	R	A	V	E	C	S	O	W	L	S	A	U
M	T	B	O	S	T	O	N	B	H	O	P	R	M	S
E	N	O	T	G	N	I	X	E	L	P	N	T	S	B
T	V	S	I	C	G	S	R	L	E	N	I	E	T	V
U	U	A	O	R	M	O	L	L	A	U	B	U	F	O
N	P	R	I	I	T	G	F	S	D	G	E	M	A	F
I	D	A	T	H	A	A	M	R	E	T	N	I	R	P
M	R	H	Y	T	R	A	P	T	R	E	L	A	C	W

WORD SEEK 349

H	A	T	E	E	H	C	N	W	A	R	B	N	F	U
L	S	T	L	I	R	E	H	T	N	A	P	E	K	P
K	T	T	A	O	C	I	L	I	S	K	L	L	E	U
Q	R	I	R	I	S	A	A	T	E	I	A	C	E	M
U	I	G	G	K	L	T	G	E	N	T	R	E	L	A
D	P	E	E	B	N	L	N	E	S	D	G	I	S	U
B	E	R	I	U	S	S	E	T	G	R	N	T	S	R
P	S	N	O	W	E	R	B	H	O	A	O	E	P	A
L	A	M	I	N	A	N	E	A	O	P	R	I	S	G
E	U	F	S	N	K	K	R	V	Z	O	T	U	P	U
H	T	E	W	C	O	U	N	C	E	E	S	Q	O	O
W	S	H	A	Q	M	I	B	M	I	L	C	H	T	C
R	I	S	P	S	W	A	L	C	I	R	C	U	S	Q
I	F	L	A	V	L	Y	N	X	L	P	S	N	H	M
B	H	I	D	E	Q	H	D	E	R	Q	V	T	N	R

WORD SEEK 350

3	0	5	2	7	5	3	8	8	8	3	2	6	6	8
2	5	6	3	4	9	3	3	4	1	9	5	4	9	0
9	7	1	0	1	2	2	9	9	5	0	6	4	7	9
7	9	3	0	7	7	9	6	3	2	6	2	4	5	5
0	0	1	7	3	9	3	4	4	8	5	4	5	2	9
5	4	4	0	4	8	5	5	3	7	1	5	9	2	3
8	4	5	8	1	2	6	5	7	2	4	1	3	8	0
1	8	9	1	2	0	3	1	0	3	4	9	8	4	4
3	4	9	5	2	9	6	5	4	9	2	5	1	9	7
6	0	8	9	9	4	2	4	6	6	2	8	9	7	7
3	5	2	5	1	4	0	9	2	9	6	6	4	8	9
0	1	0	8	2	7	4	2	6	5	8	4	4	6	1
0	2	2	1	7	2	3	4	1	3	6	4	7	6	3
2	9	8	0	0	0	8	5	8	4	2	3	3	5	4
8	5	6	0	8	4	5	0	8	8	6	1	9	4	5

WORD SEEK 351

T	D	E	E	F	P	O	O	L	F	O	R	E	I	U
C	V	M	H	T	S	U	D	A	S	W	E	E	P	V
Y	W	K	A	T	P	E	S	V	M	G	T	R	O	A
N	M	G	I	K	A	T	I	S	Y	B	A	B	M	S
D	A	E	R	S	E	B	U	S	E	C	W	U	T	M
P	L	R	C	A	S	B	T	T	T	R	S	U	U	L
O	M	U	U	G	C	U	E	I	C	T	D	U	O	A
W	O	H	T	W	R	X	C	D	A	Y	C	O	S	W
A	C	H	A	N	G	E	A	Y	C	A	H	Y	Y	N
V	E	S	A	P	Y	G	I	W	V	C	O	L	B	N
P	H	G	V	D	E	N	T	I	S	T	V	V	G	H
A	M	I	U	T	A	E	A	A	W	U	R	W	I	G
F	A	B	U	P	E	H	L	E	B	P	A	F	U	W
H	G	P	M	T	V	O	E	S	L	L	K	R	O	W
V	C	P	H	R	C	D	V	N	K	C	E	M	O	H

WORD SEEK 352

K	W	A	H	I	T	D	A	E	H	Y	E	N	O	H
K	K	E	V	A	H	O	G	A	N	S	A	S	H	D
Y	P	S	E	M	L	O	H	H	C	M	E	H	A	H
P	R	H	E	R	E	W	E	H	E	S	E	U	L	E
R	N	E	G	A	H	Y	H	H	U	S	A	N	L	A
B	B	L	P	H	E	L	L	O	Z	C	H	T	M	V
L	H	K	G	R	H	L	H	U	P	A	S	E	A	E
L	L	C	H	N	A	O	Y	R	R	A	H	R	R	N
I	A	E	S	A	O	H	W	T	C	O	L	L	K	F
H	P	H	E	G	Z	H	E	D	T	L	I	O	L	O
O	E	V	R	I	K	E	R	E	Y	A	T	A	N	D
M	D	T	E	R	B	A	L	K	H	R	H	O	I	G
E	W	N	H	R	H	R	N	U	A	A	V	G	H	B
C	U	Y	O	A	E	A	E	E	H	A	W	A	I	I
Y	P	P	A	H	H	A	H	H	E	S	A	I	D	H

WORD SEEK 353

A	H	C	L	D	I	E	O	G	K	K	Y
Y	N	I	K	K	L	G	L	L	G	H	T
T	N	Y	M	A	K	E	N	Y	A	O	T
N	I	M	K	I	A	L	K	U	N	K	B
O	B	T	B	D	T	L	K	N	I	U	Y
O	B	Y	N	U	O	O	A	O	I	K	O
N	N	Y	Y	H	G	C	G	N	D	H	K
M	T	C	O	O	M	O	M	C	M	N	T
D	O	I	D	B	U	T	Y	O	U	G	L
O	E	N	Y	N	A	C	U	O	Y	Y	N

WORD SEEK 354

Y	T	S	R	N	M	A	H	E	D	T	G
S	O	K	O	U	D	E	S	N	M	R	S
B	A	C	M	C	Y	E	T	U	A	K	B
L	D	N	O	R	Y	M	I	N	O	A	L
U	M	R	E	F	W	B	R	M	D	M	A
Y	N	A	R	L	A	C	A	T	R	L	I
S	I	U	Y	A	K	G	K	E	A	R	U
T	A	N	R	E	M	B	S	A	T	N	D
E	U	R	D	H	A	T	M	T	N	A	C
O	D	C	O	M	T	A	I	A	M	H	O

WORD LIST FOR WORD SEEKS 329 & 330

Batter, Garlic, Higher, Intend, Joined, Kingly, Longer.

WORD SEEK 355

E	G	C	K	G	B	S	M	D	A	M	L	S	P	F
F	N	B	G	P	U	C	G	R	I	U	H	A	T	N
A	L	V	L	A	C	M	C	H	E	S	T	C	X	C
S	I	A	A	C	K	A	I	V	V	C	H	K	O	F
H	B	A	S	K	E	T	S	T	A	U	U	N	B	O
F	U	B	S	K	T	F	U	H	F	L	E	A	N	K
L	O	O	P	L	C	B	A	E	C	B	I	T	S	H
W	N	A	C	I	E	L	E	R	R	A	B	S	C	M
O	N	I	A	A	T	P	V	M	A	W	G	A	E	F
B	B	K	N	P	O	C	B	O	T	C	B	G	E	T
O	A	K	T	L	L	E	H	S	E	I	P	S	E	T
T	S	T	E	L	L	A	W	E	N	C	A	K	A	L
T	I	V	E	G	J	K	U	E	R	C	C	C	C	O
L	N	E	N	C	A	R	T	O	N	O	O	P	S	N
E	S	R	U	P	R	B	V	C	P	I	X	L	O	W

WORD SEEK 356

D	L	S	D	R	O	W	G	N	O	R	W	R	L	E
E	R	P	B	E	O	F	R	L	E	T	T	E	R	S
E	C	O	D	Y	P	A	P	E	R	I	F	G	P	A
N	D	A	A	A	E	F	M	R	A	T	H	G	I	R
Y	C	A	L	L	O	U	T	D	A	E	I	N	C	H
N	T	C	S	P	A	N	C	R	R	B	P	W	T	P
A	T	H	R	H	L	N	M	O	Y	A	P	O	U	B
M	Y	O	G	O	E	S	O	L	M	H	W	S	R	L
E	F	O	E	I	S	S	S	I	S	P	A	C	E	S
M	I	S	L	S	R	S	A	N	T	L	L	F	P	T
A	T	E	T	S	E	P	P	B	E	A	T	E	O	T
G	N	L	H	U	B	A	U	I	H	L	C	W	T	H
U	E	E	G	M	C	O	R	R	E	C	T	U	H	E
T	D	C	I	Y	H	A	N	G	A	C	T	I	D	M
B	I	T	R	O	P	P	U	S	D	R	E	U	T	E

WORD SEEK 357

A	F	L	O	O	N	O	D	N	I	E	P	E	R	O
R	D	E	L	I	N	I	I	R	U	O	S	S	I	M
T	I	B	E	R	H	J	S	P	C	D	N	A	U	S
O	C	O	N	I	R	O	H	G	N	A	W	H	E	C
N	I	D	G	B	Y	R	M	E	K	R	A	N	O	R
O	I	P	I	R	A	D	R	E	V	O	E	N	U	E
K	P	G	P	T	A	A	E	R	K	L	G	G	R	C
U	A	E	E	I	I	N	D	U	S	O	E	A	A	N
Y	M	S	A	R	S	T	D	O	Y	C	N	N	L	E
H	A	P	E	C	A	S	N	E	E	T	I	G	S	R
T	Z	A	M	B	E	Z	I	O	N	O	H	E	B	W
I	O	R	G	P	U	R	U	S	I	G	R	S	F	A
O	N	A	R	L	I	N	N	O	S	D	U	H	T	L
S	B	N	R	I	O	M	A	D	E	I	R	A	D	T
G	E	A	N	E	L	V	S	D	I	A	M	U	R	S

WORD SEEK 358

E	K	Z	Z	I	W	L	E	G	N	A	Q	G	A	E
Q	Q	M	E	S	O	R	R	N	E	F	E	P	T	S
P	G	U	H	S	P	E	B	G	I	M	L	R	I	G
R	S	S	U	E	A	W	I	D	I	P	A	O	V	S
E	E	I	O	S	L	O	D	N	K	N	P	M	E	A
M	I	C	E	K	F	L	I	G	H	T	N	I	N	M
B	B	R	K	A	E	F	O	S	W	E	L	S	P	O
I	A	C	T	R	P	F	K	Y	L	F	N	E	A	H
Y	B	H	A	R	V	E	Y	I	R	E	Q	S	R	A
S	E	O	C	A	N	N	I	E	N	A	U	Y	K	L
R	Y	R	A	N	K	A	T	E	U	G	M	T	P	K
O	Y	U	I	M	A	T	T	U	C	L	A	C	H	O
A	R	S	G	A	U	M	A	I	N	I	C	N	A	D
D	N	R	O	B	H	C	A	B	A	R	E	T	D	Y
I	M	K	U	G	L	T	T	L	F	U	B	I	A	I

WORD SEEK 359

R	E	S	A	E	N	U	U	N	B	O	L	T	S	K
U	N	F	A	I	R	N	H	D	R	U	N	U	R	O
N	U	C	L	I	O	C	N	U	N	E	P	O	B	O
M	N	E	U	N	B	E	N	D	B	I	C	J	D	H
A	L	R	U	C	N	U	O	N	E	N	B	A	C	N
S	I	M	A	N	U	N	U	U	U	R	L	N	N	U
K	K	D	U	U	E	C	N	A	N	C	B	U	U	N
U	E	Q	N	O	N	A	S	T	N	K	R	N	E	P
C	N	O	X	I	B	G	S	U	L	C	F	E	U	A
P	U	R	T	L	K	E	L	Y	N	O	Y	V	N	C
U	N	L	E	S	S	N	O	U	L	L	M	E	D	K
E	S	R	D	A	U	H	U	D	E	N	O	N	Y	M
B	A	A	F	D	L	J	N	R	Y	U	J	A	E	V
S	F	J	Y	L	U	R	N	U	N	P	A	I	D	G
P	E	D	G	U	L	P	N	U	N	R	E	S	T	C

WORD SEEK 360

A	N	T	I	F	F	L	I	B	N	O	T	A	U	R
L	P	E	C	L	O	V	A	D	J	G	C	V	C	S
I	Z	E	E	E	R	E	S	L	A	R	O	E	K	U
S	F	L	S	H	G	M	N	A	K	E	C	T	N	Z
E	F	I	T	P	O	O	V	R	L	A	F	S	I	N
D	A	C	S	O	D	O	O	B	R	I	T	T	R	A
O	R	F	F	O	X	K	L	G	U	H	A	L	T	M
B	M	S	L	D	D	Y	T	N	S	W	D	E	I	N
E	F	S	E	N	E	P	R	I	E	O	G	D	O	L
A	T	U	R	A	C	R	E	Y	L	B	S	R	A	L
M	E	I	D	H	K	O	P	R	U	R	M	E	S	Y
I	U	J	B	A	N	U	S	U	X	E	A	K	A	W
T	L	E	S	M	E	A	I	H	P	E	N	E	K	F
T	K	T	C	S	V	N	A	T	E	T	R	R	O	E
O	R	H	I	G	N	I	E	H	D	I	N	C	H	I

WORD SEEK 361

G E E S C A P E Q T L Q H Y A
X X R L N N R G U E R U R L C
Q P E I L O N T I C T A A R O
M I R I H I O S E R I I I S V
C A E S G S U L T G E N S L E
M T N D Q R P R I V A T E I S
A U O O E U D M R H N I N C V
C L W O R C A E A A U H L E S
Q O N W T X S M R H G I L O C
I P E A C E F U L D W K A S F
T I D R R Y A M A P R E T T Y
X C L P E T M A N S I O N S S
E N O T S T S I R U O T E D C
D I G E D F A F F W S M R A F
L C R E T I H W I I F K E X V

WORD SEEK 362

C L Y C B V S E L L I H S A C
V A N S N T H P C E C A F E L
D S N W A C G S I I Z B B N C
H O T D O G P I W H L T K T A
E B I S Y T T D D A C B E E N
F U T N E I N E V N O C U R O
M S O U L A A W G Y P M A P P
A Y O A S L H A O A B Y P R Y
E N F M L V C L R D S R S I T
R E V R W L R K C L A U A S B
C S S O U V E N I R S F A E N
E B R N T I M R E P O I T S N
C K C A N S T Y B O O W T G I
I H T K D H F N D M S O D A S
C U C S R E M O T S U C C B E

WORD SEEK 363

N A M O E I Z H C I R T O K V
E N T S S Y F Z A A N S E E I
N D O H M O L D E L D O L K D
S T I O G U U G L R K E U J C
R J E R B E S D Z O C C M R O
E C A N T A Z T N T G J I Y R
L T N A Z W C O A O R S Z T O
I D R A S A R Z N C H E O K V
N O N E N T R A P S G Z A G I
E C S Z C C M T E I X E G L V
S E L E K H J E Z L T I R D M
L D R U E B K W V S F L N M S
A C P S B K E C F T B A J W A
W R O A R L S E E D L A E Z N
Z J A N G W V L E S T I A L Y

WORD SEEK 364

M S W C P T S X A N S W P X F
W R E P A I D T S U R T B H Y
N H E R T P R O F B E N O H P
H E K T V E A E Y K S A I R O
X J E W L I T B G D P F W U Y
E R N D E H C I L A O N N O R
M M D L G C K E V E N I N G T
I O O I R O N H E N S E D W X
T K N H S U P E R V I S E A Y
D W C C G T L U I G B U K T G
E C S A E D E E H R L O N C H
B H M G N J H B S E E H M H G
B E R A C S O F F P Y P F H I
S C H W O R K B J O B I X F G
H K F O H N O I S I V E L E T

WORD SEEK 365

V C J S B I H Y K I O H F K S
M S D N E R T I B Y G R E N E
K E O J S M B A G B G C D O I
L C T E U L A U C H O Q S Q T
A N T E C C S G D G S H P O R
E A O V L H K N P D S V O Q A
D D M I C H E U U K I S R C P
E I Q R H I T E O F P E T Q R
J U O D R S B A R G C I S O V
E W L F U R A C G L V I T R C
D J Y G I R L F R I E N D S Q
F O O T B A L L T L E A R N K
B G U B S L K I F M F E D M T
H L T S A M E E T S E F L E S
M A H M B S H O P P I N G E R

WORD SEEK 366

E D O L U E L G I E B I Z M B
Y H O S W A P F G Z P R A H S
E N C D T L U N E F B M O R T
G B T U T F O S N M M Y F W D
N T M F O R E S T A K F F Z N
I P L I T P W E L R C F S L U
L S E S L E A V E S A U P U O
C A L M T C G K W U T L R Q R
T R E E T O P M C P K F I Q G
F G I R G Q Y W Y I N E N A S
Y U M R O R W L I A H E G O W
Q T A T I B A H D L A T O C S
A Y L U D C R L I D D Z U N S
N O C T U R N A L T U T Q D I
Z M M E D A W Q Z O E C B E R

WORD SEEK 367

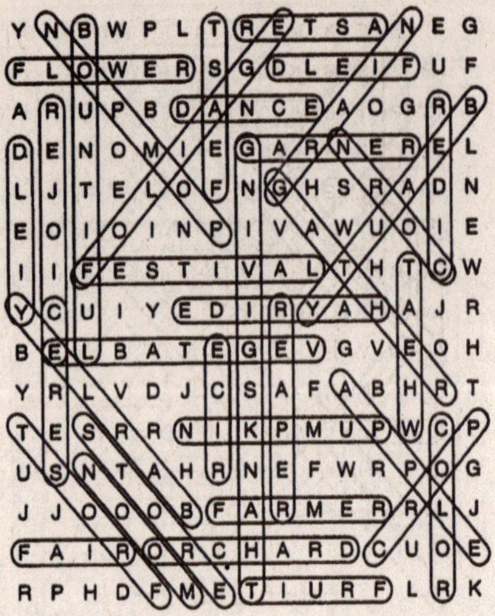

WORD SEEK 368

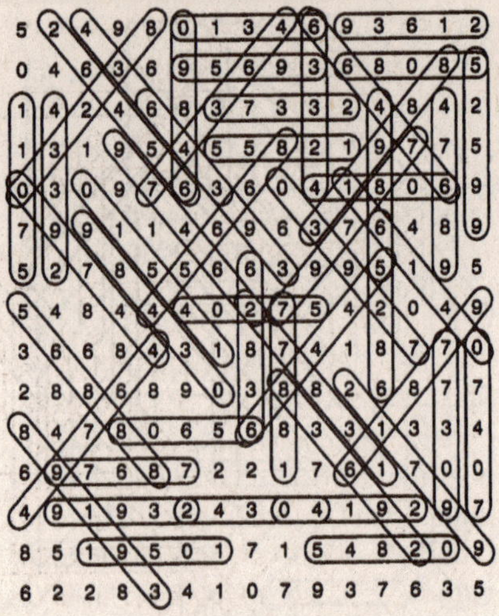

WORD SEEK 369

WORD SEEK 370

WORD SEEK 371

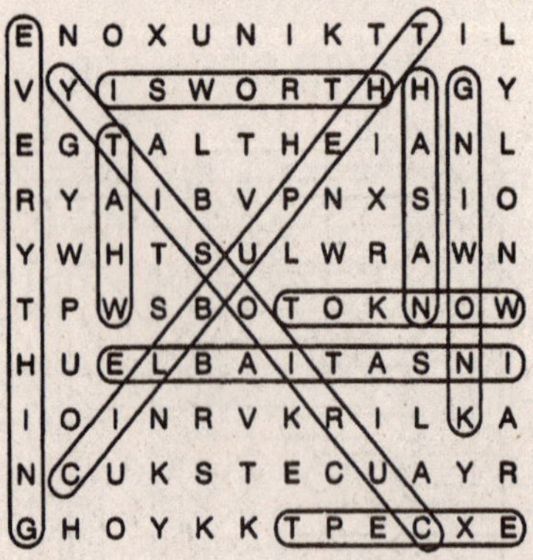

WORD SEEK 372

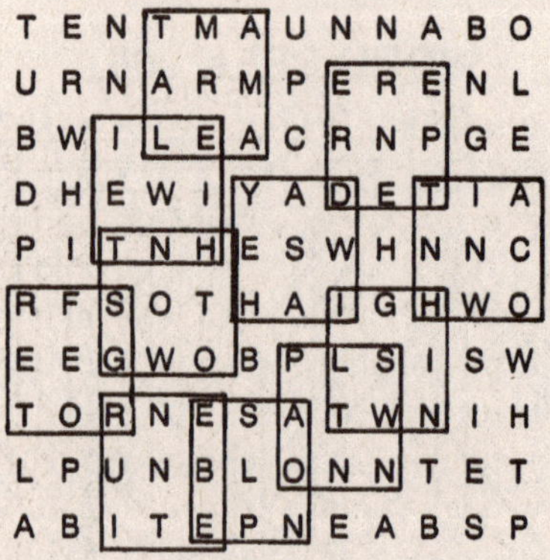

WORD SEEK 357 WIZARD WORDS

A flood is caused by a river that's too big for its bridges.

WORD SEEK 373

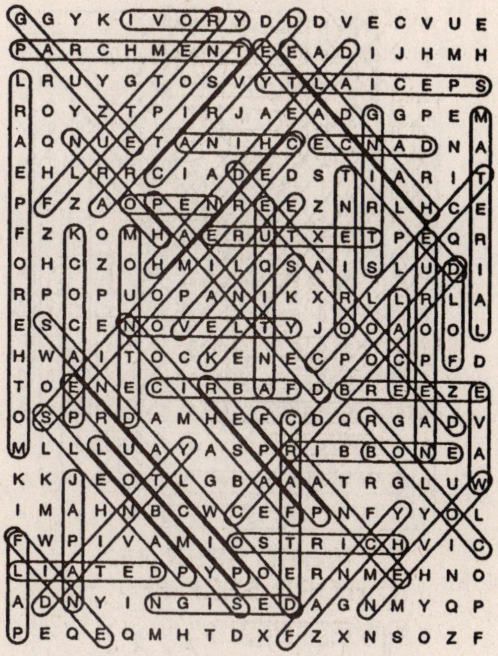

WORD SEEK 374

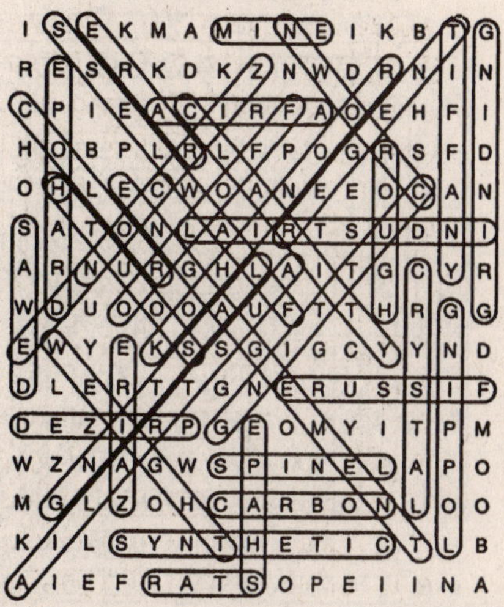

WORD SEEK 375

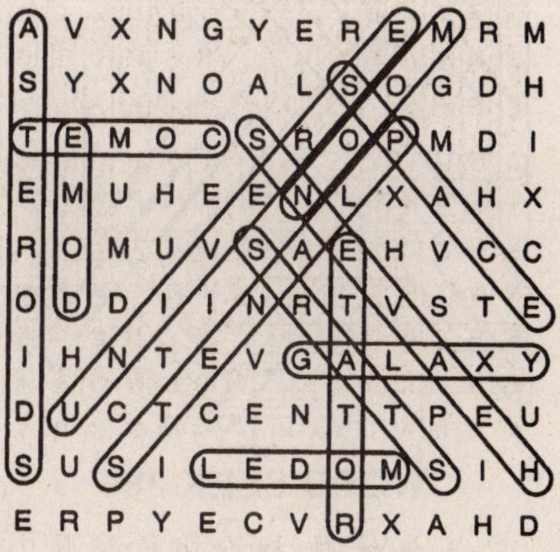

WORD SEEK 376

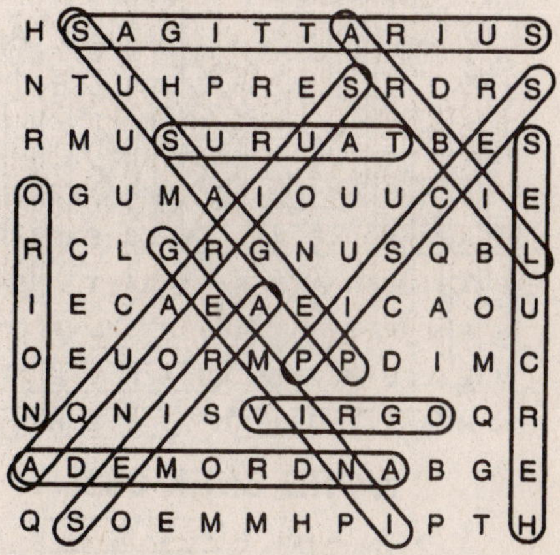

WORD SEEK 377

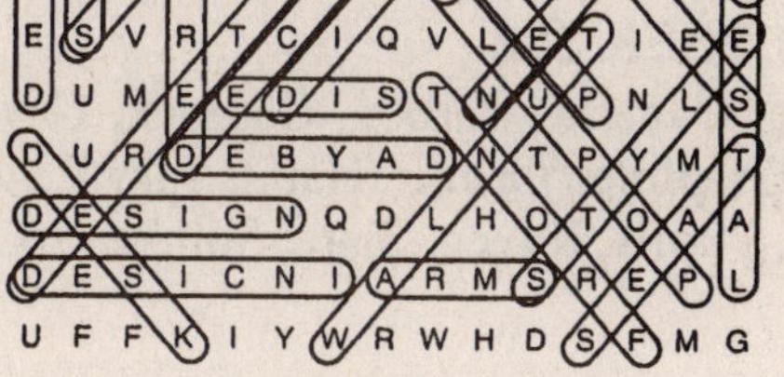

WORD SEEK 378

WORD SEEK 379

S	W	O	R	G	E	N	O	Z	D	H	T	P	E	D
S	O	S	E	A	S	O	N	W	E	N	A	E	C	O
P	A	A	F	R	E	H	T	A	E	W	I	H	U	E
R	H	E	C	O	U	R	T	R	E	T	A	W	B	M
E	M	E	S	T	R	S	A	M	T	N	C	C	P	E
A	E	C	N	E	I	C	S	C	G	S	U	D	R	A
D	T	A	O	O	N	V	E	E	D	R	A	E	E	S
N	S	F	I	A	M	F	E	I	R	D	H	V	D	U
E	Y	R	T	X	F	E	S	E	D	P	P	E	I	R
T	S	U	C	E	T	R	N	G	S	N	F	L	C	E
X	R	S	E	E	U	T	V	O	L	T	A	O	T	S
E	D	T	S	P	N	D	M	G	N	O	U	P	R	R
H	I	E	T	A	U	T	C	U	L	F	B	D	X	M
P	C	L	I	M	A	T	E	S	U	A	C	A	Y	E
N	T	S	G	E	V	A	W	R	R	E	Y	A	L	S

WORD SEEK 380

6	1	6	2	1	2	9	1	1	0	3	5	0	7	1
9	1	6	4	2	9	5	6	0	6	5	6	3	1	7
8	5	5	9	1	9	3	1	2	3	2	9	7	2	9
7	9	0	2	9	5	8	3	3	0	3	0	6	9	7
7	1	3	3	2	0	1	1	6	0	5	5	9	2	5
2	7	1	0	3	4	1	1	4	8	0	3	7	7	6
7	1	8	6	9	6	5	7	0	8	5	2	8	6	5
6	5	8	7	2	0	8	1	4	0	2	8	7	4	8
4	4	9	4	9	1	8	0	0	2	8	9	9	9	7
9	8	4	9	7	5	1	7	9	2	5	2	4	9	0
6	3	4	0	5	0	3	8	4	2	3	4	3	3	6
5	0	7	2	6	7	8	6	9	0	4	9	1	5	8
8	0	0	4	4	7	1	5	0	3	8	5	9	2	3
0	5	6	8	7	4	6	6	5	5	9	1	5	9	7
3	2	8	5	5	8	3	0	2	2	7	0	0	1	4

WORD SEEK 381

S	M	H	O	R	S	E	I	V	O	M	R	E	E	B
L	R	O	J	O	T	T	E	D	I	R	G	O	L	K
A	A	U	N	V	U	D	S	F	A	N	T	A	S	Y
M	F	S	A	S	O	J	M	A	G	I	C	A	L	T
I	W	E	S	S	T	A	G	E	E	K	Y	P	E	S
N	C	H	E	T	O	E	V	W	S	B	F	F	L	M
A	O	E	V	N	O	N	R	M	P	M	R	R	Y	A
W	T	T	R	A	H	R	I	S	I	O	I	A	P	J
R	H	T	E	I	S	T	S	D	N	G	W	T	O	C
I	E	H	S	G	H	O	S	T	N	R	W	S	O	R
D	A	R	E	D	E	V	I	L	E	S	E	E	N	A
E	T	I	R	W	A	E	S	T	R	A	T	I	S	F
S	R	L	P	Y	R	N	A	L	P	I	M	F	C	T
M	E	L	D	Y	V	W	C	C	A	R	V	E	R	S
N	M	S	T	T	O	N	K	E	S	I	E	R	R	A

WORD SEEK 382

E	T	N	E	V	S	H	B	S	K	C	O	L	E	R
N	D	K	R	A	P	S	I	C	M	H	Y	N	H	O
V	R	B	O	V	A	Y	O	I	V	L	O	S	W	O
C	A	P	T	I	M	L	R	N	I	G	E	R	I	F
A	O	K	A	S	C	R	A	G	E	A	R	S	N	E
S	B	N	I	E	O	S	H	C	T	U	L	C	D	N
S	H	U	D	R	N	T	C	J	C	G	B	T	O	D
E	S	R	A	I	E	I	Y	R	A	E	R	U	W	E
T	A	T	R	R	T	T	G	A	A	C	A	R	S	R
T	D	A	R	S	K	I	E	N	R	P	K	N	T	A
E	C	S	P	E	E	D	O	M	E	T	E	R	A	D
K	V	A	T	I	T	L	E	N	O	C	H	R	M	I
F	R	O	P	E	D	A	L	S	I	D	C	S	B	O
E	N	T	L	M	F	U	E	L	S	N	O	P	A	A
K	C	M	V	X	L	E	E	H	W	T	X	P	Y	C

WORD SEEK 383

I	N	Y	I	A	G	T	E	M	L	E	H
N	P	E	C	N	R	M	P	H	L	A	D
M	C	D	P	E	Y	U	I	S	N	I	M
E	S	I	A	R	P	P	A	T	G	D	H
A	T	T	T	A	O	F	A	I	I	E	Y
S	E	I	G	E	E	F	T	Y	R	M	A
U	E	O	H	T	L	A	I	C	E	P	S
R	R	N	Y	O	L	H	E	L	D	M	D
E	L	D	R	U	H	E	T	C	E	R	T
Y	G	O	P	O	P	U	L	A	R	I	Y

WORD SEEK 384

O	V	S	D	R	I	V	S	P	U	M	R
N	Q	M	D	N	A	Q	Y	S	N	R	I
N	Y	R	E	R	U	T	X	E	T	E	B
M	V	M	I	A	O	O	B	O	H	T	B
O	A	E	R	P	V	M	R	E	C	T	O
R	T	E	L	A	U	W	A	W	U	A	N
Y	E	A	X	V	V	F	O	N	O	C	D
X	I	L	F	S	E	P	I	R	T	S	S
N	N	O	S	O	F	T	M	Y	H	I	B
W	R	U	S	S	S	X	C	U	M	T	C

WORD LIST FOR WORD SEEK 316

Anthracite, Ants, Bats, Bear, Blackboard, Blacktop, Camera, Carbon, Cassock, Cave, Charcoal, Coal, Coffee, Crow, Darkness, Ebony, Graphite, Grime, Habit, Ink, Lead, Licorice, Mascara, Night, Oil, Onyx, Panther, Pitch, Pupils, Raven, Slate, Smoke, Soot, Space, Spades, Tar, Tire, Tornado, Tuxedo.

WORD SEEK 385

S L B U N S H W F G R I T S W
Y H S I N A D G P O A C H E D
R A Y Y S W A F F L E S Y K R
U M E H L C C R H J P Y S A A
P C N A O L U M U C O A C C H
A T O H L I E I A A A L R N S
Y S H C T L C J T E I O A A U
E G H D O E P M M C I N M P M
H W C E W A E A L S E A B S E
B K O I L A J G S L Y R L F H
A L F R L R C A A S O G E G K
C I F F R E N C H S G R D A S
O M E L E T U N H G U O D G L
N M E L O N N H D M R A G K W
G K Y L A F T S A O T E S L L

WORD SEEK 386

W E T L A N D S E A L S W G D
A C V S V B D C T R E L T N M
T N T E O E P E E S B U T I K
E O W A R M N N G N I H S I F
R P T S R G I I G R N R B K L
S S M H R P L C C O A U U S U
I A R E A U O A T E S W S O G
E L I L L R P N D Y I T C M T
I A M L H T E D Y E E M H Y F
B V A N I D T R E A S U R E F
O I O V A S N T K R T T K E F
K T A R I P A T O S A R A S D
K S B H Y R L P R M Y D N A S
B E A C H P V E P F C C E C B
U F O R T C O A S T C B K C K

WORD SEEK 387

N E D R A W Y B C T S I P Y T
R L D O J R O U M P I R E R R
E F K P C O B T T E S O J E E
T C A P B T W L B S U J B H T
S O N R A I O E R S I R Y T A
I P G I M D C R I Y A T C A K
S J L B R E K N A B E L R F S
K O E A E P R A U T H O R A J
R E R C Y A M Y B Y O H M P H
P C L N W E D A N C E R J A J
R O L I A S R E R R W K N R N
I U R J L J P S M I K J C S J
E S G T T H G I N K N N U O M
S I U R E H T O M Y K E D N J
T N S W A R E L L E T A L E U

WORD SEEK 388

S T N R J P Y L N P J Y G P E
D M H P H U O R H U V W I C T
T U C P I G I U O P I A P H P
U S A N G L E C N A L A B P C
P R E U H T A D E S D I W O H
Y K B R E T I T I D N K A P F
G S U B C E E M L S A S T M X
M E P H A R M E I E T E E D S
Y I N I F O R D R N B U R P G
T A K F N H E B L V G A O S D
F R U S F S F D C T O R D P O
R B S W E L L N I B T E B H K
W E B W A V E S O L E F L I P
C A G T F N X D A P G Y I G H
I X S Y N K Y T S A F S K L B

WORD SEEK 389

F H L M L P R P M G L B N T D
I F S E N E H S L N P K M I E
N G P I L T D A L A R G E G F
A L S B W I S T S A L O N I E
L E L C U S T O M E E O H D R
B A W O F O R E S T P U H Y P
R M I M I A L C T S M T E T L
T E G R H T M S N I O K I I L
R E T N E C E O D M C C S C E
L A P T P A F R U D S A T R M
P W N R U W L E T S A P U R S
W R O U A B E A G L E T E M D
D O O P L C C B B N U G D S S
F D W S R G K H D F A U N N R
B H A V E N M T A E R G R L M

WORD SEEK 390

U K Y D W W V P E T I R W E R
P A Y P O C A L E N D A R G E
T Z T R G G W L M N I P S R A
E H D R E L E O A E C S E E C
W B N N A P E H R O T P B A R
T I D E H M T T E K A E L T Y
S A B O H R S D T P T L R E N
D R N O O U A E U E E L O G H
E E L H S T A M P S R F A X T
F D S M E S E F M O F S L Y P
E L D K D S A A O I L P P B G
N O H I S S I O C U U E P V F
T F A A U L Y E P I N E V F I
O R G A N I Z E G E C D I N L
Y E Z R H E D L K F H S U R E

WORD SEEK 391

O	C	N	C	E	L	S	Y	A	W	Y	M
B	S	H	B	H	T	P	C	A	N	T	N
U	M	A	W	S	D	B	K	R	H	W	Y
N	E	R	D	L	I	H	C	E	Y	O	R
T	L	D	R	P	E	F	R	T	E	N	B
O	I	T	H	A	T	E	O	H	N	P	A
M	S	R	R	M	F	R	B	E	H	O	C
E	C	K	W	O	Y	D	N	Y	D	C	D
I	E	N	R	I	E	H	P	R	N	R	L
N	D	E	S	S	E	L	B	R	O	F	T

WORD SEEK 392

B	P	R	E	F	N	I	I	N	T	E	R
W	A	L	N	I	M	I	N	G	O	T	E
N	R	E	G	P	G	N	I	C	I	E	N
I	F	O	L	L	Y	D	I	M	D	L	N
N	N	Y	O	E	A	A	B	D	I	N	I
F	I	O	R	P	D	E	E	B	I	I	P
I	N	N	O	M	D	N	D	G	R	O	L
X	E	D	N	I	A	M	F	I	A	N	M
R	R	T	I	N	C	U	R	A	T	M	E
D	T	D	I	N	A	P	T	P	E	N	I

WORD SEEK 393

W	L	N	V	B	D	E	C	I	L	S	U
Y	N	C	R	H	T	A	E	H	S	N	W
D	L	D	V	H	V	W	T	G	K	M	O
E	V	O	T	O	G	D	A	I	H	B	E
M	T	H	R	L	L	D	N	H	D	G	F
O	O	T	B	A	I	D	D	U	S	H	U
C	M	N	U	M	N	T	E	W	O	H	L
M	C	N	C	R	D	G	M	B	C	B	C
N	A	S	D	T	H	T	E	U	L	C	A
M	T	T	N	A	L	W	A	Y	S	L	N

WORD SEEK 394

C	G	G	W	E	G	G	A	F	F	D	R
C	A	S	S	G	F	L	F	R	D	T	I
F	S	V	D	N	W	Y	D	E	M	O	C
R	D	L	O	A	G	N	R	N	R	R	H
E	T	M	Y	R	L	L	S	N	C	T	E
F	G	S	I	O	T	O	A	N	T	D	S
U	F	S	N	L	R	T	R	U	C	N	W
S	L	R	V	N	E	M	E	D	N	A	T
E	L	M	S	U	M	T	I	L	L	A	T
C	G	G	V	M	C	C	L	C	V	Y	M

WORD SEEK 395

Y	C	B	K	W	M	I	L	K	Y	S	S	V	G	T	E	D	L	W	S
F	D	W	A	I	B	A	R	E	T	T	U	B	Y	C	A	M	M	G	S
F	Y	I	N	K	L	R	K	D	N	E	L	B	A	S	G	E	G	W	T
U	N	T	I	L	E	C	H	E	D	D	A	R	B	I	N	E	H	F	I
P	O	H	C	O	N	T	I	D	S	O	T	E	O	F	I	I	U	O	D
W	R	S	P	H	D	D	E	T	A	R	G	C	U	T	L	L	B	V	F
Y	Y	E	G	F	E	I	M	M	E	D	I	A	T	E	L	Y	M	I	I
C	N	C	H	R	R	E	B	N	E	E	T	L	N	D	I	U	T	R	N
C	S	O	G	E	E	S	S	R	E	V	O	P	O	P	F	L	O	U	R
R	M	N	V	I	A	A	A	E	O	V	R	T	D	F	O	O	E	F	E
I	I	D	A	L	W	T	S	D	N	W	O	E	I	H	D	U	N	F	L
T	Y	S	T	P	V	M	P	E	V	K	N	N	S	G	T	W	R	B	O

WORD SEEK 396

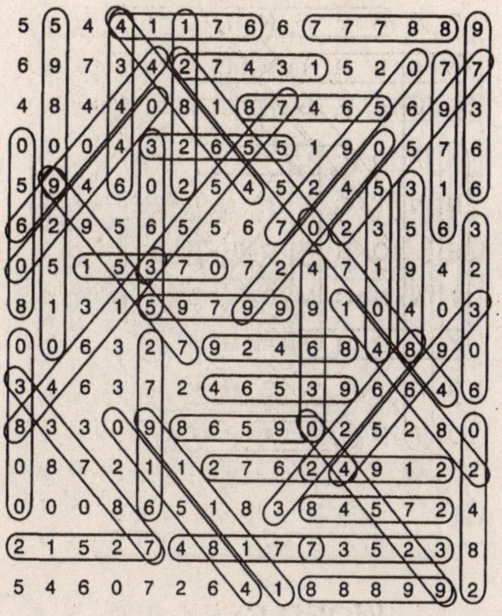

WORD SEEK 397

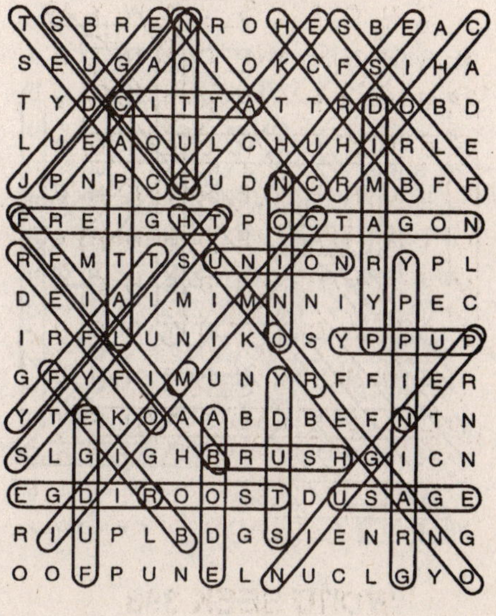

WORD LIST FOR WORD SEEK 359

Unable, Unbend, Unbent, Unbind, Unbolt, Unborn, Unbred, Uncage, Unclad, Uncoil, Uncork, Uncurl, Undone, Undyed, Unease, Uneasy, Uneven, Unfair, Unfold, Unglue, Unhook, Unjust, Unkind, Unless, Unlike, Unload, Unlock, Unmask, Unpack, Unpaid, Unplug, Unreal, Unrest, Unruly, Unsafe.

WORD LIST FOR WORD SEEK 382

Ashtray, Brake, Cassette, Clock, Clutch, Dashboard, Engine, Fender, Fuel, Gauge, Gears, Heater, Horn, Jack, License, Lighter, Locks, Maps, Mats, Mirror, Odometer, Pedals, Rack, Radiator, Radio, Roof, Scraper, Seat, Spare, Spark plug, Speedometer, Title, Trunk, Turn, Vent, Viser, Wheel, Windows.

WORD LIST FOR WORD SEEK 387

Angler, Artist, Author, Banker, Barber, Butler, Cousin, Cowboy, Dancer, Doctor, Editor, Farmer, Father, Hermit, Jockey, Knight, Lawyer, Marine, Mother, Nephew, Orator, Parson, Player, Porter, Priest, Prince, Sailor, Sister, Skater, Tailor, Teller, Typist, Umpire, Warden, Yeoman.

WORD LIST FOR WORD SEEK 392

Icing, Ideal, Idiom, Idiot, Idyll, Igloo, Image, Imbed, Impel, Imply, Inane, Inapt, Incure, Index, Inept, Inert, Infer, Infix, Infra, Ingot, Inlaw, Inlet, Inner, Inter, Irate.

WORD LIST FOR WORD SEEK 393 & 394

Always, Cavort, Comedy, Litmus, Manual, Orange, Tandem.

WORD SEEK 398

```
L C D U C T T P F D B E P T L
E N E Y S T M F I A N C E L P
Y O A L S M Y O B U T A T C D
U W R I C P I Y T G C H S B U
T B O M P N H L N H H P E N O
P M B A E D U N E T E R Y R R
C Y H F N M U R E E G R N T P
O A G E S T O D A R L I N G H
R R I W K T G R A N D P A P O
I R E T S I S N I N A L N A T
F E N L N D D M A E T O I N O
T U S L D M I B D W S S E H S
A B A R A D S K H S I R E H C
I W N I S U O C K C A F L S G
B R O T H E R T G P K P E W I
```

WORD SEEK 399

```
L N S E G P H D D E F W B R P
A R W O L T T N E E C G V A R
Y A R V P U O C D V S N R Y T
O A S E T O N U O Y O I A P F
R E H C A E T N C A S T A R V
P D G I I D X H C H C N E R F
S I E C W R I T I N G I R D E
T R S T U D E N T L N R S C X
U P E O A B E U G V N P M U W
D P S T A C E G E H V P L D M
Y G R H T S I N A G R O B Y W
O B P D O E T D G S O N N M E
N L B R A I L L E H S A R O R
A A F M O M Y U C D T E L R T
P F I N G E R S Y S T E M P V
```

WORD SEEK 400

```
J P W O R K O U T H N B B C A
Y E H B Y E R H N I B U O X X
Y B S C A S O A P K R H D X V
W G N I N N U R R E J E F L D
B M U W C I D J I U S W D B S
Y A T O H R O B V W Y O C V M
M A S S A G E J A H U P E K F
I T A K G N F X T T D F N C M
W W U I E X A L E R H T M A A
S K N U R T A E K E E U E R K
S G A E Y E B B L K S T M T J
D Y F O H U W A A C S K A O S
I M M I L P O O L O B E X W X
O S E C T O N E H L W P M E V
W G I X B Y S U A S P F U L R
```

WORD SEEK 401

```
U Q D P F C M E Y T F S C C R
B F B A C K H A N D H U H E Q
R L N M R P P E C I T C A R P
E L I G A O M F R K T C M H I
U I A I I A U A G A M E P I M
A K R N N I N N M M T S I Y S
Q S T R O K E S D D A S O I T
T S U E I I Q B N S S G N U F
D O T N T U S E A Y P N L R I
T V G E I E T S H S E R V E N
F E T C S N P T E T E L H T A
O H K I O P G M R F D L L K L
V D O C P U G I O D O Q I O S
G P H C A E R R F C U R D N V
L E G N A R Y T H Y A L P R E
```

WORD SEEK 402

```
R S V D S E W E C E E L F R B
K W G M E R I N O Z E N E Y C
L A M H O R N S T A R G H E E
O E R V O L B O S R I R P L R
F A I A O O I L W G H A T A I
F W J C K V F Y O C S S M N S
U S N L E U T S L C P S I D C
S I I H J S L O D B M A L O X
L M C O I F T H T R A W L O P
A I U N J H A E O A H U Y F M
M J U T I A S U R X M E N F L
M T N N T R V C S B F A R M S
A M G L O O W A I I X O N M V
M P A D Y T N A N I M U R A R
U L S A N R O M N E Y I R D P
```

WORD SEEK 403

```
J S E T A T S K I L L S L Y F
S P T P M D H M F E I P D S P
Y D O S R J B O S A F E T Y R
Z V E A S O R J M D E F U C I
A J W E K E J S V E A D O R Z
G A Z V S D N E I R F U I M E
Y O U T H S C T C S N A V R S
L S R G E N O A I T F V U A P
I Y P N E E M P R F S T S F Z
M O T I W G M Y H E A L T H R
A B C M R A U C R N E D R A G
F S L O C T N V F S C R C I T
L S U O A N I M A L S V S Y G
H P B R R C T E A C H F N K Y
S I S G E D Y I L A S A P N N
```

WORD SEEK 404

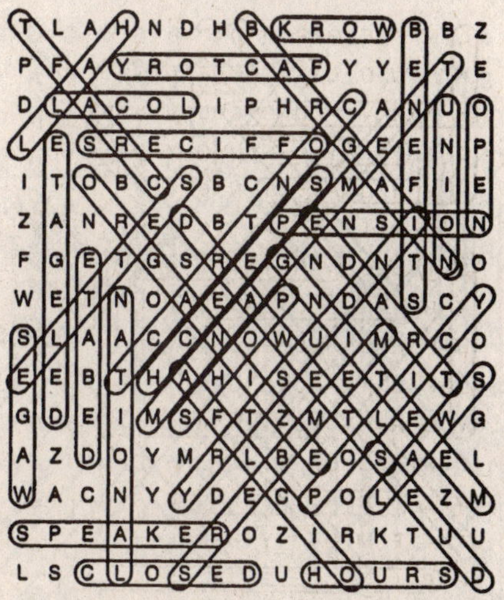

WORD SEEK 405

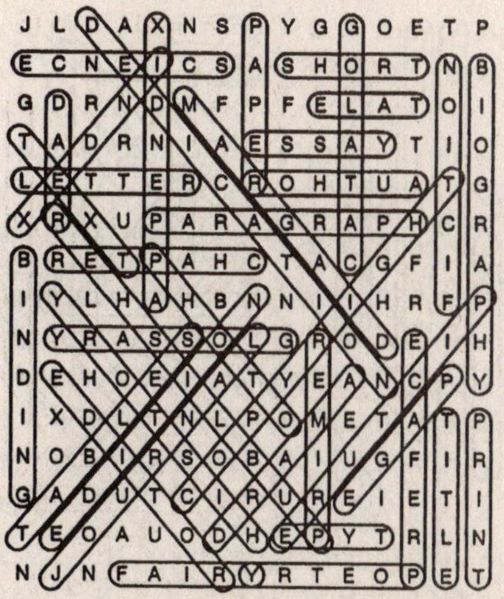

WORD SEEK 406

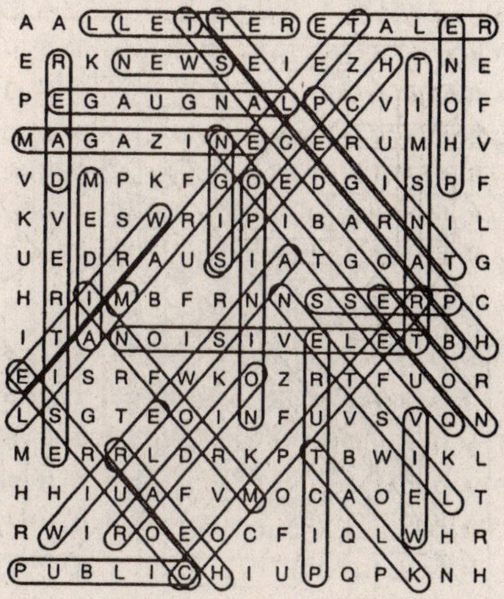

WORD SEEK 407

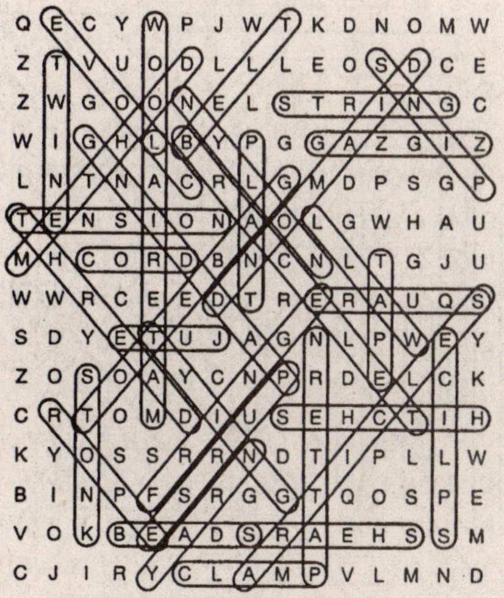

WORD SEEK 408

WORD SEEK 409

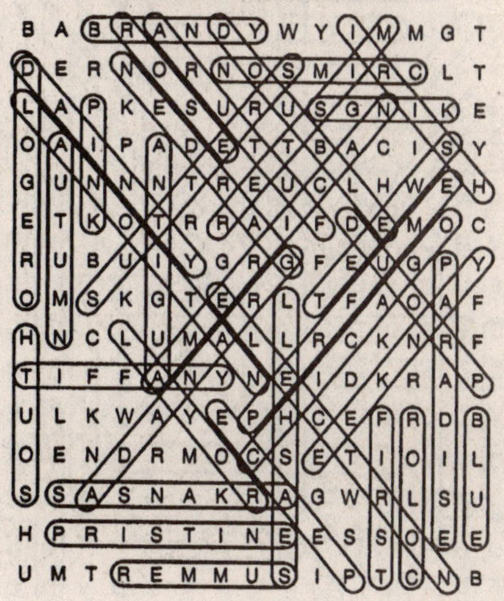

WORD SEEK 410

N Y C R F C L S E N A T E L H
G C I T H T U O S Y Y M A J A
U I V E N T A V G E M I F O C
Y L I N E A P E F C R L B H J
P O L I T I C S R O A G U N B
B P W B N G D I M G R B N S B
A C A A E D E E L E C T I O N
L D R C D C M T I B L D O N C
L H D O I S S T T A U K N A A
O T T R S P N V W Y S P M A V
T R F J E O A Y I E S P E A R
J O M A R S E L T T A B N R F
A N K F P R S O N I T N U O M
A E T I H W V V G R A N T R G
R D L E I F G N I R P S R K G

WORD SEEK 411

A U T V C Y E E P B B D C C D
S N A V A V D E U L A V F A I
A L R M H I S T O R I C O N F
Y O D E C R E E C O N F I R M
O C A T V V T H V N F N A Y N
R N A P O A I V G I I R H A P
D I A R R V S E C S F T T F A
E L P E E R R I S N R I S N S
R P B S V D A U G O O I O I T
A I F E I L E D W N I T G E D
L E N R L D Y F A C A P I H H
C T L V E U W L N B L T L F T
E C G E D E E D L O B C U A Y
D M E R I T N E M U C O D R I
A N O T G N I H S A W T C I E

WORD SEEK 412

E J M V C S C H R I S T M A S
U L L I R D O B R U T H Y A H
S M I D D L E Y X O W G X T T
A K S A L A R N R H R E R U H
K C C N E O O G I E T O O N U
C A A U C L H P N L N W O I M
E S E V R E S E R V O I R D P
N I J J U T F R K L T S F V E
H N A Y O E F F B C Y M A E R
G G C C S N O O A T H L U G R
U F K A E A U R L F U E L U D
O E U E R T F A O E V B T W D
R D P P P C Y T A C D L I W L
I Y E S U O R O P U K I G N L
F E D U R C D R Y H O L E O G

WORD SEEK 413

S L A S H K C L O N G L E A F
W D W X E L I H C W H N S S D
K O I T M S I A V P O N D H G
C N I V J L U M E C L L D O C
B H U T A N X G B N F N L R H
W M M R P D P O A E O A C E R
P D B O A G N I K R R C B G Y
N S R E N K R C T O D I G G P
R W E W E T N H L C S X E I S
E T L N S A E L K H H E V D B
T M L U E R A R O C C M S E S
S A A M N O P P E L A T F H W
U G I J I A G O V Y E J O D I
L R Y O H C K C A L B U R C S
C O X F C E M I T I R A M S S

WORD SEEK 414

M R C A S T L E B O K T Z D L
U N C M O N A R C H N I E O Y
T H G D U E D A R A P N N N N
R T K I N G Y I G H I D O D O
H O R S E S E E N F O D R F M
R N Y E U R L Y E N U B H A E
V G O A B E I R H T E A T M R
F M C I L L Z T Y S T R E I E
D S C O T L A N D S I L S L C
E C A L A P B U M A U T M Y N
V D S S E N E O R D V B I G E
O V I N O I T C E F F A L R A
L R O N O H H H E O M I E A B
U H N L E A C H A R M P T N H
P E A R L S F K F R S D Y D E

WORD SEEK 415

R G O R D O N N F N D V G Y D
F F U D C A M R L O A O R O L
Z G O V E A A C U A E C A R A
Y O U L C S C G H L M S N N N
M A C N E I L M L A S O T U O
M A A R N A E I V O T K N M D
M B L K S N O N R L I T D T C
A W R E Z T D L I N D S A Y A
H A S I K B L M G K A N A N M
A H E T T R A W E T S R D A E
R S B H W H N R A A R R C E R
G C R A M S A Y C U R F E B O
V O O E C U R B M L E C Y C N
K T F N S E N N I E A T A A T
Z T N O S D I V A D N Y Z M H

WORD SEEK 416

L	P	A	S	S	E	N	G	E	R	S	H	I	P	H
B	G	P	D	U	C	I	T	Y	L	M	L	E	U	F
H	A	O	O	S	P	E	N	N	R	O	E	P	E	R
D	C	G	O	R	V	P	O	U	N	T	U	V	G	V
K	D	Y	G	I	T	Y	L	G	A	S	N	I	A	D
U	E	G	R	A	H	C	S	I	D	U	L	U	Y	W
N	P	R	Y	P	G	H	D	V	E	C	O	V	O	G
G	A	S	F	E	O	E	S	G	D	S	A	H	V	C
S	R	S	W	R	M	S	A	R	T	A	D	F	A	L
C	T	H	E	R	A	N	E	S	P	I	G	R	E	E
F	R	M	E	A	G	H	T	T	H	L	G	V	G	S
A	E	T	R	W	M	O	W	I	A	O	A	P	R	S
N	N	I	A	T	P	E	K	S	I	R	R	C	E	E
I	I	Y	R	A	R	E	N	I	T	I	C	E	E	V
B	L	I	N	B	G	N	S	V	H	B	O	A	T	M

WORD SEEK 417

U	E	J	B	B	E	I	L	H	M	N	Q	I	Y	E
S	S	M	E	T	S	Y	S	D	R	U	N	W	A	Y
C	A	F	F	C	O	G	F	F	I	G	H	T	E	R
I	B	S	L	A	N	G	I	S	H	V	F	F	P	A
N	M	J	B	I	D	A	F	C	O	C	K	P	I	T
O	O	A	Y	O	G	U	M	L	L	G	B	R	L	I
R	P	L	N	I	S	H	T	R	L	I	F	J	O	L
T	F	E	E	E	Q	N	T	Y	O	O	M	P	T	I
C	R	R	L	T	U	F	U	S	R	F	O	B	I	M
E	N	A	L	P	A	V	H	C	C	W	R	J	P	C
L	G	D	D	R	D	C	E	L	E	I	E	E	S	O
E	R	A	C	I	R	J	O	R	D	T	T	G	P	M
U	K	R	N	A	O	P	C	L	S	A	N	C	R	B
F	I	O	E	B	N	O	I	S	S	I	M	J	A	A
A	J	S	S	G	S	A	U	K	W	L	L	N	U	T

WORD SEEK 418

P	N	D	W	E	H	F	D	E	O	P	G	E	N	C
Y	O	T	B	M	K	C	U	P	W	G	O	G	C	R
P	Y	T	L	A	N	E	P	R	L	O	T	L	E	G
V	T	E	S	G	L	O	C	O	U	A	F	O	N	U
U	I	A	A	N	N	L	C	F	S	L	Y	V	T	A
R	V	M	N	E	W	I	L	F	E	I	E	E	E	R
E	I	G	N	O	R	A	N	E	T	E	T	S	R	D
D	T	T	V	O	I	A	G	N	I	G	N	I	W	S
R	C	L	O	C	K	S	V	S	U	E	H	H	O	T
A	A	L	I	W	C	E	S	E	F	R	F	E	S	N
W	F	F	K	O	L	H	L	E	M	O	O	I	T	T
R	F	N	R	C	O	L	D	T	S	A	S	L	K	R
O	V	E	R	T	I	M	E	L	T	S	I	H	W	A
F	R	I	S	K	B	T	G	O	A	C	O	U	R	T
U	C	S	S	O	L	H	S	P	P	G	K	P	P	S

WORD SEEK 419

H	I	C	U	S	E	A	S	P	H	A	L	T	U	M
L	T	R	U	T	F	I	E	L	D	I	R	T	M	G
K	E	R	Y	R	D	P	G	D	A	C	S	S	O	R
B	K	S	A	E	B	E	A	R	A	M	O	N	C	G
R	T	H	W	E	N	O	T	S	E	L	B	B	O	C
I	W	A	E	T	R	U	S	W	E	I	K	A	G	W
C	L	E	V	A	R	G	H	R	P	L	P	C	U	E
K	F	B	I	M	R	E	S	B	A	M	B	I	O	M
S	S	A	R	G	U	T	T	W	V	R	F	B	N	D
A	H	T	D	E	A	E	D	R	E	O	D	W	E	M
N	V	C	U	I	P	R	L	C	M	O	A	N	U	P
D	T	E	R	R	A	C	E	O	E	L	D	D	U	P
A	E	S	A	O	F	N	N	H	N	F	F	G	G	T
A	Y	C	B	C	P	O	P	A	T	I	O	F	V	I
K	Y	V	K	K	L	C	M	B	T	I	L	E	I	M

WORD SEEK 420

F	C	M	K	Y	J	W	G	W	D	E	L	Q	O	Y
F	N	I	D	M	W	T	F	I	N	G	E	R	A	N
F	A	M	S	M	R	H	E	I	N	P	C	R	G	D
S	T	S	I	U	Q	O	L	I	R	T	N	E	V	A
V	N	D	T	D	M	H	T	O	O	B	E	B	T	N
T	T	T	E	A	C	H	P	A	C	K	I	G	R	C
P	M	J	T	Q	G	S	D	O	R	E	D	L	E	E
P	E	D	O	I	N	E	C	A	E	R	U	G	E	N
T	O	O	L	I	W	O	S	S	P	D	A	Y	T	T
M	A	R	I	O	N	E	T	T	E	B	D	N	E	E
H	A	N	D	T	M	T	C	A	R	V	E	E	P	R
S	I	A	R	K	E	N	S	E	R	I	W	U	P	T
O	H	O	C	W	C	I	P	T	W	N	N	L	U	A
S	L	O	E	L	B	A	F	U	E	C	F	G	P	I
E	S	K	W	O	P	P	B	F	H	S	S	I	S	N

WORD SEEK 421

T	N	F	L	D	S	A	Z	U	K	A	Y	R	O	N
W	G	K	O	H	G	N	U	G	V	F	A	G	I	S
W	S	E	C	R	E	T	G	T	I	M	D	W	Z	M
O	N	L	K	A	E	O	Y	S	P	R	I	I	N	O
D	I	C	E	M	R	I	M	A	T	I	L	D	A	N
V	G	Z	T	G	S	T	G	L	W	C	O	W	G	N
Y	H	D	S	I	N	E	C	N	O	D	H	N	P	C
M	T	S	E	W	Y	A	W	V	N	I	I	U	A	B
E	R	S	G	G	V	W	A	O	M	O	R	M	R	R
N	P	N	N	M	O	H	B	I	G	S	L	E	E	P
E	E	U	O	A	Y	O	N	P	U	G	D	K	D	E
N	O	H	L	R	Y	S	R	E	T	N	U	H	P	A
Y	H	L	C	I	T	R	D	C	U	H	V	A	O	V
I	I	W	O	A	L	H	F	H	S	E	C	O	N	D
V	O	A	E	S	D	Y	T	U	U	C	L	C	Y	U

WORD SEEK 422

N	L	H	Z	C	F	R	S	E	L	S	S	E	I	C
Y	I	G	O	T	F	E	Y	I	D	Z	F	P	R	Z
N	A	N	I	O	R	E	B	E	L	I	W	L	I	V
O	R	O	U	R	K	E	V	O	L	S	T	I	S	I
H	T	R	R	Z	L	C	G	T	O	E	A	C	H	E
T	S	L	E	H	C	A	R	N	I	D	R	E	A	M
N	E	U	T	Z	D	L	K	C	A	B	I	Z	C	H
A	N	E	H	R	W	L	A	M	I	R	R	O	R	C
I	O	N	G	P	F	I	E	D	E	I	T	I	E	A
R	I	O	U	D	I	T	N	S	Y	G	E	S	D	G
P	T	G	A	K	O	A	S	G	I	A	E	W	A	E
O	O	U	D	V	N	D	Z	G	S	D	W	A	D	K
R	V	F	P	J	O	A	N	Z	O	E	S	R	V	I
T	E	K	A	N	S	Y	H	O	A	L	A	M	T	R
E	D	N	O	L	B	Z	H	T	A	H	D	A	W	N

WORD SEEK 423

M	T	S	I	O	H	F	A	R	T	I	F	A	C	T
O	S	L	S	W	T	S	E	H	C	D	F	F	D	T
W	A	E	I	U	L	P	T	N	A	N	M	E	R	V
F	R	W	A	S	N	D	Y	M	D	I	K	E	E	Y
N	C	E	S	R	P	K	G	R	N	L	A	T	D	R
V	A	J	C	I	C	O	E	E	C	S	A	A	G	E
V	C	N	E	K	L	H	K	N	U	D	N	R	E	L
D	H	C	Y	D	S	V	D	R	T	O	S	I	O	I
C	E	N	L	T	S	M	E	G	L	U	S	P	O	C
V	Z	M	O	N	E	Y	I	R	A	B	H	B	A	C
D	I	X	R	E	W	A	R	D	S	L	O	U	I	M
U	R	N	Y	E	V	R	U	S	S	O	U	O	N	S
Y	P	A	G	S	V	E	B	R	T	O	J	Y	I	T
R	I	C	H	O	B	I	I	Y	D	N	I	F	V	W
T	N	L	O	S	T	F	D	G	W	K	T	N	K	Z

WORD SEEK 424

F	W	H	Y	N	U	B	T	N	O	R	F	N	B	H
I	Y	H	L	O	R	D	T	U	Y	D	L	A	M	M
B	Z	P	E	L	Y	W	U	F	N	D	W	E	L	N
D	P	F	D	E	G	G	O	L	I	T	T	I	K	L
M	C	F	V	M	L	U	P	I	P	E	S	L	T	S
P	U	M	P	B	N	L	S	W	R	B	D	E	H	S
S	D	B	O	T	T	L	E	E	U	R	W	V	H	O
S	K	Y	A	C	W	U	N	F	A	I	Y	E	E	C
D	P	I	T	F	C	E	F	Z	N	D	S	L	A	N
N	N	K	S	E	T	A	A	G	P	B	I	O	T	T
A	H	M	T	F	L	H	S	R	O	L	O	C	E	B
G	L	M	O	O	Y	L	O	I	Y	O	M	A	R	K
G	W	S	W	W	U	O	A	M	N	I	A	M	Z	L
E	R	K	E	L	F	T	A	B	L	E	Y	R	L	G
H	F	V	R	I	Y	E	N	Y	Y	T	K	H	A	D

WORD SEEK 425

V	P	L	A	Y	V	U	C	T	U	O	Y	A	L	L
E	D	I	T	O	R	P	L	O	G	O	D	L	N	S
B	T	D	R	B	N	O	H	E	A	V	B	A	O	T
G	I	E	R	T	O	Y	T	O	I	C	N	P	I	H
S	N	S	E	N	I	O	R	S	T	O	H	I	T	G
P	G	I	J	K	T	S	O	C	I	O	O	C	A	I
O	I	G	M	O	P	R	R	T	M	H	S	N	C	L
R	S	N	M	O	A	F	A	O	S	O	Y	I	I	H
T	B	S	E	B	C	U	R	E	I	C	R	R	D	G
S	U	Y	M	R	D	E	M	E	O	N	H	P	E	I
F	L	V	O	A	S	A	M	L	S	E	U	O	D	H
S	C	T	R	E	N	I	L	O	S	H	G	J	O	C
D	D	G	I	Y	C	A	D	T	H	E	M	E	P	L
I	N	D	E	X	G	S	R	E	H	C	A	E	T	B
U	A	I	S	E	R	U	T	C	I	P	D	T	N	B

WORD SEEK 426

H	L	Y	L	N	G	H	O	W	T	F	C	W	P	F
S	E	R	A	C	R	H	M	G	O	D	T	O	H	V
V	B	P	O	W	E	R	E	L	E	D	U	G	A	F
T	V	E	R	B	A	L	L	F	S	R	N	N	H	W
F	M	B	G	K	T	O	E	Y	M	T	I	I	L	R
D	V	H	S	A	W	N	T	R	R	T	A	P	W	S
N	I	A	R	K	S	I	I	E	Y	R	V	R	S	P
G	H	E	C	E	R	U	W	O	E	W	E	O	E	E
K	D	D	W	A	P	O	G	V	P	L	R	V	L	A
F	E	I	H	G	T	O	I	L	T	C	H	I	B	K
B	S	C	E	L	W	E	R	I	A	T	S	D	M	A
T	U	H	R	E	W	F	T	P	R	T	T	E	U	P
C	X	R	E	W	O	M	U	O	E	W	E	D	F	V
V	V	K	C	E	S	M	W	N	V	B	I	R	L	P
T	H	R	H	W	T	N	E	E	D	O	F	H	F	P

WORD SEEK 427

A	M	U	N	R	A	B	R	F	Q	E	L	A	Y	G
N	S	M	U	E	S	U	M	O	V	M	Q	D	A	R
S	O	W	S	C	V	D	Q	E	B	S	C	R	C	O
T	R	C	C	T	O	A	N	A	E	I	T	O	H	T
R	M	E	C	O	A	G	H	K	R	R	N	F	T	O
O	I	M	V	A	L	T	A	W	O	N	L	M	S	N
P	E	S	Y	I	B	L	E	P	E	O	E	A	E	P
W	T	E	S	S	R	O	E	C	N	N	D	T	N	E
C	I	H	E	I	T	G	T	G	W	P	R	S	I	A
D	H	C	D	T	D	I	S	L	E	G	O	B	R	K
C	W	A	A	I	C	M	C	Q	Y	S	F	H	A	S
O	L	E	R	U	A	L	U	F	I	F	T	H	M	R
A	E	B	T	L	I	O	Y	S	T	E	R	S	B	E
S	F	H	L	Y	T	P	U	R	I	T	A	N	U	F
T	H	A	M	E	S	R	O	B	R	A	H	Q	S	C

WORD SEEK 428

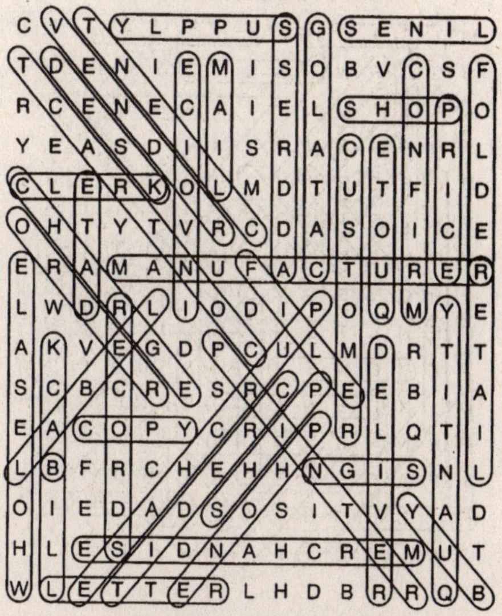

WORD SEEK 429

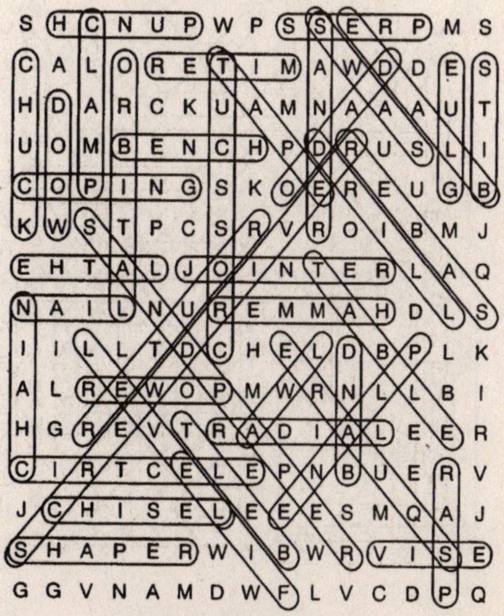

WORD SEEK 430

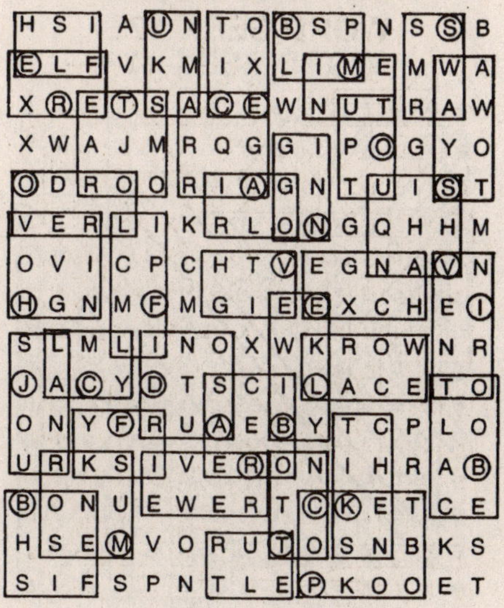

WORD SEEK 431

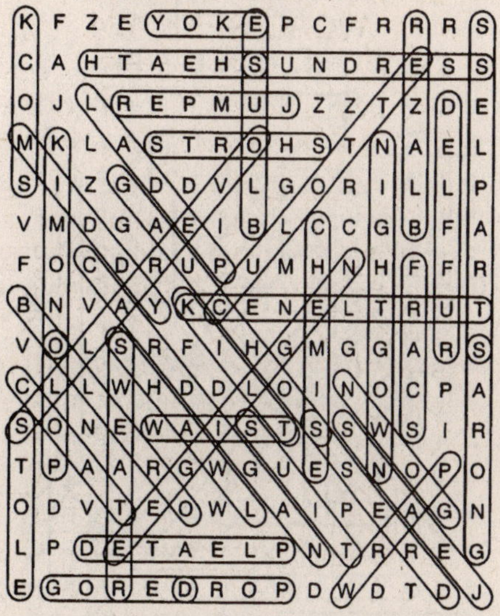

WORD SEEK 432

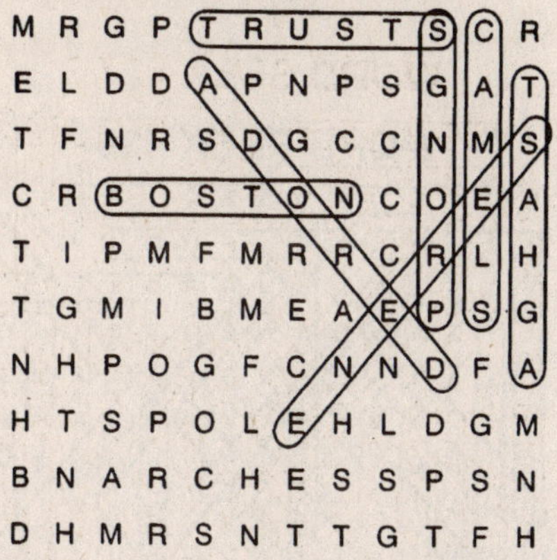

WORD SEEK 433

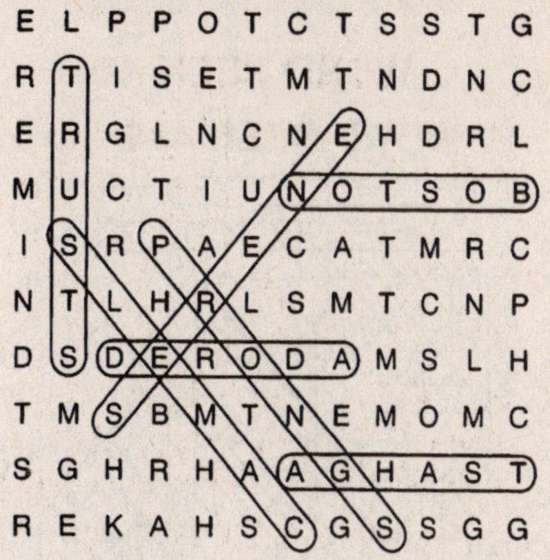

WORD LIST FOR WORD SEEK 397

Abode, Roost; Attic, Futon; Bailiff, Stylist; Birch, Nurse; Brief, Idiom; Brush, Study; Cadet, Judge; Capital, Freight; Chain, Flake; Choir, Floss; Focus, Pecan; Fudge, Ridge; Grain, Usage; Humor, Mimic; Nippy, Puppy; Octagon, Pyramid; Offer, Taffy; Onion, Union; Oregano, Penguin.

WORD SEEK 434

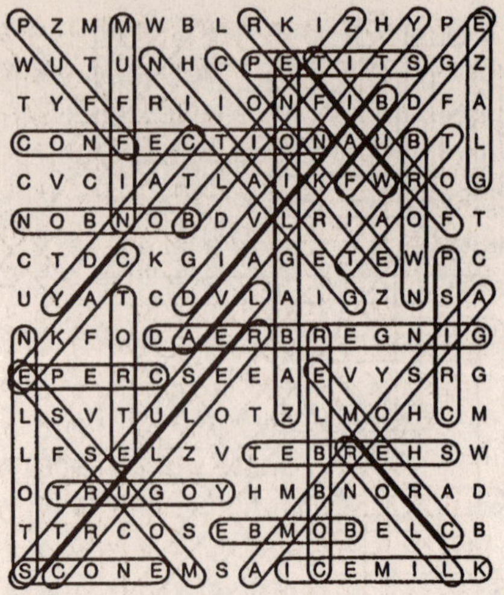

WORD SEEK 435

WORD SEEK 436

WORD SEEK 437

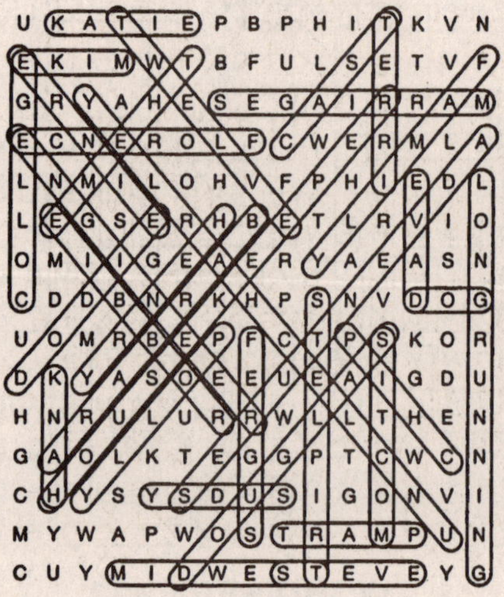

WORD SEEK 438

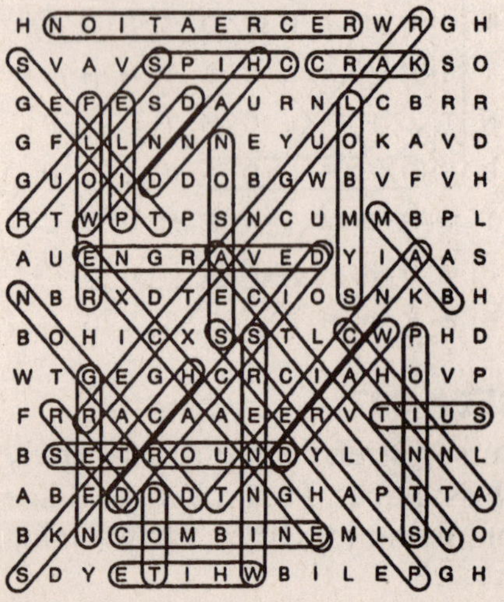

WORD SEEK 439

WORD SEEK 440

R F W H V L D N U O B J O S A
E E L I B U R E M O P T R L N
I B K U S F A O U K T O S L D
G I J N L H V L Z O T I R A S
H K N C O E E I M I O L E T E
T B I G A Z G A S A O H N Z T
E M E N O R A N R A W X Y U A
R R D E I A H D D I M E T E R
O Y V E N I L E M T B I T G K
Y I O Y I N I N T L U O E S B
L T U L N Y E V O A N T W D P
B S I R G V E B S E D F I A T
B E P A E V S W T I L S L R F
C F E H I T V H L S H Z Y A I
O Y T H I M B L E D O W N S H

WORD SEEK 441

J I Y D O I O E N L E C J V T
Y V L N R V B V M R O I L A Y
P I J R B I Y J A R E H C O O
V L I E R T V E R S E T H J I
E G A T T O C E C I I E S I L
J R J T R A C K H C V L L E D
D A T A E S V C S E H A V E W
I L R P V T T I D V C I L I J
H S A L F E O A W A T T S V A
L H H A R N L N M C A R O O E
Y O C T I G R I A P H I P L O
I E S A V T R E N I K P M U P
V S T E E L R I T L P L A N T
I S V L R T L C L A V E W O J
T O L P Z Y H I O V C T S R L

WORD SEEK 442

1 0 7 9 7 1 4 9 7 8 6 0 2 1 0
5 1 8 7 8 8 6 0 5 1 7 5 2 9 9
2 4 0 2 0 6 5 0 4 0 5 5 4 0 7
5 0 2 5 7 0 6 3 2 8 3 6 0 8 2
7 3 9 5 6 9 5 7 6 1 9 3 1 7 8
5 0 4 5 9 8 9 4 2 8 3 9 0 5 5
1 6 6 4 5 5 7 4 4 8 4 9 4 8 6
9 5 6 8 0 5 8 3 4 5 5 2 0 5 6
0 2 0 3 7 0 8 4 2 1 1 3 5 7 7
8 7 5 2 8 3 9 4 5 5 9 1 6 4 2
8 9 9 5 7 1 0 0 4 9 8 5 6 1 6
7 4 6 6 9 9 1 4 0 8 0 4 1 1 1
1 2 4 4 7 7 2 8 8 6 8 5 4 7 2
8 2 4 3 6 7 9 3 5 9 5 5 9 3 3
0 8 8 1 5 6 2 0 3 5 9 7 7 5 3

WORD SEEK 443

J F F F S P Y L O N M W X C R
X I F E R P A P M O N L Y K O
V C A H Y N A T O T I W O X Y
X T V C T T O D U T I A F W A
N I O E T O I I T N L M R L L
H O R E N M L L T A N E I L O
J N R K A J E E I I A E J L R
U N R G E D R D R T S N L R A
N O I T C A E C H A U O L E C
K N G H O M O T I O N R P A T
E N U M E R A L I K M T N S P
T R E R A L C E D N C A G S X
T L E V I V I D N R U P D U J
L E E H Y T N U O C I V O R Y
M T D G J N M P M T E R C E S

WORD SEEK 444

9 5 M D A L H Y D V J M S D R
S 4 4 V 7 N S 9 2 M W W Q G 6
B V Z 3 R 9 4 Q D 8 7 R V N S
6 N G 5 M G G 6 6 Q Y 9 S V 4
M 6 W B R 6 2 Q G G V 3 6 X 6
7 G V 2 5 R B Q 6 4 V H A 7 X
D A S 8 4 V B 2 9 3 H 3 N S N
G S L 7 4 R M 6 8 S M 7 V 2 2
5 4 H L 3 9 V 9 5 9 8 M R 4 M
D 5 4 X 4 3 T H A D Z V 9 4 T
8 9 2 W 8 R 7 H 7 Y 4 4 5 L J
H R T 4 4 2 8 N Q X D 6 5 R T
2 N 4 D S Q Q 7 X 8 S J W G 3
S Z 8 8 6 W 8 L 3 V 7 R 8 9 3
X 8 B 9 H D V 9 B 9 S T M 4 6

WORD SEEK 445

I	A	A	I	G	N	T	I	I	G	T	N
N	T	A	I	T	T	A	A	I	A	A	N
G	I	T	I	A	A	T	I	G	T	N	A
N	I	G	N	A	T	A	N	T	T	T	A
A	G	G	T	A	T	I	G	G	G	G	A
G	N	I	G	I	I	N	N	G	G	I	I
I	I	I	N	N	I	G	I	N	T	T	N
T	I	N	N	A	I	A	A	A	A	N	T
T	I	N	T	G	T	N	T	A	N	N	G
A	T	T	T	N	A	N	A	G	I	A	N

WORD SEEK 446

G	G	T	N	G	G	T	N	A	I	G	N
G	I	I	N	I	A	T	N	T	I	I	T
T	A	A	A	A	I	I	N	N	A	A	N
N	N	N	N	G	I	A	G	A	G	N	A
A	T	T	G	T	I	G	I	I	I	T	I
I	N	T	N	G	I	A	A	G	A	G	G
G	A	A	N	A	A	N	N	T	N	N	T
G	I	T	N	A	I	G	T	T	T	G	T
G	G	T	N	A	I	G	G	I	A	N	T
I	T	N	A	I	G	G	I	A	N	T	A

WORD SEEK 447

D	G	S	C	H	O	O	L	S	N	A	V	Y	S	V
A	A	N	N	O	I	T	I	D	A	R	T	A	G	T
M	M	M	R	N	L	O	K	H	N	I	A	G	U	I
I	E	A	N	E	N	L	C	E	O	Z	E	L	N	N
N	R	E	B	I	H	O	E	D	T	O	A	D	U	O
N	P	L	L	A	L	T	T	G	R	N	I	N	A	G
E	A	L	C	U	L	P	U	G	E	A	W	W	N	E
S	I	A	M	N	M	A	I	O	N	I	V	O	E	R
O	G	B	I	A	B	A	M	A	S	I	G	R	D	O
T	I	T	C	Y	W	F	E	C	C	S	H	B	A	V
A	C	O	H	O	D	R	O	F	N	A	T	S	S	H
E	D	O	I	C	A	N	E	B	R	A	S	K	A	N
R	U	F	G	M	S	R	A	E	Y	W	E	N	P	W
G	K	U	A	I	L	Y	G	F	U	R	M	B	I	K
T	E	N	N	E	S	S	E	E	U	D	R	U	P	M

WORD SEEK 448

D	T	D	N	G	V	P	S	P	R	I	N	G	D	A
C	Y	F	R	R	A	W	L	C	D	L	O	N	R	A
B	U	S	H	A	H	R	E	D	R	O	B	C	I	E
V	Y	U	A	C	I	X	D	R	B	E	H	B	P	T
A	D	N	E	E	E	N	N	E	G	I	E	A	P	W
T	I	L	N	F	B	V	A	A	N	A	H	N	V	U
X	V	I	U	U	C	T	I	G	U	S	D	E	N	N
F	I	G	R	L	R	L	I	T	E	U	E	D	I	S
L	V	H	P	I	O	I	Y	H	A	C	L	L	M	R
O	S	T	X	F	U	T	C	L	T	R	I	O	A	U
W	E	A	R	L	Y	N	V	I	H	Y	O	G	D	G
E	V	I	T	C	A	R	T	T	A	L	S	C	V	G
R	A	S	P	R	E	A	D	T	B	Y	N	R	E	E
S	E	A	B	S	P	R	O	L	I	F	I	C	O	D
T	L	I	M	W	O	L	L	E	Y	D	R	A	H	F

WORD SEEK 449

T	H	G	I	N	A	D	S	O	G	I	M	A	N	L
G	H	F	D	S	F	N	I	S	L	G	L	N	R	H
L	I	A	R	N	O	E	H	I	T	G	K	C	T	S
B	O	C	T	O	U	K	V	C	R	A	Y	H	N	E
Y	L	H	V	O	L	E	S	I	T	A	R	O	S	V
D	A	E	O	P	F	E	S	P	D	E	I	R	H	I
W	N	V	S	M	G	W	I	R	E	T	L	O	E	W
F	O	Y	O	A	O	N	U	S	A	A	K	F	L	D
A	I	S	P	L	H	T	I	C	U	D	C	V	E	T
V	T	L	D	N	A	C	A	D	R	P	V	D	F	V
M	A	I	M	S	G	V	N	H	U	U	C	V	T	D
Y	N	I	N	S	E	V	E	R	A	L	U	P	O	P
C	W	O	H	S	E	H	T	S	A	W	C	K	S	K
C	R	A	D	B	A	R	B	R	I	C	P	N	V	U
E	C	N	I	S	R	V	K	F	B	U	T	H	I	S

WORD SEEK 450

Y	F	I	G	G	E	B	V	K	L	D	M	D	Y	U
N	S	O	V	P	E	C	N	A	R	U	D	N	E	C
M	O	T	O	R	C	A	D	N	E	N	I	G	N	E
M	H	R	A	R	N	N	R	G	R	A	C	D	D	P
A	U	S	T	R	A	L	I	A	R	U	U	M	Y	L
E	K	V	I	N	T	C	V	R	S	T	O	P	S	Y
T	R	I	D	N	S	C	E	O	C	O	C	L	M	E
C	R	U	Y	A	I	T	R	O	O	M	L	H	N	M
S	R	I	T	T	D	F	S	S	U	O	I	T	B	I
O	R	V	M	N	E	R	H	L	R	B	R	A	D	T
O	W	A	P	H	E	F	A	O	S	I	Y	V	I	P
A	N	G	C	B	A	V	A	T	E	L	A	R	A	H
D	L	N	M	D	I	R	D	S	L	E	E	P	E	R
V	I	U	W	Y	N	K	W	A	I	S	R	U	E	E
W	N	O	D	N	O	L	R	F	M	A	Y	K	K	R

WORD LIST FOR WORD SEEK 432 & 433

Adored, Aghast, Boston, Camels, Prongs, Serene, Trusts.

WORD SEEK 451

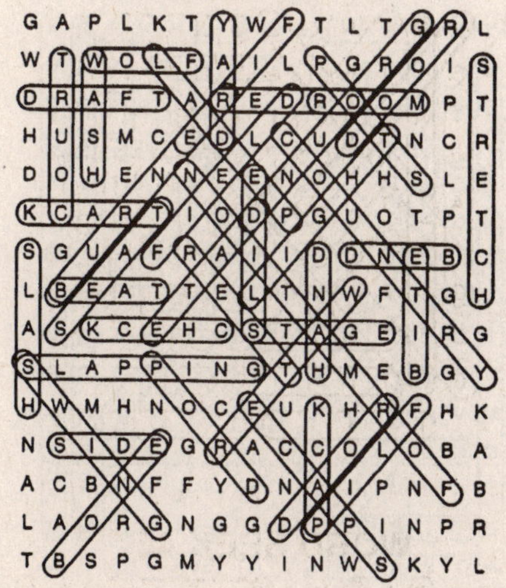

WORD SEEK 452

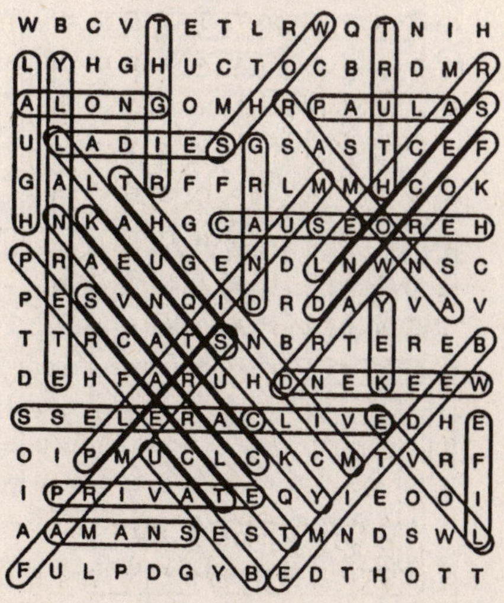

WORD SEEK 453

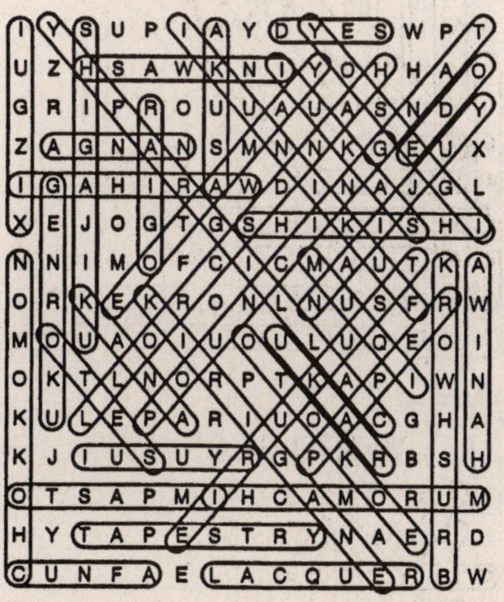

WORD SEEK 454

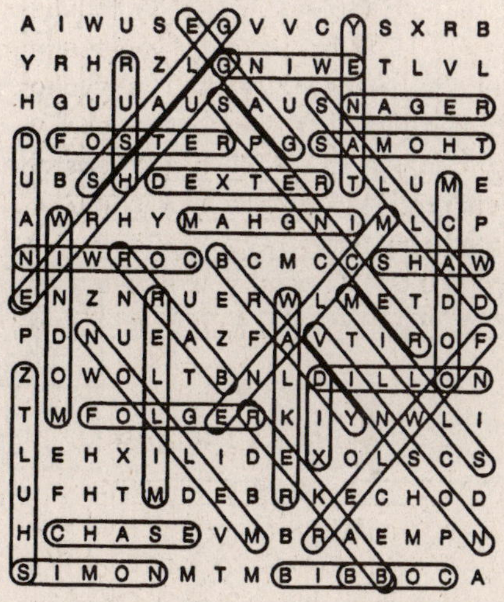

WORD LIST FOR WORD SEEK 419

Asphalt, Boardwalk, Bricks, Carpet, Cobblestone, Concrete, Curb, Deck, Dirt, Dock, Driveway, Earth, Field, Floor, Grass, Gravel, Lawn, Linoleum, Patio, Pavement, Pebbles, Pier, Porch, Puddle, Road, Rock, Sand, Sidewalk, Snow, Sole, Stage, Stairs, Street, Terrace, Tile, Trail, Tundra, Turf, Wharf.

WORD LIST FOR WORD SEEK 424

Ballet, Bottle, Boy, Buffalo, Chestnut, Colors, Fall, Fountain, Fowl, Front, Hazard, Heater, Level, Lily, Logged, Main, Mark, Melon, Meter, Moccasin, Pipe, Proof, Pump, Shed, Skis, Softener, Spout, Table, Tower, Wheel, Wings.

WORD SEEK 455

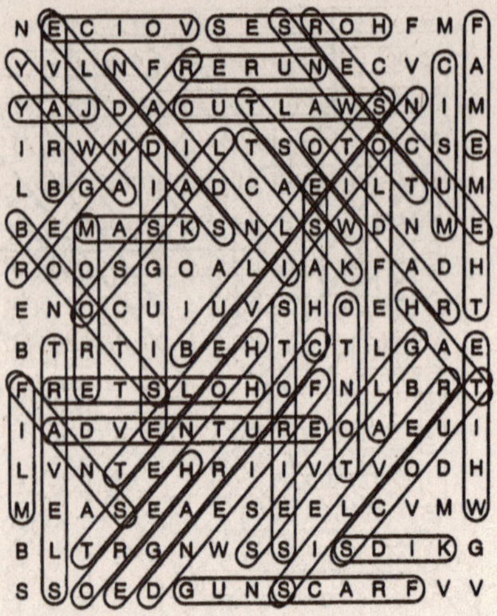

WORD SEEK 456

WORD SEEK 457

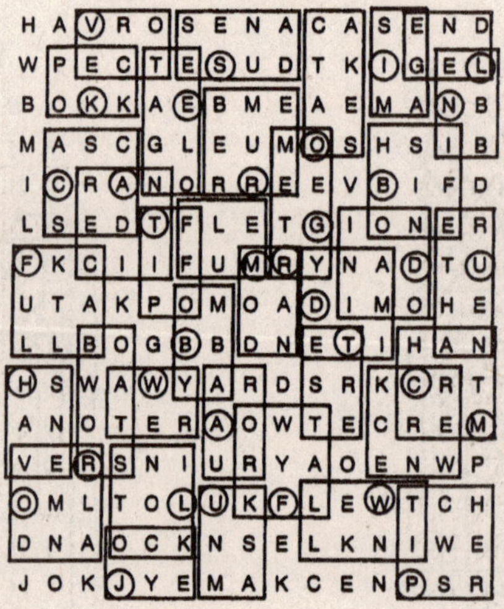

WORD SEEK 458

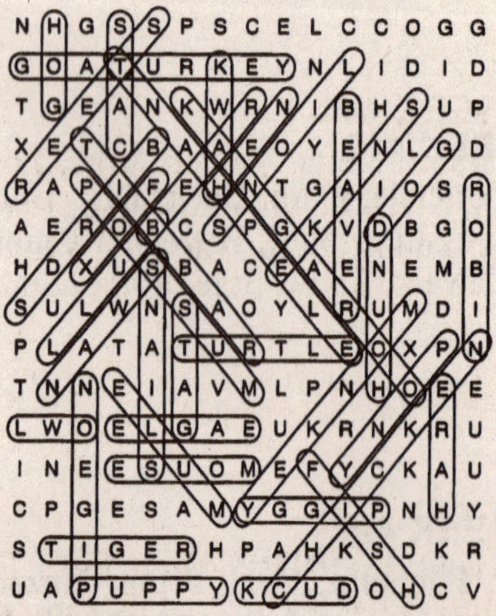

WORD SEEK 459

WORD SEEK 460

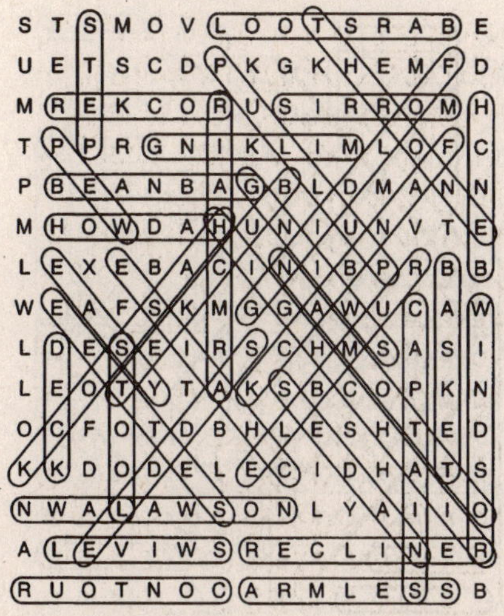

WORD SEEK 461

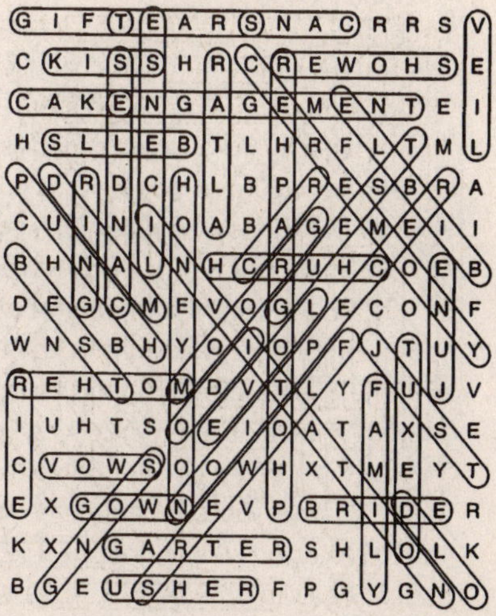

WORD SEEK 462

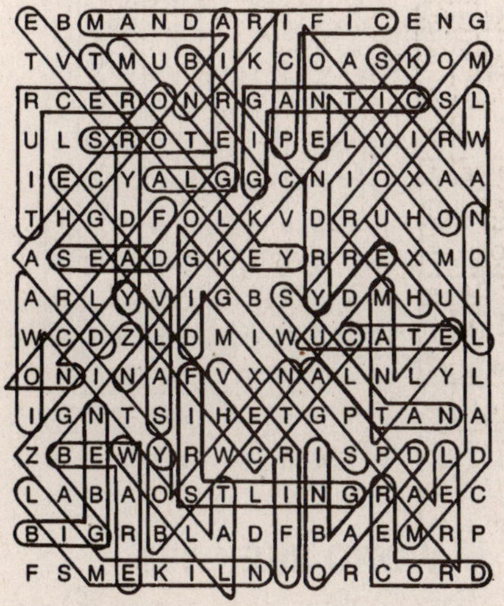

WORD SEEK 463

WORD LIST FOR WORD SEEK 441

Beard, Plate; Cater, Hitch; Chart, Flash; Cottage, Pattern; Delta, Valve; Drive, Tribe; Ethic, Ocher; Glade, Stamp; Hatch, Watts; Javelin, Stretch; March, Verse; Piano, React; Plant, Swamp; Pleat, Steel; Pumpkin, Triplet; Stain, Teach; Tactics, Western; Toast, Track.

WORD LIST FOR WORD SEEK 451

Beat, Bend, Bite, Bone, Burner, Check, Country, Court, Date, Door, Draft, Drop, Field, Fire, Flip, Flow, Formation, Ground, Hand, Light, Order, Pack, Pedal, Rest, Road, Room, Seat, Side, Slapping, Slash, Slide, Space, Stage, Stop, Stretch, Swing, Track, Wash, Water, Yard.

WORD SEEK 464

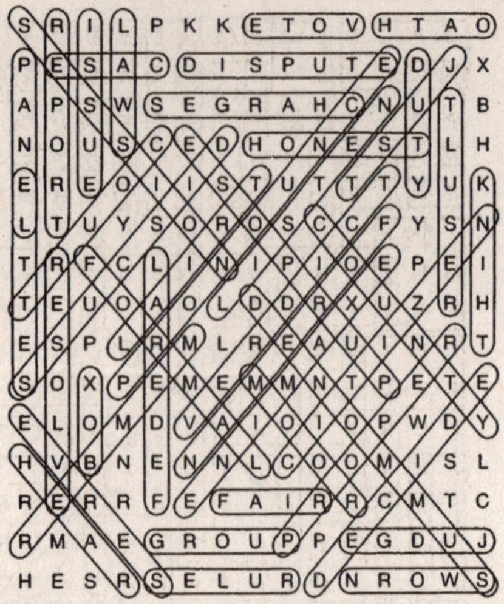

WORD SEEK 465

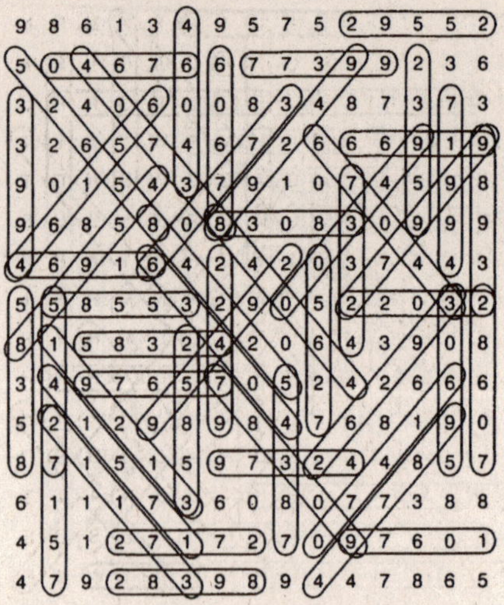

WORD SEEK 466

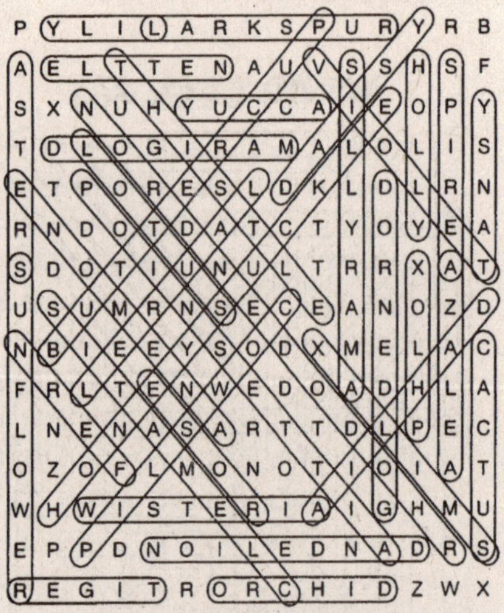

WORD SEEK 467

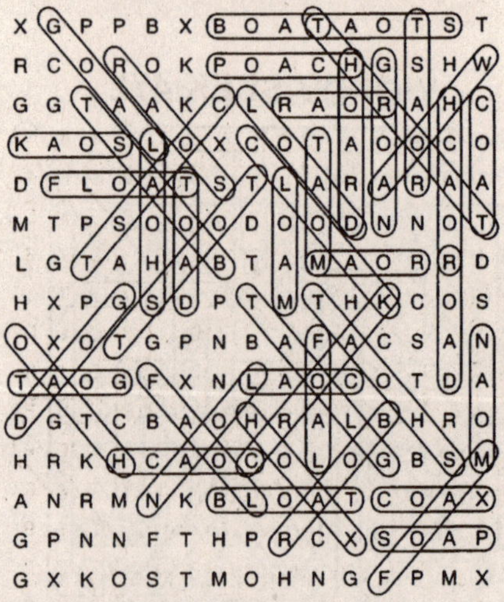

WORD SEEK 468

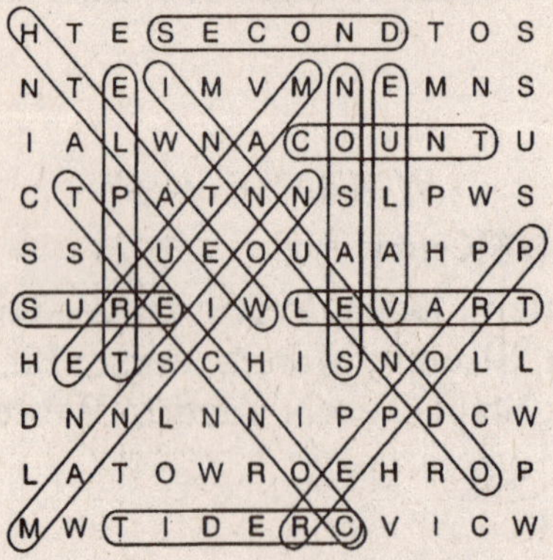

WORD SEEK 469

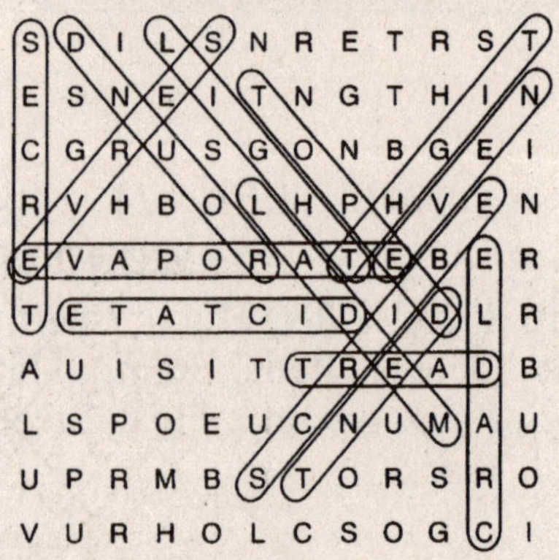

WORD LIST FOR WORD SEEK 458

Bear, Beaver, Birds, Bull, Cat's, Chicken, Dog, Duck, Eagle, Elephant, Fish, Fox, Goat, Hare, Hawk, Hen, Hog, Hound, Kangaroo, Lion's, Monkey, Mouse, Mule, Owl, Pigeon, Piggy, Pony, Possum, Puppy, Rabbit, Robin, Snail's, Snake, Stag, Steer, Swan, Tiger, Turkey, Turtle.

WORD SEEK 470

B	V	L	O	N	O	E	G	I	P	K	P	M	R	N
F	I	V	O	P	D	O	O	H	D	L	O	L	S	K
A	P	E	R	C	H	A	S	E	U	R	O	P	E	U
L	F	O	N	E	T	F	H	M	S	W	T	J	Y	T
C	J	P	R	N	A	G	A	S	C	W	S	N	E	T
O	S	I	U	I	M	G	W	D	R	N	L	L	U	B
N	P	H	T	R	E	T	K	O	R	A	T	A	P	K
J	O	I	E	G	V	N	W	P	R	N	M	H	N	I
R	R	B	R	E	O	L	T	R	U	R	M	H	Y	P
L	T	B	L	R	L	N	H	A	G	G	A	R	D	H
I	B	G	T	E	G	D	G	I	L	W	H	P	K	H
U	A	H	B	P	M	B	D	R	K	O	J	U	S	P
E	L	E	R	T	S	E	K	I	V	J	N	A	T	T
W	O	E	Y	P	W	K	N	E	M	K	E	S	C	E
W	Y	P	G	H	U	G	R	N	D	L	I	W	J	K

WORD SEEK 471

S	P	O	R	S	O	P	O	S	T	B	B	O	T	S
G	U	M	D	T	H	T	I	C	R	W	D	V	I	D
S	H	A	J	S	O	U	O	H	A	E	R	O	N	D
B	R	O	W	E	D	L	N	R	A	D	A	Y	E	E
E	A	B	B	L	I	O	S	S	U	I	R	V	W	W
I	D	E	L	U	N	C	K	B	M	N	F	S	L	Y
M	M	S	I	H	W	U	L	I	G	H	A	E	B	I
E	N	T	L	E	S	D	L	L	A	C	B	L	I	K
A	N	I	M	H	P	G	A	K	T	B	O	O	T	E
R	Y	L	U	E	R	P	S	R	O	O	W	B	Y	T
P	O	H	I	L	A	W	L	O	D	E	N	A	T	M
A	M	X	L	A	R	B	T	W	K	X	U	N	D	E
N	K	E	E	T	A	R	E	N	R	I	O	F	S	R
T	C	T	R	I	C	E	L	M	A	X	T	M	A	R
R	A	J	E	V	A	H	C	D	H	C	S	O	P	K

WORD SEEK 472

O	V	W	D	E	F	F	U	T	S	T	F	I	T	T
M	B	U	K	O	F	L	E	E	C	E	F	W	H	A
D	L	C	F	M	W	A	Y	A	A	W	S	G	N	E
T	O	B	I	H	W	N	T	T	T	O	I	Q	T	B
R	S	Z	G	W	R	N	H	V	E	L	V	E	T	Y
A	H	Z	E	E	O	E	S	W	D	L	R	O	L	D
E	H	I	V	C	R	L	A	N	D	I	N	G	I	K
H	E	O	H	S	I	S	L	M	Y	P	R	R	U	F
B	C	Y	H	P	B	O	A	A	E	O	A	G	Q	P
O	L	U	P	T	B	N	V	T	M	S	Y	Q	A	Q
D	R	E	O	T	O	N	A	T	I	H	N	O	F	B
U	R	D	T	T	N	L	F	R	A	N	S	F	U	Z
O	C	I	T	S	S	C	C	E	Z	E	E	R	B	R
L	Z	O	N	C	A	R	E	S	S	I	L	K	A	N
C	C	C	H	K	Z	P	L	S	R	G	Y	L	C	M

WORD SEEK 473

E	C	C	R	P	O	L	I	C	E	J	O	W	E	V
I	L	I	O	I	C	W	S	E	U	T	A	T	S	T
C	E	B	R	L	A	W	Y	E	R	S	A	E	F	H
H	R	Y	R	L	U	J	C	E	H	V	C	E	S	C
A	K	T	Y	A	J	M	U	I	I	H	L	E	N	N
I	S	S	V	R	M	J	N	R	T	S	A	E	P	E
R	J	R	P	S	A	G	P	S	Y	I	M	G	A	B
S	M	O	O	R	T	R	U	O	C	T	B	A	R	N
D	H	T	U	O	F	J	B	I	K	O	E	N	D	O
R	E	A	N	R	D	F	F	I	O	R	R	T	C	R
O	C	T	I	U	N	F	I	K	L	S	S	O	A	C
C	H	C	A	J	O	A	S	L	E	V	A	G	S	N
E	I	E	M	B	U	I	L	D	I	N	G	D	E	S
R	E	P	O	R	T	E	R	S	T	A	I	R	S	O
O	F	S	E	C	I	F	F	O	N	G	B	D	L	R

WORD SEEK 474

L	H	G	M	R	U	Y	T	E	F	A	S	G	C	F
I	X	T	T	L	M	N	N	V	F	O	C	G	L	P
G	S	A	A	C	U	G	L	O	V	E	S	D	E	R
H	B	S	R	O	M	F	K	M	I	T	R	O	C	L
T	E	K	M	L	C	O	E	E	O	T	F	N	E	Y
F	C	A	E	D	P	U	M	R	A	W	O	I	L	C
W	G	L	V	K	B	W	M	K	A	K	D	M	L	L
M	I	C	E	Y	H	D	E	S	I	C	R	E	X	E
P	L	H	U	A	A	B	O	D	Y	A	R	R	T	V
P	R	F	N	W	R	W	C	N	W	B	S	S	H	O
L	B	D	C	E	D	U	K	S	T	R	E	T	C	H
G	L	I	A	V	W	M	S	L	H	R	B	F	X	S
E	M	K	E	I	O	E	C	N	A	R	U	D	N	E
A	S	T	S	R	R	E	T	N	I	W	L	S	O	U
V	F	B	G	D	K	G	U	I	U	P	U	S	H	B

WORD SEEK 475

D	C	P	I	E	P	B	L	M	R	X	O	E	G	C
L	I	H	A	E	A	L	A	P	O	L	I	C	E	R
Z	T	T	U	R	R	R	A	B	L	I	E	T	E	S
P	Y	B	B	R	K	I	L	Z	I	B	U	S	E	S
Y	B	E	S	E	C	I	F	F	A	R	T	A	L	Y
E	R	O	T	S	A	H	N	K	T	A	X	I	K	M
L	U	E	A	M	F	K	E	G	U	R	B	Z	W	O
L	M	G	T	I	E	R	L	R	C	Y	P	K	X	V
A	D	U	U	A	Y	A	A	B	C	U	A	L	W	I
M	A	H	E	L	E	N	H	A	R	D	W	A	R	E
A	O	P	O	S	T	H	M	I	H	T	N	W	L	N
H	F	U	C	O	U	R	T	H	O	U	S	E	M	D
T	Y	Z	P	A	A	M	N	L	F	H	T	D	D	B
K	T	E	R	H	R	O	W	E	Z	O	B	I	U	C
U	D	B	P	O	H	S	B	Y	H	M	L	S	T	W

WORD SEEK 476

Z	S	E	T	A	D	T	C	A	K	E	S	O	U	P
I	S	N	O	S	A	L	T	S	A	E	Y	W	L	G
N	Y	F	I	E	N	O	B	R	L	P	L	E	K	A
C	M	O	R	S	X	W	V	U	D	N	N	N	W	R
E	U	M	G	U	I	F	N	I	H	T	I	C	E	L
I	I	A	O	U	I	A	E	G	I	M	T	H	I	I
S	S	C	A	R	R	T	R	L	A	S	E	W	G	C
I	S	A	L	G	X	T	S	T	P	G	L	H	H	P
H	A	R	F	H	K	E	I	T	R	I	B	O	T	R
E	T	O	A	F	E	V	L	A	A	F	A	L	G	U
R	O	O	L	F	L	A	N	P	R	O	T	E	I	N
B	P	N	F	M	D	O	L	O	M	I	T	E	L	E
R	O	M	A	N	L	T	W	T	H	O	N	E	Y	S
A	Y	M	S	A	R	I	C	E	H	E	C	I	U	J
N	M	U	S	P	M	A	H	A	R	G	Y	B	O	W

WORD SEEK 477

O	A	R	T	F	O	R	M	R	S	P	A	C	E	P
G	D	T	E	X	T	U	R	E	S	M	P	B	N	L
F	R	R	E	T	S	A	L	P	A	H	L	X	O	A
D	I	A	E	T	S	D	X	L	A	O	A	R	T	S
P	H	N	N	D	R	A	L	I	C	W	S	P	S	T
S	A	W	I	I	N	E	B	K	R	T	S	T	E	I
S	G	Y	L	S	T	I	Q	A	Y	N	A	V	M	C
A	F	L	A	P	H	E	R	U	L	I	R	N	I	I
M	O	D	E	L	H	E	E	G	I	A	B	G	L	H
P	P	T	S	A	C	G	T	L	C	P	T	I	B	X
S	S	O	M	Y	T	U	A	E	B	C	M	S	R	A
A	T	M	I	E	N	O	R	I	M	R	O	E	O	R
R	E	S	I	N	T	G	R	H	S	P	A	D	N	G
R	E	P	F	L	T	A	S	C	A	L	E	M	Z	T
R	L	A	N	N	E	A	L	I	N	G	H	R	E	S

WORD SEEK 478

G	R	O	E	I	B	M	O	Z	N	W	R	A	E	F
N	O	T	E	L	E	K	S	Y	T	E	I	U	S	M
O	I	B	R	O	R	R	O	H	O	G	V	T	M	Y
K	M	E	E	D	E	D	R	A	C	U	L	A	C	T
G	U	R	T	V	R	D	E	M	O	N	G	C	R	H
N	M	I	S	S	U	J	Y	V	H	I	O	K	P	C
I	M	P	N	L	N	L	E	H	C	E	D	C	M	L
K	Y	M	O	L	E	E	T	K	R	P	Z	A	A	O
R	R	A	M	I	D	P	K	U	Y	M	I	L	W	V
A	E	V	R	H	R	H	T	N	R	L	L	B	S	T
D	T	E	D	C	I	A	D	R	A	E	L	C	P	V
B	E	A	S	T	E	N	E	B	D	R	A	Z	I	L
S	M	F	O	R	W	T	S	O	H	G	F	R	R	W
P	E	R	C	Z	W	O	L	F	M	A	N	W	I	F
S	C	R	E	A	M	M	I	R	E	G	B	A	T	S

WORD SEEK 479

S	O	L	D	V	S	R	S	B	S	D	A	P	C	H
L	H	I	P	Z	Z	W	O	C	V	I	U	L	S	R
Y	D	N	M	E	L	G	A	E	B	S	C	F	E	A
S	U	U	O	R	L	R	I	P	L	H	R	D	Y	L
H	E	S	H	U	F	Z	R	A	A	A	B	G	E	L
U	S	M	C	F	P	E	P	R	F	A	O	D	E	O
F	Z	Y	A	H	A	E	L	R	R	D	Z	G	K	C
E	Y	Z	R	G	R	I	A	O	P	V	S	B	S	O
U	S	L	T	A	E	O	N	N	S	E	B	L	D	D
S	Y	U	O	S	R	A	E	T	U	N	T	A	I	L
M	I	H	O	V	W	O	O	D	S	T	O	C	K	P
U	C	C	N	H	A	R	S	A	E	U	S	K	D	H
S	E	S	O	N	Y	B	W	N	T	R	A	M	S	H
I	I	R	D	E	K	I	L	C	U	E	L	W	R	N
C	O	M	I	C	S	D	N	E	I	R	F	H	R	B

WORD SEEK 480

3	4	3	4	3	8	7	4	1	7	1	3	5	6	3
2	2	0	7	2	7	7	2	5	9	0	7	2	7	9
4	3	6	9	5	7	7	9	4	9	4	1	4	8	2
9	0	5	9	1	5	8	8	0	7	2	1	7	1	8
0	1	3	1	4	9	1	9	5	1	5	8	9	3	6
9	1	2	0	6	1	8	8	1	0	2	0	8	1	9
2	5	9	6	3	3	4	2	1	5	2	3	3	8	2
1	9	4	7	1	1	9	6	8	1	8	6	6	5	0
1	8	0	1	7	5	3	7	4	6	2	9	6	0	3
8	8	4	4	6	3	7	0	6	5	3	4	5	5	2
6	3	3	2	2	1	9	7	4	1	3	9	1	6	1
2	0	5	5	4	1	1	5	2	1	5	0	8	5	2
2	0	9	1	7	0	9	9	3	5	6	8	7	7	1
1	9	7	7	2	9	2	9	6	6	4	1	2	9	8
4	0	1	2	5	5	4	2	8	8	4	7	0	8	7

WORD SEEK 481

D	S	S	O	R	C	N	M	S	O	I	L	T	A	A
A	S	E	D	I	R	B	E	H	W	O	T	W	B	Y
E	B	U	R	N	S	Y	R	A	M	O	A	E	B	G
T	D	S	D	N	A	L	W	O	L	S	R	E	E	I
I	U	I	T	K	C	L	N	N	E	D	T	D	Y	G
N	N	R	N	L	C	D	T	P	E	W	A	S	W	N
A	D	S	Y	B	I	H	I	E	O	H	N	A	V	I
R	E	D	W	W	U	P	N	G	H	J	S	N	S	L
G	E	N	T	K	G	R	S	G	U	S	D	G	P	F
Y	E	A	I	A	N	A	G	T	A	O	I	U	O	S
E	P	L	B	T	L	O	E	H	B	E	A	S	U	S
P	T	H	T	G	V	M	X	H	S	I	L	G	N	E
S	W	G	H	T	R	O	N	M	N	M	P	I	D	N
W	B	I	S	L	A	N	D	S	B	B	R	U	C	E
H	S	H	E	E	P	C	L	A	N	S	L	O	O	W

WORD SEEK 482

WORD SEEK 483

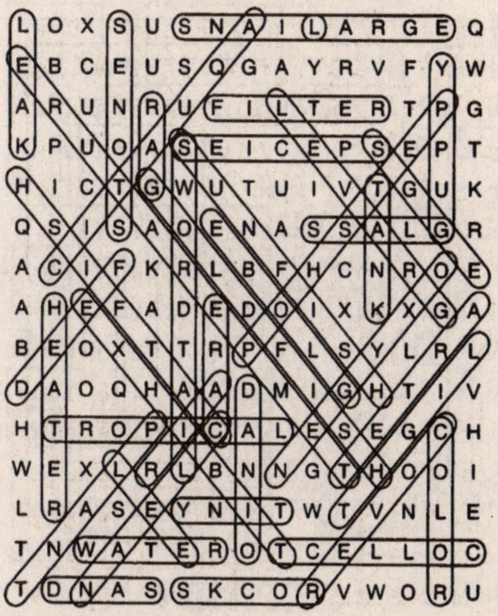

WORD SEEK 484

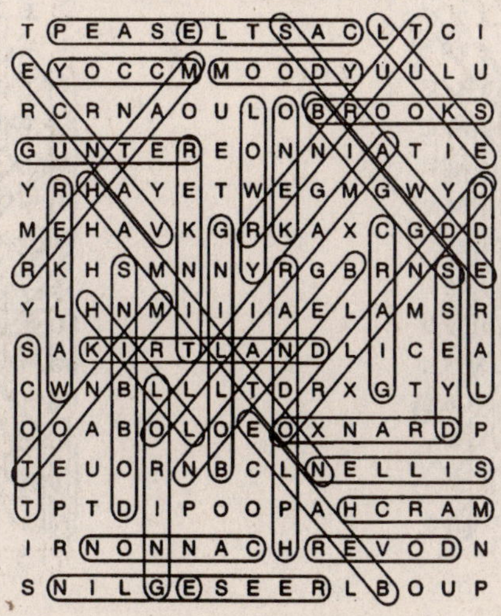

WORD LIST FOR WORD SEEK 467

Bloat, Boar, Boast, Boat, Cloak, Coach, Coal, Coast, Coat, Coax, Croak, Float, Foal, Foam, Gloat, Goad, Goal, Goat, Groan, Hoard, Hoax, Load, Loaf, Loam, Loan, Moan, Moat, Oath, Poach, Roach, Road, Roam, Roar, Roast, Shoal, Shoat, Soak, Soap, Soar, Stoat, Throat, Toad, Toast, Whoa.

WORD LIST FOR WORD SEEK 478

Bats, Beast, Black cat, Cemetery, Chills, Creature, Damp, Dark, Demon, Dracula, Dr. Jekyll, Eerie, Fear, Frankenstein, Ghost, Godzilla, Horror, King Kong, Lizard, Magic, Mire, Monster, Mr. Hyde, Mummy, Myth, Phantom, Raven, Scream, Skeleton, Spirit, Swamp, Vampire, Vulture, Weird, Witch, Wolf Man, Zombie.

WORD SEEK 485

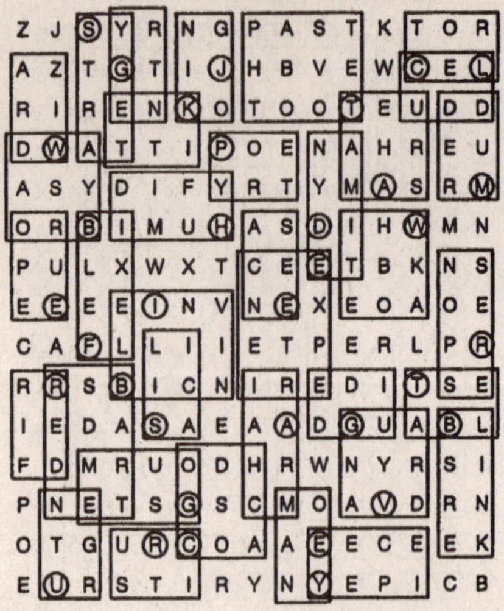

WORD SEEK 486

WORD SEEK 487

WORD SEEK 488

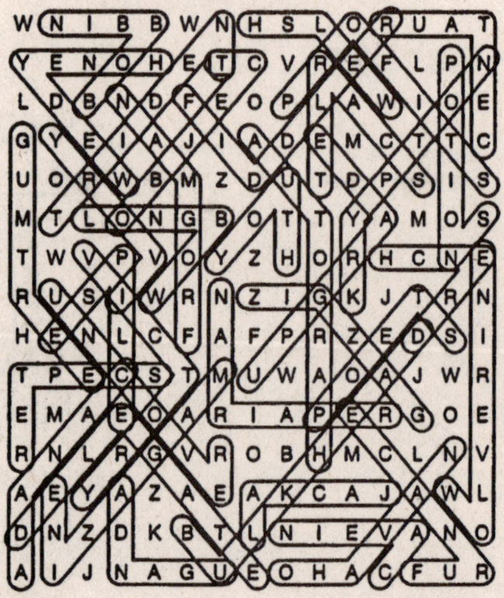

WORD SEEK 489

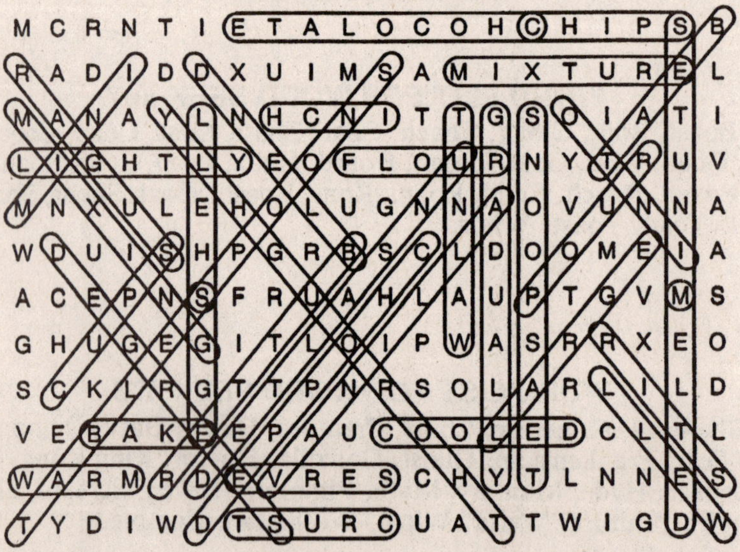